LA OTRA HISTORIA

DE LOS ESTADOS UNIDOS

DISCARD

LA OTRA HISTORIA
DE LOS ESTADOS UNIDOS

(Desde 1492 hasta hoy)

Howard Zinn

EDICIÓN REDUCIDA Y REVISADA POR EL AUTOR

Traductor: Toni Strubel

Siete Cuentos Editorial

NEW YORK

Título original: *A People's History of the United States: 1492 to present*

2ª edición
© Howard Zinn.
Traducción en español © Argitaletxe HIRU, S.L.
                    Apartado Correos Nº 184
                    20280 Hondarribia

Primero edición de Siete Cuentos Editorial, Marzo de 2001.

Publicado en E.E.U.U. por:
Siete Cuentos Editorial/Seven Stories Press
140 Watts Street
New York, NY 10013

Library of Congress Cataloging-in-Publication Data

Zinn, Howard, 1922-
      [People's history of the United States. Spanish]
      La otra historia de los Estados Unidos / Howard Zinn.-Seven Stories
Press 1st ed.
        p. cm.
      ISBN 1-58322-054-2 (paper)
        1. United States-History. I. Title.

E178.1 .Z5618 2000
973-dc21

                            00-032939

Maquetación:
  Eva Sastre

Profesores de universidad pueden obtener ejemplares para revisión sin costo alguno, por un periodo de seis (6) meses, directamente de Siete Cuentos Editorial/Seven Stories Press. Para hacer su pedido, por favor ir al www.sevenstories.com/textbook, o enviar un fax en el papel oficial de la universidad al 212 226 1411.

Impreso en Canada.

9 8 7 6 5 4 3 2 1

ÍNDICE

Agradecimientos:

A *Akwesasne Notes*, Mohawk Nation, por el extracto del poema de Ila Abernathy.

A Dodd, Mead & Company, por el extracto de "We Wear The Mask" de *The Complete Poems of Paul Laurence Dunbar.*

A Harper & Row, por "Incident" de *On These I Stand* por Countee Cullen. Copyright 1925 de Harper & Row, Publishers, Inc.; renovado en 1953 por Ida M. Cullen.

A Alfred A. Knopf, Inc., por el extracto de "I, Too" de *Selected Poems of Langston Hughes.*

A *The New Trail,* 1953 School Yearbook of the Phoenix Indian School, Phoenix, Arizona, por el poema "It Is Not!"

A Random House, Inc., por el extracto de "Lenox Avenue Mural" de *The Panther and the Lash: Poems of Our Time* por Langston Hughes.

A Esta Seaton, por su poema "Her Life", que apareció primero en *The Ethnic American Woman* por Edith Blicksilver, Kendall/Hunt Publishing Company, 1978.

A Warner Bros., por el extracto de *Brother Can You Spare a Dime?,* letra de Jay Gorney, música de E. Y. Harburg. © 1932 Warner Bros. Inc. Copyright Renovado. Todos los derechos reservados. Utilizado con permiso.

Para Georgia, Serena, Naushon, Will -y su generación.

Capítulo 1

COLÓN, LOS INDÍGENAS Y EL PROGRESO HUMANO

Los hombres y las mujeres arawak, desnudos, morenos y presos de la perplejidad, emergieron de sus poblados hacia las playas de la isla y se adentraron en las aguas para ver más de cerca el extraño barco. Cuando Colón y sus marineros desembarcaron portando espadas y hablando de forma rara, los nativos arawak corrieron a darles la bienvenida, a llevarles alimentos, agua y obsequios. Después Colón escribió en su diario:

> *Nos trajeron loros y bolas de algodón y lanzas y muchas otras cosas más que cambiaron por cuentas y cascabeles de halcón. No tuvieron ningún inconveniente en darnos todo lo que poseían... Eran de fuerte constitución, con cuerpos bien hechos y hermosos rasgos... No llevan armas, ni las conocen. Al enseñarles una espada, la cogieron por la hoja y se cortaron al no saber lo que era. No tienen hierro. Sus lanzas son de caña... Serían unos criados magníficos... Con cincuenta hombres los subyugaríamos a todos y con ellos haríamos lo que quisiéramos.*

Estos arawaks de las Islas Antillas se parecían mucho a los indígenas del continente, que eran extraordinarios (así los calificarían repetidamente los observadores europeos) por su hospitalidad, su entrega a la hora de compartir. Estos rasgos no estaban precisamente en auge en la Europa renacentista, dominada como estaba por la religión de los Papas, el gobierno de los reyes y la obsesión por el dinero que caracterizaba la civilización occidental y su primer emisario a las Américas, Cristóbal Colón.

Escribió Colón:

> *Nada más llegar a las Antillas, en las primeras Antillas, en la primera isla que encontré, atrapé a unos nativos para que aprendieran y me dieran información sobre lo que había en esos lugares.*

La cuestión que más acuciaba a Colón era: ¿dónde está el oro? Había convencido a los reyes de España a que financiaran su expedición a esas tierras. Esperaba que al otro lado del Atlántico -en las "Indias" y en Asia- habría riquezas, oro y especias. Como otros ilustrados contemporáneos suyos, sabía que el mundo era esférico y que podía navegar hacia el oeste para llegar al Extremo Oriente.

España acababa de unificarse formando uno de los nuevos Estado-nación modernos, como Francia, Inglaterra y Portugal. Su población, mayormente compuesta por campesinos, trabajaba para la nobleza, que representaba el 2% de la población, siendo éstos los propietarios del 95% de la tierra. España se había comprometido con la Iglesia Católica, había expulsado a todos los judíos y ahuyentado a los musulmanes. Como otros estados del mundo moderno, España buscaba oro, material que se estaba convirtiendo en la nueva medida de la riqueza, con más utilidad que la tierra porque todo lo podía comprar.

Había oro en Asia, o así se pensaba, y ciertamente había seda y especias, porque hacía unos siglos, Marco Polo y otros habían traído cosas maravillosas de sus expediciones por tierra. Al haber conquistado los turcos Constantinopla y el Mediterráneo oriental, y al estar las rutas terrestres a Asia en su poder, hacía falta una ruta marítima. Los marineros portugueses cada día llegaban más lejos en su exploración de la punta meridional de Africa. España decidió jugar la carta de una larga expedición a través de un océano desconocido.

A cambio de la aportación de oro y especias, a Colón le prometieron el 10% de los beneficios, el puesto de gobernador de las tierras descubiertas, además de la fama que conllevaría su nuevo título: Almirante del Mar Océano. Era comerciante de la ciudad italiana de Génova, tejedor eventual (hijo de un tejedor muy habilidoso), y navegante experto. Embarcó con tres carabelas, la más grande de las cuales era la *Santa María*, velero de unos treinta metros de largo, con una tripulación de treinta y nueve personas.

Colón nunca hubiera llegado a Asia, que distaba miles de kilómetros más de lo que él había calculado, imaginándose un mundo más pequeño. Tal extensión de mar hubiera significado su fin. Pero tuvo suerte. Al cubrir la cuarta parte de esa distancia dio con una tierra desconocida que no figuraba en mapa alguno y que estaba entre Europa y Asia: las Américas. Esto ocurrió a principios de octubre de 1492, treinta y tres días después de que él y su tripulación hubieran zarpado de las Islas Canarias, en la costa atlántica de

Africa. De repente vieron ramas flotando en el agua, pájaros volando. Señales de tierra. Entonces, el día 12 de octubre, un marinero llamado Rodrigo vio la luna de la madrugada brillando en unas arenas blancas y dio la señal de alarma. Eran las islas Antillas, en el Caribe. Se suponía que el primer hombre que viera tierra tenía que obtener una pensión vitalicia de 10.000 maravedís, pero Rodrigo nunca la recibió. Colón dijo que él había visto una luz la noche anterior y fue él quien recibió la recompensa.

Cuando se acercaron a tierra, los indios arawak les dieron la bienvenida nadando hacia los buques para recibirles. Los arawak vivían en pequeños pueblos comunales, y tenían una agricultura basada en el maíz, las batatas y la yuca. Sabían tejer e hilar, pero no tenían ni caballos ni animales de labranza. No tenían hierro, pero llevaban diminutos ornamentos de oro en las orejas.

Este hecho iba a traer dramáticas consecuencias: Colón apresó a varios de ellos y les hizo embarcar, insistiendo en que le guiaran hasta el origen del oro. Luego navegó a la que hoy conocemos como isla de Cuba, y luego a Hispaniola (la isla que hoy se compone de Haití y la República Dominicana). Allí, los destellos de oro visibles en los ríos y la máscara de oro que un jefe indígena local ofreció a Colón provocaron visiones delirantes de oro sin fin.

En Hispaniola, Colón construyó un fuerte con la madera de la *Santa María,* que había embarrancado. Fue la primera base militar europea en el hemisferio occidental. Lo llamó *Navidad,* y allí dejó a treinta y nueve miembros de su tripulación con instrucciones de encontrar y almacenar oro. Apresó a más indígenas y los embarcó en las dos naves que le quedaban. En un lugar de la isla se enzarzó en una lucha con unos indígenas que se negaron a suministrarles la cantidad de arcos y flechas que él y sus hombres deseaban. Dos fueron atravesados con las espadas y murieron desangrados. Entonces la *Niña* y la *Pinta* embarcaron rumbo a las Azores y a España. Cuando el tiempo enfrió, algunos de los prisioneros indígenas murieron.

El informe de Colón a la Corte de Madrid era extravagante. Insistió en el hecho de que había llegado a Asia (se refería a Cuba) y a una isla de la costa china (Hispaniola). Sus descripciones eran parte verdad, parte ficción:

> *Hispaniola es un milagro. Montañas y colinas, llanuras y pasturas, son tan fértiles como hermosas... los puertos naturales son increíblemente buenos y hay muchos ríos anchos, la mayoría de los cuales contienen oro... Hay muchas especias, y nueve grandes minas de oro y otros metales...*

Los indígenas, según el informe de Colón: *"Son tan ingenuos y generosos con sus posesiones que nadie que no les hubiera visto se lo creería. Cuando se pide algo que tienen, nunca se niegan a darlo. Al contrario, se ofrecen a compartirlo con cualquiera..."* Concluyó su informe con una petición de ayuda a Sus Majestades, y ofreció que, a cambio, en su siguiente viaje, les traería *"cuanto oro necesitasen... y cuantos esclavos pidiesen"*. Se prodigó en expresiones de tipo religioso: *"Es así que el Dios eterno, Nuestro Señor, da victoria a los que siguen Su camino frente a lo que aparenta ser imposible"*.

A causa del exagerado informe y las promesas de Colón, le fueron concedidos diecisiete naves y más de mil doscientos hombres para su segunda expedición. El objetivo era claro: obtener esclavos y oro. Fueron por el Caribe, de isla en isla, apresando indígenas. Pero a medida que se iba corriendo la voz acerca de las intenciones europeas, iban encontrando cada vez más poblados vacíos. En Haití vieron que los marineros que habían dejado en Fuerte Navidad habían muerto en una batalla con los indígenas después de merodear por la isla en cuadrillas en busca de oro, atrapando a mujeres y niños para convertirlos en esclavos y utilizarlos como objetos sexuales y para trabajos forzados.

Ahora, desde su base en Haití, Colón enviaba múltiples expediciones hacia el interior. No encontraron oro, pero tenían que llenar las naves que volvían a España con algún tipo de dividendo. En el año 1495 realizaron una gran incursión en busca de esclavos, capturaron a mil quinientos hombres, mujeres y niños arawaks, les retuvieron en corrales vigilados por españoles y perros, para luego escoger los mejores quinientos especímenes y cargarlos en naves. De esos quinientos, doscientos murieron durante el viaje. El resto llegó con vida a España para ser puesto a la venta por el arcediano de la ciudad, que anunció que, aunque los esclavos estuviesen *"desnudos como el día que nacieron"* mostraban *"la misma inocencia que los animales"*. Colón escribió más adelante: *"En el nombre de la Santa Trinidad, continuemos enviando todos los esclavos que se puedan vender"*.

Pero en el cautiverio morían demasiados esclavos. Así que Colón, desesperado por la necesidad de devolver dividendos a los que habían invertido dinero en su viaje, tenía que mantener su promesa de llenar sus naves de oro. En la provincia de Cicao, en Haití, donde él y sus hombres imaginaban la existencia de enormes yacimientos de oro, ordenaron que todos los mayores de catorce años recogieran cierta cantidad de oro cada tres meses. Cuando se la traían, les daban un colgante de cobre para que lo llevaran al cuello. A los indígenas que encontraban sin colgante de cobre, les cortaban las manos y se desangraban hasta la muerte. Los indígenas tenían una tarea imposible. El único oro que había en la zona era el polvo acumulado en los riachuelos. Así que huyeron, siendo cazados por perros y asesinados.

Los arawaks intentaron reunir un ejército de resistencia, pero se enfrentaban a españoles que tenían armadura, mosquetes, espadas y caballos. Cuando los españoles hacían prisioneros, los ahorcaban o los quemaban en la hoguera. Entre los arawaks empezaron los suicidios en masa con veneno de yuca. Mataban a los niños para que no cayeran en manos de los españoles. En dos años la mitad de los 250.000 indígenas de Haití habían muerto por asesinato, mutilación o suicidio.

Cuando se hizo patente que no quedaba oro, a los indígenas se los llevaban como esclavos a las grandes haciendas que después se conocerían como "encomiendas". Se les hacía trabajar a un ritmo infernal, y morían a millares. En el año 1515, quizá quedaban cincuenta mil indígenas. En el año 1550, había quinientos. Un informe del año 1650 revela que en la isla no quedaba ni uno solo de los arawaks autóctonos, ni de sus descendientes.

La principal fuente de información sobre lo que pasó en las islas después de la llegada de Colón -y para muchos temas, la única- es Bartolomé de las Casas. De sacerdote joven había participado en la conquista de Cuba. Durante un tiempo fue el propietario de una hacienda donde trabajaban esclavos indígenas, pero la abandonó y se convirtió en un vehemente crítico de la crueldad española. Las Casas transcribió el diario de Colón y, a los cincuenta años, empezó a escribir una *Historia de las Indias* en varios volúmenes.

En la sociedad india se trataba tan bien a las mujeres que los españoles quedaron atónitos. Las Casas describe las relaciones sexuales:

> *No existen las leyes matrimoniales: tanto los hombres como las mujeres escogen sus parejas y las dejan a su placer, sin ofensa, celos ni enfado. Se reproducen a gran ritmo; las mujeres embarazadas trabajan hasta el último minuto y dan a luz casi sin dolor; al día siguiente se levantan, se bañan en el río y quedan tan limpias y sanas como antes de parir. Si se cansan de sus parejas masculinas, abortan con hierbas que causan la muerte del feto. Se cubren las partes vergonzantes con hojas o trapos de algodón, aunque por lo general, los indígenas -hombres y mujeres- ven la desnudez total con la misma naturalidad con la que nosotros miramos la cabeza o las manos de un hombre.*

"*Los indígenas*," dice Las Casas, "*no dan ninguna importancia al oro y a otras cosas de valor. Les falta todo sentido del comercio, ni compran ni venden, y dependen enteramente de su entorno natural para sobrevivir. Son muy generosos con sus posesiones y por la misma razón, si deseaban las posesiones de sus amigos, esperan ser atendidos con el mismo grado de generosidad...*"

Las Casas habla del tratamiento de los indígenas a manos de los españoles.

Testimonios interminables... dan fe del temperamento benigno y pacífico de los nativos... Pero fue nuestra labor la de exasperar, asolar, matar, mutilar y destrozar; ¿a quién puede extrañar, pues, si de vez en cuando intentaban matar a alguno de los nuestros?... El almirante, es verdad, fue tan ciego como los que le vinieron detrás, y tenía tantas ansias de complacer al Rey que cometió crímenes irreparables contra los indígenas...

El control total conllevó una crueldad igualmente total. Los españoles "*no se lo pensaban dos veces antes de apuñalarlos a docenas y cortarles para probar el afilado de sus espadas.*" Las Casas explica cómo "*dos de estos supuestos cristianos se encontraron un día con dos chicos indígenas, cada uno con un loro; les quitaron los loros y para su mayor disfrute, cortaron las cabezas a los chicos*".

Mientras que los hombres eran enviados muy lejos, a las minas, las mujeres se quedaban para trabajar la tierra. Les obligaban a cavar y a levantar miles de elevaciones para el cultivo de la yuca, un trabajo insoportable.

De esta forma las parejas sólo se unían una vez cada ocho o diez meses y cuando se juntaban, tenían tal cansancio y tal depresión... que dejaban de procrear. Respecto a los bebés, morían al poco rato de nacer porque a sus madres se les hacía trabajar tanto, y estaban tan hambrientas, que no tenían leche para amamantarlos, y por esta razón, mientras estuve en Cuba, murieron 7.000 niños en tres meses. Algunas madres incluso llegaron a ahogar a sus bebés de pura desesperación... De esta forma, los hombres morían en las minas, las mujeres en el trabajo, y los niños de falta de leche... y en un breve espacio de tiempo, esta tierra, que era tan magnífica, poderosa y fértil... quedó despoblada... Mis ojos han visto estos actos tan extraños a la naturaleza humana, y ahora tiemblo mientras escribo...

Cuando llegó a Hispaniola en 1508, Las Casas dice: "*Vivían 60.000 personas en las islas, incluyendo a los indígenas; así que entre 1494 y 1508, habían perecido más de tres millones de personas entre la guerra, la esclavitud y las minas. ¿Quién se va a creer esto en futuras generaciones?*"

Así empezó la historia -hace quinientos años- de la invasión europea de los pueblos indígenas de las Américas, una historia de conquista, esclavitud y muerte. Pero en los libros de historia que se da a generación tras generación de niños en los Estados Unidos, todo empieza con una aventura heroica -no una sangría- y el Día de Colón es un día de celebración. Sólo se han visto ligeros cambios en años recientes. Eso sí, con cuentagotas.

Más allá de las escuelas primarias y secundarias, tan sólo ha habido pinceladas ocasionales de algo distinto. Samuel Eliot Morison, el historiador de Harvard, fue el autor más distinguido sobre temática colombina. Escribió una biografía en diversos volúmenes, y él mismo se hizo a la mar para reconstruir la ruta de Colón a través del Atlántico. En su popular libro *Cristóbal Colón, marinero,* escrito en 1954, nos cuenta el tema de la esclavitud y las matanzas: *"La cruel política iniciada por Colón y continuada por sus sucesores desembocó en un genocidio completo".*

Esta cita aparece en una de las páginas del libro, sepultada en un entorno de gran romanticismo. En el último párrafo del libro, Morison da un resumen de sus impresiones sobre Colón:

> *Tenía defectos, pero en gran medida eran defectos que nacían de las cualidades que le hicieron grande -su voluntad indomable, su impresionante fe en Dios y en su propia misión como portador de Cristo a las tierras allende los mares, su tozuda persistencia a pesar de la marginación, la pobreza y el desánimo que le acechaban. Pero no tenía mácula ni había fallo alguno en la más esencial y sobresaliente de sus cualidades -su habilidad como marinero.*

Se puede mentir como un bellaco sobre el pasado. O se pueden omitir datos que pudieran llevar a conclusiones inaceptables. Morison no hace ni una cosa ni la otra. Se niega a mentir respecto a Colón. No se salta el tema de los asesinatos en masa; efectivamente, lo describe con la palabra más desgarradora que se pueda usar: genocidio.

Pero hace otra cosa. No se entretiene en la verdad, y pasa a considerar las cosas que le resultan más importantes. El hecho de mentir demasiado descaradamente o de hacer disimuladas omisiones comporta el riesgo de ser descubierto, lo cual, si ocurre, puede llevar al lector a rebelarse contra el autor. Sin embargo, el hecho de apuntar los datos para seguidamente enterrarlos en una masa de información paralela equivale a decirle al lector con cierta calma afectada: sí, hubo asesinatos en masa, pero eso no es lo verdaderamente importante. Debiera pesar muy poco en nuestros juicios finales; no debería afectar tanto lo que hagamos en el mundo.

La verdad es que el historiador no puede evitar enfatizar unos hechos y olvidar otros. Esto le resulta tan natural como al cartógrafo que, con el fin de producir un dibujo eficaz a efectos prácticos, primero debe allanar y distorsionar la forma de la tierra para entonces escoger entre la desconcertante masa de información geográfica las cosas que necesita para los propósitos de tal o cual mapa.

Mis críticas no pueden cebarse en los procesos de selección, simplificación o énfasis, los cuales resultan inevitables tanto para los cartógrafos como para los historiadores. Pero la distorsión del cartógrafo es una necesidad técnica para una finalidad común que comparten todos los que necesitan de los mapas. La distorsión del cartógrafo, más que técnica, es ideológica; se debate en un mundo de intereses contrapuestos, en el que cualquier énfasis presta apoyo (lo quiera o no el historiador) a algún tipo de interés, sea económico, político, racial, nacional o sexual.

Además este interés ideológico no se expresa tan abiertamente ni resulta tan obvio como el interés técnico del cartógrafo (*"Esta es una proyección Mercator para navegación de larga distancia -para las distancias cortas deben usar una proyección diferente"*). No. Se presenta como si todos los lectores de temas históricos tuvieran un interés común que los historiadores satisfacen con su gran habilidad.

El hecho de enfatizar el heroísmo de Colón y sus sucesores como navegantes y descubridores y de quitar énfasis al genocidio que provocaron no es una necesidad técnica sino una elección ideológica. Sirve -se quiera o no- para justificar lo que pasó.

Lo que quiero resaltar aquí no es el hecho de que debamos acusar, juzgar y condenar a Colón *in absentia*, al contar la historia. Ya pasó el tiempo de hacerlo; sería un inútil ejercicio académico de moralística. Quiero hacer hincapié en que todavía nos acompaña la costumbre de aceptar las atrocidades como el precio deplorable pero necesario que hay que pagar por el progreso (Hiroshima y Vietnam por la salvación de la civilización occidental; Kronstadt y Hungría por la del socialismo; la proliferación nuclear para salvarnos a todos). Una de las razones que explican por qué nos merodean todavía estas atrocidades es que hemos aprendido a enterrarlas en una masa de datos paralelos, de la misma manera que se entierran los residuos nucleares en contenedores de tierra.

El tratamiento de los héroes (Colón) y sus víctimas (los arawaks) -la sumisa aceptación de la conquista y el asesinato en el nombre del progreso- es sólo un aspecto de una postura ante la historia que explica el pasado desde el punto de vista de los gobernadores, los conquistadores, los diplomáticos y los líderes. Es como si ellos -por ejemplo, Colón- merecieran la aceptación universal; como si ellos -los Padres Fundadores, Jackson, Lincoln, Wilson, Roosevelt, Kennedy, los principales miembros del Congreso, los famosos jueces del Tribunal Supremo- representaran a toda la nación. La pretensión es que realmente existe una cosa que se llama "Estados Unidos", que es presa a veces de conflictos y discusiones, pero que fundamentalmente es una comunidad de gente de intereses compartidos. Es como si realmente hubiera un "interés nacional" representado por la Constitución, por la expansión territorial, por las leyes aprobadas por el Congreso, las decisiones de los tribunales, el desarrollo del capitalismo, la cultura de la educación y los medios de comunicación.

"*La historia es la memoria de los estados*", escribió Henry Kissinger en su primer libro, *A World Restored,* en el que se dedicó a contar la historia de la Europa del siglo diecinueve desde el punto de vista de los líderes de Austria e Inglaterra, ignorando a los millones que sufrieron las políticas de sus estadistas. Desde su punto de vista, la "paz" que tenía Europa antes de la Revolución Francesa quedó "restaurada" por la diplomacia de unos pocos líderes nacionales. Pero para los obreros industriales de Inglaterra, para los campesinos de Francia, para la gente de color en Asia y África, para las mujeres y los niños de todo el mundo -salvo los de clase acomodada- era un mundo de conquistas, violencia, hambre, explotación -un mundo no restaurado, sino desintegrado.

Mi punto de vista, al contar la historia de los Estados Unidos, es diferente: no debemos aceptar la memoria de los estados como cosa propia. Las naciones no son comunidades y nunca lo fueron. La historia de cualquier país, si se presenta como si fuera la de una familia, disimula terribles conflictos de intereses (algo explosivo, casi siempre reprimido) entre conquistadores y conquistados, amos y esclavos, capitalistas y trabajadores, dominadores y dominados por razones de raza y sexo. Y en un mundo de conflictos, en un mundo de víctimas y verdugos, la tarea de la gente pensante debe ser -como sugirió Albert Camus- no situarse en el bando de los verdugos.

Así, en esa inevitable toma de partido que nace de la selección y el subrayado de la historia, prefiero explicar la historia del descubrimiento de

América desde el punto de vista de los arawaks; la de la Constitución, desde la posición de los esclavos; la de Andrew Jackson, tal como lo verían los cherokees; la de la Guerra Civil, tal como la vieron los irlandeses de Nueva York; la de la Guerra de México, desde el punto de vista de los desertores del ejército de Scott; la de la eclosión del industrialismo, tal como lo vieron las jóvenes obreras de las fábricas textiles de Lowell; la de la Guerra Hispano-Estadounidense vista por los cubanos; la de la conquista de las Filipinas tal como la verían los soldados negros de Luzón; la de la Edad de Oro, tal como la vieron los agricultores sureños; la de la I Guerra Mundial, desde el punto de vista de los socialistas, y la de la Segunda vista por los pacifistas; la del *New Deal* de Roosevelt, tal como la vieron los negros de Harlem; la del Imperio Americano de posguerra, desde el punto de vista de los peones de Latinoamérica. Y así sucesivamente, dentro de los límites que se le imponen a una sola persona, por mucho que él o ella se esfuercen en "ver" la historia desde otros puntos de vista.

Mi línea no será la de llorar por las víctimas y denunciar a sus verdugos. Esas lágrimas, esa cólera, proyectadas hacia el pasado, hacen mella en nuestra energía moral actual. Y las líneas no siempre son claras. A largo plazo, el opresor también es víctima. A corto plazo (y hasta ahora, la historia humana sólo ha consistido en plazos cortos), las víctimas, desesperadas y marcadas por la cultura que les oprime, se ceban en otras víctimas.

No obstante, teniendo en cuenta estas complejidades, este libro contemplará con escepticismo a los gobiernos y sus intentos, a través de la política y la cultura, de engatusar a la gente ordinaria en la inmensa telaraña nacional, con el camelo del "interés común". Intentaré no obviar las crueldades que las víctimas se hacen unas a otras mientras las meten apretujadas en los furgones del Sistema. No quiero mitificarlas. Pero sí recuerdo (echando mano de una paráfrasis aproximada) una declaración que una vez leí: *"El grito de los pobres no siempre es justo, pero si no lo escuchas, nunca sabrás lo que es la justicia".*

No quiero inventar victorias para los movimientos populares. Pero el hecho de pensar que los escritos sobre historia tan sólo tienen como finalidad recapitular los fallos que dominaron el pasado es convertir a los historiadores en colaboradores de un ciclo interminable de derrotas. Si la historia tiene que ser creativa -para así anticipar un posible futuro sin negar el pasado- debería, creo yo, centrarse en las nuevas posibilidades basándose en el descubrimiento de esos episodios olvidados del pasado en los que, aunque sólo sea en breves pinceladas, la gente mostró una capacidad para la resistencia, para la unidad, y, ocasionalmente, para la victoria. Estoy suponiendo -o quizás tan sólo anhelando- que nuestro futuro se pueda encontrar en los furtivos momentos de compasión que hubo en el pasado antes que en los densos siglos de guerra.

Esta es, expresada de la manera más directa que sé, mi actitud ante la historia de los Estados Unidos. Conviene que el lector lo sepa antes de proseguir.

Lo que hizo Colón con los arawaks de las Islas Antillas, Cortés lo hizo con los aztecas de México, Pizarro con los incas del Perú y los colonos ingleses de Virginia y Massachusetts con los indios powhatanos y pequotes.

Parece ser que en los primitivos estados capitalistas de Europa hubo verdadera locura por encontrar oro, esclavos y productos de la tierra para pagar a los accionistas y obligacionistas de las expediciones, para financiar las emergentes burocracias monárquicas de Europa Occidental, para promocionar el crecimiento de las nuevas economías monetaristas que surgían del feudalismo y para participar en lo que Carlos Marx después llamaría "la acumulación primitiva de capital". Estos fueron los violentos inicios de un sistema complejo de tecnología, negocios, política y cultura que dominaría el mundo durante cinco siglos.

Jamestown, Virginia, la primera colonia permanente de los ingleses en las Américas, se estableció dentro del territorio de una confederación india liderada por el jefe Powhatan. Powhatan observó la colonización inglesa de sus tierras, pero no atacó, manteniendo una posición de calma. Cuando los ingleses sufrieron la hambruna del invierno de 1610, algunos se acercaron a los indios para poder comer y no morirse. Cuando llegó el verano, el gobernador de la colonia envió un mensaje para pedirle a Powhatan que devolviera a los fugitivos. Powhatan, según la versión inglesa, respondió con *"respuestas nacidas del orgullo y del desdén"*. Así que enviaron soldados para "vengarse". Atacaron un poblado indio, mataron a quince o dieciséis indios, quemaron sus casas, cortaron el trigo que cultivaban en las inmediaciones del poblado, se llevaron en barcos a la reina de la tribu y a sus hijos, y acabaron por tirar los hijos por la borda, *"haciéndoles saltar la tapa de los sesos en el agua"*. A la reina se la llevaron para asesinarla a navajazos.

Parece ser que doce años después, los indios, alarmados por el crecimiento de los poblados ingleses, intentaron eliminarlos de una vez por todas. Hicieron una incursión en la que masacraron a 347 hombres, mujeres y niños. Desde entonces se declaró una guerra sin cuartel.

Al no poder esclavizar a los indios, y no pudiendo convivir con ellos, los ingleses decidieron exterminarlos. Según el historiador Edmund Morgan, "*en el plazo de dos o tres años desde la masacre, los ingleses habían vengado varias veces todas las muertes de ese día*".

En ese primer año de presencia del hombre blanco en Virginia (1607), Powhatan había dirigido una petición a John Smith. Resultó ser profética. Se puede dudar de su autenticidad, pero se asemeja tanto a tantas declaraciones indias que si no se la puede considerar el borrador de esa primera petición, por lo menos sí lleva su mismo espíritu:

> *He visto morir a dos generaciones de mi gente... Conozco la diferencia entre la paz y la guerra mejor que ningún otro hombre de mi país. ¿Por qué toman Uds. por la fuerza lo que pudieran obtener por vía pacífica? ¿Por qué quieren destruir a los que les abastecen de alimentos? ¿Qué pueden ganar con la guerra? ¿Por qué nos tienen envidia? Estamos desarmados y dispuestos a darles lo que piden si vienen en son de amistad. No somos tan inocentes como para ignorar que es mucho mejor comer buena carne, dormir tranquilamente, vivir en paz con nuestras esposas y nuestros hijos, reirnos y ser amables con los ingleses, y comerciar para obtener su cobre y sus hachas, que huir de ellos y malvivir en los fríos bosques, comer bellotas, raíces y otras porquerías, y no poder comer ni dormir por la persecución que sufrimos.*

Cuando llegaron los primeros colonos a Nueva Inglaterra -los *Pilgrim Fathers*- también se instalaron en territorio habitado por tribus indias, y no en tierra deshabitada.

Los indios pequote habitaban en lo que hoy es Connecticut del Sur y Rhode Island. Los puritanos los querían echar; codiciaban sus tierras.

Así empezó la guerra con los pequotes. Ocurrieron masacres en ambos bandos. Los ingleses desarrollaron una táctica guerrera que antes había usado Cortés y que después reaparecería en el siglo veinte, incluso de forma más sistemática: los ataques deliberados a los no-combatientes para aterrorizar al enemigo.

Así que los ingleses incendiaron los *wigwams* de los poblados. William Bradford, en su libro contemporáneo, *History of The Plymouth Plantation*, describe la incursión de John Mason en el poblado Pequote:

Los que escaparon al fuego fueron muertos a espada; algunos murieron a hachazos, y otros fueron atravesados con el espadín, y así se dio buena cuenta de ellos en poco tiempo, y pocos lograron huir. Se piensa que murieron unos 400 esa vez. Verles freír en la sartén resultó un terrible espectáculo.

Un pie de página en el libro de Virgil Vogel, *This land was ours* (1972), dice lo siguiente: *"La cantidad oficial de Pequotes que ahora quedan en Connecticut es de veintiuna personas"*.

Durante un tiempo, los ingleses lo intentaron con tácticas más suaves. Pero después se decantaron por el exterminio. La población de 10 millones de indios que vivía al norte de México al llegar Colón se reduciría finalmente a menos de un millón. Enormes cantidades de indios morirían de las enfermedades que introdujo el hombre blanco.

Detrás de la invasión inglesa de Norteamérica, detrás de las masacres de indios que realizaron, detrás de sus engaños y su brutalidad, yacía ese poderoso y especial impulso que nace en las civilizaciones y que se basa en la propiedad privada. Era un impulso moralmente ambiguo; la necesidad de espacio, de tierras, era una auténtica necesidad humana. Pero en condiciones de escasez, en una época bárbara de la historia, marcada por la competencia, esta necesidad humana se veía traducida en la masacre de pueblos enteros.

De Colón a Cortés, de Pizarro a los puritanos, ¿era toda esta sangría y todo este engaño una necesidad para el progreso -desde el estado salvaje hasta la civilización- de la raza humana?

Si efectivamente hay que hacer sacrificios para el progreso de la humanidad, ¿no resulta esencial atenerse al principio de que los mismos *sacrificados* deben tomar la decisión? Todos podemos decidir sacrificar algo propio, pero ¿tenemos el derecho a echar en la pira mortuoria a los hijos de los demás, o incluso a nuestros propios hijos, en aras de un progreso que no resulta ni la mitad de claro o tangible que la enfermedad o la salud, la vida o la muerte?

Más allá de todo ello, ¿cómo podemos estar seguros de que lo que se destruyó fuese inferior? ¿Quiénes eran esas personas que aparecieron en la playa y que llevaron a nado presentes para Colón y su tripulación, que observaban mientras Cortés y Pizarro cabalgaban por su campiña y que asomaban sus cabezas por los bosques para ver los primeros colonos blancos de Virginia y Massachusetts?

Colón les llamó "indios" porque calculó mal el tamaño de la tierra. En este libro les llamamos "indios" con algo de precaución porque demasiadas veces ocurre que a los pueblos les toca apechugar con las etiquetas que les han colgado sus conquistadores.

Cuando llegó Colón había unos 75 millones de personas ampliamente repartidas por la enorme masa terrestre de las Américas, 25 de los cuales estaban en América del Norte. En consonancia con los diferentes entornos de tierras y clima, desarrollaron cientos de diferentes culturas tribales y unas dos mil lenguas distintas. Perfeccionaron el arte de la agricultura, y se las apañaron para cultivar el maíz, que, al no crecer por sí sólo, tiene que ser plantado, cultivado, abonado, cosechado, descascarado y pelado. Su ingenio les permitió desarrollar una serie de verduras y frutas diferentes, así como los cacahuetes, el chocolate, el tabaco y el caucho.

Los indígenas de América estaban inmersos en la gran revolución agrícola que estaban experimentando otros pueblos de Asia, Europa y Africa en ese mismo período aproximado.

Mientras que muchas de las tribus retuvieron las costumbres de los cazadores nómadas y de los recolectores de alimentos en comunas errantes e igualitarias, otras empezaron a vivir en comunidades más estables en sitios más provistos de alimentos, con poblaciones mayores, más división del trabajo entre hombres y mujeres, más excedentes para alimentar a los jefes y a los brujos, más tiempo de ocio para las labores artísticas y sociales, y para construir casas.

Entre los Adirondacas y los Grandes Lagos, en lo que hoy en día es Pennsylvania y la parte superior de Nueva York, vivía la más poderosa de las tribus del noreste, la Liga de los Iroqueses. En los poblados iroqueses la tierra era de propiedad compartida y se trabajaba en común. Se cazaba en equipo, y se dividían las presas entre los miembros del poblado.

En la sociedad de los iroqueses, las mujeres eran respetadas. Cuidaban los cultivos y se encargaban de las cuestiones del poblado mientras los hombres cazaban y pescaban. Como apunta Gary B. Nash en su fascinante estudio de la América primitiva, *Red, White and Black*, "*así se compartía el poder entre sexos, y brillaba por su ausencia en la sociedad iroquesa la idea europea del predominio masculino y de la sumisión femenina*".

Mientras que a los hijos de la sociedad iroquesa se les enseñaba el patrimonio cultural de su pueblo y la solidaridad para con su tribu, también se les enseñaba a ser independientes y a no someterse a los abusos de la autoridad.

Todo esto contrastaba vivamente con los valores europeos que importaron los primeros colonos, una sociedad de ricos y pobres, controlada por los sacerdotes, por los gobernadores, por las cabezas -masculinas- de familia.

Gary Nash describe así la cultura iroquesa:

> *Antes de la llegada de los europeos, en los bosques del noreste no había leyes ni ordenanzas, comisarios ni policías, jueces ni jurados, juzgados ni prisiones - nada de la parafernalia autoritaria de las sociedades europeas. Sin embargo, estaban firmemente establecidos los límites del comportamiento aceptable. A pesar de enorgullecerse del individuo autónomo, los iroqueses mantenían un sentido estricto del bien y del mal... Se deshonraba y se trataba con ostracismo al que robaba alimentos ajenos o se comportaba de forma cobarde en la guerra, hasta que hubiera expiado sus malas acciones y demostrado su purificación moral a satisfacción de los demás.*

Y no sólo se comportaban así los iroqueses, sino también otras tribus indígenas.

Colón y sus sucesores no aterrizaban en un desierto baldío, sino que lo hacían en un mundo que en algunas zonas estaba tan densamente poblado como la misma Europa; donde la cultura era compleja; donde eran más igualitarias las relaciones humanas que en Europa, y donde las relaciones entre hombres, mujeres, niños y naturaleza quizás estaban más noblemente concebidas que en ningún otro punto del globo.

Eran gentes sin lenguaje escrito, pero que tenían sus propias leyes, su poesía, su historia retenida en la memoria y transmitida de generación en generación, con un vocabulario oral más complejo que el europeo y acompañado con cantos, bailes y ceremonias dramáticas. Prestaban mucha atención al desarrollo de la personalidad, la fuerza de la voluntad, la independencia y la flexibilidad, la pasión y la potencia, a sus relaciones interpersonales y con la naturaleza.

John Collier, un estudioso americano que convivió con los indios en los años veinte y treinta en el suroeste americano, comentó de su espíritu: "*Si pudiéramos adoptarlo nosotros, habría una tierra eternamente inagotable y una paz que duraría por los siglos de los siglos*".

Quizás haya un resquicio de romanticismo mitológico en esa aseveración. Pero aún a expensas de la imperfección que conllevan los mitos, baste para que nos haga cuestionar -en ese período y en el nuestro- la excusa del progreso que respalda el exterminio de las razas, y la costumbre de contarse la historia desde la óptica de los conquistadores y los líderes de la civilización occidental.

Capítulo 2

ESTABLECIENDO LA BARRERA RACIAL

No hay país en la historia mundial en el que el racismo haya tenido un papel tan importante y durante tanto tiempo como en los Estados Unidos. El problema de la "barrera racial" o *color line* -en palabras de W.E.B. Du Bois- todavía coletea. Y el hecho de preguntar: ¿Cómo empezó? O, dicho de otra forma: ¿Es posible que blancos y negros convivan sin odio? va más allá de una cuestión de interés meramente histórico.

Si la historia puede ayudar a responder a estas preguntas, entonces los inicios de la esclavitud en América del Norte -un continente donde podemos identificar la llegada de los primeros blancos y los primeros negros- puede que nos proporcione algunas pistas.

En las colonias inglesas, la esclavitud pasó rápidamente a ser una institución estable, la relación laboral normal entre negros y blancos. Junto a ella se desarrolló ese sentimiento racial especial -sea odio, menosprecio, piedad o paternalismo- que acompañaría la posición inferior de los negros en América durante los 350 años siguientes -esa combinación de rango inferior y de pensamiento peyorativo que llamamos "racismo".

Todas las experiencias que vivieron los primeros colonos blancos empujaron y presionaron para que se produjera la esclavitud de los negros.

Los virginianos de 1619 necesitaban desesperadamente mano de obra para cultivar suficiente comida como para sobrevivir. Entre ellos estaban los supervivientes del invierno de 1609-1610, el "tiempo de hambruna" o *starving time*, cuando, enloquecidos de hambre, erraban por los bosques en busca de frutos secos y bayas, abrieron las tumbas para comerse los cadáveres, y murieron en masa hasta que, de quinientos colonos, tan sólo quedaron sesenta.

Los virginianos necesitaban mano de obra para cultivar el trigo de la subsistencia y el tabaco para la exportación. Acababan de enterarse de cómo se cultivaba el tabaco, y, en 1617, enviaron a Inglaterra el primer cargamento. Cuando vieron que, al igual que todos los narcóticos asociados con la desaprobación social, se vendía a buen precio, los agricultores, tratándose de algo tan provechoso, no hicieron demasiadas preguntas -a pesar de llenarse la boca de religiosidad.

No podían obligar a los indios a trabajar para ellos como había hecho Colón. Los ingleses eran muchos menos y aunque pudiesen exterminar a los indios con sus sofisticadas armas de fuego, a cambio se verían expuestos a las masacres indias. No podían capturarlos y mantenerlos como esclavos; los indios eran duros, ingeniosos, desafiantes, y estaban tan adaptados a estos bosques como mal adaptados lo estaban los trasplantados ingleses.

Puede que haya habido una especie de rabia frustrada respecto a su propia ineptitud en comparación con la superioridad india para cuidarse y que esto haya predispuesto a los virginianos a ser amos de los esclavos. Edmund Morgan imagina su estado de ánimo mientras escribe en su libro *American Slavery, American Freedom*:

> Si eras colono, sabías que tu tecnología era superior a la de los indios. Sabías que eras civilizado, y que ellos eran salvajes... Pero tu tecnología superior se había mostrado insuficiente para extraer nada. Los indios, en su aislamiento, se reían de tus métodos superiores y vivían de la tierra con más abundancia y con menos mano de obra que tú... Y cuando tu propia gente empezó a desertar para vivir con ellos, resultó ser demasiado... Así que mataste a los indios, les torturaste, quemaste sus poblados, sus campos de trigo. Eso probaba tu superioridad, a pesar de tus fallos. Y te despachaste igual con cualquiera de los tuyos que haya sucumbido a su salvaje modo de vida. Pero aun así, no cultivaste demasiado trigo.

La respuesta estaba en los esclavos negros. Era natural considerar a los negros importados como esclavos, aunque la institución de la esclavitud no se regularía ni se legalizaría hasta varias décadas después. En el año 1619 ya se había transportado un millón de negros de Africa a América del Sur y el Caribe, a las colonias portuguesas y españolas, para trabajar como esclavos. Cincuenta años antes del viaje de Colón, los portugueses llevaron diez negros africanos a Lisboa; y así empezó el comercio regular de esclavos. Los negros africanos ya llevaban cien años con la etiqueta de esclavos, aunque al principio, con el ansia que había por contar con una fuente regular de mano de obra, se les considerara como a objetos, como a cualquier cosa menos como a esclavos.

Como esclavos, los negros estaban indefensos, y eso hacía más fácil su captura. Los indios estaban en su propias tierras. Los blancos estaban en su entorno cultural europeo. A los negros se les había arrancado de su tierra y de su entorno cultural. Se les obligaba a vivir en una situación en que poco a poco quedaban exterminados sus hábitos lingüísticos, su forma de vestir, sus tradiciones y sus relaciones familiares, sólo dejando los desechos que los negros no perderían por su extraordinaria perseverancia.

¿Era inferior su cultura, y resultaba tan asequible a la destrucción? A su manera, la civilización africana era tan avanzada como la europea. Según cómo, resultaba incluso más admirable; pero también comportaba crueldades, privilegios jerárquicos y una predisposición al sacrificio de vidas humanas en aras de la religión o el beneficio material. Era una civilización de 100 millones de almas que usaba utensilios de hierro y que dominaba la agricultura. Tenía grandes aglomeraciones urbanas y podía alardear de grandes logros en el arte de hacer tejidos, en la cerámica y en la escultura.

Los exploradores europeos del siglo dieciséis quedaron impresionados con los reinos africanos de Tombouctou y Mali, ya estables y organizados en un tiempo en que los estados europeos justo empezaban a convertirse en naciones modernas.

Africa tenía una especie de feudalismo, basado en la agricultura como en Europa, con jerarquías de señores y vasallos. Pero el feudalismo africano no provenía, como en Europa, de las sociedades esclavistas de Grecia y Roma, que habían destruido la antigua vida tribal. En Africa, la vida tribal todavía prosperaba, y algunos de sus mejores rasgos -un espíritu comunitario, más generosidad en las leyes y los castigos- todavía subsistían. Y debido al hecho de que los señores carecían de las armas que tenían los europeos, la obediencia les resultaba más difícil de conquistar.

En Inglaterra, incluso en fechas tan tardías como 1740, a un niño se le podía ahorcar por robar un trapo de algodón. Pero en el Congo persistía la vida comunal, la idea de la propiedad privada les resultaba extraña, y se castigaban los robos con multas o diferentes grados de servidumbre. Una vez un líder congoleño, al saber de los códigos legales portugueses, preguntó a un portugués en tono burlón: "¿Qué castigo hay en Portugal para el que pone los pies en el suelo?"

En los estados africanos existía la esclavitud, y a veces los europeos utilizaban este hecho para justificar su propio comercio de esclavos. Pero, tal como apunta Basil Davidson (*The African Slave Trade*), los "esclavos" de Africa se asemejaban más a los siervos de Europa -o sea, eran como la mayoría de la población de Europa. Era una dura servidumbre, pero gozaban de derechos que no tenían los esclavos llevados a América, y eran "*del todo diferentes al ganado humano de los barcos negreros y las haciendas americanas*".

La esclavitud africana carecía de dos de los elementos que hacían de la esclavitud americana la forma más cruel de esclavitud de la historia: el frenesí de beneficio ilimitado que nace de la agricultura capitalista y la reducción del esclavo a un rango infrahumano con la utilización del odio racial, con esa impenitente claridad basada en el color, donde el blanco era el amo y el negro el esclavo.

De hecho, los negros de Africa se encontraban especialmente indefensos cuando se les desarraigaba porque provenían de una cultura estable, de costumbres tribales y lazos familiares, de vida comunal y rituales tradicionales. Eran capturados en el interior (frecuentemente sus raptores eran negros que participaban en el comercio de esclavos), vendidos en la costa, y metidos en corrales junto con negros de otras tribus que a menudo hablaban en idiomas diferentes.

Al negro africano, las condiciones de captura y venta le confirmaban de forma abrumadora su posición indefensa ante una fuerza superior. Las marchas hacia la costa a veces sobrepasaban los 1.500 kilómetros. Las personas iban cargadas con grilletes en el cuello y eran hostigadas mediante el látigo y el fusil. Eran marchas de la muerte, en las que morían dos de cada cinco negros. En la costa eran recluidos en jaulas hasta su selección y venta.

Entonces los amontonaban en los barcos negreros, en espacios que casi no superaban las dimensiones de un ataúd. Se les encadenaba en los fondos oscuros y asquerosos de los barcos, y se ahogaban en la peste de sus propios excrementos.

En una ocasión, al oír un fuerte ruido que provenía de las bodegas donde yacían encadenados los negros, los marineros abrieron las escotillas y encontraron a los esclavos en diferentes estados de ahogo, muchos de ellos muertos, unos habiendo matado a otros en sus desesperados intentos de respirar. Los esclavos a menudo saltaban por la borda para ahogarse antes que seguir sufriendo. Según un observador, la cubierta de una bodega de un barco negrero estaba "*tan cubierta de sangre y mucosa que parecía un matadero*".

En estas condiciones puede que murieran uno de cada tres negros transportados por mar, pero las enormes ganancias (a menudo el doble de la inversión realizada en un viaje) hacía que al negrero le resultase beneficioso. Los negros, pues, eran amontonados en las bodegas como si fueran pescado. Los primeros en dominar el comercio de esclavos fueron los holandeses, y luego los ingleses. (En 1795, Liverpool ya tenía más de cien barcos negreros y controlaba la mitad de todo el comercio negrero de Europa.) Algunos americanos de Nueva Inglaterra se apuntaron al negocio, y en 1637 el primer barco negrero americano, llamado *Desire*, zarpó de Marblehead. Sus bodegas estaban divididas en cubículos de sesenta centímetros por ciento ochenta, con grilletes y barras para las piernas de los esclavos.

En 1800 ya se habían transportado entre 10 y 15 millones de negros como esclavos a las Américas, quizás la tercera parte de los capturados inicialmente en Africa. Se estima que en esos siglos que consideramos el inicio de la civilización occidental moderna, Africa perdió aproximadamente 50 millones de seres humanos. Unos morirían y los otros serían convertidos en esclavos de los negreros y de los propietarios de haciendas de Europa Occidental y de América, en los países considerados como los más avanzados del mundo.

Con todos estos factores -la desesperada búsqueda de mano de obra por parte de los colonos de Jameston, la imposibilidad de usar a los indios y las dificultades que comportaba usar a los blancos, la disponibilidad de los negros, ofrecidos en cantidades cada vez mayores por los ávidos comerciantes de carne humana, y con la sumisión de unos negros que habían pasado por un infierno que, si no les había matado, tenía que haberles dejado en un estado de total vulnerabilidad tanto psíquica como fisicamente- ¿puede extrañar a alguien que estos negros estuvieran maduros para ser esclavos?

En estas circunstancias, incluso si a algunos negros se les consideraba como criados, ¿se trataría igual a los criados negros que a los criados blancos?

Las evidencias que emanan de los informes judiciales de la Virginia colonial nos muestran que en 1630 se ordenó que a un hombre blanco llamado Hugh Davis "*se le dieran unos buenos latigazos por abusar de sí mismo y ensuciar su cuerpo al yacer con un negro*". Diez años después, seis criados y "*un negro del Sr. Reynolds*" intentaron huir. Mientras que los blancos recibieron penas menores, la pena para Emanuel el Negro fue que "*recibiese treinta latigazos y que se le marcase la letra 'R' en la mejilla con un hierro, y que trabajase un año o más con grilletes, según mande su amo*".

Esta desigualdad de trato, esta combinación cada vez más desarrollada de menosprecio y opresión, sentimiento y acción que llamamos "racismo", ¿era el resultado de una antipatía "natural" del blanco hacia el negro? Si no se puede demostrar que el racismo sea natural, entonces será que nace de ciertas condiciones que estamos obligados a eliminar.

Todas las condiciones para negros y blancos en la América del siglo diecisiete estaban claramente dirigidas hacia el antagonismo y los malos tratos. En tales condiciones, la más mínima muestra de humanidad entre razas podría considerarse una prueba de una tendencia humana básica hacia el sentimiento comunitario.

A pesar de las ideas preconcebidas sobre lo negro, que en la lengua inglesa sugiere algo así como "sucio" o "siniestro" (*Diccionario Inglés de Oxford*), a pesar de la especial subordinación de los negros en las Américas del siglo diecisiete, hay evidencias de que ahí donde blancos y negros compartían problemas en común, un trabajo en común, o un amo enemigo común, se trataron entre sí como iguales.

El origen del rápido crecimiento de la esclavitud en las haciendas se puede encontrar en algo que no es un rechazo racial natural, sino en que el número de blancos inmigrantes, fuesen libres o criados contratados (con contratos de cuatro a siete años) no era suficiente para satisfacer sus necesidades. En 1700, ya había 6.000 esclavos en Virginia, lo que equivalía al 8,3% de la población. En 1763 había 170.000 esclavos, lo cual equivalía, aproximadamente, a la mitad de la población .

Desde el principio, los negros importados se resistieron a la esclavitud en las condiciones más difíciles, bajo pena de mutilación o muerte. Las insurrecciones organizadas fueron contadas. Su negación a la sumisión se manifestaba más a menudo con la huida. Más frecuentes eran los sabotajes, las huelgas de brazos caídos y otras formas sutiles de resistencia que afirmaban su dignidad como seres humanos aunque sólo fuese ante sí mismos y ante sus hermanos.

Un estatuto virginiano de 1669 se refería a "*la terquedad de muchos de ellos*" y en 1680 la Asamblea tomó nota de la celebración de reuniones de esclavos "*bajo pretexto de fiestas y reyertas*" que se consideraba como "*una consecuencia peligrosa*". En 1687, en el virginiano Northern Neck, se descubrió un complot en el que los esclavos pretendían matar a todos los blancos de la zona y escapar durante un funeral multitudinario.

Los esclavos que habían llegado más recientemente y que todavía conservaban la herencia de su sociedad comunal tendían a escapar por grupos. Intentaban establecerse en poblados de fugitivos en el desierto o en la frontera. En cambio los esclavos nacidos en América solían escaparse solos. Con las habilidades que habían aprendido en la hacienda, intentaban arreglárselas como hombres libres.

En los periódicos coloniales ingleses, un informe de 1729 del teniente gobernador de Virginia al Comité Británico del Comercio habla de la manera en que *"unos negros, cerca de quince... hicieron un plan para escapar de su amo y establecerse en la fortaleza de las montañas circundantes. Habían encontrado los medios con que provisionarse de armas y munición, y se llevaron provisiones, ropa, mantas y herramientas de trabajo... Aunque esta intentona ha quedado felizmente desbaratada, debería de despertarnos a la necesidad de tomar medidas efectivas..."*

En 1710, el gobernador Alexander Spotswood avisó a la Asamblea de Virginia con las siguientes palabras:

...la libertad lleva un gorro que, sin lengua, puede convocar a todos los que suspiran por liberarse de los grilletes de la esclavitud y como tal, una insurrección seguramente traería las consecuencias más funestas. Por lo tanto creo que debemos prevenirnos contra ellos sin pérdida de tiempo, tanto mejorando nuestros sistemas defensivos como introduciendo una ley que prohiba las reuniones entre negros.

Efectivamente, si tenemos en cuenta la dureza del castigo a los fugitivos, el hecho de que tantos negros se escaparan debe tomarse como señal de un poderoso espíritu rebelde. Durante todo el siglo XVIII, el código virginiano de la esclavitud incluía lo siguiente:

Si se atrapa al esclavo... el juzgado del condado tendrá competencias para imponer castigos al esclavo en cuestión, bien sea por desmembramiento o cualquier otra forma de castigo... que a su discreción considerase adecuado, para la reforma de tal incorregible esclavo, y para aterrorizar a los demás de tales prácticas...

El miedo a las revueltas de esclavos parece haber sido un factor permanente en la vida de las haciendas. William Byrd, un rico negrero virginiano, escribió en 1736:

Ya contamos con por lo menos 10.000 de estos hombres descendientes de Ham, listos para portar armas, y su cantidad crece de día en día, tanto por nacimientos como por importación. Y en el caso de que apareciese un hombre de fortuna desesperada, pudiera ser que engendrase una guerra de esclavos con más suerte que Catalín... para teñir de sangre nuestros anchos ríos.

Los amos de los esclavos desarrollaron un sistema complejo y poderoso de control para mantener el abastecimiento de mano de obra y su estilo de vida, un sistema tan sutil como rudo. Empleaban todas las artimañas que usan las clases poderosas para mantener el poder y la riqueza en su sitio.

El sistema era psicológico y físico a la vez. A los esclavos se les enseñaba lo que era la disciplina, y se les recordaba contínuamente el concepto de su propia inferioridad, de que habían de "conocer su lugar", de ver lo negro como señal de subordinación, de tener miedo al poder del amo, de aunar sus intereses con los de él, destruyendo así sus necesidades individuales. Para lograr esto se contaba con la disciplina del duro trabajo, la ruptura de la familia esclava, los efectos anestesiantes de la religión (que a veces llevaba a lo que un negrero denominó "las grandes travesuras"), el fomento de la desunión entre esclavos catalogándolos o bien como *esclavos de campo* o bien como *esclavos domésticos* -algo más privilegiados éstos- y finalmente, la fuerza de la ley y el poder inmediato del capataz para recurrir a los latigazos, quema, mutilación o muerte de los esclavos.

A pesar de todo, había rebeliones -no muchas, pero sí las suficientes como para crear un miedo persistente entre los colonos blancos.

Una carta enviada a Londres desde Carolina del Sur en 1720 contiene la siguiente información:

> *Acto seguido os he de informar que últimamente se ha sabido de un complot demoníaco y salvaje de los negros que pretendían asesinar a toda la gente blanca del país para entonces tomar Charles Town por la fuerza. Pero Dios quiso que se descubriera y muchos fueron capturados, algunos quemados en la hoguera, otros ahorcados y los demás expulsados del territorio.*

Herbert Aptheker, que realizó un estudio en profundidad sobre la resistencia de los esclavos en América del Norte para su libro *American Negro Slave Revolts*, encontró unos 250 casos en que habían intervenido un mínimo de diez esclavos en casos de revuelta o conspiración.

De vez en cuando estaban involucrados blancos en los movimientos de resistencia de los esclavos. En 1663, una fecha muy temprana, criados blancos contratados y esclavos negros del condado de Gloucester en Virginia conspiraron para rebelarse y ganar su libertad. Hubo un chivatazo, y el episodio acabó en ejecuciones.

En Nueva York, en 1741, había diez mil blancos en la ciudad y dos mil esclavos negros. El invierno había sido duro y los pobres -esclavos y hombres libres- habían sufrido mucho. Cuando se declararon una serie de incendios, se acusó a blancos y negros de conspirar conjuntamente. Se produjo una reacción de histeria colectiva en contra de los acusados. Después de un juicio lleno de confesiones forzadas y las terribles acusaciones de los chivatos, ejecutaron a dos hombres blancos y a dos mujeres del mismo color, ahorcaron a dieciocho esclavos y quemaron a trece más en la hoguera.

Sólo había un temor más profundo que el temor a la rebelión negra en las nuevas colonias americanas. El temor a que los blancos descontentos se unieran a los esclavos negros para derrocar el orden existente. En los primeros tiempos de la esclavitud y antes de que el racismo se hubiera atrincherado como actitud mental, mientras a los criados blancos contratados se les trataba igual de mal que a los esclavos negros, existía la posibilidad de esa cooperación.

Por lo tanto se tomaron medidas en ese sentido. En aproximadamente el mismo período que la Asamblea de Virginia aprobaba los códigos para la esclavitud, con su disciplina y sus castigos, Edmund Morgan escribía:

> *Habiendo proclamado la clase dirigente virginiana que todos los hombres blancos eran superiores a los negros, acto seguido ofreció a sus inferiores sociales (pero blancos) ciertos beneficios que antes se les habían negado. En 1705 se aprobó una ley que obligaba a los amos a dar 350 kilos de maíz, treinta chelines y un fusil a los criados blancos cuando vencían sus contratos, mientras que las mujeres recibían 500 kilos de maíz y cuarenta chelines. A los criados recién liberados se les daba, además, 50 acres de terreno.*

Morgan concluye: *"Una vez que el pequeño colono se sintió menos presionado por los impuestos y empezó a prosperar un poco, se volvió menos inestable, menos peligroso, más respetable. Empezó a ver a su vecino mayor no como un extorsionista sino como un protector poderoso de sus intereses comunes"*.

Ahora se nos aparece una compleja telaraña de hilos históricos para enredar a los negros en el mundo de la esclavitud en América: la desesperación de los colonos hambrientos, la especial vulnerabilidad del africano desarraigado, el poderoso incentivo del beneficio para el negrero y el colono, la tentación del rango superior para los blancos pobres, los controles complejos contra la huida y la rebelión, el castigo legal y social del colaboracionismo entre negro y blanco.

Hay que insistir en que los elementos de esta telaraña son históricos, no "naturales". Esto no significa que se puedan desenmarañar ni desmantelar con facilidad. Sólo quiere decir que existe la posibilidad de algo diferente, en condiciones históricas que todavía no se han dado. Y una de estas condiciones sería la eliminación de esa explotación de clase que ha hecho que el blanco pobre aspire a pequeñas subidas de rango social, cosa que ha impedido la necesaria unidad entre negro y blanco para la rebelión conjunta y la reconstrucción.

En el año 1700, aproximadamente, la Casa de Diputados de Virginia declaraba:

> *Los criados cristianos de este país son en gran parte gente de la peor calaña de Europa. Y como se han importado tales cantidades de oriundos de Irlanda y otras naciones, de los cuales muchos han servido como soldados en las últimas guerras, en nuestras actuales circunstancias apenas podemos gobernarlos, y si se les armara y tuvieran la ocasión de unirse a través de un llamamiento, tenemos fundadas razones para pensar que pudieran rebelarse.*

Era una especie de conciencia de clase, de miedo de clase. En la primitiva Virginia, y en las demás colonias, estaban pasando cosas que así lo atestiguaban.

Capítulo 3

GENTE DE LA PEOR CALAÑA

En 1676, setenta años después de la fundación de Virginia y cien años antes de que liderara la Revolución Americana, la colonia se enfrentaba a una rebelión en la que se habían unido colonos fronterizos blancos, esclavos y criados; era una rebelión tan amenazadora que el gobernador tuvo que huir de una Jamestown -la capital- envuelta en llamas. Inglaterra decidió enviar mil soldados del otro extremo del Atlántico con la esperanza de restablecer la paz entre los cuarenta mil colonos. Esta fue la rebelión de Bacon. Después de la represión del levantamiento, la muerte de su líder -Nathaniel Bacon- y el ahorcamiento de sus colaboradores, un informe de la Comisión Real describió a Bacon de esta forma:

> ... Sedujo a la gente más vulgar e ignorante para que le creyera (dos terceras partes de la gente del condado son de ese pelaje), y así todos sus corazones y sus esperanzas estaban puestos en Bacon. Acto seguido acusó al Gobernador de negligencia y maldad, de traición e incapacidad, tildó de injustos y opresivos las leyes y los impuestos e hizo un llamamiento sobre la necesidad que había de cambio.

La Rebelión de Bacon empezó con un conflicto sobre la manera en que se había de tratar a los indios, que estaban cerca, en la frontera occidental, siempre en actitud amenazante. Los blancos que no habían sido tomados en cuenta en el momento del reparto oficial de enormes porciones de tierra en las proximidades de Jamestown, se habían desplazado hacia el oeste para encontrar nuevas tierras, pero ahí habían topado con los indios. ¿Estaban resentidos esos virginianos de la zona fronteriza con el hecho de que los politicastros y la aristocracia terrateniente que controlaban el gobierno colonial en Jamestown les hubieran empujado hacia el oeste y el territorio indio, para luego mostrarse remisos a la hora de luchar contra esos indios? Eso podría explicar la naturaleza de su rebelión, que no se puede clasificar a la ligera ni de anti-aristocrática, ni de anti-india, porque era ambas cosas a la vez.

¿Se mostraban más conciliadores el gobernador William Berkeley y su cuadrilla de Jamestown con los indios (sedujeron a varios para que les hicieran de espías y aliados) ahora que habían monopolizado los ya desarrollados territorios del este virginiano? El frenesí del gobierno para suprimir la rebelión parecía tener un doble motivo: el desarrollo de una política respecto a los indios que les dividiera para su mejor control, y el hecho de enseñar a los blancos pobres de Virginia que la rebelión no llevaba a ninguna parte. Esto lo consiguió con un alarde de fuerzas superiores, con la petición de tropas de la mismísima Inglaterra, y con los ahorcamientos en masa.

Corrían tiempos difíciles en 1676. *"Había auténtica angustia social, pobreza de verdad... Todas las fuentes contemporáneas hablan del hecho de que la gran masa vivía en condiciones económicas muy difíciles"*, escribió Wilcomb Washburn, un estudioso que ha hecho un trabajo exhaustivo sobre la Rebelión de Bacon basándose en el estudio de la documentación colonial británica.

Bacon tenía un buen pedazo de tierra, y probablemente sentía más entusiasmo por la matanza de indios que por el alivio de las necesidades de los pobres. Pero se convirtió en un símbolo del resentimiento masivo contra el *establishment* virginiano, y fue elegido para la Casa de Diputados en la primavera de 1676. Cuando insistió en la organización de destacamentos armados para luchar contra los indios, fuera del control oficial, Berkeley le acusó de rebeldía y lo hizo apresar, con lo cual dos mil virginianos entraron en Jamestown para prestarle su apoyo. Berkeley soltó a Bacon a cambio de pedir perdón, pero Bacon marchó, junto a sus milicianos, y empezó a atacar a los indios.

"La Declaración del Pueblo", redactada por Bacon en julio de 1676, muestra una mezcla de resentimiento populista contra los ricos y de odio fronterizo hacia los indios. Acusaba a la administración de Berkeley de infligir impuestos injustos, de nombrar "a dedo" a los altos cargos, de monopolizar el comercio de castores y de no proteger a los agricultores occidentales de los indios.

Pero en otoño, Bacon -que entonces tenía veintinueve años- enfermó y murió, porque -en palabras de un contemporáneo suyo- *"montones de malos bichos habitaban en su cuerpo"*.

Después de aquello la rebelión no duró mucho. Una nave provista de treinta cañones empezó a recorrer el río York, convirtiéndose así en el garante del orden. Su capitán, Thomas Grantham, usó la fuerza y el engaño para desarmar a las últimas huestes rebeldes. Al llegar a la principal guarnición de los rebeldes, se encontró con cuatrocientos ingleses y negros armados, una mezcla de hombres libres, criados y esclavos. Prometió el perdón para todos y la concesión de libertad a los esclavos y criados, pero cuando embarcaron en la nave, los apuntó con sus grandes cañones, los desarmó, y, finalmente, entregó a los esclavos y a los criados a sus amos. Las restantes guarniciones fueron vencidas de una en una. Veintitrés líderes rebeldes fueron ahorcados.

En Virginia había una compleja cadena de opresión. Los poblados indios eran saqueados por los blancos de la frontera, que a su vez padecían los impuestos y el control de la élite de Jamestown. Y toda la colonia era explotada por Inglaterra, que compraba el tabaco de los colonos al precio que ella dictaba y que para el rey suponían 100.000 libras anuales.

Según el testimonio del propio gobernador, la rebelión contra él contaba con el abrumador apoyo de la población virginiana. Un miembro de su Consejo informó de que la deserción era *"casi general"*, y la atribuyó a las *"perversas disposiciones de algunas personas de actitud temeraria"* que tenían *"la vana esperanza de sustraer el país al control de Su Majestad y de apoderarse de él"*. Otro miembro del Consejo del Gobernador, Richard Lee, apuntó que la Rebelión de Bacon se había producido por el tema de la política india. Pero las *"arduas inclinaciones de la multitud"* en favor de Bacon se debían, decía, a las esperanzas que tenían de *"equipararse"*.

"Equipararse"[1] quería decir, simplemente, redistribuir equitativamente la riqueza. El espíritu de la "equiparación" era el trasfondo de numerosísimas acciones protagonizadas por los blancos pobres contra los ricos en todas las colonias inglesas durante el siglo y medio que precede a la Revolución.

Los criados que se unieron a la Rebelión de Bacon formaban parte de una extensa subclase de blancos muy pobres que llegaban a las colonias norteamericanas desde las ciudades europeas y cuyos gobiernos anhelaban su marcha. En Inglaterra, el desarrollo del comercio y del capitalismo en los siglos XVI y XVII, más el cercado de las tierras para la producción de lana, llenaron las ciudades de vagabundos. A partir del reinado de Isabel, se introdujeron leyes para castigarlos, encerrarlos en talleres de trabajos forzados o deportarlos.

En los siglos XVII y XVIII, a causa del exilio forzado, los engaños, las promesas, las mentiras y secuestros, unido a la necesidad urgente de escapar de las condiciones de vida en su país natal, los pobres que buscaban un pasaje

---

1. *"Levelling"* en inglés. (N.del T.)

a América se convirtieron en fuente de ingresos para negociantes, comerciantes, capitanes de navío, y, finalmente, para sus amos de América.

Después de firmar contratos en los que los inmigrantes aceptaban el pago de su pasaje a cambio de trabajar cinco o siete años para el amo, a menudo se les llevaba a la prisión hasta que zarpase el barco. Así no se escapaban. En el año 1619, la Casa de los Diputados de Virginia, nacida ese año como primera asamblea representativa de América (también fue el año de las primeras importaciones de esclavos negros), se encargó de estipular el registro y el cumplimiento de los contratos entre criados y amos. Como en todo contrato entre poderes desiguales, aunque en la documentación las partes aparecieran como iguales, el cumplimiento resultaba mucho más fácil para el amo que para el criado.

El viaje a América duraba ocho, diez o doce semanas, y los criados eran amontonados en los barcos con el mismo afán por conseguir beneficios que regía a los barcos negreros. Si el tiempo era malo, y el viaje duraba demasiado, se quedaban sin comida. Gotlieb Mittelberger, un músico que viajó de Alemania a América en 1750, escribió acerca del viaje:

> *Durante el viaje el barco se ve asediado por terribles señales de aflicción - pestes, humos, horrores, vómitos, diferentes modalidades de mareo, fiebres, disentería, dolores de cabeza, calor, estreñimiento, furúnculos, escorbuto, cáncer, podredumbre bucal, y otras penalidades- todas ellas causadas por estar la comida pasada y demasiado salada, especialmente la carne, así como por el estado malo y sucio del agua... Añadan a esto la escasez de comida, el hambre, la sed, la escarcha, el calor, la humedad, el miedo, la miseria, la vejación, los lamentos y otros problemas... A bordo de nuestro barco, un día que tuvimos una gran tormenta, había una mujer que debía dar a luz, pero que en esas condiciones no podía. Pues la echaron al mar por una de las escotillas...*

A los criados contratados se les compraba y vendía como a los esclavos. Un anuncio aparecido en el *Virginia Gazette*, el 28 de marzo de 1771, rezaba así:

> *Acaba de llegar en Leedstown el barco Justitia, con cerca de cien criados sanos, hombres, mujeres y niños... La venta empezará el martes 2 de Abril.*

En contraste con las descripciones optimistas de las condiciones de vida - supuestamente mejores en América- hay que referirse a muchas otras, como la contenida en una carta de un inmigrante en América: *"El que esté bien en Europa hará bien en quedarse ahí. Aquí hay miseria y aflicción, como en todas partes, y para ciertas personas y condiciones, incomparablemente más que en Europa".*

Los azotes y los latigazos eran frecuentes. Las criadas sufrían violaciones.

En Virginia, en la década de 1660 a 1670, un amo fue acusado de violar a dos criadas. También se sabía que azotaba a su propia mujer y a sus hijos; había dado latigazos a otro criado, y lo había encadenado hasta que murió. El tribunal regañó al amo, pero fue absuelto de los cargos de violación a pesar de lo evidente de las pruebas.

El amo intentaba controlar por completo la vida sexual de los criados. Le interesaba impedir que las criadas se casaran o tuvieran relaciones sexuales porque los embarazos interferían con el trabajo. Benjamin Franklin, que firmaba con el seudónimo *Poor Richard* (pobre Ricardo), dio su consejo a los lectores en 1736: "*Que su criada sea fiel, fuerte y domesticada*".

A veces los criados organizaban rebeliones, pero no se produjeron en el continente las conspiraciones a gran escala que existieron, por ejemplo, en la isla de Barbados en las Antillas.

A pesar de la escasez de las rebeliones de criados, siempre existía la amenaza, y los amos tenían miedo. Después de la Rebelión de Bacon, permanecieron en Virginia dos compañías para prevenir futuros problemas. Su presencia fue justificada en un informe dirigido a la Diputación del Comercio y de las Colonias (Lords of Commerce and Plantation). Decía: "*Hoy en día Virginia es pobre y está más poblada que nunca. Hay mucho miedo a un levantamiento de los criados, debido a sus severas carencias y su falta de ropa; puede que saqueen los almacenes y los navíos*".

La huída resultaba más fácil que la rebelión. Richard Morris ha realizado una inspección de la prensa colonial del siglo XVIII e informa en su libro *Government and Labor in Early América*: "*Los criados blancos protagonizaron múltiples casos de huida en masa en las colonias sureñas... El ambiente de la Virginia del siglo XVII estaba cargado de conspiraciones y rumores de intentos de huida por parte de los criados*".

El mecanismo de control era muy elaborado. Los extraños tenían que mostrar pasaportes o certificados para demostrar que eran hombres libres. Había acuerdos entre colonias para la extradición de criados fugitivos. Estos llegaron a ser la base de la cláusula de la Constitución estadounidense que estipula que las personas "*empleadas en el servicio o en el trabajo en un Estado... y que escaparan a otro... serán devueltas...*"

A veces los criados se declaraban en huelga. En 1663, un amo de Maryland se quejó al Tribunal Provincial diciendo que sus criados *"se habían negado de forma premeditada y firme, a hacer sus labores ordinarias"*. Los criados respondieron que sólo se les alimentaba con *"alubias y pan"* y que estaban *"tan endebles que no podemos realizar el trabajo que nos manda"*. El juez les condenó a recibir treinta latigazos.

Más de la mitad de los colonos que llegaron a las costas norteamericanas en el período colonial lo hicieron en condición de criados. En el siglo XVII fueron mayoritariamente ingleses; irlandeses y alemanes en el XVIII. Con el tiempo, al huir en busca de la libertad o al acabar sus contratos, fueron reemplazados cada vez más por esclavos. No obstante, en 1755, los criados blancos todavía representaban el 10% de la población de Maryland.

¿Qué ocurría con estos criados cuando ganaban su libertad? Hay versiones optimistas que hablan de su ascensión a la prosperidad, llegando a ser terratenientes y figuras destacadas. Pero Abbott Smith, después de un minucioso estudio (*Colonists in Bondage*), llega a la conclusión que la sociedad colonial *"no era democrática y nada igualitaria; estaba dominada por hombres que tenían suficiente dinero como para conseguir que otros hombres trabajaran para ellos"*. Además, *"pocos de estos hombres eran descendientes de criados contratados, y casi ninguno había pertenecido él mismo a esta clase"*.

Parece claro que las barreras de clase se fueron endureciendo durante el período colonial; la distinción entre rico y pobre se agudizó. En 1700 ya había cincuenta familias ricas en Virginia, con una riqueza equivalente a 50.000 libras (una suma inmensa en ese tiempo). Vivían del trabajo de los esclavos negros y de los criados blancos, tenían la propiedad de las haciendas, figuraban en el Consejo del Gobernador, y ejercían de magistrados en el juzgado local. En Maryland, los colonos eran gobernados por un propietario al cual el rey inglés había concedido el control total de la colonia. Entre 1650 y 1689 hubo cinco conatos de revuelta contra el propietario.

El estudio de Carl Bridenbaugh sobre las ciudades coloniales, *Cities in The Wilderness*, revela un sistema de clase absolutamente patente. Encontró que:

> *Los líderes del Boston primitivo eran caballeros de grandes fortunas quienes, en asociación con la iglesia, buscaban la reproducción en América de las relaciones sociales de la Madre Patria.*

En 1630, en los albores de la colonia de la bahía de Massachusetts, el gobernador, John Winthrop, había definido así la filosofía de los gobernantes:

"... en todas las épocas, algunos deben ser ricos, otros pobres; algunos elevados y eminentes en poder y dignidad, otros de condición baja y sumisa".

Los comerciantes ricos construyeron mansiones; la gente "distinguida" viajaba en carruajes o en sillas de manos, se hacía pintar el retrato, llevaban pelucas y se saciaban de buena comida y vino de Madeira. En 1678 llegó una petición de la ciudad de Deerfield al Tribunal General de Massachusetts: *"Quizá les complacerá saber que lo más selecto del territorio, la mejor tierra, el mejor emplazamiento al tratarse del mismo centro de la población, y en lo referente a la cantidad, casi la mitad pertenece a ocho o nueve propietarios..."*

Nueva York era en el período colonial como un reino feudal. Los holandeses habían establecido un sistema de alquileres a lo largo del río Hudson, con enormes fincas, donde los barones controlaban por completo la vida de los arrendatarios. En 1689, muchas de las quejas de los pobres estuvieron presentes en la revuelta campesina de Jacob Leisler y su grupo. Pero Leisler fue ahorcado, y la parcelación de las enormes fincas continuó. Bajo el mandato del Gobernador Benjamin Fletcher, se concedió el 75% del territorio de Nueva York a unas treinta personas, y el gobernador regaló medio millón de acres a un amigo a cambio de un alquiler simbólico de 30 chelines.

En 1700 los mayordomos eclesiásticos de la ciudad de Nueva York pidieron fondos del consejo común porque *"los gritos de los pobres y desvalidos -por su falta de alimentos- son muy hirientes"*. En la década de 1730 a 1740, empezó a aumentar la demanda de instituciones para recluir a los *"muchos mendigos que se permite vagar a diario por las calles"*.

En 1737, una carta aparecida en el *Journal* neoyorquino de Peter Zenger, describía al pobre muchacho callejero de Nueva York como *"un objeto de forma humana, medio muerto de hambre y frío, con ropa gastada en los codos y las rodillas, pelos de punta... De cuatro a catorce años, aproximadamente, pasan sus días en la calle... entonces les cogen de aprendices durante cuatro, cinco o seis años..."*

En el siglo XVIII las colonias crecieron deprisa. A los colonos ingleses se les unieron escoceses, irlandeses y alemanes. Los esclavos negros llegaban en tromba; en 1690 equivalían al 8% de la población, y al 21% en 1770. En 1700 la población de las colonias ascendía a 250.000 habitantes, y en 1760 a 1.600.000. La agricultura estaba en expansión. También la industria a pequeña escala, el cabotaje y el comercio. Las grandes ciudades -Boston, Nueva York, Filadelfia, Charleston- doblaban y triplicaban sus poblaciones.

A pesar de todo este crecimiento, era la clase dirigente la que recibía la mayor parte de los beneficios y la que monopolizaba el poder político. En el Boston de 1770, una élite compuesta por el 1% de los terratenientes acumulaba el 44% de la riqueza.

En todas partes los pobres tenían que luchar por sobrevivir y por evitar la congelación en invierno. En la década de 1730 a 1740 todas las ciudades construyeron asilos, y no sólo para ancianos, viudas, discapacitados y huérfanos, sino para desempleados, veteranos de guerra y nuevos inmigrantes. A mediados de siglo, el asilo municipal de Nueva York, que tenía una capacidad para cien pobres, albergaba ya a cuatrocientos. Un ciudadano de Filadelfia escribió en 1748: *"Resulta sorprendente el aumento que ha habido en la cantidad de mendigos en la ciudad este invierno"*. En 1757, las autoridades de Boston hablaban de *"una gran cantidad de pobres... que a duras penas pueden conseguir un poco de pan diario para ellos y sus familias"*.

Las colonias, según parece, eran sociedades compuestas por clases en conflicto -un hecho que oculta el énfasis que ponen las historias tradicionales en la pugna externa contra Inglaterra y la unidad de los colonos en la Revolución. Por lo tanto, el país no "nació libre", sino que nació esclavo y libre, criado y amo, arrendatario y terrateniente, pobre y rico. En consecuencia, las autoridades políticas tenían que actuar a menudo *"de forma ruidosa y, a veces, violenta"*, según Gary Nash. *"Los brotes de disturbios marcaron el último cuarto del siglo diecisiete, derrocando los gobiernos establecidos de Massachusetts, Nueva York, Maryland, Virginia y Carolina del Norte"*.

Los trabajadores blancos libres tenían una situación mejor que los esclavos y los criados, pero todavía les escocía el trato injusto que recibían de las clases dirigentes.

En 1713, una falta severa de alimentos en Boston provocó la alarma de la gente influyente de la ciudad en la Asamblea General de Massachusetts. Decían que la *"amenazadora escasez de alimentos"* había desembocado en unos precios tan extravagantes, *"que las necesidades de los pobres en el invierno que se avecina serán acuciantes"*. Andrew Belcher, un comerciante rico, exportaba grano al Caribe porque el beneficio que ahí sacaba era mayor. El 19 de mayo doscientas personas se manifestaron en el parque de Boston. Atacaron los navíos de Belcher, irrumpieron en sus almacenes en busca de grano, y mataron a tiros al teniente gobernador cuando intentó intervenir.

Entre 1730 y 1740, la gente de Boston protestó por los altos precios impuestos por los comerciantes y destrozó el mercado público de Dock Square. Al mismo tiempo -y tal como lo reflejó un crítico autor conservador- "*murmuraban contra el Gobierno y la gente rica*". No se arrestó a nadie, después de que los manifestantes avisaran de que cualquier arresto provocaría "*la respuesta de quinientos hombres conjurados*" que destrozarían cualquier mercado creado para el beneficio de los comerciantes ricos.

Los ciudadanos de Boston también se manifestaron contra el reclutamiento forzoso que se llevaba a los hombres para el servicio naval. Rodearon la casa del gobernador, golpearon al *sheriff*, encerraron a su ayudante y tomaron por la fuerza la casa donde se reunía el Tribunal General. Cuando se ordenó a la milicia que redujera a los manifestantes, ésta no salió, y el gobernador tuvo que huir. La multitud fue condenada por un grupo de comerciantes, que la tildó de "*asamblea violenta y tumultuosa de marineros extranjeros, criados, negros y otra gente de la peor calaña*".

Entre 1740 y 1750, los campesinos de Nueva Jersey que ocupaban y se disputaban terrenos con los terratenientes se rebelaron cuando se les exigió el pago de alquileres. En 1745 Samuel Baldwin, que llevaba años viviendo en un terreno cuyo título indio le confería la propiedad del mismo, fue arrestado, acusado de impago de alquiler al propietario y encarcelado en la prisión de Newark. Un contemporáneo describió lo que pasó entonces: "*La gente de a pie, pensando que los propietarios pretendían arruinarlos... fue a la prisión, abrió las puertas y sacó a Baldwin*".

Durante este período, Inglaterra estaba luchando en varias guerras (la Guerra de la Reina Ana en los primeros años del siglo XVIII, la Guerra del Rey Jorge en la década de 1730 a 1740). Algunos comerciantes acumularon grandes fortunas en estas guerras, pero para la mayoría de la gente conllevaban impuestos más altos, desempleo, pobreza. Un panfletista anónimo de Massachusetts describió con ira la situación tras la Guerra del Rey Jorge: "*La pobreza y el descontento se hacen patentes en todas las caras (excepto las finas caras de los ricos) y en todas las lenguas*". Habló de unos pocos hombres, alimentados por "*la codicia del poder, la codicia de la fama*" y "*la codicia del dinero*", que se enriquecieron durante la guerra. "*¿A quién puede extrañar que tales hombres puedan construir navíos y casas, comprar haciendas, arreglar sus carruajes y sus carros, vivir con todos los lujos, comprarse la fama, los puestos de honor?*" Los tildó de "*aves de presa, enemigos de toda comunidad -dondequiera que vivan*".

En 1747 hubo una revuelta contra el reclutamiento forzoso de marineros en Boston. La muchedumbre arremetió contra Thomas Hutchison, un comerciante rico y oficial colonial que había prestado su apoyo al gobernador para sofocar los disturbios, y que también diseñó un plan financiero para Massachusetts que parecía discriminar a los pobres. La casa de Hutchison ardió misteriosamente y se juntó una multitud en la calle que le insultaba y gritaba "¡Que se queme!"

En los años de la crisis revolucionaria, en la década de 1760 a 1770, la élite rica que controlaba las colonias británicas del continente americano ya tenía 150 años de experiencia. Había aprendido los principios del mando. Tenía varios temores, pero la verdad es que había desarrollado tácticas para enfrentarse con aquellos a quienes temían.

Además del problema de la hostilidad india y el peligro de las revueltas de esclavos, la élite colonial tenía que vérselas con la ira clasista de los blancos pobres -los criados, los arrendatarios, los pobres de las ciudades, los sintierra, los pagadores de impuestos, los soldados y los marineros. Al cumplir las colonias los cien años y al acercarse el ecuador del siglo XVIII, a medida que se abría la brecha entre ricos y pobres, al aumentar la violencia y la amenaza de violencia, el problema del control se hacía cada vez más grave.

¿Qué iba a pasar si se unían diferentes grupos odiados -los indios, los esclavos, los blancos pobres? Incluso antes de que hubiera tantos negros, en el siglo XVII había -en palabras de Abbott Smith- "*un temor real de que los criados se unieran a los negros o a los indios para imponerse al reducido grupo de los amos*".

La Rebelión de Bacon resultó instructiva: era muy peligroso conciliar una población india en decadencia a expensas de causar las iras de una coalición de colonos fronterizos. Era mejor declarar la guerra a los indios, ganar el apoyo de los blancos y desbaratar cualquier posibilidad de enfrentamiento de clase a base de enfrentar a los blancos pobres con los indios. Así se aseguraba una mayor seguridad para la élite.

¿Podían confabularse negros e indios para enfrentarse al enemigo blanco?

En las Carolinas había más esclavos negros e indios -en las tribus cercanas- que blancos; en la década de 1750 a 1760, 25.000 blancos se enfrentaban en la zona a 40.000 esclavos negros y a 60.000 indios creek, cherokee, choctaw y chickasaw.

Los dirigentes blancos de las Carolinas parecían ser conscientes de la necesidad de una política que, en palabras de uno de ellos, *"hiciera marcarse mutuamente a los indios y los negros, para evitar que seamos masacrados por unos u otros debido a su población infinitamente mayor"*. Así que se aprobaron leyes que prohibían a los negros libres viajar en territorio indio. Los tratados con las tribus indias contenían cláusulas que exigían la devolución de los esclavos fugitivos. El gobernador Lyttletown de Carolina del Sur escribía en 1738: *"Este gobierno siempre ha tenido la política de crear animadversión en ellos (los indios) hacia los negros"*.

Los negros huían hacia los poblados indios, y los creeks y los cherokees albergaban a centenares de esclavos evadidos. Muchos de ellos fueron asimilados en las tribus indias, se casaban y tenían hijos. Pero el control lo mantenía la combinación de duros códigos de esclavitud y los sobornos a los indios para que ayudaran a capturar a los negros rebeldes.

Era la combinación potencial de blancos pobres y negros que causaba más miedo entre los colonos blancos ricos. Si hubiera existido la repugnancia racial natural que algunos analistas han dado por hecho, el control hubiera resultado más fácil. Pero la atracción sexual era fuerte entre razas. En 1743 el gran jurado de Charleston, Carolina del Sur, denunció *"la práctica harto común de las relaciones criminales con las esclavas y otras mujerzuelas esclavas en esta provincia"*.

Lo que aterraba a la casta dirigente virginiana de la Rebelión de Bacon era que los esclavos negros y los criados blancos se unieran. A lo largo de esos primeros años, los esclavos blancos y negros y los criados huían juntos, como así lo demuestran las leyes aprobadas para impedirlo y los anales de los juzgados. Una carta escrita en las colonias sureñas en 1682 se quejaba del hecho de que no había *"hombres blancos para vigilar a los negros, ni para reprimir una revuelta de negros"*. Un informe de 1721 al gobierno inglés decía que *"últimamente los esclavos negros han intentado -y casi consiguen- llevar a cabo una nueva revuelta... y, por lo tanto, quizá sea necesario... proponer alguna nueva ley para animar la contratación de más criados blancos en el futuro"*.

Este temor puede ayudar a explicar la razón por la cual en 1717, el Parlamento institucionalizó la deportación al Nuevo Mundo como castigo legal para los crímenes cometidos. Después de esa fecha, se enviaron decenas de miles de reos a Virginia, Maryland y las otras colonias.

El racismo se estaba convirtiendo en algo cada vez más práctico. Edmund Morgan, basándose en su profundo estudio de la esclavitud en Virginia, no ve el racismo como algo "natural" en la diferenciación blanco-negro, sino algo que nace del desprecio de clase, un artefacto realista para el control. "*Si los hombres libres desesperados hicieran causa común con los esclavos más temerarios, los resultados podrían ser peores que lo ocurrido con Bacon. La respuesta al problema... era el racismo, para separar, con una pantalla de menosprecio racial, a los blancos libres más peligrosos de los esclavos negros peligrosos*".

También hubo otra forma de control que adquirió importancia a medida que crecieron las colonias, y que tuvo consecuencias cruciales para el predominio continuado de la élite a lo largo de la historia americana. Al lado de los muy ricos y los muy pobres, se desarrolló una clase media blanca de pequeños colonos, agricultores independientes y artesanos urbanos que, a cambio de pequeñas recompensas por unirse con los comerciantes y los colonos potentes, se convertirían en un sólido antídoto contra la amenaza de los esclavos negros, los indios de la frontera y los blancos muy pobres.

Mientras que los ricos dominaban Boston, también había tareas políticas disponibles para los moderadamente ricos, como "cortadores de duelas", "medidor de cestas carboneras", "vigilante de cercas" etc. Aubrey Land encontró que en Maryland había una clase de pequeños colonos que no eran "beneficiarios" de la sociedad agrícola, como lo eran los ricos, pero que gozaban del honor de llamarse "colonos", y que eran "ciudadanos respetables".

En el *Pennsylvania Journal* de 1756 se puede leer: "*La gente de esta provincia normalmente son de clase media, y actualmente de un mismo nivel social. Por lo general son agricultores emprendedores, artesanos o comerciantes...*" El hecho de llamarles "la gente" equivalía a omitir a los esclavos negros, a los criados blancos y a los indios desplazados. Además, el término "clase media" ocultaba algo que durante largo tiempo ha sido verdad en este país. Como ya apuntara Richard Hofstadter, "*era una sociedad de clase media gobernada en gran medida por las castas dominantes*".

Para gobernar, dichas castas dirigentes necesitaban hacer concesiones a la clase media sin comprometer su propia riqueza ni su propio poder. Esto se conseguía a costa de los esclavos, los indios, y los blancos pobres. La estrategia era la de comprar su lealtad. Y para fijar esa lealtad con algo todavía más poderoso que el beneficio material, entre 1760 y 1780 la casta dirigente encontró una artimaña tremendamente útil. Esa artimaña era el lenguaje de la libertad y de la igualdad: así podía reunir a los blancos suficientes como para afrontar una Revolución contra Inglaterra sin acabar ni con la esclavitud ni con la desigualdad.

Capítulo 4

LA TIRANÍA ES LA TIRANÍA

Hacia el año 1776, algunas personas importantes de las colonias inglesas descubrieron algo que resultaría enormemente útil durante los doscientos próximos años. El hallazgo fue el pensar que si creaban una nación, un símbolo, una entidad legal llamada Estados Unidos, podrían arrebatarles las tierras, los beneficios y el poder político a los favoritos del Imperio Británico. Y que además, en este proceso, podrían desactivar una serie de rebeliones potenciales y crear un consenso de apoyo popular para la andadura de un nuevo y privilegiado liderazgo.

Vista así, la Revolución Americana fue una operación genial y los Padres de la Patria se merecen el respetuoso tributo que han recibido a lo largo de los siglos. Crearon el sistema más efectivo de control nacional diseñado en la edad moderna y demostraron a las futuras generaciones de líderes las ventajas que surgen de la combinación del paternalismo y del autoritarismo.

Después de la virginiana Rebelión de Bacon, en 1760, se produjeron dieciocho nuevos intentos de derrocar los gobiernos coloniales. También hubo ocho revueltas de negros en Carolina del Sur y Nueva York, y cuarenta algaradas de diferente naturaleza.

Entonces también surgieron, según Jack Greene, "*élites políticas y sociales locales de carácter estable, coherente, efectivo y respetado*". En 1760, este liderazgo local vio la posibilidad de dirigir a una gran parte de las energías rebeldes contra Inglaterra y sus representantes oficiales locales. No fue un complot conspicuo, sino un cúmulo de respuestas tácticas.

Después de 1763, con la victoria de Inglaterra sobre Francia en la Guerra de los Siete Años (que en América se conoce como la Guerra de los Franceses y los Indios) -la cual conllevó la expulsión de los franceses- los ambiciosos líderes coloniales ya no sentían la amenaza francesa. Ahora sólo les quedaban dos rivales: los ingleses y los indios. Los británicos, con el afán de ganarse a los indios, habían declarado zona prohibida las tierras indias más allá de los montes Apalaches (Proclamación de 1763). Una vez despachados los ingleses, quizás podrían ir a por los indios. De nuevo no estamos hablando de una estrategia premeditada de la élite colonial, sino de un proceso de concienciación a medida que se producían los acontecimientos.

Tras la derrota de los franceses, el gobierno británico pudo dedicarse a apretar las tuercas a las colonias. Necesitaba dinero para pagar la guerra, y para ello contaba con las colonias. Además el comercio colonial tenía cada vez más importancia y era más provechoso para la economía británica: en 1700 equivalía a unas 500.000 libras, y en 1770 ya ascendía a 2.800.000 libras.

Por lo tanto, mientras que los ingleses necesitaban cada vez más la riqueza colonial, los líderes americanos estaban cada vez más desencantados con el mando inglés. Estaban sembradas las semillas del conflicto.

La guerra con Francia había traído gloria para los generales, muerte a los soldados rasos, riqueza para los comerciantes y desempleo para los pobres. Al acabar la guerra, vivían 25.000 personas en Nueva York (en 1720 había 7.000). Un director de diario escribió acerca de la cifra cada vez mayor de "mendigos y pobres vagabundos" en las calles de la ciudad. Salían cartas en la prensa que cuestionaban la distribución de la riqueza: "*¿Cuándo habíamos visto nuestras calles tan repletas de miles de barriles de harina para el comercio mientras nuestros más inmediatos vecinos a duras penas pueden ganarse un pastelito para satisfacer su hambre?*"

El estudio de Gary Nash sobre los listados de impuestos municipales demuestra que al inicio de la década de 1770, el 5% más potente de los contribuyentes bostonianos controlaba el 49% de los bienes imponibles de la ciudad. En Filadelfia y Nueva York, la riqueza estaba cada día más concentrada. Los testamentos documentados en los juzgados demuestran que en 1750 los habitantes más ricos de las ciudades ya legaban 20.000 libras (el equivalente a $2,5M de hoy).

En Boston las clases populares empezaban a usar las reuniones municipales para dar salida a sus quejas. El gobernador de Massachusetts había escrito que en estas reuniones, "*los habitantes más viles... debido a su constante presencia, normalmente están en mayoría y sus votos cuentan más que los de los caballeros, los comerciantes, los negociantes y la parte más noble de la ciudadanía*".

Lo que parece haber pasado en Boston es que ciertos abogados, directores de prensa y comerciantes de las clases privilegiadas, pero excluidos de los círculos dirigentes cercanos a Inglaterra -hombres como James Otis y Samuel Adams- organizaron un "caucus político en Boston" y a través de su oratoria y sus escritos *moldearon la opinión de la clase trabajadora, llamaron a las turbas a la acción, e influyeron en su comportamiento*". Esta es la descripción que hizo Gary Nash de Otis, quien, según dice, "*reflejaba y también formaba la opinión popular, consciente de la pérdida de las fortunas y del resentimiento de los ciudadanos de a pie*".

Aquí queda trazado el talante de la larga historia de la política americana: la dinamización de la energía de las clases populares -por parte de los políticos de la casta dirigente- para su propio beneficio. No se trataba de pura y simple decepción. En parte se trataba de un reconocimiento genuino de las quejas de las clases populares. Esto ayuda a explicar su efectividad como táctica a lo largo de los siglos.

En 1762, hablando en contra de los dirigentes conservadores de la colonia de Massachusetts -representados por Thomas Hutchison- Otis dio un ejemplo de la clase de retórica que podía usar un abogado a la hora de movilizar a los trabajadores artesanales de la ciudad:

> *Como la mayoría de vosotros me veo obligado a ganarme la vida con el trabajo de mis manos y el sudor de mi frente. Me veo obligado a pasar por malos tragos para ganarme el amargo pan bajo las miradas de desprecio de gente que no tiene derechos naturales ni divinos para considerarse superiores a mí, y que deben toda su grandeza y honor al hecho de haber machacado a los pobres...*

En ese tiempo parece que Boston estuvo lleno de conflictos de clase. En el *Gazette* de Boston, alguien escribió en 1763 que "*unas personas que están en el poder*" estaban promocionando proyectos políticos "*para mantener pobre a la gente para que fuera humilde*".

Este sentimiento acumulado de protesta contra los ricos de Boston puede que explique la pasión de las acciones de la turba en contra del Stamp Act, una ley de 1765 que creaba nuevos impuestos. Con esta ley los británicos pretendían que los colonos pagaran la guerra francesa con sus impuestos, cuando esa guerra había servido para extender los límites del Imperio Británico. Ese verano, un zapatero llamado Ebenezer MacIntosh encabezó la multitud en la destrucción de la casa de un rico comerciante bostoniano llamado Andrew Oliver. Al cabo de dos semanas, la turba se abalanzó sobre la casa de Thomas Hutchison, símbolo de la élite de ricos que mandaban en las colonias en nombre de Inglaterra. Destrozaron su casa a hachazos, se bebieron el vino de su bodega, y saquearon las dependencias, llevándose muebles y otros objetos. Un informe realizado por las autoridades y enviado a Inglaterra apuntaba que esto formaba parte de un plan más extenso en el que se debían destrozar las casas de quince ricos como parte de "*una guerra de saqueo, pillaje generalizado e intentos de eliminar la distinción entre ricos y pobres*".

Fue uno de esos momentos en que la furia contra los ricos sobrepasaba la voluntad de líderes como Otis. ¿Se podría concentrar el odio de clase en la élite pro-británica, y dejar intacta a la élite nacionalista? En Nueva York, el mismo año de los ataques a casas en Boston, alguien escribió en la *Gazette* de Nueva York: "*¿Es justo que 99, y no 999, sufran por las extravagancias y la grandeza de uno, sobre todo cuando se considera que los hombres a menudo deben su riqueza al empobrecimiento de sus vecinos?*" Los líderes de la Revolución se ocuparían de mantener tales sentimientos bajo control.

Los trabajadores artesanales exigían democracia política en las ciudades coloniales: querían reuniones abiertas de las asambleas representativas, galerías públicas en las cámaras legislativas y la publicación de los resultados de las votaciones nominales para que los electores pudieran controlar a sus representantes. Querían mítines al aire libre, donde la población pudiera participar en la elaboración de las políticas, impuestos más equitativos, control de los precios y la elección de trabajadores artesanales y otra gente normal a los puestos de gobierno.

Durante las elecciones para la convención de 1776, en que se había de preparar una constitución para Pennsylvania, un comité de particulares (Privates Committee) animaba a los electores a oponerse a "*los ricos y a los ricachones... que siempre están marcando diferencias en la sociedad*". El Comité de particulares elaboró un manifiesto de derechos para la convención que contenía la siguiente declaración: "*Una proporción enorme de la propiedad en manos de unos pocos individuos es un peligro para los derechos, y destructivo para la común felicidad de los hombres; por lo tanto cada estado libre tiene el derecho a limitar la posesión de tales propiedades con su legislación*".

En las zonas rurales, donde vivía la mayor parte de la gente, había un conflicto similar de los pobres contra los ricos. Esta circunstancia fue utilizada por los líderes políticos para movilizar a la población en contra de Inglaterra. Otorgaban algunos beneficios a los rebeldes pobres, y se quedaban ellos mismos con la parte mayor. Las revueltas protagonizadas por los arrendatarios de Nueva Jersey en la década de 1740-1750, las ocurridas en el valle del Hudson neoyorquino en el período 1750-1770 y la rebelión que estalló en el noreste de Nueva York y que desembocó en la separación de Vermont del Estado de Nueva York eran algo más que esporádicas protestas. Eran movimientos sociales de largo alcance, bien organizados, que contemplaban la creación de gobiernos paralelos.

Entre 1766 y 1771 se organizó en Carolina del Norte un "Movimiento Regulador" de agricultores blancos para oponerse a las autoridades ricas y corruptas. Coincidía perfectamente en el tiempo con los años en que crecía la agitación anti-británica en las ciudades del noreste y se marginaban los asuntos de clase. Los reguladores se referían a sí mismos como "campesinos pobres y trabajadores", o como "campesinos", "pobres miserables", "oprimidos" por los "ricos y poderosos... los monstruos mal intencionados".

Se oponían al sistema impositivo, que resultaba especialmente duro para los pobres, y a la combinación de comerciantes y abogados que trabajaban en los juzgados para recaudar las deudas de los acosados agricultores. Los *reguladores* no representaban ni a los criados ni a los esclavos, pero sí tenían en cuenta a los pequeños propietarios, a los *"ocupas"* y a los arrendatarios.

En la década 1760-1770, los *reguladores* de Orange County, se organizaron para impedir la recaudación de impuestos y la confiscación de las propiedades de los que infringían el pago de los mismos. Las autoridades dijeron: *"Se ha declarado una insurrección de tendencias peligrosas en Orange County"*, e hicieron planes para reprimirla. En uno de los episodios, setecientos campesinos armados liberaron por la fuerza a dos líderes *reguladores*. En otro condado, Anson, un coronel de la milicia local se quejó de *"los tumultos sin igual, las insurrecciones y los disturbios que están afectando nuestro condado"*. En otro episodio, cien hombres interrumpieron una vista en el juzgado del condado.

El resultado de esto fue que la asamblea introdujo algunas reformas legislativas suaves, pero también una ley para "impedir las revueltas y los tumultos", y que el gobernador se preparara para aplastarlos por la vía militar. En mayo de 1771, hubo una batalla decisiva en la que un ejército disciplinado derrotó a cañonazos a varios miles de campesinos. Fueron ahorcados seis *reguladores*.

Una consecuencia de este amargo conflicto es que tan sólo parecía haber participado en la Guerra Revolucionaria una minoría de los habitantes de los condados con implantación *reguladora*. La mayoría, probablemente, se mantuvo en la neutralidad.

Afortunadamente para el movimiento revolucionario, las principales batallas se estaban librando en el norte, en cuyas ciudades los líderes coloniales habían dividido a la población blanca; podían ganarse a los trabajadores artesanales -una especie de clase media-, que, al tener que competir con los industriales ingleses, tenían intereses creados en la lucha contra Inglaterra. El problema principal era el control de la gente sin propiedades que estaba sin empleo y sufría del hambre que nacía de la crisis posterior a la guerra francesa.

En Boston las quejas económicas de las clases más marginadas se mezclaron con el enfado que había contra los británicos. Esto hizo estallar la violencia de las turbas. Los líderes del movimiento independentista querían usar la energía callejera contra Inglaterra, pero también querían contenerla para que no se les exigiera demasiado a ellos mismos.

Un grupo político bostoniano llamado *Loyal Nine* (Nueve Leales) -compuesto por mercaderes, destiladores, armadores y maestros artesanos opuestos al *Stamp Act*- organizaron, en agosto de 1765, una procesión de protesta. Colocaron a cincuenta maestros artesanos en la cabecera, pero necesitaron movilizar a los trabajadores portuarios del norte y a los trabajadores artesanales y aprendices del sur de la ciudad. En la procesión hubo dos o tres mil personas (excluyeron a los negros). Desfilaron hasta la casa del jefe del servicio de impuestos y quemaron su efigie. Pero cuando se fueron los *gentlemen* -los caballeros- que habían organizado la manifestación, la multitud prosiguió la protesta destruyendo una parte de las propiedades del alto funcionario.

Entonces se convocó una reunión del pueblo y los mismos líderes que habían planeado la manifestación denunciaron la violencia desatada y desautorizaron las acciones de la multitud. Cuando se retiró el *Stamp Act*, debido al aplastante rechazo que suscitaba, los líderes conservadores cortaron su relación con los alborotadores. Y cada año en que celebraban el aniversario de la primera manifestación contra el *Stamp Act*, no invitaron a los alborotadores, sino -según Dirk Hoerder- "*mayoritariamente a los bostonianos de clase alta y media, que viajaban en carruajes y coches a Roxbury o Dorchester para celebrar opulentos festejos*".

Cuando el Parlamento Británico hizo un nuevo intento para recaudar fondos en las colonias con una serie de impuestos -diseñados esta vez para no levantar tanta oposición-, los líderes coloniales organizaron actos de boicot. Pero insistían en que no hubieran "*ni multitudes ni tumultos para que no peligren las personas y las propiedades de vuestros enemigos más irreconciliables*". Samuel Adams dio los siguientes consejos: "*Nada de multitudes - Nada de alborotos - Nada de tumultos*". Y James Otis dijo que "*ninguna circunstancia, por muy opresiva que fuera, podía considerarse suficientemente seria como para justificar los alborotos y desórdenes de tipo privado...*"

El acuartelamiento de tropas por parte de los británicos resultaba especialmente negativo para los marineros y demás gente trabajadora. Después de 1768 se acuartelaron dos mil soldados en Boston y la tensión entre las multitudes y los soldados creció. Los soldados empezaron a arrebatarles los empleos -que ya eran escasos- a la gente trabajadora. El 5 de marzo de 1770 las quejas de los cordeleros contra el hecho de que los soldados británicos les arrebatasen los empleos desembocó en una lucha.

Delante de la casa de las aduanas se reunió una muchedumbre profiriendo insultos contra los soldados. Estos dispararon, y en un primer momento mataron a Crispus Attucks, un trabajador mulato, y después a otros. Este incidente pasó a conocerse como la "Masacre de Boston". Los sentimientos anti-británicos crecieron rápidamente cuando absolvieron a seis de los soldados británicos (a dos les marcaron los pulgares con un hierro candente y les expulsaron del ejército). John Adams, abogado defensor de los soldados británicos, describió a la muchedumbre presente en la Masacre como "*una banda de indeseables, negros y mulatos, vagabundos irlandeses y gamberros marineruchos*". Del total de dieciséis mil habitantes que tenía Boston, quizá fueron unas diez mil las que se juntaron en el cortejo fúnebre por las víctimas de la Masacre. Esto hizo que los ingleses retirasen a las tropas de Boston e intentasen apaciguar la situación.

En el trasfondo de la Masacre estaba el reclutamiento forzoso de los colonos para el servicio militar (conocido como *Impressment*). Se habían producido alborotos por este tema a lo largo de la década 1760-70 en Nueva York y en Newport, Rhode Island. En este último lugar se manifestaron quinientas personas, entre marineros, jovenes y negros. Seis semanas antes de la Masacre de Boston, en Nueva York había habido una batalla campal entre marineros y soldados británicos que les quitaban los puestos de trabajo, con el resultado de un marinero muerto.

En el *Tea Party*[2] de Boston de 1773, se cogió el té de los navíos para echarlo a las aguas del puerto.

Según Dirk Hoerder, el Comité de Correspondencia de Boston -formado hacía un año para organizar acciones anti-británicas- "*controló desde un inicio las acciones multitudinarias contra el té*". El *Tea Party* provocó las Leyes Coercitivas del Parlamento, las cuales establecían virtualmente la ley marcial en Massachusetts, con la disolución del gobierno colonial, la clausura del puerto de Boston y el envío de tropas. A pesar de ello, se hicieron mítines multitudinarios de oposición.

Pauline Maier, que estudió el desarrollo del movimiento de oposición a Gran Bretaña en la década anterior a 1776 en su libro *From Resistance to Revolution*, subraya la moderación de los líderes y cómo, a pesar de su deseo de resistir, tenían una "*predisposición al orden y a la contención*". Maier apunta: "*Los dirigentes y los miembros del comité de los Hijos de la Libertad se nutrían casi exclusivamente de las clases medias y altas de la sociedad colonial*". Sin embargo, su objetivo era extender la organización y ampliarla con una gran base de asalariados.

En Virginia, los terratenientes educados veían con claridad que tenían que hacer algo para persuadir a las clases bajas a unirse a la causa revolucionaria para así reorientar su furia y dirigirla contra Inglaterra.

Era un tema para el cual las habilidades retóricas de Patrick Henry estaban estupendamente adaptadas. Encontró un lenguaje que inspiraba a todas las clases. Era lo suficientemente específico en su enumeración de quejas como para enardecer las iras populares contra los británicos, pero lo suficientemente impreciso como para evitar el conflicto de clase entre los rebeldes y lo suficientemente apasionado como para tocar la fibra patriótica y aumentar así el movimiento de resistencia.

Este efecto es el que iba a conseguir el panfleto *Common Sense*, de Tom Paine. Aparecido en 1776, llegaría a ser el más popular en las colonias americanas. Planteó el primer argumento audaz en favor de la independencia en palabras que cualquier persona mínimamente educada pudiera entender: "*La sociedad es una bendición en todo estado, pero el Gobierno, en el mejor de los casos, no es más que un mal necesario...*"

Paine descartó la idea del derecho divino de los reyes con una historia mordaz de la monarquía británica remontándose a la conquista normanda de 1066, cuando Guillermo el Conquistador vino de Francia para establecerse en el trono británico: "*Para expresarlo en términos claros, un bastardo francés que*

---

2. La Fiesta del té de Boston

desembarcó con un ejército de bandidos y se estableció como rey de Inglaterra contra la voluntad de sus nativos es un origen muy poco noble; lo seguro es que de divino no tiene nada".

Paine contrastó las ventajas prácticas de mantenerse unidos a Inglaterra con las de separarse de ella:

> *Reto al partidario más apasionado de la reconciliación que muestre una sola ventaja que este continente pueda derivar de su vinculación a Gran Bretaña. Repito el reto; no se deriva ni una sola ventaja. Nuestro trigo encontrará su precio en cualquier mercado europeo, y nuestras importaciones deben ser pagadas por ellos allá donde...*

Respecto a los efectos negativos de la vinculación con Inglaterra, Paine apeló a la memoria de los colonos respecto a las guerras en que Inglaterra les había involucrado, guerras caras en vidas y dinero. Poco a poco iba subiendo el tono emocional:

> *Todo lo que sea correcto o razonable pide la separación. La sangre de los muertos, la voz llorosa de la naturaleza llama: ES HORA DE LA SEPARACION.*

En 1776 se hicieron veinticinco ediciones de *Common Sense* y se vendieron cientos de miles de copias. Es probable que casi todo colono alfabetizado lo leyera o conociera su contenido. En esta época el arte del panfleto se había convertido en el principal foro de debate sobre las relaciones con Inglaterra. Entre 1750 y 1776 aparecieron cuatrocientos panfletos con argumentos a favor y en contra de las partes implicadas en el *Stamp Act,* la Masacre de Boston, el *Tea Party* de 1773 o las cuestiones generales de la desobediencia a la ley, la lealtad hacia el gobierno, los derechos y las obligaciones.

El panfleto de Paine agradó a un amplio espectro de la opinión colonial molesta con Inglaterra. Pero causó cierta preocupación en los aristócratas como John Adams, que a pesar de estar con la causa patriota, querían asegurarse de que no habría excesos democráticos. Había que controlar las asambleas populares, pensaba Adams, porque "*producían resultados precipitados y juicios absurdos*".

El mismo Paine era un inglés de extracto "inferior", un pasante, inspector de hacienda, maestro, o sea, un emigrante pobre en América. Pero una vez en marcha la Revolución, Paine dejó cada vez más claro que no estaba a favor de las acciones de la turba que protagonizaban las clases subalternas - como esos milicianos que en 1779 atacaron la casa de James Wilson, un líder revolucionario opuesto a los controles de los precios que quería un gobierno más conservador que el que había establecido la Constitución de Pennsylvania en 1776. Paine llegó a ser el socio de uno de los hombres más ricos de Pennsylvania, Robert Morris, prestándole su apoyo cuando éste creó el Banco de Norte América.

Después, durante la polémica suscitada en torno a la adopción de la Constitución, Paine representó de nuevo a los artesanos urbanos que estaban a favor de un gobierno central poderoso. Parecía creer que un gobierno así podía ser de un gran interés común. En este sentido, él mismo se prestó a la perfección al mito de la Revolución -que se llevaba a cabo para unir al pueblo.

La Declaración de Independencia hizo que ese mito llegara al más alto grado de la elocuencia. Al aumentar la dureza de cada medida de control británico -la Proclamación de 1763, que prohibía la colonización más allá de los montes Apalaches, el *Stamp Act*, los impuestos de Townshend, incluido el del té, el acuartelamiento de tropas y la Masacre de Boston, la clausura del puerto de Boston y la disolución del parlamento de Massachusetts- hizo que la rebelión colonial creciera hasta desembocar en la Revolución. Los colonos habían respondido mediante el Congreso del *Stamp Act*, los Hijos de la Libertad, los Comités de Correspondencia, el *Tea Party* de Boston, y, finalmente, en 1774, estableciendo un Congreso Continental -una entidad clandestina, precursora de un gobierno independiente.

Fue después de la escaramuza de Lexington y Concord de abril de 1775 entre los *Minutemen* coloniales y las tropas británicas, cuando el Congreso Continental se decidió por la separación. Organizaron un pequeño comité para redactar la Declaración de Independencia, que escribió Thomas Jefferson y que finalmente fue adoptada por el Congreso el 2 de julio y proclamada con carácter solemne el día 4 de julio de 1776.

Para entonces ya existía un importante sentimiento en favor de la independencia. Las resoluciones adoptadas en Carolina del Norte en mayo de 1776 -y después enviadas al Congreso Continental- declaraban la independencia con respecto a Inglaterra, establecían la nulidad de toda ley británica, y abogaban por los preparativos militares. Por aquel entonces, se habían reunido los habitantes de la ciudad de Malden, Massachusetts (en respuesta a la petición hecha por la Casa de Representantes de Massachusetts en el sentido de que todos los pueblos del estado expresaran su postura respecto a la independencia), y se habían posicionado a favor de ella: *"...por lo tanto renunciamos con desdén a nuestra asociación con un reino de esclavos; lanzamos nuestro adiós final a Gran Bretaña"*.

"Cuando en el curso de los acontecimientos humanos se hace necesario que un pueblo disuelva los vínculos políticos... deben declararse las causas..." Así empezaba la Declaración de Independencia. Entonces, en el párrafo segundo, llegaba la poderosa declaración filosófica:

> *Consideramos patentes estas verdades, que todos los hombres son creados iguales, que su Creador les da ciertos derechos inalienables, entre otros el de la Vida, el de la Libertad y el de la Felicidad. Que para asegurar estos derechos, se instauran gobiernos entre los hombres, derivando sus justos poderes del consentimiento de los gobernados, que cuando cualquier forma de gobierno sea destructiva respecto a estos fines, el pueblo tenga derecho a alterar o abolirla, y a constituir un nuevo gobierno...*

Acto seguido enumeraba las quejas contra el rey, *"una historia de repetidos perjuicios y usurpaciones, todos ellos con el objeto de establecer una Tiranía absoluta en estos Estados"*. La lista acusaba al rey de disolver los gobiernos coloniales, de controlar a los jueces, de enviar *"un montón de funcionarios para hostigar a nuestra gente"*, de enviar ejércitos de ocupación, de interrumpir el comercio colonial con otras zonas del mundo, de recaudar impuestos entre los colonos sin su consentimiento, y de declararles la guerra, *"transportando grandes ejércitos de mercenarios extranjeros para llevar a cabo actos de muerte, desolación y tiranía"*.

Todo esto -el lenguaje del control popular sobre los gobiernos, el derecho a la rebelión y a la revolución, la indignación ante la tiranía política, las cargas económicas, los ataques militares- era una jerga que se utilizaba para unir a un gran número de colonos, y persuadir incluso a los que tenían conflictos entre sí para que se unieran en la causa común contra Inglaterra.

Algunos americanos fueron claramente excluidos de este círculo de intereses que significaba la Declaración de Independencia, como fue el caso de los indios, de los esclavos negros y de las mujeres. De hecho, un párrafo de la Declaración acusaba al rey de incitar las rebeliones de los esclavos y los ataques indios:

> *Ha provocado insurrecciones domésticas entre nosotros, y ha pretendido echarnos encima los habitantes de nuestras fronteras, los indios salvajes inmisericordes, cuyo dominio del arte de la guerra consiste en la destrucción indiscriminada de toda persona, no importando su edad, sexo o condición.*

Veinte años antes de la Declaración, una proclamación del parlamento de Massachusetts, del 3 de noviembre de 1755, declaraba a los indios Penobscot *"rebeldes, enemigos y traidores"* y ofrecía una recompensa *"por cada cabellera de indio macho traído... de cuarenta libras. Por cada cabellera de cada mujer india o joven macho de menos de doce años que se matase... veinte libras..."*

Thomas Jefferson había escrito un párrafo de la Declaración acusando al rey de transportar esclavos de Africa a las colonias y de *"suprimir todo intento legislativo de prohibir o restringir este comercio execrable"*. Esto parecía expresar una reprobación indignada contra la esclavitud y el comercio de esclavos (la actitud de Jefferson hacia la esclavitud hay que contrastarla con el hecho de que tuvo centenares de esclavos hasta el día que murió). Pero tras esta actitud existía el temor cada vez más agudo entre los virginianos y algunos otros sureños por la creciente cantidad de esclavos negros que había en las colonias (el 20% de la población total) y la amenaza de las revueltas de esclavos a medida que crecía su número.

El Congreso Continental eliminó el párrafo de Jefferson porque los propietarios de esclavos no querían acabar con el comercio de esclavos. En el gran manifiesto libertador de la Revolución Americana no se incluyó ni ese mínimo gesto hacia el esclavo negro .

El uso de la frase *"todos los hombres son creados iguales"* seguramente no pretendía referirse a las mujeres. Su inclusión no era ni remotamente posible. Eran políticamente invisibles. Y aunque las necesidades prácticas conferían a las mujeres cierta autoridad en el hogar, ni siquiera se las tomaba en cuenta a la hora de otorgar derechos políticos y nociones de igualdad cívica.

El hecho de decir que la Declaración de Independencia, incluso en su propio enunciado, estaba limitada al concepto de "vida, libertad y felicidad para los machos blancos" no significa denunciar a los creadores y firmantes de la Declaración, que tomaron las ideas de los machos privilegiados del siglo dieciocho. Muchas veces se les acusa a los reformistas y a los radicales, con su observación descontenta de la historia, de esperar demasiado de un período político pretérito, cosa que a veces hacen. Pero el hecho de citar a los marginados de los derechos humanos, tal como los contempló la Declaración, no significa -siglos más tarde y sin objeto- denunciar las limitaciones morales de esa época. Sirve para intentar entender la manera en que funcionó la Declaración en el sentido de movilizar a ciertos grupos de americanos e ignorar a otros. Seguramente, el lenguaje que la inspiró para crear un consenso seguro todavía se utiliza hoy, en nuestros días, para encubrir importantes conflictos de intereses, y también para disimular la omisión de grandes sectores de la raza humana.

La realidad que yacía en las palabras de la Declaración de Independencia era que una clase emergente de gente importante necesitaba alistar en su bando a los suficientes americanos como para vencer a Inglaterra, sin perturbar demasiado las relaciones entre riqueza y poder que se habían desarrollado durante 150 años de historia colonial. De hecho, el 69% de los signatarios de la Declaración de Independencia habían ocupado puestos en la administración colonial inglesa.

Cuando se proclamó la Declaración de Independencia -con toda su jerga incendiaria y radical- desde el balcón del Ayuntamiento de Boston, fue leída por Thomas Crafts, miembro del grupo Loyal Nine (Los Nueve Leales), conservadores que se habían opuesto a la acción militante contra los británicos. Cuatro días después de esa lectura, el Comité de Correspondencia de Boston ordenó a los ciudadanos que se presentaran en el *Common* (espacio abierto central) de la ciudad para incorporarse a filas. Pero lo cierto es que los ricos podían evitar el servicio militar si pagaban a unos substitutos, mientras que los pobres tenían que apechugar. Esto provocó disturbios y el grito de "*la tiranía es la tiranía, venga de donde venga*".

Capítulo 5

CASI UNA REVOLUCIÓN

La victoria americana sobre el ejército británico se debe a la existencia previa de un pueblo armado. Casi todos los hombres blancos tenían armas y podían disparar. Y aunque el liderazgo revolucionario no se fiaba de la turba, sabían que la revolución no resultaba atractiva ni para los esclavos ni para los indios. Así que tendrían que seducir a la población armada blanca.

Esto no era fácil. Sí, los trabajadores artesanales, los marineros y algunos más, estaban enfadados con los británicos. Pero en general no había un gran entusiasmo por la guerra. John Shy, en su estudio sobre el ejército revolucionario (*A People Numerous and Armed*), calcula que aproximadamente una quinta parte de la población se mostraba activamente "traidora". John Adams había calculado que una tercera parte se oponía a la secesión, otra tercera parte estaba a favor, y una tercera parte era neutral.

Los primeros hombres en alistarse en la milicia colonial normalmente eran "*lo mejor de la sociedad respetable y, cuando menos, paladines del espíritu cívico*" de sus comunidades, dice Shy. Quedaron excluidos de la milicia los indios amistosos, los negros libres, los criados blancos, y los blancos libres que no tuvieran un hogar fijo. Pero la desesperación llevó al reclutamiento de los blancos menos respetables. Massachusetts y Virginia hicieron provisiones para el alistamiento de vagabundos (*strollers*) en la milicia. De hecho, el ejército se convirtió en una salida prometedora para los pobres, que podían ascender de rango, adquirir dinero y cambiar su status social.

Este era el método tradicional de los líderes de cualquier orden social para movilizar y disciplinar a una población alborotada: ofrecer a los pobres las aventuras y las recompensas del servicio militar para conseguir que luchen por una causa que quizás no acaben de sentir como propia. John Scott, un teniente americano herido en Bunker Hill, explicó cómo se había unido a las fuerzas rebeldes.

Era zapatero, y me ganaba la vida con mi trabajo. Cuando se presentó esta Rebelión, vi a algunos de mis vecinos apuntarse en el ejército, y no estaban mejor que yo. Era muy ambicioso, y no me gustaba verme superado por esos hombres. Me pidieron que me alistara como soldado raso. Ofrecí mis servicios a cambio del cargo de teniente; y lo aceptaron. Ya me veía en el camino del ascenso.

Scott era uno de los muchos luchadores revolucionarios -normalmente de los rangos militares más bajos- que tenían un origen pobre y oscuro. El estudio de Shy sobre el contingente de Peterborough muestra que los ciudadanos más distinguidos y bien situados de la ciudad estuvieron poco tiempo en filas en la guerra. Otras ciudades americanas presentan el mismo esquema. Como dice Shy: *"La América revolucionaria puede que haya sido una sociedad de clase media, más alegre y próspera que cualquier otra de su tiempo, pero contenía una cantidad cada vez mayor de gente bastante pobre, y muchos de ellos son los que de verdad lucharon y sufrieron entre 1775 y 1783: una muy vieja historia"*.

Mientras duró el conflicto militar, al dominarlo todo, perjudicó a los demás temas, e hizo que la gente tomara partido en el único conflicto que tenía importancia pública, forzándole a posicionarse del lado de la Revolución, aunque su interés por la independencia no estuviera claro. La guerra era, para la élite dominante, una garantía contra los problemas de orden interno.

Aquí, en plena guerra por la libertad, estaba el servicio militar obligatorio, discriminador, como siempre, con la riqueza. Con las revueltas contra el reclutamiento forzoso todavía frescas en la memoria, en 1779 ya existía el mismo fenómeno en la marina americana. Una autoridad de Pennsylvania dijo al respecto: *"No podemos obviar la similitud de esta conducta con la de los oficiales británicos durante nuestro dominio por Gran Bretaña y estamos seguros que tendrá las mismas nefastas consecuencias por lo que hace al divorcio afectivo entre el pueblo... y la autoridad... que fácilmente puede desembocar en una oposición frontal... y una sangría"*.

Los americanos perdieron las primeras batallas de la guerra: Bunker Hill, Brooklyn Heights, Harlem Heights, y el *Deep South* (extremo sur); ganaron pequeñas batallas en Trenton y Princeton, y el rumbo de la guerra cambió con la gran batalla de Saratoga, Nueva York, en 1777. El ejército congelado de Washington resistió en Valley Forge, Pennsylvania, mientras que Benjamin

Franklin negociaba una alianza con la monarquía francesa, que tenía sed de venganza contra los ingleses. La guerra se desplazó hacia el sur, donde los británicos ganaron una serie de victorias, hasta que los americanos, ayudados por un potente ejército francés y la flota francesa (que con su bloqueo impedía la llegada de provisiones y refuerzos), ganó la victoria final en Yorktown, Virginia, en 1781.

Los conflictos suprimidos entre ricos y pobres americanos seguían manifestándose en plena guerra, la cual fue, según Eric Foner, "*un período de grandes beneficios para algunos colonos y de terribles penurias para otros*".

En mayo de 1779, la Primera Compañía de Artillería de Filadelfia hizo una petición oficial a la Asamblea relacionada con "*los de escasa fortuna y los pobres*" y amenazaron con acciones violentas contra "*los que con avaricia intentan amasar riquezas con la destrucción de la parte más virtuosa de la comunidad*". En octubre llegó la "revuelta de Fort Wilson", cuando un grupo de milicianos irrumpió en la ciudad hasta la casa de James Wilson, un abogado rico y líder revolucionario que se había opuesto a los controles de los precios y a la constitución democrática adoptada en Pennsylvania en 1776. Los milicianos fueron ahuyentados por la "brigada de los calcetines sedosos", compuesta por ciudadanos ricos de Filadelfia.

El Congreso Continental, que gobernó las colonias durante la guerra, estaba dominado por ricos, asociados entre sí en facciones y grupos por vínculos empresariales o familiares. Por ejemplo, Richard Henry Lee de Virginia estaba asociado con los Adams de Massachusetts y los Shippens de Pennsylvania.

El Congreso votó otorgar medio sueldo vitalicio a los oficiales que habían seguido hasta el final. Esta medida no tomaba en cuenta al soldado raso, que no recibía sueldo alguno, sufría los rigores del clima y moría de enfermedades mientras veía enriquecerse a algunos civiles. El día de año nuevo de 1781, las tropas de Pennsylvania, quizá envalentonadas por el ron, dispersaron a sus oficiales, mataron a un capitán e hirieron a otros cerca de Morristown, Nueva Jersey. Entonces marcharon, con todo su armamento -incluyendo cañones- hacia el Congreso Continental de Filadelfia.

George Washington trató el caso con cautela. Se negoció una paz en que se licenció a la mitad de los hombres y se les concedió un permiso a los demás.

Poco después, hubo un motín más modesto en la línea de Nueva Jersey.

Involucró a doscientos hombres que, desafiando a los oficiales, salieron en dirección a la capital estatal de Trenton. Esta vez Washington estaba prevenido. Seiscientos hombres, pertrechados con alimentos y ropa, marcharon hacia los amotinados, los rodearon y los desarmaron. Inmediatamente fueron juzgados *in situ* tres de los responsables. A uno le perdonaron, y a los otros dos los fusilaron pelotones compuestos por sus compañeros, que lloraban al apretar los gatillos. Fue, en palabras de Washington, "*un ejemplo*".

Dos años más tarde, hubo otro motín en la línea de Pennsylvania. Se había acabado la guerra y el ejército se había disuelto. Pero ochenta soldados invadieron la sede central del Congreso Continental en Filadelfia exigiendo su paga, y obligaron a sus miembros a huir a Princetown por el río - "*ignominiosamente echados a la calle*", se lamentó un historiador (John Fiske, *The Critical Period*) "*por un puñado de amotinados borrachos*".

Lo que los soldados de la Revolución sólo pudieron hacer muy de tarde en tarde -rebelarse contra sus superiores- los civiles pudieron realizarlo mucho más a menudo. Apuntó Ronald Hoffman que "*la Revolución hundió a los estados de Delaware, Maryland, Carolina del Norte, Carolina del Sur, Georgia y, en menor grado, Virginia, en conflictos civiles que persistieron durante todo el período de la guerra*". Las clases subalternas del sur se resistieron a verse movilizados por la Revolución. Se veían dominados por una élite política, se ganase o se perdiese contra los británicos.

Crecía el miedo a las revueltas de esclavos porque los esclavos negros equivalían al 20% de la población (y en algunos condados, al 50%). George Washington había desatendido las peticiones de los negros que querían luchar en su ejército para conseguir la libertad. Por consiguiente, cuando el comandante militar británico en Virginia, Lord Dunmore, ofreció la libertad a los esclavos virginianos que se unían a sus fuerzas, creó cierta consternación.

Más inquietantes aún fueron las revueltas de blancos en Maryland contra algunas de las principales familias que apoyaban la Revolución, de las cuales se sospechaba que acumulaban comodidades innecesarias. A pesar de esto, las autoridades de Maryland no perdieron el control. Hicieron concesiones, subieron los impuestos inmobiliarios y los que correspondían por tener esclavos, y dejaron pagar en metálico a los deudores. Era un sacrificio que hacía la clase privilegiada para mantener el poder. Y resultó.

Sin embargo, en el sur profundo, la sensación generalizada era que no se debía tomar parte en una guerra que no parecía aportarles nada de provecho. El comandante militar de Washington en esas tierras, Nathanael Greene, trataba el problema de la deslealtad con una política de concesiones para algunos, y brutalidad hacia los demás. En una carta a Thomas Jefferson, describió un ataque de sus tropas contra los leales a la corona. *"Hicieron una matanza terrible, matando a más de cien y machacando a la mayoría de los demás. Ha tenido un efecto muy afortunado en aquellas personas desafectas que tanto abundaban en este país"*. En general, tanto en un estado como en otro, se hacía un mínimo de concesiones. Las nuevas constituciones que se promulgaron en todos los estados entre 1776 y 1780 no se diferenciaban en mucho de las antiguas. Sólo Pennsylvania abolió el requisito previo de ser propietario para votar y ocupar cargos electos.

Al examinar el efecto de la Revolución en las relaciones de clase, hay que ver qué pasó con las tierras confiscadas a los lealistas que huían. Se distribuían de tal forma que daba una oportunidad doble a los líderes revolucionarios: les permitía enriquecerse a ellos y a sus amigos, y les permitía parcelar terrenos para alquilárselos a pequeños agricultores para así crear una base de apoyo para el nuevo gobierno. De hecho, esto llegó a ser una característica de la nueva nación: al encontrarse en posesión de grandes riquezas, podía crear la casta dirigente más rica de la historia, y le sobraba para crear una clase media que hiciera de muro de contención entre ricos y desposeídos.

Edmund Morgan resume la tipología clasista de la Revolución con estas palabras: *"El hecho de que las clases bajas estuvieran involucradas en el conflicto no debería de oscurecer el hecho de que el mismo conflicto era por lo general, una lucha por los puestos de mando y el poder entre los miembros de la clase privilegiada: los nuevos contra los ya establecidos"*.

Carl Degler dice en *Out of Our Past*: *"No se hizo con el poder ninguna clase social nueva a través de la puerta que abría la revolución americana. Los hombres que diseñaron la revuelta eran, por lo general, miembros de la clase dirigente colonial"*. George Washington era el hombre más rico de América. John Hancock era un comerciante rico de Boston. Benjamin Franklin era un impresor pudiente. Y podríamos continuar...

Por otra parte, los trabajadores artesanales de la ciudad, los trabajadores y los marineros, así como muchos pequeños agricultores, fueron convertidos en "pueblo" por la retórica de la Revolución, por la camaradería del servicio militar, por la repartición de las tierras. Así se creó un cuerpo de apoyo substancial, un consenso nacional, algo que, incluso con la exclusión de la gente ignorada y oprimida, podría llamarse "América".

El pormenorizado estudio de Staughton Lynd sobre Dutchess County (Nueva York) durante el período revolucionario lo corrobora. Hubo revueltas de arrendatarios en 1766 contra los enormes latifundios feudales en Nueva York. La finca Rensselaerwyck comprendía un millón de acres. Los arrendatarios reclamaban la propiedad de una parte de estos terrenos, pero no pudieron resolver el asunto en los juzgados. Entonces optaron por la violencia. En Poughkeepsie, 1.700 arrendatarios armados cerraron los juzgados y destruyeron las cárceles. Pero la revuelta fue sofocada.

Los arrendatarios llegaron a ser una fuerza amenazante en plena guerra. Muchos dejaron de pagar las rentas. El parlamento, con gran preocupación, introdujo una ley para confiscar las tierras de los leales a la corona y añadir cuatrocientos nuevos pequeños propietarios a los 1.800 que ya existían en el país. Los nuevos propietarios vieron que habían dejado de ser arrendatarios, pero ahora debían pagar hipotecas. En vez de pagar rentas a los terratenientes, ahora tenían que devolver créditos a los bancos.

Parece que la rebelión contra el dominio británico permitió que cierto grupo de la élite colonial reemplazara a los leales a Inglaterra, dar algunos beneficios a los pequeños propietarios y dejar a los pobres trabajadores blancos y a los agricultores arrendatarios en una situación muy parecida a la anterior.

¿Qué significó la Revolución para los nativos de América, los indios? Las solemnes palabras de la Declaración los había ignorado. No se les había considerado como iguales, sobre todo a la hora de escoger a los que iban a gobernar en los territorios donde vivían y respecto a la posibilidad de vivir felizmente, como antes de la llegada de los europeos blancos. Con la expulsión de los británicos, los americanos podían empezar el proceso inexorable de desplazar a los indios de sus tierras, matándolos si mostraban resistencia. En resumidas cuentas, como lo expresó Francis Jennings, los blancos americanos luchaban contra el control imperial británico del Este, y por su propio imperialismo en el Oeste.

En Nueva York, a través de un sutil sistema de engaño, se tomaron 800.000 acres de territorio mohawk, dando así por concluido el período de amistad entre mohawks y la ciudad de Nueva York. Ha quedado constancia de las amargas palabras del jefe Hendrick de los mohawks al hablar al gobernador George Clinton y al concejo provincial de Nueva York en 1753:

Hermano, cuando vinimos aquí para relatar nuestras quejas sobre las tierras, esperábamos que se nos atendiera, y te hemos dicho que era probable que se rompiera el Gran Acuerdo (Covenant Chain) de nuestros antepasados, y Hermano, ahora nos dices que se nos reagrupará en Albany, pero los conocemos demasiado bien, no nos fiaremos de ellos, porque ellos (los comerciantes de Albany) no son personas sino diablos y... en cuanto lleguemos a casa enviaremos un Cinturón de Wampum a nuestros Hermanos de las otras 5 Naciones para informarles que el Gran Acuerdo entre nosotros está roto. Así que, Hermano, no esperes oír más noticias de mí, y Hermano, nosotros tampoco queremos saber nada de ti.

Cuando los británicos lucharon contra los franceses por conquistar el Norte de América en la Guerra de los Siete Años, los indios lucharon con los franceses. Los franceses eran comerciantes y no ocupantes de los territorios indios, mientras que quedaba claro que los británicos deseaban poseer sus territorios de caza y su espacio vital.

Cuando acabó esa guerra en 1763, los franceses, ignorando a sus viejos aliados, cedieron a los británicos los territorios al oeste de los montes Apalaches. Los indios se unieron para luchar contra los fuertes británicos en el oeste; a este fenómeno los británicos lo llamaron la "Conspiración de Pontiac", pero en palabras de Francis Jennings fue "guerra de liberación para la independencia". A las órdenes del general británico Jeffrey Amherst, el comandante de Fort Pitts dio mantas del hospital contaminadas con viruela a los indios atacantes con que estaba negociando. Fue un episodio pionero en lo que hoy llamamos la guerra biológica. Pronto se declaró una epidemia entre los indios.

A pesar de quemar los poblados, los británicos no pudieron romper la voluntad de los indios que continuaban con la guerra de guerrillas. Luego se firmó una paz en la que los británicos acordaron establecer una línea en los montes Apalaches, más allá de la cual no establecerían colonias en territorio indio. Esta fue la Proclamación Real de 1763, y enfureció a los americanos (la Carta original de Virginia decía que su territorio se extendía hacia el oeste hasta el océano). Ello ayuda a explicar la razón por la cual la mayoría de los indios lucharon en el bando inglés durante la Revolución. Con la marcha, primero de sus aliados franceses y luego de sus aliados ingleses, los indios ahora se veían enfrentados en solitario a una nación que codiciaba sus tierras.

Con la élite oriental controlando las tierras de la costa, los pobres se vieron obligados a buscar tierras en el Oeste. Llegaron a ser un arriete muy útil para los ricos, porque eran los colonos de las zonas fronterizas los primeros blancos de los indios.

La situación de los esclavos negros al inicio de la Revolución Americana era más compleja. Miles de negros lucharon con los británicos. Con los revolucionarios había cinco mil.

En los estados del Norte, la combinación de la necesidad de esclavos, por un lado, y la retórica de la Revolución por el otro, llevó al fin de la esclavitud, pero a paso muy lento. Incluso en 1810 seguían siendo esclavos unos treinta mil negros, una cuarta parte de la población negra del Norte. En 1840 todavía había mil esclavos en el norte. En la parte superior del Sur, había más negros libres que antes, lo que llevó a una legislación para controlar la situación. En la parte inferior del Sur, la esclavitud se disparó con la expansión de las plantaciones de arroz y algodón.

Lo que hizo la Revolución fue crear espacios y oportunidades para que los negros hicieran exigencias a la sociedad blanca. A veces estas exigencias provenían de las nuevas y pequeñas élites de negros en Baltimore, Filadelfia, Richmond y Savannah; a veces de los esclavos más expresivos y atrevidos. Con alusiones a la Declaración de Independencia, los negros hicieron una petición al Congreso y a los parlamentos estatales para que abolieran la esclavitud, y dieran los mismos derechos a los negros. En 1780, siete negros de Dartmouth, Massachusetts, hicieron una petición al parlamento para adquirir el derecho al voto, vinculando la idea de los impuestos a la representación:

> ...nos vemos agraviados porque no se nos permite el privilegio de los hombres libres del Estado al no tener ni voto ni influencia en la elección de los que nos piden impuestos, aunque muchos de nuestro color (como bien se sabe) entraron alegremente en el campo de batalla en defensa de nuestra causa común...

Un negro, Benjamin Banneker, autodidacta en matemáticas y astronomía, que predijo con acierto un eclipse solar y fue nombrado diseñador de la nueva ciudad de Washington, escribió a Thomas Jefferson:

> Supongo que es una verdad demasiado clara como para se requiera aquí ninguna prueba de ello que somos una raza de seres que durante mucho tiempo hemos trabajado en un ambiente de abusos y censuras por parte del mundo; que se nos ha mirado con menosprecio durante mucho tiempo; y que durante mucho tiempo se nos ha considerado más cercano a lo animal que a lo humano, y a duras penas capaces de facultades mentales... Espero que no despreciaréis

ninguna oportunidad para erradicar esa tendencia a las ideas y opiniones falsas
y absurdas que tan extensamente prevalece respecto a nosotros; y que vuestros
sentimientos sean similares a los míos, en el sentido que un sólo Dios universal
nos ha dado vida a todos; y que no sólo nos ha hecho de una sola carne, sino
que también nos ha dado a todos, sin parcialidad, las mismas sensaciones y nos
ha obsequiado con las mismas facultades...

Banneker pidió a Jefferson que se despojara *"de esos estrechos prejuicios que habéis mamado"*.

Jefferson hizo cuanto pudo, como bien podía esperarse de un individuo iluminado y reflexivo. Pero la estructura de la sociedad americana, el poder de los cultivadores de algodón, el comercio de esclavos, la política de unidad entre élites norteñas y sureñas y la larga historia de prejuicios raciales en las colonias, así como sus propias debilidades -esa combinación de necesidades prácticas y fijación ideológica- hicieron que Jefferson siguiera siendo un propietario de esclavos durante toda su vida.

La posición inferior de los negros, la exclusión de los indios de la nueva sociedad, el establecimiento de la supremacía para los ricos y los poderosos en la nueva nación, todo esto había quedado ya establecido en las colonias antes incluso de la Revolución.

Con la expulsión de los ingleses, ahora podía quedar recogido en los documentos, solidificado, regularizado y legitimizado en la Constitución de los Estados Unidos redactada en una convención de líderes revolucionarios en Filadelfia.

A muchos americanos, a lo largo del tiempo, la Constitución redactada en 1787 les ha parecido una obra genial diseñada por hombres sabios y humanitarios que crearon un marco legal para la democracia y la igualdad.

El historiador Charles Beard propuso, a principios de este siglo, otra visión de la Constitución (levantando olas de ira e indignación e incluso un editorial crítico del *New York Times*). En su libro *An Economic Interpretation of the Constitution*, Beard estudió el trasfondo económico y las ideas políticas de los cincuenta y cinco hombres que se reunieron en Filadelfia en 1787 para redactarla. Encontró que la mayoría de ellos eran abogados de profesión; que la mayoría eran ricos en cuanto a tierras, esclavos, fábricas y comercio marítimo; que la mitad de ellos había prestado dinero a cambio de intereses, y que cuarenta de los cincuenta y cinco tenían bonos del gobierno, según los archivos del departamento de la Tesorería.

Beard encontró que la mayoría de los redactores de la Constitución tenían algún interés económico directo para el establecimiento de un gobierno federal pujante: los fabricantes querían tarifas protectoras; los prestamistas querían acabar con el uso del dinero en metálico para la devolución de las deudas; los especuladores inmobiliarios querían protección para invadir los territorios indios; los propietarios de esclavos necesitaban seguridad federal contra las revueltas de esclavos y los fugitivos; los obligacionistas querían un gobierno capaz de recaudar dinero en base a un sistema impositivo nacional, para así pagar los bonos.

Beard apuntó que había cuatro grupos que no estaban representados en la Convención Constitucional: los esclavos, los criados contratados, las mujeres y los no propietarios de tierras. La Constitución no recogía los intereses de estos grupos.

Quería dejar claro que no pensaba que la Constitución hubiera sido redactada sólo para el beneficio personal de los Padres Fundadores de la patria americana, sino para beneficiar a los grupos que representaban, los *"intereses económicos que entendían y sentían de una forma concreta y definida a través de su experiencia personal"*.

En 1787, no sólo existía la necesidad positiva de un gobierno central fuerte para proteger los considerables intereses económicos existentes, sino un miedo inmediato de rebelión a cargo de los agricultores descontentos. La principal razón que alimentaba este miedo fue una revuelta que estalló en el verano de 1786 en el oeste de Massachusetts. Fue conocida como la Rebelión de Shays.

En las ciudades occidentales de Massachusetts el gobierno de Boston era visto con reservas. La nueva Constitución de 1780 había endurecido las dificultades que tenían los propietarios para votar. Nadie podía ejercer un cargo estatal sin ser bastante rico. Además, el gobierno se había negado a distribuir divisas en papel, como se había hecho en algunos estados más como Rhode Island, para facilitar que los agricultores endeudados pudieran pagar a sus acreedores.

Empezaron a juntarse convenciones clandestinas en algunos de los condados occidentales para organizar la oposición al gobierno. Así de libremente se expresó en una de estas convenciones un hombre llamado Plough Jogger:

He recibido abusos de todo tipo, me han obligado a hacer un papel desproporcionado en la guerra; me han cargado de impuestos de clase, municipales y provinciales, continentales y de toda clase... me han maltratado los sheriffs, los guardias y los recaudadores, y he tenido que vender mi ganado por menos de lo que vale...

...los hombres importantes se van a quedar con todo lo que tenemos y creo que va siendo hora de que nos levantemos y paremos esto, y no tengamos más sheriffs, ni recaudadores, ni abogados...

Tenían que realizarse juicios en el condado de Hampshire, en las ciudades de Northampton y Spingfield, para expropiar el ganado de los agricultores que no habían pagado sus impuestos y para quitarles las tierras que ahora estaban repletas de grano listo para la cosecha. Y así, los veteranos del ejército continental, ya agraviados por el mal trato que habían recibido al licenciarse (recibieron certificados de futura amortización en vez de pagos en efectivo) empezaron a organizar a los agricultores en batallones y compañías. Uno de estos veteranos fue Luke Day, que la mañana del juicio llegó al juzgado con un cuerpo de píjanos y redobles, todavía enojado por el recuerdo de su encierro en la cárcel de los deudores durante el calor del verano anterior.

El *sheriff* recurrió a la milicia local para defender el juzgado contra estos agricultores armados, pero la mayoría de ellos estaba con Luke Day. El *sheriff* acabó reuniendo unos quinientos hombres, y los jueces se pusieron sus túnicas de seda negra, esperando que el *sheriff* protegiese su llegada al tribunal. Pero en las escaleras del mismo se encontraron con Luke Day, que les esperaba con una petición. Aseguraba que el pueblo tenía el derecho constitucional de protestar contra los actos anticonstitucionales del Tribunal General. Pidió a los jueces que aplazaran el juicio hasta que pudiera actuar el Tribunal General en nombre de los agricultores. Acompañaban a Luke Day unos mil quinientos agricultores armados. Los jueces, efectivamente, lo aplazaron.

Poco después, en los juzgados de Worcester y Athol, grupos de agricultores armados impidieron que los tribunales se reunieran para embargar terrenos. La milicia simpatizaba demasiado con los agricultores, o eran demasiado pocos, como para intervenir. En Concord, un veterano de dos guerras de cincuenta años, Job Shattuck, dirigió una caravana de carros, caballos y bueyes hacia el descampado municipal. Paralelamente enviaron un mensaje al juez:

La voz del Pueblo de este condado es soberana y los jueces no entrarán en este juzgado hasta que el Pueblo no haya tenido ocasión de airear los problemas que lo aquejan actualmente.

El gobernador y los líderes políticos de Massachusetts se alarmaron. Samuel Adams, en otros tiempos considerado líder radical en Boston, ahora insistió en que la gente actuara dentro de la legalidad. Dijo que "emisarios británicos" estaban incitando a los agricultores. La gente del pueblo de Greenwich respondió: "Vosotros los de Boston tenéis el dinero, y nosotros no. ¿Y no actuasteis ilegalmente vosotros mismos en la Revolución?" A los insurgentes ahora se les llamaba "reguladores". Su emblema era una ramita de cicuta.

El problema iba más allá de Massachusetts. En Rhode Island los deudores se habían adueñado del gobierno y estaban emitiendo billetes de banco. En Nueva Hampshire, en septiembre de 1786, varios miles de hombres rodearon el gobierno en Exeter, exigiendo que se les devolviera el dinero de los impuestos y que se emitieran billetes de banco. Sólo se dispersaron cuando se les amenazó con una intervención militar.

Daniel Shays entró en escena en Massachusetts occidental. Al estallar la Revolución, era un pobre trabajador agrícola. Se alistó en el ejército continental, luchó en Lexington, Bunker Hill y Saratoga, y fue herido en acción. En 1780, al no haber recibido su pago, se licenció del ejército, volvió a casa, y pronto se encontró en los tribunales por deudor. También vio lo que les pasaba a otros: a una mujer enferma que no podía pagar, le quitaron la cama donde estaba echada.

Lo que acabó de lanzar a Shays a la acción fue que el 19 de septiembre el Tribunal Judicial Supremo de Massachusetts había acusado a once líderes de la revuelta, incluidos tres amigos suyos, de ser "*personas alborotadoras, rebeldes y sediciosas*".

Shays reunió a setecientos agricultores armados, la mayoría veteranos de la guerra, y los llevó a Springfield. A medida que se iban acercando, su cifra fue en aumento. Se les juntó una parte de la milicia, y empezaron a llegar refuerzos de las zonas rurales. Los jueces aplazaron las audiencias del día, y luego disolvieron el tribunal.

A continuación se reunió el Tribunal General en Boston y recibió órdenes del gobernador James Bowdoin de "*vindicar la maltrecha dignidad del gobierno*". Los que acababan de rebelarse contra Inglaterra, desde la poltrona del poder, ahora llamaban al orden e imponían la legalidad. Sam Adams ayudó a redactar una Ley contra los Alborotos, y una resolución que suspendía el *Habeas corpus*, para permitir que las autoridades retuvieran a la gente en la cárcel sin juicio previo. Paralelamente, el gobierno se movilizó para hacer concesiones a los agricultores enfurecidos, diciendo que algunos de los antiguos impuestos se podían pagar en bienes en vez de metálico.

Esto no desbloqueó la situación. Se multiplicaron las confrontaciones entre los agricultores y la milicia. Pero el invierno empezó a dificultar los desplazamientos de los agricultores hacia los juzgados. Cuando Shays empezó una marcha de mil hombres hacia Boston, una tormenta de nieve les hizo retroceder, y uno de sus hombres murió congelado.

Se preparó un ejército al mando del general Benjamin Lincoln financiado con dinero recaudado por los comerciantes de Boston. Los rebeldes estaban en minoría y en plena retirada. Shays se refugió en Vermont, y sus seguidores empezaron a rendirse. Hubieron unas cuantas muertes más en combate, y luego actos de violencia esporádicos, desorganizados y desesperados contra las autoridades: quemaron pajares y mataron los caballos de un general. Murió un soldado gubernamental en una extraña colisión nocturna de dos trineos.

A los rebeldes que capturaban se les juzgaba en Northampton y seis fueron condenados a muerte. Alguien colgó una nota en la puerta del *sheriff* principal de Pittsfield:

> *Tengo entendido que hay un grupo de mis compatriotas condenados a morir por luchar por la justicia... Prepare sin demora la muerte, porque su vida o la mía será corta.*

Se llevaron a juicio a treinta y tres rebeldes y seis más fueron condenados a muerte. El general Lincoln pidió piedad a una Comisión de Clemencia, pero Samuel Adams dijo: *"En la monarquía puede admitirse que el crimen de la traición sea perdonado o castigado con levedad, pero el hombre que se atreve a rebelarse contra las leyes de una república debe morir"*. Hubo diversos ahorcamientos; se perdonó a algunos de los condenados. En 1788 Shays fue perdonado en Vermont, y devuelto a Massachusetts, donde murió pobre y en el anonimato en 1825.

Fue Thomas Jefferson quien, en calidad de embajador en Francia en tiempos de la Rebelión de Shays, habló de estas revueltas como de algo sano para la sociedad. En una carta a un amigo escribió: *"Considero que alguna revueltilla de vez en cuando, es algo positivo... Es una medicina necesaria para la buena salud del gobierno... De vez en cuando hay que regar el árbol de la libertad con la sangre de patriotas y tiranos. Es su abono natural"*.

Pero Jefferson estaba lejos de la escena. La élite política y económica del país distaba de ser tan tolerante. Temían que el ejemplo pudiera cuajar. Un veterano del ejército de Washington, el general Henry Knox, fundó una organización de veteranos, "La Orden del Cincinnati". Knox escribió a Washington acerca de la Rebelión de Shays a finales de 1786, y al hacerlo expresaba el pensamiento de muchos de los líderes ricos y poderosos del país:

La gente que son rebeldes inmediatamente comparan su propia pobreza con la situación de los ricos...Su credo es que la propiedad de los Estados Unidos ha sido protegida de las confiscaciones de Gran Bretaña con el esfuerzo conjunto de todos, y por lo tanto debe ser propiedad común de todos.

Alexander Hamilton, ayudante de campo de Washington durante la guerra, era uno de los más influyentes y astutos líderes de la nueva aristocracia. Expresó así su filosofía política:

Todas las comunidades se dividen entre los pocos y los muchos. Los primeros son los ricos y bien nacidos, los demás la masa del pueblo... La gente es alborotadora y cambiante; rara vez juzgan o determinan el bien. Hay que dar a la primera clase, pues, una participación importante y permanente en el gobierno... Sólo un cuerpo permanente puede controlar la imprudencia de la democracia...

En la Convención Constitucional, Hamilton sugirió que el Presidente y los senadores fueran cargos vitalicios.

La Convención no recogió su sugerencia. Pero tampoco dio opción a las elecciones populares, excepto en el caso de la Cámara de los Representantes, donde los requisitos los establecían las ejecutivas estatales (que exigían la tenencia de tierras para poder votar en casi todos los estados), y excluían a las mujeres, los indios y los esclavos. La Constitución hizo la provisión de que los senadores fuesen elegidos por los legisladores estatales, para que el Presidente fuera elegido por electores elegidos por los legisladores estatales, y que el Tribunal Supremo lo nombrara el Presidente.

Sin embargo, el problema de la democracia en la sociedad postrevolucionaria no eran las limitaciones constitucionales. Era algo más profundo, más allá de la Constitución, era la división de la sociedad en ricos y pobres. Si algunas personas tenían mucha riqueza e influencia; si tenían las tierras, el dinero, los periódicos, la iglesia, el sistema educativo, ¿cómo podrían las votaciones, por muy amplias que fueran, incidir en este poder? Todavía quedaba otro problema: ¿no era natural que un gobierno representativo, incluso teniendo la más amplia base posible, fuera conservador, para prevenir el cambio tumultuoso?

Era hora de ratificar la Constitución, de someterla al voto en las convenciones estatales, y conseguir la aprobación de nueve de los trece estados. En Nueva York, donde el debate acerca de la ratificación fue intenso, aparecieron una serie de artículos de prensa anónimos que nos explican muchas cosas sobre la Constitución. Estos artículos, que favorecían la adopción de la Constitución, fueron escritos por James Madison, Alexander Hamilton y John Jay, y se llegaron a conocer con el nombre de *Federalist Papers* (a los opositores de la Constitución se les conocería como los "antifederalistas").

En el *Federalist Paper* nº *10*, James Madison argumentaba que el gobierno representativo era necesario para mantener la paz en una sociedad plagada de disputas faccionales. Estas disputas provenían de "*la distribución desequilibrada y desigual de la propiedad. Los que tienen y los que carecen de propiedades siempre han formado intereses distintos en la sociedad*". El problema, dijo, era cómo controlar las luchas faccionales que nacían de las desigualdades de la riqueza de unos y otros. A las facciones minoritarias se las podía controlar, dijo, gracias al principio de que las decisiones se tomarían en base al voto de la mayoría.

El verdadero problema, según Madison, era una facción mayoritaria, y aquí la solución la ofrecía la Constitución, con la creación de una "*extensa república*", es decir, una gran nación que se extendiera por trece estados, porque entonces "*será más difícil que los que sientan esta desigualdad descubran su propia fuerza, y que actúen en consonancia los unos con los otros…*"

Como parte integrante de su argumento a favor de una república grande para mantener la paz, James Madison explica muy claramente, en *Federalist Paper* nº *10*, a quién beneficiaría la paz: "*Una manía por los billetes de banco, por la abolición de las deudas, por una división equitativa de la propiedad, o por cualquier otro proyecto impropio o diabólico, tendrá menos posibilidades de cuajar en toda la Unión que en un miembro particular de la misma*".

Cuando se entrevé el interés económico que yace en las cláusulas políticas de la Constitución, el documento se convierte no ya en el trabajo de hombres sabios que intentan establecer una sociedad decente y ordenada, sino en el trabajo de ciertos grupos que intentan mantener sus privilegios, a la vez que conceden un mínimo de derechos y libertades a una cantidad suficiente de gente como para asegurarse el apoyo popular.

En el nuevo gobierno, Madison sería de un partido (los Demócrata-Republicanos) junto con Jefferson y Monroe. Hamilton pertenecería al partido rival (los Federalistas) junto con Washington y Adams. Pero ambos acordaron -uno negrero de Virginia, el otro comerciante de Nueva York- los objetivos del nuevo gobierno que estaban estableciendo. Estaban anticipando el largo y fundamental acuerdo de los dos partidos políticos del sistema americano.

Hamilton escribió en otro número de *Federalist Papers* que la nueva Unión sería capaz de *"reprimir la facción doméstica y la insurrección"*. Se refirió directamente a la Rebelión de Shays: *"La situación alborotada de la que apenas ha emergido Massachusetts nos da muestras de que los peligros de este tipo no son meramente teóricos"*.

Fue Madison o quizás Hamilton (no siempre se sabe la autoría de los papeles individuales) quien, en *Federalist Paper* nº 63, argumentó que era necesario un *"Senado bien construido"* que a veces sería necesario *"como defensa para la gente contra sus propios errores y engaños temporales"* y: *"En estos momentos críticos, ¡qué saludable resultará la intervención de un cuerpo sensato y respetable de ciudadanos para parar los pies a la carrera desorientada, y para parar el golpe mediado por el pueblo en contra de sí mismo, hasta que la razón, la justicia y la verdad puedan recuperar su autoridad por encima de la mentalidad pública!"*

La Constitución era un acuerdo entre los intereses negreros del Sur y los intereses económicos del Norte. Para unificar los trece estados en un gran mercado para el comercio, los delegados norteños querían leyes que regulasen el comercio interestatal, e insistían en que estas leyes sólo requerían, para su aplicación, una mayoría en el Congreso. Los sureños se avinieron, a cambio de que les dejaran continuar con el comercio de esclavos durante veinte años, antes de su abolición.

Charles Beard nos avisó de que los gobiernos -incluido el gobierno de los Estados Unidos- no son neutrales, de que representan los intereses económicos predominantes, y de que sus constituciones se hacen para servir a estos intereses.

Efectivamente, había muchos terratenientes. Pero unos tenían muchas más propiedades que otros. Algunos tenían grandes terrenos; muchos (aproximadamente una tercera parte) tenían unos pocos; y otros no tenían nada.

No obstante, una tercera parte, que representaba a una cantidad considerable de personas, sentía que la estabilidad del nuevo gobierno iba a beneficiarles. Esto era un apoyo para el gobierno más amplio del que tuviera ningún otro gobierno en cualquier parte del mundo a finales del siglo dieciocho. Además, los trabajadores artesanales urbanos tenían mucho interés en un gobierno que protegiera su trabajo de la competencia extranjera.

Esto era especialmente aplicable en el caso de Nueva York. Cuando el noveno y décimo de los estados hubieron ratificado la Constitución, cuatro mil trabajadores artesanales de la ciudad de Nueva York lo celebraron con un desfile con carrozas y pancartas. Los panaderos, cerrajeros, cerveceros, constructores de barcos, toneleros, carreteros y sastres, todos desfilaron. Necesitaban un gobierno que les protegiera de los sombreros, de los zapatos británicos y de otros productos que entraban en grandes cantidas en las colonias después de la Revolución. En consecuencia, los trabajadores artesanales a menudo daban su apoyo electoral a los potentados conservadores.

La Constitución, pues, ilustra la complejidad del sistema americano: sirve a los intereses de una élite rica, pero también deja medianamente satisfechos a los pequeños terratenientes, a los trabajadores y agricultores de salario medio, y así se construye un apoyo de amplia base. La gente con cierta posición que conformaban esta base de apoyo eran un freno contra los negros, los indios y los blancos muy pobres. Permitían que la élite mantuviera el control con un mínimo de coerción, un máximo de fuerza legal y un barnizado general de patriotismo y unidad.

La Constitución se hizo todavía más aceptable al gran público después del primer Congreso, que, en respuesta a las críticas, aprobó una serie de enmiendas conocidas con el nombre de *Bill of Rights* (Ley de Derechos). Estas enmiendas parecían convertir al nuevo gobierno en guardián de las libertades populares: para hablar, publicar, rezar, hacer peticiones, reunirse, para recibir un juicio justo, para estar seguros en casa ante las intrusiones oficiales. Era, pues, un proyecto perfectamente diseñado para conseguir el apoyo popular para el nuevo gobierno. Lo que aún no se percibía con claridad (en un tiempo en el que el lenguaje de la libertad era nuevo y su aplicación improbada) era la inconsistencia de las libertades personales cuando éstas quedaban en manos de los ricos y poderosos.

Existía el mismo problema en las otras disposiciones de la Constitución, como la cláusula que prohibía a los estados el *"perjuicio a la obligación del contrato"* o la que daba al Congreso competencias para recaudar impuestos de la gente y de apropiarse de ese dinero. Todos estos poderes parecen benignos y neutrales hasta que uno se pregunta: ¿Recaudar impuestos a quién? ¿Para qué? ¿Apropiarse de qué, para quién?

Proteger los contratos de todo el mundo parece un acto de justicia, de trato igualitario, hasta que se considera que los contratos que se hacen entre ricos y pobres, entre empresario y empleado, terrateniente y arrendatario, acreedor y deudor, generalmente favorecen a la más poderosa de las dos partes. Así, el hecho de proteger estos contratos equivale a colocar el gran poder del gobierno -sus leyes, tribunales, *sheriffs,* policía- al lado de los privilegiados, y no hacerlo, como en los tiempos premodernos, como un ejercicio de fuerza bruta contra los débiles, sino como un tema de legalidad.

La Primera Enmienda a la Ley de Derechos muestra el interés que se escondía trás la inocencia. Aprobada en 1791 por el Congreso, estipulaba que *"el Congreso no hará ninguna ley... que recorte la libertad de expresión, ni de prensa..."* No obstante, siete años después de que la Primera Enmienda se incluyera en la Constitución, el Congreso aprobó una ley que recortaba severamente la ley de expresión.

Fue la Ley de Sedición de 1798, aprobada por la administración de John Adams en un tiempo en el que los irlandeses y los franceses eran vistos en Estados Unidos como peligrosos revolucionarios, debido a la reciente Revolución Francesa y a las rebeliones irlandesas. La Ley de Sedición criminalizaba el hecho de decir o escribir algo *"falso, escandaloso o malicioso"* contra el gobierno, el Congreso o el Presidente, con intento de difamarlos, desprestigiarlos o excitar el odio del pueblo contra ellos.

Esta ley parecía violar directamente la primera Enmienda. Sin embargo, fue aprobada. Se encarceló a diez americanos por pronunciarse contra el gobierno, y cada miembro del Tribunal Supremo del período 1798-1800, ejerciendo como jueces de apelación, lo consideró constitucional.

A pesar de la Primera Enmienda, la ley común británica de "libelo sedicioso" todavía se mantenía en América. Esto significaba que mientras que el gobierno no podía ejercer "la censura previa" -eso es, impedir con antelación que se produzca un pronunciamiento o una publicación- con posterioridad podía legalmente castigar al autor o escritor en cuestión. De esta forma, el Congreso ha tenido una base legal conveniente para justificar las leyes que ha sancionado desde esa época, criminalizando ciertas modalidades de expresión. Y al ser el castigo posterior a los hechos un poderoso factor disuasivo respecto al ejercicio de la libertad de expresión, la idea de la "falta de censura previa" queda invalidada. Este paso quitaba a la Primera Enmienda el blindaje que a primera vista parecía tener.

¿Se aplicaron las disposiciones económicas de la Constitución de forma tan igualmente débil? Tendremos un ejemplo ilustrativo casi de inmediato, en la primera administración de Washington, cuando el secretario del Tesoro, Alexander Hamilton, ejerció los poderes del Congreso para imponer impuestos y apropiarse del dinero.

Hamilton, creyendo que el gobierno debía aliarse con los elementos más ricos de la sociedad para hacerse más fuerte, propuso una serie de leyes al Congreso que expresaban esta filosofía -y que fueron aprobadas. Se fundó un Banco de los Estados Unidos como una asociación entre el gobierno y ciertos intereses banqueros. Se introdujo una tarifa para ayudar a los industriales. Se acordó pagar a los obligacionistas (la mayoría de las obligaciones de la guerra estaban ahora concentradas en manos de un pequeño grupo de ricos) el valor integral de los bonos. Se introdujeron leyes impositivas para recaudar fondos para pagar estos bonos.

Una de estas leyes era la del Impuesto del Whiskey[3], que dañó especialmente a los pequeños agricultores que cultivaban grano para convertirlo en whiskey y venderlo. En 1794, los agricultores del oeste de Pennsylvania se levantaron en armas y se rebelaron contra la recaudación de este impuesto. Hamilton, el secretario del Tesoro, movilizó a las tropas para reprimirlos. Por lo tanto veremos como, en los primeros años de vigencia de la Constitución, algunas de sus disposiciones, incluidas las más ostentosamente coreadas (como la Primera Enmienda), podrían ser tratadas con ligereza. Otras (como la competencia para recaudar impuestos) serían impuestas enérgicamente.

Sin embargo, todavía persiste la mitología respecto a los Padres Fundadores. ¿Eran hombres sabios y justos que intentaban conseguir el equilibrio del poder? De hecho, no querían ese tipo de equilibrio, sino uno

---

3. Whiskey con "e" corresponde a la ortografía irlandesa.

que mantuviese las cosas en su sitio, un equilibrio entre las fuerzas dominantes de la época. Lo seguro es que no querían un equilibrio igualitario entre esclavos y amos, entre los desprovistos de tierra y los terratenientes, entre indios y blancos.

Los Padres Fundadores no tomaron ni siquiera en cuenta a la mitad de la población. A ese segmento no se le mencionaba en la Declaración de Independencia, estaba ausente de la Constitución, y era invisible en la nueva política democrática. Se trata de las mujeres de la joven América.

Capítulo 6

LOS ÍNTIMAMENTE OPRIMIDOS

Si leemos los libros de historia más ortodoxos, es posible que nos olvidemos de la mitad de la población del país. Los exploradores fueron hombres, los terratenientes y comerciantes fueron hombres, los líderes políticos eran hombres, y también lo eran las figuras militares. La propia invisibilidad de las mujeres y el olvido a que eran sometidas, señalan su condición sumergida.

En su invisibilidad, eran algo así como los esclavos negros (lo que otorgaba una doble opresión a la mujer esclava). La unicidad biológica de la mujer, como el color de la piel y los rasgos faciales de los negros, llegó a ser una razón para que se las tratara como a seres inferiores, aunque por sus características físicas resultaban convenientes para los hombres, que podían usar, explotar y desear a alguien que era, a la vez, su sirviente, compañera sexual, amiga y parturienta-profesora-guardiana de sus hijos.

Debido a esta relación de intimidad y a su larga conexión con los niños, había un paternalismo especial que ocasionalmente, en especial ante una demostración de fuerza, podía convertirse en un trato de igual a igual. Pero una opresión tan privada iba a ser muy difícil de desterrar.

En las sociedades más primitivas -en América y en otros sitios-, donde la propiedad era común y las familias eran extensas y complicadas, con tíos y tías y abuelas y abuelos conviviendo juntos, parece que las mujeres eran tratadas con más igualdad que en las sociedades blancas que luego las conquistaron y les llevaron la "civilización" y la propiedad privada.

En las tribus zuñi del Suroeste, por ejemplo, las extensas familias -grandes clanes- estaban basadas en la mujer, cuyo marido venía a vivir con su familia. Se daba por hecho que las mujeres eran propietarias de las casas, y que los campos eran de los clanes, y que las mujeres tenían derechos iguales sobre lo que se producía. Una mujer gozaba de más seguridad porque estaba con su propia familia, y se podía divorciar del hombre cuando quisiera, manteniendo su propiedad. Sería una exageración decir que a las mujeres se las trataba igual que a los hombres; pero eran tratadas con respeto, y la naturaleza comunal de la sociedad les daba una categoría superior.

Los ritos iniciáticos de los sioux llenaban de orgullo a las jóvenes Sioux:

Anda por el buen camino, mi hija, y te seguirán las manadas de búfalos, anchas y oscuras, desplazándose como sombras de nube sobre los páramos... Haz tu deber con respeto, gentileza y modestia, mi hija. Y anda con orgullo. Si pierden el orgullo y la virtud las mujeres, vendrá la primavera pero las cañadas de los búfalos se llenarán de hierba. Sé fuerte, con el corazón fuerte y cálido de la tierra. Ningún pueblo sucumbe hasta que sus mujeres se quedan débiles y sin honor...

Las condiciones en que vinieron los colonos a América crearon diferentes situaciones para las mujeres. En los sitios en que las colonias se formaban casi exclusivamente de hombres, se importaba a las mujeres como esclavas para uso sexual, productoras de hijos o compañeras. En 1619, el año en que llegaron los primeros esclavos negros a Virginia, desembarcaron en Jamestown noventa mujeres : *"Personas agradables, jóvenes e incorruptas... vendidas como esposas a los colonos con su propio consentimiento, siendo su precio el coste de su propio transporte".*

Muchas mujeres llegaron en esos primeros años como criadas contratadas -muchas de ellas menores de edad- y vivieron vidas no muy diferentes a las de los esclavos, salvo que el período de servicio tenía fecha de caducidad. Tenían que ser obedientes a sus amos y señoras. Según los autores de *America's Working Women* (Baxandall, Gordon, y Reverby):

Se las pagaba mal y a menudo se las trataba mal y con severidad, sin comida nutritiva ni privacidad.

Lógicamente, esas terribles condiciones provocaban resistencia. Por ejemplo, en 1645, el Tribunal General de Connecticut ordenó que una tal *"Susan C., sea enviada a la casa de corrección y sea sometida a trabajos forzados y a una dieta de comida tosca..."*

El abuso sexual de las criadas por parte de los amos se hizo muy frecuente. En 1756, Elizabeth Sprigs escribió a su padre acerca de su servidumbre:

Lo que sufrimos aquí las inglesas está más allá de lo que podáis concebir los que estáis en Inglaterra. Baste con decir que yo, una de las infelices, sufro día y noche... con el único consuelo de que tú, perra, no lo haces lo suficiente...

Los horrores que se puedan imaginar en el transporte de esclavos negros a América deben multiplicarse para las esclavas negras, que a menudo formaban una tercera parte del cargamento. Un negrero informó que:

> *Vi a esclavas parir mientras permanecían encadenadas a cadáveres que nuestros guardianes borrachos no habían retirado... empaquetadas como sardinas, a menudo parían entre el sudor pestilente del cargamento humano... A bordo había una joven negra encadenada a la cubierta que había perdido el conocimiento poco después de ser comprada y traída a bordo.*

Una mujer llamada Linda Brent, que escapó de la esclavitud, habló de otro horror:

> *Pero ahora que había cumplido los quince años, entré en una época triste en la vida de una esclava. Mi amo empezó a susurrar palabras malsonantes en mi oído. Por joven que fuera, no podía permanecer al margen de su significado... Mi amo me esperaba en todas las esquinas, me recordaba que le pertenecía, jurando por el cielo y la tierra que me obligaría a someterme a él. Si salía a tomar un poco de aire fresco después de un día de duro trabajo, me perseguían sus pasos. Incluso si me arrodillaba en la tumba de mi madre, se cernía sobre mí su siniestra sombra. El ligero corazón que me había dado la naturaleza se hizo pesado con tristes presagios...*

Incluso las mujeres libres blancas, no compradas como criadas o esclavas, sino las esposas de los primeros colonos, se enfrentaban a situaciones de apuro. En el Mayflower viajaron dieciocho mujeres casadas. Tres estaban embarazadas, y una dio a luz a un bebé muerto antes de desembarcar. Los partos y las enfermedades diezmaban a las mujeres; en la primavera sólo cuatro de las dieciocho permanecían con vida.

Todas las mujeres cargaban con las ideas importadas de Inglaterra. La ley inglesa se resumía en un documento del año 1632 denominado "Las Leyes y Resoluciones de los Derechos de las Mujeres":

> *En esta consolidación que llamamos el matrimonio hay un lazo permanente. Es cierto que un hombre y su esposa son una persona, pero hay que entender de qué forma... El nuevo ser de la mujer es su superior; su compañero, su amo...*

Julia Spruill describe la situación legal de la mujer en el período colonial: "*El control del esposo sobre la persona de la esposa también incluía el derecho a pegarla... Pero no tenía derecho a infligir heridas permanentes en ella, ni podía matar a su esposa..."*

Por lo que se refiere a la propiedad: *"Además de la posesión absoluta de la propiedad personal de su esposa y derechos vitalicios sobre sus tierras, el esposo se adueñaba de cualquier otra renta que pudiera ser suya. Recibía las retribuciones que ella ganaba con su trabajo... Era lógico, pues, que lo ganado conjuntamente por esposo y esposa perteneciera al esposo".*

Se consideraba un crimen que una mujer tuviera un hijo fuera del matrimonio, y los archivos de los tribunales coloniales rebosan de casos de mujeres acusadas de "bastardía", mientras que el padre del niño no tenía problemas con la ley y quedaba en libertad. Un periódico colonial de 1747 reprodujo el discurso de *"la señorita Polly Baker ante el Juzgado en Connecticut, cerca de Boston en Nueva Inglaterra, donde fue procesada por quinta vez por tener hijos bastardos".*

> *Me tomo la libertad de decir que pienso que esta ley, por la cual se me castiga, es poco razonable en sí, y especialmente severa conmigo... Haciendo abstracción de la ley, no puedo concebir... cuál es la naturaleza de mi delito. A riesgo de mi vida, he traído al mundo cinco maravillosos niños; los he mantenido bien con mi propio trabajo, sin depender de mis conciudadanos, y lo hubiera hecho mejor si no fuera por las duras cargas y las multas que he pagado... ni tiene nadie la más menor queja contra mí, excepto, quizás, los ministros de la justicia, porque he tenido hijos sin estar casada, con lo cual se perdieron una tasa de matrimonio. Pero ¿puede ser esto mi culpa?...*

The Spectator, un periódico de gran influencia en América e Inglaterra, expresaba la posición del padre de familia: *"No hay nada más gratificante a la mente del hombre que el poder y el dominio... Yo veo a mi familia como una soberanía patriarcal en la que yo soy rey y oficiante".*

En las colonias americanas del siglo XVIII se leyó mucho un libro de bolsillo *best-seller* publicado en Londres llamado *Advice to a Daughter* (Consejos a una hija): *"Primero debe establecerse como un concepto básico general que hay desigualdad entre los sexos, y para la mejor economía del mundo; a los hombres, que iban a ser los creadores de la Ley, se les iba a conferir una mayor porción de racionalidad..."*

Resulta extraordinario que, a pesar de toda esta poderosa educación, las mujeres se rebelasen. Las mujeres-rebelde siempre se han tenido que enfrentar a obstáculos especiales, pues viven bajo el escrutinio diario de su amo y están aisladas las unas de las otras en sus domicilios, viéndose así desprovistas de esa camaradería diaria que ha animado los corazones de los rebeldes de otros grupos oprimidos.

Anne Hutchinson era una mujer religiosa, madre de trece hijos, y conocedora de los remedios con hierbas. Desafió a los padres de la iglesia en los primeros años de la Colonia de la bahía de Massachusetts con la insistencia de que ella, y otra gente normal, podían interpretar la Biblia por sí mismos. La llevaron a juicio en dos ocasiones: la iglesia la procesó por herejía, y el gobierno por desafiar su autoridad. Durante el juicio civil estaba embarazada y enferma, pero no la dejaron sentarse hasta que casi se desmayó. En el juicio religioso la interrogaron durante semanas. De nuevo estaba enferma, pero desafiaba a sus interlocutores con un conocimiento experto de la Biblia y con una elocuencia increíble. Cuando finalmente pidió perdón por escrito, no se mostraron satisfechos. Dijeron: *"El arrepentimiento no se refleja en su semblante"*.

Fue expulsada de la colonia, y cuando en 1638 se marchó a Rhode Island, fue seguida por treinta y cinco familias. Entonces se fue a la costa de Long Island, donde unos indios -a los cuales se les había dejado sin tierras y que, equivocadamente, veían en ella a un enemiga- la mataron junto con su familia. Veinte años después la única persona que había hablado en su favor durante el juicio -Mary Dyer- fue ahorcada por el gobierno de la colonia, junto con dos Quakeros más, por *"rebelión, sedición y realizar manifestaciones presuntuosas"*.

La participación abierta de las mujeres en la vida pública seguía siendo excepcional, aunque en las zonas fronterizas del sur y del oeste las condiciones a veces lo hacían posible.

Durante la Revolución, las necesidades de la guerra favorecieron el que las mujeres se involucraran en los temas públicos. Formaron grupos patrióticos, realizaron acciones anti-británicas y escribieron artículos a favor de la independencia. En 1777 hubo una contrapartida femenina del *Tea Party* de Boston -una *Coffee Party* (Fiesta del Café), descrita por Abigail Adams en una carta a su marido John:

> *Un comerciante eminente, rico y miserable (es soltero) tenía unas 500 libras de café en su almacén que se negaba a vender al comité por seis chelines la libra. Unas mujeres -unos dicen cien, otros más- se juntaron con un carro y baúles, marcharon hacia el almacén, y exigieron las llaves. El se negó a dárselas. Con esto una mujer lo cogió del cuello y lo echó en el carro. Al ver que no tenía*

salida, les dio las llaves cuando volcaron el carro; abrieron el almacén, sacaron el café ellas mismas, lo colocaron en los baúles y se alejaron... Una multitud de hombres lo observaron atónitos, espectadores silenciosos de toda la transacción.

Diversas historiadoras han señalado recientemente que no se ha tomado en cuenta la contribución de las mujeres de clase trabajadora en la Revolución americana, todo lo contrario que las gentiles esposas de los líderes (Dolly Madison, Martha Washington, Abigail Adams). Margaret Corbin -llamada *Dirty Kate* (Catalina la Sucia)-, Deborah Sampson Garnet y *Molly Pitcher* eran mujeres bastas de clase proletaria que los historiadores nos han presentado, maquilladitas, como *"señoritas"*. Así que mientras las mujeres pobres que se acercaron a los campamentos para ayudar y luchar durante los últimos años de guerra serían presentadas como prostitutas, Martha Washington ocupó un lugar especial en los libros de historia por el hecho de haber visitado a su esposo en Valley Forge.

Cuando se da fe de los impulsos feministas, es casi siempre a partir de los escritos de las mujeres privilegiadas, con un rango que les permitía expresarse más libremente y gozar de más oportunidades para escribir y lograr que sus escritos tuvieran incidencia. Abigail Adams escribió a su esposo en marzo de 1776 -incluso antes de la Declaración de Independencia-:

> *...en el nuevo código de leyes que supongo será necesario que redactéis... no hay que poner un poder sin límite en manos de los esposos. Recordad que todos los hombres serían tiranos si pudieran. Si no se presta un cuidado y una atención especial a las damas, estamos dispuestas a fomentar una rebelión, y no nos consideraremos obligadas a obedecer las leyes en que no tengamos representada nuestra voz.*

Sin embargo, Jefferson subrayó su frase *"todos los hombres son iguales"* cuando declaró que las mujeres americanas serían *"demasiado sabias como para arrugarse la frente con la política"*. Después de la Revolución, ninguna de las nuevas constituciones estatales dio a las mujeres el derecho al voto salvo la de Nueva Jersey, y ese estado abolió ese derecho en 1807. La constitución de Nueva York excluyó a las mujeres de ese derecho al voto utilizando específicamente la palabra *"masculino"*.

Las mujeres de clase obrera no tenían manera alguna de hacer constar los sentimientos de rebeldía que probablemente sentían ante la subordinación. No sólo parían grandes cantidades de hijos y con dificultades de todo tipo, sino que trabajaban en el hogar. En los tiempos de la Declaración de

Independencia, cuatro mil mujeres y niños de Filadelfia tejían en casa para las fábricas locales bajo el sistema de producción doméstico. Las mujeres también trabajaban como tenderas y camareras, y en muchos otros empleos.

Las ideas sobre la igualdad de la mujer flotaban en el aire durante y después de la Revolución. Tom Paine habló en favor de la igualdad de derechos para las mujeres. El libro pionero de Mary Wollstonecraft, de Inglaterra, *A Vindication of the Rights of Women*, se imprimió en Estados Unidos justo después de la Guerra Revolucionaria. Decía:

> *Quiero convencer a las mujeres de que intenten adquirir fuerzas, tanto mentales como corporales...*

Entre la Revolución americana y la Guerra Civil, estaban cambiando tantos elementos de la sociedad americana que era lógico que se produjesen cambios en la situación de la mujer. En la América preindustrial, la necesidad práctica de mujeres en la sociedad fronteriza había dado como resultado alguna medida igualitaria; las mujeres trabajaban en puestos importantes - publicando periódicos, dirigiendo curtidurías, regentando tabernas y en trabajos cualificados. Una abuela, Martha Moore Ballard, residente en una granja de Maine en 1795, ayudó a nacer a más de mil bebés como comadrona a lo largo de veinticinco años.

Ahora las mujeres eran sacadas de casa para realizar el trabajo industrial, pero al mismo tiempo se las presionaba para que se quedaran en casa, donde podían ser controladas con más facilidad. La idea del "lugar de la mujer", promulgada por los hombres, fue aceptada por muchas mujeres.

Urgía desarrollar una serie de ideas, enseñadas en la iglesia, en la escuela y en la familia, que mantuviesen a las mujeres en su sitio incluso si ese sitio era cada vez más inestable. De la mujer se esperaba que fuera pía. Una escritora dijo: "*La religión es justo lo que necesita la mujer. Sin ella, siempre está desasosegada e infeliz*".

La pureza sexual iba a ser una virtud especial de la mujer. El papel empezaba en edad precoz, con la adolescencia. La obediencia preparaba a la niña para la sumisión al primer compañero serio. Barbara Welter describe este fenómeno:

> *Se les supone dos cosas: primero, la hembra americana tenía que ser tan infinitamente deseable y provocativa que un macho sano a penas pudiera controlarse de encontrarse en la misma habitación; y la misma chica, cuando*

"sale" del capullo protector de la familia, está tan palpitante de sentimientos no dirigidos [que]... se le exige que ejerza el control interior de la obediencia. Esta combinación forma una especie de cinturón de castidad social que no se abre hasta que ha llegado el esposo, y se acaba formalmente la adolescencia.

Cuando en 1851 Amelia Bloomer sugirió en su publicación feminista que las mujeres llevaran una especie de falda corta y pantalones para liberarse del estorbo del vestido tradicional, la literatura popular para mujeres atacó su ocurrencia. En una historia hay una chica que admira los bombachos, pero su profesor la censura, diciéndole que sólo son *"una de las múltiples manifestaciones de ese espíritu alocado de socialismo y radicalismo agrario que actualmente azota nuestro país".*

El trabajo de la mujer era el de mantener la casa alegre, conservar la religión, ser enfermera, cocinera, limpiadora, costurera, florista. Una mujer no debía leer demasiado, y tenía que evitar ciertos libros.

Un sermón de 1808, pronunciado en Nueva York, decía:

Qué interesantes e importantes son los deberes contraídos por las mujeres cuando se casan... el consejero y amigo del marido; ella se debe dedicar diariamente a aligerar sus preocupaciones, aliviar su tristeza y aumentar su alegría...

A las mujeres también se les exigía -por su papel de educadoras de los niños- ser patrióticas. Una revista femenina ofrecía un premio a la mujer que escribiera el mejor ensayo sobre el tema *"Cómo puede una mujer americana manifestar mejor su patriotismo".*

El culto a la domesticidad de la mujer era una forma de apaciguarla con una doctrina que se consideraba "separada pero igual", dándole trabajos tan importantes como los del hombre, pero por separado y de forma diferente. Dentro de esa "igualdad" estaba el hecho de que la mujer no escogía su compañero, y una vez que su boda había tenido lugar, se determinaba su vida. El matrimonio encadenaba, y los niños reforzaban ese encadenamiento.

El "culto a la verdadera feminidad" no podía borrar del todo lo que visiblemente atestiguaba el estado subordinado de la mujer: no podía votar, no podía tener propiedades; cuando trabajaba, su remuneración era la cuarta parte o la mitad de lo que ganaba un hombre haciendo el mismo trabajo. Las mujeres eran excluidas de las profesiones asociadas con la jurisprudencia y la medicina, de las universidades, del ministerio.

Al colocar a todas las mujeres en la misma categoría -dándoles a todas la misma esfera doméstica que cultivar- se creaba una clasificación (por sexos) que desdibujaba las líneas de clase. Sin embargo, había fuerzas en acción que constantemente ponían la cuestión de clase sobre el tapete. Samuel Slater introdujo la maquinaria industrial de hilado en Nueva Inglaterra en 1789, y ahora había una demanda de chicas jóvenes en las fábricas para operar con esa maquinaria hilandera[4]. En 1814, se introdujo el telar en Waltham, Massachusetts, y todas las operaciones necesarias para convertir la fibra de algodón en tela se unificaron bajo un mismo techo. Las nuevas fábricas textiles se multiplicaron, con un 80 a 90% de operarias femeninas, la mayoría de ellas mujeres entre los quince y los treinta años.

Algunas de las primeras huelgas industriales tuvieron lugar en estas fábricas textiles en la década de 1830 a 1840. Las ganancias diarias de las mujeres en 1836 equivalían a menos de 37 céntimos, y miles de mujeres ganaban 25 céntimos al día, trabajando entre doce y dieciséis horas. En Pawtucket, Rhode Island, en 1824, hubo la primera huelga conocida de trabajadoras de fábrica; 202 mujeres se unieron a los hombres en una protesta provocada por un recorte de sueldos y un horario excesivo de trabajo. Pero hombres y mujeres se reunieron por separado. Cuatro años más tarde hubo una huelga de mujeres -solas- en Dover, Nueva Hampshire.

En 1834, al ver cómo despedían a una joven de su trabajo en Lowell, Massachusetts, las chicas abandonaron sus telares. Una de ellas se subió al surtidor del pueblo e hizo, según el periódico, *"un discurso encendido tipo Mary Wollstonecraft, sobre los derechos de las mujeres y las iniquidades de la "aristocracia adinerada", produciendo un gran efecto en el público que determinó salirse con la suya, aunque fuera a costa de morir".*

En varias ocasiones, durante esas huelgas, mujeres armadas con palos y piedras irrumpían por las puertas de madera de la fábrica textil y paraban los telares.

Catharine Beecher, una reformista de la época, escribió acerca del sistema industrial:

> *Estuve allí en pleno invierno, y cada mañana me despertaban a las cinco las campanas que llamaban a la labor... Sólo nos dejaban media hora para la comida, de la cual restaban el tiempo de ir y volver del trabajo. Entonces volvíamos a los telares para trabajar hasta las siete... hay que recordar que todas las horas de labor se pasan en habitaciones en las que las lámparas de aceite,*

---

4. Lo que en inglés da la palabra "spinster", literalmente hilandera, pero también soltera.

junto con un grupo de entre 40 y 80 personas, están dejando el aire sin oxígeno... y donde el aire está cargado de partículas de algodón soltadas por las cardas, los husos y los telares.

¿Y la vida de las mujeres de clase privilegiada? Frances Trollope, una inglesa, en su libro *Domestic Manners of the Americans*, escribió lo siguiente:

Permítanme describir el día de una dama de la clase alta en Filadelfia... Se levanta, y su primera hora se pasa en arreglar con escrupulosidad su vestido; baja al salón, de forma ordenada, tiesa y silenciosa; su criado negro le trae el desayuno... Veinte minutos antes de la aparición de su carruaje, se retira a sus "aposentos", como los llama ella; sacude y pliega su delantal todavía blanco como la nieve, allana su rico vestido, y... se pone un elegante sombrero... entonces baja al primer piso en el mismo momento en que su cochero negro anuncia a su criado que el carruaje está listo. Se sube en él, y da la orden: "Vaya a la Sociedad Dorcas".

En Lowell, una Asociación para la Reforma Laboral Femenina publicó una serie de "Textos de Fábrica". El primero llevaba por título "La vida de fábrica vista por una operaria" y hablaba de las mujeres de la fábrica textil como "*nada más ni nada menos que esclavas ¡en todo el sentido de la palabra! Esclavas de un sistema de labor que exige que trabajen de cinco a siete, con sólo una hora para atender a las necesidades de la naturaleza, esclavas de la voluntad y las exigencias de los "poderes que hay"...*

Aproximadamente en esa época, el *Herald* de Nueva York hablaba de una historia sobre "*700 mujeres, normalmente del estado y aspecto más interesante*" que se reunían "*en su empeño de remediar la situación de males y opresión en que han de trabajar*". El *Herald*, en su editorial, sentenciaba: "*... dudamos mucho que desemboque en nada positivo para la mujer trabajadora... Todas las combinaciones acaban en nada*".

Las mujeres de clase media, sin acceso a la educación superior, empezaron a monopolizar la profesión de maestra de escuela primaria. Como maestras, leían más, se comunicaban más, y la misma educación llegó a ser un elemento subversivo respecto al pensamiento antiguo. Empezaron a escribir para revistas y periódicos, y fundaron algunas revistas femeninas. Entre 1780 y 1840 la cantidad de mujeres que sabía leer se dobló. Hubo mujeres que se convirtieron en reformistas de la salud. Formaron movimientos contra la doble moralidad en el comportamiento sexual y contra la victimización de las prostitutas. Se apuntaron en organizaciones religiosas. Algunas de las más poderosas se unieron al movimiento abolicionista. Así, cuando surgió un claro movimiento feminista en la década de 1840-50, había mujeres que se habían convertido en experimentadas organizadoras, agitadoras y oradoras.

Cuando Emma Willard se dirigió al parlamento de Nueva York en 1819, dijo que la educación de las mujeres "*ha estado exclusivamente dirigida hacia una mejor exhibición de sus encantos de juventud y belleza*". El problema, dijo, era que "*el gusto de los hombres, sea cual sea, se ha convertido en un estándar para la formación del carácter femenino*". La razón y la religión nos enseñan, dijo, que "*nosotras también somos seres de primera... no satélites del hombre*".

En 1821, Willard fundó el Seminario Femenino Troy, la primera institución reconocida para la educación de chicas. Más tarde escribió sobre cómo contrariaba a la gente con sus enseñanzas del cuerpo humano a sus alumnas:

> *Algunas madres que visitaron una clase en el seminario en los primeros años 30 resultaron muy extrañadas... Para preservar la modestia de las chicas, y para ahorrarles demasiadas agitaciones, se encolaba papel grueso en las páginas de sus libros donde figuraban imágenes del cuerpo humano.*

Las mujeres luchaban para entrar en los colegios profesionales que dominaban los hombres. Por ejemplo, Elizabeth Blackwell obtuvo su licenciatura en medicina en 1849 después de superar múltiples rechazos antes de su admisión en el Colegio Geneva. Luego fundó el Dispensario para Mujeres y Niños Pobres de Nueva York "*para dar una oportunidad a las mujeres pobres que querían consultar con médicos de su propio sexo*". En su primer Informe Anual, escribió:

> *Mi primera consulta médica fue una experiencia curiosa. En un caso severo de pulmonía de una mujer mayor llamé a la consulta a un prestigioso médico de buen corazón... Este señor, después de ver a la paciente, salió conmigo a la sala. Allí empezó a andar por la habitación en un estado de agitación, gritando: "¡Un caso extraordinario! Nunca había visto un caso parecido. ¡Realmente no sé qué hacer!" Escuché sorprendida en estado de gran perplejidad ya que se trataba de un caso claro de pulmonía y no revestía un grado excepcional de gravedad, hasta que al final descubrí que su perplejidad tenía que ver conmigo, no con la paciente, y con la conveniencia de consultar con una mujer médico.*

El Colegio Oberlin fue pionero en la admisión de mujeres. Pero la primera chica que admitieron en su escuela de teología, Antoinette Brown - graduada en 1850- encontró que su nombre no figuraba en la lista de la clase. En el caso de Lucy Stone, Oberlin encontró a una formidable resistente. Era activista en la sociedad pacifista y en la lucha abolicionista, dio clases a estudiantes de color, y organizó un club de debates para chicas. La escogieron para escribir el discurso inicial, pero luego se le informó que tendría que leerlo un hombre. Se negó a escribirlo.

En 1847 Lucy Stone empezó a dar conferencias sobre los derechos de la mujer en una iglesia en Gardner, Massachusetts, donde su hermano hacía de ministro. Era minúscula, pesaba unos cuarenta y cinco kilos, y era una oradora espléndida. Como conferenciante de la Sociedad Abolicionista de América, en diferentes ocasiones fue rociada con agua fría, agredida con libros, y atacada por las turbas.

Cuando se casó con Henry Blackwell, se cogieron de la mano en su boda y leyeron esta declaración:

> ...consideramos un deber declarar que, para nosotros, este acto no implica una sanción de -ni promesa de obediencia voluntaria a- ninguna de las leyes actuales del matrimonio que nieguen el reconocimiento de la esposa como ser independiente y racional, mientras confieren al esposo una superioridad perjudicial y antinatural...

Fue una de las primeras mujeres que se negó a perder su apellido después de casarse. Era "la señora Stone". Cuando se negó a pagar impuestos por no estar representada en el gobierno, las autoridades confiscaron, en forma de pago, todos sus efectos domésticos, incluida la cuna del bebé.

Después de que Amelia Bloomer -una encargada de correos en un pequeño pueblo del estado de Nueva York- hubiera inventado los bombachos, las activistas los adoptaron en lugar del viejo corpiño de barba de ballena, los corsés y las enaguas.

Las mujeres, después de verse involucradas en otros movimientos de reforma -por el abolicionismo, contra la abstinencia, los estilos de vestir y las condiciones de las cárceles- se centraron, envalentonadas y experimentadas, en su propia situación. Angelina Grimké, una mujer blanca del Sur que se convirtió en una vehemente oradora y organizadora abolicionista, vio que ese movimiento podía hacer grandes progresos:

> En primer lugar, todos debemos despertar a la nación para levantar del polvo a millones de esclavos de ambos sexos, para convertirlos en hombres y después... será una cuestión fácil hacer levantar de su actual postración a millones de mujeres, o, lo que es lo mismo, transformarlas de bebés en mujeres.

El reverendo John Todd (uno de sus muchos libros *best-seller* daba consejos a los jóvenes sobre el resultado de la masturbación -"*la mente se ve enormemente deteriorada*"), hizo los siguientes comentarios sobre la nueva manera de vestir de las feministas:

> *Algunas han intentado convertirse en semi-hombres poniéndose bombachos. Dejadme decir por qué nunca se debe hacer esto. Es como sigue: la mujer, vestida y envuelta en su largo vestido, es hermosa. Anda con gracia... si intenta correr, pierde el encanto... Si se quita esta ropa, y se pone pantalones, mostrando sus extremidades, la gracia y el misterio se evaporan.*

Sarah Grimké, la hermana de Angelina, escribió:

> *En la primera parte de mi vida, mi destino me llevó entre las mariposas del mundo de la moda; y respecto a esta clase de mujeres, me duele decir que -por lo que me ha enseñado tanto la experiencia como la observación- su educación es terriblemente deficiente; que se les enseña a ver el matrimonio como una cosa necesaria, el único camino hacia la distinción...*

Ella dijo: "*Lo único que pido de mis hermanos es que nos dejen de pisar el cuello, y que permitan que nos pongamos de pie en el suelo que Dios ha designado que ocupemos... Para mí está perfectamente claro que cualquier cosa que esté moralmente bien que haga el hombre, ha de ser moralmente correcta, también, para la mujer*".

Sarah sabía escribir con fuerza; Angelina era una oradora apasionada. En una ocasión habló seis noches seguidas en la Casa de la Opera de Boston. Fue la primera mujer (en 1838) que se dirigió a un comité del gobierno estatal de Massachusetts con peticiones abolicionistas. Su intervención congregó a una gran multitud, y un representante de Salem propuso que "*se nombre un Comité para examinar los cimientos de la Casa del Estado de Massachusetts ¡para ver si soportará otra conferencia de la señorita Grimké!*"

El hecho de hablar sobre otros temas abrió el camino para hablar de la situación de las mujeres: en 1843, Dorothea Dix se dirigió al Parlamento de Massachusetts para hablar de lo que veía en las cárceles y en la casa de la caridad de la zona de Boston:

> *Digo lo que he visto, por muy penosos y sorprendentes que resulten los detalles... Brevemente procedo, señores, a llamar su atención sobre la situación actual de los alienados confinados en este laberinto de jaulas, armarios, sótanos, rediles y pocilgas; encadenados, apaleados, y azotados hasta la obediencia...*

Frances Wright fue una escritora -fundadora de una comunidad utópica-, que había inmigrado de Escocia en el año 1824 y que luchó por la emancipación de los esclavos, por el control de la natalidad y por la libertad sexual. Quería un sistema educativo público y gratuito para todos los niños de más de dos años de edad, en internados apoyados por el estado. Ella expresó en América lo que el socialista utópico Charles Fourier había dicho en Francia: que el progreso de la civilización dependía del progreso de las mujeres:

> *Me atrevo a afirmar que hasta que las mujeres no asuman el puesto en la sociedad que el sentido común y la buena voluntad, por igual, le asignan, la mejora de la raza humana sólo se producirá despacio... hasta que esto no pase, y se suprima igualmente el miedo y la obediencia, ambos sexos no recuperarán su igualdad original.*

Las mujeres se volcaron en las sociedades abolicionistas de todo el país, reuniendo millares de peticiones en el Congreso. En el transcurso de este trabajo, se desencadenaron acontecimientos que desembocaron en el movimiento de las mujeres por su propia igualdad, en paralelo al movimiento abolicionista. En 1840, una Convención Mundial de la Sociedad Abolicionista se reunió en Londres. Después de una dura discusión, se votó por la exclusión de las mujeres, pero hubo un acuerdo para que pudieran asistir a las reuniones en un espacio separado con cortinas. Las mujeres se sentaron en actitud de protesta silenciosa en la galería, y William Lloyd Garrison, un abortista que había luchado por los derechos de la mujer, se sentó junto a ellas.

Fue en este período cuando Elizabeth Cady Stanton conoció a Lucretia Mott y a otras, y empezó a desarrollar los planes que desembocarían en la primera Convención de Derechos de la Mujer de la historia. Se celebró en Seneca Falls, Nueva York, donde vivía Elizabeth Cady Stanton, madre y ama de casa, llena de resentimiento por su condición. Ella declaró lo siguiente: "*Una mujer no es nadie. Una esposa lo es todo*". Más tarde escribió:

> *Se apoderaron de mi alma mis experiencias en la Convención Mundial abolicionista, mis lecturas sobre el estado legal de las mujeres, y la opresión que veía en todas partes... No veía qué podía hacer, por dónde empezar. Mi único pensamiento era la realización de un mitin público en favor de la protesta y el debate.*

Se colocó un anuncio en el *Seneca County Courier* que convocaba a un mitin para debatir los "derechos de la mujer" los días 19 y 20 de julio. Fueron trescientas mujeres y algunos hombres. Al final del mítin sesenta y ocho mujeres y treinta y dos hombres firmaron una Declaración de Principios inspirada en el lenguaje y el ritmo de la Declaración de Independencia:

Cuando en el transcurso de los acontecimientos humanos se hace necesario que una porción de la familia del hombre asuma una posición diferente a la que hasta ese momento han ocupado entre la gente de la tierra...

Consideramos evidentes estas verdades: que todos los hombres y todas la mujeres se crean iguales; que el Todopoderoso les otorga ciertos derechos inalienables; que entre estos derechos está la vida, la libertad y la felicidad...

La historia del hombre es una historia de repetidos perjuicios y usurpaciones por parte del hombre hacia la mujer, teniendo como objetivo el establecimiento de una tiranía absoluta sobre ella. Para probarlo, sólo hay que enseñarle los hechos a un mundo inocente...

A continuación se incluía la lista de quejas. Y luego una serie de resoluciones.

Después de la convención de Seneca Falls hubo convenciones femeninas en diferentes puntos del país. En una de ellas, celebrada en 1851, una mujer negra de cierta edad, nacida esclava en Nueva York, alta, esbelta, llevando un vestido gris y un turbante blanco, escuchó a algunos ministros que habían estado dominando la sesión. Era Sojourner Truth. Se levantó y juntó la indignación de su raza con la indignación de su sexo:

Ese hombre dice que la mujer necesita ayuda para subir a los carruajes y para pasar los charcos... A mí no me ayuda nadie a subir a los carruajes, ni a pasar los charcos de barro ni me cede el mejor sitio. ¿Y no soy mujer?

Mirad mi brazo. He trabajado la tierra, he sembrado, y he recogido la siembra en el granero, y ningún hombre me podía ganar. ¿Y no soy mujer?

Trabajaba y comía tanto como un hombre -cuando podía conseguir comida- y soportaba el azote también. ¿Y no soy mujer?

He parido trece hijos y he visto cómo a la mayoría los vendían como esclavos, y cuando lloré con la pena de una madre, ¡nadie me escuchó salvo Jesús! ¿Y no soy mujer?

Así, en el período entre 1830 y 1860, las mujeres empezaron a resistirse a los intentos de mantenerlas en un "entorno femenino". Tomaban parte en toda clase de movimientos, a favor de los presos, en ayuda de los desequilibrados mentales, los esclavos negros, y, también, para las mismas mujeres.

En medio de estos movimientos, explotó -con la fuerza del gobierno y la autoridad del dinero-, la búsqueda de más tierras y la obsesión por la expansión nacional.

Capítulo 7

MIENTRAS CREZCA LA HIERBA Y CORRA EL AGUA

Si las mujeres, entre todos los grupos subordinados de una sociedad dominada por blancos ricos, eran las que más cerca estaban de casa (de hecho, estaban *en* la misma casa) -las más "interiores", pues- los indios serían los más extraños, los más "exteriores". Las mujeres, al estar tan cerca y ser tan necesarias, eran tratadas con más paternalismo que fuerza. Al indio, que era innecesario -incluso era un obstáculo- se le podía tratar con fuerza bruta, aunque a veces la quema de los poblados estuviera precedida de un lenguaje paternalista.

Y así, la "*mudanza⁵ de los indios*", como amablemente la han llamado, despejó el territorio entre los montes Apalaches y el Mississippi para que fuera ocupado por los blancos. Se despejó para sembrar algodón en el Sur y grano en el Norte, para la expansión, la inmigración, los canales, los ferrocarriles, las nuevas ciudades y para la construcción de un inmenso imperio continental que se extendería hasta el Océano Pacífico. El coste en vidas humanas no puede calcularse con exactitud, y en sufrimientos, ni siquiera de forma aproximada. La mayoría de los libros de historia que se dan a los niños pasan de puntillas sobre esta época.

En la Guerra Revolucionaria, casi todas las naciones indias importantes lucharon del lado de los británicos. Sabían que si los británicos -que eran quienes habían establecido un límite a la expansión occidental de los colonos- perdían la guerra, no habría manera de contener a los americanos. Efectivamente, cuando Jefferson llegó a la presidencia en 1800, había 700.000 colonos blancos al oeste de las montañas. Jefferson entonces emplazó al gobierno a promocionar la futura "mudanza" de los creeks y los cherokees de Georgia. La actividad agresiva contra los indios fue en aumento en el territorio de Indiana durante el mandato del gobernador William Henry Harrison.

---

5. En inglés *removal*, que a la vez quiere decir mudanza y eliminación.

Cuando, con la compra a Francia del territorio de Luisiana en 1803, se dobló el tamaño de la nación -extendiendo de esta forma la frontera occidental desde los montes Apalaches, a través del Mississippi, hasta las montañas Rocosas- Jefferson propuso al Congreso que a los indios se les debería de animar a establecerse en territorios más reducidos y dedicarse a la agricultura. "... *Se consideraron dos medidas urgentes. La primera era la de animarlos a que abandonaran la caza... En segundo lugar, se promocionaron las casas de comercio entre ellos... llevándoles de esta forma hacia la agricultura, la industria y la civilización...*"

El vocabulario de Jefferson resulta revelador: "*agricultura... industria... civilización*". La "mudanza" de los indios era necesaria para abrir el vasto territorio americano a la agricultura, al comercio, a los mercados, al dinero, al desarrollo de la economía capitalista moderna. Para todo esto, la tierra resultaba indispensable, así que después de la Revolución, los especuladores ricos, incluidos George Washington y Patrick Henry, compraron enormes áreas del territorio. John Donelson, un cartógrafo de Carolina del Norte, se hizo con 20.000 acres de tierra cerca de donde hoy se encuentra Chattanooga. Su yerno hizo veintidós viajes desde Nashville en el año 1795 para comprar tierras. Se llamaba Andrew Jackson.

Jackson era un especulador inmobiliario, comerciante, negrero y el más agresivo enemigo de los indios de la primitiva historia americana. Llegó a ser héroe de la Guerra de 1812, que no fue (como a menudo nos dan a entender los libros de texto americanos) simplemente una guerra por la supervivencia contra Inglaterra, sino una guerra para la expansión de la nueva nación hacia tierras de Florida, Canadá y el territorio indio.

Tecumseh, un jefe Shawnee y famoso orador, intentó unir a los indios contra la invasión blanca. "*La tierra*", dijo, "*pertenece a todos, para el uso de cada uno...*"

Enfurecido cuando sus colegas indios se vieron obligados a ceder una gran porción de su territorio al gobierno de los Estados Unidos, Tecumseh organizó un gran encuentro indio en 1811. Reunió a cinco mil indios en la ribera del río Tallapoosa en Alabama, y les dijo: "*¡Que perezca la raza blanca. Ellos nos toman las tierras; corrompen a nuestras mujeres, pisotean las cenizas de nuestros muertos! Hay que enviarles por un rastro de sangre al sitio de donde provinieron*".

Los indios creek ocupaban la mayor parte de Georgia, Alabama y

Mississippi. En 1813 algunos de sus guerreros mataron a 250 personas en Fort Mims y seguidamente las tropas de Jackson quemaron un poblado creek, matando a hombres, mujeres y niños. Jackson estableció la táctica de prometer recompensas en tierras y botín.

Pero entre los hombres de Jackson hubo motines. Estaban cansados de la lucha y querían volver a casa. Jackson escribió a su mujer, hablando de "*los antaño valientes y patrióticos voluntarios... reducidos... a la condición de meros quejicas, sediciosos y amotinados y llorones*". Cuando un tribunal militar condenó a muerte a un soldado de diecisiete años por haberse negado a limpiar su comida y por encañonar a un oficial, Jackson desoyó la petición de clemencia y ordenó que se llevara a cabo la ejecución. Pero se alejó para no oír los tiros.

Jackson se convirtió en un héroe nacional en 1814, cuando luchó en la batalla de Horseshoe Bend contra mil creeks, de los cuales mató a ochocientos, con pocas bajas entre los suyos. Sus tropas blancas habían fallado en el intento de atacar frontalmente a los creeks, pero los cherokees, a quienes había prometido la amistad del gobierno si se aliaban en la guerra, nadaron a través del río, atacaron a los creeks por la espalda, y ganaron la batalla para Jackson.

Cuando acabó la guerra, Jackson y sus amigos empezaron a comprar las tierras confiscadas a los creeks y Jackson se hizo nombrar comisario del tratado dictado en 1814, por el cual se dejaba a la nación creek sin la mitad de su territorio.

El tratado dio pie a algo nuevo e importante. Concedía a los indios la propiedad individual de la tierra, consiguiendo así abrir fisuras entre ellos, rompiendo la costumbre de la tenencia comunal de la tierra, sobornando a unos con tierras, dejando a otros sin ella, introduciendo entre ellos la competividad y la confabulación que marcaría el espíritu del capitalismo occidental. Se asociaba bien con la vieja idea jeffersoniana respecto a la manera en que se debía tratar a los indios, en base a su incorporación a la "*civilización*".

Entre 1814 a 1824, en una serie de tratados con los indios del Sur, los blancos se apoderaron de las tres cuartas partes de Alabama y Florida, una tercera parte de Tennessee, una quinta parte de Georgia y Mississippi, y partes de Kentucky y Carolina del Norte. Jackson jugó un papel clave en estos tratados, con el uso del soborno, el engaño y la fuerza para apoderarse de más tierras; y además dio empleo a sus amigos y parientes.

Estos tratados y estas violaciones del territorio indio, permitieron la implantación del reino del algodón y el establecimiento de las fincas negreras.

Jackson había extendido las colonias blancas hasta la zona fronteriza de Florida, que era propiedad de España. Aquí yacían los poblados de los indios seminoles, y se refugiaban algunos esclavos negros. Con el pretexto de que era un santuario de esclavos fugitivos e indios saqueadores, Jackson empezó a realizar incursiones en Florida. Florida, según dijo, era esencial para la defensa de los Estados Unidos. Era el prólogo clásico a una guerra de conquista.

Así empezó la Guerra Seminole de 1818, que acabó con la adquisición americana de Florida. Aparece en los mapas escolares con el lema discreto de *"Compra de Florida, 1819"* -pero en realidad nació de la expedición militar de Andrew Jackson más allá de las fronteras de Florida, quemando poblados seminoles y capturando fuertes españoles, hasta que España se vio "persuadida" de la necesidad de vender. Actuó, dijo, según las *"inmutables leyes de la autodefensa"*.

Así llegó Jackson a ser gobernador del territorio de Florida. Ahora podía dar buenos consejos comerciales a sus amigos y parientes. A un sobrino le aconsejó que se apoderara de propiedades en Pensacola y a un amigo, cirujano general del ejército, le aconsejó que comprara todos los esclavos que pudiera, porque el precio estaba a punto de subir.

Cuando dejó el ejército, también dio consejos a los oficiales sobre cómo tratar el tema de la alta incidencia de la deserción. (Los blancos pobres - incluso si inicialmente estaban dispuestos a dar sus vidas- puede que ya hubieran descubierto que las recompensas de la batalla eran para los ricos). Jackson recomendaba los azotes para los dos primeros intentos, y la ejecución para la tercera vez.

Si repasamos los libros de texto de la historia americana en los institutos y en las escuelas primarias, encontraremos al Jackson soldado fronterizo, demócrata y hombre del pueblo -no al Jackson negrero, especulador inmobiliario, ejecutor de soldados disidentes y exterminador de indios.

Después de la elección de Jackson como presidente en 1828 (después de John Quincy Adams, que siguió a Monroe, que había seguido a Madison, que había seguido a Jefferson), los dos partidos políticos eran los Demócratas y los Whigs, que no se ponían de acuerdo sobre el tema bancario y las tarifas, pero sí en los temas cruciales referidos a los blancos pobres, los negros, y los indios

-aunque algunos trabajadores blancos veían a Jefferson como su héroe, porque se opuso al Banco del hombre rico.

Durante el mandato de Jackson y el del hombre que él mismo eligió para sucederle, Martin Van Buren, obligó a setenta mil indios a desplazarse desde sus tierras al este del Mississippi, hacia el oeste. En Nueva York quedó la Confederación Iroquesa. Pero expulsaron a los indios sac y fox de Illinois, después de la Guerra del Black Hawk (*Halcón Negro*). Cuando el jefe Black Hawk fue derrotado y capturado en 1832, hizo un discurso:

> *Black Hawk... es ahora prisionero del hombre blanco... No ha hecho nada que tuviera que avergonzar a un indio. Ha luchado por sus compatriotas, las indias y los hijos, contra el hombre blanco, que venía año tras año a engañarlos y quedarse con sus tierras... Los blancos son malos maestros de escuela; llevan libros falsos, y hacen acciones falsas; sonríen en la cara del pobre indio para engañarlo; les dan la mano para ganar su confianza, para emborracharlo, para engañarlo, y deshonrar a sus mujeres...*
>
> *Los hombres blancos no cortan la cabellera; hacen algo peor -envenenan el corazón... ¡Adiós, mi nación! ¡Adiós Black Hawk!*

El secretario de la Guerra, gobernador del territorio de Michigan, ministro de Francia y candidato a la presidencia, Lewis Cass, explicó así la "mudanza" de los indios:

> *El principio del avance progresivo parece ser un elemento casi inherente de la naturaleza humana... Todos estamos esforzándonos en la carrera de la vida para adquirir las riquezas del honor, o del poder, o de algún objeto más, la posesión del cual equivale a realizar los sueños de nuestras imaginaciones; y la suma de estos esfuerzos constituye el progreso de la sociedad. Pero hay poco de esto en la constitución de nuestros salvajes.*

Cass, pomposo, pretencioso y cargado de honores (Harvard le concedió un doctorado honorario en Derecho en el año 1836, en plena época de la "mudanza" de indios), robó millones de acres a los indios en base a los tratados desde su puesto de gobernador del territorio de Michigan: "*A menudo debemos promocionar sus intereses en contra de su voluntad... Es un pueblo bárbaro y su subsistencia depende de los escasos y precarios abastecimientos que les da la caza, no pueden vivir en contacto con la comunidad civilizada*".

En un tratado realizado en 1825 con indios shawnees y cherokees, Cass se comprometía -siempre que los indios se limitaran a trasladarse a las nuevas tierras del otro lado del Mississippi- a que *"los Estados Unidos nunca os pedirán vuestras tierras ahí. Esto os lo prometo en nombre de vuestro gran padre, el Presidente. Ese territorio lo concede a sus pieles rojas, para que lo tengan, y para que lo tengan los hijos de sus hijos para siempre"*.

Todo el legado espiritual indio hablaba en contra de marchar de sus tierras. Un viejo jefe choctaw había dicho, años atrás, en respuesta a las propuestas de marcha hechas por el presidente Monroe: *"Lamento no poder cumplir con el deseo de mi padre... Queremos quedarnos aquí, en la tierra donde hemos crecido como las hierbas del bosque; no queremos que nos trasplanten en otra tierra"*. Un jefe seminole dijo a John Quincy Adams: *"Aquí cortaron nuestros cordones umbilicales y aquí nuestra sangre se hundió en la tierra, haciendo que este país nos sea tan querido"*.

No todos los indios aceptaban la designación común de los funcionarios blancos como *"niños"* del *"padre"* Presidente. Se supo que cuando Tecumseh se encontró con William Henry Harrison, luchador contra los indios y futuro presidente, el intérprete dijo: *"Tu padre quiere que cojas una silla"* ante lo cual Tecumseh respondió: *"¡Mi padre! El sol es mi padre, y la tierra es mi madre; yo descansaré en su pecho"*.

Cuando Jackson llegó a la presidencia, Georgia, Alabama y Mississippi empezaron a introducir leyes para extender la autoridad de los estados sobre los indios en su territorio. Se dividió el territorio indio para su distribución a través de la lotería estatal.

Los tratados y las leyes federales daban al Congreso -y no a los estados- la autoridad sobre las tribus. Jackson los ignoró, y dio su apoyo a la acción de los estados.

Ahora había encontrado la táctica más correcta. No se podía "obligar" a los indios a ir hacia el Oeste. Pero si decidían quedarse, tendrían que acomodarse a las leyes estatales, que destruían sus derechos tribales y personales, y los exponía a vejaciones interminables y a la invasión de colonos blancos que deseaban sus tierras. Sin embargo, si marchaban, el gobierno federal les daba apoyo económico y les prometía tierras más allá del Mississippi. Las instrucciones de Jackson a un mayor del ejército enviado para hablar con los choctaws y los cherokees, lo contemplaba así:

Decid a los jefes y a los guerreros que soy su amigo... pero deben confiar en mí y marchar de los límites de los estados de Mississippi y Alabama y establecerse en tierras que les ofrezco ahí, más allá de los límites de ningún estado, en posesión de tierra suya, que poseerán mientras crezca la hierba y corra el agua. Seré su amigo y su padre y les protegeré. La frase *"mientras crezca la hierba y corra el agua"* sería recordada con amargura por generaciones de indios. (Un GI indio, veterano de la guerra de Vietnam, testificando en público en 1970 no sólo sobre el horror de la guerra, sino sobre los malos tratos recibidos como indio, repitió esa frase y empezó a llorar).

Cuando Jackson ocupó el cargo en 1829, se descubrió oro en el territorio cherokee, en Georgia. Hubo una invasión de miles de blancos que destruyeron las propiedades indias y reclamaron la tierra para sí. Jackson ordenó a las tropas federales que les expulsaran, pero también exigió que, además de los blancos, también los indios dejaran de buscar el oro. Cuando retiró a las tropas, los blancos volvieron, y Jackson dijo que no tenía competencias para interferir en la autoridad de Georgia. Los invasores blancos se apropiaron de tierras y ganado, obligaron a los indios a firmar cesiones de sus tierras, apalearon a los que se negaban, vendieron alcohol para debilitar su resistencia y mataron la caza que los indios necesitaban para subsistir.

Unos tratados firmados bajo presión y por engaño dividieron en minifundios las tierras tribales de creeks, choctaws y chickasaws, convirtiendo a cada individuo en presa fácil de contratantes, especuladores y políticos. Los creeks y los choctaws permanecieron en sus terrenos individuales, pero muchos de ellos fueron engañados por las compañías inmobiliarias. Según un presidente de banco de Georgia, accionista de una de estas compañías: *"El robo está a la orden del día".*

Los creeks, desprovistos de su tierra, faltos de dinero y comida, se negaron a ir al oeste. Unos creeks hambrientos empezaron a atacar las granjas blancas, mientras que la milicia de Georgia y los colonos atacaban los poblados indios. Así empezó la Segunda Guerra Creek. Un diario de Alabama, solidario con los indios, publicó lo siguiente: *"La guerra con los creeks es una hipocresía. Es un plan miserable y diabólico, confeccionado por hombres con intereses, que pretenden despojar a una raza de gente ignorante de sus justos derechos, y robar las migajas que han quedado bajo su control".*

Un creek de más de cien años, llamado Serpiente Moteada, reaccionó de esta forma a la política de "mudanza" introducida por Andrew Jackson:

¡Hermanos! He escuchado a muchas intervenciones de nuestro gran padre blanco. Cuando atravesó por primera vez las anchas aguas, no era más que un hombrecito... muy pequeñito. Sus piernas estaban encogidas por haber estado largo tiempo sentado en su gran bote, y nos suplicó un trocito de tierra donde pudiera encender un fuego... Pero cuando el hombre blanco se hubo calentado ante el fuego de los indios y hubo llenado la tripa de su maíz molido, se hizo muy grande. Con un solo paso salvó las montañas, y sus pies cubrieron las llanuras y los valles. Su mano alcanzó el mar oriental y el occidental, y su cabeza descansó en la luna. Entonces se convirtió en nuestro Gran Padre. Quería a sus niños pieles rojas, y dijo: "Apártate un poco más por si te piso".

Dale Van Every, en su libro *The Disinherited* (Los desheredados), resumió lo que significaba la "mudanza" para el indio:

El indio era especialmente sensible a cada atributo sensorial de cada rasgo natural de su entorno. Vivía al aire libre. Conocía cada marisma, claro de bosque, pico de montaña, roca, manantial, cañón, como sólo los conoce el cazador. Nunca había acabado de comprender el principio que guiaba la propiedad privada de la tierra, ni veía que fuera más racional que la propiedad del aire. Pero quería la tierra con una emoción más honda que ningún propietario. Se sentía tan parte de ella como las rocas o los árboles, los animales y los pájaros. Su patria era tierra sagrada, bendecida como la morada de los huesos de sus antepasados y el santuario natural de su religión.

Justo antes de que Jackson llegara a la presidencia, en la década de 1820-30, después del trauma de la Guerra de 1812 y de la Guerra Creek, los indios sureños y los blancos se instalaron a menudo muy cerca el uno del otro, viviendo en paz en un ambiente natural que parecía satisfacer a todos. A los hombres blancos se les permitió visitar las comunidades indias y con frecuencia los indios eran huéspedes de los hogares blancos. Personajes de las zonas fronterizas como David Crockett y Sam Houston nacieron en estos ambientes, y ambos -al contrario que Jackson- se hicieron amigos del indio de por vida.

Las fuerzas que llevaron a la "mudanza" de los indios no nacían de los habitantes pobres de la zona fronteriza que cohabitaban con los indios. Nacían de la industrialización y del comercio, del crecimiento de las poblaciones, de los ferrocarriles y las ciudades, de la subida del precio del suelo, y de la codicia de los hombres de negocios. Los indios iban a acabar muertos o exilados, los especuladores inmobiliarios más ricos, y los políticos más poderosos. Por lo que hace al pobre fronterizo, él jugaba el papel de peón, empujado hacia los primeros encuentros violentos, pero era un elemento del que se podía prescindir fácilmente.

Los 17.000 cherokees rodeados por 900.000 blancos en Georgia, Alabama y Tennessee, decidieron que la supervivencia exigía una adaptación al mundo del hombre blanco. Se hicieron agricultores, herreros, carpinteros, albañiles y propietarios.

La lengua cherokee -cargada de poesía, metáforas y una expresividad sublime complementada con el baile, el teatro y el ritual- siempre había sido una lengua de voz y gesto. Ahora su jefe, Sequoyah, inventó un lenguaje escrito, que muchos aprendieron. El Consejo Legislativo de los Cherokees, poco después de su constitución, otorgó fondos para una imprenta que, el 21 de febrero de 1828, empezó a publicar un periódico en inglés y en el cherokee de Sequoyah -el *Cherokee Phoenix*.

Antes de esto, los cherokees, como las tribus indias en general, se las habían arreglado sin un gobierno formal. En palabras de Van Every:

> *El principio fundamental del gobierno indio siempre había sido el rechazo del gobierno. En opinión de prácticamente todos los indios al norte de México, la libertad del individuo era una norma mucho más valiosa que el deber del individuo a su comunidad o nación. Esta actitud anárquica afectaba todo comportamiento a partir de la unidad social más pequeña, la familia. El padre indio siempre era reacio a la hora de disciplinar a sus hijos. Todas sus muestras de voluntad propia se aceptaban como indicios favorables del desarrollo de un carácter en vías de emancipación...*

A veces se reunía la asamblea, que tenía una composición muy flexible y cambiante. Sus decisiones no eran vinculantes a menos que así lo decidiera la influencia de la opinión pública.

Ahora, rodeados por la sociedad blanca, todo esto empezó a cambiar. Los cherokees empezaron incluso a emular a la sociedad esclavista de su entorno: tenían más de mil esclavos. Empezaban a parecerse a esa "civilización" de la que hablaban los blancos. Incluso dieron la bienvenida a los misioneros y a la fe cristiana. Pero nada de esto les hizo tan deseables como la propia tierra en donde vivían.

El mensaje de Jackson al Congreso en 1829 clarificaba su posición: *"Informé a los indios que habitan zonas de Georgia y Alabama que sus intentos de establecer un gobierno independiente no sería contemplado por el Ejecutivo de los Estados Unidos, y les aconsejé que emigraran más allá del Mississippi o que se sometieran a las leyes de esos Estados"*. El Congreso actuó rápidamente para aprobar una ley de "mudanza". No mencionaba la fuerza, pero estipulaba unas disposiciones para ayudar a los indios a que emigraran. Lo que daba a entender era que si no la cumplían, se encontrarían sin protección, sin fondos, y a la merced de los estados.

Los indios tenían sus defensores. Quizás el más elocuente fue el senador Theodore Frelinghuysen de Nueva Jersey, que se dirigió al Senado en un debate sobre la "mudanza":

> *Hemos acumulado las tribus en unos pocos acres miserables de tierra en nuestra frontera del Sur; es lo único que les queda de su antaño inacabable bosque: y aun así, como una sanguijuela caballar, nuestra codicia insaciable grita: ¡queremos más!... Señor... ¿Cambian las obligaciones de la justicia con el color de la piel?*

Entonces empezaron a presionar a las tribus, una por una. Los choctaws no querían marcharse, pero se ofrecieron sobornos secretos de dinero y tierra a cincuenta de sus delegados, y se firmó el Tratado del Cañón de Rabbit Creek: se cedía la tierra choctaw al este del Mississippi a los Estados Unidos a cambio de ayuda económica para pagar la "mudanza". Una multitud de blancos, entre los cuales había vendedores de alcohol y estafadores, penetró en sus tierras.

A finales de 1831, trece mil choctaws empezaron la larga odisea hacia el oeste a una tierra y un clima totalmente diferentes a los que conocían. Marcharon en carros tirados por bueyes, a caballo, a pie, y les ayudaron a cruzar el Mississippi en transbordadores. En teoría, el ejército les tenía que haber ayudado a organizar su viaje, pero se produjo el caos. No había comida y llegó el hambre.

La primera migración coincidió con el invierno más frío que se había conocido, y la gente empezó a morir de pulmonía. En el verano, se declaró una gran epidemia de cólera en Mississippi y murieron centenares de Choctaws. Los siete mil choctaws que se habían quedado se negaron a desplazarse, eligiendo la sumisión antes que la muerte. Muchos de sus descendientes todavía viven en Mississippi.

Por lo que hace a los cherokees, se enfrentaron a una serie de leyes aprobadas por el estado de Georgia: confiscaron sus tierras, su gobierno fue abolido, y se prohibieron los mítines. Se encarcelaba a los cherokees que aconsejaban a otros que no emigraran. Los cherokees no podían testificar contra un blanco en los tribunales. Tampoco podían buscar el oro que se acababa de encontrar en su tierra.

La nación cherokee dirigió un memorial a la nación, una petición pública de justicia:

> Somos conscientes que algunas personas suponen que hay ventajas en nuestra emigración más allá del Mississippi. Pensamos todo lo contrario. Toda nuestra gente piensa lo contrario... Queremos quedarnos en la tierra de nuestros padres... los tratados que han hecho con nosotros, y las leyes estadounidenses que complementan esos tratados, garantizan nuestra residencia y nuestros privilegios, y nos dan seguridades contra los intrusos. Nuestra única petición es que se cumplan esos tratados, y que se ejecuten esas leyes...

Ahora iban más allá de la historia, más allá de la ley:

> Emplazamos a aquellos a quienes van dirigidos los párrafos anteriores a que recuerden la gran ley del amor: "Haz a los demás lo que quisieras que los demás te hicieran"... Les rogamos que recuerden que, en honor al principio, sus antepasados se vieron obligados a marchar, expulsados del viejo mundo, y que los vientos de la persecución les impulsaron a través de las grandes aguas y les llevaron a las costas del nuevo mundo, cuando el indio era el único señor y propietario de estos grandes dominios -que recuerden la forma en que fueron recibidos por el salvaje de América, cuando el poder estaba en su mano... Que traigan a la memoria todos estos hechos, y estamos seguros que... se solidarizarán con nosotros en nuestras tribulaciones y sufrimientos.

La respuesta de Jackson a este memorial llegó en su segundo Mensaje Anual al Congreso, en el mes de diciembre de 1830. Señaló el hecho de que los choctaws y los chickasaws ya habían mostrado su conformidad con el éxodo, y que una "rápida mudanza" de los demás supondría ventajas para todos. Reiteró un tema familiar: "Nadie puede atribuirse una disposición más amistosa hacia los indios que yo..." Sin embargo: "Las olas de población y civilización avanzan hacia el Oeste, y ahora nos proponemos adquirir los territorios ocupados por los pieles rojas del Sur y del Oeste con intercambios justos..."

Georgia aprobó una ley que criminalizaba la estancia de personas blancas en territorio indio sin haber hecho antes un juramento al estado de Georgia. Cuando los misioneros blancos en territorio cherokee manifestaron abiertamente su solidaridad con la permanencia de los cherokees, la milicia de Georgia entró en el territorio y en la primavera de 1831 arrestó a tres de los misioneros, entre los cuales se encontraba Samuel Worcester. Al negarse a jurar fidelidad a las leyes de Georgia, Worcester y Elizar Butler fueron condenados a cuatro años de trabajos forzados. El Tribunal Supremo ordenó la libertad de Worcester, pero el presidente Jackson se negó a sancionar la orden del tribunal.

Jackson fue reelegido en 1832, y se dispuso a acelerar la "mudanza" india. La mayoría de los choctaws y algunos de los cherokees habían marchado, pero todavía quedaban 22.000 creeks en Alabama, 18.000 cherokees en Georgia y 5.000 seminoles en Florida.

Los creeks habían luchado por su tierra desde los tiempos de Colón: contra los españoles, los ingleses, los franceses y los americanos. En 1832 sólo les quedaba un pequeño territorio en Alabama, mientras que la población de este estado alcanzaba ya los 30.000 habitantes, y aumentaba a gran ritmo. En base a extravagantes promesas hechas por el gobierno federal, los delegados creek desplazados a Washington firmaron el Tratado de Washington, dando su conformidad a la "mudanza" más allá del Mississippi. Abandonaron 5 millones de acres con la contrapartida de que 2 millones de esos acres serían para particulares de raza creek, que bien podían venderlos o quedarse en Alabama bajo protección federal.

Casi de inmediato se rompieron las promesas incluidas en el tratado y empezó una invasión blanca de las tierras creek -saqueadores, buscadores de nuevas tierras, estafadores, vendedores de whiskey y matones-, lo cual ahuyentó a miles de creeks de sus casas hacia las marismas y la selva. El gobierno federal no intervino para nada. Al contrario, negoció un nuevo tratado que contemplaba la rápida emigración de los creeks hacia el oeste, bajo su propia iniciativa, con la financiación del gobierno nacional. Un coronel del ejército que dudaba respecto a las posibilidades de que este plan funcionara, escribió lo siguiente:

> *Temen morirse de hambre en el camino; y no podría ser de otra manera, porque muchos de ellos ya están cerca del hambre... No pueden ustedes hacerse una idea del deterioro que han sufrido estos indios en los últimos dos o tres años, desde un estado general de relativa abundancia a uno de desdicha general y necesidad... Están cabizbajos, aterrorizados, sumisos, y deprimidos, con la sensación de que no tienen protección adecuada en los Estados Unidos, ni capacidad para autoprotegerse.*

A pesar de sus dificultades, los creeks se negaron a emigrar, pero en 1836, tanto las autoridades estatales como las federales decidieron que debían marchar. Bajo el pretexto de unos ataques de creeks desesperados contra colonos blancos, se declaró que la nación creek, al haber hecho la "guerra", había perdido los derechos adquiridos en el tratado. El ejército impuso el éxodo de los creeks hacia el oeste. Se envió un ejército de once mil hombres tras ellos. Los creeks ni se resistieron, ni hubo disparo alguno: se rindieron. El ejército reunió a los creeks que suponían rebeldes o desafectos y esposó y encadenó a los hombres para su marcha hacia el oeste bajo vigilancia militar. Las mujeres y los niños les siguieron en la retaguardia. Los destacamentos militares invadieron las comunidades creek, y condujeron a sus moradores a diferentes puntos de reunión. De ahí les llevaron hacia el oeste en grupos de dos o tres mil. Nadie mencionó la posibilidad de que se les compensara por los territorios y las propiedades que dejaban atrás.

Para la marcha se redactaron contratos privados del mismo estilo de los que habían fallado en el caso de los choctaws. De nuevo hubo demoras y falta de comida, de refugios, de ropa, de mantas, de cuidados médicos. De nuevo viejos vapores y transbordadores medio podridos, llenos hasta la bandera, para llevarlos a la otra ribera del Mississippi. El hambre y las enfermedades empezaron a hacer estragos.

Ochocientos creeks se habían ofrecido voluntarios para ayudar al ejército estadounidense para luchar contra los seminoles en Florida, a cambio de que sus familias se pudieran quedar en Alabama hasta su vuelta con la protección del gobierno federal. La promesa no se cumplió. Las familias creek fueron atacadas por saqueadores blancos y hambrientos de tierras que les robaron, les expulsaron de sus casas y violaron a sus mujeres. Entonces el ejército se los llevó del territorio creek a un campo de concentración en Mobile Bay, aduciendo que era por su propia seguridad. Ahí murieron a millares de hambre y enfermedades.

Cuando los guerreros de la Guerra Seminole regresaron, fueron obligados a emigrar hacia el oeste junto con sus familias. Al pasar por Nueva Orleans, se encontraron con una epidemia de fiebre amarilla. Cruzaron el Mississippi 611 indios, metidos como sardinas en el viejo vapor Monmouth, que se hundió en el río Mississippi, muriendo 311 personas, cuatro de ellas hijos del comandante de los voluntarios creek en Florida.

Los choctaws y los chickasaws habían mostrado sin reparos su conformidad con la "mudanza". Los creeks eran testarudos y tenían que ser empujados. Los cherokees practicaban una resistencia pasiva. Pero una tribu, los seminoles, decidió luchar.

109

Ahora que Florida pertenecía a los Estados Unidos, el territorio seminole se abrió a los saqueadores americanos. En 1834 se reunieron los jefes seminoles con el agente de asuntos indios de los Estados Unidos, que les dijo que debían emigrar hacia el oeste. Los seminoles respondieron así:

A todos nos creó el Gran Padre, y todos somos sus hijos por igual. Todos nacimos de la misma Madre, y nos amamantó el mismo pecho. Por lo tanto somos hermanos, y como hermanos, debemos tratarnos de forma amistosa... Si de repente arrancamos nuestros corazones de las casas donde estaban atados, las cuerdas de nuestros corazones se romperán.

En diciembre de 1835, la fecha en que se había ordenado a los seminoles reunirse para emprender el viaje, no apareció nadie. Por el contrario, los seminoles iniciaron una serie de ataques de guerrillas contra los poblados blancos de la costa, en todo el perímetro de Florida, golpeando por sorpresa y en ataques sucesivos desde el interior. Mataron familias blancas, capturaron esclavos y destruyeron propiedades.

El 28 de diciembre de 1835, los seminoles atacaron una columna de 110 soldados y, salvo tres, todos murieron. Luego, uno de los supervivientes contó el episodio:

Eran las 8. De repente oí un disparo de rifle... seguido de un tiro de mosquetón... No tuve tiempo de pensar en el significado de estos disparos porque una descarga, como de mil rifles, nos llovió de la parte del frente y en nuestro flanco izquierdo... sólo podía verles la cabeza y los brazos entre la larga hierba, cerca y lejos, y detrás de los pinos...

Era la clásica táctica india contra un enemigo con superiores armas de fuego. Una vez, el general George Washington había dado este consejo a uno de sus oficiales antes de partir: *"General St. Clair, en tres palabras, cuídese de sorpresas... una y otra vez, general, cuídese de sorpresas".*

El Congreso asignó una partida de dinero para emprender la guerra contra los seminoles. Se puso al mando el general Winfield Scott. Pero cuando sus tropas -formadas en columnas- entraron -de forma majestuosa- en territorio seminole, no encontraron a nadie. Se cansaron del barro, de las marismas, del calor, de las enfermedades, del hambre -dando señales de la clásica fatiga de un ejército civilizado que lucha contra un pueblo en su propio territorio. En 1836, presentaron la dimisión del ejército regular 103 oficiales, quedando sólo cuarenta y seis...

La guerra duró ocho años. Costó $20M y 1500 vidas americanas. Al final, a mediados de la década de 1840, los seminoles empezaron a cansarse. Era un grupo minúsculo enfrentado a una enorme nación de recursos inmensos. Pidieron repetidamente el alto el fuego. Pero cada vez que avanzaban bajo la bandera de tregua, eran arrestados, una y otra vez. En 1837 arrestaron a su jefe -Osceola-, que iba bajo la bandera de la paz. Lo encadenaron y murió, enfermo, en la prisión. La guerra se había agotado.

Mientras tanto, los cherokees no habían respondido con las armas, pero habían resistido a su manera. Entonces el gobierno reinició el viejo juego de enfrentar entre sí a sus oponentes, en este caso, a los cherokees. En la comunidad cherokee la presión iba en aumento: su periódico fue suprimido, su gobierno disuelto, los misioneros encarcelados y su tierra dividida en parcelas y repartida entre los blancos por un sistema de lotería. En 1834 setecientos cherokees, cansados de la lucha, acordaron mudarse al oeste; ochenta y uno murieron durante el viaje, entre ellos cuarenta y cinco niños - la mayoría de sarampión y cólera. Los que sobrevivieron llegaron a su destino allende el Mississippi en plena epidemia de cólera, y la mitad murió en un año.

Fue en este momento cuando los blancos de Georgia redoblaron sus ataques contra los indios para acelerar la "mudanza".

En abril de 1838, Ralph Waldo Emerson dirigió una carta abierta al presidente Van Buren en la que se refería, con indignación, al tratado de "mudanza" de los cherokees (firmado a espaldas de la gran mayoría de esa nación). Preguntaba qué se había hecho con el sentido de la justicia en América:

> Usted, Señor mío, hará que ese digno cargo que ocupa caiga en el descrédito más profundo si marca con su sello ese instrumento de la perfidia; y el nombre de esta nación, hasta ahora tenido como sinónimo de religiosidad y libertad, será la peste del mundo.

Trece días antes de que Emerson enviara su carta, Martin Van Buren había ordenado la entrada del teniente general Winfield Scott en territorio cherokee, invitándole a utilizar cualquier tipo de fuerza militar necesaria para desplazar a los cherokees hacia el oeste. Cinco regimientos de tropas regulares y cuatro mil milicianos y voluntarios iniciaron una ocupación masiva del país cherokee.

Al parecer, algunos cherokees habían abandonado su posición de no-violencia: encontraron sin vida los cadáveres de tres jefes que habían firmado el Tratado de Mudanza. Pero pronto juntaron a los diecisiete mil cherokees y los amontonaron en empalizadas. El 1 de octubre de 1838 salió el primer destacamento, en lo que se conocería como el Camino de las Lágrimas. Al desplazarse hacia el oeste, empezaron a morir de enfermedades, sed, calor, y frío. Había 645 carros, y gente que marchaba a su lado. Los supervivientes explicaron, años después, cómo habían parado al lado del Mississippi en pleno invierno, con las aguas llenas de hielo: "*Había centenares de enfermos y moribundos metidos en los carros o tumbados en el suelo*". Durante su confinamiento en la empalizada y durante la marcha murieron cuatro mil cherokees.

En diciembre de 1838, el presidente Van Buren dijo al Congreso:

> *Me produce un placer muy sincero informar al Congreso de la completa "mudanza" de la Nación de los indios cherokee a sus nuevos hogares al oeste del Mississippi. Las medidas autorizadas por el Congreso en la última sesión han tenido un éxito completo.*

Capítulo 8

NO TOMAMOS NADA POR CONQUISTA, GRACIAS A DIOS

El coronel Ethan Allen Hitchcock, un soldado profesional graduado en la Academia Militar, comandante del tercer Regimiento de Infantería, lector de Shakespeare, Chaucer, Hegel y Spinoza, escribió en su diario:

Fuerte Jesup, La., 30 junio, 1845. Llegaron órdenes urgentes anoche desde Washington City que indicaban al general Taylor que debía desplazarse sin demora a... para ocupar posiciones en la ribera o cerca del Río Grande. Debe expulsar cualquier fuerza armada de mejicanos que pueda cruzar el río. Bliss me leyó rápidamente las órdenes ayer por la tarde a la hora de la retreta. Apenas he dormido pensando en los arduos preparativos... La violencia lleva a la violencia y, o mucho me equivoco o este movimiento nuestro provocará otras acciones violentas y el derramamiento de más sangre.

Hitchcock no estaba equivocado. La compra de Louisiana por parte de Jefferson había doblado el territorio de los Estados Unidos, llegando sus límites hasta las montañas Rocosas. Al suroeste estaba México, que había ganado su independencia en una guerra revolucionaria contra España en 1821. México era un país enorme que incluía Texas y lo que hoy conocemos como Nuevo México, Utah, Nevada, Arizona, California y una parte de Colorado. Después de una campaña de agitación, y con la ayuda de Estados Unidos, Texas rompió con México en 1836 y se declaró como la "República de la Estrella Solitaria". En 1845, el Congreso estadounidense la incorporó como nuevo estado de la Unión.

Ahora estaba en la Casa Blanca James Polk, del partido Demócrata. Era un expansionista que, en la noche de su toma de posesión del cargo, confió al Secretario de la Marina que uno de sus principales objetivos era la adquisición de California. La orden que mandó al general Taylor para que acercara sus tropas al Río Grande era un reto a los mexicanos. No quedaba nada claro que el Río Grande fuese la frontera del sur de Texas, aunque Texas había obligado al vencido general mejicano Santa Anna -a quien tenían preso- a que así lo declarara. La frontera tradicional entre Texas y México había sido el Río Nueces, unas 150 millas más al norte, y tanto México como los Estados Unidos lo habían reconocido como frontera. Sin embargo, Polk, al animar a los tejanos a que aceptaran la anexión, les había asegurado que apoyaría su reivindicación del Río Grande.

El hecho de mandar tropas al Río Grande, un territorio habitado por mexicanos, era una clara provocación. El ejército de Taylor marchó en columnas paralelas a través de la pradera, con guías muy adelantados y en los flancos, y con un tren en la retaguardia. Entonces, el 28 de marzo de 1846, por una carretera estrecha y atravesando un chaparral espeso, llegaron a unos campos cultivados y unas chozas de tejados de paja que sus moradores mejicanos habían abandonado con prisas, huyendo por el río hacia la ciudad de Matamoros. Taylor montó su campamento, empezó la construcción de un fuerte y colocó sus cañones frente a las blancas casas de Matamoros, cuyos habitantes observaban con curiosidad el despliegue de todo un ejército en la ribera de un tranquilo río.

El *Union* de Washington, un periódico que reflejaba la posición del presidente Polk y del partido Demócrata, había hablado, a principios de 1845, del significado de la anexión tejana:

> *Que se lleve a término la gran medida de la anexión, y con ello, el tema de la frontera y las reivindicaciones. ¿Quién podrá detener el torrente que invadirá el Oeste? Tendremos abierta la carretera hacia California. ¿Quién parará los pies a nuestra gente del oeste?*

Poco después, en el verano de 1845, John O'Sullivan, director de *Democratic Review*, usó una frase que se hizo famosa, diciendo que era *"nuestro destino manifiesto llenar el continente otorgado por la Providencia para el libre desarrollo de nuestra cada vez más numerosa gente"*. Así pues, se trataba de un *"destino-manifiesto"*.

Lo único que hacía falta en la primavera de 1846 para hacer estallar la guerra que buscaba Polk era un incidente militar. Llegó en abril, cuando desapareció el intendente del general Taylor, el coronel Cross, mientras subía por el Río Grande a caballo. Once días después encontraron su cadáver, con la calavera destrozada por un fuerte golpe. Se dio por hecho que lo habían matado guerrilleros mexicanos venidos del otro lado del río.

Al día siguiente (25 de abril), una patrulla de los soldados de Taylor se vio rodeada y atacada por mexicanos, siendo exterminada: hubo dieciséis muertos, otros resultaron heridos y el resto fueron capturados. Taylor envió un despacho a Polk: "*Se pueden considerar abiertas las hostilidades*". Los mexicanos habían disparado la primera bala. Pero según el coronel Hitchcock, habían hecho lo que deseaba el gobierno americano. Escribió en su diario, incluso antes de los primeros incidentes:

> *He mantenido desde el principio que los Estados Unidos son los agresores... No tenemos el más mínimo derecho a estar aquí... Parece que el gobierno envió un pequeño destacamiento aposta para provocar la guerra, para tener un pretexto para tomar California y todo el territorio que se le antoje... Mi corazón no está metido en este asunto... pero como militar, debo cumplir las órdenes.*

El 9 de mayo, antes de recibirse noticias de las acciones bélicas, Polk recomendó a su gabinete una declaración de guerra. Polk dejó constancia en su diario de lo que había dicho en el consejo de ministros:

> *Dije... que hasta ese momento, por lo que sabíamos, no habíamos recibido noticia de ninguna agresión por parte del ejército mejicano, pero que el peligro de que se produjeran tales actos era inminente. Dije que en mi opinión teníamos amplias razones para hacer la guerra, y que era imposible... permanecer en silencio mucho tiempo más... que el país estaba excitado e impaciente por este tema...*

El país distaba de estar "*excitado e impaciente*". Pero el presidente sí que lo estaba. Cuando llegaron los despachos del general Taylor hablando de las bajas causadas por el ataque mejicano, Polk reunió su gabinete para oír la noticia, y por unanimidad acordaron que se debía pedir una declaración de guerra. El mensaje de Polk al Congreso fue de indignación: "*México ha vulnerado las fronteras de Estados Unidos, ha invadido nuestro territorio y ha derramado sangre americana en territorio americano...*"

El Congreso se apresuró a aprobar el mensaje de guerra. No se examinaron los montones de documentos oficiales que acompañaban el mensaje de guerra -supuestamente pruebas que explicaban la declaración de Polk-, sino que fueron inmediatamente aprobados por la Cámara. El debate sobre la ley, que proponía proveer voluntarios y fondos para la guerra, no pasó de las dos horas, y la mayor parte de ese tiempo se consumió en la lectura de extractos seleccionados de los documentos aprobados, así que apenas sobró media hora para la discusión de los temas.

El partido Whig también quería California, pero prefería adueñarse de él sin guerra. Sin embargo, no se negaron a proporcionar hombres y dinero para la operación y se unieron a los demócratas en una votación masiva -174 contra 14- a favor de la guerra.

En el Senado hubo debate, pero se limitó a un día, y se aprobó la moción a favor de la guerra por 40 a 2, con la unión entre whigs y demócratas. John Quincy Adams, de Massachusetts, que de entrada había votado con los "catorce testarudos", finalmente votó por las asignaciones de guerra.

Abraham Lincoln de Illinois todavía no estaba en el Congreso cuando empezó la guerra, pero después de su elección en 1846 tuvo ocasión de votar y opinar sobre ella. Sus "resoluciones inmediatas" se hicieron famosas, pues retó a Polk para que especificara el punto exacto en donde se había derramado sangre americana "*en territorio americano*". Pero no intentó acabar la guerra frenando los fondos destinados a hombres y abastecimientos. Hablando en la Cámara el 27 de julio de 1848, dijo:

> *Si decir que "la guerra la ha declarado el Presidente sin necesidad ni respetando las vías constitucionales" es una oposición a la guerra, entonces los whigs se han opuesto a ella de forma manifiesta... El hecho de enviar un ejército a un pacífico poblado mejicano, ahuyentando a sus moradores, exponiendo sus cultivos y demás propiedades a la destrucción, puede que a Ud. le parezca un comportamiento perfectamente amistoso y pacífico, libre de provocación; pero a nosotros no nos lo parece... Pero si, al estallar la guerra, y al convertirse en la causa de nuestro país, la provisión de nuestro dinero y nuestra sangre, junto con la vuestra, era un apoyo a la guerra, entonces no es verdad que siempre nos hayamos opuesto a la guerra. Con pocas excepciones, siempre habéis contado con nuestros votos para todas las provisiones necesarias...*

Un puñado de congresistas abolicionistas votaron en contra de toda medida marcial, al ver la campaña de México como una manera de extender el territorio negrero del Sur. Entre estos congresistas se encontraba Joshua Giddings de Ohio, un orador apasionado, de gran poderío físico, que la llamó "*una guerra agresiva, terrible e injusta*".

Después de la aprobación de la guerra en el Congreso, en mayo de 1846, hubo concentraciones y manifestaciones de apoyo a la guerra en Nueva York, Baltimore, Indianapolis, Filadelfia y muchos sitios más. Miles de personas se alistaron como voluntarios en el ejército. En los primeros días de la guerra, el poeta Walt Whitman escribió en el *Eagle* de Brooklyn: "*Sí, ¡a México hay que castigarlo severamente!... Que ahora se lleven nuestras armas con un espíritu que enseñe al mundo que, mientras no nos perdemos en discusiones, América sí sabe aplastar, como también extender sus fronteras!"*

Junto a esta agresividad existía la idea de que los Estados Unidos regalaban bendiciones de libertad y democracia a más gente. Esto se entremezclaba con ideas de superioridad racial, de codicia por las bellas tierras de Nuevo México y California, y sueños de empresas comerciales por el Pacífico. El *Herald* de Nueva York dijo, en 1847: *"La nación universal Yankee puede regenerarse y sobreponerse a la gente de México en unos pocos años; y creemos que es parte de nuestro destino civilizar ese bello país"*.

El *Congressman Globe* del 11 de febrero de 1847 informaba así:

> *El Sr. Giles de Maryland: -Doy por hecho que ganaremos territorio, y que debemos ganar territorio, antes de cerrar las puertas del templo de Jano... Debemos marchar de océano en océano... Debemos marchar de Texas, directos hacia el Océano Pacífico, y sólo tener sus terribles olas como frontera... Es el destino de la raza blanca, es el destino de la raza anglo-sajona...*

Por el contrario, la Sociedad Americana Abolicionista dijo que la guerra *"se hace sólo con el propósito detestable y horrible de extender y perpetuar el régimen esclavista por el vasto territorio de México"*. Un poeta y abolicionista bostoniano de veintisiete años, James Russell Lowell, empezó a escribir poemas satíricos en el *Courier* de Boston (luego serían conocidos como los *Biglow Papers*). En ellos, un granjero de Nueva Inglaterra, Hosea Biglow, hablaba de la guerra en su propio dialecto:

> *¿Y la guerra? Yo la llamo asesinato.*
> *No hay forma más clara de decirlo*
> *No quiero ir más allá*
> *De mi testimonio sobre este hecho.*
>
> *Sólo quieren esa California*
> *Para amontonar más esclavos allí*
> *Para abusar de ellos y maltratarlos*
> *Y para aprovecharse como el demonio.*

Apenas había empezado la guerra, en el verano de 1846, cuando un escritor, Henry David Thoreau, que vivía en Concord, Massachusetts, se negó a pagar el impuesto ciudadano, denunciando así la guerra de México. Fue encarcelado y pasó una noche en la prisión. Sus amigos, sin su consentimiento, pagaron sus impuestos, y fue liberado. Dos años después dio una conferencia, "La Resistencia al Gobierno Civil", que luego fue impresa en forma de ensayo, "La Desobediencia Civil":

> *No es deseable cultivar un respeto por la ley, sino por el derecho... La Ley nunca hizo a los hombres más justos; y, a través de su respeto por ella, se convierte incluso a los bien intencionados en agentes de la injusticia. Un resultado común y natural del respeto indebido por la ley es que puedas ver una fila de soldados... desfilando en perfecto orden por la campiña hacia la guerra, contra su voluntad, sí, contra su sentido común y sus conciencias, lo que hace muy difícil la marcha, y produce una palpitación del corazón.*

Su amigo y también colega autor Ralph Waldo Emerson, estaba de acuerdo con él, pero pensaba que protestar era perder el tiempo. Cuando Emerson visitó a Thoreau en la cárcel le pidió: "¿Qué estás haciendo ahí dentro?" Se dice que Thoreau le replicó: "¿Qué estás haciendo ahí afuera?"

Las iglesias, en su mayoría, o estaban totalmente a favor de la guerra o guardaban un silencio temeroso. El reverendo Theodore Parker, ministro unitario en Boston, combinaba una crítica elocuente de la guerra con un menosprecio por el pueblo mejicano, a quien llamaba *"un pueblo miserable; miserable en su origen, su historia y su personalidad",* que finalmente debía ceder como los indios. Sí, los Estados Unidos debían extenderse, dijo, pero no por la guerra, sino más bien por la fuerza de sus ideas, por la presión de su comercio y por *"el avance irreprimible de una raza superior, con ideas superiores y una civilización mejor..."*

El racismo de Parker estaba muy extendido. El congresista Delano de Ohio, un whig abolicionista, se opuso a la guerra porque tenía miedo de que los americanos se entremezclaran con una gente inferior, que *"abrazan toda la gama de los colores... un triste compuesto de sangre española, inglesa, india y negra... que tiene como resultado, según se dice, la producción de una raza de seres ignorantes y perezosos".*

A medida que avanzaba la guerra, crecía la oposición. La Sociedad Americana por la Paz editaba un periódico, el *Advocate of Peace,* que publicaba versos, discursos, peticiones, y sermones contrarios a la guerra, con testimonios directos de la degradación que representaba la vida militar y los horrores de la batalla. Teniendo en cuenta los terribles esfuerzos de los líderes de la nación por conseguir apoyos patrióticos, el grado de oposición y crítica abierta que circulaba era significativo. Se celebraron mítines contra la guerra a pesar de los ataques de las turbas patrioteras.

A medida que el ejército se aproximaba a la Ciudad de México, el periódico abolicionista *The Liberator* se atrevió a exponer sus deseos de que las fuerzas americanas fueran vencidas: "*Todo amante de la libertad y de la humanidad, en todo el mundo, debe desear que consigan [los mexicanos] las victorias más sonadas...*"

El 21 de enero de 1848 Frederick Douglass, antiguo esclavo, orador y escritor extraordinario, escribió (en su periódico de Rochester, el *North Star*) sobre "*la guerra actual -desgraciada, cruel e inocua- contra nuestra república hermana. México parece una víctima propiciatoria de la codicia anglosajona y del amor al dominio*". Douglass criticaba la falta de voluntad de los opositores a la guerra a la hora de actuar (incluso los abolicionistas seguían pagando sus impuestos):

> *Ningún político distinguido o eminente parecía dispuesto a sacrificar su popularidad en el partido... con una desaprobación de la guerra abierta y sin paliativos. Ninguno parecía dispuesto a posicionarse por la paz a toda costa; y todos parecían dispuestos a permitir que la guerra continuara de una manera u otra.*

¿Cuál era la opinión del pueblo? Es difícil decirlo. Después de un primer entusiasmo, las prisas por alistarse empezaron a decaer.

Los historiadores de la guerra mejicana han hablado sin tapujos del "pueblo" y de la "opinión pública". Sus testimonios, sin embargo, no vienen directamente "del pueblo", sino más bien de los periódicos, que se proclaman "voz del pueblo". El *Herald* de Nueva York informaba en agosto de 1845: "*Las multitudes piden la guerra a gritos*". El *Morning News* de Nueva York dijo: "*Los espíritus jóvenes y ardientes que pululan en las ciudades... sólo buscan un destino para su energía incontenible, y su atención ya está fijada en México*".

Es imposible conocer hasta dónde llegaba el apoyo popular a la guerra. Pero existen pruebas de que muchos obreros se opusieron a ella.

Hubo manifestaciones de trabajadores irlandeses contra la anexión de Texas en Nueva York, Boston y Lowell. En mayo, cuando empezó la guerra contra México, algunos trabajadores de Nueva York convocaron un mitin en oposición a la guerra, y acudieron muchos trabajadores irlandeses. En el mitin se dijo que la guerra era una estrategia de los negreros y se pidió la retirada de las tropas americanas del territorio en disputa. Ese año, una convención de la Asociación de Trabajadores de Nueva Inglaterra condenó la guerra y anunció que no *"tomarían las armas para apoyar al negrero sureño a robar la quinta parte del jornal de nuestros compatriotas"*.

Algunos periódicos protestaron nada más empezar la guerra. El día 12 de mayo de 1846, Horace Greeley escribió en el *Tribune* de Nueva York:

> *Podemos vencer con facilidad a los ejércitos de México, machacarlos a millares... ¿Quién cree que un puñado de victorias contra México y la "anexión" de la mitad de sus provincias, nos darán más libertad, una moralidad más pura, una industria más próspera que las que tenemos hoy?... ¿No es lo bastante miserable la vida, no nos llega la muerte lo suficientemente pronto sin necesidad de recurrir a la temible ingeniería de la guerra?*

Y, ¿qué decir de los que lucharon en la guerra, de los soldados que marcharon, sudaron, enfermaron y murieron? ¿De los soldados mexicanos? ¿De los soldados americanos? Sabemos poca cosa de las reacciones de los soldados mexicanos.

Del ejército americano sabemos mucho más: sabemos que eran voluntarios, no reclutas, atraídos por el reclamo pecuniario y la oportunidad de promocionarse socialmente gracias al ascenso en las fuerzas armadas. Y sabemos que la mitad del ejército del general Taylor eran inmigrantes recientes, la mayoría irlandeses y alemanes, y que su patriotismo no era muy agudo. De hecho, muchos desertaron al bando mejicano, seducidos por las recompensas en dinero. Algunos se alistaron en el ejército mejicano y formaron su propio batallón, el de San Patricio.

Al inicio de la guerra, parecía haber entusiasmo en el ejército, estimulado por la paga y el patriotismo. El espíritu guerrero campeaba en Nueva York, donde el parlamento autorizó al gobernador a llamar a cincuenta mil voluntarios. En la calle, las pancartas rezaban: "México o muerte". En Filadelfia hubo una concentración multitudinaria de veinte mil personas, y en Ohio hubo tres mil voluntarios.

Pronto se desvaneció este espíritu inicial. Un joven escribió anónimamente al *Cambridge Chronicle*:

> *Tampoco siento el más mínimo interés por alistarme en vuestro ejército, ni por apoyar las actividades bélicas en México. No tengo ningún interés por participar en las matanzas de mujeres y niños como las que se vieron en la captura de Monterey, etc. Tampoco tengo ningún deseo de someterme a las órdenes de un pequeño tirano militar, a cuyos caprichos debería de rendir una obediencia implícita. ¡Ni loco! Esas cosas no son para mí... Los tiempos de las*

carnicerías humanas ya pasaron... Y con rapidez se está acercando el día en que al soldado profesional se le colocará en el mismo rango que a los bandidos, los beduínos y los matones.

Se hicieron promesas extravagantes y se dijeron mentiras sin igual para ensanchar las unidades de voluntarios. Un hombre que escribió una historia de los Voluntarios de Nueva York declaró:

> *Muchos se alistaron pensando en sus familias, no teniendo empleo y habiendo oído promesas de "tres meses [de sueldo] por adelantado". Se les prometió que podían dejar una parte de su paga para que sus familias pudieran disponer de ella en su ausencia... Declaro con rotundidad que se reclutó a todo el Regimiento de forma fraudulenta.*

A finales de 1846 el reclutamiento caía en picado. Entonces se rebajaron las exigencias físicas y se anunció que a los que trajeran reclutas aceptables, se les pagaría $2 la "*pieza*". Ni siquiera esto funcionó. A principios de 1847, el Congreso autorizó la creación de diez nuevos regimientos de tropas regulares que debían servir durante el tiempo que durase la guerra. Les prometieron 100 acres de tierra pública al licenciarse con honor. Pero la insatisfacción continuaba...

Pronto, la dura realidad de la batalla se impuso a la gloria y a las promesas. Cuando en el Río Grande, ante Matamoros, un ejército mejicano a las órdenes del general Arista se enfrentó al ejército -de tres mil soldados- de Taylor, las balas empezaron a volar. El artillero Samuel French vio su primera muerte en combate. Lo describe John Weems:

> *Se dio el caso de que estaba observando a un jinete cercano cuando vio como una bala rompía la perilla de la silla, penetraba en el cuerpo del hombre, y explotaba con una nube de color carmín al otro extremo.*

Cuando acabó la contienda, quinientos mexicanos yacían muertos o heridos. Quizás hubo unas cincuenta bajas americanas. Weems describe las secuelas de la batalla: "*La noche envolvió a los hombres exhaustos que se dormían en el mismo lugar donde caían sobre la aplastada hierba de la pradera, mientras que a su alrededor hombres caídos de ambos ejércitos chillaban y gemían con el dolor producido por las heridas. Con la misteriosa luz de las antorchas, la sierra del cirujano trabajó toda la santa noche*".

En los campamentos militares que estaban lejos del campo de batalla se olvidó con rapidez el romanticismo de los carteles de la campaña de reclutamiento.

Cuando el 2º Regimiento de Carabinas del Mississippi entraba en Nueva Orleans, fue atacado por el frío y la enfermedad. El cirujano del regimiento dio el siguiente informe: *"Seis meses después de que nuestro regimiento hubiera entrado en servicio, habíamos sufrido unas pérdidas de 167 muertos, y 134 bajas por licencia".* El regimiento fue enjaulado en las bodegas de los transportes: ochocientos hombres en tres barcos. El cirujano continuó informando:

> *La oscura nube de la enfermedad aún se cernía sobre nosotros. Las bodegas de los barcos... estaban llenas de enfermos. El efluvio era intolerable... El mar empezó a crecerse... Durante la larga noche oscura el barco se balanceaba, echando a los enfermos de un lado para el otro, quedando marcada su piel en las ásperas esquinas de la litera. Los terribles gritos de los que deliraban, los lamentos de los enfermos y los melancólicos gemidos de los moribundos creaban una escena de confusión incesante... Durante cuatro semanas nos vimos confinados a esos horribles barcos y antes de que hubiéramos desembarcado en Brasos, habíamos depositado a veintiocho de los nuestros en las oscuras olas.*

Mientras tanto, por tierra y por mar, las fuerzas anglo-americanas estaban penetrando en California. Después del largo viaje alrededor de la punta meridional de América del Sur y por la costa hasta Monterey, en California, un joven oficial de la marina escribió en su diario:

> *Asia... quedará en nuestra misma puerta trasera. Entrará población en las regiones fértiles de California. Se desarrollarán ... los recursos del país entero... Las tierras públicas que bordean la ruta [de los ferrocarriles] dejarán de ser desiertos para convertirse en vergeles, y se establecerá allí una numerosa población...*

En California tenía lugar una guerra muy diferente. Los anglo-americanos atacaron a los poblados españoles, robaron caballos y declararon que California ya no formaba parte de México. Ahora era la "República con un Oso en la Bandera". Y como allí vivían indios, el oficial naval Revere reunió a sus jefes y les habló así (como recordaría tiempo después):

> *Os he convocado aquí para celebrar una charla. El país que habitáis ya no pertenece a México, sino a una poderosa nación cuyo territorio se extiende desde el gran océano que todos habéis visto u oído nombrar, a otro gran océano a miles de millas en dirección hacia el sol naciente... Nuestros ejércitos están ahora en México, y pronto conquistarán todo el país. Pero no tenéis nada que temer de nosotros, si lo que hacéis está bien... si sois fieles a vuestros nuevos jefes... Espero que alteréis vuestros hábitos, y que seréis laboriosos y*

frugales, y que abandonaréis todos los bajos vicios que practicáis... Os vigilaremos y os daremos una libertad verdadera; pero tened cuidado con la sedición, la anarquía, y otros crímenes, porque el ejército que ahora os protege también sabe castigar, y llegará hasta vosotros en los escondites más recónditos.

El general Kearney entró sin dificultades en Nuevo México, y Santa Fe cayó sin dispararse una sola bala. Un oficial americano describió la reacción de la población mejicana al entrar el ejército estadounidense en la capital:

Nuestra entrada en la ciudad... se hizo con tintes muy agresivos, con las espadas en alto y con cara de pocos amigos... Al izarse la bandera americana, y al disparar el cañón las salvas de honor desde lo alto de la colina, muchas de las mujeres no pudieron contener sus tensas emociones... Se levantó el gemido de dolor por encima del ruido de nuestros caballos y llegó a nuestros oídos desde el fondo de las miserables chozas que había a ambos lados.

Eso fue en agosto. En diciembre, los mexicanos de Taos, Nuevo México, se rebelaron contra el dominio americano. La rebelión fue aplastada, y arrestaron a algunos rebeldes. Pero muchos huyeron, y continuaron realizando ataques esporádicos, matando a algunos americanos para luego esconderse en los montes. Allí les siguió el ejército americano, y en una última y desesperada batalla -en la que tomaron parte entre seiscientos y setecientos rebeldes - murieron 150. Parecía que la rebelión se estaba acabando.

En Los Angeles también hubo una revuelta. En septiembre de 1846 los mexicanos forzaron la rendición de la guarnición americana. Los estadounidenses no retomaron Los Angeles hasta el mes de enero, después de duros combates.

El general Taylor había cruzado el Río Grande, había ocupado Matamoros y ahora se desplazaba hacia el sur a través de México. Pero en territorio mejicano sus voluntarios se hicieron más indisciplinados, y las tropas, en estado de embriaguez, se dedicaron al pillaje de los poblados mexicanos, empezando a multiplicarse los casos de violación.

Al subir por el Río Grande hacia Camargo, el calor empezó a hacerse insoportable y el agua impura; las enfermedades se multiplicaron -diarrea, disentería y otras epidemias. La cifra de muertos se elevó a mil. Inicialmente, a los muertos se les había enterrado al son de la "Marcha Fúnebre", tocada por una banda militar. Pero cuando la cifra de muertes se hizo excesiva, cesaron los funerales militares formales. Más al sur, hacia Monterey, hubo otra batalla en la que murieron, de forma agónica, hombres y caballos. Un oficial describió el suelo como *"resbaladizo de... espuma y sangre".*

La marina estadounidense bombardeó Vera Cruz causando la muerte indiscriminada de civiles. Uno de los obuses lanzados dio en el edificio de correos, y otro en un hospital.

En dos días se lanzaron 1.300 obuses sobre la ciudad, hasta que se rindió. Un reportero del *Delta* de Nueva Orleans escribió: *"Los mexicanos dan diferentes estimaciones de pérdidas, entre 500 y 1.000 muertos y heridos, pero todos están de acuerdo en que las bajas entre militares son relativamente menores y que la destrucción producida entre mujeres y niños es muy grande".*

Al entrar en la ciudad, el coronel Hitchcock escribió lo siguiente: *"Nunca olvidaré el terrible fuego de nuestros morteros... disparando con espantosa certeza... a menudo dando en el centro de habitáculos privados -fue horrendo. Tiemblo al pensar en ello".* No obstante, el fiel soldado Hitchcock escribió para el general Scott *"una especie de discurso al pueblo mejicano"* que luego se imprimió a millares en inglés y castellano. Decía: *"... no tenemos la más leve animadversión hacia vosotros... no estamos aquí por ninguna otra razón mundana que para obtener la paz".*

Era una guerra entre la élite americana y la élite mejicana. Cada bando rivalizaba a la hora de animar, usar y matar a su propia gente. El comandante mejicano, Santa Anna, había aplastado rebeliones, una tras otra, y sus tropas prodigaban las violaciones y el pillaje después de las victorias. Cuando el coronel Hitchcock y el general Winfield Scott entraron en la finca de Santa Anna, encontraron sus paredes llenas de pinturas ornamentales. Pero la mitad de los hombres de su ejército yacían muertos o heridos.

El general Winfield Scott se desplazó hacia la última batalla -por la ciudad de México- con diez mil soldados que no tenían ganas de luchar. A tres días de marcha de Ciudad de México, en Jalapa, siete de sus once regimientos se evaporaron, al haber vencido su tiempo de servicio. La perspectiva de la batalla y el efecto de las enfermedades habían podido con ellos.

Los ejércitos mexicano y americano chocaron durante tres horas a las afueras de Ciudad de México, en Churubusco, y murieron miles de personas en ambos lados. Entre los presos mexicanos se identificaron sesenta y nueve desertores del ejército estadounidense.

Como tantas veces ocurre en la guerra, se luchaban batallas sin ningún propósito. Después de un incidente similar en las inmediaciones de Ciudad de México, en el que hubo terribles bajas, un teniente de la marina culpó al general Scott: *"Lo había emplazado por error, y mandó que se luchara, sin suficientes fuerzas, por un objetivo que no existía"*.

En la batalla final por la Ciudad de México, las tropas anglo-americanas tomaron el alto de Chapultepec y entraron en la ciudad, de 200.000 habitantes, cuando el general Santa Anna se había desplazado hacia el norte. Era el mes de septiembre de 1847. Un comerciante mexicano escribió a un amigo sobre el bombardeo de la ciudad: *"En algunos casos se destruyeron bloques enteros y grandes cantidades de hombres, mujeres y niños murieron o sufrieron heridas"*.

El general Santa Anna huyó a Huamantla, donde se libró otra batalla, y tuvo que huir de nuevo. Un teniente de infantería escribió a sus padres sobre lo que pasó después de que muriera un oficial llamado Walker en la batalla.

El general Lane... nos dijo que vengáramos la muerte del bravo Walker... primero irrumpieron en las tiendas de ron, y luego, borrachos perdidos, se cometieron toda suerte de atrocidades. Se desnudaron a las viejas y a las jóvenes -y otras muchas sufrieron suplicios aún peores. Se fusilaron hombres por docenas... sus propiedades, las iglesias, tiendas, y viviendas fueron saqueadas... Por primera vez sentí vergüenza de mi país.

Un voluntario de Pennsylvania con destino en Matamoros escribió a finales de la guerra: *"Aquí tenemos una disciplina muy férrea. Algunos de nuestros oficiales son hombres buenos pero la mayoría son unos tiranos que tratan a sus hombres con brutalidad... esta noche, durante la instrucción, un oficial le abrió la cabeza a un soldado... Pero puede que llegue la hora, y pronto, de que los oficiales y la tropa estemos a la par... La vida de un soldado es asquerosa"*.

La noche del 15 de agosto de 1847 unos regimientos de voluntarios de Virginia, Mississippi y Carolina del Norte se rebelaron en el norte de México contra el coronel Robert Treat Paine. Paine mató a un amotinado, pero dos de sus tenientes se negaron a ayudarle a sofocar el motín. Los rebeldes finalmente fueron rehabilitados en un intento de apaciguar la situación.

Las deserciones iban en aumento. En marzo de 1847 el ejército daba cifras de más de mil desertores. La cifra total de desertores durante la guerra fue de 9.207: 5.331 entre las tropas regulares y 3.876 entre los voluntarios. Los que no desertaron resultaban cada vez más difíciles de manejar. El general Cushing se refirió a sesenta y cinco hombres del primer Regimiento de Infantería de Massachusetts como *"incorregiblemente tendentes al motín y a la insubordinación"*.

La gloria de la victoria era para el presidente y los generales, no para los desertores, los muertos ni los heridos. Los Voluntarios de Massachusetts habían partido de casa con 630 efectivos. Volvieron con trescientos muertos, la mayoría por enfermedad, y en la cena de bienvenida a casa, su comandante, el general Cushing, fue abucheado por sus hombres.

Cuando los veteranos volvieron a casa, inmediatamente aparecieron especuladores para comprar las garantías de tierra que les había dado el gobierno. Muchos de los soldados, desesperados por obtener algo de dinero, vendieron sus 160 acres por menos de $50.

México se rindió. Entre los americanos hubo llamamientos favorables a apoderarse de todo el país. Pero con el Tratado de Guadalupe Hidalgo, firmado en febrero de 1848, sólo se quedaron con la mitad. La frontera de México se estableció en el Río Grande; se les cedió Nuevo México y California. Por todo ello, Los Estados Unidos pagaron a México $15 millones, lo cual llevó al periódico *Whig Intelligencer* a concluir que *"no tomamos nada por conquista... gracias a Dios"*.

Capítulo 9

ESCLAVITUD SIN SUMISIÓN,
EMANCIPACIÓN SIN LIBERTAD

El apoyo de los Estados Unidos a la esclavitud estaba basado en un hecho práctico incontestable. En 1790, el Sur producía mil toneladas anuales de algodón. En 1860, la cifra había subido ya a un millón de toneladas. En el mismo período se pasó de 500.000 esclavos a 4 millones. El sistema, aflijido por las rebeliones de esclavos y las conspiraciones (Gabriel Prosser, 1800; Denmark Vesey, 1822; Nat Turner, 1831) desarrolló en los estados sureños una red de controles, apoyada por las leyes, los tribunales, las fuerzas armadas y el prejuicio racial de los líderes políticos de la nación.

Para acabar con un sistema tan profundamente atrincherado se necesitaba una rebelión de esclavos de proporciones gigantescas o una guerra en toda regla. De ser una rebelión, podía escapárseles de las manos y ensañarse, más allá del mundo negrero inmediato, con el sistema de enriquecimiento capitalista más formidable del mundo. En el caso de que fuera una guerra, los que la declaraban podrían preveer y organizar sus consecuencias. Por eso fue Abraham Lincoln quien liberó a los esclavos, y no John Brown. John Brown fue ahorcado en 1859, con la complicidad federal, por haber intentado hacer, con el uso limitado de la violencia, lo que unos años después haría Lincoln con el uso de la violencia a gran escala: acabar con la esclavitud.

Con la abolición de la esclavitud por orden del gobierno -ciertamente, un gobierno fuertemente presionado a tal fin por los negros, libres y esclavos, y por los abolicionistas blancos- su fin podía orquestarse de tal manera que se pudieran poner límites a la emancipación. La liberación, concedida desde lo alto, sólo llegaría hasta donde lo permitieran los intereses de los grupos dominantes. Si los ardores de la guerra y la retórica de la cruzada lo llevaban más allá, podía ser desinflada hasta ocupar una posición más segura. Por lo tanto, mientras que el fin de la esclavitud llevó a la reconstrucción de la política y la economía nacionales, no fue una reconstrucción radical, sino segura y, de hecho, económicamente beneficiosa.

El sistema de las haciendas, basado en el cultivo del tabaco en Virginia, Carolina del Norte y Kentucky, y del arroz en Carolina del Sur, se extendió hasta las nuevas y fértiles tierras algodoneras de Georgia, Alabama y Mississippi, y necesitaba más esclavos. Pero la importación de esclavos se ilegalizó en 1808. Por lo tanto, *"desde un inicio, la ley no se aplicó"*, como dice John Hope Franklin (*From Slavery to Freedom*). *"La larga y desprotegida costa, ciertos mercados y el incentivo de los enormes beneficios eran demasiada tentación para los comerciantes americanos, que cedieron a ella..."* Estima que antes de la guerra civil se importaron ilegalmente unos 250.000 esclavos.

¿Cómo puede describirse la esclavitud? Quizás resulte imposible para los que no la hayan experimentado. La edición de 1932 del libro más vendido de dos historiadores liberales del Norte, veía la esclavitud como una posible *"transición necesaria hacia la civilización"* del negro. Los economistas y los historiadores estadísticos han intentado evaluar las proporciones de la esclavitud con una estimación de la cantidad de dinero que se gastaba en la comida y el cuidado médico de los esclavos. Pero ¿puede esto describir la situación real de la esclavitud para los seres que la vivían desde dentro? ¿Son tan importantes las *condiciones* de la esclavitud como su mera *existencia*?

John Little, un antiguo esclavo, escribió:

> *Dicen que los esclavos son felices porque se ríen y hacen broma. Yo mismo y tres o cuatro de los demás he recibido doscientos azotes en un día, y nos han puesto grilletes en los pies; sin embargo, de noche cantábamos y bailábamos, y divertíamos a los demás con el ruido de nuestras cadenas. ¡Hombres felices debíamos ser! Lo hacíamos para evitar los problemas, y para impedir que nuestros corazones se partieran del todo: ¡eso es una verdad como el Evangelio! Míralo -¿no debimos ser felices? Sí, lo he hecho yo mismo -he hecho el loco con las cadenas.*

Un informe sobre las muertes producidas en una hacienda (guardado ahora en los Archivos de la Universidad de Carolina del Norte) da cuenta de las edades y causas de muerte de todos los que murieron en dicha hacienda entre 1850 y 1855. De los treinta y dos que murieron en ese período, sólo cuatro llegaron a la edad de sesenta, cuatro a la edad de cincuenta, siete a los cuarenta, siete murieron entre los veinte y los cuarenta, y nueve murieron antes de llegar a los cinco.

Pero ¿pueden las estadísticas reflejar lo que significaba que las familias estuvieran divididas, o cuando, por buscar más beneficios, el amo vendía a un esposo o a una esposa, a un hijo o a una hija? En 1858, un esclavo llamado Abream Scriven fue vendido por su amo, y escribió lo siguiente a su esposa: *"Envíales un abrazo cariñoso a mi padre y a mi madre y diles adiós de mi parte, y si no nos vemos en este mundo, espero verles en el cielo"*.

Las revueltas de esclavos en los Estados Unidos no fueron tan frecuentes ni tenían las proporciones de las producidas en las islas del Caribe y en América del Sur. La que probablemente fue la más gran revuelta de esclavos de los Estados Unidos tuvo lugar en Nueva Orleans en 1811. Cuatrocientos o quinientos esclavos se unieron después de un levantamiento en la hacienda de un tal Mayor Andry. Armados con cuchillos de caña, hachas y palos, hirieron a Andry, mataron a su hijo, y empezaron a manifestarse, en un grupo cada vez más grande, de hacienda en hacienda. Les atacaron tropas del ejército estadounidense y de la milicia; murieron sesenta y seis *in situ* y otros dieciséis fueron fusilados por un pelotón de ejecución.

La conspiración de Denmark Vesey, un negro libre, fue desbaratada antes de que pudiera llevarse a cabo en 1822. El plan era quemar Charleston, Carolina del Sur, que entonces era la sexta ciudad más grande de la nación, e iniciar una revuelta general de esclavos en la zona. Diferentes testigos aseguraron que había miles de negros implicados, de una manera u otra, en el plan. Los negros habían fabricado cerca de 250 cabezas de pica y más de trescientos puñales, según la versión de Herbert Aptheker. Pero el plan fue descubierto y ahorcaron a treinta y cinco negros, incluyendo a Vesey. Se ordenó la quema del informe del juicio, publicado en Charleston, por considerarse demasiado peligroso en el caso de que fuera leído por esclavos.

En el condado de Southampton, Virginia, en el verano de 1831, un esclavo llamado Nat Turner, asegurando que tenía visiones religiosas, reunió a unos setenta esclavos, que fueron de pillaje de hacienda en hacienda, asesinando a por lo menos cincuenta y cinco personas, entre hombres, mujeres y niños. Se les juntaron refuerzos, pero cuando se quedaron sin municiones fueron capturados. Turner y unos dieciocho más fueron ahorcados.

Este episodio hizo cundir el pánico en el Sur negrero, y acto seguido hubo un esfuerzo concertado para reforzar la seguridad del sistema negrero. Después de eso, Virginia mantuvo una fuerza de 101.000 milicianos, casi el 10% de su población total. La rebelión, por poco frecuente que fuera, era un temor permanente entre los propietarios de esclavos.

Eugene Genovese, en su estudio sobre la esclavitud, *Roll, Jordan, Roll*, observa un proceso simultáneo de *"acomodo y resistencia a la esclavitud"*. La resistencia incluía el robo de propiedades, sabotajes y huelgas de brazos caídos, el asesinato de los capataces y los amos, la quema de los edificios de las haciendas, y la huída. Sin embargo el acomodo *"transpiraba un espíritu crítico y disimulaba las acciones subversivas"*.

La huída resultaba una salida mucho más realista que la insurrección armada. Durante la década de 1850-60 se escaparon anualmente unos mil esclavos, rumbo al Norte, Canadá y México. Miles se evadían durante breves períodos. Y ésto, a pesar del terror que sentía el fugitivo. Los perros que se utilizaban en la persecución de los fugitivos *"mordían, desgarraban, mutilaban y, si no se les impedía a tiempo, mataban a su presa"*, dice Genovese.

Harriet Tubman, una chica nacida esclava, con quince años sufrió una herida en la cabeza a manos de un capataz. Ya de mayor se encaminó sola hacia la libertad y luego se convirtió en la más famosa revisora del Tren Subterráneo. Realizó diecinueve peligrosos viajes, a menudo disfrazada, y escoltó a más de trescientos esclavos hacia la libertad, siempre provista de una pistola. A los fugitivos les decía: "Serás libre o morirás". Así expresaba su filosofía: *"Había una o dos cosas a que tenía derecho: la libertad o la muerte; si no podía tener una, tendría la otra; porque ningún hombre me iba a tomar con vida..."*

Una forma de resistencia era la de no trabajar tanto. Escribió W.E.B. Du Bois en *The Gift of Black Folk*:

> *Como producto tropical con una sensibilidad sensual hacia la belleza del mundo, no era fácil reducirle a ser el caballo de carga mecánico en que se convertía el labriego del norte de Europa... así se le acusaba a menudo de perezoso y se le trataba como a un esclavo cuando en realidad aportaba una renovada valoración de la vida al trabajo manual moderno.*

Los casos en que los blancos pobres ayudaban a los esclavos no eran frecuentes, pero sí suficientes como para mostrar la necesidad que había de enfrentar a los dos colectivos. Genovese dice:

> *Los negreros... sospechaban que los que no tenían esclavos animarían actitudes de desobediencia e incluso de rebelión en los esclavos, no tanto por simpatizar con ellos sino por el odio que sentían hacia los terratenientes ricos y por la envidia que sentían de sus tierras. A los blancos a veces se les vinculaba con los planes subversivos de los esclavos, y cada incidente renovaba los viejos*

temores. Esto ayuda a explicar las duras medidas policiales que se tomaban contra los blancos que fraternizaban con los negros.

A su vez, los negros ayudaban a los blancos necesitados. Un fugitivo negro habló de una esclava que recibió cincuenta latigazos por dar comida a un pobre vecino blanco enfermo.

Cuando se construyó el canal Brunswick en Georgia, se separó a los esclavos negros de los trabajadores blancos irlandeses con la excusa de que podían agredirse entre sí. Puede que eso fuera cierto, pero Fanny Kemeble, la famosa actriz, esposa de un terrateniente, escribió en su diario:

> *Pero los irlandeses no sólo son dados a las discusiones, a las peleas, a las luchas, a la bebida, y al desprecio del negro... son una gente apasionada, impulsiva, afectuosa y generosa... podría ser que les cogieran cariño a los esclavos, y ustedes pueden imaginarse las consecuencias que ello pudiera acarrear. Indudablemente percibirán que de ninguna manera se les puede permitir trabajar juntos en el Canal de Brunswick.*

La necesidad que había de controlar a los esclavos llevó a una salida ingeniosa: la de pagar a los blancos pobres -de por sí ya problemáticos durante doscientos años de historia sureña- para que fueran capataces de la fuerza de trabajo negra, y, en consecuencia, los parachoques del odio negro.

Para ejercer el control, los terratenientes también usaron la religión. Respecto a los pastores negros, Genovese opina lo siguiente: *"Tenían que hablar un lenguaje lo suficientemente desafiante como para contener a los más lanzados de su rebaño, pero no tan incendiario como para animarles a entablar luchas que no podían ganar, ni tan amenazante como para levantar las iras de los poderes fácticos".* Decidía el sentido práctico: *"Las comunidades religiosas de los esclavos aconsejaban una estrategia basada en la paciencia, en la aceptación de lo que no se podía evitar, en el esfuerzo permanente por mantener con vida y salud a la comunidad negra..."*

En un tiempo se pensó que la esclavitud había destruido a la familia negra. Pero en las entrevistas realizadas a antiguos esclavos en los años 30 por el Proyecto Federal de Escritores del *New Deal*[6] para la Biblioteca del Congreso, se reveló una realidad muy diferente. George Rawick (*From Sundown to Sunup*) lo resume así:

> *La comunidad esclava actuaba como un sistema de hermandad extensiva en que los adultos cuidaban a todos los niños y había poca división entre "mis hijos, que son mi responsabilidad" y "tus hijos, que son tu responsabilidad"...*

---

6. El *New Deal* era el nombre dado al proyecto político de Roosevelt.

Todo formaba parte, como veremos, del proceso social del cual nació el orgullo negro, la identidad negra, la cultura negra, la comunidad negra, y la rebelión negra en América.

Una serie de viejas cartas e informes descubiertos por el historiador Herbert Gutman (*The Black Family in Slavery and Freedom*) muestran la fuerte resistencia de la familia esclava a las presiones de la desintegración. Una mujer escribió a su hijo después de veinte años de separación: "*Tengo muchas ganas de verte cuando sea vieja... Ahora, querido hijo, rezo para que vengas a ver a tu vieja y querida mamá... Te quiero Cato... eres mi único hijo...*"

Y un hombre escribió a su mujer, vendida lejos de él junto a sus hijos: "*Envíame un poco de pelo de cada niño en papeles separados, con sus nombres en el papel... Preferiría que me hubiera pasado cualquier cosa antes de verme separado de ti y de los hijos... Laura, te sigo queriendo igual...*"

Lawrence Levine, en el libro *Black Culture and Black Consciousness*, también insiste en la fuerza de los negros, incluso en situaciones de esclavitud. Dice que entre los esclavos existe una cultura rica, una mezcla compleja de adaptación y de rebelión, a través de la creatividad de los cuentos y las canciones:

Cultivamos el trigo,
y ellos nos dan el maíz;
Horneamos el pan,
y nos dan el mendrugo;
Cribamos la harina,
y nos dan la cáscara;
Pelamos la carne,
y nos dan la piel;
Y de esta forma
Nos van engañando.[7]

Las canciones espirituales solían tener un doble sentido. La canción "Oh Caná, dulce Caná, me dirijo a la tierra de Caná" a menudo significaba que los esclavos tenían la intención de dirigirse al Norte, a su Caná. Durante la Guerra Civil, los esclavos empezaron a componer nuevos espirituales con mensajes más atrevidos: "*Antes que ser esclavo, preferiría estar en la tumba, para volver con mi Señor y ser salvado*". Y el espiritual "Muchos miles van":

No más migajas de maíz para mí, no más, no más,
No más latigazos del amo para mí, no más, no más...

---

7. El original está en un inglés muy dialectal.

Mientras los esclavos del Sur resistían, los negros libres del Norte (había unos 130.000 en 1830, y unos 200.000 en 1850) se movilizaron a favor de la abolición de la esclavitud. En 1829, David Walker, hijo de esclavo pero nacido libre en Carolina del Norte, se mudó a Boston, donde vendía ropa usada. El panfleto que escribió e imprimió, *Walker's Appeal*, se hizo muy popular y enfureció a los negreros sureños; Georgia ofreció una recompensa de $10.000 al que entregara a Walker con vida, y de $1.000 al que lo matara. Cuando se lee su *Appeal* (Llamamiento) no es difícil entender las razones que les empujaron a ello.

Dijo que los negros debían luchar por su libertad:

Que sigan nuestros enemigos con sus carnicerías, pero que llenen su copa de una vez. No hay que intentar ganar nuestra libertad ni nuestro derecho natural... hasta que veamos claro el camino... cuando llegue esa hora y te muevas, no tengas miedo ni te desmayes... Dios nos ha dado dos ojos, dos manos, dos pies, y algo de sentido común en nuestras cabezas. Ellos no tienen más derecho a retenernos en la esclavitud que nosotros a ellos... a cada cerdo le llega su hora, y la del americano se está acercando ya.

Un día del verano de 1830, David Walker fue encontrado sin vida en la entrada de su tienda.

Algunos de los nacidos en la esclavitud llevaron a la práctica el deseo incumplido de millones de personas. Frederick Douglass, esclavo, fue enviado a Baltimore para trabajar como criado y trabajador en un astillero. De alguna forma aprendió a leer y a escribir, y, en 1838, a los veintiún años, escapó al Norte, donde se convirtió en el negro más famoso de su época, como conferenciante, director de periódico y escritor. En sus memorias, *Narrative of the Life of Frederick Douglass*, recordó los pensamientos que había tenido en su primera infancia sobre su condición:

¿Por qué soy esclavo? ¿Por qué algunos son esclavos, y otros amos? ¿Hubo alguna vez un tiempo en que esto no era así? ¿Cómo empezó la relación?

Sin embargo, una vez que empecé mis indagaciones, no tardé mucho en descubrir la verdad sobre el tema. No era el color, sino el crimen, no Dios, sino el hombre que proporcionaba la explicación verídica sobre la existencia de la esclavitud; tampoco tardé en averiguar otra verdad: lo que el hombre puede hacer, el hombre puede deshacer...

Recuerdo claramente el hecho de quedar -incluso entonces- muy impresionado con la idea de llegar a ser un hombre libre algún día. Este sentimiento reconfortante era un sueño innato de mi naturaleza humana -una constante amenaza a la esclavitud -y uno que todos los poderes de la esclavitud no podían silenciar ni aplastar.

La Ley del Esclavo Fugitivo, aprobada en 1850, fue una concesión a los estados sureños a cambio de la admisión en la Unión de los territorios mexicanos conquistados en la guerra (especialmente California) como estados libres de esclavitud. La Ley facilitaba a los negreros la captura de antiguos esclavos, o simplemente, la captura de negros acusados de huir. Los negros norteños organizaron actos de resistencia a la Ley del Esclavo Fugitivo. Denunciaron al presidente Fillmore por firmarla, y al senador Daniel Webster por apoyarla. Uno de los activistas fue J.W. Loguen, hijo de madre esclava y amo blanco. Había huído hacia la libertad en el caballo de su amo, había ido a la escuela y ahora ejercía de sacerdote en Syracuse, Nueva York. Así habló a una congregación de esa ciudad en 1850:

> *Ha llegado la hora de que cambiemos los tonos de sumisión por tonos de desafío, y que digamos al Sr. Fillmore y al Sr. Webster que si quieren introducir esta medida contra nosotros tendrán que enviar sus sabuesos... Yo recibí mi libertad del cielo, y con ella llegó la orden de defender el derecho que tengo a ella... No respeto esta ley -no la temo- ¡no la voy a obedecer! Me coloca fuera de la ley, y yo la declaro ilegal...*

El año siguiente capturaron en Syracuse a un esclavo fugitivo llamado Jerry, y lo juzgaron. Una multitud, armada de palancas y arietes para irrumpir en el juzgado, desafió con armas a los agentes de la ley, y liberaron a Jerry.

Loguen convirtió su casa de Syracuse en una importante estación del ferrocarril subterráneo. Se dice que ayudó a escapar a Canadá a unos 1.500 esclavos. Su memoria de la esclavitud llegó a oídos de su antigua propietaria, y ésta le escribió que si no volvía, tenía que mandarle $1.000 en concepto de compensación. La respuesta que le mandó Loguen fue publicada por el periódico abolicionista, *The Liberator.*

> *Sra. Sarah Loguen... Dice Ud. que tiene ofertas para comprarme, y que me venderá si no le envío $1.000, y acto seguido, casi en la misma frase, dice Ud. "Sabes que te criamos como un hijo más". Mujer, ¿crió sus propios hijos para el mercado? ¿Les crió para los latigazos? ¿Los crió para expulsarlos encadenados?... ¡Debería de sentir vergüenza! ¿Todavía no sabe que los derechos humanos son mutuos y recíprocos, y que si Ud. me quita la libertad y la vida, perderá Ud. su propia libertad y su vida? Ante Dios y el firmamento, ¿es que existen leyes para un hombre que no lo sean para otro? Si Ud. o cualquier otro que desea*

especular con mi cuerpo y mis derechos, quiere saber cómo valoro mis derechos, sólo tiene que venir aquí, y ponerme una mano encima para esclavizarme... Atentamente, etc. J. W. Loguen.

Frederick Douglass sabía que la vergüenza de la esclavitud no sólo era cosa del Sur, y que toda la nación era cómplice de la misma. El 4 de julio de 1852, Día de Independencia, hizo un discurso:

> *Ciudadanos, amigos: ¿Qué representa para el esclavo americano el Cuatro de Julio? Respondo, un día que le revela más que ningún otro del año la gran injusticia y la crueldad de que es víctima constante. Para él vuestra celebración es falsa; vuestra tan cacareada libertad una licencia inmunda; vuestra grandeza nacional, una vanidad sin igual; vuestros cantos de alegría están vacíos, desprovistos de corazón; vuestra denuncia de los tiranos, una desfachatez impúdica; vuestros gritos de libertad e igualdad, un hueco sarcasmo; para él vuestros rezos e himnos, vuestros sermones y acciones de gracias, con toda su pompa religiosa y solemnidad son mera ampulosidad, fraude, decepción, impiedad e hipocresía -una delgada cortina para cubrir crímenes que avergonzarían a una nación de salvajes. Actualmente no hay nación en la tierra que peque de prácticas más chocantes y sangrientas que el pueblo de los Estados Unidos.*

Diez años después de la rebelión de Nat Turner, en el Sur no quedaban vestigios de insurrecciones negras. Pero ese año, 1841, tuvo lugar un incidente que mantuvo en pie la idea de la rebelión. Unos esclavos que   eran transportados en un barco, el *Creole*[8], se impusieron a la tripulación, mataron a uno de ellos, y navegaron hacia las Antillas británicas (donde se había abolido la esclavitud en 1833). Inglaterra se negó a devolver a los esclavos (en Inglaterra había mucha oposición a la esclavitud en América), y este hecho desembocó en duras intervenciones en el Congreso. Bajo el impulso que le daba al tema el secretario de Estado, Daniel Webster, se pedía la declaración de guerra contra Inglaterra. El periódico *Colored People's Press* denunció la "posición beligerante" de Webster y, haciendo memoria de la Guerra Revolucionaria y de la Guerra de 1812, escribió:

> *Si se declara la guerra... ¿lucharemos en defensa de un gobierno que nos niega el derecho más preciado, el de la ciudadanía?...*

Mientras crecía la tensión tanto en el Norte como en el Sur, los negros se hacían más beligerantes. En 1853 Frederick Douglass habló así:

> *Déjenme hablarles un poco de la filosofía de las reformas. La historia entera del progreso de la libertad humana muestra que todas las concesiones que*

---

8. En inglés, criollo.

se han hecho hasta la fecha a sus augustas exigencias han nacido de la lucha...
Si no hay lucha, no hay progreso... El poder no concede nada sin una exigencia.
Nunca lo ha hecho, y nunca lo hará...

De la constante presencia de la cuestión de la esclavitud en la mente de los negros dan testimonio los niños negros de una escuela privada de Cincinnati, financiada por los negros. Los niños respondían a la pregunta: "En qué tema piensas más?" Sólo constan cinco respuestas en los informes, y todas tienen que ver con la esclavitud. Un niño de siete años escribió:

> *Me da pena pensar que el barco... se hundió con 200 pobres esclavos provinientes de río arriba. ¡Oh, cuánta pena siento al oírlo! Me apena tanto el corazón que podría desmayarme en un minuto.*[9]

Los abolicionistas blancos realizaron acciones valientes y pioneras: en las tribunas de conferenciantes, en los periódicos, en el ferrocarril subterráneo. Los abolicionistas negros, con menos publicidad, eran la espina dorsal del movimiento. Antes de que Garrison publicara en 1831 su famoso *Liberator* en Boston, ya se había celebrado la primera convención nacional de negros, David Walker había escrito ya su *Appeal*, y había aparecido una revista abolicionista negra llamada *Freedom's Journal*. De los primeros veinticinco subscriptores de *The Liberator*, la mayoría eran negros.

Los negros tenían que luchar constantemente contra el racismo inconsciente de los abolicionistas blancos. También tenían que insistir en su propia voz independiente. Douglass escribió para *The Liberator*, pero en 1847 fundó en Rochester su propio periódico, el *North Star*, lo que provocó una ruptura con Garrison. En 1854, una conferencia de negros declaró: "...*hay que insistir que es nuestra batalla; nadie más puede luchar por nosotros... Nuestras relaciones con el movimiento abolicionista deben cambiar. De hecho ya están cambiando. En vez de depender de él, debemos encabezarlo*".

Algunas mujeres negras se enfrentaban a un triple obstáculo: ser abolicionistas en una sociedad negrera; ser negras entre reformistas blancos; y ser mujeres en un movimiento reformista dominado por hombres. Cuando en 1835 Sojourner Truth se levantó para dirigirse al público de Nueva York en la Cuarta Convención Nacional de Derechos de la Mujer, se juntaron los tres factores. En la sala había un público hostil que gritaba, abucheaba y amenazaba. Ella dijo:

> *Sé que os resulta un poco extraño ver a una mujer de color que se levanta y se dirige a vosotros para hablaros de cosas, y de los Derechos de la Mujer... Yo*

---

9. Escrito en lenguaje infantil.

me siento entre vosotros y observo; y de vez en cuando saldré a contaros la hora de la noche que es...

Después de la violenta rebelión de Nat Turner y de la sangrienta represión ejercida en Virginia, el sistema de seguridad sureño se hizo más férreo. Quizá sólo un foráneo podía albergar esperanzas de provocar una rebelión. Efectivamente, fue una persona de estas características, un blanco de una decisión y un coraje formidables. El loco plan de John Brown contemplaba la toma del arsenal federal en Harpers Ferry, Virginia, para luego propagar una revuelta en todo el Sur.

Harriet Tubman, con su escaso metro cincuenta de altura, era veterana de múltiples misiones secretas cuya finalidad era escoltar esclavos hacia la libertad. Estaba involucrada en los planes de John Brown, pero al estar enferma, no pudo unirse a él. También Frederick Douglass se había encontrado con Brown. Le expuso su oposición al plan desde el punto de vista de sus probabilidades de éxito, pero admiraba al enfermo de sesenta años, alto, seco y de pelo blanco.

Douglass tenía razón; el plan fracasaría. La milicia local, con la ayuda de cien infantes de marina a las órdenes de Robert E. Lee, rodeó a los rebeldes. A pesar de que sus hombres habían resultado muertos o capturados, John Brown se negó a entregarse y se encerró en un pequeño edificio de ladrillos cerca de la puerta del arsenal. Las tropas derrumbaron la puerta; un teniente de los infantes de marina entró en el edificio y le dio un sablazo. Le interrogaron herido y enfermo. W.E.B. Du Bois, en su libro *John Brown*, escribió:

> *Imagínense la situación: un viejo ensangrentado, medio muerto de las heridas sufridas hacía unas pocas horas; un hombre echado en el suelo frío y sucio, que llevaba cincuenta y cinco tensas horas sin dormir, y casi otras tantas sin comer, con los cadáveres de sus dos hijos casi delante de sus ojos, los cuerpos de sus siete camaradas muertos en sus inmediaciones, y una esposa y familia afligida escuchando en vano, y una Causa Perdida, el sueño de una vida, yaciendo sin vida en su corazón...*

Echado allí, e interrogado por el gobernador de Virginia, Brown dijo: "*Harían bien, todos los sureños, de prepararse para una resolución de esta cuestión... De mí se pueden deshacer fácilmente -ahora ya estoy acabado-, pero esta cuestión todavía está sin arreglar: este tema de los negros, quiero decir; todavía no está acabado*".

Ralph Waldo Emerson, sin ser activista, dijo de la ejecución de John Brown: *"Convertirá el cadalso en un lugar tan sagrado como la cruz"*.

De los veintidós hombres de la fuerza de choque dirigida por John Brown, cinco eran negros. Dos de ellos murieron *in situ*, uno escapó, y los dos restantes fueron ahorcados por las autoridades. Antes de ser ejecutado, John Copeland escribió a sus padres:

Recordad que si debo morir, muero en el intento de liberar unos pocos de mi gente pobre y oprimida de su condición de una servidumbre que Dios en sus Sagradas Escrituras ha denunciado de la forma más dura... no me da miedo el cadalso.

John Brown fue ahorcado por el estado de Virginia con la aprobación del gobierno nacional. Era el gobierno nacional el que, a la vez que aplicaba tímidamente la ley que tenía que acabar con el comercio de los esclavos, aplicaba sin contemplaciones las leyes que fijaban el retorno de los fugitivos a la esclavitud. Fue el gobierno nacional el que, durante la administración de Andrew Jackson, colaboró con el Sur para eliminar el envío de literatura abolicionista por correo en los estados sureños. Fue el Tribunal Supremo de los Estados Unidos el que declaró en 1857 que el esclavo Dred Scott no podía exigir su libertad porque no era una persona, sino una propiedad.

Un gobierno así no aceptaría que fuera una revuelta la que lograra el fin de la esclavitud. Sólo acabaría con la esclavitud en términos dictados por los blancos, y sólo cuando lo exigiesen las necesidades políticas y económicas de la élite empresarial del Norte. Fue Abraham Lincoln el que combinó a la perfección las necesidades del empresariado, la ambición política del nuevo partido Republicano, y la retórica del humanitarismo. No mantuvo la abolición de la esclavitud en el primer lugar de su lista de prioridades, pero sí lo suficientemente cerca de ellas como para que las presiones abolicionistas y la práctica política le dieran una ventaja temporal.

Lincoln pudo usar su habilidad para combinar los intereses de los muy ricos y los de los negros en un momento en el que esos intereses se encontraron. Y pudo vincular estos dos intereses con los de un sector creciente de americanos: los nuevos ricos blancos, de clase media, con sus ambiciones económicas e inquietudes políticas. En palabras de Richard Hofstadter:

Absolutamente alineado con la clase media, hablaba en nombre de los millones de americanos que habían empezado sus vidas trabajando de peón -en la agricultura, en despachos, en las escuelas, en los talleres, en el transporte fluvial y en los ferrocarriles- y habían pasado a engrosar las filas de los terratenientes agrícolas, los tenderos ricos, los abogados, los comerciantes, los médicos y los políticos.

Lincoln sabía discutir con lucidez y pasión contra la esclavitud -en base a argumentos morales- a la vez que actuaba con cautela en la práctica política. Creía que *"la institución de la esclavitud se basa en la injusticia y la mala política, pero que la promulgación de las doctrinas abolicionistas, más que limitarlos, tiende a aumentar sus males".*

Lincoln se negó a denunciar públicamente la Ley del Esclavo Fugitivo. Escribió a un amigo: *"Confieso que odio ver cazadas a las pobres criaturas... pero me muerdo la lengua y guardo silencio".* Y cuando en 1849, siendo congresista, propuso la abolición de la esclavitud en el distrito de Columbia, incorporó un anexo que exigía a las autoridades locales el arresto y la devolución de los esclavos fugitivos que entraban en Washington. (Esto llevó a Wendell Phillips, un abolicionista de Boston, a referirse a él años más tarde como *"el sabueso negrero de Illinois"*). Se oponía a la esclavitud, pero no podía ver a los negros como a sus iguales, de modo que su actitud reflejaba constantemente una idea: liberar a los esclavos para devolverlos a África.

En su campaña de 1858 contra Stephen Douglas, en las elecciones al Senado en Illinois, Lincoln habló de forma diferente según fuera el posicionamiento de sus oyentes (y también quizás dependiendo de la proximidad de las elecciones). Cuando en julio habló en Chicago, en el norte de Illinois, dijo:

> *Olvidemos todas estas discusiones sobre este hombre y aquél, esta raza y aquella, que si tal raza es inferior, y que por lo tanto hay que situarlos en un rango inferior. Descartemos todo esto, y unámonos como un solo pueblo en toda esta tierra, hasta que una vez más nos levantemos proclamando que todos los hombres fueron creados iguales.*

Dos meses más tarde, en Charleston, en el sur de Illinois, Lincoln dijo a su público:

> *Diré, pues, que no estoy, ni nunca he estado, a favor de equiparar social y políticamente a las razas blanca y negra (aplausos); que no estoy, ni nunca he estado, a favor de dejar votar ni formar parte de los jurados a los negros, ni de permitirles ocupar puestos en la administración, ni de casarse con blancos...*
>
> *Y hasta que no puedan vivir así, mientras permanezcan juntos debe haber*

la posición superior e inferior, y yo, tanto como cualquier otro, deseo que la posición superior la ocupe la raza blanca.

Tras la secesión del Sur, y después de la elección de Lincoln a la presidencia en el otoño de 1860 (por el nuevo partido Republicano), hubo una larga serie de choques políticos entre el Sur y el Norte. La élite norteña quería una expansión económica -tierras gratuitas, mercado libre de trabajo, una tarifa proteccionista para los productores y un banco de los Estados Unidos. Los intereses negreros se oponían a todo eso; veían en Lincoln y en los republicanos unos obstáculos para la continuidad de su estilo de vida agradable y próspero.

Cuando Lincoln fue elegido, siete estados sureños se separaron de la Unión. Y cuando Lincoln inició las hostilidades en un intento por retomar la base federal de Fort Sumter, en Carolina del Sur, se separaron cuatro estados más y se formó la Confederación; la Guerra Civil estaba servida.

El discurso inaugural de Lincoln, en marzo de 1861, fue conciliatorio: *"No tengo el propósito de interferir, ni directa ni indirectamente, en la institución de la esclavitud en los estados donde existe. Creo que no tengo ningún derecho legal a hacerlo, y no tengo ninguna intención de hacerlo".* A los cuatro meses de iniciada la guerra, cuando el general John C. Frémont declaró la ley marcial en Missouri diciendo que los esclavos de los propietarios que se resistían a los Estados Unidos quedarían libres, Lincoln dio la contraorden. Quería mantener dentro de la Unión a los estados negreros de Maryland, Kentucky, Missouri y Delaware.

Tan sólo cuando la guerra se recrudeció, aumentaron las bajas, creció la desesperación por ganar la guerra y las críticas de los abolicionistas amenazaron con deshacer la frágil coalición que respaldaba a Lincoln, éste empezó a actuar contra la esclavitud. Hofstadter lo explica así: *"Como un barómetro delicado, tomó nota de la tendencia de las presiones, y al aumentar las presiones radicales, se desplazó hacia la izquierda".*

El racismo estaba tan arraigado en el Norte como la esclavitud lo estaba en el Sur, y se hizo necesaria una guerra para sacudirlos a ambos. Los negros de Nueva York no podían votar si no tenían $250 en propiedades (un requisito no exigido a los blancos). Para abolir esto, se introdujo una propuesta en la consulta electoral de 1860, pero fue derrotada por dos a uno.

Wendell Phillips, a pesar de sus críticas a Lincoln, reconoció las posibilidades que se abrían con su elección. Hablando en el Templo Tremont de Boston el día después de las elecciones, Phillips dijo:

> *Si el telégrafo no miente, por primera vez en nuestra historia el esclavo ha elegido a un Presidente de los Estados Unidos... No es un abolicionista, ni es hombre que vaya contra el comercio negrero, pero sí está dispuesto el Sr. Lincoln a representar la idea anti-negrera. Es un peón en el tablero de ajedrez político, y su valor está en su posición; con cierto esfuerzo, pronto podremos cambiarle por un caballo, un alfil, o una reina, y hacer nuestro el tablero entero.* (Aplausos).

El espíritu del Congreso, incluso después de iniciada la guerra, quedó plasmado en una resolución del verano de 1861 -que sólo tuvo unos pocos votos contrarios: *"...esta guerra no se hace... por ninguna causa... que tenga que ver con la abolición de, o la interferencia en los derechos de las instituciones establecidas de esos estados, sino... para preservar la Unión".*

Los abolicionistas fortalecieron su campaña. Presentaron muchas peticiones en favor de la emancipación en el Congreso entre 1861 y 1862. En mayo de ese año, Wendell Phillips dijo: *"Puede que Abraham Lincoln no lo quiera; no lo puede impedir... el negro es la piedra en el zapato, y no se puede andar hasta que se saque".*

En julio de 1862, el Congreso aprobó una Ley de Confiscación que propiciaba la liberación de los esclavos de los propietarios que luchaban contra la Unión. Pero los generales de la Unión no imponían la ley, y Lincoln hizo la vista gorda. Horace Greeley, director del *Tribune* de Nueva York, escribió que los seguidores de Lincoln estaban

> *...muy desilusionados y apenados... requerimos de Usted, como primer mandatario de la República, encargado especial y preferente de este deber, que ejecute las leyes... Creemos que es Ud. extrañamente remiso... a observar las previsiones emancipadoras de la nueva Ley de Confiscación... con las desastrosas consecuencias que esto acarrea...*
>
> *Creemos que tienen demasiada influencia en Ud. los consejos... que os envían ciertos políticos en los Estados Negreros vecinos.*

Greeley apeló a la necesidad práctica que había de ganar la guerra. *"Hemos de reclutar escoltas, guías, espías, cocineros, peones, mineros y cortadores entre los negros del Sur, tanto si dejamos que luchen con nosotros como si no... Os pido que respetéis al máximo -de forma apasionada e inequívoca- la ley de la tierra".*

Lincoln respondió a Greeley:

Querido Señor:... No ha sido mi intención dejar a nadie perplejo... Mi objetivo primordial en esta lucha es la salvación de la Unión, y no el salvar ni destruir la esclavitud. Si pudiera salvar la Unión sin liberar a ningún esclavo, lo haría; y si lo pudiera conseguir con la liberación de todos los esclavos, también... Aquí he expuesto mis intenciones según mi visión del deber oficial, y no cambiaré ni un ápice mi deseo personal -tantas veces expresado- de que todos los hombres, en todas partes, puedan ser libres.

Cuando Lincoln efectuó su primera Proclamación Emancipadora, en el mes de septiembre de 1862, lo hizo en respuesta a una estrategia militar. Concedía cuatro meses al Sur para que dejara de luchar. Amenazaba con emancipar a sus esclavos si continuaban luchando, y prometió respetar la esclavitud en los estados que se posicionaran con el Norte.

Así, cuando el 1 de enero de 1863 Lincoln hizo pública la Proclamación Emancipadora, declaró la libertad para los esclavos de las áreas en las que todavía se luchaba contra la Unión (y de las cuales hizo una exhaustiva lista), pero no hizo mención alguna de los esclavos que había en la zona de la Unión.

Por limitada que fuera, la Proclamación Emancipadora dio alas a las fuerzas abolicionistas. En verano de 1864, se habían recogido y enviado al Congreso 400.000 firmas pidiendo que la legislación pusiera fin a la esclavitud, un hecho sin precedentes en la historia del país. En el mes de abril el Senado adoptó la Decimotercera Enmienda, que declaraba el fin de la esclavitud. La Cámara de Representantes hizo lo propio en enero de 1865.

Con la Proclamación, el ejército de la Unión se abrió a los negros. Y cuantos más negros entraban en guerra, más les parecía a éstos una guerra para su propia liberación. En cambio, entre los blancos, cuanto más tuvieron que sacrificarse, más resentimiento tenían, sobre todo entre los blancos pobres del Norte que eran llamados a filas por una ley que permitía que los ricos comprasen su libertad a cambio de $300. Eso fue lo que provocó las revueltas contra el reclutamiento de 1863. Eran las revueltas de los blancos encolerizados de las ciudades del Norte. Pero el objeto de sus iras no fueron los ricos, que estaban lejos, sino los negros, que estaban a mano.

Fue una orgía de muerte y violencia. Un negro de Detroit describió lo que vio: una multitud se manifestaba por la ciudad transportando barriles de cerveza en carros. Estaban armados con palos y ladrillos y atacaban a los negros, fuesen hombres, mujeres o niños. Oyó decir a un hombre: "Si tienen que matarnos a cambio de los negros, mataremos a todos los de esta ciudad".

La Guerra Civil fue una de las más sangrientas en la historia de la humanidad hasta ese momento: 600.000 mil muertos en los dos bandos, en una población de 30 millones -el equivalente en los Estados Unidos de 1990 (con una población de 200 millones) a 5 millones de muertos. Al intensificarse las batallas, al acumularse los cadáveres, al crecer la fatiga producida por la guerra, y con una situación en la que huían centenares de miles de esclavos de las haciendas, los 4 millones de negros del Sur se convirtieron en una fuerza potencial para el bando que los quisiera utilizar.

Du Bois, en su libro *Black Reconstruction*, apuntó lo siguiente:

> *Fue esta clara alternativa la que provocó la repentina rendición de Lee. El Sur tenía que llegar a acuerdos con sus esclavos, liberarlos, usarlos en la guerra contra el Norte... o bien, podrían rendirse al Norte con la esperanza de que, después de la guerra, el Norte debía ayudarles a defender la esclavitud, como siempre había hecho.*

Las mujeres negras jugaron un importante papel en la guerra, especialmente hacia el final. Sojourner Truth se convirtió en funcionaria para el reclutamiento de tropas negras para el ejército de la Unión, al igual que Josephine St. Pierre Ruffin de Boston. Harriet Tubman realizó incursiones en las haciendas, al frente de tropas negras y blancas. En una expedición liberó a 750 esclavos.

Se ha dicho que la aceptación de la esclavitud por parte de los negros queda probada por el hecho de que, durante la Guerra Civil, teniendo amplias oportunidades para escaparse, la mayoría de los esclavos se quedaron en las haciendas. Pero de hecho, huyeron medio millón de esclavos - aproximadamente uno de cada cinco, una proporción alta cuando se considera que era muy difícil saber a dónde huir y cómo sobrevivir.

En 1865, un terrateniente de Carolina del Sur escribió en el *Tribune* de Nueva York:

> *...la conducta de los negros en la última crisis me ha convencido de que todos vivimos en el engaño... Yo creía que esta gente estaba contenta, alegre, y unida a su amo. Pero los acontecimientos y la reflexión me han hecho cambiar de parecer... Si estuvieran contentos, alegres y unidos a su amo, ¿por qué lo abandonaron en el momento en que los necesitaba, para huir hacia un enemigo que no conocían, dejando así a su buen amo que conocían desde la más tierna infancia?*

La guerra no produjo ninguna revuelta general de los esclavos, pero en algunas zonas de Mississippi, Arkansas y Kentucky, los esclavos destrozaron las haciendas y se apoderaron de ellas.

Doscientos mil negros se alistaron en el ejército y en la marina, de los cuales 38.000 murieron. El historiador James McPherson dice: "*Sin su ayuda, el Norte no hubiera podido ganar la guerra de la forma en que lo hizo, y quizás, simplemente, no la hubiera ganado*".

Lo que pasó con los negros en el ejército de la Unión y en las ciudades del Norte durante la guerra da alguna idea sobre las limitaciones futuras de la emancipación, incluso con una victoria total sobre la Confederación. Los soldados negros de permiso eran atacados en las ciudades norteñas, como en Zanesville, Ohio, en febrero de 1864, donde se oyeron gritos de "muerte al negro".[10] Los soldados negros eran utilizados para realizar los trabajos más duros y sucios: cavar trincheras, arrastrar troncos y cañones, cargar munición y perforar pozos para los regimientos blancos. Los soldados blancos sin graduación recibían $13 al mes, y los negros $10. Finalmente, en junio de 1864, el Congreso aprobó una ley que equiparaba el sueldo de los soldados negros al de los blancos.

Después de algunas derrotas militares, a finales de 1864 el secretario de guerra confederado, Judah Benjamin, escribió a un director de periódico en Charleston: "*...Es un hecho conocido que el general Lee... está muy a favor del uso de los esclavos en la defensa, y de su emancipación, si resulta necesario, para esa finalidad...*" Un general escribió indignado: "*Si los esclavos son buenos soldados, toda nuestra teoría sobre la esclavitud está mal enfocada*".

A principios de 1865, la presión había ido en aumento, y en marzo el presidente Davis -de la Confederación- firmó una Ley del Soldado Negro, por la que se autorizaba el alistamiento de esclavos, que serían liberados a discreción de sus amos y de los gobiernos de sus estados. Pero antes de que ésta tuviera ningún efecto significativo, la guerra se acabó.

Los ex-esclavos, al ser entrevistados por el Proyecto de los Escritores Federalistas en los años treinta, recordaban el final de la guerra. Susie Melton:

> *Yo era una chica joven, de unos diez años, y oímos que Lincoln iba a liberar a los negros... Era invierno y hacía mucho frío esa noche, pero todo el mundo se preparó para marchar. No me preocupaba la señora, yo me iba para*

---

10. *Death to the nigger*, voz, esta última, altamente ofensiva para referirse a las personas de color.

las líneas unionistas. Y toda esa noche los negros cantamos y bailamos afuera en la fría noche. Al día siguiente al amanecer todos salimos con mantas y ropa y cacharros y sartenes y gallinas apilados en las espaldas... Y al salir el sol por entre los árboles, los negros empezamos a cantar:

> *Sol, tu estás y yo me marcho*
> *Sol, tu estás y yo me marcho*
> *Sol, tu estás y yo me marcho.*

Anna Woods:

> *No llevábamos mucho tiempo en Texas cuando entraron los soldados y nos dijeron que éramos libres... Recuerdo una mujer. Se subió encima de un barril y gritó. Saltó del barril y gritó. Volvió a subir y gritó más veces. Siguió haciéndolo durante largo tiempo, simplemente subiéndose en el barril y volviendo a saltar.*

Anna Mae Weathers dijo:

> *Recuerdo que mi padre había dicho que cuando vino alguien y gritó, "Negros, por fin sois libres", simplemente dejó caer su azada y dijo en un tono extraño, "Gracias a Dios".*

El Proyecto de Escritores Federales registró las palabras de un antiguo esclavo llamado Fannie Berry:

> *¡Negros gritando y aplaudiendo y cantando! ¡Niños corriendo por todas partes dando palmadas y gritando! Todo el mundo feliz. ¡La que se armó! Corrí hacia la cocina y grité por la ventana: "Mamá, no cocines más. ¡Eres libre! ¡Eres libre!"*

Muchos negros entendían que su rango social, tras la guerra -fuera cual fuera su situación legal- dependería de si eran propietarios de la tierra que trabajaban o si eran obligados a ser semi-esclavos de otros.

Las haciendas abandonadas fueron alquiladas a los antiguos colonos, y a los blancos del Norte. En palabras de un periodista negro: *"A los esclavos los convirtieron en siervos de la tierra y los ataron a ella... En esto quedó la tan cacareada libertad del hombre negro a manos del yanqui".*

Con la política del Congreso aprobada por Lincoln, la propiedad confiscada durante la Ley de Confiscación de 1862 revertiría en los herederos de los propietarios confederados. El Dr. John Rock, médico negro de Boston, dijo en un mítin: *"Es al esclavo al que habría que recompensar. La propiedad del Sur es del esclavo por derecho..."*

En las islas del mar de Carolina del Sur, de un total de 16.000 acres puestos a la venta en marzo de 1863, los esclavos liberados sólo pudieron comprar, incluso juntando todo su dinero, 2.000 acres. El resto lo compraron inversores y especuladores del Norte. Un esclavo liberado de las islas dictó una carta a una antigua maestra:

> *Querida señorita: Por favor infórmele a Linkum[11] que queremos tierra - esta misma tierra que está regada con el sudor de la cara y la sangre de nuestras espaldas... Podríamos comprar toda la que quisiéramos, pero hacen las parcelas demasiado grandes, y no podemos comprarlas.*

El antiguo esclavo Thomas Hall dijo al Proyecto de Escritores Federales:

> *Lincoln se llevó las alabanzas por liberarnos, pero ¿lo hizo? Nos dio libertad sin darnos ninguna oportunidad de vivir por nuestros medios y todavía teníamos que depender del blanco sureño para nuestro trabajo, nuestra comida y nuestra ropa, y nos mantuvo según su necesidad y deseo en un estado de servilismo que apenas era mejor que la esclavitud.*

En 1861, el gobierno americano se había propuesto luchar contra los estados negreros, no para acabar con la esclavitud, sino para mantener el control de un enorme territorio nacional, con su mercado y sus recursos. No obstante, la victoria exigió una cruzada, y la inercia de esa cruzada hizo que se involucraran en la política nacional otras fuerzas: más negros tomaron la determinación de darle un sentido a su libertad, y más blancos   -fuesen funcionarios del Bureau de Hombres Libres, o profesores en las Islas Marinas, o politicastros[12] con mezclas variadas de humanitarismo y ambición personal- se interesaron por la igualdad racial.

También había un fuerte interés del partido Republicano por mantener el control sobre el gobierno nacional, y la perspectiva de conseguirlo gracias a los votos negros del sur para conseguirlo hizo que los hombres de negocios del Norte, viendo que la política republicana les beneficiaba, les dejaron hacer.

El resultado fue ese breve período posterior a la Guerra Civil en el que los negros del Sur votaban y salían elegidos para los gobiernos estatales y para el Congreso. También se introdujo en el Sur una educación pública gratuita e interracial. Se construyó un marco legal. La Decimotercera Enmienda ilegalizó la esclavitud: *"No existirán en los Estados Unidos (ni en ningún sitio bajo su jurisdicción) ni la esclavitud ni la servidumbre involuntaria, excepto*

---

11. La ortografía *Linkum* (por Lincoln), como la de toda la carta, responde a la fonética negra.
12. Los famosos *carpetbaggers*.

como castigo por crímenes por los cuales el interesado habrá sido condenado". La Decimocuarta Enmienda derogó la decisión que había tomado Dred Scott en la pre-guerra, declarando que *"toda persona nacida o nacionalizada en los Estados Unidos"* eran ciudadanos. También parecía inclinarse decididamente por la igualdad racial, limitando drásticamente los "derechos de los estados":

> *Ningún Estado introducirá ni aplicará ninguna ley que limite los privilegios ni las inmunidades de los ciudadanos de los Estados Unidos; tampoco ningún Estado deberá quitar la vida, la libertad o la propiedad de persona alguna sin la debida intervención de la ley; tampoco deberá negarle a ninguna persona en su área de jurisdicción la protección de la ley de forma igualitaria.*

La Quinta Enmienda decía: *"El derecho de los ciudadanos de los Estados Unidos al voto no será negado ni limitado por los Estados Unidos ni por ningún Estado en razón de raza, color, o condición previa de servidumbre"*.

A finales de la década de 1860-1870 y a principios de la siguiente, el Congreso aprobó una serie de leyes imbuídas en el mismo espíritu. Convertía en un crimen el hecho de privar a los negros de sus derechos, y exigía a los funcionarios federales que los garantizaran, otorgando a los negros el derecho a hacer contratos y a comprar propiedades sin ser discriminados. En 1875 una Ley de Derechos Civiles ilegalizó la exclusión de los negros de los hoteles, los teatros, los ferrocarriles y otros servicios públicos.

Con estas leyes, con la presencia protectora del ejército de la Unión en el Sur, y con un ejército civil de funcionarios en el Bureau de Hombres Libres (Freedman's Bureau) para ayudarlos, los negros del Sur se reactivaron: votaron, formaron organizaciones políticas y se expresaron con decisión sobre aquellos temas que les interesaban.

Sus actividades fueron obstaculizadas durante varios años por Andrew Johnson, vice-presidente de Lincoln que llegó a la presidencia cuando Lincoln fue asesinado al final de la guerra. Johnson boicoteó las leyes que ayudaban a los negros y facilitó la vuelta a la Unión de los estados Confederados sin garantizar la igualdad de derechos para los negros. Durante su presidencia, los estados sureños que habían vuelto al redil promulgaron "códigos negros" que convertían a los esclavos liberados en siervos que seguían trabajando en las haciendas.

Andrew Johnson se encontró con la oposición de algunos senadores y congresistas que, en algunos casos por razones de justicia y en otros por cálculo político, daban su apoyo a la igualdad de derechos y al voto para el negro libre. Estos miembros del Congreso consiguieron censurar a Johnson en 1868, con la excusa de que había violado algún estatuto menor, pero en el Senado faltó un voto para llegar a los dos tercios necesarios para destituirle. En las elecciones presidenciales de ese año salió elegido el republicano Ulysses Grant, que ganó por 300.000 votos. Habían votado 700.000 negros, y Johnson dejaba de ser un obstáculo. Los estados sureños volverían a la Unión con la aprobación de las enmiendas constitucionales.

Hicieran lo que hicieran los políticos del Norte para ayudar a su causa, los negros del Sur habían tomado la determinación de aprovecharse de su libertad, a pesar de su falta de tierras y recursos. Inmediatamente empezaron a afirmar su independencia respecto a los blancos. Formaron sus propias iglesias, se movilizaron políticamente y reforzaron sus lazos familiares intentando educar a sus hijos.

El voto negro en los años posteriores a 1869 consiguió la elección de dos miembros negros para el Senado estadounidense (Hiram Revels y Blanche Bruce, ambos de Mississippi) y veinte congresistas. Después de 1876 esta lista fue rápidamente a menos. El último negro salió del Congreso en 1901.

En los parlamentos de los estados sureños se eligieron negros, aunque en ninguno pasarían de ser una minoría, salvo en la cámara baja del parlamento de Carolina del Sur. Se hizo una gran campaña propagandística en el Norte y en el Sur (según los libros de historia de las escuelas americanas duró hasta bien entrado el siglo veinte) para enseñar que los negros eran ineptos, perezosos, corruptos y una carga para los gobiernos del Sur cuando ocupaban cargos públicos. Sin duda hubo corrupción, pero no se puede decir que los negros hayan inventado la especulación   política, especialmente en el enrarecido clima de corrupción financiera existente en el Norte y en el Sur después de la Guerra Civil.

Ciertamente, la deuda pública de Carolina del Sur, $7 millones en 1865, había subido a $29 millones en 1873. Pero la nueva legislatura había introducido, por primera vez en el estado, las escuelas públicas gratuitas. En 1876 no sólo asistían a la escuela setenta mil niños negros -cuando ninguno antes había asistido a la escuela- sino también cincuenta mil niños blancos - en 1860 sólo asistían veinte mil.

Un estudioso del siglo veinte de la Universidad de Columbia, John Burgess, se refirió a la Reconstrucción Negra en estos términos:

En lugar de gobernar la parte más inteligente y virtuosa de la sociedad en beneficio de los gobernados, aquí gobernaba la parte más ignorante y agresiva de la población... Una piel negra significa formar parte de una raza de hombres que por sí sola, nunca ha conseguido supeditar la pasión a la razón, y que por lo tanto nunca ha creado una civilización de ninguna clase.

Hay que contrastar estas palabras con las de los líderes negros del Sur en la posguerra. Por ejemplo, Henry MacNeal Turner, que había escapado de la esclavitud en una hacienda de Carolina del Sur a la edad de quince años, había aprendido a leer y a escribir por su cuenta, leía libros de derecho mientras ejercía de mensajero en el despacho de un abogado en Baltimore y libros de medicina mientras hacía de recadero en una escuela médica de Baltimore, sirvió como capellán negro en un regimiento de negros, y luego fue elegido al primer parlamento de Georgia en la posguerra.

En 1868, las autoridades de Georgia votaron a favor de la expulsión de todos sus miembros negros -dos senadores y veinticinco representantes- y Turner habló a la Cámara de los Representantes de Georgia (una licenciada negra de la Universidad de Atlanta sacaría más tarde a la luz este discurso):

Sr. Presidente de la Cámara: Estoy aquí para exigir mis derechos, y para recriminar a los hombres que se atreven a retar mi hombría...

La escena hoy representada en esta Cámara no tiene parangón... Nunca en la historia del mundo, se había atacado a un hombre en una cámara provista de competencias legislativas, judiciales o ejecutivas, acusándole de tener la piel más morena que sus compañeros de cámara...

La gran pregunta, Señor, es ésta: ¿Soy un hombre? Si lo soy, reclamo para mí los derechos de un hombre...

Señor, ¡hemos trabajado en sus campos y hemos recolectado sus cosechas, durante doscientos cincuenta años! ¿Y qué pedimos a cambio? ¿Pedimos compensación por el sudor que vertieron nuestros padres en favor vuestro? ¿La pedimos por las lágrimas que habéis ocasionado, y los corazones que habéis roto, las vidas que habéis acortado y la sangre que habéis derramado? ¿Pedimos una reparación? No la pedimos. Estamos dispuestos a enterrar el pasado; pero ahora le pedimos nuestros derechos...

Las mujeres negras ayudaron a la reconstrucción del Sur. Frances Ellen Watkins Harper dio conferencias en todos los estados sureños después de la guerra. Había nacido libre en Baltimore, y se había emancipado a los trece años. Trabajó como niñera y luego como conferenciante abolicionista y lectora de poesía. Era feminista y participó en la Convención de Derechos de la

Mujer en 1866, siendo fundadora de la Asociación Nacional de Mujeres de Color. En la década de 1890-1900, escribió la primera novela publicada por una mujer negra: *Iola Leroy or Shadows Uplifted* (Iola Leroy o la desaparición de las sombras).

Durante la lucha por conseguir la igualdad de derechos para los negros, algunas mujeres negras hablaron sobre su problemática específica. Sojourner Truth, en una reunión de la Asociación Americana para la Igualdad de Derechos, dijo:

> *Hay gran revuelo sobre la consecución de los derechos del hombre de color, pero ni una palabra sobre las mujeres de color; si los hombres de color obtienen sus derechos, y las mujeres de color no, los hombres de color serán los amos de las mujeres, y la situación continuará tan mala como antes. Así que estoy a favor de continuar con nuestra causa mientras dure la lucha; porque si esperamos a que se calme, tardaremos mucho tiempo en ponernos en marcha de nuevo...*
>
> *Tengo más de ochenta años; ya va siendo hora de marcharme. He sido esclava cuarenta años y cuarenta libre, y podría continuar aquí cuarenta años más hasta conseguir la igualdad de derechos para todos...*

Las enmiendas constitucionales fueron aprobadas, y también las leyes que aseguraban la igualdad racial, así que los negros empezaron a votar y a ocupar cargos públicos. Pero mientras el negro siguiera dependiendo de los blancos privilegiados para trabajar y para acceder a las necesidades primarias, podían comprar su voto o quitárselo con la amenaza de la fuerza. Las leyes que pedían un tratamiento igualitario perdieron su sentido. Mientras las tropas unionistas -incluidas las de color- permanecieron en el Sur, este proceso quedaba aplazado. Pero el equilibrio de los poderes militares empezó a cambiar.

La oligarquía blanca del Sur usó su poder económico para organizar el Ku Klux Klan y otros grupos terroristas. Los políticos del Norte empezaron a sopesar las ventajas que tenía contar con el apoyo político de los negros pobres -mantenido sólo en votos y cargos por la fuerza- contra la sólida situación de un Sur que había retornado a la supremacía blanca y que había aceptado el predominio republicano y la legislación empresarial. El que los negros se vieran reducidos de nuevo a unas condiciones rayanas a la esclavitud tan sólo era cuestión de tiempo .

La violencia empezó casi inmediatamente después de la guerra. En Memphis, Tennessee, en mayo de 1866, los blancos realizaron un ataque violento y asesinaron a cuarenta y seis negros, la mayoría veteranos del ejército unionista, así como también a dos simpatizantes blancos. Violaron a cinco mujeres negras. Quemaron noventa hogares, doce colegios y cuatro iglesias. En Nueva Orleans, en el verano de 1866, hubo más disturbios contra los negros durante los cuales murieron treinta y cinco negros y tres blancos.

A finales de la década de 1860-70 y a principios de la de 1870-80 la violencia aumentó, mientras el Ku Klux Klan organizaba ataques, linchamientos, apaleamientos, y ataques incendiarios. Sólo en Kentucky, entre 1867 y 1871, los Archivos Nacionales hablan de 116 actos de violencia. Una muestra:

1. Una multitud visitó Harrodsburg en el condado de Mercer para sacar de la prisión a un hombre llamado Robertson, 14 de noviembre, 1867...

5. La muchedumbre ahorca a Sam Davis en Harrodsburg, 28 de mayo, 1868.

6. La muchedumbre ahorca a Wm. Pierce en Christian, 12 de julio, 1868.

7. La muchedumbre ahorca a Geo. Roger en Bradsfordville, condado de Martin, 11 de julio, 1868...

10. Silas Woodford, de sesenta años, es apaleado por una multitud sin identificar...

109. Asesinado un negro por el Ku Klux Klan en el condado de Hay, 14 enero, 1871.

A medida que aumentaba la violencia blanca en la década 1870-80, el gobierno nacional, incluso el del presidente Grant, perdió entusiasmo por defender a los negros, y sin duda no quería armarlos. El Tribunal Supremo hizo el papel giroscópico de reorientar a las demás instituciones de la administración hacia posturas más conservadoras cuando éstas se excedían. Empezó a interpretar la Cuarta Enmienda -que presumiblemente se había introducido para beneficiar la igualdad racial- de una forma que la inutilizaba para este propósito.

En 1883, la Ley de Derechos Civiles de 1875 -que ilegalizaba la discriminación contra los negros en el uso de los servicios públicos- fue anulada por el Tribunal Supremo, que sentenció: *"La invasión individual de los derechos individuales no está contemplada en esta enmienda".* Dijo que la Decimocuarta Enmienda sólo iba dirigida a la acción del Estado. *"Ningún estado..."*

El juez supremo del Tribunal Supremo, John Harlan, antiguo propietario de esclavos de Kentucky, disintió de ésto de forma notoria y dijo en un escrito que había un apartado constitucional que prohibía la discriminación individual. Apuntó que la Decimotercera Enmienda -que abolía la esclavitud- se refería a los propietarios particulares de las haciendas, y no sólo al Estado. Luego argumentó que la discriminación era una faceta de la esclavitud, e igualmente punible. También se refirió a la primera cláusula de la Decimocuarta Enmienda, diciendo que cualquier persona nacida en los Estados Unidos era un ciudadano, y a la cláusula del Artículo 4, Sección 2, que decía: *"Los ciudadanos de cada Estado se beneficiarán de todos los privilegios y todas las inmunidades que tienen los ciudadanos en los diferentes Estados"*.

Harlan estaba luchando contra una fuerza más poderosa que la lógica o la justicia; el ambiente del Tribunal reflejaba los intereses de una nueva coalición de industriales norteños y empresarios y terratenientes sureños. La culminación de este ambiente llegó en la decisión de 1896, *Plessy v. Ferguson*, cuando el Tribunal decretó que el ferrocarril podía segregar a negros y blancos si las partes segregadas eran iguales. Harlan protestó de nuevo: *"Nuestra Constitución no distingue entre colores..."*

El año 1877 marcó de forma gráfica y dramática lo que estaba ocurriendo. Al empezar el año, se estaba debatiendo acaloradamente la elección presidencial del noviembre anterior. El candidato demócrata, Samuel Tilden, había tenido 184 votos y necesitaba uno más para salir elegido: tenía 250.000 votos populares más que su contrincante. El candidato republicano, Rutherford Hayes, tenía 166 votos electorales. Tres estados, que aún no habían sido contabilizados, sumaban un total de 19 votos electorales; si Hayes podía obtener todos esos votos, tendría 185 y sería Presidente.

Eso es lo que sus directores de campaña procedieron a arreglar. Hicieron concesiones al partido Demócrata y a los sureños blancos, incluso llegaron a un acuerdo para retirar las tropas unionistas del Sur, el último obstáculo militar para el restablecimiento de la supremacía blanca en esa zona.

Para afrontar la crisis nacional los intereses políticos y económicos del Norte necesitaban aliados potentes y estabilidad. El país llevaba desde 1873 envuelto en una depresión económica y en 1877, los granjeros y los trabajadores empezaban a rebelarse. Lo describe C. Vann Woodward en su historia del Compromiso de 1877, *Reunion and Reaction*:

Era año de depresión, el peor año de la más severa depresión jamás experimentada. En el Este, los obreros y los desempleados estaban muy encrespados... En el Oeste, se estaba levantando una oleada de radicalismo agrario... Tanto del Este como del Oeste llegaban amenazas contra la estructura compleja de las tarifas proteccionistas, los bancos nacionales, las subvenciones a los ferrocarriles y los manejos monetarios sobre los que descansaba el nuevo orden económico.

Había llegado la hora de que las élites del Norte y del Sur se reconciliasen. Woodward pregunta: *"...¿podía convencerse al Sur para que hiciese frente común con los conservadores del Norte y se convirtiese en soporte, y no amenaza, para el nuevo orden capitalista?"*

Con los billones de dólares en esclavos "perdidos", la riqueza del viejo Sur se había derrumbado. Ahora buscaban la ayuda del gobierno nacional: créditos, subvenciones y proyectos anti-inundaciones.

Dice Woodward: *"A base de apropiaciones, subsidios, ayudas y bonos como los que el Congreso había concedido con tanta generosidad a las empresas capitalistas del Norte, el Sur aún podía recuperar sus fortunas, o por lo menos las fortunas de la élite privilegiada".*

Y así se hizo el trato. Las dos cámaras del Congreso crearon un comité especial para decidir dónde recaerían los votos electorales. La decisión fue la siguiente: recaerían en Hayes. Así que Hayes sería el nuevo Presidente.

Woodward lo resume así:

El Compromiso de 1877 no recuperó el viejo orden en el Sur... Aseguró la autonomía política de los blancos predominantes y la no-intervención en temas de política racial y les prometió una parte de las bendiciones del nuevo orden económico. A cambio, el Sur llegaría a ser -en resumidas cuentas- un satélite de la región predominante...

La importancia del nuevo capitalismo en la anulación del poco poder negro que existía en el Sur de la posguerra, queda confirmada en el estudio de Horace Mann Bond sobre la Reconstrucción en Alabama. Era la época del carbón y la energía, y Alabama tenía ambas cosas. *"Los banqueros de Filadelfia y Nueva York, e incluso los de Londres y París, hacía dos décadas que conocían este dato. Lo único que faltaba era el transporte".* A mediados de la década de 1870-80, apunta Bond, los banqueros del Norte empezaron a aparecer en las directivas de los ferrocarriles sureños. En 1875 J.P. Morgan figura como el director de varias líneas en Alabama y Georgia.

En el año 1886, Henry Grady, director de la revista *Constitution* de Atlanta, habló durante una cena en Nueva York. Entre el público estaban J.P. Morgan, H.M. Flagler (un asociado de Rockefeller), Russell Sage y Charles Tiffany. Su conferencia llevaba como título "El Nuevo Sur", y venía a decir: no miremos el pasado; tengamos una nueva era de paz y prosperidad.

Ese mismo mes, un artículo del *Daily Tribune* de Nueva York habló de "*los líderes sureños del carbón y el hierro*" que visitaban Nueva York, y marchaban "*altamente satisfechos*". La razón: por fin había llegado el momento -que llevaban esperando desde hacía casi veinte años- en el que podían convencer a los capitalistas del Norte no sólo de la seguridad, sino de los inmensos beneficios que se podían obtener invirtiendo su capital en el desarrollo de los riquísimos recursos de carbón y hierro en Alabama, Tennessee y Georgia.

El Norte, hay que recordarlo una vez más, aceptó -sin tener que cambiar sustancialmente su forma de pensar-, la subordinación de los negros. Cuando acabó la guerra, diecinueve de los veinticuatro estados norteños denegaron el voto a los negros.

En 1900 todos los estados sureños habían incluido en sus nuevas constituciones y en sus nuevos estatutos la eliminación legal de los derechos de los negros. También incluyeron leyes para la segregación. Un editorial del *New York Times* dijo que "*los norteños... ya no denuncian la supresión del voto negro... Se reconoce claramente la necesidad que hay de ello por la suprema ley de la auto-conservación*".

Los líderes negros mejor aceptados en la sociedad blanca, como el educador Booker T. Washington (que fue invitado por Theodore Roosevelt a la Casa Blanca), abogaron por la pasividad política negra. Cuando en 1895 los organizadores blancos de la Exposición Internacional de los Estados del Algodón le invitaron a hablar en Atlanta, Washington pidió al negro sureño que "*soltara su cubo allá donde estuviera*": es decir, que no se mudara del Sur, que fuera agricultor, artesano, ayudante doméstico, quizá incluso que aspirara a una profesión más noble.

Animó a los empresarios blancos a que arrendaran a negros antes que a inmigrantes de "*lengua y hábitos extraños*". Los negros, "*sin huelgas ni guerras laborales*" eran "*las personas más pacientes, formales y menos resentidas que ha visto el mundo*". Dijo: "*Los más sabios de mi raza entienden que la agitación de los temas de igualdad social es una locura sin parangón*".

Quizá Washington viera ésto como una táctica necesaria para la supervivencia en un tiempo de ahorcamientos y quema de negros en todo el Sur. Y es que para los negros de América era un momento crítico. Thomas Fortune, joven director negro del *Globe* de Nueva York, testificó ante un comité del Senado en 1883 sobre la situación del negro en los Estados Unidos. Habló de la *"pobreza muy extendida"*, de la traición por parte del gobierno y de los desesperados intentos de los negros por educarse.

El jornal medio de los campesinos negros del Sur era de unos cincuenta céntimos al día, decía Fortune. Normalmente se pagaba en "órdenes", no en metálico. Estas órdenes sólo podían usarse en un almacén controlado por el terrateniente, *"un sistema fraudulento"*, según Fortune. Fortune habló del *"sistema penitenciario del Sur, con su infame pelotón de trabajadores encadenados... el objetivo consistía en aterrorizar a los negros y proveer de víctimas a los contratistas, que compran la mano de obra de esos desgraciados del Estado por poco dinero... El blanco que mata a un negro siempre recupera su libertad, mientras que al negro que roba un cerdo se le condena a trabajos forzados durante diez años".*

Muchos negros huyeron. Unos seis mil huyeron de Texas, Luisiana y Mississippi y emigraron a Kansas para escapar de la violencia y de la pobreza. *"No hemos encontrado a ningún líder de confianza que no sea Dios en las alturas",* dijo uno de ellos.

Los que se quedaron en el Sur empezaron a organizar la autodefensa a lo largo de la década 1880-90, para hacer frente a los más de cien linchamientos que se producían anualmente en el Sur.

Había líderes negros que pensaban que Booker T. Washington se equivocaba al abogar por la precaución y la moderación. John Hope, un joven negro de Georgia que había oído el discurso de Washington en la Exposición del Algodón, les dijo a los estudiantes del colegio negro de Nashville, Tennessee:

> *Si no luchamos por la igualdad, ¿por qué demonios vivimos? Considero cobarde y deshonesto que ningún negro diga a los blancos o a las personas de color que no estamos luchando por la igualdad...*

Otro negro que fue a dar clases a la Universidad de Atlanta, W.E.B. Du Bois, vio la entrega finisecular del negro como parte integrante de un acontecimiento de más largo alcance en los Estados Unidos, algo que les estaba pasando no sólo a los negros pobres sino también a los blancos pobres.

En su libro *Black Reconstruction*, veía a este nuevo capitalismo como parte de un proceso de explotación y soborno que estaba asentándose en todos los países "civilizados" del mundo:

> *Mano de obra domesticada en los países cultivados, apaciguada y desorientada por unos sufragios cuyo poder se veía fuertemente limitado por la dictadura del fuerte capital sobornado por altos salarios y cargos políticos para unirse en la explotación del blanco, amarillo, moreno y negro, en países menores...*

¿Tenía razón Du Bois al decir que ese crecimiento del capitalismo americano -antes y después de la Guerra Civil- estaba convirtiendo en esclavos tanto a los blancos como a los negros?

Capítulo 10

LA OTRA GUERRA CIVIL

Los libros de texto que tratan sobre la historia de los Estados Unidos normalmente no recogen los episodios relativos a la lucha de clases en el siglo XIX. Esa confrontación a menudo queda oculta tras la cortina de humo que supuso el intenso conflicto que hubo entre los principales partidos políticos - aunque ambos partidos representaran a las mismas clases dominantes de la nación.

Andrew Jackson, que fue elegido presidente en 1828 y que ocupó el cargo durante dos mandatos, dijo que hablaba en nombre de *"los miembros más humildes de la sociedad -el agricultor, los artesanos y los campesinos..."* Lo que es seguro es que no hablaba en nombre de los indios a quienes estaban expulsando de sus tierras, ni en el de los esclavos. Y es que las tensiones suscitadas por el desarrollo del sistema industrial y la emigración creciente, obligaron al gobierno a ampliar su base de apoyo entre los blancos. Y eso es lo que hizo la "democracia de Jackson".

Era la nueva política de la ambigüedad, que hablaba en nombre de las clases baja y media para obtener su apoyo en tiempos de rápido crecimiento y problemas potenciales. El hecho de dar a elegir a la gente entre dos partidos y permitirles -en un tiempo de rebelión- la opción de escoger el ligeramente más democrático, era un método ingenioso de ejercer el control.

La idea de Jackson era la de conseguir la estabilidad y el control a base de ganar para el partido Demócrata *"el interés medio, y especialmente... la masa de pequeños terratenientes del país"* con *"reformas prudentes, juiciosas y bien meditadas".* Esto es, unas reformas que no cediesen demasiado. Esas eran las palabras de Robert Rantoul, reformista, abogado corporativo y demócrata *jacksoniano* y un anticipo de lo que sería el afortunado mensaje del partido Demócrata -y a veces del partido Republicano- en el siglo veinte.

América se estaba desarrollando a gran velocidad y vivía en gran ebullición. En 1790, vivían en las ciudades menos de un millón de americanos; en 1840 la cifra llegaba a los 11 millones. Nueva York tenía, en el año 1820, 130.000 habitantes, y un millón en 1860. Y a pesar de que el viajero Alexis de Tocqueville había expresado su asombro ante "*la igualdad general de condición entre sus habitantes*", tal observación no coincidía con los hechos.

En Filadelfia, vivían cincuenta y cinco miembros de familias obreras por vivienda. Normalmente había una familia por habitación, y no tenían ni sistema de eliminación de desechos, ni lavabos, ni aire fresco, ni agua. Existía un nuevo sistema de bombeo de las aguas del río Schuylkill, pero iban destinadas a las casas de los ricos.

En Nueva York se podía ver a los pobres echados en las calles entre la basura. No había desagües en los barrios bajos, y el agua fecal se acumulaba en los patios y en los callejones, filtrándose a los sótanos donde vivían las familias más pobres y trayendo consigo las epidemias de fiebre tifoidea -en 1837- y la de tifus -en 1842. Durante la epidemia de cólera de 1832, los ricos huyeron de la ciudad; los pobres se quedaron y murieron.

El gobierno no podía contar con esos pobres como aliado político. Pero ahí estaban -como los esclavos o los indios-, normalmente invisibles. Sólo representaban una amenaza si se rebelaban. No obstante, existían ciudadanos con más peso que sí podían dar su apoyo estable al sistema: se trataba de los obreros mejor pagados y de los terratenientes agrícolas. También estaba el nuevo trabajador urbano de cuello blanco, nacido del creciente comercio del momento. Se le prestaba suficiente atención y se le pagaba lo bastante como para permitir que se considerase miembro de la clase burguesa, y para que diese su apoyo a esa clase en tiempos de crisis.

La construcción de carreteras, canales, ferrocarriles, y también del telégrafo, facilitaba la apertura del oeste. Las granjas se estaban mecanizando. Los arados de hierro trabajaban la tierra en la mitad de tiempo. En 1850 la compañía John Deere fabricaba diez mil arados al año. Cyrus McCormick construía mil segadoras mecánicas anuales en su fábrica de Chicago. Un hombre provisto de hoz podía segar medio acre de trigo en un día. Con una segadora mecánica podía cosechar diez acres.

En un sistema económico que no estaba planificado de forma sistemática según las necesidades humanas, sino que crecía de forma caótica y obsesionado por los beneficios, no parecía haber manera de evitar el ciclo de auge y recaída de la economía. Hubo una depresión en 1837, y otra en 1853.

Una manera de conseguir la estabilidad contemplaba la reducción de la competencia, la mejor organización de las empresas, y la evolución hacia el monopolio. A mediados de la década de 1850-60, los acuerdos sobre los precios y las fusiones se generalizaron: El Ferrocarril Central de Nueva York fue el resultado de la fusión de muchas empresas. La Asociación Americana del Latón se formó "para hacer frente a una competencia ruinosa", según se dijo. La Asociación de Tejedores del Algodón del Condado de Hampton se organizó para controlar los precios, al igual que la Asociación Americana del Hierro.

Con una industria que necesitaba grandes cantidades de capital, había que minimizar los riesgos. Las autoridades estatales dieron certificados a las corporaciones para otorgarles el derecho legal de hacer negocios y recaudar fondos, sin poner en peligro las fortunas personales de los propietarios y los directores. Entre 1790 y 1860, recibieron estos certificados unas 2.300 corporaciones.

El gobierno federal, con Alexander Hamilton y el primer Congreso a la cabeza, ya habían concedido ayudas importantes que beneficiaban a los intereses empresariales. Ahora iban a hacer lo mismo, sólo que a escala mucho mayor.

Los hombres del ferrocarril viajaban a Washington y a las capitales estatales cargados de dólares, acciones y pases gratuitos para el ferrocarril. Entre 1850 y 1857, obtuvieron 25 millones de acres de terreno público, sin cargo alguno, y millones de dólares en bonos -préstamos- de los parlamentos estatales. En Wisconsin, en el año 1856, el Ferrocarril LaCrosse y Milwaukee obtuvo un millón de acres con la distribución de unos $900.000 en acciones y bonos entre cincuenta y nueve asambleístas, trece senadores y el gobernador. Dos años después el ferrocarril estaba en la bancarrota y los bonos carecían de valor.

En el este, los propietarios de fábricas se habían convertido en personas poderosas y bien organizadas. En 1850, quince familias bostonianas, llamadas los "Asociados" controlaban el 20% de la producción de algodón de los Estados Unidos, el 39% del capital de los seguros en Massachusetts, y el 40% de los recursos banqueros de Boston.

En vísperas de la Guerra Civil, las primeras prioridades de los hombres que dirigían el país eran el dinero y los beneficios -y no el movimiento antiesclavista. En palabras de Thomas Cochran y William Miller (*The Age of Enterprise*):

> *Webster era el héroe del Norte, y no Emerson, Parker, Garrison y Phillips; Webster, el hombre de las tarifas, el especulador de tierras, el abogado corporativo, político de los Asociados de Boston, heredero de la corona de Hamilton. "El gran objeto del gobierno" dijo "es la protección de la propiedad dentro de la nación, y conseguir respeto y fama en el extranjero". Era por estos factores que predicaba la unión; por ellos entregaba al esclavo fugitivo.*

Cochran y Miller describieron a los ricos de Boston:

> *Estos hombres vivían con todo lujo en Beacon Hill, admirados por sus vecinos por la filantropía y el mecenazgo que ejercían hacia el arte y la cultura. Comerciaban en State Street mientras sus directores adjuntos dirigían sus fábricas, sus directores ferroviarios llevaban los ferrocarriles de su propiedad, y sus agentes vendían su energía hidráulica y su propiedad inmobiliaria.*

Ralph Waldo Emerson describió al Boston de esos años: *"Hay cierto olor rancio en todas sus calles, en Beacon Street y Mount Vernon, así como en los bufetes de los abogados y los muelles, y el mismo egoísmo, la misma esterilidad y sentido de desesperación que la que se encuentra en las fábricas de zapatos"*. El predicador Theodore Parker dijo a sus parroquianos: *"El dinero es hoy el poder más fuerte de la nación"*.

Los intentos de conseguir una estabilidad política no funcionaron. El nuevo industrialismo, las concurridas ciudades, las largas horas de trabajo en las fábricas, las repentinas crisis económicas -que hacían subir los precios y perder empleos-, la falta de alimentos y agua, los helados inviernos, las asfixiantes viviendas en verano, las epidemias y las muertes infantiles, todo esto llevaba a los pobres a reaccionar esporádicamente. A veces había levantamientos espontáneos, no premeditados, contra los ricos. Otras, el enfado se desviaba hacia el odio racial contra los negros, hacia la guerra religiosa contra los católicos, o en forma de cólera localista en contra del inmigrante. A veces se canalizaba hacia las manifestaciones y las huelgas.

El pleno desarrollo de la conciencia obrera de ese período -como el de cualquier período- se pierde en la historia. Pero quedan fragmentos que nos hacen interrogarnos por el grado de conciencia que existía bajo el muy práctico silencio de la gente trabajadora. Ha quedado constancia de un "Discurso... ante las Clases Artesanal y Trabajadora... de Filadelfia" de 1827, escrito por un "*artesano analfabeto*", seguramente un joven zapatero:

Nos vemos oprimidos en todos los frentes. Trabajamos duro para producir *todas las comodidades de la vida para el disfrute de otras personas, mientras que nosotros sólo obtenemos una mísera porción, incluso dependiendo ello -en el actual estado de la sociedad- de la voluntad de los empresarios.*

La escocesa Frances Wright, feminista precoz y socialista utópica, fue invitada por los obreros de Filadelfia para hablar, el Cuatro de Julio de 1829, ante una de las primeras asociaciones ciudadanas de sindicatos obreros de los Estados Unidos. Preguntó si la Revolución se había luchado *"para aplastar a los hijos e hijas de la industria de vuestro país bajo... el olvido, la pobreza, el vicio, el hambre y la enfermedad..."* Se preguntó si la nueva tecnología no rebajaba el valor del trabajo humano, convirtiendo a las personas en meros apéndices de las máquinas, deformando las mentes y los cuerpos de los niños obreros.

Unos meses después, George Henry Evans, impresor y director del *Workingman's Advocate*, escribió "La Declaración de Independencia del Hombre Trabajador". Entre la lista de *"hechos"* que sometía a la consideración de sus conciudadanos *"sinceros e imparciales"*, había los siguientes:

1. Las leyes para recaudar impuestos se están cebando de forma opresiva en una sola clase social...

2. Las leyes para la incorporación particular son parciales... porque favorecen a una clase social a efxpensas de la otra...

3. Las leyes... han privado al noventa por ciento de los miembros del cuerpo político -que no son ricos- de unos medios igualitarios para disfrutar de "la vida, la libertad, y la consecución de la felicidad"... La injusta ley en favor de los terratenientes perjudica a los inquilinos... y es un ejemplo más de los incontables que hay.

Evans creía que *"todos los que llegan a la edad adulta tienen derecho a propiedades por igual".*

En 1834, una asamblea sindical en la ciudad de Boston, con presencia de artesanos de Charleston y zapateras de Lynn, se refirió a la Declaración de Independencia:

Consideramos... que las leyes que tienen tendencia a levantar una clase particular por encima de sus conciudadanos, a base de la concesión de privilegios especiales, desafían y son contrarias a esos primeros principios...

Nuestro sistema público de Educación, que de forma tan liberal financia a esos seminarios de la sabiduría... donde sólo tienen acceso los ricos, mientras que nuestras escuelas comunes... están tan mal equipadas... que incluso en la infancia, los pobres tienden a creerse inferiores...

Las historias tradicionales no han recogido los episodios contemporáneos de insurrección. Un ejemplo serían los disturbios de Baltimore durante el verano de 1835, cuando el Banco de Maryland se desplomó y sus clientes perdieron sus depósitos de ahorro. Convencidos de que se había producido un fraude, se reunió una muchedumbre que empezó a romper las ventanas de los delegados del banco. Cuando los alborotadores destruyeron una casa, intervino la milicia, matando a unas veinte personas e hiriendo a cien. A la tarde siguiente, la gente atacó más casas.

Durante esos años se estaban formando los sindicatos. Los tribunales los llamaban "conspiraciones para limitar el comercio" y los declararon ilegales. Un juez de Nueva York, imponiendo multas contra una "conspiración" de sastres, dijo: *"En esta privilegiada tierra de leyes y libertad, el camino de la promoción está abierto a todos... Cada americano sabe que... no necesita ninguna combinación artificial para su protección.* [Las conspiraciones] *son de origen extranjero y tiendo a pensar que por lo general, están apoyadas por extranjeros".*

Entonces se distribuyó un panfleto por toda la ciudad:

¡LOS RICOS CONTRA LOS POBRES!:

El juez Edwards, ¡al servicio de la aristocracia contra el pueblo! ¡Artesanos y trabajadores! ¡Se ha asestado un golpe mortal contra nuestra libertad!... Han establecido el precedente de que los trabajadores no tengan derecho a regular el precio de la mano de obra o, dicho en otras palabras, los ricos son los únicos jueces de las necesidades del pobre.

Veintisiete mil personas se reunieron en el City Hall Park para denunciar el fallo del tribunal, y eligieron un Comité de Correspondencia que, tres meses después, organizó una convención de Artesanos, Agricultores y Trabajadores, elegida por agricultores y gente trabajadora en diversas ciudades del estado de Nueva York. La convención, celebrada en Utica, redactó una Declaración de Independencia respecto a los partidos políticos existentes, y se creó el partido de los Derechos Igualitarios.

Aunque concurrían a las elecciones con sus propios candidatos, no tenían mucha confianza en el sistema electoral como método para conseguir los cambios. Uno de los grandes oradores del movimiento, Seth Luther, dijo ante una concentración del Cuatro de Julio: *"Primero intentaremos la vía de las urnas. Si eso no nos permite conseguir nuestros buenos propósitos, el próximo y último recurso será la caja de los cartuchos".*[13]

La crisis de 1837 desembocó en la celebración de concentraciones y mítines en muchas ciudades. Los bancos habían suspendido los pagos en efectivo, y se negaban a abonar en metálico los billetes de banco que habían expedido. Los trabajadores, que ya tenían dificultades para comprar comida, encontraron que los precios de la harina, la carne de cerdo y el carbón se habían disparado. En Filadelfia, se congregaron veinte mil personas, y alguien escribió al presidente Van Buren para contárselo:

> *Esta tarde se ha hecho la concentración pública más grande que jamás se haya visto en la Plaza de la Independencia. La convocatoria se hizo con pancartas distribuidas por la ciudad ayer y anoche. La planearon y la llevaron a cabo las clases trabajadoras; sin consultar ni cooperar con ninguno de los que normalmente tienen la iniciativa en este tipo de cuestiones. Los delegados y los oradores pertenecían a esas clases... Iba dirigido contra los bancos.*

En Nueva York, unos miembros del partido de los Derechos Igualitarios (a menudo llamado los "Locofocos") convocaron un mítin: *"¡El pan, la carne, los alquileres, el combustible! ¡Sus precios deben bajar! La gente se reunirá en el parque, haga el tiempo que haga, a las 4 de la tarde del lunes... Se invita a todos los amigos de la humanidad dispuestos a plantar cara a los monopolistas y a los extorsionistas".* El periódico de Nueva York *Commercial Register* informó sobre el mítin y lo que le siguió:

> *A las 4 de la tarde, se habían concentrado varios miles de personas delante del Ayuntamiento... Uno de estos oradores... dirigió las iras populares contra el Sr. Eli Hart. "¡Conciudadanos!" exclamó, "el Sr. Hart ahora tiene 53.000 barriles de harina en su almacén; vayamos a ofrecerle ocho dólares el barril, y si no lo acepta..."*

> *Una gran proporción de los concentrados se desplazó hacia el almacén del Sr. Hart... Por la puerta sacaron a la calle docenas, centenares de barriles de harina, y los lanzaron uno tras otro por las ventanas... Se destruyeron, de forma tan irresponsable como estúpida, unos treinta mil kilos de trigo, y cuatrocientos o quinientos barriles de harina. Los más activos de los gamberros eran extranjeros, pero seguramente había unos quinientos o mil más que contemplaban la hazaña y animaban sus incendiarias acciones.*

> *En el lugar donde caían y reventaban los barriles y los sacos de trigo, había un grupo de mujeres que, como las harpías que desnudan a los muertos después*

---

13. Luther hace un juego de palabras entre *ballot box* -urna (o caja) electoral- y *cartridge box* -caja de cartuchos.

de la batalla, llenaban de harina las cajas y las cestas que se les daban, y sus propios delantales, llevándosela a casa...

La noche había tendido su manto sobre la escena, pero la obra de destrucción no cesó hasta que llegaron fuertes contingentes de policía, seguidos, poco después, por destacamentos de tropas...

Esta fue la Revuelta de la Harina de 1837. Durante la crisis de ese año, 50.000 personas (una tercera parte de la clase obrera) estaban sin empleo sólo en Nueva York, y 200.000 (sobre una población de 500.000) vivían, en palabras de un observador, "en un estado de desesperación total".

No existe ninguna relación completa de concentraciones, alborotos, acciones de protesta -organizadas o no, violentas o no- que tuvieran lugar a mediados del siglo diecinueve, con el crecimiento del país y el aumento de la población en las ciudades, con sus malas condiciones laborales y sus condiciones de vida intolerables y con la economía en manos de los banqueros, los especuladores, los terratenientes y los comerciantes.

En 1835, cincuenta gremios diferentes de Filadelfia se organizaron en sindicatos, y hubo una exitosa huelga general de obreros, trabajadores de fábrica, encuadernadores, joyeros, transportistas de carbón, carniceros y carpinteros, en favor de la jornada de diez horas.

Los tejedores de Filadelfia -la mayoría inmigrantes irlandeses que trabajaban en casa para los empresarios- a principios de la década 1840-50 hicieron una huelga para reclamar unos sueldos más altos. Atacaron las casas de los que se negaban a ir a la huelga, y destruyeron su trabajo. Un grupo de policías intentó arrestar a algunos huelguistas, pero el intento fue desbaratado por cuatrocientos tejedores armados con mosquetones y palos.

Sin embargo, pronto empezó a haber enfrentamientos de tipo religioso entre los tejedores irlandeses católicos y los trabajadores locales de origen protestante. En el mes de mayo de 1844 hubo disturbios entre protestantes y católicos en Kensington, un suburbio de Filadelfia. Los políticos de clase media no tardaron en orientar a cada grupo hacia un partido político diferente (los locales se apuntaban al partido Republicano Americano, los irlandeses al partido Demócrata), y la política de partido y la religión sustituyeron el conflicto de clase.

El resultado de todo esto, dice David Montgomery -historiador de los disturbios de Kensington- fue la fragmentación de la clase obrera de Filadelfia.

Así, "*se creaba para los historiadores la impresión de que era una sociedad sin conflicto de clase*", mientras que en realidad, los conflictos de clase de la América del siglo diecinueve "*eran tan duros como cualquiera en el mundo industrial*".

Los inmigrantes de Irlanda huían de la hambruna que se había declarado en su país con la pérdida de las cosechas de patata. Venían a América amontonados en viejos veleros. Las historias de estos barcos sólo varían en los detalles respecto a las descripciones de las travesías de los barcos que antes habían traído a los esclavos negros, y luego a los inmigrantes alemanes, italianos y rusos. Hay una descripción contemporánea de un barco que llegó de Irlanda en el mes de mayo de 1847, y que había parado en la Isla Grosse, en la frontera con Canadá:

> *¿Quién podría imaginar los horrores -incluso en las travesías más cortas- de un barco de emigrantes cargado hasta los topes con seres infelices de todas las edades, muchos de ellos afectados por la fiebre...? La tripulación era tosca y agresiva debido a su propia desesperación, o paralizada del terror que tenían a contraer la peste... estando los miserables pasajeros afectados por grados diferentes de la enfermedad; muchos morían, otros yacían muertos, los gritos de los niños, los delirios de los enfermos, las lamentaciones y los gemidos de los que sufrían una agonía mortal.*

Sin embargo, un zapatero blanco escribió en 1848 en el periódico *Awl*, publicación de los trabajadores de la fábrica de zapatos de Lynn:

> *...no somos nada más que un ejército que mantiene a tres millones de nuestros hermanos en la esclavitud... Vivimos bajo la sombra del monumento de Bunker Hill, y exigimos nuestro derecho en nombre de la humanidad ¡privando a los demás de esos derechos porque su piel es negra! ¿Puede extrañar a alguien que Dios en su legítimo enfado nos haya castigado, obligándonos a beber la amarga copa de la degradación?*

En 1857 se produjo otra crisis económica. El auge de los ferrocarriles y la producción, el aumento de la inmigración, la cada vez mayor especulación de acciones, el robo, la corrupción y la manipulación, llevaron a una situación de crecimiento alocado, y luego, al descalabro. En octubre de ese mismo año, había 200.000 desempleados, y miles de inmigrantes recientes se agolpaban en los puertos del este, esperando poder trabajar para pagarse el pasaje de vuelta a Europa.

En Newark, Nueva Jersey, una manifestación de varios miles de personas exigía que la ciudad diera trabajo a los parados. En Nueva York, quince mil personas se reunieron en Tompkins Square, en el centro de Manhattan. De ahí fueron en manifestación hasta Wall Street y desfilaron frente al edificio de la Bolsa gritando: "¡Queremos trabajo!" Ese verano se produjeron alborotos en los barrios bajos de Nueva York. Un día, una multitud de quinientos hombres atacó a la policía con pistolas y ladrillos. Hubo manifestaciones de parados pidiendo pan y trabajo, y se saquearon algunas tiendas. En noviembre, una multitud de manifestantes ocupó el ayuntamiento; para desalojarlos acudieron los *marines* de los Estados Unidos.

De los seis millones de trabajadores que había en el país en 1850, medio millón eran mujeres: 330.000 trabajaban como criadas; 55.000 eran maestras. De las 181.000 trabajadoras de fábrica censadas, la mitad trabajaba en plantas textiles.

Se organizaron. Las mujeres hicieron su primera huelga en solitario en 1825. La protagonizó la Unión de Mujeres Sastre de Nueva York. Pedían sueldos más altos. En 1828 tuvo lugar la primera huelga en solitario de trabajadoras de la planta textil en Dover, Nueva Hampshire, cuando unos centenares de mujeres se manifestaron con pancartas y banderas. Las obligaron a volver a la planta, sin atender a sus peticiones, y sus líderes fueron despedidas e incluidas en la lista negra empresarial.

En Exeter, Nueva Hampshire, las trabajadoras se declararon en huelga porque el capataz retrasaba los relojes para explotarlas más tiempo. Su huelga tuvo el efecto positivo de arrancar la promesa de los empresarios de que los capataces pondrían bien sus relojes.

El "sistema Lowell", según el cual las jóvenes trabajaban en las fábricas y vivían en dormitorios supervisados por matronas, de entrada parecía benévolo, sociable, una feliz manera de escapar de la rutina y el servicio domésticos. Lowell, Massachusetts, fue el primer pueblo creado para la industria del textil; tomaba el nombre de la rica e influyente familia Lowell. Pero los dormitorios cada día se parecían más a prisiones, y las chicas estaban controladas por reglas y reglamentos. La cena (servida después de que las mujeres se hubieran levantado a las cuatro de la mañana y hubieran trabajado hasta las siete y media de la tarde) a menudo sólo consistía en pan y salsa de carne.

Las chicas de Lowell se organizaron. Fundaron sus propios periódicos. Protestaron contra las condiciones de las salas en donde tejían: tenían poca luz y mala ventilación; igualmente, resultaban terriblemente calurosas en verano, y húmedas y frías en invierno.

Organizaron la Asociación de Chicas de Fábrica y en 1836 1.500 obreras fueron a la huelga contra una subida de las tarifas del internado. Harriet Hanson era una chiquilla de once años que trabajaba en la fábrica. Luego recordaría:

> ...*cuando a las chicas de mi sala les atacaron las dudas, sin saber qué hacer... yo, que empezaba a pensar que, a pesar de todas sus charlas, no actuarían, me impacienté y, con ímpetu infantil, me lancé a decir: "A mí no me importa lo que hagáis, yo sí me planto, tanto si las demás me acompañáis como si no", y salí de ahí con las demás detrás. Al mirar atrás y ver la larga cola que me seguía, sentí un orgullo que nunca más he vuelto a sentir...*

Las huelguistas se manifestaron cantando por las calles de Lowell. Resistieron un mes, hasta que se les acabaron las reservas de dinero. Las echaron de los internados, y muchas volvieron al trabajo. Las líderes fueron despedidas, incluyendo a la madre viuda de Harriet Hanson, matrona del internado. La culparon de que su hija hubiera ido a la huelga.

La resistencia continuó. Mientras tanto, las chicas intentaban conservar vivos sus pensamientos de aire fresco, paisajes, y una vida menos ajetreada. Una de ellas recordaba lo siguiente: "*Durante los dulces días de junio me asomaba a la ventana, todo lo que podía, e intentaba no oír el contínuo estruendo del interior*".

En 1835, veinte plantas textiles fueron a la huelga para pedir la reducción de la jornada laboral de trece horas y media a once horas, para obtener sueldos en metálico en vez de vales de la compañía, y para poner fin a las multas por falta de puntualidad. Llevaron esquiroles, y algunas de las trabajadoras volvieron al trabajo, pero las huelguistas consiguieron una jornada de doce horas y de nueve horas los sábados. Durante ese año y el siguiente, hubo 140 huelgas en la parte oriental de los Estados Unidos.

La crisis que siguió al pánico de 1837 estimuló la formación, en 1845, de la Asociación Femenina por la Reforma Laboral en Lowell, que envió miles de peticiones al parlamento de Massachusetts pidiendo la jornada de diez horas. Pero un representante del parlamento dio el siguiente informe: "*El comité volvió plenamente convencido de que el orden, el decoro y la apariencia general de las cosas en la fábrica y su entorno no podían mejorarse con ninguna sugerencia suya... ni con ninguna ley del parlamento*". No se hizo nada para cambiar las condiciones de las fábricas. A finales de la década de 1840-50, las mujeres de las granjas de Nueva Inglaterra que trabajaban en las fábricas textiles empezaron a abandonarlas, ocupando su lugar las cada vez más numerosas inmigrantes llegadas de Irlanda.

En Paterson, Nueva Jersey, la primera de una serie de huelgas ocurridas en las fábricas textiles fue iniciada por niños. Cuando de repente la empresa cambió su hora de comida de doce a una, los niños abandonaron sus puestos, alentados por sus padres. Se unieron a ellos otros trabajadores de la ciudad: los ebanistas, los albañiles, los artesanos. Convirtieron la huelga en un conflicto de diez horas de duración. Sin embargo, al cabo de una semana, los niños volvieron al trabajo ante la amenaza de que la empresa iba a llamar a la milicia. Sus líderes fueron despedidos. Poco después, la empresa reprogramó la comida a las doce con el ánimo de evitar más problemas.

Fueron los zapateros de Lynn -un pueblo industrial de Massachusetts, al noreste de Boston- los que iniciaron la huelga más larga realizada en los Estados Unidos antes de la Guerra Civil. Lynn había sido una ciudad pionera en la incorporación del uso de las máquinas de coser en las fábricas que sustituían a los zapateros artesanos. Los obreros de las fábricas de Lynn, que empezaron a organizarse en la década 1830-40, fundaron más tarde un periódico militante llamado *Awl*. En 1844, cuatro años antes de la aparición del *Manifiesto Comunista*, salió an *Awl* el siguiente texto:

La división de la sociedad entre las clases productivas y las no-productivas, y la distribución desigual del valor entre las dos, nos lleva en seguida a otra distinción: la de capital y mano de obra... la mano de obra ahora se convierte en comodidad... el capital y la mano de obra están enfrentados.

La crisis económica de 1857 paralizó la industria del zapato, y muchos trabajadores de Lynn perdieron sus empleos. La sustitución de los zapateros por máquinas había creado un gran descontento. Los precios habían subido y los sueldos se recortaban continuamente. En el otoño de 1859, los hombres ganaban $3 a la semana, y las mujeres $1, trabajando dieciséis horas al día.

A principios de 1860, tres mil zapateros se juntaron en el Lyceum Hall de Lynn y el día del cumpleaños de Washington iniciaron una huelga. En una semana se declararon huelgas en todas las ciudades zapateras de Nueva Inglaterra: fueron a la huelga las Asociaciones de Artesanos de veinticinco ciudades -unos veinte mil zapateros. Los periódicos bautizaron el fenómeno como "la Revolución del Norte", "la Revolución entre los Trabajadores de

Nueva Inglaterra", o "Inicios del Conflicto entre el Capital y la Mano de Obra".

Mil mujeres y cinco mil hombres se manifestaron por las calles de Lynn durante una tormenta de nieve, portando pancartas y banderas americanas. Se organizó una Procesión de Damas, y las mujeres desfilaron por las calles con nieve acumulada en las aceras. Llevaban pancartas que rezaban: "Las Mujeres Americanas no quieren ser Esclavas". Diez días más tarde, se realizó una manifestación de diez mil trabajadores, con la presencia de delegaciones de Salem, Marblehead y otras poblaciones, compuestas de hombres y mujeres. Se manifestaron por Lynn en lo que sería la manifestación de trabajadores más grande ocurrida hasta entonces en Nueva Inglaterra.

Las autoridades enviaron a la policía de Boston y a la milicia para asegurar que los huelguistas no interferirían los cargamentos de zapatos que se enviaban para ser acabados fuera del Estado. Las manifestaciones continuaron, mientras que los tenderos y comerciantes de comestibles de la ciudad proveían de comida a los huelguistas. La huelga continuó con la moral alta durante el mes de marzo, pero en abril ya estaba perdiendo empuje. Para que volvieran a las fábricas, los propietarios ofrecieron a los huelguistas sueldos más altos, pero no reconocieron a los sindicatos; así que los trabajadores tuvieron que seguir enfrentándose al empresario de forma individual.

El espíritu de clase estaba enardecido, pero, según la opinión de Alan Dawley, que ha estudiado la huelga de Lynn (*Class and Community*), la política electoral socavó las energías de los resistentes, dejándoles a merced del sistema.

La conciencia de clase se vio vapuleada durante la Guerra Civil, tanto en el Norte como en el Sur, por el unitarismo militar y político que exigía la situación de guerra. Esa unidad se veía estimulada con la retórica e impuesta por las armas. Se proclamaba que era una guerra por la libertad, pero los soldados atacaban a la gente trabajadora que se atrevía a hacer huelga; el ejército de los Estados Unidos exterminaba a los indios de Colorado; y se mandaba a la cárcel, sin juicio previo, a los que se atrevían a criticar la política de Lincoln. Había unos treinta mil prisioneros políticos.

No obstante, en ambos bandos hubo señales de disidencia respecto a ese unitarismo: hubo enfado de los pobres contra los ricos, y rebeliones contra las fuerzas políticas y económicas dominantes.

En el Norte, la guerra disparó los precios de la comida y de los productos de primera necesidad. Los empresarios se beneficiaban en exceso, mientras que los sueldos se mantenían bajos. Durante la guerra hubo huelgas en todo el país. El titular de la revista *Fincher's Trades' Review* del 21 de noviembre de 1863 fue: "Revolución en Nueva York". Era una exageración, pero la lista de iniciativas obreristas que contiene es un testimonio elocuente del resentimiento que ocultaban los pobres durante la guerra:

> *El levantamiento de las masas trabajadoras en Nueva York ha aterrorizado a los capitalistas de esa ciudad y su área vecina...*

> *Los trabajadores del hierro todavía resisten contra los empresarios. Los cristaleros exigen una subida del 15% en sus sueldos...*

> *La revolución social que actualmente se está adueñando de nuestra tierra deberá tener éxito, siempre que los trabajadores mantengan la solidaridad entre sí.*

> *Hasta 800 cocheros están en huelga...*

> *Los trabajadores de Boston no se han quedado a la zaga... Además de la huelga en los Astilleros de la Marina en Charleston...*

> *Los aparejadores están en huelga...*

> *En el momento de cerrar, se rumorea -según dice el* Post *de Boston, que los obreros están pensando en una huelga general en las empresas siderúrgicas del sur de Boston, y otras partes de la ciudad.*

La guerra hizo que muchas mujeres entraran a trabajar en tiendas y fábricas. En la ciudad de Nueva York, las chicas cosían los paraguas desde las seis de la mañana hasta la medianoche, y ganaban $3 a la semana. Hubo una huelga de trabajadoras de las fábricas de paraguas de Nueva York y Brooklyn. En Providence, Rhode Island, se organizó un Sindicato de Damas Productoras de Cigarros.

En el año 1864, había en total unos 200.000 obreros y obreras afiliados a los sindicatos que, en algunos gremios, formaban sindicatos nacionales. Se publicaban varios diarios obreristas.

Para romper las huelgas se utilizaban tropas unionistas. Se enviaron tropas federales a Cold Springs, Nueva York, para que pusieran fin a una huelga en una fábrica de armas en la que los trabajadores querían un aumento de sueldo. El ejército obligó a volver al trabajo a los maquinistas y sastres que estaban en huelga en Saint Louis.

El trabajador blanco del Norte no sentía entusiasmo por una guerra que aparentemente se luchaba en favor del esclavo negro, o en favor del capitalista: a favor de cualquiera menos de él mismo, que trabajaba en condiciones semiesclavas. Creía que la guerra estaba beneficiando a la nueva clase de millonarios.

Los trabajadores irlandeses de Nueva York, inmigrantes recién llegados y pobres -gente que los americanos "viejos" menospreciaban- no simpatizaban con la población negra de la ciudad que competía con ellos por obtener empleos como estibadores, barberos, camareros o criados domésticos. A menudo se usaba a los negros -que eran expulsados de estos empleos- como esquiroles en las huelgas. Luego vino la guerra, la llamada a filas, la posibilidad de morir. La Ley de Reclutamiento de 1863 establecía que los ricos podían evitar el servicio militar pagando $300 o comprando a un sustituto.

Cuando empezó el reclutamiento en el mes de julio de 1863, una muchedumbre destrozó la oficina principal de reclutamiento de Nueva York. Entonces, durante tres días, se manifestaron por la ciudad multitud de trabajadores blancos. Destrozaron edificios, fábricas, líneas de tranvía, y hogares particulares. Los alborotos causados por el reclutamiento tenían una tipología compleja: tenían componentes de sentimiento anti-negro, anti-rico y anti-Republicano. Después del ataque a la oficina de reclutamiento, los alborotadores procedieron a atacar casas de ricos y a asesinar negros. Quemaron el orfelinato municipal para niños negros. Mataron a tiros, quemaron y ahorcaron a los negros que encontraban por la calle. A muchas personas las tiraron al río, donde se ahogaban.

Al cuarto día, las tropas unionistas volvieron de la batalla de Gettysburg. Entraron en la ciudad y pusieron fin a los alborotos. Quizá habían muerto unas cuatrocientas personas, quizá mil. Nunca se han citado cifras, pero la cantidad de muertes producidas supera la de cualquier otro incidente de enfrentamiento civil en la historia de América.

En otras ciudades del Norte también hubo disturbios anti-reclutamiento, pero no fueron ni tan prolongados ni tan sangrientos: Newark, Troy, Toledo, Evansville. En Boston, unos trabajadores irlandeses que atacaron una armería, murieron tiroteados por los soldados.

En el Sur, bajo la aparente unidad de la Confederación blanca, también hubo conflictos. La mayoría de los blancos -las dos terceras partes- no tenía esclavos. La élite terrateniente estaba compuesta por unos cuantos millares de familias.

Millones de blancos sureños eran agricultores pobres. Vivían en cabañas o en dependencias rurales abandonadas. Justo antes de la Guerra Civil, los esclavos que trabajaban en una fábrica de algodón de Jackson (Mississippi), recibían veinte céntimos al día para pagar la comida, y los trabajadores blancos de la misma fábrica recibían treinta.

Tras los rebeldes gritos de guerra y tras el espíritu legendario del ejército confederado, había mucha reticencia a la lucha. La ley de reclutamiento de la Confederación también preveía que el rico pudiera evitar el servicio. ¿Empezaron los soldados confederados a sospechar que estaban luchando por los privilegios de una élite a la que nunca podrían pertenecer? En el mes de abril de 1863, hubo una revuelta del pan en Richmond. Ese verano, se produjeron revueltas contra el reclutamiento en varias ciudades sureñas. En septiembre hubo una revuelta del pan en Mobile, Alabama. Georgia Lee Tatum, en su estudio *Disloyalty in the Confederacy*, dice lo siguiente: "*Antes del final de la guerra, hubo mucha desafección en cada estado, y muchos de los desleales crearon sus propias bandas, que en algunos estados llegaron a ser sociedades bien organizadas y activas*".

La Guerra Civil fue uno de los primeros exponentes mundiales de la guerra moderna: los mortíferos obuses de artillería, las armas automáticas tipo Gatling, las cargas con bayoneta. Era una combinación de las matanzas indiscriminadas que caracterizaban a la guerra mecanizada y los combates cara a cara. En una carga ante Petersburg, Virginia, un regimiento de 850 soldados de Maine perdió 632 hombres en media hora. Fue una terrible carnicería, con 623.000 muertos en los dos bandos, y 471.000 heridos: más de un millón de muertos y heridos en un país de 30 millones de habitantes. A nadie puede extrañar que, según avanzaba la guerra, crecieran las deserciones entre las tropas sureñas. En el lado unionista, al final de la guerra habían desertado unos 200.000 hombres.

Y eso que en 1861 el ejército confederado había acogido a 600.000 voluntarios, y que muchos de los soldados unionistas también lo habían sido al principio de la guerra. La psicología del patriotismo, el reclamo de la aventura, la aureola de cruzada moral que creaban los políticos, tuvieron un efecto muy potente a la hora de debilitar el resentimiento de clase contra los ricos y los poderosos, y pudo reorientar gran parte del enfado contra "el enemigo". En palabras de Edmund Wilson, en su libro *Patriotic Gore* (Sangre Patriótica) -escrito antes de la II Guerra Mundial:

Hemos visto, en nuestras guerras más recientes, cómo de la noche a la mañana se puede convertir una opinión pública dividida y enfrentada en un bloque de una casi total unanimidad nacional, un flujo obediente de energía que llevará a los jóvenes a la destrucción y vencerá cualquier intento de cortarlo.

Arropados por el ruido ensordecedor de la guerra, el Congreso aprobaba y Lincoln ratificaba toda una serie de leyes para dar a los empresarios lo que querían -y que el Sur agrario había bloqueado antes de la secesión. La plataforma republicana de 1860 se posicionó claramente a favor de los empresarios. En 1861, el Congreso aprobó la Tarifa Morrill. Esta medida encarecía los comestibles, permitía una subida de precios a los productores americanos, y obligaba a los consumidores americanos a pagar más.

Al año siguiente, se aprobó la Ley de la Hacienda[14]. Concedía 160 acres de tierras desocupadas y públicas en el oeste a cualquiera que los cultivase durante cinco años. Cualquier persona dispuesta a pagar $1,25 por acre podía comprar una hacienda. Entre la gente humilde, pocas personas tenían los $200 necesarios para hacer esto, asi que entraron los especuladores y compraron gran parte de los terrenos. El territorio dispuesto para estas haciendas constaba de 50 millones de acres. Pero durante la Guerra Civil, el Congreso y el Presidente donaron más de 100 millones de acres a varias empresas ferroviarias, sin cargo alguno. Además, el Congreso creó un banco nacional, estableciendo una sociedad entre el gobierno y los intereses banqueros y garantizando sus beneficios.

Ante el aumento de las huelgas, los empresarios presionaron para obtener la ayuda del Congreso. La Ley de Contratación de Mano de Obra de 1864, posibilitaba el que las empresas firmaran contratos con trabajadores extranjeros siempre que los trabajadores acordasen entregar doce meses de sueldo para pagar el pasaje. Esto no sólo propició una mano de obra muy barata durante la Guerra Civil, sino que era una buena fuente de esquiroles.

En los treinta años que preceden a la Guerra Civil, los tribunales interpretaban la ley de modo que favoreciera cada vez más el desarrollo capitalista del país. A los propietarios de las fábricas se les concedió el derecho legal de destruir la propiedad de otras personas con inundaciones beneficiosas para su negocio. Se utilizó la Ley del Dominio Privilegiado[15] para arrebatar tierras a los agricultores y dárselas como subvención a las empresas de canales y ferrocarriles.

---

14. Homestead Act.
15. The Law of Eminent Domain.

Era una época en la que la ley ni siquiera pretendía proteger a la gente trabajadora, como ocurriría en el siglo siguiente. Las leyes de higiene y seguridad o no existían, o no se aplicaban. Un día del invierno de 1860, se derrumbó la fábrica Pemberton en Lawrence (Massachusetts), con novecientos trabajadores en el interior, la mayoría mujeres. Murieron ochenta y nueve, y por mucho que hubiera indicios de que la estructura no era la adecuada para soportar la carga de la pesada maquinaria de su interior -cosa que el ingeniero constructor sabía- el jurado no encontró "ningún indicio de criminalidad".

Morton Horwitz, autor del libro *The Transformation of American Law*, resume lo que pasaba en los tribunales al acabar la Guerra Civil:

> *A mediados del siglo diecinueve, se había reorientado el sistema legal para beneficiar a los hombres del comercio y la industria, a expensas de los agricultores, los trabajadores, los consumidores, y otros grupos menos poderosos de la sociedad... promocionaba la redistribución legal de la riqueza en contra de los intereses de los grupos más endebles de la sociedad.*

En los tiempos pre-modernos, la mala distribución de la riqueza se llevaba a cabo por la fuerza pura y dura. En los tiempos modernos, la explotación se disimula, gracias a las leyes, bajo una apariencia de neutralidad y justicia.

Cuando acabó la guerra, la urgencia de la unidad nacional se desvaneció, y la gente ordinaria pudo volver a sus vidas diarias, a sus problemas de supervivencia. Ahora los soldados licenciados estaban en las calles, buscando trabajo.

Las ciudades a las que volvieron los soldados eran nidos de tifus, tuberculosis, hambre y fuego. Cien mil personas vivían en los sótanos de los barrios bajos de Nueva York; 12.000 mujeres trabajaban en los prostíbulos para no morir de hambre; el medio metro de basura que se amontonaba en las calles estaba infestado de ratas. En Filadelfia, mientras los ricos obtenían el agua del río Schuylkill, los demás bebían del río Delaware, que recibía 13 millones de litros de aguas contaminadas al día. En el Gran Incendio de Chicago de 1871, las casas de alquiler se derrumbaron a tal velocidad que la gente decía que parecía un terremoto.

Después de la guerra, entre la gente trabajadora empezó un movimiento que reclamaba la jornada de ocho horas, favorecido por la formación de la primera federación de sindicatos nacionales, el Sindicato Nacional de los Trabajadores. En Nueva York, tras una huelga de 100.000 trabajadores durante tres meses, se consiguió la jornada de ocho horas. Para celebrar esa victoria, en el mes de junio de 1872, 150.000 trabajadores se manifestaron por la ciudad.

Las mujeres, que la guerra había incorporado a la industria, organizaron sus sindicatos: las cigarreras, las sastres, las cosedoras de paraguas, las sombrereras, las impresoras, las lavanderas, las zapateras. Formaron las Hijas de San Crispín, y consiguieron que el Sindicato de Fabricantes de Cigarros y el Sindicato Nacional de Tipografía admitieran a las mujeres por primera vez.

Los peligros del trabajo en las fábricas intensificaron los esfuerzos por organizarse. A menudo se trabajaban veinticuatro horas al día. En una fábrica de Providence (Rhode Island), se declaró un incendio durante una noche de 1866. Cundió el pánico entre los seiscientos trabajadores, la mayoría mujeres, y muchos encontraron la muerte saltando desde las ventanas de los pisos superiores.

En Fall River (Massachusetts), las tejedoras formaron un sindicato independiente del de los hombres. Se negaron a aceptar un recorte salarial del 10% que los hombres sí habían aceptado. Hicieron huelga en tres plantas, se ganaron el apoyo de los hombres, y paralizaron 3.500 telares y 156.000 husos. 3.200 trabajadores se sumaron a la huelga. Pero sus hijos necesitaban comer; tuvieron que volver al trabajo con la firma de un "juramento de hierro" (luego llamado "contrato de perro amarillo") en el que juraban no afiliarse a un sindicato.

En esa época, los trabajadores negros se encontraron con las reticencias del Sindicato Nacional de Trabajadores para asumirles en su organización. Así que formaron sus propios sindicatos y llevaron a cabo sus propias huelgas, como la de los trabajadores del dique en Mobile, Alabama, en 1867, la de los estibadores negros en Charleston, o la de los trabajadores portuarios en Savannah. Esto probablemente actuó como estímulo para el Sindicato Nacional de Trabajadores, que en su convención de 1869 tomó la determinación de organizar a las mujeres y a los negros. Declararon reconocer que *"ni el color ni el sexo son temas de los derechos de los trabajadores"*. Un periodista escribió lo siguiente sobre las extraordinarias señales de unidad racial que hubo en esta convención:

> *Cuando un nativo de Mississippi y antiguo oficial confederado, al dirigirse a la convención, se refiere a un delegado de color que le ha precedido como "el caballero de Georgia"... cuando un ardiente militante Demócrata (de Nueva*

York, por más señas) declara en un marcado acento irlandés que no pide privilegios para sí mismo como artesano o ciudadano que no esté dispuesto a conceder a todo hombre, blanco o negro... uno puede afirmar con rotundidad que el tiempo provoca los cambios más curiosos...

Sin embargo, la mayoría de sindicatos seguían rechazando la afiliación a los negros, o les exigía que creasen sus propios locales.

El Sindicato Nacional de los Trabajadores empezó a invertir cada vez más energías en temas de tipo político, especialmente en la reforma de la moneda, pidiendo la expedición de billetes: los *Greenbacks*[16]. Pero al dejar de ser un sindicato organizador de luchas obreras, y convertirse en un grupo que ejercía presión sobre el Congreso, con intereses en los temas expuestos a votación, perdió vitalidad.

Por primera vez se estaban introduciendo leyes reformistas, y había grandes esperanzas. En 1869, el parlamento de Pennsylvania aprobó una ley de seguridad minera. Contemplaba la *"regulación y ventilación de las minas, y la protección de las vidas de los mineros"*. Esto calmó las iras, pero fue insuficiente.

En 1873, una nueva crisis económica devastó a la nación. La crisis era parte integrante de un sistema caótico de por sí, y en el que los ricos eran los únicos que gozaban de seguridad. Era un sistema de crisis periódicas -1837, 1857, 1873 (y luego: 1893, 1907, 1919, 1929)- que liquidó las pequeñas empresas y trajo frío, hambre y muerte a los trabajadores, mientras que las fortunas de los Astor, los Vanderbilt, los Rockefeller, y los Morgan seguían creciendo, hubiera paz o guerra, crisis o recuperación. Durante la crisis de 1873, Carnegie se ocupó de hacerse con el mercado siderúrgico, y Rockefeller borró del mapa a sus competidores petrolíferos.

"Depresión laboral en Brooklyn" rezaba el titular del *Herald* de Nueva York en noviembre de 1873. Incluía una lista de las empresas que cerraban y los despidos: una fábrica de faldas de ante, una fábrica de marcos, una cristalería, una acería. Respecto a los gremios de trabajo femenino hablaba de las sombrereras, las costureras, y las zapateras.

La depresión continuó a lo largo de la década de 1870-80. Durante los tres primeros meses de 1874, noventa mil trabajadores -casi la mitad de ellos mujeres- tuvieron que dormir en las comisarías de policía de Nueva York. En todo el país, la gente era desalojada de sus casas. Muchos vagaban por las

---

16. Espaldas verdes.

ciudades en busca de comida. Trabajadores desesperados intentaban ir a Europa o a América del Sur. En 1878, el barco *SS Metropolis,* lleno a rebosar de trabajadores, zarpó de los Estados Unidos rumbo a América del Sur. Se hundió sin que hubieran supervivientes.

Se realizaron grandes mítines y manifestaciones de parados en todo el país. Se establecieron comités de parados. A finales de 1873 hubo una concentración en el Instituto Cooper de Nueva York que congregó grandes multitudes que inundaron las calles. La concentración pedía que antes de formalizar los proyectos de ley, éstos fueran aprobados con el sufragio público; que ningún individuo pudiera acumular más de $30.000; y también, una jornada laboral de ocho horas.

En Chicago veinte mil parados se manifestaron por las calles hasta el ayuntamiento pidiendo "pan para los necesitados, ropa para los desnudos, y casa para las personas sin hogar". Este tipo de acciones desembocaron en ayudas para unas diez mil familias.

En enero del año 1874 hubo una gran manifestación de trabajadores en Nueva York. La policía impidió que se acercaran al ayuntamiento, y se desviaron hacia la plaza Tompkins, donde la policía avisó a los congregados de que ahí no se podía realizar un mitin. No se disolvieron, y la policía cargó. Un periódico dio el siguiente informe:

> *Las porras de la policía repartieron mucha leña. Salieron corriendo mujeres y niños en todas las direcciones. Muchos fueron pisoteados en la estampida que hubo por llegar a las puertas. En la calle, la policía embistió y apaleó sin piedad a los curiosos.*

Era una época en la que los empresarios utilizaban a los recién inmigrados -que necesitaban trabajar desesperadamente y usaban un lenguaje y una cultura diferentes a los de los huelguistas- para romper las huelgas. En 1874 se importaron italianos a las minas de carbón bituminoso de Pittsburgh para sustituir a los mineros en huelga. Este hecho desembocó en la muerte de tres italianos y en unos juicios en los que los miembros del jurado de la comunidad exoneraron a los huelguistas, provocando así el enfrentamiento entre los italianos y los trabajadores organizados.

El año del centenario de 1876, que marcaba los cien años de la Declaración de Independencia, estuvo cargado de nuevas declaraciones. Los blancos y los negros expresaron, por separado, su desilusión. Una

"Declaración Negra de Independencia" denunció al partido Republicano, que antes había merecido su confianza para obtener la plena libertad, y propuso entre los votantes de color la acción política independiente. El partido de los Trabajadores, en una celebración del 4 de julio organizada por los socialistas alemanes en Chicago, decía en su Declaración de Independencia:

El sistema actual ha permitido que los capitalistas hagan leyes en su propio interés, leyes que lesionan y oprimen a los trabajadores.

Ha convertido la palabra "Democracia", por la cual nuestros antepasados lucharon y murieron, en una caricatura al dar a los propietarios una cantidad desproporcionada de representación y control en el Parlamento.

Ha permitido que los capitalistas... se aseguren la ayuda gubernamental, incentivos en forma de subvenciones en el interior y préstamos de dinero para los intereses de las corporaciones ferroviarias, quienes, con el monopolio de los medios de transporte, pueden engañar tanto al productor como al consumidor...

Ha presentado al mundo el absurdo espectáculo de una terrible guerra civil por la abolición de la esclavitud negra al tiempo que la mayoría de la población blanca -la que ha creado la riqueza de la nación- se ve obligada a sufrir una esclavitud mucho más hiriente y humillante...

Por lo tanto, los representantes de los trabajadores de Chicago, reunidos en una concentración multitudinaria, solemnemente hacemos público y declaramos...

Que nos desvinculamos de toda lealtad hacia los partidos políticos existentes de este país, y que, como trabajadores libres e independientes, procuraremos adquirir plenos poderes para establecer nuestras propias leyes, organizar nuestra propia producción, y gobernarnos nosotros mismos.

En 1877, el país estaba en lo más profundo de la depresión. Ese verano, en las calurosas ciudades donde las familias pobres vivían en sótanos y bebían aguas contaminadas, los niños enfermaron en gran número. El *New York Times* dijo: "*...ya se empieza a oir el gemido de los niños moribundos... Pronto, si nos hemos de guiar por experiencias pasadas, habrá miles de muertes infantiles cada semana en la ciudad*". Esa primera semana de julio, en Baltimore -ciudad donde las aguas fecales discurrían por las calles- murieron 139 bebés.

Ese año, hubo una serie de dramáticas huelgas de los trabajadores ferroviarios en una docena de ciudades que sacudieron a la nación como no lo había hecho ningún conflicto laboral en la historia.

Empezó con recortes salariales en las diferentes compañías ferroviarias, lo que creó tensas situaciones, pues los sueldos ya eran bajos ($1.75 al día para los guardafrenos que trabajaban doce horas). Había maniobras sucias y un excesivo mercantilismo por parte de las compañías ferroviarias, abundaban las muertes y las bajas entre los trabajadores, con pérdida de manos, pies, dedos, el aplastamiento de hombres entre vagones etc.

En la estación de Baltimore & Ohio en Martinsburg, Virginia Occidental, los trabajadores tomaron la determinación de luchar contra el recorte salarial y fueron a la huelga, desconectaron las máquinas y las metieron en el depósito. Anunciaron que no saldrían más trenes de Martinsburg si no se suspendía el recorte del 10%.

En poco tiempo, se agolpaban en la estación de Martinsburg seiscientos trenes de mercancías. El gobernador de Virginia Occidental solicitó al recién elegido presidente Rutherford Hayes el envío de tropas federales. Pero gran parte del ejército estadounidense estaba ocupado en las batallas con los indios en el oeste y el Congreso todavía no tenía dispuesta una partida de dinero para el ejército. Así que J.P. Morgan, August Belmont y otros banqueros ofrecieron un préstamo de dinero para pagar a los oficiales (no a la tropa). Las tropas federales llegaron a Martinsburg, y los trenes de mercancías empezaron a rodar.

En Baltimore, una multitud de millares de simpatizantes de los huelguistas ferroviarios rodearon el polvorín de la Guardia Nacional. Echaron piedras, y los soldados salieron disparando. Las calles se convirtieron en el escenario de una cruenta batalla sin cuartel. Al caer la noche, había diez muertos, entre hombres y chicos, más heridos graves, y un soldado herido. La mitad de los 120 soldados desertaron y el resto fue al depósito ferroviario, en donde una multitud de doscientos manifestantes rompió la máquina de un tren de pasajeros, arrancó las vías, y se enfrentó de nuevo a la milicia en una batalla campal.

Entonces rodearon el depósito quince mil personas, y pronto empezaron a arder tres vagones de pasajeros, un anden de la estación y una locomotora. El gobernador pidió tropas federales, y Hayes accedió. Llegaron quinientas tropas y Baltimore se calmó de nuevo.

La rebelión de los ferroviarios empezó a extenderse. Joseph Dacus, entonces director del *Republican* de Saint Louis, escribió lo siguiente:

Las huelgas ocurrían casi cada hora. El gran Estado de Pennsylvania estaba todo alborotado; Nueva Jersey estaba preso de un miedo paralizante; Nueva York estaba reuniendo un ejército de milicianos; Ohio se veía sacudido desde el Lago Erie hasta el río Ohio; Indiana permanecía en un estado de terrible suspense. Illinois, y especialmente su gran metrópolis, Chicago, parecía colgar en el borde de un precipicio de confusión y alboroto. Saint Louis ya había sentido el efecto de las primeras sacudidas de la revuelta...

La huelga se extendió a Pittsburgh y a los ferrocarriles de Pennsylvania. Los directivos ferroviarios y las autoridades locales decidieron que la milicia de Pittsburgh no debía matar a sus conciudadanos, y exigieron que se llamara a las tropas de Filadelfia. Para entonces ya había parados en Pittsburgh dos mil vagones. Las tropas de Filadelfia llegaron y empezaron a despejar la vía. Volaron piedras. Hubo intercambio de fuego entre la multitud y las tropas. Murieron al menos diez personas, todos obreros, la mayoría de ellos no ferroviarios.

Ahora se levantó enfurecida toda la ciudad. Una multitud rodeó a las tropas, que se metieron en un depósito de locomotoras. Se incendiaron los coches de la compañía ferroviaria, edificios y, finalmente, el mismo depósito de locomotoras. Las tropas salieron para ponerse a salvo. Hubo más tiros, se incendió el Depósito de la Unión, y miles de personas saquearon los vagones de mercancías. Quemaron un enorme granero y una pequeña porción de la ciudad. En pocos días, habían muerto veinticuatro personas (entre ellos, cuatro soldados). Se habían quemado completamente setenta y nueve edificios. En Pittsburgh, se estaba preparando algo parecido a una huelga general, con la participación de los trabajadores de las plantas siderúrgicas y de las fábricas de vagones, los mineros, los jornaleros y los empleados de los altos hornos de Carnegie.

El cuerpo entero de la Guardia Nacional de Pennsylvania -nueve mil hombres- se había movilizado. Pero muchas de las empresas habían quedado paralizadas porque los huelguistas de otras ciudades retenían el tráfico. En Lebanon (Pennsylvania), una compañía de la Guardia Nacional se amotinó y desfiló por una ciudad alborotada. En Altoona, las tropas fueron rodeadas por los alborotadores e inmovilizadas mediante el sabotaje de las máquinas. Se rindieron, entregaron las armas y confraternizaron con la multitud. Luego se les permitió volver a casa al son de los cánticos de un cuarteto integrado en una compañía miliciana compuesta enteramente por negros.

En Reading, Pennsylvania, la compañía ferroviaria llevaba dos meses de retraso en el pago de los sueldos, y se manifestaron dos mil personas. Unos hombres que habían ennegrecido sus caras con polvo de carbón procedieron a arrancar las vías de forma sistemática, inutilizando las agujas, haciendo descarrilar los vagones e incendiando los furgones y un puente ferroviario.

Llegó una compañía de la Guardia Nacional. La multitud les echó piedras y disparó armas de fuego. Las tropas dispararon sobre la multitud, matando a seis hombres. La multitud se enfureció aún más, haciéndose cada vez más amenazadora su actitud. Un contingente de tropas anunció que no dispararía, y un soldado afirmó que preferiría disparar sobre el presidente de la compañía de Carbones & Hierros de Filadelfia & Reading.

Mientras tanto, los líderes de las grandes hermandades de ferroviarios, de la Orden de los Conductores de Trenes, de la Hermandad de Maquinistas y de la Hermandad de Ingenieros, desconvocaron la huelga. En la prensa se hablaba de *"ideas comunistoides*[17]*... ampliamente apoyadas... por los trabajadores empleados en las minas y las fábricas y los ferrocarriles"*.

En Chicago había un partido de Trabajadores, con varios miles de afiliados. Estaba vinculado a la Primera Internacional en Europa. La mayoría de sus miembros eran inmigrantes de Alemania y Bohemia. En medio de las huelgas de ferroviarios, durante el verano de 1877, el partido convocó una concentración y se juntaron seis mil personas para pedir la nacionalización de los ferrocarriles. Albert Parsons pronunció un discurso apasionado. Parsons era natural de Alabama, había luchado con la Confederación en la Guerra Civil y estaba casado con una mujer de piel morena de sangre española e india, trabajaba de cajista en un periódico, y era uno de los mejores oradores de habla inglesa en las filas del partido de los Trabajadores.

Al día siguiente, una multitud de jóvenes -sin ninguna vinculación especial con la concentración de la víspera- se desplazó por los depósitos ferroviarios, obstaculizando a los trenes de mercancías. Se acercó a las fábricas, llamando a la huelga a los trabajadores de las plantas siderúrgicas, a los trabajadores de los almacenes y a los miembros de las tripulaciones de los barcos que operaban en el Lago Michigan. Cerraron las fábricas de ladrillos y los aserraderos. Ese mismo día, Albert Parsons fue despedido de su trabajo en el *Times* de Chicago, y su nombre fue inscrito en la lista negra empresarial.

La policía atacó a la multitud y la prensa informó así: *"De entrada, el sonido que hacían las porras al caer sobre las cabezas resultaba terrible, hasta*

---

17. *Communistic ideas.*

que uno se acostumbraba. Parecía que caía un manifestante a cada garrotazo, porque el suelo estaba lleno de cuerpos". A los guardias nacionales y a los veteranos de la Guerra Civil se les unieron dos compañías de infantería de los Estados Unidos. La policía disparó sobre la masa que se les echaba encima, y hubo tres muertos.

Al día siguiente, cinco mil personas armadas lucharon contra la policía, que disparó repetidas veces. Cuando todo hubo acabado, se contaron los muertos: había, como ya era habitual, trabajadores y chavales, dieciocho en total, con sus cabezas reventadas a porrazos y sus órganos vitales atravesados por los tiros.

La única ciudad en la que el partido de los Trabajadores estuvo claramente al frente de la rebelión fue Saint Louis, una ciudad de fábricas harineras, fundiciones, casas de embalaje, tiendas de maquinaria, plantas cerveceras y ferrocarriles. Aquí, como en otras partes, hubo recortes salariales en los ferrocarriles. En Saint Louis había unos mil militantes del partido de los Trabajadores, muchos de ellos panaderos, toneleros, ebanistas, fabricantes de cigarros y cerveceros. El partido estaba organizado en cuatro secciones, por nacionalidades: alemanes, ingleses, franceses y bohemios.

Las cuatro secciones cruzaron el Mississippi en el transbordador para participar en un mítin multitudinario de ferroviarios en la parte oriental de Saint Louis. Los ferroviarios de la parte oriental de Saint Louis se declararon en huelga. El alcalde de Saint Louis oriental era inmigrante europeo, y de joven había sido un revolucionario. Los votos de los ferroviarios eran mayoritarios en la ciudad.

En el mismo Saint Louis, el partido de los Trabajadores convocó una concentración a la cual acudieron cinco mil personas. Pidieron la nacionalización de los ferrocarriles, de las minas y de toda la industria.

En uno de estos mítines habló un negro en favor de los que trabajaban en los vapores y en los diques. Preguntó: "¿Os solidarizaréis con nosotros sin tener en cuenta el color de nuestra piel?" La multitud respondió con el grito: "¡Sí!"

Al poco rato circulaban panfletos que llamaban a la huelga general en toda la ciudad. Hubo una manifestación por el río de cuatrocientos hombres de color, trabajadores de los vapores y del puerto, y seiscientos obreros de las fábricas portaron una pancarta que rezaba: "¡Monopolios no! ¡Derechos de los obreros sí!" Una gran manifestación cruzó la ciudad y acabó con una concentración de diez mil personas que escucharon las palabras de los líderes comunistas.

En Nueva York, miles de personas se juntaron en la plaza Tompkins. El tono del mítin era moderado, y se hablaba de "una revolución política a través de las urnas". "Si os unís, puede que en cinco años tengamos una república socialista..." Fue un mítin pacífico. Al acabar, las últimas palabras pronunciadas desde la presidencia fueron: *"A nosotros los pobres nos faltan muchas cosas, pero sí tenemos el derecho a la libertad de expresión, y nadie nos lo puede arrebatar"*. Acto seguido, la policía atacó con sus porras.

En Saint Louis, como en otros lugares, la dinámica popular, los mítines y el entusiasmo no pudieron sostenerse mucho tiempo. A medida que iban disminuyendo, se instalaban la policía, la milicia o las tropas federales y arrestaban a los líderes huelguistas para despedirlos de sus trabajos en el ferrocarril.

Al acabar las grandes huelgas ferroviarias de 1877, habían dejado un balance de cien muertos, mil encarcelados y 100.000 huelguistas. Además, las huelgas habían provocado el activismo de incontables parados en las ciudades. En el momento más álgido de las huelgas, estaban paralizadas más de la mitad de las mercancías acumuladas en las 75.000 millas del ferrocarril nacional.

Las compañías ferroviarias hicieron algunas concesiones y retiraron algunos recortes salariales, pero también reforzaron a su cuerpo de "policía del carbón y del acero". En algunas grandes ciudades se construyeron polvorines para la Guardia Nacional, con aspilleras para disparar las armas.

En 1877, el mismo año en que los negros vieron que no tenían la suficiente fuerza como para hacer cumplir la promesa de igualdad que se les había hecho en la Guerra Civil, los trabajadores vieron que no estaban lo suficientemente unidos, que no eran lo suficientemente fuertes como para vencer a la coalición entre capital privado y poder gubernamental. Pero todavía tenían que ocurrir más cosas.

Capítulo 11

LOS BARONES LADRONES Y LOS REBELDES

El año 1877 marcó la pauta para el resto del siglo: pondrían a los negros en su sitio; no se tolerarían las huelgas de trabajadores blancos; las élites industriales y políticas del Norte y del Sur se harían con el control del país y organizarían el mayor ritmo de crecimiento económico de la historia de la humanidad. Y lo harían con la ayuda -y a expensas- de los trabajadores negros, blancos y chinos, de los inmigrantes europeos, y del trabajo de las mujeres. Les recompensarían de forma diferente según su raza, sexo, nacionalidad y clase social, de tal forma que crearían diferentes niveles de opresión -un hábil escalonamiento para estabilizar la pirámide de la riqueza.

En la época comprendida entre la Guerra Civil y 1900, el vapor y la electricidad sustituyeron al trabajo del hombre; el hierro sustituyó a la madera y el acero sustituyó al hierro (antes de la invención del proceso Bessemer, fabricaban acero a partir del hierro a un ritmo de producción de 3 a 5 toneladas diarias. Con dicho proceso, se podía obtener la misma cantidad de acero en 15 minutos). En esta época, las máquinas podían accionar herramientas de acero y el aceite podía lubricar las máquinas e iluminar los hogares, las calles y las fábricas. Las personas y las mercancías podían desplazarse en ferrocarriles propulsados a vapor por railes de acero. En 1900, había ya 193.000 millas de vía férrea. El teléfono, la máquina de escribir y la calculadora aceleraron el ritmo de los negocios.

Las máquinas transformaron la agricultura. Antes de la Guerra Civil de 1861, producir un acre de trigo costaba 61 horas de trabajo. En 1900, tan sólo costaba 3 horas y 19 minutos. El hielo industrial hacía posible el transporte de alimentos en distancias largas. Había nacido la industria de la carne envasada.

En las fábricas textiles, el vapor accionaba los husos y las máquinas de coser. El vapor procedía del carbón y ahora las taladradoras neumáticas que buscaban el carbón perforaban la tierra a mayor profundidad. En 1860 se extrajeron 14 millones de toneladas de carbón, y en 1884 ya se extraían 100 millones de toneladas. A más carbón, más acero, porque los hornos de carbón convertían el hierro en acero. En 1880, la producción de acero ascendía a 1 millón de toneladas. En 1910 ya se había pasado a 25 millones de toneladas. Para entonces, la electricidad comenzaba a reemplazar al vapor. Los cables eléctricos requerían cobre, y si en 1880 se produjeron 30.000 toneladas, en 1910 ya se producían 500.000.

Para lograr todo esto se requerían ingeniosos inventores de nuevos procesos y nuevas máquinas, gerentes y administradores preparados para las nuevas corporaciones, un país rico en tierra y minerales y una enorme cantidad de seres humanos para realizar el trabajo, que era matador, poco higiénico y peligroso. Llegaron inmigrantes de Europa y de China, que sirvieron como nueva mano de obra, mientras los granjeros, que no podían comprar la nueva maquinaria ni pagar la tarifa de los nuevos ferrocarriles, se trasladaban a las ciudades. Entre 1860 y 1914, Nueva York creció de 850.000 a 4 millones de habitantes; Chicago de 110.000 a 2 millones y Filadelfia de 650.000 a 1 millón y medio de habitantes.

En algunos casos, el propio inventor pasaba a organizar negocios. Sería el caso de Thomas Edison, inventor de aparatos eléctricos. En otros casos, el hombre de negocios combinaba los inventos de otras personas. Es el caso de Gustavus Swift, un carnicero de Chicago que se sirvió del vagón de ferrocarril refrigerado y del almacén refrigerado para crear, en 1885, la primera compañía nacional de empaquetado de carne. James Duke utilizó una nueva máquina para liar cigarrillos -que podía enrollar, pegar y cortar cilindros de tabaco- para producir 100.000 cigarrillos diarios. En 1890, fusionó a los cuatro mayores productores de cigarrillos y fundó la Compañía de Tabaco Americana.

Aunque algunos multimillonarios empezaron de cero, en la inmensa mayoría de los casos no era así. Un estudio sobre los orígenes de 303 ejecutivos de las industrias textil, ferroviaria y siderúrgica -en la década de 1870- mostraba que el 90% procedía de familias de clase media o alta. Historias como las descritas en el libro "De los harapos a la riqueza", de Horatio Alger, eran ciertas en algunos casos, pero por lo general eran un mito -un mito útil para ejercer el control.

La mayoría de las fortunas se amasaban legalmente, con la colaboración del gobierno y de los tribunales. A veces había que pagar por dicha colaboración. Thomas Edison prometió a varios políticos de Nueva Jersey 1.000 dólares para cada uno a cambio de una legislación favorable. Daniel Drew y Jay Gould gastaron un millón de dólares en sobornar a la legislatura de Nueva York para que legalizase su emisión de "acciones infladas" (que no representan su valor real) de la Compañía de Ferrocarril Erie.

La primera línea de ferrocarril transcontinental -resultado de la unión de las líneas de ferrocarril de la Union Pacific y la Central Pacific- se construyó a costa de sangre, sudor, politiqueo y estafas. La Central Pacific partió de la costa oeste hacia el este; gastó en Washington 200.000 dólares en sobornos para conseguir 9 millones de acres de terreno sin construir y 24 millones de dólares en bonos, y pagó 79 millones de dólares -36 millones más de la cuenta- a una compañía constructora que de hecho era suya. La construcción se hizo con tres mil irlandeses y diez mil chinos, que durante cuatro años trabajaron por uno o dos dólares diarios.

La Union Pacific partió de Nebraska en dirección al oeste. Le habían asignado 12 millones de acres de terreno sin edificar y 27 millones de dólares en bonos del gobierno. Fundó la compañía Credit Mobilier, a quien entregó 94 millones de dólares para su construcción, cuando el coste real era de 44 millones. Para evitar una investigación, vendieron acciones a bajo precio a unos congresistas, a propuesta del congresista de Massachusetts, Oakes Ames, fabricante de excavadoras y director de Credit Mobilier, que dijo: *"No hay ninguna dificultad en hacer que unos hombres cuiden de su propia propiedad"*. La Union Pacific empleó 20.000 trabajadores -veteranos de guerra e inmigrantes irlandeses, que instalaban 5 millas de vía férrea al día y morían a centenares por el calor, el frío y las batallas contra los indios, que se oponían a la invasión de su territorio.

Ambas compañías de ferrocarril utilizaban rutas más largas y zigzageantes para obtener subsidios de las ciudades por las que pasaban. En 1869, entre música y discursos, las dos serpenteantes líneas se encontraron en Utah.

El tremendo fraude de los ferrocarriles llevó a un mayor control de las finanzas ferroviarias por parte de los banqueros, que querían una mayor estabilidad. Para la década de 1890, la mayor parte del recorrido ferroviario del país se concentraba en seis enormes sistemas. De estos seis, cuatro eran controlados, total o parcialmente, por los banqueros Kuhn, Loeb y compañía.

Esta interesante historia de perspicacia financiera tuvo su coste en vidas humanas. En el año 1889, los archivos de la Interstate Commerce Commission (Comisión de Comercio Interestatal) mostraban que habían resultado muertos o heridos 22.000 trabajadores del ferrocarril.

J.P. Morgan había comenzado su carrera profesional antes de la guerra. Era hijo de un banquero que comenzó vendiendo acciones del ferrocarril a cambio de buenas comisiones. Durante la Guerra Civil, compró a un arsenal del ejército cinco mil rifles por 3,50 dólares cada uno y los vendió a un general en el campo de batalla a 22 dólares cada uno. Los rifles estaban defectuosos y arrancaban de cuajo los pulgares de los soldados que los disparaban. Un comité del Congreso anotó ésto con letra pequeña y en un oscuro informe, pero un juez federal apoyó el trato, considerándolo como el cumplimiento de un contrato legal válido.

Morgan se había librado del servicio militar durante la Guerra Civil, pagando 300 dólares a un sustituto. Lo mismo hicieron John D. Rockefeller, Andrew Carnegie, Philip Armour, Jay Gould y James Mellon. El padre de Mellon le escribió a su hijo diciendo: "*Un hombre puede ser un patriota sin arriesgar su propia vida o sin sacrificar su salud. Hay montones de vidas menos valiosas*".

Mientras amasaba su fortuna, Morgan aportó racionalidad y gestión a la economía nacional. Mantuvo estable al Sistema. "*No queremos convulsiones financieras -dijo- y tener un día una cosa y otro día otra cosa*". Vinculó a unos ferrocarriles con otros, a todos ellos con los bancos y a los bancos con las compañías de seguros. En 1900, ya controlaba 100.000 millas de ferrocarril (de las 200.000 que tenía el país).

John D. Rockefeller empezó como contable en Cleveland; se hizo comerciante y acumuló dinero. Estaba convencido de que, en la nueva industria petrolífera, quien controlaba las refinerías de petróleo, dominaba la industria. Compró su primera refinería de petróleo en 1862 y, para el año 1870, fundó la compañía Standard Oil de Ohio y pactó acuerdos secretos con algunos ferrocarriles para que transportaran su petróleo si le hacían descuentos. De esta forma, eliminó a sus competidores .

El dueño de una refinería independiente dijo: "*Si no liquidábamos nuestra mercancía, nos aplastaban. Sólo había un comprador en el mercado y teníamos que vender según sus condiciones*".

Andrew Carnegie era, a los 17 años, un empleado de telégrafos. Después pasó a ser secretario del director de la Compañía de Ferrocarril de Pennsylvania y más tarde, fue agente de la bolsa en Wall Street, donde vendía acciones del ferrocarril a cambio de enormes comisiones. Pronto se convirtió en un millonario. En 1872 fue a Londres, vio el método Bessemer para la producción de acero y volvió a Estados Unidos para construir una acería de un millón de dólares. Mediante un enorme arancel, establecido convenientemente por el Congreso, mantuvieron a raya a la competencia extranjera. En 1900, Carnegie ganaba ya 40 millones de dólares anuales. Ese mismo año, estando en un banquete, acordó vender su acería a J.P. Morgan. Carnegie garabateó el precio en un papel: 492 millones de dólares.

Más tarde, Morgan formó la U.S. Steel Corporation (Corporación de Acero Norteamericana), fusionando la corporación de Carnegie con otras corporaciones. Por llevar a cabo la consolidación cobró unos honorarios de 150 millones. ¿Cómo podían pagar dividendos a todos aquellos accionistas y obligacionistas? Asegurándose de que el Congreso aprobaba aranceles que mantuvieran fuera de juego al acero extranjero; liquidando a la competencia, manteniendo el precio de la tonelada a 28 dólares y haciendo trabajar 12 horas diarias a 200.000 hombres por salarios que apenas podían mantener con vida a sus familias.

Y así ocurrió, en una industria tras otra: astutos y eficientes hombres de negocios construían imperios asfixiando a la competencia, manteniendo los precios altos, los salarios bajos y utilizando subsidios del gobierno. Estas industrias fueron las primeras beneficiarias del llamado "Estado del Bienestar". A finales de siglo, la empresa Americana de Teléfonos y Telégrafos tenía el monopolio del sistema telefónico nacional; International Harvester fabricaba el 85% de toda la maquinaria agrícola y en todas las demás industrias, se concentraron y dominaron los recursos.

Los bancos tenían intereses en tantos de estos monopolios, que crearon una red de conexiones entre los poderosos directores de las corporaciones, cada uno de los cuales pertenecía a la junta directiva de muchas otras corporaciones. Según un informe del Senado de comienzos del siglo XX, Morgan -en la cúspide de su carrera profesional- pertenecía a las juntas directivas de 48 corporaciones y Rockefeller, a 37.

Mientras tanto, el gobierno de Estados Unidos se estaba comportando casi igual a como describió Karl Marx que se comportaba un estado capitalista: simulando neutralidad para mantener el orden, pero sirviendo a los intereses de los ricos. No es que los ricos estuviesen de acuerdo entre ellos; tenían disputas sobre las distintas políticas a seguir. Pero el propósito del Estado era apaciguar las disputas de la clase alta, controlar la rebelión de la clase baja y adoptar políticas que favorecieran una amplia estabilidad del Sistema. El acuerdo entre demócratas y republicanos para elegir a Rutherford Hayes en 1877 marcó la pauta. Ganasen los demócratas o los republicanos, la política nacional ya no volvería a sufrir cambios significativos.

Cuando el demócrata Grover Cleveland se presentó para presidente en 1884, la impresión general del país era que se oponía al poder de los monopolios y de las corporaciones, y que el partido Republicano -cuyo candidato era James Blaine- estaba de parte de los ricos. Pero cuando Cleveland derrotó a Blaine, Jay Gould le telegrafió: *"Pienso que los grandes intereses financieros del país estarán enteramente a salvo en sus manos"*. Y no se equivocaba. El propio Cleveland aseguró a los industriales que no debían asustarse por el hecho de que hubiese salido elegido: *"Mientras yo sea presidente, la política administrativa no dañará ningún interés financiero. La transferencia del control ejecutivo de un partido a otro no implica ninguna perturbación seria de las condiciones existentes"*.

Las mismas elecciones presidenciales habían evitado tocar cuestiones relevantes. Tomaron la forma habitual de las campañas electorales, ocultando la esencial similitud de los partidos y centrándose en personalidades, chismorreos y trivialidades. Un perspicaz comentarista literario de la época, Henry Adams, escribió a un amigo sobre las elecciones:

> *Aquí estamos sumergidos en una política divertidísima. Están en juego cuestiones muy importantes, pero lo gracioso es que nadie habla sobre esos temas relevantes. De común acuerdo, se dejan de lado. En vez de tratarlos, la prensa se ocupa de una controversia de lo más divertida en torno a si el Sr. Cleveland tuvo un hijo ilegítimo y si vivía o no con más de una amante.*

En 1887, y aún disponiendo de un enorme superávit en el Tesoro, Cleveland vetó un proyecto de ley que asignaba 100.000 dólares a los granjeros tejanos para auxiliarles y ayudarles a comprar simiente durante una sequía. Cleveland dijo: *"En tales casos, la ayuda federal alienta el que se espere ayuda paternal por parte del Gobierno y debilita la firmeza de nuestro carácter nacional"*. Pero ese mismo año, Cleveland utilizó su excedencia de oro para saldar las deudas con ricos obligacionistas, pagándoles 28 dólares más de los 100 que valía cada bono -un regalo de 45 millones de dólares.

La reforma principal de la administración Cleveland revela el secreto de las reformas legislativas en América. Se suponía que la Ley de Comercio Interestatal de 1887 regularía los ferrocarriles en beneficio de los consumidores. Pero Richard Olney -un abogado de la Boston & Maine y otras compañías de ferrocarril, y que pronto pasaría a ser ministro de Justicia de Cleveland- les dijo a los funcionarios ferroviarios que se quejaban de la Comisión de Comercio Interestatal, que no era sensato abolir la Comisión *"desde el punto de vista del ferrocarril"*. Les explicó:

> *La Comisión es, o se puede hacer que sea, de gran ayuda para las compañías de ferrocarril. Satisface el clamor popular que pide que el Gobierno supervise las compañías de ferrocarril y, al mismo tiempo, esa supervisión es casi enteramente nominal. Lo sensato no es destruir la Comisión sino utilizarla.*

El republicano Benjamin Harrison -que sucedió como presidente a Cleveland de 1889 a 1893- había sido abogado para las compañías de ferrocarril y también había encabezado una compañía de soldados durante la huelga de 1877.

El mandato de Harrison también tuvo un gesto hacia la reforma. La Ley Anti-*Trust* de Sherman, aprobada en 1890, ilegalizó la formación de una *"asociación o conspiración"* que restringía el comercio interestatal o exterior. El senador John Sherman, autor de la ley, explicaba la necesidad de reconciliar a los críticos del monopolio: *"Deben hacer caso a su petición o prepararse para los socialistas, los comunistas y los nihilistas. En estos momentos, fuerzas jamás vistas desorientan a la sociedad"*.

Cleveland, reelegido en 1892, se enfrentó a la agitación del país -provocada por el pánico y la depresión de 1893-, utilizando al ejército. Así dispersó al "Ejército de Coxey" -una manifestación de parados que había marchado hasta Washington- y así acabó, al año siguiente, con la huelga nacional de ferrocarriles.

Mientras tanto, el Tribunal Supremo, a pesar de su apariencia de discreta imparcialidad, ponía su granito de arena a favor de la élite gobernante. ¿Cómo iba a ser independiente si sus miembros eran elegidos por el presidente y ratificados por el Senado? ¿Cómo podía ser neutral entre ricos y pobres, si sus miembros solían ser ricos abogados y procedían casi siempre de la clase alta? A comienzos del siglo XIX, el Tribunal había establecido la base legal para una economía nacional regulada estableciendo el control federal sobre el comercio interestatal y sentando la base legal para un capitalismo corporativo, haciendo que el contrato fuera sagrado.

En 1895, el Tribunal interpretó la Ley Sherman de tal manera que la dejaba sin efecto.

Poco después de que la Decimocuarta Enmienda pasara a ser ley, el Tribunal Supremo comenzó a echarla por tierra como una protección para los negros, y a desarrollarla como una protección de las corporaciones. En 1886, el Tribunal suprimió 230 leyes estatales que habían sido aprobadas para regularlas y declaró que las corporaciones eran *"personas"* y que su dinero era propiedad protegida por la *"cláusula del proceso debido"* de la Decimocuarta Enmienda. De los casos concernientes a la Decimocuarta Enmienda que se llevaron al Tribunal Supremo entre 1890 y 1910, diecinueve trataban de los negros y 288 de las corporaciones.

En 1893, el juez del Tribunal Supremo, David J. Brewer, dirigiéndose al colegio de abogados del estado de Nueva York dijo:

> *Es una ley invariable que la riqueza de la comunidad esté en manos de unos pocos.*

Esto no era un mero capricho de las décadas de 1880 y 1890. Se remontaba a los Fundadores de la Constitución, que habían aprendido Derecho en la época de *Blackstone's Commentaries*, que decía: *"Es tan grande la consideración que tiene la ley por la propiedad privada, que no permitirá la menor violación de ésta; no, ni siquiera por el bien común de toda la comunidad"*.

El control, en los tiempos modernos, requiere algo más que la fuerza y la ley. Requiere que a una población peligrosamente concentrada en ciudades y fábricas, y cuyas vidas están llenas de motivos para rebelarse, se le enseñe que todo está bien como está. Así que las escuelas, las iglesias y la literatura popular enseñaban que ser rico era señal de superioridad, que ser pobre era señal de fracaso personal y que la única manera de progresar que tenía una persona pobre era escalar hacia las filas de los ricos, mediante un esfuerzo y una suerte extraordinarios.

A los ricos, que daban parte de sus enormes beneficios a instituciones educativas, se les llamaba filántropos. Rockefeller hacía donaciones a universidades de todo el país y ayudó a fundar la Universidad de Chicago. Huntington, de la Central Pacific, donó dinero a dos universidades para negros, Hampton Institute y Tuskegee Institute. Carnegie dio dinero a universidades y bibliotecas. Un comerciante multimillonario fundó la Universidad Johns Hopkins y millonarios como Cornelius Vanderbilt, Ezra Cornell, James Duke y Leland Stanford fundaron universidades que llevaban sus nombres.

Estas instituciones educativas no alentaban la disidencia: adiestraban a los intermediarios a ser leales al sistema americano -profesores, médicos, abogados, administradores, ingenieros, técnicos y políticos: todos aquellos a quienes pagarían para mantener en marcha el sistema y para amortiguar legalmente los problemas.

Mientras tanto, la difusión de la educación pública hizo posible que toda una generación de trabajadores, cualificados y semicualificados, aprendiese lectura, escritura y aritmética, pasando a ser la mano de obra alfabetizada de la nueva era industrial. Era importante que estas personas aprendiesen obediencia a la autoridad. Un periodista, observador de las escuelas en la década de 1890, escribió: *"Llama la atención el tono severo de la maestra; los alumnos, quietos y silenciosos, están completamente subyugados a su voluntad. El ambiente espiritual de la clase es de desánimo y frialdad"*.

Este estado de cosas continuó en el siglo XX, cuando el libro de William Bagley *Classroom Management* (La gestión en el aula), con treinta ediciones, se convirtió en un texto clásico de formación de profesores. Decía Bagley: *"Aquel que estudia con propiedad la teoría educacional puede observar, en la rutina mecánica del aula, las fuerzas educativas que transforman lentamente al niño, de un pequeño salvaje a una criatura que respeta la ley y el orden, preparado para la vida en una sociedad civilizada"*.

Fue a mediados y finales del siglo diecinueve cuando los institutos se desarrollaron para ayudar al sistema industrial. En los programas escolares se hacía mucho hincapié en la asignatura de historia, para fomentar el patriotismo. Se introdujeron juramentos de lealtad, el certificado de profesor y el requisito de ciudadanía para controlar la calidad, tanto docente como política, de los profesores. También a finales de siglo, se dio el control de los libros de texto a los funcionarios, no a los profesores. Los estados aprobaban leyes que prohibían ciertos tipos de libros de texto. Idaho y Montana, por ejemplo, prohibieron libros de texto que propagaran doctrinas *"políticas"*.

Contra esta enorme organización del conocimiento y de la educación para la ortodoxia y la obediencia, surgieron escritos disidentes y de protesta, que

ITEMS BORROWED:

1:
Title: Latin king : mi vida sangrienta /
Item #: R0321895405
Due Date: 10/25/2012

2:
Title: Amor en directo /
Item #: R0502326164
Due Date: 10/25/2012

3:
Title: La otra historia de los Estados Unido:
Item #: R0175158081
Due Date: 10/25/2012

-Please retain for your records-

ESHEENA

tenían que ir abriéndose camino, lector a lector, con grandes obstáculos.

Henry George, un obrero autodidacta procedente de una familia pobre de Filadelfia que llegó a ser periodista y economista, escribió un libro, publicado en 1879 y del que vendió millones de ejemplares no sólo en Estados Unidos sino en todo el mundo, titulado *Progress and Poverty*. En él afirmaba que la base de la riqueza era la tierra; que ésta se estaba monopolizando y que un sólo impuesto sobre la tierra que aboliese todos los demás produciría ingresos suficientes para solucionar el problema de la pobreza e igualar la riqueza de la nación.

Edward Bellamy, un abogado y escritor del oeste de Massachusetts, desafió de manera diferente al sistema económico y social. Escribió, con un estilo simple e intrigante, una novela titulada *Looking Backward*, en la que el narrador se duerme y despierta en el año 2000 para encontrarse con una sociedad socialista donde la gente trabaja y vive de forma cooperativa. *Looking Backward*, que describe el socialismo de forma vivida y maravillosa, vendió en pocos años un millón de ejemplares, y se organizaron más de cien grupos en todo el país para tratar de hacer realidad esa utopía.

Parecía que, a pesar de los intensos esfuerzos del gobierno, de las empresas, de la Iglesia y de las escuelas para controlar su pensamiento, millones de americanos estaban preparados para criticar duramente al sistema vigente y para considerar otras formas de vida alternativas. Les ayudaron en esta tarea los grandes movimientos obreros y campesinos, que se extendían por todo el país en las décadas de 1880 y 1890. Estos movimientos iban más allá de las huelgas ocasionales y de las luchas de los arrendatarios del período 1830-1877. Eran movimientos de ámbito nacional y resultaban más amenazantes que antes para la élite gobernante, más peligrosamente sugerentes. Era una época en la que las ciudades americanas más importantes contaban con organizaciones revolucionarias y el ambiente bullía con estas ideas.

En las décadas de 1880 y 1890, los inmigrantes europeos entraban a raudales, a un ritmo más rápido que antes. Todos ellos sufrían el angustioso viaje oceánico de los pobres. Ya no se trataba tanto de irlandeses y alemanes como de italianos, judíos y griegos. Eran personas de Europa del sur y del este, más ajenos aún para los anglosajones nativos que los inmigrantes que les precedieron.

La inmigración de estos grupos étnicos diferentes contribuyó a la fragmentación de la clase obrera. Los irlandeses -que todavía recordaban el odio hacia ellos cuando llegaron- comenzaron a conseguir empleos debido a las nuevas maquinaciones políticas de los que necesitaban su voto. Los irlandeses que se hicieron policías se enfrentaron con los nuevos inmigrantes judíos. El 30 de julio de 1902, la comunidad judía de Nueva York celebró un funeral multitudinario en memoria de un importante rabino, y se produjeron una serie de disturbios encabezados por irlandeses -resentidos porque los judíos entraran en su barrio.

Entre los recién llegados había una desesperada competencia económica. En 1880, en California los inmigrantes chinos -que las compañías de ferrocarril habían traído para hacer un trabajo deslomador por unos salarios despreciables- ya ascendían a 75.000, casi la décima parte de la población. Se convirtieron en las víctimas de una violencia continua. El novelista Bret Harte escribió una necrológica para un chino llamado Wan Lee:

> *Muerto, queridos amigos, muerto. Apedreado hasta la muerte en las calles de San Francisco, en el año de gracia de 1869, a manos de una turba de adolescentes y colegiales cristianos.*

El verano de 1885, en Rock Springs (Wyoming), unos blancos atacaron a quinientos mineros chinos, asesinando a veintiocho a sangre fría.

Se desarrolló un tráfico de trabajadores infantiles inmigrantes, ya fuera mediante un contrato con unos padres desesperados en su país de origen, o bien mediante secuestro. Unos "padrones" supervisaban a los niños como durante la esclavitud y a veces los mandaban a trabajar de músicos mendigos. Cientos de estos niños vagaban por las calles de Nueva York y Filadelfia.

Cuando los inmigrantes llegaron a ser ciudadanos naturalizados, se les metió en el sistema americano del bipartidismo, y se les pidió que fuesen leales a uno u otro partido, de forma que su energía política se encauzaba en las elecciones. En noviembre de 1894, un artículo en *L'Italia* exhortaba a los italianos a apoyar al partido Republicano. Los líderes irlandeses y judíos apoyaban a los demócratas.

En la década de 1880, hubo 5 millones y medio de inmigrantes; en la década de 1890, 4 millones, lo que producía un excedente laboral que mantenía los salarios bajos. Los inmigrantes estaban más desvalidos que los trabajadores del país, y eran controlados mejor; se encontraban desplazados culturalmente, enemistados los unos con los otros y, por tanto, eran útiles como esquiroles. Sus hijos a menudo trabajaban, intensificando el problema del desempleo y de una mano de obra demasiado numerosa; en 1880, había 1.118.000 niños menores de dieciséis años trabajando en Estados Unidos (uno de cada seis niños).

Las mujeres inmigrantes se hacían sirvientas, prostitutas, amas de casa, obreras en fábricas y a veces rebeldes.

En 1884, las asambleas de trabajadoras textiles y de fabricantes de sombreros se declararon en huelga. Al año siguiente, en Nueva York, los fabricantes de capas y camisas, tanto hombres como mujeres (que mantenían mítines separados pero actuaban juntos) fueron a la huelga. El diario *World* de Nueva York lo llamó *"una revuelta por las habichuelas"*. Consiguieron mejores salarios y menos horas de trabajo. En Yonkers, ese mismo invierno, varias tejedoras de alfombras fueron despedidas por afiliarse a la Knights of Labor (la Orden del Trabajo) y, en aquel frío febrero, 2.500 mujeres se declararon en huelga y formaron una línea de piquetes alrededor de la fábrica. La policía atacó la línea de piquetes y las arrestó, pero un jurado las declaró inocentes. Trabajadores de Nueva York dieron un banquete en su honor, al que asistieron dos mil delegados sindicales provenientes de toda la ciudad. La huelga duró seis meses. Las mujeres consiguieron algunas de sus reivindicaciones y recuperaron sus empleos, aunque sin el reconocimiento de sus sindicatos.

Lo sorprendente en tantas de estas contiendas no era que los huelguistas no consiguieran todo lo que querían, sino que osaran resistirse contra las enormes fuerzas en su contra y no fueran aniquilados.

Quizá lo que estimuló el auge de los movimientos revolucionarios de la época fue el admitir que no bastaba el combate del día a día y que era necesario un cambio fundamental.

En 1883, se celebró en Pittsburgh un congreso anarquista, en el que se redactó un manifiesto:

> *Todas las leyes están dirigidas contra la clase trabajadora. Por tanto, en su lucha contra el sistema vigente, los obreros no han de esperar ayuda de ningún partido capitalista. Deben lograr su liberación por sus propios medios.*

El manifiesto pedía *"igualdad de derechos para todos, sin distinción de sexo o raza"*. Citaba el *Manifiesto Comunista*: *"Trabajadores del mundo entero, ¡uníos! No tenéis nada que perder, excepto vuestras cadenas. ¡Y tenéis todo que ganar!"*

En Chicago, la nueva International Working People's Association (Asociación Obrera Internacional) contaba con cinco mil miembros, publicaba periódicos en cinco idiomas, organizaba manifestaciones multitudinarias y desfiles y, debido a su liderazgo en las huelgas, era una poderosa influencia en los veinticinco sindicatos que constituían el Central Labor Union (Sindicato Central Obrero) de Chicago. Había diferencias teóricas entre todos estos grupos revolucionarios, pero las necesidades prácticas de las luchas obreras -y hubo muchas a mediados de la década de 1880- a menudo conciliaban a los teóricos.

En la primavera de 1886, ya había crecido el movimiento a favor de la jornada de ocho horas. El 1 de mayo, la American Federation of Labor (Federación Laboral Americana), que llevaba funcionando cinco años, exhortaba a las huelgas nacionales en cualquier lugar donde se negaran a la jornada de ocho horas. Terence Powderly, presidente de la Orden del Trabajo, se opuso a la huelga, alegando que había que educar primero tanto a los patrones como a los empleados a esa jornada de ocho horas. Pero las asambleas de la Orden planearon hacer huelga. El presidente de la Brotherhood of Locomotive Engineers (Hermandad de Ingenieros de Ferrocarril), se opuso a la jornada de ocho horas alegando que "*dos horas menos de trabajo significa dos horas más de holgazanear por las esquinas y dos horas más de beber*". Pero los trabajadores del ferrocarril no estaban de acuerdo y apoyaron el movimiento a favor de la jornada de ocho horas.

De esta manera, 350.000 trabajadores de 11.562 establecimientos de todo el país fueron a la huelga. En Detroit, marcharon 11.000 trabajadores en una manifestación que duró ocho horas. En Nueva York, 25.000 trabajadores formaron una procesión de antorchas a lo largo de Broadway. En Chicago, 40.000 trabajadores hicieron huelga y a otros 45.000 se les concedió una jornada más corta para impedir que fuesen a la huelga. En Chicago se pararon todos los ferrocarriles, se paralizaron la mayoría de las industrias y se cerraron los corrales de ganado.

Un *Citizen's Committee* (Comité ciudadano) de hombres de negocios se reunía diariamente para planear la estrategia a seguir en Chicago. Hicieron intervenir a la milicia estatal, la policía estaba preparada y el *Chicago Mail* del 1 de mayo pedía que se vigilase a Albert Parsons y a August Spies, los dirigentes anarquistas de la Asociación Internacional de los Trabajadores: "*Manténganlos vigilados, considérenlos responsables de cualquier problema que ocurra. Si hay algún problema, que sirvan de escarmiento*".

Bajo el liderazgo de Parsons y Spies, el Sindicato Central Obrero, compuesto de veintidós sindicatos, había adoptado, en otoño de 1885, una acalorada resolución:

> *Queda decidido, apelamos urgentemente a la clase asalariada a que se arme, para poder emplear contra sus explotadores el único argumento que puede ser efectivo: la violencia. Y también queda decidido que, a pesar de que esperamos muy poco de la puesta en vigor de la jornada de ocho horas, prometemos firmemente ayudar a nuestros hermanos más remisos en esta lucha de clases con todos nuestros medios y toda la fuerza a nuestra disposición, siempre que continúen mostrando una respuesta clara y firme frente a nuestros opresores comunes, los aristocráticos vagos y explotadores. Nuestro grito de guerra es: "Muerte a los enemigos de la humanidad".*

El 3 de mayo, tuvieron lugar una serie de acontecimientos que pondrían a Parsons y a Spies en exactamente la misma posición que el *Mail* de Chicago había sugerido (*"si surge algún problema, hagan un escarmiento de ellos"*). Ese día, frente al McCormick Harvester Works, donde huelguistas y simpatizantes se peleaban con los esquiroles, la policía disparó a una muchedumbre de huelguistas, que huían del lugar. Hirieron a muchos de ellos y mataron a cuatro. Enfurecido, Spies fue a la imprenta del diario *Arbeiter-Zeitung* e imprimió una circular en inglés y alemán:

> *¡Venganza!*
>
> *¡¡¡Trabajadores, a las armas!!! Durante años, habéis soportado las más abyectas humillaciones; habéis trabajado hasta la muerte; habéis sacrificado a vuestros hijos al señor de la fábrica; en resumen, habéis sido miserables y obedientes esclavos todos estos años: ¿Por qué? ¿Para llenar los cofres de vuestro amo, vago y ladrón, para satisfacer su insaciable avaricia? Cuando ahora les pedís que aminoren vuestra carga, ¡envía a sus policías para que os disparen, para que os maten! ¡Os llamamos a las armas, a las armas!*

Se convocó un mitin en la plaza de Haymarket para la noche del 4 de mayo y se reunieron unas tres mil personas. Fue un mitin tranquilo y, como acechaban nubes tormentosas y se hacía tarde, la muchedumbre se quedó en unos pocos cientos. Apareció un destacamento de 180 policías que avanzaron hasta la plataforma del orador y ordenaron a la muchedumbre que se dispersara. El orador dijo que el mitin casi había concluido. En ese momento explotó una bomba en medio de los policías, hiriendo a sesenta y seis de ellos y de los que más tarde murieron siete. La policía disparó a la multitud, matando a varias personas e hiriendo a doscientas.

Sin tener ninguna prueba sobre quién lanzó la bomba, la policía arrestó en Chicago a ocho dirigentes anarquistas. El *Journal* de Chicago escribió: "*La Justicia debería actuar rápidamente con estos anarquistas arrestados. En este estado, la ley concerniente a cómplices de asesinato es tan clara que sus juicios serán cortos*". La ley de Illinois decía que cualquiera que incitara al asesinato era culpable de ese asesinato. Las únicas pruebas contra esos ocho anarquistas eran sus ideas y sus escritos. Ninguno había estado en Haymarket ese día, excepto Fielden, que estaba hablando cuando explotó la bomba. Un Jurado los declaró culpables y se les sentenció a muerte. Sus apelaciones fueron denegadas. El Tribunal Supremo dijo que no tenía ninguna jurisdicción.

Este hecho provocó una agitación internacional. Se hicieron mítines en Francia, Holanda, Rusia, Italia y España. En Londres, George Bernard Shaw, William Morris y Peter Kropotkin, entre otros, apoyaron un mítin de protesta. Shaw había respondido, con su estilo característico, al rechazo de la apelación por parte de los ocho miembros del Tribunal Supremo de Illinois: "*Si el mundo ha de perder a ocho personas, se puede permitir mejor el perder a los ocho miembros del Tribunal Supremo de Illinois*".

Un año después del juicio, ahorcaron a cuatro de los anarquistas convictos: Albert Parsons, impresor; August Spies, tapicero; Adolph Fischer y George Engel. Louis Lingg, un carpintero de veintiún años, se suicidó en su celda, haciendo que un cartucho de dinamita le explotara en la boca. Tres permanecieron en prisión.

Las ejecuciones conmocionaron a la gente de todo el país. En Chicago, hubo un desfile fúnebre de 25.000 personas.

Mientras que el resultado inmediato fue la supresión del movimiento radical, el efecto a largo plazo fue el de mantener encendida la ira de los trabajadores y el mover a otros a tomar parte en causas revolucionarias, especialmente a los jóvenes de esa generación. Seis mil personas firmaron peticiones al nuevo gobernador de Illinois, John Peter Altgeld -que investigaba los hechos- denunciando lo que había sucedido, y para que indultara a los tres presos restantes. Año tras año, se celebraron por todo el país mítines en memoria de los mártires de Haymarket. Es imposible precisar el número de personas cuyo despertar político se originó por el caso Haymarket, como fue el caso de Emma Goldman y Alexander Berkman, de la siguiente generación, durante largo tiempo partidarios acérrimos de la revolución.

Parte de la energía provocada por el resentimiento a finales de 1886 se encauzó en la campaña electoral para la alcaldía de Nueva York de ese otoño. Los sindicatos fundaron el Independent Labor Party (Partido Laborista Independiente) y propusieron la candidatura de Henry George, el economista radical cuyo libro *Progress and Poverty* había sido leído por decenas de miles de trabajadores.

Los demócratas propusieron a Abram Hewitt, de la industria del hierro, y los republicanos designaron como candidato a Theodore Roosevelt. Tras una campaña de coherción y sobornos, resultó elegido Hewitt, con un 41% de los votos, y George resultó segundo con más votos que Roosevelt, quien quedó tercero, con un 27% de los votos. El diario *World* de Nueva York vio esto como una señal:

> *La clara protesta expresada en los 67.000 votos para Henry George, contra el poder conjunto de ambos partidos políticos, de Wall Street, de los intereses financieros y de la prensa pública, debería ser una señal de aviso para que la comunidad tenga en cuenta las peticiones del Partido Laboral, siempre que éstas sean justas y razonables.*

También se presentaron candidatos laboristas en otras ciudades del país. En Milwaukee salió vencedor un alcalde laborista, al igual que varios delegados locales en Fort Worth, Texas, Eaton, Ohio y Leadville (Colorado).

Parecía que el peso de Haymarket no había aplastado al movimiento laborista. El año 1886 llegó a ser conocido en la época como "el año del gran alzamiento del laborismo". De 1881 a 1885 había habido una media de unas 500 huelgas anuales, que afectaban a unos 150.000 trabajadores cada año. En 1886, hubo más de 1.400 huelgas, en las que estuvieron involucrados 500.000 trabajadores. John Commons, en su libro *History of the Labor Movement in the United States* (Historia del movimiento laborista en Estados Unidos) vio en esos hechos *"los signos de un gran movimiento de la clase no-cualificada, que finalmente se había alzado en rebelión".* El movimiento se asemejaba en todos los aspectos a una guerra social. En cada huelga importante, el laborismo mostraba un odio acérrimo hacia el capital. En todas las acciones de la Orden del Trabajo se manifestaba una amargura extrema hacia el capital y, en aquellos lugares donde los líderes se proponían mantenerse dentro de unos límites, generalmente eran abandonados por sus seguidores. Incluso entre los negros de los estados del sur -donde todas las fuerzas militares, políticas y económicas, con el consentimiento del gobierno nacional, se concentraban en mantenerlos dóciles y trabajadores- había rebeliones esporádicas. En los campos de algodón, los negros trabajaban dispersos, pero en los campos de caña de azúcar el trabajo se hacía en equipo, así que había oportunidades para la acción organizada.

En 1886, la Orden del Trabajo ya se estaba organizando en los campos de caña de azúcar. Los trabajadores negros, que con sus salarios no podían alimentar ni vestir a sus familias -a menudo se les pagaba con vales para comprar en un almacén- pedían un dolar diario. En otoño del año siguiente, cerca de diez mil trabajadores del azúcar -de los que un 90% eran negros y miembros de la Orden- hicieron huelga. Llegó la milicia y empezaron las batallas armadas.

Cuando en la ciudad de Thibodaux se reunieron cientos de huelguistas -a quienes habían desalojado de sus cabañas de la plantación-, cubiertos con harapos, sin un penique y llevando consigo su ropa de cama y sus hijos pequeños-, la violencia estalló. Su negativa a trabajar amenazaba toda la cosecha de azúcar y se declaró la ley marcial. Henry y George Cox, dos hermanos negros líderes de la Orden del Trabajo, fueron arrestados y encerrados; después les sacaron de sus celdas y nunca se volvió a saber de ellos. La noche del 22 de noviembre comenzó el tiroteo; cada bando aseguraba que era el otro el que tenía la culpa. El día siguiente al mediodía, había treinta negros muertos o moribundos y cientos de heridos, por tan sólo dos blancos heridos. En Nueva Orleans, un periódico dirigido a negros escribía:

Dispararon a hombres cojos y a mujeres ciegas; ¡derribaron sin piedad a niños y a ancianos de pelo blanco! Los negros no ofrecieron ninguna resistencia; no pudieron hacerlo, ya que la matanza fue inesperada. Aquellos a quienes no asesinaron se echaron a los bosques y la mayoría encontró refugio en esta ciudad...

Ciudadanos estadounidenses asesinados por una turba dirigida por un juez estatal... A los trabajadores que pedían una mejora de sus salarios ¡se les trató como a perros!

Tampoco les iban bien las cosas a los blancos pobres oriundos del lugar. En el sur, eran granjeros arrendatarios más que terratenientes. En las ciudades sureñas, eran inquilinos y no propietarios. Los suburbios de las ciudades del sur eran de los peores; los blancos pobres vivían como los negros, en sucias calles sin asfaltar, *"a rebosar de basura, barro y porquería"*, según el informe de un comité estatal para la salud.

En 1891, a los mineros de la Compañía Minera de Carbón de Tennessee se les pidió que firmasen un "contrato riguroso", mediante el cual se comprometían a no hacer huelgas, consentían que les pagasen con papel moneda de menos de un dólar y renunciaban al derecho de comprobar el peso del carbón que extraían (les pagaban a peso). Se negaron a firmarlo y fueron desalojados de sus viviendas. Llevaron presidiarios para reemplazarlos.

La noche del 31 de octubre de 1891, un millar de mineros armados se hicieron con el control del área minera, liberaron a quinientos presos e incendiaron las empalizadas en donde los habían encerrado. Las compañías se rindieron, acordaron no usar presidiarios, no exigir el "contrato riguroso" y permitir que los mineros comprobasen el peso del carbón que extraían.

En Tennessee hubo más insurrecciones al año siguiente. Los mineros vencieron a los guardas de la Compañía del Carbón y del Hierro de Tennessee, incendiaron las empalizadas y trasladaron a los presos a Nashville. Otros sindicatos de Tennessee fueron a ayudarles. Un testigo informó a la Federación de Comercios de Chattanooga:

> Toda la región se ha propuesto que los presidiarios deben irse. El lunes, mientras pasaban los mineros, conté 840 rifles... blancos y negros están hombro con hombro.

Ese mismo año, en Nueva Orleans, cuarenta y dos sindicatos locales con más de veinte mil afiliados -blancos en su mayoría pero también algunos negros (había un negro en el comité de huelga)- convocaron una huelga general en la que participaron la mitad de los habitantes de la ciudad. En Nueva Orleans se paralizó el trabajo. Después de tres días -en los que llevaron esquiroles, impusieron la ley marcial y amenazaron con llevar a la milicia- la huelga concluyó con un compromiso. Consiguieron menos horas de trabajo y mejores salarios, pero sin que se reconociera a los sindicatos como intermediarios en las negociaciones.

El año 1892 fue testigo de luchas y huelgas por todo el país: además de la huelga general en Nueva Orleans y de la huelga de los mineros de carbón en Tennessee, hubo una huelga de guardagujas en Buffalo (Nueva York) y una huelga de mineros de cobre en Coeur d'Alene (Idaho). La huelga de Coeur d'Alene se caracterizó porque hubo batallas armadas entre huelguistas y esquiroles, y muchas muertes.

A comienzos de 1892, mientras Carnegie se encontraba en Europa, Henry Clay Frick gestionaba la Acería Carnegie en Homestead (Pennsylvania), justo a las afueras de Pittsburgh. Frick decidió reducir los salarios de los obreros y cerrarles su sindicato. Construyó una verja de 3 millas de longitud y 12 pies de altura alrededor de las fundiciones, rematada con alambre de espino y agujeros para los rifles. Cuando los obreros no aceptaron el recorte salarial, Frick los despidió a todos y contrató los servicios de la agencia de seguridad Pinkerton para proteger a los esquiroles.

La noche del 5 de julio de 1892, cientos de guardias de la agencia Pinkerton montaron en unas barcazas situadas en el río 5 millas al sur de Homestead, y se dirigieron a la fábrica, donde les esperaban diez mil huelguistas y sus simpatizantes. La multitud advirtió a los *pinkertons* que no saliesen de las gabarras. Un huelguista se tumbó en la plancha y, cuando un agente intentó empujarle, disparó, hiriendo al detective en el muslo. Siguió un tiroteo por ambas partes y murieron siete obreros. Los *pinkertons* tuvieron que retroceder a las barcazas. Les atacaron por todos los flancos, les ordenaron que se rindiesen y luego fueron golpeados por una multitud enfurecida. Hubo muertos en ambos lados. Durante los días siguientes, los huelguistas controlaron la zona. El estado pasó a la acción: el gobernador hizo que fuese la milicia, armada con los últimos rifles y armas de la marca Gatling, para proteger a los esquiroles que llegaban.

Los líderes de la huelga fueron acusados de asesinato y otros 160 huelguistas fueron juzgados por otros delitos. Pero los jurados fueron amistosos y los absolvieron a todos. La guerra continuó durante cuatro meses, pero la fábrica estaba produciendo acero con la ayuda de esquiroles, a quienes a menudo llevaban en trenes cerrados con llave, sin informarles de su destino y de que había una huelga. Los huelguistas, que ya no tenían recursos, acordaron volver al trabajo y sus líderes entraron en la lista negra.

En plena huelga de Homestead, un joven anarquista de Nueva York llamado Alexander Berkman -siguiendo un plan preparado por sus amigos anarquistas de Nueva York, incluida su amante Emma Goldman- llegó a Pittsburgh y entró en el despacho de Henry Clay Frick, dispuesto a matarle. Berkman tuvo mala puntería: hirió a Frick y se quedó abrumado. Después, le juzgaron y le declararon culpable de intento de asesinato.

Cumplió catorce años en la penitenciaría del estado. Su libro *Prison Memoirs of an Anarchist* ofrecía una gráfica descripción del intento de asesinato y de sus años en la cárcel, donde cambió de opinión sobre la utilidad de los asesinatos, pero continuó siendo un revolucionario convencido. La autobiografía de Emma Goldman *Living my Life* refleja la ira, la sensación de injusticia y el deseo que creció entre los jóvenes radicales de la época por una nueva clase de vida.

El año 1893 fue testigo de la mayor crisis económica de la historia del país. Tras varias décadas de un crecimiento industrial salvaje, manejos financieros, una especulación incontrolada y ganancias excesivas, todo se vino abajo: quebraron 642 bancos y cerraron 16.000 negocios. De una mano de obra de 15 millones, 3 millones estaban en el paro. Ningún gobierno estatal propuso ayudas, pero las manifestaciones multitudinarias que hubo en todo el país, obligaron a los ayuntamientos a establecer comedores de beneficencia y a dar trabajo a la gente en las calles o en los parques.

En la ciudad de Nueva York, en Union Square, Emma Goldman se dirigió a un enorme mitin de parados y exhortó a aquellos cuyos hijos necesitaban alimentos a ir a las tiendas y coger la comida. Arrestaron a Goldman por "incitar a los disturbios" y la condenaron a dos años de cárcel. Se calculó que en Chicago había unas 200.000 personas en el paro; los suelos y escaleras del ayuntamiento y de la oficina de policía se llenaban cada noche de hombres sin techo que trataban de dormir.

La depresión continuó durante años y provocó una oleada de huelgas por todo el país. La mayor fue la huelga nacional de trabajadores del ferrocarril, en 1894, que comenzó en la compañía Pullman en Illinois, justo en las afueras de Chicago.

El trabajo en el ferrocarril era uno de los oficios más peligrosos de América; cada año morían más de dos mil trabajadores del ferrocarril y resultaban heridos treinta mil. La *Locomotive Firemen's Magazine* (Revista de los fogoneros del ferrocarril) escribía: "*En resumen: los gestores del ferrocarril reducen la fuerza de trabajo y exigen a los trabajadores que desempeñen el doble de funciones, con la consiguiente falta de sueño y descanso. La avaricia de la corporación es la responsable de los accidentes*".

Fue la depresión de 1893 la que impulsó a Eugene Debs a una vida de acción a favor del sindicalismo y el socialismo. Debs había trabajado en los ferrocarriles durante cuatro años hasta la edad de diecinueve, pero dejó el trabajo cuando un amigo suyo murió tras caer bajo una locomotora. Debs leyó el libro *Looking Backward* de Edward Bellamy y le afectó profundamente.

En plena crisis económica de 1893, un pequeño grupo de trabajadores del ferrocarril -en el que estaba Debs- fundó el American Railway Union (Sindicato Americano del Ferrocarril) para unir a todos los empleados del ferrocarril. Dijo Debs:

> *El deseo de toda mi vida ha sido unir a los empleados de ferrocarril, eliminar la aristocracia en el trabajo y organizarles de manera que todos estén en una posición de igualdad.*

Debs quería incluir a todo el mundo, pero quedaron excluidos los negros: en una convención de 1894, la medida constitucional que excluía a los negros fue confirmada en una votación por 112 votos contra 100. Más tarde, Debs pensó que esto pudo haber tenido una importancia crucial en el resultado de la huelga de Pullman, ya que los trabajadores negros no estaban de ánimo como para cooperar con los huelguistas.

En junio de 1894, los trabajadores de la Pullman Palace Car Company fueron a la huelga y recibieron el apoyo inmediato de otros sindicatos del área de Chicago. Los huelguistas de la Pullman pidieron apoyo en una convención del Sindicato Americano del Ferrocarril:

> *Señor presidente y camaradas del Sindicato Americano del Ferrocarril. Hemos hecho huelga en Pullman porque no teníamos ninguna esperanza. Nos afiliamos al Sindicato Americano del Ferrocarril porque nos ofrecía un atisbo de esperanza. Veinte mil almas -hombres, mujeres y niños- están pendientes hoy de esta convención, esforzándose con todas sus fuerzas por vencer el desaliento y vislumbrar ese mensaje del cielo que sólo vosotros podéis darnos en este mundo.*
>
> *Todos debéis saber que la causa inmediata de nuestra huelga fue el despido de dos miembros de nuestro comité de agravios; también hubo cinco reducciones salariales. Pullman, tanto el hombre como la ciudad, es una úlcera en la comunidad. Es dueño de las casas, de las escuelas, de las iglesias de la ciudad a la que diera lo que por aquel entonces era su humilde nombre.*

El Sindicato Americano del Ferrocarril respondió, pidiendo a sus miembros de todo el país que no utilizaran vagones Pullman. Como casi todos los trenes de pasajeros tenían vagones Pullman, eso equivalía a boicotear a todos los trenes -una huelga nacional. Pronto se paralizó todo el tráfico de las veinticuatro líneas de ferrocarril que salían de Chicago. Los trabajadores hacían descarrilar vagones de mercancías, bloquearon las vías, y a los ingenieros que se negaban a cooperar les sacaban de los trenes a empujones.

La General Managers Association (Asociación General de Gestores), que representaba a los dueños de los ferrocarriles, acordó pagar a dos mil sustitutos, a quienes enviaron para reventar la huelga. Pero la huelga continuó.

Entonces, el ministro de Justicia de los Estados Unidos, Richard Olney -un antiguo abogado de los ferrocarriles- consiguió una orden judicial contra el bloqueo de trenes, alegando el motivo legal de que se interfería en el correo federal. Cuando los huelguistas ignoraron la orden, el presidente Cleveland mandó tropas federales a Chicago. El 6 de julio, los huelguistas quemaron cientos de vagones.

Al día siguiente, llegó la milicia estatal y les dieron la orden de abrir fuego. El *Chicago Times* relataba:

> *Dieron la orden de cargar. Desde ese momento, sólo usaron bayonetas. Una docena de hombres de la primera línea de alborotadores recibieron heridas de bayoneta. La policía no estaba dispuesta a ser clemente y, empujando a la multitud contra los alambres de espino, los aporrearon despiadadamente. El terreno donde ocurrió la lucha era como un campo de batalla. Las tropas disparaban a los huelguistas y la policía repartiendo golpes a diestro y siniestro como perros.*

Ese día murieron en Chicago trece personas, hubo cincuenta y tres heridos de gravedad y arrestaron a setecientas. Antes de que concluyera la huelga, habían resultado muertas alrededor de treinta y cuatro personas.

La huelga de Chicago fue aplastada por catorce mil policías, milicianos y soldados. Debs fue arrestado por desacato al tribunal y por violar la orden que decía que no podía hacer ni decir nada para que prosiguiera la huelga. En el juicio, Debs negó que fuera socialista. Pero durante los seis meses que estuvo en la cárcel, estudió el socialismo y habló con presos que eran socialistas. Más tarde escribió: "*Iba a ser bautizado en el socialismo en el fragor del conflicto, en el destello de cada bayoneta y el fogonazo de cada rifle que la lucha de clases había puesto de manifiesto*".

Dos años después de salir de la cárcel, Debs escribió en el *Railway Times*:

> *La cuestión es socialismo contra capitalismo. Yo estoy a favor del socialismo porque estoy a favor de la humanidad. Hemos estado bajo la maldición del reinado del oro demasiado tiempo. El dinero no constituye la base adecuada de la civilización. Ha llegado la hora de regenerar la sociedad: estamos en la víspera de un cambio universal.*

Así, las décadas de los ochenta y de los noventa fueron testigos de explosiones de insurrección laborista, mejor organizadas que las huelgas espontáneas de 1877. Ahora había movimientos revolucionarios que influenciaban a las luchas laboristas e ideas socialistas que influían en sus líderes. Estaban apareciendo escritos radicales que hablaban de cambios fundamentales y de nuevas posibilidades de vida.

En esta misma época, aquellos que trabajaban las tierras -granjeros del norte y del sur, blancos y negros- estaban yendo más allá de las aisladas protestas de los arrendatarios de los años previos a la Guerra Civil. Estaban creando el mayor movimiento de rebelión agraria que jamás había presenciado el país.

A pesar de la desesperación -tan a menudo reflejada en la literatura granjera de la época-, de vez en cuando surgían visiones sobre un modo diferente de vivir, como en la novela de Hamlin Garland *A Spoil of Office*, en donde la heroína habla en una comida campestre de granjeros:

> *Veo una época en la que el granjero no tendrá que vivir en una cabaña de una granja solitaria. Veo a los granjeros que vienen juntos en grupos. Los veo con tiempo para leer y para visitar a sus compañeros. Los veo disfrutando de las conferencias en bonitos salones que habría en cada aldea. Los veo reunidos, como los sajones de antaño, en el campo al atardecer, cantando y bailando. Veo erigirse ciudades cerca de ellos, con escuelas, iglesias, salas para conciertos y teatros. Veo el día en el que el granjero ya no será un esclavo y su esposa una esclava, sino hombres y mujeres felices, que irán cantando a sus agradables tareas en sus granjas frutícolas.*

Entre 1860 y 1910, el ejército estadounidense preparó el terreno -destruyendo los poblados indios de las Grandes Llanuras-, para que los ferrocarriles llegaran y se adueñaran de las mejores tierras. Después llegaron los granjeros para apoderarse de lo que quedaba. Entre 1860 a 1900, la población de Estados Unidos creció de 31 a 75 millones de habitantes. Las atestadas ciudades del este necesitaban comida y el número de granjas aumentó de 2 a 6 millones.

La agricultura se mecanizó; había arados de acero, cortacéspedes, segadoras, cosechadoras, mejores desmontadoras para separar la fibra de la semilla y, a finales de siglo, segadoras y trilladoras gigantes que cortaban el grano, lo trillaban y lo metían en sacos. En 1830, producir 35.237 litros de trigo costaba tres horas. En 1900, costaba diez minutos.

Se desarrolló una especialización por regiones: en el sur, algodón y tabaco; en el medio oeste, trigo y maíz.

Pero la tierra y la maquinaria costaban dinero, así que los granjeros tenían que pedirlo prestado, confiando en que el precio de sus cosechas se mantuviese alto para poder pagar el crédito bancario, el transporte ferroviario, al comerciante en granos por comerciar con su grano y al depósito por almacenarlo. Pero se encontraron con que los precios de sus productos disminuían y los del transporte y los créditos subían, y que eso se debía a que el granjero individual no podía controlar el precio del grano, mientras que los monopolios bancarios y ferroviarios podían cobrar lo que quisieran.

Los granjeros que no podían pagar vieron cómo les embargaban sus casas y sus tierras. Se convirtieron en arrendatarios. En 1880, el 25% de las granjas estaban alquiladas por arrendatarios, y el número iba en aumento. Muchos ni siquiera disponían del dinero para el alquiler y pasaban a ser peones. En 1900, ya había en el país 4 millones de peones. Era el destino que le esperaba a todo granjero que no podía pagar sus deudas.

¿Podía el granjero, exprimido y desesperado, pedir ayuda al gobierno?

El gobierno estaba ayudando a los banqueros y perjudicando a los granjeros; mantenía invariable la cantidad de dinero -basada en los suministros de oro- mientras que la población iba en aumento, de modo que cada vez había menos dinero en circulación. El granjero tenía que saldar sus deudas en dólares, que cada vez eran más difíciles de conseguir. Los banqueros, al recuperar los préstamos, conseguían dólares que valían más que cuando los prestaron, con una especie de interés añadido. Por eso hubo tantas discusiones en los movimientos agrarios de la época, que hablaban de poner más dinero en circulación: imprimiendo papiros (papel moneda que no tenía su equivalente en oro en el Tesoro) o haciendo que la plata fuese una base para emitir dinero.

En el sur, el sistema de derecho de retención de la cosecha fue más brutal. Mediante dicho sistema, el granjero conseguía del negociante lo que necesitaba: utilizar la desmontadora en época de cosecha o cualquier suministro que fuese necesario. Pero el granjero no tenía dinero para pagar, de modo que el comerciante conseguía el derecho de retención, una hipoteca sobre la cosecha con la que el granjero podía pagar un 25% de intereses. Cada año, el granjero debía más dinero, hasta que al final le embargaban la granja y pasaba a ser arrendatario.

Durante los peores días de la depresión de 1877, un grupo de granjeros blancos se reunieron en una granja en Texas y fundaron la primera Alianza de

Granjeros. Al cabo de unos pocos años, la Alianza estaba por todo el estado. En 1886, ya se habían afiliado 100.000 granjeros en 200 alianzas menores. Empezaron a ofrecer alternativas al sistema tradicional, como unirse a la Alianza y formar cooperativas para comprar las cosas todos juntos y conseguir conseguir precios más bajos. Empezaron a juntar su algodón y a venderlo cooperativamente. Lo llamaron "amontonar".

En algunos estados, se desarrolló el llamado movimiento *Grange*, consiguió que aprobasen leyes que beneficiaban a los granjeros. Pero dicho movimiento, como decía uno de sus periódicos, "*es en esencia conservador*". Pero era una época de crisis, y el movimiento *Grange*, que estaba haciendo demasiado poco, perdía afiliados, mientras que la Alianza de Granjeros continuaba creciendo.

Desde el principio, la Alianza de Granjeros mostró simpatía por el creciente movimiento laborista. Cuando la Orden del Trabajo llevó a cabo una huelga contra una línea naviera en Galveston (Texas), un grupo de personas de la Alianza aprobó una resolución:

> *Mientras presenciamos los injustos abusos que los capitalistas están perpetrando en las diferentes secciones del laborismo, ofrecemos a la Orden del Trabajo nuestro cordial apoyo en su valiente lucha contra la opresión de los monopolios y proponemos estar del lado de la Orden.*

En el verano de 1886, la Alianza se reunió en la ciudad de Cleburne, cerca de Dallas, y redactó el primer documento del movimiento populista, que pedía "*una legislación que libre a nuestro pueblo de los onerosos y vergonzosos abusos que las clases obreras están sufriendo ahora por parte de arrogantes capitalistas y poderosas corporaciones*". Convocaron una conferencia nacional de todas las organizaciones laboristas y propusieron una regulación de las tarifas de ferrocarril; que hubiera fuertes impuestos sobre la tierra mantenida sólo con propósitos especulativos, y un aumento en el suministro de dinero.

La Alianza continuó creciendo. A comienzos de 1887, ya contaba con 200.000 afiliados en tres mil alianzas menores. En 1892, los conferenciantes agrarios ya habían entrado en cuarenta y tres estados y habían llegado a 2 millones de familias granjeras. Era una campaña basada en la idea de la cooperación y en que los granjeros crearan una cultura propia y sus propios partidos políticos.

A Georgia llegaron -para formar alianzas- organizadores de Texas. En tres años, Georgia pasó a tener 100.000 afiliados en 134 de los 137 condados. En Tennessee pronto habría 125.000 afiliados y 3.600 alianzas menores en noventa y dos de los noventa y seis condados del estado.

La Alianza entró en Mississippi "como un ciclón" (como alguien señaló), así como en Luisiana y en Carolina del Norte. Después continuó hacia el norte, en Kansas, Dakota del Norte y del Sur, donde establecieron treinta y cinco almacenes cooperativistas. Por esa época, la Alianza Nacional de Granjeros contaba con 400.000 afiliados y las condiciones que impulsaban a la lucha de la Alianza empeoraron. El maíz, que en 1870 daba 45 centavos por cada saco, daba tan sólo 10 centavos en 1889. En el sur, donde la situación era peor que en ningún otro sitio, el 90% de los granjeros vivían del crédito.

Pero también hubo alguna victoria. A los granjeros se les cobraba demasiado por los sacos de yute (en donde metían el algodón), controlados por un *trust*. Los granjeros de la Alianza organizaron un boicot al yute, hicieron sus propios sacos de algodón y obligaron a los fabricantes de yute a empezar a vender sus sacos a 5 centavos la yarda en vez de a 14 centavos.

La Alianza hizo experimentos. En las dos Dakotas, un gran plan cooperativista de seguros para granjeros los aseguraba contra la pérdida de sus cosechas. Mientras las grandes compañías de seguros pedían 50 centavos por acre, la cooperativa pedía 25 centavos o menos. Hizo treinta mil pólizas, que aseguraban 2 millones de acres.

Charles Macune, un importante líder populista de Texas, ejemplificó la complejidad de las creencias populistas. En cuanto a la economía, era radical, anti-*trust* y anticapitalista; en política, era conservador (contrario a un nuevo partido independiente de los Demócratas) y racista. Macune presentó un plan que pasaría a ser parte prioritaria para la plataforma populista: el plan del Tesoro subsidiario. El gobierno tendría sus propios almacenes, donde los granjeros guardarían sus productos y tendrían certificados de este Tesoro subsidiario en forma de billetes bancarios, de modo que habría mucho más dinero disponible, que no dependería del oro o de la plata, sino de la cantidad de productos agrícolas.

El plan del Tesoro subsidiario de Macune dependía del gobierno. Como ninguno de los dos partidos principales lo aceptaba, eso significaba (contra las propias creencias de Macune) organizar un tercer partido. Las Alianzas se pusieron a trabajar. En 1890 eligieron para el Congreso a treinta y ocho miembros de la Alianza. En el sur, la Alianza eligió gobernadores en Georgia y en Texas. En Georgia, se hizo con el partido Demócrata y ganó tres cuartos de los escaños en la legislatura de Georgia, seis de los diez congresistas de dicho estado.

El poder de las corporaciones aún dominaba la estructura política, pero las Alianzas propagaban nuevas ideas y un nuevo espíritu. En esos momentos, ya como partido político, pasaron a ser el Partido Popular (o Partido Populista) y, en 1890, se reunieron en una convención en Topeka (Kansas). Mary Ellen Lease -gran oradora populista del estado- se dirigió a una muchedumbre entusiasta:

> *Wall Street controla el país. Ya no es un gobierno de la gente, por la gente y para la gente, sino un gobierno de Wall Street, por Wall Street y para Wall Street. Queremos la posibilidad de pedir créditos directamente del gobierno. Queremos que se erradique el maldito sistema de ejecución de hipotecas. Nos mantendremos en nuestras casas y en nuestros hogares, por la fuerza si es necesario, y no pagaremos nuestras deudas a los tiburones de las compañías prestamistas, hasta que el gobierno nos pague sus deudas.*

> *La gente está acorralada. Que tengan cuidado los sabuesos del dinero que nos han acosado hasta ahora.*

En la convención nacional del Partido Popular de 1892 en Saint Louis, elaboraron un programa político. Ignatius Donnelly, otro de los grandes oradores del movimiento, escribió el preámbulo y lo leyó a los allí reunidos:

> *Estamos aquí reunidos en medio de una nación al borde de la ruina moral, política y material. La corrupción domina las urnas, las legislaturas, el Congreso y toca incluso el armiño de las togas del tribunal. La gente está desmoralizada; los periódicos, subvencionados o amordazados; la opinión pública silenciada; los negocios están de capa caída; nuestras casas, hipotecadas; el trabajo, empobrecido y la tierra se concenta en manos de los capitalistas.*

Una convención electoral del Partido Popular, reunida en Omaha en julio de 1892, propuso como candidato a presidente a James Weaver, un populista de Iowa y antiguo general del ejército de la Unión. Ahora, el movimiento populista estaba sujeto al sistema electoral. Weaver consiguió más de un millón de votos, pero perdió.

El Partido Popular tenía la tarea de unir a grupos diversos -republicanos del norte con demócratas del sur, trabajadores urbanos con granjeros y negros con blancos. En el sur, se desarrolló una Alianza Nacional de Granjeros de Color, que contaba aproximadamente con un millón de afiliados, pero estaba organizada y dirigida por blancos. También había organizadores negros, pero no les resultaba fácil convencer a los granjeros negros de que, incluso si se consiguieran reformas económicas, los negros tendrían el mismo acceso a ellas que los blancos. Los negros se habían vinculado al partido Republicano, el partido de Lincoln y de las leyes de derechos civiles.

Había blancos que veían la necesidad de una unidad racial. Un periódico de Alabama escribió:

> *La Alianza blanca y la de color están unidas en su guerra contra los trusts.*

Algunos negros de la Alianza hacían similares llamamientos a la unidad. Un líder de la Alianza de Color de Florida dijo: "*Somos conscientes del hecho de que el trabajador de color y el trabajador blanco tienen los mismos intereses comunes*".

Cuando en el verano de 1891 se fundó en Dallas el Partido Popular de Texas, éste era interracial y radical. Había francos y vigorosos debates entre blancos y negros. Un delegado negro, activista de la Orden del Trabajo, insatisfecho con las vagas afirmaciones sobre la "igualdad", dijo:

> *Si somos iguales, ¿por qué el sheriff no nombra a negros en los Jurados? ¿Y por qué ponen el cartel de "negro" en los vagones de pasajeros? Quiero decir a mi gente lo que va a hacer el Partido Popular. Quiero informarles sobre si van a poner a negros y blancos en los mismos puestos.*

Un líder blanco contestó, alegando que había un delegado negro de cada distrito del estado: "*Están en la trinchera, igual que nosotros*".

Pero los negros y los blancos se encontraban en situaciones distintas. Los negros eran en su mayoría peones, mientras que la mayoría de los blancos de la Alianza poseían granjas. Cuando, en 1891, la Alianza de Color declaró una huelga en los campos de algodón para conseguir salarios de un dólar diario para los recogedores de algodón, Leonidas Polk, presidente de la Alianza blanca, la criticó como algo dañino para los granjeros de la Alianza, que tendrían que pagar ese salario.

En el sur hubo alguna unidad entre blancos y negros en las urnas, que desembocó en la elección de unos pocos negros en los comicios locales de Carolina del Norte. Un granjero blanco de Alabama escribió en un periódico en 1892: "*Ojalá el Tío Sam pudiera rodear las urnas con bayonetas en la zona de los negros para que los negros consiguieran una votación justa*". En Georgia, hubo delegados negros en las convenciones del tercer partido: dos en 1892, veinticuatro en 1894. La plataforma del Partido Popular de Arkansas se dirigió a los *"oprimidos, sin tener en cuenta su raza"*.

Sin embargo, había mucho racismo, y el partido Demócrata jugaba con eso, ganándose a muchos granjeros del Partido Popular. Cuando a los arrendatarios blancos que fracasaban en el sistema de derecho de retención de las cosechas, los desahuciaban de sus tierras y los reemplazaban con negros, el odio racista se intensificaba. Los estados del sur -comenzando con Mississippi, en 1890- estaban redactando nuevas constituciones para impedir, mediante diversos procedimientos, que los negros votasen y para mantener una segregación rigurosa en todos los ámbitos de la vida.

Las leyes que quitaban el voto a los negros -impuestos electorales, pruebas de alfabetización o requisitos de propiedad- a menudo también impedían votar a los blancos pobres. Y los líderes políticos del sur lo sabían. En la convención constitucional de Alabama, uno de los líderes dijo que quería quitar el voto *"a todos los que no están capacitados o no cumplen los requisitos, y si esa ley afecta a un blanco igual que a un negro, pues que se vaya"*.

Tom Watson, el líder populista de Georgia, defendía la unidad racial:

> *Os mantienen separados para que os puedan desplumar por separado de vuestros ahorros. Hacen que os odiéis mutuamente porque sobre ese odio se apoya la piedra angular del arco del despotismo financiero que os esclaviza a ambos.*

Watson necesitaba el apoyo de los negros para un partido de blancos, y cuando más tarde vio que dicho apoyo ya no era útil sino embarazoso, se hizo tan elocuente a la hora de apoyar el racismo como lo había sido para oponerse a él.

Esta época ilustraba las complejidades del conflicto de clase y de raza. Durante la campaña electoral de Watson, lincharon a quince negros. Después de 1891, la legislatura de Georgia, controlada por la Alianza -señala Allen-, *"adoptó el mayor número de proyectos de ley antinegros decretados jamás en un sólo año en la historia de Georgia"*. Y sin embargo, en 1896, la plataforma del estado de Georgia del Partido Popular denunció los linchamientos y el terrorismo, y pidió la abolición del sistema de arriendo de reos.

C. Vann Woodward subraya la cualidad única de la experiencia populista en el sur: *"Nunca antes o después se juntaron tanto las dos razas del sur como lo hicieron durante las luchas populistas"*.

El movimiento populista hizo también un intento notable para crear una cultura nueva e independiente para los granjeros del país. La Alliance Lecture Bureau (Oficina de Conferencias de la Alianza) se extendió por todo el país; contaba con 35.000 conferenciantes. Los populistas imprimían a raudales libros y panfletos en sus imprentas. Su objetivo era educar a los granjeros, revisando las teorías ortodoxas sobre la historia, la economía y la política. Una revista populista, la *National Economist,* contaba con 100.000 lectores. En la década de 1890, había más de mil periódicos populistas.

Los libros escritos por líderes populistas -como el libro de Henry Demarest Lloyd *Wealth Against Commonwealth* (La riqueza contra el bien público), o el de William Harvey Coin *Financial School-* fueron muy leídos. El movimiento populista influyó profundamente en la vida del sur.

Sólo había conexiones irregulares y ocasionales entre el movimiento agrario y el laborista. Ninguno habló con suficiente elocuencia sobre las necesidades del otro. Y, sin embargo, había signos de una conciencia común que, en diferentes circunstancias, podía dar lugar a un movimiento unificado y progresivo.

No hay duda de que los populistas, como la mayoría de los americanos blancos, tenían racismo y nativismo en su mentalidad, aunque en parte era simplemente que no consideraban el tema de la raza tan importante como el sistema económico. El *Farmers' Alliance* dijo: *"El Partido Popular ha surgido no para liberar a los negros sino para emancipar a todos los hombres... para conseguir libertad industrial para todos, sin la cual no puede haber libertad política".*

Al final, el movimiento populista no consiguió unir a blancos y negros, ni a trabajadores urbanos con granjeros. Ese hecho, combinado con el atractivo de la política electoral, destruyeron el movimiento populista. Una vez aliado con el Partido Demócrata para apoyar la candidatura a presidente de William Jennings Bryan en 1896, el populismo se ahogó en un mar de políticas democráticas. La presión para la victoria electoral hizo que el populismo pactara con los partidos mayoritarios en una ciudad tras otra. Si ganaban los demócratas, el populismo sería absorbido. Si perdían los demócratas, se desintegraría. La estrategia electoral puso en la cúpula a los agentes políticos, en lugar de poner a los radicales agrarios.

No faltaron populistas radicales que se percataron de esto. Decían que una fusión con los demócratas para intentar "ganar", les haría perder lo que realmente necesitaban: un movimiento político independiente. Decían que la tan cacareada "plata libre" no cambiaría nada fundamental del sistema capitalista.

Henry Demarest Lloyd se fijó en que la candidatura de Bryan estaba subvencionada en parte por Marcus Daly (de la Compañía de Cobre Anaconda) y por William Randolph Hearst (de los intereses de plata del oeste). Lloyd vio las intenciones que se escondían tras la retórica de Bryan, que exaltaba a una multitud de veinte mil personas en la Convención Demócrata y escribió amargamente:

> *Esa pobre gente está lanzando sus sombreros al aire por los que prometen sacarles del atolladero por la ruta de las divisas. Van a tener a esa gente vagando durante cuarenta años en el laberinto de las divisas, igual que les han mareado durante cuarenta años con el proyecto de ley de tarifas.*

En las elecciones de 1896, con el movimiento populista fusionado con el partido Demócrata, Bryan, el candidato demócrata, fue derrotado por William McKinley, por el que se movilizaron las corporaciones y la prensa en lo que sería el primer uso masivo de dinero en una campaña electoral. Parecía que no se podía tolerar ni siquiera una pizca de populismo en el partido Demócrata, así que, para asegurarse, los grandes cañones del Establishment lanzaron toda su munición. Era una época -como lo han sido a menudo las épocas electorales en Estados Unidos- que servía para consolidar el sistema tras años de protesta y rebelión. En el sur, tenían a los negros bajo control. Estaban expulsando a los indios de las planicies del oeste para siempre. Un frío día de invierno en 1890, soldados del ejército de los Estados Unidos atacaron a los indios acampados en Wounded Knee (Dakota del Sur) y asesinaron a trescientos hombres, mujeres y niños. Era el punto culminante de cuatrocientos años de violencia, que empezó con Colón y que dejaban claro que este continente pertenecía al hombre blanco. Pero sólo a algunos blancos, ya que para 1896 era evidente que el Estado se hallaba presto para aplastar las huelgas laborales, legalmente si fuera posible o por la fuerza si fuera necesario. Y donde se desarrollaba un amenazante movimiento masivo, el sistema de dos partidos se apresuraba a mandar a una de sus columnas para rodear al movimiento y dejarlo sin vitalidad. Y siempre se podía recurrir al patriotismo como un modo de ahogar el resentimiento de clase, con un torrente de eslóganes para la unidad nacional. McKinley, en una rara conexión retórica entre el dinero y la bandera, había dicho:

Este año va a ser un año de patriotismo y de devoción al país. Me alegra saber que la gente en todos los sitios del país quiere ser devota a una bandera, las gloriosas rayas y estrellas; que la gente de este país quiere mantener el honor financiero del país con tanta devoción como mantienen el honor de la bandera.

El acto supremo del patriotismo era la guerra. Dos años después de que McKinley fuera presidente, Estados Unidos declaró la guerra a España.

Capítulo 12

EL IMPERIO Y LA GENTE

En 1897, Theodore Roosevelt escribía a un amigo: *"En estricta confidencia, agradecería casi cualquier guerra, pues creo que este país necesita una"*.

En 1890, el año de la masacre de Wounded Knee, la Oficina del Censo declaró oficialmente que la frontera interna se había cerrado. El sistema de beneficios, con su tendencia natural a la expansión, ya había empezado a mirar a ultramar. La severa depresión que comenzó en 1893, fortaleció una idea que se estaba desarrollando en la élite política y financiera del país: que los mercados extranjeros para las mercancías americanas, aliviarían el problema del bajo consumo del país y evitarían las crisis económicas que produjo la lucha de clases en la década de 1890.

Así pues, una aventura en el extranjero, ¿no desviaría parte de la energía rebelde encauzada en las huelgas y en los movimientos de protesta hacia un enemigo externo? ¿No uniría a la gente con el gobierno y con las fuerzas armadas, en vez de ir contra ellos? Probablemente, esto no era un plan consciente para la mayor parte de la élite, sino un desarrollo natural de las similares formas de actuar del capitalismo y el nacionalismo.

La expansión ultramarina no era una idea nueva. Incluso antes de que la guerra con México llevara a Estados Unidos al Pacífico, la Doctrina Monroe miró hacia el sur, al Caribe y más allá. Esta doctrina, propagada en 1823 - cuando los países de Latinoamérica estaban consiguiendo la independencia del control español- dejó claro a las naciones europeas que Estados Unidos consideraba a Latinoamérica dentro de su esfera de influencia.

Poco después, algunos americanos empezaron a pensar en el Pacífico: en Hawai, Japón y los grandes mercados de China.

Pero hubo más que pensamientos. Una lista del Departamento de Estado de 1962 (que presentaron al Comité del Senado citando precedentes que justificaran el uso de las fuerzas armadas contra Cuba) muestra, entre 1798 y 1895, 103 intervenciones en los asuntos de otros países. Esta es una muestra de la lista, con la descripción exacta del Departamento de Estado:

1852-53. Argentina. Desembarcan a los marines en Buenos Aires y se les mantiene allí, para proteger intereses americanos durante una revolución.

1853. Nicaragua. Para proteger vidas americanas e intereses durante unos disturbios políticos.

1853-54. Japón. La "Apertura del Japón" y la expedición de Perry. (El Departamento de Estado no da más detalles, pero esto supuso el uso de barcos de guerra para obligar a Japón a abrir sus puertos a Estados Unidos).

1853-54. Ryukyu y las Islas Bonin. El Comodoro Perry, en tres visitas antes de ir a Japón y mientras esperaba respuesta de Japón, hizo una demostración naval, desembarcando dos veces a los marines, con lo que aseguró una concesión de carbón del gobernante de Naha, en Okinawa. También hizo una demostración en las Islas Bonin. Todo, para consolidar instalaciones comerciales.

1854. Nicaragua, San Juan del Norte. (Destruyeron Greytown para vengar una ofensa al ministro americano en Nicaragua).

1855. Uruguay. Fuerzas navales estadounidenses y europeas desembarcan para proteger intereses americanos durante un intento de revolución en Montevideo.

1859. China. Para proteger intereses americanos en Shanghai.

1860. Angola, oeste del Africa portuguesa. Para proteger vidas y propiedades americanas en Kissembo cuando los nativos se hicieron conflictivos.

1893. Hawai. Aparentemente, para proteger vidas y propiedades americanas; de hecho, para tratar de establecer un gobierno provisional bajo el mandato de Sanford B. Dole. Estados Unidos negó su responsabilidad en esta acción.

1894. Nicaragua. Para proteger intereses americanos en Bluefields tras una revolución.

Así que para la década de 1890, habían tenido mucha experiencia en exploraciones e intervenciones en el extranjero. La ideología expansionista estaba muy extendida en las altas esferas militares, políticas y financieras, e incluso entre algunos líderes de los movimientos agrarios, que pensaban que los mercados extranjeros les ayudarían.

Un capitán de la armada de los Estados Unidos, A.T. Mahan, un popular propagandista del expansionismo, influyó enormemente a Theodore Roosevelt y a otros dirigentes americanos. Decía Mahan que los países con los mayores ejércitos heredarían la Tierra: *"Ahora, los americanos deben empezar a mirar al exterior"*. El senador de Massachusetts Henry Cabot Lodge escribió en un artículo para una revista:

> *Por el bien de nuestra supremacía comercial en el Pacífico, deberíamos controlar las Islas Hawai y, cuando se construya el canal de Nicaragua, la isla de Cuba pasará a ser una necesidad. Las grandes naciones están absorbiendo rápidamente, para su expansión futura y para su defensa en el presente, todos los lugares baldíos de la Tierra. Es un movimiento que contribuye a la civilización y al avance de la raza. Siendo como es una de las grandes naciones del mundo, Estados Unidos no debe salirse de esa línea.*

En la víspera de la guerra entre Estados Unidos y España, un editorial del *Washington Post* decía:

> *Parece que nos ha llegado una nueva conciencia -la conciencia de fuerza- y, con ella, un nuevo apetito, el ansia de mostrar nuestra fuerza. El sabor del Imperio está en la boca de la gente, aunque en la jungla haya sabor a sangre.*

Ese sabor en la boca de la gente ¿era por un ansia instintiva de agresión o por un urgente egoísmo? ¿O era un gusto (si de verdad existía) creado, alentado, anunciado y exagerado por la prensa millonaria, el ejército, el gobierno y los intelectuales aduladores de la época? John Burgess, experto en ciencias políticas de la Universidad de Columbia, decía que las razas teutonas y anglosajonas estaban *"especialmente dotadas con la capacidad para establecer estados nacionales... se les confió la misión de liderar la civilización política del mundo moderno"*.

Varios años antes de que saliera elegido presidente, William McKinley dijo: *"Necesitamos un mercado extranjero para nuestros excedentes"*. A comienzos de 1897, el senador de Indiana Albert Beveridge declaró: *"Las industrias americanas están fabricando más de lo que el pueblo americano puede utilizar; las tierras americanas están produciendo más de lo que pueden consumir. El destino ha marcado nuestra política; el comercio mundial debe ser nuestro y lo será"*.

Cuando Estados Unidos no se anexionó Hawai en 1893, después de que algunos americanos (una combinación de intereses misioneros y de los intereses de la familia Dole en el negocio de la piña) establecieran allí su propio gobierno, Roosevelt llamó a esta indecisión "*un crimen contra la civilización blanca*", y dijo a la academia naval: "*Todas las grandes razas poderosas han guerreado contra otras razas. Ningún triunfo de la paz es tan grande como el triunfo supremo de la guerra*".

El filósofo William James, que llegó a ser uno de los más destacados antiimperialistas de su época, escribió sobre Roosevelt que éste "*habla con excesiva efusión sobre la guerra, como si fuera la condición ideal de la sociedad humana*".

Si bien es verdad que en 1898, el 90% de los productos americanos se vendían en el país, el 10% que se vendía en el extranjero ascendía a mil millones de dólares. En 1885, una publicación de la industria siderúrgica, *Age of Steel*, escribió que los mercados internos eran insuficientes, y que la superproducción de productos industriales "*debería remediarse y evitarse en el futuro, mediante un mayor comercio con el extranjero*".

En las décadas de 1880 y 1890, el petróleo llegó a ser un importante artículo de exportación: en 1891, la compañía Standard Oil, de la familia Rockefeller, daba cuenta del 90% de las exportaciones americanas de queroseno y controlaba el 70% del mercado mundial. Ahora el petróleo era, tras el algodón, el segundo producto de exportación. La expansión por el extranjero podía ser especialmente atractiva y también parecía un acto de generosidad ayudar a un grupo insurgente a derrocar a un régimen extranjero, como en el caso de Cuba. En 1898, los rebeldes cubanos ya llevaban luchando tres años contra los conquistadores españoles, en un intento de conseguir la independencia. Así que en esa época fue posible crear en la nación un estado de ánimo favorable a la intervención.

Parece ser que, al principio, los intereses financieros nacionales no necesitaban una intervención militar en Cuba. Los comerciantes americanos no necesitaban colonias ni guerras de conquista, si podían acceder libremente a los mercados. Esta idea de una "puerta abierta" se convirtió en el tema dominante de la política exterior americana en el siglo XX. Era una forma de ver el imperialismo más sofisticada que la tradicional construcción de imperios de Europa. Pero si un imperialismo pacífico resultaba imposible, se hacía necesaria la acción militar.

Por ejemplo, a fines de 1897 y comienzos de 1898, cuando China estaba debilitada por una guerra reciente con Japón, fuerzas militares alemanas ocuparon el puerto chino de Tsingtao. En pocos meses, otras potencias europeas se instalaron en China. El reparto de China entre las mayores potencias imperialistas ya estaba en curso, y Estados Unidos se había rezagado.

El *Journal of Commerce* de Nueva York, que había defendido el desarrollo pacífico del comercio libre, exhortaba en estos momentos a un colonialismo militar obsoleto. Pedía un canal que cruzara Centroamérica, la adquisición de Hawai y un mayor ejército.

En 1898 hubo un giro parecido en la actitud de las finanzas de Estados Unidos con respecto a Cuba. Los hombres de negocios se habían interesado, desde los inicios de las revueltas de los cubanos contra España, en el efecto que tendrían esas revueltas en el campo comercial. Así que ya existía un interés económico en la isla.

El apoyo popular a la revolución cubana se basaba en la idea de que ellos, como los americanos de 1776, luchaban en una guerra por su propia liberación. Sin embargo, el gobierno estadounidense -que era el resultado conservador de otra guerra revolucionaria- cuando observaba los acontecimientos en Cuba tenía en mente el poder y el beneficio. Ni Cleveland -presidente durante los primeros años de la revolución cubana- ni McKinley - que le siguió- reconocieron oficialmente a los insurgentes como beligerantes. Tal reconocimiento legal hubiera permitido a Estados Unidos mandar ayuda a los rebeldes, sin enviar el ejército. Pero quizá tuvieron miedo a que los rebeldes vencieran solos y dejaran fuera a Estados Unidos.

Parece que hubo también otro tipo de miedo. La administración Cleveland dijo que una victoria cubana podría llevar "*al establecimiento de una república de negros y blancos*", puesto que en Cuba había una mezcla de ambas razas. Y la república negra podría ser la dominante. Esta idea aparecía expresada en un artículo del *Saturday Review*, escrito por un joven y elocuente imperialista, de madre americana y padre inglés: Winston Churchill. Escribió que, aunque el mandato español era malo y los rebeldes contaban con el apoyo del pueblo, sería mejor para España mantener el control:

> *Aparece un grave peligro. Dos quintos de los insurgentes del campo son negros. Esos hombres, en caso de victoria, exigirían una parte predominante en el Gobierno del país... y el resultado sería, tras años de lucha, otra república negra.*

La referencia a "*otra*" república negra aludía a Haití, cuya revolución contra Francia en 1803 había dado como resultado la primera nación del Nuevo Mundo dirigida por negros. El ministro español en Estados Unidos, escribió al Secretario de Estado americano acerca de Cuba:

> *En esta revolución, el elemento negro juega el papel más importante. No sólo los principales dirigentes son hombres de color; también lo son al menos ocho décimas partes de sus partidarios... y, si la isla puede declararse independiente, el resultado de la guerra será una secesión del elemento negro y una república negra.*

En febrero de 1898, el buque de guerra estadounidense *Maine*, fondeado en el puerto de La Habana como un símbolo del interés americano por los acontecimientos en Cuba, fue destruido por una misteriosa explosión y se hundió, con una pérdida de 268 hombres. Jamás se presentó una prueba sobre la causa de la explosión, pero en Estados Unidos, la ansiedad aumentó rápidamente y McKinley empezó a actuar con vistas a una guerra.

Esa primavera, tanto McKinley como la comunidad empresarial comenzaron a darse cuenta de que no podrían lograr su objetivo -sacar a España de Cuba- sin la guerra, y que el siguiente objetivo -asegurar la influencia militar y económica americana en Cuba- no podían dejarlo en manos de los rebeldes cubanos. Sólo una intervención norteamericana podría asegurar dicho objetivo.

Anteriormente, el Congreso había aprobado la Enmienda Teller, que comprometía a Estados Unidos a no anexionarse Cuba. Dicha Enmienda la iniciaron y apoyaron aquellas personas interesadas en la independencia cubana y opuestas al imperialismo americano; también la apoyaron los empresarios que consideraban que la "puerta abierta" era suficiente y la intervención militar innecesaria. Pero en la primavera de 1898, la comunidad empresarial ya estaba sedienta de acción. El *Journal of Commerce* escribió: "*La Enmienda Teller... debe interpretarse en un sentido algo diferente del que su autor le dio*".

Había intereses especiales que se beneficiarían directamente de la guerra. En Washington, declararon que un "*espíritu beligerante*" se había adueñado del ministerio del Ejército, alentado "*por los contratistas de proyectiles, artillería, munición y otros materiales, que atestaban el ministerio desde la destrucción del Maine*".

El banquero Russell Sage dijo que si estallaba la guerra, "*no hay ninguna duda sobre las lealtades de los ricos".* Un informe sobre los empresarios decía que John Jacob Astor, William Rockefeller y Thomas Fortune Ryan se *"sentían militantes".* J.P. Morgan pensaba que no se lograría nada manteniendo más conversaciones con España.

El 25 de mayo, llegó a la Casa Blanca un telegrama de un consejero de McKinley, que decía: *"Aquí, las grandes corporaciones creen ahora que tendremos guerra. Creo que será bien recibida por todos, como un descanso después del suspense".*

Dos días después de recibir este telegrama, McKinley dio un ultimátum a España, exigiendo un armisticio. No decía nada sobre la independencia de Cuba. Un portavoz de los rebeldes cubanos -parte de un grupo de cubanos en Nueva York- entendió que esto significaba que Estados Unidos quería simplemente reemplazar a España. Dio esta respuesta:

> *En vista de la presente propuesta de intervención, sin un previo reconocimiento de la independencia, es necesario que demos un paso más y digamos que debemos considerar y consideraremos dicha intervención nada menos que como una declaración de guerra por parte de Estados Unidos contra los revolucionarios cubanos.*

De hecho, cuando, el 11 de abril, McKinley pidió al Congreso el visto bueno para la guerra, no reconoció a los rebeldes como beligerantes, ni pidió la independencia de Cuba. Sin embargo, cuando las tropas americanas desembarcaron en Cuba, los rebeldes les dieron la bienvenida, confiando en que la Enmienda Teller garantizaría la independencia cubana.

Muchos libros sobre la historia de la guerra de Estados Unidos y España afirman que en Estados Unidos la "opinión pública" llevó a McKinley a declararle la guerra a España y a enviar tropas a Cuba. Es verdad que ciertos periódicos influyentes habían estado presionando concienzudamente -histéricamente incluso. Y muchos americanos, que veían la independencia cubana como el objetivo de la intervención -y con la Enmienda Teller como garantía de dicha intención- apoyaron la idea. Pero ¿hubiera declarado McKinley la guerra debido a la prensa y a una parte de la opinión pública (en esa época, no había sondeos de opinión), sin la presión de la comunidad empresarial? Varios años después de la guerra de Cuba, el presidente de la Oficina de Comercio Exterior del Departamento de Comercio escribió sobre ese período:

> *La guerra entre Estados Unidos y España no fue sino un incidente de un*

movimiento general de expansión, que tenía sus raíces en el nuevo entorno de una capacidad industrial mucho mayor que nuestra capacidad de consumo doméstico.

Los sindicatos laboristas americanos simpatizaron con los rebeldes cubanos en cuanto comenzó la insurrección contra España en 1895, pero se oponían al expansionismo americano.

Cuando la explosión del *Maine* en febrero originó histéricos gritos de guerra en la prensa, el periódico mensual de la Asociación Internacional de Maquinistas convenía en que era un desastre terrible, pero señaló que las muertes de trabajadores en accidentes industriales no suscitaba tal clamor nacional. Hizo referencia a la masacre de Lattimer del 10 de septiembre de 1897, durante una huelga del carbón en Pennsylvania, cuando un sheriff y sus ayudantes dispararon a una manifestación de mineros, matando a diecinueve -por la espalda a la mayoría- y señaló que la prensa no protestó. El periódico laborista decía que:

> *Los millares de vidas útiles que se sacrifican cada año al Moloch de la avaricia -el tributo de sangre que el laborismo ofrece al capitalismo- no suscita ningún clamor de venganza e indemnización.*

Algunos sindicatos -como los United Mine Workers (Mineros Unidos)- pidieron, tras el hundimiento del *Maine*, la intervención de Estados Unidos, pero la mayoría estaba contra la guerra. El tesorero del Sindicato Americano de Estibadores, Bolton Hall, redactó un escrito titulado "Una petición de paz al laborismo", que tuvo una amplia difusión:

> *Si hay una guerra, vosotros proveeréis los cadáveres y los impuestos, y otros cosecharán la gloria.*

Los socialistas, salvo raras excepciones (una de ellas, el diario judío *Daily Forward*), se oponían a la guerra. El periódico socialista más importante, *Appeal to Reason*, dijo que el movimiento en favor de la guerra era *"un método favorito de los gobernantes para evitar que la gente corrija los males domésticos".* En el periódico de San Francisco *Voice of Labor*, un socialista escribió: *"Es terrible pensar que mandarán a los pobres trabajadores de este país a herir y matar a los pobres trabajadores españoles, sólo porque unos pocos dirigentes les inciten a hacerlo".*

Pero tras la declaración de guerra, la mayoría de los sindicatos estuvieron de acuerdo con ella. Samuel Gompers dijo que la guerra era *"gloriosa y justa".*

223

La guerra trajo consigo más empleo y mejores salarios, pero también precios más altos y mayores impuestos.

El primero de mayo de 1989, el Partido Socialista de los Trabajadores organizó una manifestación antibélica en Nueva York, pero las autoridades no permitieron que tuviese lugar, al tiempo que sí permitían otra manifestación del primero de mayo, convocada por el diario judío *Daily Forward*, que exhortaba a los trabajadores judíos a apoyar la guerra.

La predicción que hizo el estibador Bolton Hall acerca de la corrupción y excesivas ganancias en tiempo de guerra, resultó ser extraordinariamente certera. La *Encyclopedia of American History* de Richard Morris ofrece cifras sobrecogedoras:

> *De los más de 274.000 oficiales y soldados que servían en el ejército durante la guerra y en el período de desmovilización, 5.462 murieron en varios quirófanos y campamentos en Estados Unidos. Tan sólo 379 de las muertes fueron bajas de batalla. El resto se atribuyó a enfermedades y otras causas.*

Walter Millis da las mismas cifras en su libro *The Martial Spirit*. En la *Encyclopedia* se dan de modo conciso y sin mencionar la "*carne de vaca embalsamada*" (un término de un general del ejército) que las empresas cárnicas vendieron al ejército. Era carne conservada con ácido bórico, nitrato potásico y colorantes artificiales, pero que en esos momentos estaba podrida y maloliente. Miles de soldados se envenenaron con la comida, pero no hay cifras de cuántas de las cinco mil muertes fuera de los combates las causó el envenenamiento.

Derrotaron a las tropas españolas en tres meses, en lo que John Hay, el secretario de Estado americano, llamó más tarde "*una guerrita espléndida*". El ejército americano hizo como que no existía ejército rebelde cubano alguno, y cuando los españoles se rindieron, no se permitió a ningún cubano asistir a la rendición o a firmarla. El general William Shafter dijo que ningún rebelde armado podía entrar en Santiago, la capital, y dijo al líder rebelde cubano, general Calixto García, que las viejas autoridades civiles españolas -y no los cubanos- permanecerían a cargo de las oficinas municipales de Santiago.

García escribió una carta de protesta:

> *...cuando surge la cuestión de nombrar a las autoridades de Santiago de Cuba... no puedo ver sino con el más profundo pesar que dichas autoridades no*

están elegidas por el pueblo cubano, sino que son los mismos seleccionados por
la reina de España...

Junto al ejército americano, llegó a Cuba el capital americano. La *Lumbermen's Review*, portavoz de la industria maderera, escribió en plena guerra: *"Cuba aún posee 10.000.000 de acres de selva virgen, con abundante madera valiosa, de la que casi cada metro se vendería fácilmente en Estados Unidos y produciría pingües beneficios".*

Cuando terminó la guerra, los americanos comenzaron a hacerse cargo de los ferrocarriles, las minas y las propiedades azucareras. En pocos años, se invirtieron 30 millones de dólares de capital americano. United Fruit entró en la industria azucarera cubana. Compró 1.900.000 acres de terreno a unos veinte centavos el acre. Llegó la Compañía de Tabaco Americana. Para el final de la ocupación, en 1901, al menos el 80% de las exportaciones de mineral cubano estaba en manos americanas, sobre todo de Aceros Bethlehem.

Durante la ocupación militar, tuvieron lugar una serie de huelgas. En septiembre de 1899, miles de trabajadores emprendieron una huelga general en La Habana, reivindicando la jornada laboral de ocho horas. El general americano William Ludlow ordenó al alcalde de La Habana que arrestase a once líderes huelguistas y las tropas americanas ocuparon las estaciones y los puertos. La policía recorrió la ciudad disolviendo asambleas. Pero la actividad económica de la ciudad se había parado. Los trabajadores del tabaco estaban en huelga. Los impresores estaban en huelga, al igual que los panaderos. Arrestaron a cientos de huelguistas y luego intimidaron a algunos de los líderes encarcelados, para que pidieran el final de la huelga.

Estados Unidos no se anexionó Cuba, pero advirtieron a una Convención Constitucional Cubana que el ejército de Estados Unidos no saldría de Cuba hasta que se incorporase la Enmienda Platt -que el Congreso aprobó en febrero de 1901- en la nueva Constitución cubana. Dicha enmienda confería a Estados Unidos *"el derecho a intervenir para preservar la independencia cubana, la defensa de un Gobierno adecuado para la protección de la vida, la propiedad y la libertad individual..."*

En estos momentos, tanto la prensa radical y laborista, como los periódicos y asociaciones de todo Estados Unidos veían la Enmienda Platt como una traición al concepto de la independencia cubana. Un mitin multitudinario de la Liga Antiimperialista Americana en Faneuil Hall, en Boston, denunció la enmienda y el ex-gobernador George Boutwell dijo:

"Rompiendo nuestra promesa de libertad y soberanía para Cuba, estamos imponiendo en dicha isla unas condiciones de vasallaje colonial".

En La Habana, una procesión con antorchas de quince mil cubanos fue a la Convención Constitucional, animándoles a rechazar la enmienda. Un delegado negro de Santiago denunció en la Convención:

> *Que Estados Unidos se reserve el poder de determinar cuándo se amenaza a nuestra independencia y, por tanto, cuándo deben intervenir para preservarla, equivale a entregarles las llaves de nuestra casa para que puedan entrar en cualquier momento, cuando les de la gana, de día o de noche, tanto con buenas como con malas intenciones.*

Con esta denuncia, la Convención rechazó rotundamente la Enmienda Platt.

Sin embargo, en los tres meses siguientes, la presión de Estados Unidos, la ocupación militar y la negativa a permitir que los cubanos estableciesen su propio gobierno hasta que dieran su consentimiento, tuvo su efecto: la Convención, tras varias negativas, adoptó la Enmienda Platt. En 1901, el general Leonard Wood escribió a Theodore Roosevelt: *"Por supuesto que en Cuba queda muy poca independencia -si es que queda algo- bajo la Enmienda Platt".*

Cuba no era una colonia completa, pero ahora estaba bajo la esfera de la influencia americana. Sin embargo, la guerra hispano-americana sí resultó en una serie de anexiones directas por parte de Estados Unidos. Fuerzas militares estadounidenses tomaron el poder en Puerto Rico -vecino de Cuba en el Caribe-, que pertenecía a España. Las islas Hawai, casi a medio camino de Japón, lugar ya visitado por los misioneros americanos y los propietarios de plantaciones de piñas, y que oficiales americanos habían descrito como *"una pera madura, lista para arrancarla"*, fueron anexionadas en julio de 1898, tras una resolución unánime del Congreso. Por esa misma época, ocuparon la isla Wake, situada a 2.300 millas al oeste de Hawai, de camino a Japón. También ocuparon Guam, una posesión española en el Pacífico, casi en Filipinas. En diciembre de 1898, firmaron el tratado de paz con España, que cedió oficialmente a Estados Unidos Guam, Puerto Rico y Filipinas, a cambio de un pago de 20 millones de dólares.

En Estados Unidos, hubo acaloradas disputas sobre si tomar Filipinas o no. Hay una anécdota del presidente McKinley sobre cómo contó su toma de decisión a un grupo de ministros que visitaban la Casa Blanca:

226

Solía caminar por la Casa Blanca, noche tras noche, hasta la medianoche; y no me avergüenza decirles, caballeros, que más de una noche me arrodillé y recé a Dios Todopoderoso para que me iluminara y guiara. Una noche -era tarde ya- me vino de la siguiente forma; no sé cómo sucedió, pero me vino: Que no podíamos devolverlas a España -eso sería cobarde y deshonroso.

Que no podíamos dejarles solos. No estaban preparados para la autodeterminación y pronto caerían en la anarquía y en un Gobierno peor que el que les había dado España.

Que sólo cabía hacer una cosa: hacernos cargo de todos los filipinos y educarlos, elevarlos, civilizarlos, cristianizarlos y, por la Gracia de Dios, hacer todo lo posible por estos nuestros semejantes, por quienes Cristo también murió. Después, me fui a dormir a la cama y dormí profundamente.

Los filipinos no recibieron el mismo mensaje de Dios. En febrero de 1899, se rebelaron contra el dominio americano, como se habían rebelado varias veces contra los españoles. Un dirigente filipino, Emiliano Aguinaldo, se hizo líder de los insurrectos que luchaban contra Estados Unidos. Propuso la independencia filipina bajo un protectorado norteamericano, pero rechazaron su propuesta.

A Estados Unidos le llevó tres años aplastar la rebelión y emplearon setenta mil soldados -cuatro veces más de los que desembarcaron en Cuba- y tuvieron miles de bajas en batalla, muchas más que en Cuba. Fue una guerra cruenta. Para los filipinos, el índice de muertes por las batallas y las enfermedades fue enorme.

Ahora, los políticos y los intereses empresariales de todo el país tenían el sabor del imperio en los labios. El racismo, el paternalismo y los discursos sobre el dinero se mezclaban con discursos sobre el destino y la civilización.

El 9 de enero de 1900, Albert Beveridge habló en el Senado como portavoz de los intereses económicos y políticos del país:

Sr. Presidente, estos tiempos requieren franqueza. Los filipinos son nuestros para siempre... y tan sólo más allá de Filipinas están los ilimitados mercados de China. No nos retiraremos de ninguno... No renunciaremos a nuestra parte en la misión de nuestra raza, administradora, Dios mediante, de la civilización del mundo... se nos ha acusado de crueldad en el modo en que hemos llevado la guerra. Senadores, ha sido al revés... Senadores, deben recordar que no estamos tratando con americanos o europeos. Estamos tratando con orientales.

McKinley dijo que la contienda con los rebeldes empezó cuando los insurgentes atacaron a tropas americanas. Pero, más tarde, soldados americanos testificaron que Estados Unidos fue quien abrió fuego primero. Después de la guerra, un oficial del ejército que habló en el Faneuil Hall de Boston, dijo que su coronel le había ordenado provocar un conflicto con los insurgentes.

William James, el filósofo de Harvard, era partícipe de un movimiento de importantes empresarios, políticos e intelectuales americanos que en 1898 formaron la Liga Antiimperialista, llevando a cabo una prolongada campaña para educar al pueblo americano sobre los horrores de la guerra de Filipinas y los males del imperialismo:

La Liga Antiimperialista publicó cartas de soldados de servicio en Filipinas. Un capitán de Kansas escribió: *"Se suponía que Caloocan tenía 17.000 habitantes. El Duodécimo de Kansas lo arrasó y ahora en Caloocan no hay ni un sólo nativo".*

Un soldado voluntario del estado de Washington escribió: *"Nuestra sangre luchadora bullía y todos nosotros queríamos matar a los sucios negros".*

En Estados Unidos era una época de intenso racismo. Entre los años 1889 y 1903, las pandillas linchaban una media de dos negros por semana - ahorcados, quemados, mutilados. Los filipinos eran de piel marrón, físicamente identificables; con un idioma y un aspecto extraños para los americanos. Así que, a la común brutalidad indiscriminada de la guerra, se sumaba el factor de la hostilidad racial.

En noviembre de 1901, el corresponsal en Manila del *Ledger* de Filadelfia relataba:

> *Nuestros hombres han sido implacables; han matado para exterminar hombres, mujeres, niños, prisioneros y cautivos, insurgentes activos y gente sospechosa, desde niños de diez años en adelante; predominaba la idea de que el filipino como tal era poco más que un perro.*

El ministro de la guerra, Elihu Root, respondió a las acusaciones de brutalidad: *"El ejército americano ha conducido la guerra en Filipinas teniendo en cuenta escrupulosamente las normas de la guerra civilizada... con un autodominio y una humanidad jamás igualada".*

En Manila, acusaron a un *marine* llamado Littletown Waller -un general de división- de disparar a once filipinos indefensos y sin juicio previo en la isla de Samar. Otros oficiales de los *marines* dieron su testimonio:

El general de división dijo que el general Smith le había dado instrucciones de matar y quemar; que no era momento de tomar prisioneros y que tenía que convertir Samar en un lúgubre desierto. El mayor Waller le dijo al general Smith que definiera la edad límite para matar y éste respondió: "A cualquiera que tenga más de diez años".

Mark Twain comentó sobre la guerra de Filipinas:

Hemos apaciguado y enterrado a varios millares de isleños; hemos destruido sus campos, quemado sus aldeas y hemos dejado a sus viudas y huérfanos a la intemperie... y así, mediante estas providencias divinas -y la expresión es del Gobierno, no mía- somos una potencia mundial.

La potencia de fuego americana era abrumadoramente superior a cualquier cosa que pudieran reunir los rebeldes filipinos. En la primera batalla, el almirante Dewey navegó río arriba por el Pasig y disparó proyectiles de 500 libras de peso a las trincheras filipinas. Los filipinos muertos estaban apilados a tal altura que los americanos utilizaban los cuerpos de parapetos. Un testigo británico dijo: "*Esto no es una guerra; es simplemente una masacre y una carnicería sangrienta*". Se equivocaba: era una guerra.

El hecho de que los rebeldes resistieran contra unas fuerzas tan superiores durante años, significaba que tenían el apoyo de la población. El general Arthur MacArthur, comandante de la guerra filipina, dijo: "*Creía que las tropas de Aguinaldo representaban sólo una fracción. Me resistía a creer que toda la población de Luzón -es decir, la población nativa- se oponía a nosotros*". Pero dijo que se vio "*obligado contra su voluntad*" a creer esto, porque las tácticas guerrilleras del ejército filipino "*dependían de una unidad de acción casi completa de toda la población nativa*".

A pesar de las cada vez más numerosas pruebas de brutalidad y de la labor de la Liga Antiimperialista, en Estados Unidos había algunos sindicatos que apoyaban la expansión imperialista. Pero el *Carpenter's Journal* se preguntaba: "*¿Cuánto han prosperado los trabajadores de Inglaterra con todas sus posesiones coloniales?*"

Cuando, a comienzos de 1899, el tratado de anexión de Filipinas estaba listo para debate en el Congreso, los Sindicatos Centrales de Trabajadores de Boston y Nueva York se opusieron a él. En Nueva York, hubo un mitin multitudinario contra la anexión. La Liga Antiimperialista puso en circulación más de un millón de panfletos contra la anexión de Filipinas. Aunque la Liga estaba organizada y dominada por intelectuales y empresarios, una gran parte de su medio millón de afiliados eran personas de clase obrera, incluyendo mujeres y negros. Organizaciones locales de la Liga celebraron mítines por todo el país. Fue una fuerte campaña en contra del tratado y, cuando el Senado lo ratificó, fue por un solo voto.

Las contradictorias reacciones del laborismo respecto a la guerra -atraídos por las ventajas económicas, y a la vez repelidos por la expansión capitalista y la violencia- impedían que el laborismo pudiera unirse para detenerla o para emprender una lucha de clases contra el sistema en su propio país.

Las reacciones de los soldados negros hacia la guerra también eran contradictorias: tenían la necesidad básica de progresar en una sociedad en la que a los negros se les negaban las oportunidades de éxito, y la vida militar ofrecía esas posibilidades. También estaba el orgullo de la raza y la necesidad de demostrar que los negros eran tan valientes y patriotas como cualquiera. Y sin embargo, junto a eso, también eran conscientes de que era una guerra brutal, librada contra gente de color, una réplica de la violencia perpetrada contra los negros en Estados Unidos.

En Tampa (Florida) los soldados negros allí acampados se enfrentaron al amargo odio racista de los lugareños blancos. Los disturbios raciales comenzaron cuando unos soldados blancos borrachos utilizaron a un niño negro como diana para mostrar su excelente puntería. Los soldados negros tomaron represalias y entonces las calles *"se inundaron de sangre de negros"*, según los informes de prensa.

El capellán de un regimiento de negros escribió a la *Cleveland Gazette* sobre veteranos negros de la guerra de Cuba *"recibidos cruel y burlonamente"* en Kansas City (Missouri). Dijo que *"no permitieron a esos muchachos negros, héroes de nuestro país, estar en los mostradores de los restaurantes y comer un sandwich y beber una taza de café, mientras daban la bienvenida a los soldados blancos y les invitaban a sentarse a las mesas y comer gratis"*.

Pero fue la situación de los filipinos lo que llevó a muchos negros de Estados Unidos a una oposición militante contra la guerra. El obispo más veterano de la Iglesia Africana Metodista Episcopaliana, Henry M. Turner, dijo que la campaña en Filipinas era *"una infernal guerra de conquista"* y llamó a los filipinos *"patriotas negros"*.

Había cuatro regimientos de negros de servicio en Filipinas. Muchos de los soldados negros establecieron relaciones con los isleños de piel marrón y se enfadaban cuando los soldados blancos decían "sucio negro" para referirse a los filipinos. Una "cifra extraordinariamente alta" de soldados negros desertaron durante la campaña de Filipinas.

William Simms escribió desde Filipinas:

> *Me impresionó una pregunta que me hizo un niño pequeño filipino, que venía a decir: ¿Por qué vienen los negros americanos a luchar contra nosotros, cuando nosotros somos muy amigos suyos y no les hemos hecho nada? ¿Por qué no lucháis en América contra los que queman negros?*

Un soldado de infantería llamado William Fulbright escribió desde Manila, en junio de 1901, al director de un periódico de Indianapolis: "*Esta lucha en las islas no ha sido más que un enorme plan de expoliación y de opresión*".

Mientras tenía lugar la guerra contra los filipinos, en América, un grupo de negros de Massachusetts envió una carta al presidente McKinley:

> *Hemos decidido enviarle una carta abierta, a pesar de su extraordinario, de su incomprensible silencio sobre el tema de nuestros males. Usted ha visto nuestros sufrimientos. Ha presenciado desde su alta posición nuestras horribles miserias y las injusticias contra nosotros y, sin embargo, en ningún momento, en ninguna ocasión ha dicho una palabra a favor nuestro...*

> *De común acuerdo, con una ansiedad que retorcía nuestros corazones con miedos y crueles esperanzas, la gente de color de Estados Unidos nos dirigimos a Usted cuando Wilmington (Carolina del Norte) estuvo en las garras de una sangrienta revolución durante dos días y noches terribles; cuando a los negros - que no eran culpables de ninguna ofensa, excepto del color de su piel y el deseo de ejercer sus derechos de ciudadanos americanos- se les mató como a perros en las calles de esa infausta ciudad... por falta de ayuda federal que Usted no proporcionó...*

> *Y cuando poco después hizo su visita por el sur, vimos cómo atendía astutamente al prejuicio racista sureño... Cómo predicaba paciencia, laboriosidad y moderación a sus conciudadanos negros, que habían sufrido durante mucho tiempo; y cómo predicaba patriotismo, e imperialismo a sus conciudadanos blancos...*

La "paciencia, laboriosidad y moderación" predicadas a los negros, y el "patriotismo" predicado a los blancos no cuajaron del todo. En los primeros años del siglo XX, y a pesar de toda la demostración de poder del Estado, muchísimos negros, blancos, hombres y mujeres se hicieron impacientes, inmoderados y poco patriotas.

Capítulo 13

EL RETO SOCIALISTA

La guerra y el patriotismo podían posponer, pero no suprimir del todo, la ira de clase generada por las realidades de la vida cotidiana. Cuando comenzó el siglo XX, esa ira emergió de nuevo. Emma Goldman, anarquista y feminista, forjó su conciencia política con el trabajo en las fábricas, las ejecuciones de Haymarket, la huelga en Homestead, la larga condena en prisión de su amante y camarada Alexander Berkman, la depresión de la década de 1890, las jornadas de huelga en Nueva York y su propio confinamiento en la isla de Blackwell. Algunos años después de la guerra hispano-americana habló en un mítin:

> *¡Cómo bullían de indignación nuestros corazones contra los malvados españoles! Pero cuando se hubo disipado el humo, enterraron a los muertos y pasaron la factura de la guerra a la gente con un aumento del precio de los productos y los alquileres -es decir, cuando se nos pasó la embriaguez de nuestra juerga patriótica- de repente caímos en la cuenta de que la causa de la guerra hispano-americana era el precio del azúcar... que las vidas, la sangre y el dinero del pueblo americano se usaron para proteger los intereses de los capitalistas americanos.*

Mark Twain no era ni anarquista ni radical. En 1900, a la edad de sesenta y cinco años, ya era un escritor de fama mundial de historias tragicómicas y americanas hasta la médula. Observó cómo Estados Unidos y otros países occidentales andaban por el mundo y, a comienzos de siglo, escribió en el *Herald* de Nueva York: "*Os traigo esta majestuosa matrona llamada cristiandad, que vuelve manchada, mancillada y deshonrada de sus incursiones piratas en Kiao-Chou, Manchuria, Sudáfrica y Filipinas; con el alma llena de mezquindades, el bolsillo lleno de "boodle" y la boca llena de piadosas hipocresías*".

A comienzos del siglo XX, había escritores que hablaban a favor del socialismo y que criticaban duramente el sistema capitalista. Y no eran oscuros panfletistas, sino que se encontraban entre las más famosas figuras literarias americanas: Upton Sinclair, Jack London, Theodore Dreiser y Frank Norris.

La novela de Upton Sinclair *The Jungle*, publicada en 1906, llamó la atención sobre las condiciones de las fábricas empaquetadoras de carne en Chicago, que impresionaron a todo el país y provocaron peticiones de leyes que regulasen la industria cárnica. Narrando la historia de un trabajador inmigrante, esta novela hablaba también de socialismo, de lo maravillosa que podría ser la vida si la gente poseyera, trabajara y compartiera de modo cooperativo las riquezas de la Tierra. *The Jungle* se publicó por primera vez en el periódico socialista *Appeal to Reason*; luego lo leyeron millones de personas en forma de libro y se tradujo a diecisiete idiomas.

Una de las influencias en el pensamiento de Upton Sinclair fue un libro de Jack London, *People of the Abyss*. London era un miembro del Partido Socialista. Hijo de madre soltera, procedía de una barriada de San Francisco. Había sido repartidor de periódicos, trabajador en una fábrica de conservas, marinero, pescador, había trabajado en una fábrica de yute y en una lavandería. Viajaba sin pagar en trenes que iban a la costa este; un policía le aporreó en las calles de Nueva York; le arrestaron por vagabundeo en las cataratas del Niágara; en la cárcel, vio cómo golpeaban y torturaban a los presos; cogía ostras furtivamente en la bahía de San Francisco. Leyó a Flaubert, Tolstoy, Melville y el *Manifiesto Comunista*; predicó el socialismo en los campamentos de buscadores de oro de Alaska durante el invierno de 1896; regresó navegando 2.000 millas por el mar de Bering y se convirtió en un escritor de novelas de aventuras de fama mundial.

En 1906 escribió la novela *The Iron Heel* (El talón de hierro), con su advertencia sobre una América fascista y su ideal sobre una hermandad socialista. A lo largo de la novela y a través de sus personajes, acusa al sistema.

> *En vista del hecho de que el hombre moderno vive de forma más desgraciada que el hombre de las cavernas y de que su capacidad de producción es mil veces mayor que la del hombre de las cavernas, no cabe más conclusión que la de que la clase capitalista ha hecho una mala gestión, criminal y egoístamente.*

Y, junto con este ataque, una visión:

> *No destruyamos esas maravillosas máquinas que producen de manera*

eficiente y barata. Controlémoslas. Beneficiémonos de su eficiencia y economía. Manejémoslas en interés propio. Eso, caballeros, es el socialismo...

Era una época en la que hasta una figura literaria autoexiliada en Europa y poco propensa a hacer declaraciones políticas, Henry James, visitó Estados Unidos en 1904 y vio el país *"como un jardín de Rappacini, en el que se encontraban todas las variedades de las venenosas plantas de la pasión por el dinero".*

Los "reveladores de escándalos", que sacaban a la luz el lodo y la porquería, contribuyeron al ambiente de disidencia, diciendo simplemente lo que veían. Algunas de las nuevas revistas de masas publicaron -irónicamente, para sacar beneficios- artículos como "Denuncia de la compañía petrolífera Standard Oil, por Ida Tarbell", o "Historias de corrupción en las ciudades americanas más importantes, por Lincoln Steffens".

En 1900, ni el patriotismo de la guerra, ni la canalización de la energía en las elecciones podían disfrazar los problemas del sistema. Salió a la luz el proceso de concentración empresarial; se veía más claramente el control de los banqueros. Como la tecnología se desarrollaba y las corporaciones crecían, necesitaban un mayor capital y eran los banqueros quienes tenían ese capital. En 1904, ya se habían consolidado más de mil líneas de ferrocarril en seis grandes asociaciones, cada una de ellas aliada con los intereses de Morgan y Rockefeller.

A Morgan siempre le había gustado la regularidad, la estabilidad y la capacidad de predicción.

Pero ni siquiera Morgan y sus socios tenían el control completo de un sistema así. En 1907, hubo un pánico, un colapso financiero y una crisis. Es cierto que las corporaciones muy grandes no sufrieron, pero después de 1907, los beneficios no eran tan grandes como querían los capitalistas, la industria no crecía tan rápido como podía hacerlo y los empresarios comenzaron a buscar formas de reducir costes.

Una de esas formas era el *taylorismo*. Frederick W. Taylor había sido capataz en una compañía siderúrgica y analizó concienzudamente cada empleo en la fábrica. Ideó un sistema bien detallado de división del trabajo y acrecentó la mecanización y los sistemas salariales a destajo para incrementar la producción y los beneficios. El propósito del *taylorismo* era hacer a los trabajadores intercambiables, capaces de hacer las tareas sencillas que requería la nueva división del trabajo, como si fueran piezas standard, despojadas de individualidad y humanidad, comprados y vendidos como mercancías.

Era un sistema muy adecuado para la nueva industria del automóvil. En 1909, Ford vendió 10.607 coches; en 1913, 168.000; en 1914, 248.000 (el 45% del total de los coches producidos). Los beneficios: 30 millones de dólares.

Ahora que los inmigrantes componían una gran parte de la mano de obra, el *taylorismo* -con sus sencillos trabajos no cualificados- se hizo más factible. En la ciudad de Nueva York, los nuevos inmigrantes iban a trabajar a fábricas que les explotaban. El poeta Edwin Markham escribió, en enero de 1907, en la revista *Cosmopolitan*:

> *En habitaciones sin ventilación, las madres y los padres cosen día y noche. Los que trabajan en las casas explotadoras deben trabajar por menos dinero que los que trabajan en las fábricas explotadoras... y a los niños que están jugando, les llaman para trabajar junto a sus padres...*

> *¿No es cruel una civilización que permite que se agoten esos pequeños corazones y se aplasten los hombros bajo las responsabilidades de los adultos, mientras en los bonitos bulevares de esa misma ciudad, una dama luce a un perro engalanado y lo mima en su regazo de terciopelo?*

La ciudad se convirtió en un campo de batalla. El 10 de agosto de 1905, el *Tribune* de Nueva York informó de que una huelga en la panadería de Federman, en el Lower East Side, acabó violentamente cuando Federman utilizó a esquiroles para continuar produciendo:

> *Ayer noche temprano, los huelguistas o sus simpatizantes destrozaron la panadería de Philip Federman en el número 183 de la calle Orchard, entre escenas del más tumultuoso alboroto. Los policías rompieron cabezas a diestro y siniestro con sus porras, después de que la muchedumbre zarandeara a dos de los policías...*

En Nueva York había quinientas fábricas de ropa. Una mujer recordaba más tarde las condiciones de trabajo:

> *En esos agujeros malsanos, todos nosotros, hombres, mujeres y jóvenes ¡trabajábamos entre setenta y ochenta horas semanales, incluidos los sábados y domingos! El sábado a la tarde, colgaban un cartel que decía: "Si no venís el domingo, no hace falta que vengáis el lunes". Los sueños infantiles de un día de fiesta se hicieron añicos. Nosotros llorábamos porque, después de todo, éramos sólo unos niños...*

En el invierno de 1909, las mujeres de la Compañía de Blusas Triángulo se organizaron y decidieron ir a la huelga. Pronto marcharon en la manifestación de piquetes, bajo el frío y sabiendo que no podían vencer mientras continuasen funcionando las demás fábricas. Convocaron un mitin masivo junto a los trabajadores de las otras empresas. Una adolescente, Clara Lemlich -una oradora elocuente a quien aún se le veían las señales de una paliza recibida recientemente en la marcha de piquetes- se puso en pie: "Propongo que se declare una huelga general ahora mismo". La asamblea se puso frenética y votaron ir a la huelga.

Una de las huelguistas, Pauline Newman, recordaba años después el comienzo de la huelga general:

> *Miles y miles de obreras abandonaban todas las fábricas, todas bajando hacia la plaza Unión. Era noviembre y el frío invierno estaba ya a la vuelta de la esquina. No teníamos abrigos de pieles para calentarnos, pero teníamos un ánimo que nos impulsaba hacia adelante hasta que llegásemos a alguna sala...*

> *Aún puedo ver a la gente joven, mujeres en su mayoría, caminando sin importarles lo que pudiera pasar... hambre, frío, soledad... ese día concreto no les importaba; había llegado su día.*

El sindicato había esperado que se uniesen a la huelga tres mil personas. Pero se declararon en huelga veinte mil. Cada día se afiliaban mil nuevos miembros al International Ladies Garment Workers Union (Sindicato Internacional de Trabajadoras de la Ropa), que, anteriormente, había contado con pocas mujeres. Las mujeres de color participaron activamente en la huelga, que se prolongó durante todo el invierno, a pesar de la policía, los esquiroles, los arrestos y la cárcel. Las trabajadoras consiguieron sus peticiones en más de trescientas fábricas. Ahora, las mujeres se convirtieron en funcionarias dentro del sindicato. Pauline Newman recuerda:

> *Tratábamos de educarnos a nosotras mismas. Yo invitaba a las chicas a mis habitaciones y nos turnábamos para leer poesía en inglés, para mejorar nuestra comprensión del idioma. Uno de nuestros poemas favoritos era "La máscara de la anarquía" de Percy Bysshe Shelley:*

> *"Rise like lions after slumber*
> *In unvanquishable number!*
> *Shake your chains to earth, like dew*
> *Which in sleep had fallen on you-*
> *Ye are many, they are few!"*[18]

---

18. ¡Alzaos como leones tras el sueño/ en cantidades invencibles!/ Tirad las cadenas al suelo, como si fuese rocío/ que os cayó cuando dormíais/ ¡Vosotros sois muchos, ellos pocos!

Las condiciones en la fábricas no cambiaron mucho. La tarde del 25 de marzo de 1911, un fuego en la Compañía de Blusas Triángulo, que empezó en un cubo de trapos, se extendió por las plantas octava, novena y décima, demasiado alto para que pudiesen llegar las escaleras de los bomberos. El jefe de bomberos de Nueva York había dicho que las escaleras sólo podían llegar al séptimo piso. Pero la mitad de los 500.000 trabajadores de Nueva York pasaban todo el día, quizá doce horas, por encima de la planta séptima. Las leyes requerían que las puertas de las fábricas se abriesen hacia fuera. Pero en la Compañía Triángulo se abrían hacia dentro. La ley decía que no debían cerrarse las puertas con pestillo durante la jornada laboral, pero en la Compañía Triángulo normalmente cerraban las puertas con pestillo, para que la compañía pudiera controlar a los empleados. Así que, atrapadas, las jóvenes murieron quemadas en sus mesas de trabajo o aplastadas contra la puerta de salida cerrada con llave, o tirándose por los huecos de los ascensores, donde morían. El *World* de Nueva York informaba:

> *Hombres, mujeres, muchachos y muchachas se amontonaban en las repisas de las ventanas gritando, y se arrojaban desde lo alto a las calles. Saltaban con sus ropas en llamas... Las chicas se abrazaban y saltaban -lastimoso compañerismo nacido al borde de la muerte.*

Cuando hubo terminado el incendio, 146 trabajadores de la Compañía Triángulo, mujeres en su mayoría, habían muerto quemadas o aplastadas. En Broadway, hubo un desfile en su memoria en el que marcharon 100.000 personas.

Hubo más incendios y más accidentes. Según un informe de la Commission on Industrial Relations (Comité de Relaciones Industriales), en 1914 murieron 35.000 trabajadores en accidentes industriales y 700.000 resultaron heridos.

La sindicalización iba en aumento, pero un 80% estaba en la American Federation of Labor (AFL, Federación Laborista Americana), un sindicato exclusivo -casi todos hombres, blancos y trabajadores cualificados. En 1910, a pesar de constituir una quinta parte del total de la mano de obra, tan sólo una de cada cien mujeres pertenecía a un sindicato.

En 1910, los trabajadores negros ganaban un tercio de lo que ganaban los blancos. También ellos estaban excluidos de la American Federation of Labor.

Pero en la realidad de la lucha, los trabajadores normales y corrientes a veces superaban tales separaciones. Mary McDowell narraba la formación de un sindicato femenino en los corrales de ganado de Chicago:

> *Esa noche ocurrió algo emocionante cuando una joven irlandesa gritó desde la puerta: " Una hermana de color pide que la admitamos, ¿qué le digo?" Otra joven irlandesa que estaba sentada en una silla respondió: "¡Admítela, por supuesto, y todas vosotras dadle una calurosa bienvenida!"*

En 1907, durante una huelga general en los diques de Nueva Orleans que implicó a diez mil trabajadores (estibadores, camioneros y cargadores), los blancos y los negros lucharon hombro con hombro a lo largo de veinte días.

Pero esas eran las excepciones. En general, el negro era excluido del movimiento sindical. En 1913, W.E.B. Du Bois escribía: *"El resultado de todo esto ha sido que el negro americano se ha convencido de que su peor enemigo no es el patrón que le roba, sino su compañero blanco".*

Para la Federación Laborista Americana el racismo resultaba práctico. La exclusión de mujeres y extranjeros también lo era, porque éstos eran en su mayoría trabajadores no cualificados, y la AFL, monopolizando la oferta de trabajadores cualificados, podía obtener mejores condiciones para ellos, dejando a la mayoría de los trabajadores en la estacada.

Los empleados de la AFL ganaban buenos sueldos, se codeaban con los patrones y hasta alternaban en la alta sociedad. Estaban a salvo de la crítica mediante asambleas estrechamente controladas, y por escuadrones de *gorilas* - matones a sueldo- que al principio se usaron contra los esquiroles, pero que al cabo de un tiempo sirvieron para intimidar y golpear a los oponentes dentro del sindicato.

Ante esta situación -terribles condiciones de trabajo y exclusivismo en la organización sindical- los trabajadores necesitaban un cambio radical. Dándose cuenta de que las raíces de su miseria estaban en el sistema capitalista, empezaron a trabajar por un nuevo tipo de sindicato. Una mañana de junio de 1905 se reunió en un local de Chicago una convención de doscientos socialistas, anarquistas y sindicalistas radicales de todos los Estados Unidos. Estaban fundando el sindicato IWW -Industrial Workers of the World (Trabajadores Industriales del Mundo). Big Bill Haywood, un líder de la Federación de Mineros del Oeste, recordaba en su autobiografía cómo cogió un trozo de madera que había sobre la tarima y la usó de martillo para abrir la convención:

Camaradas trabajadores... Esto es el Congreso Continental de la Clase Obrera. Estamos aquí para unir a los trabajadores de este país en un movimiento obrero que tendrá como propósito la emancipación de la clase obrera de la esclavitud del capitalismo...

Además de Haywood, en la tarima de los oradores estaban Eugene Debs - líder del Partido Socialista- y Madre Mary Jones -una mujer de pelo blanco de setenta y cinco años, que era organizadora de Mineros Unidos de América. La convención redactó una constitución, cuyo preámbulo decía:

La clase obrera y los empresarios no tienen nada en común. No puede haber paz mientras millones de trabajadores padezcan hambre y necesidad, y los pocos que componen la clase empresarial disfrutan de todas las comodidades de la vida.

La lucha entre estas dos clases debe continuar hasta que todos los trabajadores se unan en el campo político, así como en el industrial y tomen lo que producen con su trabajo, mediante una organización económica de clase obrera sin afiliación a ningún partido político...

Los del IWW (o los *Wobblies*[19], como se acabarían conociendo por razones que no están del todo claras) aspiraban a organizar a todos los trabajadores de cualquier sector en "Un Gran Sindicato", sin divisiones por sexo, raza o habilidades. Eran contrarios a hacer contratos con el patrón, porque esto había evitado muy a menudo el que los trabajadores hiciesen huelga por su cuenta o en solidaridad con otros trabajadores, convirtiendo a los afiliados de los sindicatos en esquiroles. Los Wobblies creían que las negociaciones que llevaban a cabo los líderes sustituían a la lucha continua de la gente común.

Hablaban de una "*acción directa*":

Acción directa significa acción industrial directamente por, para y de los propios trabajadores, sin la ayuda traicionera de falsos líderes sindicales o de políticos intrigantes. Una huelga iniciada, controlada y solucionada por los trabajadores directamente afectados es acción directa... acción directa es democracia industrial.

La gente de la IWW era militante, valiente. En McKees Rocks (Pennsylvania), lideraron en 1909 una huelga de seis mil trabajadores contra una filial de la Compañía Siderúrgica Americana, desafiando a los soldados de caballería del Estado. Prometieron matar a un soldado por cada trabajador asesinado (en un enfrentamiento armado, murieron cuatro huelguistas y tres

---

19. Tambaleantes.

soldados de caballería) y se las arreglaron para mantener tomadas las fábricas hasta que ganaron la huelga.

En esta época las ideas anarco-sindicalistas se estaban desarrollando con fuerza en España, Italia y Francia. Según ellas, los trabajadores no se harían con el poder o con la maquinaria estatal mediante una rebelión armada, sino paralizando el sistema mediante una huelga general; y una vez tomado el poder, lo usarían para el bien general. Un organizador del IWW, Joseph Ettor, dijo:

> Si los trabajadores del mundo quieren vencer, lo único que tienen que hacer es reconocer su propia solidaridad. Sólo tienen que cruzarse de brazos y el mundo se parará. Son más peligrosos los trabajadores con las manos en los bolsillos que todas las propiedades de los capitalistas...

Era una idea inmensamente poderosa. En los diez apasionantes años que siguieron a su fundación, el IWW llegó a ser una amenaza para la clase capitalista, justo cuando el crecimiento capitalista era gigantesco y los beneficios enormes. El IWW nunca tuvo más de cinco mil o diez mil afiliados a la vez; la gente entraba y salía, y pasaron por él unos cien mil miembros. Pero su energía, su persistencia, lo que inspiraban, su habilidad para movilizar a miles de personas en un lugar y en un momento determinado, les hizo tener una influencia en el país que iba mucho más allá del número de afiliados. Viajaban a todas partes (muchos estaban en el paro o eran trabajadores que se trasladaban de un lugar a otro), organizaban, escribían, hablaban, cantaban y difundían su mensaje y su espíritu.

El sistema les atacó con todas las armas que podía reunir: los periódicos, los tribunales, la policía, el ejército y la violencia callejera. Las autoridades locales aprobaban leyes para impedirles hablar. El IWW desafió esas leyes. En Missoula (Montana) -un área minera y maderera- cientos de Wobblies llegaron en furgones, después de que a algunos se les hubiera impedido hablar. Fueron arrestados uno tras otro, hasta que abarrotaron las cárceles y los juzgados y, finalmente, obligaron a la ciudad a revocar su ordenanza anti-discursos.

En 1909 aprobaron en Spokane (Washington), una ordenanza contra los mítines callejeros y arrestaron a un organizador del IWW que insistía en dar un discurso. Miles de Wobblies fueron en manifestación hasta el centro de la ciudad para hablar. Uno por uno dieron su discurso y uno por uno fueron arrestados hasta que seiscientos de ellos acabaron en la cárcel. Las condiciones en prisión eran brutales, y varios hombres murieron en sus celdas, pero el IWW consiguió su derecho a manifestarse.

En San Diego, un Tribunal preguntó a Jack White -un Wobbly arrestado en 1912 en una lucha por la libertad de expresión y sentenciado a seis meses en la cárcel del condado a un régimen de pan y agua- si tenía algo que decir. Un taquígrafo anotó lo que dijo:

> He estado sentado día tras día en su sala, y he visto a miembros de mi clase pasar ante este supuesto tribunal de Justicia. Le he visto, juez Sloane, y a otros como usted, mandarles a prisión porque se atrevieron a violar los sagrados derechos de la propiedad. Usted está ciego y sordo a los derechos del hombre a perseguir la felicidad y la vida, y ha aplastado esos derechos para preservar el sagrado derecho de propiedad. Luego me dice que respete la ley. No lo hago. Infringí la ley, como infringiré cada una de sus leyes y todavía vendré ante usted y diré: "Al infierno los tribunales".

También hubo palizas, personas alquitranadas y emplumadas, derrotas. Un miembro del IWW, John Stone, cuenta cómo él y otro hombre salieron libres de la cárcel de San Diego a medianoche y fueron obligados a entrar a un automóvil, sacados de la ciudad y golpeados con porras. En 1917 -el año en que Estados Unidos entró en la I Guerra Mundial-, unos vigilantes cogieron al organizador del IWW en Montana, Frank Little, lo torturaron y lo ahorcaron, dejando su cadáver balanceándose en un caballete de ferrocarril.

Joe Hill, un organizador del IWW, escribió docenas de canciones. Eran mordaces, divertidas, con conciencia de clase y estimulantes. Se convirtió en una leyenda, tanto en su época como más tarde. Su canción *The Preacher and the slave* apuntaba a un blanco favorito del IWW: la Iglesia:

> Long-haired preachers come out every night,
> Try to tell you what's wrong and what's right;
> But when asked how 'bout something to eat
> They will answer with voices so sweet:
> > You will eat, bye and bye,
> > In that glorious land above the sky;
> > Work and pray, live on hay,
> > You' ll get pie in the sky when you die.[20]

Para su canción *Rebel Girl*, Joe Hill se inspiró en la huelga de mujeres en las fábricas textiles de Lawrence (Massachusetts), y concretamente en la líder del IWW durante esa huelga, Elizabeth Gurley Flynn:

---

20. Cada noche salen predicadores de largas cabelleras/ intentan decirte lo que está bien y lo que está mal;/ pero cuando les preguntan ¿qué tal algo de comer?/ con dulces voces contestarán:/Ya comeréis más tarde/ en esa tierra gloriosa sobre el cielo/ trabajad y orad, vivid del heno,/ en el cielo tendréis tarta cuando muráis.

There are blue-blooded queens and princesses,
Who have charms made of diamonds and pearl,
But the only and Thoroughbred Lady
Is the Rebel Girl.[21]

En noviembre de 1915, acusaron a Joe Hill de haber matado a un tendero en la ciudad de Salt Lake (Utah) en un atraco. No presentaron ante el tribunal ninguna prueba directa que probara que él hubiera cometido el asesinato, pero había indicios parciales suficientes como para que el jurado le considerara culpable. Este caso se hizo famoso en todo el mundo y el gobernador recibió diez mil cartas de protesta. Pero, con ametralladoras custodiando la puerta de la prisión, un pelotón de fusilamiento ejecutó a Joe Hill. Justo un poco antes, Hill había escrito a Bill Haywood: *"No pierdas tiempo en lamentaciones. Organiza"*.

En 1912, el IWW se vio envuelto en una serie de dramáticos acontecimientos en Lawrence (Massachusetts), donde la Compañía de Lana Americana poseía cuatro fábricas. La mano de obra estaba compuesta por familias de emigrantes -portugueses, franco-canadienses, ingleses, irlandeses, rusos, italianos, sirios, lituanos, alemanes, polacos y belgas- que vivían en atestadas viviendas de madera inflamable. Su salario medio era de 8,76 dólares semanales. Una doctora de Lawrence, Elizabeth Shapleigh, escribió:

> *Un número considerable de chicos y chicas mueren en los primeros dos o tres años de trabajo. De cada cien hombres y mujeres que trabajan en la fábrica, treinta y seis mueren a los veinticinco años o antes.*

Fue a mediados del invierno, en enero, cuando las tejedoras de una de las fábricas -compuesta por mujeres polacas- vieron, por los sobres que les distribuían, que habían reducido sus salarios. Unos salarios que, antes de eso, ya eran tan bajos que no podían alimentar a sus familias. Pararon los telares y salieron de la fábrica. Al día siguiente, cinco mil trabajadores de otra fábrica abandonaron su trabajo, fueron a otra fábrica, forzaron las puertas, desconectaron los telares y exhortaron a salir a los empleados. Pronto estuvieron en huelga diez mil trabajadores.

Enviaron un telegrama a Joseph Ettor -un italiano de veintiséis años y líder del IWW en Nueva York- para que acudiese a Lawrence y les ayudara a dirigir la huelga. Para las decisiones importantes, establecieron un comité de

---

21. Hay reinas y princesas de sangre azul,/ con encantos hechos de perlas y diamantes/ pero la única dama con clase/ es la muchacha rebelde.

cincuenta personas, en el que estaban representadas todas las nacionalidades de los trabajadores.

El IWW organizó congregaciones multitudinarias y manifestaciones. Los huelguistas tenían que proveer de alimento y combustible a 50.000 personas (Lawrence tenía 86.000 habitantes); establecieron comedores públicos y empezó a llegar dinero de todo el país, de sindicatos, de IWW regionales, de grupos socialistas y de particulares. El alcalde mandó salir a la milicia local. El gobernador ordenó que saliera la policía estatal. Pocas semanas después de que empezara la huelga, la policía atacó una manifestación de huelguistas, lo que originó disturbios durante todo el día. Por la noche, dispararon a una huelguista, Anna Lo Pizzo, matándola. Los testigos aseguraron que el crimen lo cometió un policía, pero las autoridades arrestaron a Joseph Ettor y a otro organizador del IWW que había acudido a Lawrence, un poeta llamado Arturo Giovanitti. Ninguno de los dos estuvo en la escena del crimen, pero la acusación decía que *"Joseph Ettor y Arturo Giovanitti incitaron, consiguieron y aconsejaron o mandaron cometer dicho crimen a una persona cuyo nombre se desconoce..."*

Declararon la ley marcial y prohibieron a los ciudadanos hablar en la calle. Arrestaron a treinta y seis huelguistas y muchos fueron condenados a un año de cárcel. Un martes, 30 de enero, pasaron por la bayoneta a un joven huelguista sirio, John Ramy, que murió. Pero los huelguistas aún estaban en la calle, y las fábricas seguían paradas. Ettor dijo: *"Las bayonetas no pueden tejer la ropa".*

En febrero, los huelguistas comenzaron a tomar las fábricas en masa, de siete mil a diez mil piquetes en una cadena interminable. Pero se estaban quedando sin comida y sus hijos tenían hambre. Un periódico socialista, el *Call* de Nueva York, propuso que mandasen a los hijos de los huelguistas a familias solidarias de otras ciudades para que les cuidaran mientras durase la huelga. El IWW y el Partido Socialista comenzaron a organizar el éxodo de los niños, examinando solicitudes de familias que los querían y planeando exámenes médicos para los pequeños.

El 10 de febrero, más de cien niños, de edades comprendidas entre los cuatro y los catorce años, salieron de Lawrence hacia Nueva York. Cinco mil socialistas italianos les recibieron en la Gran Estación Central, cantando la *Marsellesa* y la *Internacional*. La semana siguiente llegaron a Nueva York otros cien niños y treinta y cinco a Barre (Vermont). Era evidente que si cuidaban a los niños, los huelguistas podrían continuar la huelga, porque su ánimo era grande. Los funcionarios de Lawrence, citando un estatuto sobre negligencia infantil, dijeron que no permitirían salir de Lawrence a más niños. A pesar del edicto, el 24 de febrero, reunieron a un grupo de cuarenta niños para ir a Filadelfia. La estación de ferrocarril estaba llena de policías. Un miembro del Comité de Mujeres de Filadelfia describió a los congresistas la escena que siguió:

> *Cuando se acercaba la hora de partir, los niños -que formaban de dos en dos en una larga y ordenada procesión- estaban a punto de subir al tren cuando los policías nos rodearon con sus porras, pegando a diestro y siniestro...*

Una semana después, la policía rodeó a unas mujeres que volvían de un mitin y las aporrearon. Llevaron inconsciente al hospital a una mujer embarazada que dio a luz a un niño muerto. Pero las huelguistas resistieron y continuaron desfilando y cantando.

La Compañía de Lana Americana decidió darse por vencida. Ofreció aumentos del 5 al 11% (los huelguistas insistieron en que los mayores aumentos fueran para los peor pagados), que cada hora extraordinaria contase como una hora y cuarto, y no discriminar a los que habían hecho huelga. El 14 de marzo de 1912, se reunieron diez mil huelguistas en el ayuntamiento de Lawrence y con Bill Haywood presidiendo el acto, votaron dar por concluida la huelga.

Ettor y Giovanitti fueron a juicio. Por todo el país les apoyaban cada vez más. Hubo manifestaciones en Nueva York y Boston; el 30 de septiembre, quince mil trabajadores de Lawrence hicieron huelga para mostrar su apoyo a los dos hombres. Un Jurado declaró inocentes a Ettor y Giovanitti, y esa tarde se reunieron en Lawrence diez mil personas para celebrarlo. El IWW se tomó en serio su eslogan "Un Gran Sindicato". Cuando organizaban una fábrica o una mina, incluían a las mujeres, a los extranjeros, a los trabajadores negros y a los trabajadores más humildes y peor cualificados.

En 1900, había 500.000 mujeres oficinistas, cuando en 1870 había 19.000. Muchas mujeres trabajaban de telefonistas, dependientas o enfermeras. Medio millón eran profesoras. Las maestras fundaron una Liga de Profesoras, que luchaba contra el despido automático de las mujeres que quedaban embarazadas. En una ciudad de Massachusetts se pusieron junto al consejo escolar las siguientes "Reglas para Profesoras":

1. No se case.

2. No salga de la ciudad en ningún momento sin el permiso del consejo escolar.

3. No frecuente la compañía de hombres.

4. Esté en casa entre las 20h y las 6h.

5. No pierda el tiempo en las heladerías del centro.

6. No fume.

7. No suba a un coche con ningún hombre que no sea su padre o su hermano.

8. No se vista con colores llamativos.

9. No se tiña el pelo.

10. No se ponga ningún vestido que quede a más de dos pulgadas por encima del tobillo.

En 1909, la *Guía* de la Liga Industrial del Sindicato de Mujeres escribía sobre las mujeres en las lavanderías:

> *¿Qué os parecería planchar una camisa cada minuto? ¡Imaginaros estar junto a una máquina de planchar justo encima de los servicios, con el vapor caliente subiendo por las rendijas del suelo, durante 10, 12, 14 y a veces 17 horas diarias! El Sindicato de Lavanderías... de una ciudad redujo esta larga jornada a 9 horas y ha aumentado los salarios un 50%.*

Hacia finales de siglo, se multiplicaron las luchas huelguísticas. En la década de 1890, había habido unas mil huelgas al año. Hacia 1904, ya había cuatro mil huelgas anuales. Una y otra vez, la ley y el ejército se pusieron de parte del rico. En esa época, cientos de miles de americanos empezaron a pensar en el socialismo.

En 1904, tres años después de la fundación del Partido Socialista, Eugene Debs escribía:

> *El sindicato "puro y simple" del pasado no responde a las necesidades de hoy... Habría que enseñar a los miembros de un sindicato que el movimiento laborista significa más, infinitamente más, que un ínfimo aumento salarial y la huelga necesaria para asegurarlo; que su objetivo más alto es despojar al sistema capitalista de la propiedad privada de las herramientas de trabajo, abolir la esclavitud salarial y conseguir la libertad de toda la clase trabajadora y, de hecho, de toda la humanidad...*

Debs se había hecho socialista estando en prisión durante la huelga de Pullman. Ahora, era el portavoz de un partido que le había nominado cinco veces como su candidato presidencial. Hubo un momento en el que el partido contó con 100.000 afiliados y 1.200 funcionarios en 340 municipios. El periódico principal del partido, *Appeal to Reason*, en el que escribía Debs, contaba con medio millón de suscriptores, y había muchos otros periódicos socialistas por todo el país, así que, en total, alrededor de un millón de personas leía la prensa socialista.

El socialismo salió de los pequeños círculos de inmigrantes urbanos- socialistas judíos y alemanes que hablaban sus propios idiomas- y se hizo americano. La organización estatal socialista más poderosa estaba en Oklahoma, que, en 1914, contaba con doce mil afiliados que pagaban sus cuotas (más que en el estado de Nueva York), y eligió a más de cien socialistas para los ayuntamientos, incluyendo seis en la legislatura del estado de Oklahoma.

Había cincuenta y cinco semanarios socialistas en Oklahoma, Texas, Luisiana, Arkansas, y campamentos de verano que atraían a miles de personas.

Las mujeres socialistas formaban parte del movimiento feminista de comienzos de la primera década del siglo. Según Kate Richards O'Hare líder socialista de Oklahoma- las socialistas neoyorquinas estaban maravillosamente organizadas. En 1915, durante la primera campaña en Nueva York para lograr un referéndum sobre el sufragio femenino, un día, en la cúspide de la campaña, distribuyeron 60.000 folletos en inglés y 50.000 en judeoalemán; vendieron 2.500 libros de un centavo y 1.500 de cinco centavos; pusieron 40.000 pegatinas y celebraron 100 mítines.

Pero ¿no tenían las mujeres problemas que iban más allá de los políticos y económicos y que no se solucionarían automáticamente con un sistema socialista? Una vez que se corrigiera la base económica de la opresión sexual ¿se daría la igualdad? ¿Tenía sentido luchar por el voto o por algo que no fuera el cambio revolucionario? A medida que crecía el movimiento feminista -a comienzos del siglo XX-, y a medida que las mujeres podían expresarse más y se organizaban, protestaban, hacían manifestaciones por el voto y por el reconocimiento de igualdad en todas las esferas -incluidos el matrimonio y las relaciones sexuales-, la discusión se hizo más peliaguda.

Cuando, a los ochenta años, Susan Anthony fue a escuchar a Eugene Debs (veinticinco años antes, él había ido a escucharla a ella y no se habían encontrado desde entonces) se dieron un cálido apretón de manos y sostuvieron una breve conversación. Ella le dijo, riéndose: "Dadnos el sufragio y os daremos el socialismo". Debs respondió: "Dadnos el socialismo y os daremos el sufragio".

Hubo mujeres que insistían en unir los objetivos del socialismo y del feminismo, como Crystal Eastman, que imaginaron nuevas formas alternativas al matrimonio tradicional, en las que los hombres y las mujeres conviviesen y mantuvieran su independencia. Eastman era socialista, pero una vez escribió que una mujer *"sabe que toda la esclavitud de la mujer no se resume en el sistema mercantil, ni la caída del capitalismo asegura su completa emancipación".*

En los primeros quince años del siglo XX, había más mujeres que componían la mano de obra y con más experiencia en las luchas laboristas. Algunas mujeres de clase media, conscientes de la opresión hacia las mujeres y deseosas de hacer algo, estaban yendo a la universidad y tomando conciencia de sí mismas como algo más que amas de casa.

Estaban desafiando la cultura de las revistas de masas, que difundían el mensaje de la mujer como compañera, esposa y ama de casa. Algunas de estas feministas se casaron; otras no. Pero todas luchaban contra el problema de las relaciones con los hombres, como Margaret Sanger -pionera en la educación del control de la natalidad- que sufrió un colapso nervioso dentro de un matrimonio aparentemente feliz pero opresivo. Tuvo que abandonar marido e hijos para seguir su carrera profesional y sentirse plena otra vez. En su libro *Woman and the New Race*, Sanger había escrito: *"Ninguna mujer puede considerarse libre si no posee y controla su propio cuerpo. Ninguna mujer puede considerarse libre hasta que pueda elegir conscientemente si será madre o no".*

Era un problema complicado. Por ejemplo, Kate Richards O'Hare creía en el hogar pero pensaba que el socialismo lo mejoraría. Por otro lado, Elizabeth Gurley Flynn escribió en su autobiografía *Rebel Girl* (La chica rebelde):

> *La vida doméstica y posiblemente una familia numerosa no tenían atractivo para mí... quería hablar y escribir, viajar, conocer gente, ver lugares, organizar para el IWW. No veía ninguna razón por la que yo como mujer tenía que renunciar a mi trabajo para hacer todo esto.*

Aunque algunas mujeres de esta época eran radicales, socialistas o anarquistas, aún era mayor el número de mujeres que estaban metidas en la campaña en favor del sufragio. Al movimiento sufragista se unieron veteranas de las luchas sindicales, como Rose Schneiderman, de los Trabajadores de la Ropa. En un mitin del Sindicato del Cobre en Nueva York, Rose respondió a un político que dijo que si se les daba el voto a las mujeres, perderían su feminidad:

En las lavanderías, las mujeres están de pie durante trece o catorce horas, rodeadas de vapor, con un calor terrible y sus manos llenas de almidón caliente. Seguramente, estas mujeres, por meter una papeleta en una urna una vez al año, no perderán ni un ápice más de su belleza y encanto de lo que lo harán estando de pie en fundiciones o lavanderías durante todo el año.

En Nueva York, cada primavera aumentaba el número de personas que acudían a las manifestaciones en favor del sufragio femenino. Un informe de prensa de 1912 decía:

Miles de hombres y mujeres de Nueva York se reunieron a lo largo de toda la Quinta Avenida desde Washington Square -donde se formó la manifestación- hasta la Calle 57, donde se disolvió. Bloquearon todas las intersecciones que había en el trayecto de la marcha. Muchos estaban dispuestos a reírse y burlarse, pero nadie lo hizo. La imagen de la impresionante columna de mujeres dando grandes zancadas en filas de a cinco por el medio de la carretera disipó cualquier intención de burla... había doctoras, abogadas, mujeres arquitecto, artistas, actrices y escultoras, camareras, sirvientas, un enorme grupo de trabajadoras industriales... Todas marchaban con una decisión y propósito que dejó boquiabiertas a las multitudes que se alineaban para verlas pasar.

Algunas mujeres radicales eran escépticas. La anarquista y feminista Emma Goldman dijo lo que pensaba -contundentemente, como siempre- sobre el tema del sufragio femenino:

Nuestro fetiche moderno es el sufragio universal... No hay ninguna razón en absoluto para creer que el voto ha ayudado o ayudará a la mujer en su ascenso hacia la emancipación... El desarrollo de la mujer, su libertad y su independencia deben surgir de sí misma. Primero, reafirmando su personalidad. Segundo, negando a cualquiera el derecho sobre su cuerpo; negándose a tener hijos a menos que lo desee; negándose a ser una sirvienta de Dios, del Estado, de la sociedad, de su marido, de su familia, etc; haciendo su vida más sencilla pero más rica y profunda... Sólo eso, y no el voto, liberará a la mujer...

Helen Keller escribía en 1911 a una sufragista en Inglaterra:

Nuestra democracia no es más que un nombre. ¿Votamos? ¿qué significa eso? Significa que elegimos entre dos facciones de verdaderos autócratas, aunque no lo reconozcan. Elegimos entre Fulano y Mengano... pedís el voto para la mujer... pero vuestros hombres, con sus millones de votos ¿se han liberado de esta injusticia?

Ciega y sorda, Helen Keller luchó con su espíritu y con su pluma. Cuando se hizo socialista abierta y activamente, el *Eagle* de Brooklyn -que anteriormente la había tratado como a una heroína- escribió que "*sus errores surgen de las evidentes limitaciones de su desarrollo*". El *Eagle* no aceptó su respuesta, pero el *Call* de Nueva York la publicó. Contaba que cuando una vez se reunió con el director del *Eagle* de Brooklyn, él la felicitó mucho. "*Pero ahora que me he declarado socialista nos recuerda a mí y al público que soy ciega y sorda y especialmente susceptible de error...*" Y añade:

¡Ah, el ridículo Eagle *de Brooklyn! ¡Qué pájaro tan poco galante! Es socialmente ciego y sordo, defiende un sistema intolerable, un sistema que es la causa de mucha de la ceguera y sordera físicas que estamos intentando evitar. El* Eagle *y yo estamos en guerra. Odio el sistema que representa... cuando contraataque, que pelee limpiamente... no es una lucha justa o un buen argumento recordarnos a mí y a los demás que no puedo ver ni oír. Puedo leer. Si tengo tiempo, puedo leer todos los libros socialistas en inglés, alemán y francés. Si el director del* Eagle *de Brooklyn leyese algunos, sería un hombre más sabio y haría un periódico mejor. Si algún día contribuyo al movimiento socialista con el libro con el que a veces sueño, sé cómo lo titularé:* Ceguera Industrial *y* Sordera Social.

La Madre Jones no parecía especialmente interesada en el movimiento feminista, pero organizaba a trabajadores textiles y mineros, así como a sus esposas e hijos. Una de sus muchas proezas fue la de organizar una marcha de niños a Washington para exigir el fin del trabajo infantil (a comienzos del siglo XX 284.000 niños de edades comprendidas entre los diez y los quince años trabajaban en las minas, en las fábricas y en las industrias. Jones describía esto:

En la primavera de 1903, fui a Kensington (Pennsylvania) donde setenta y cinco mil trabajadores textiles estaban en huelga. De éstos, al menos diez mil eran niños pequeños. Los trabajadores estaban en huelga para conseguir una paga mejor y menos horas de trabajo. Cada día iban niños pequeños a la sede del sindicato. A algunos les faltaban las manos; a otros el pulgar; a otros, los dedos hasta los nudillos. Eran criaturitas encorvadas, cargadas de espaldas, flacas...

Les pregunté a algunos de los padres si me dejarían tener a sus hijos e hijas durante una semana o diez días, y prometí devolvérselos sanos y salvos... Un hombre llamado Sweeny era jefe de policía... Un puñado de hombres y mujeres vinieron conmigo... Los niños llevaban en la espalda mochilas que contenían un cuchillo, un tenedor, una taza de hojalata y un plato... Uno de los pequeños tenía un tambor y otro un pífano... Portábamos pancartas que decían: "Queremos tiempo para jugar".

Las mujeres negras se enfrentaban a una doble opresión. En 1912, una enfermera negra escribió a un periódico:

> *Nosotras, las pobres negras asalariadas del sur, estamos librando una terrible batalla. Para empezar, los negros -que deberían ser nuestros defensores naturales- nos atacan; y, ya estemos en la cocina, lavando ropa, en la máquina de coser, tras el carrito del bebé o con la tabla de planchar, no somos más que caballos de tiro, bestias de carga, ¡esclavas!*

En los primeros años del siglo XX -llamados por generaciones de estudiosos blancos "el período progresista"- se denunciaban linchamientos cada semana; era el punto más bajo para los negros, del norte y del sur, "el nadir", como lo llama el historiador negro Rayford Logan. En 1910, había en Estados Unidos 10 millones de negros, de los que 9 millones vivían en el sur.

El gobierno de Estados Unidos (entre 1901 y 1921, los presidentes fueron Theodore Roosevelt, William Howard Taft y Woodrow Wilson) -ya fuera republicano o demócrata- miró cómo linchaban a los negros, observó disturbios criminales contra los negros en Statesboro, Georgia, Brownsville, Texas y Atlanta, y no hizo nada.

En el Partido Socialista había negros, pero este partido no se desvió mucho de su camino al tratar la cuestión racial. Los negros comenzaron a organizarse. En 1905, W.E.B. Du Bois -que daba clases en Atlanta (Georgia)- envió una carta a líderes negros de todo el país pidiéndoles que acudieran a un Congreso, cerca de las cataratas del Niágara, justo cruzando la frontera de Buffalo con Canadá. Era el comienzo del "Movimiento Niágara".

Nacido en Massachusetts, Du Bois -el primer negro que recibió un doctorado de la Universidad de Harvard (1895)- acababa de escribir y publicar su libro *The Souls of Black Folk*, lleno de fuerza poética. Du Bois era un simpatizante socialista, aunque sólo se afilió al partido por poco tiempo.

Una de las personas que le ayudaron a convocar la asamblea del Niágara fue un joven negro que vivía en Boston, William Monroe Trotter, de ideas militantes, que publicaba un periódico semanal, el *Guardian*, en el que atacaba las ideas moderadas de Booker T. Washington. Cuando, en el verano de 1903, Washington habló ante una audiencia de dos mil personas en una iglesia de Boston, Trotter y sus partidarios preparaban nueve preguntas provocativas que conmocionaron y desembocaron en peleas. Arrestaron a Trotter y a un amigo suyo, lo que aumentó el espíritu de indignación que llevó a Du Bois a encabezar la asamblea de Niágara. El tono del grupo de Niágara era duro:

Nos negamos a permitir que continúe la impresión de que el negro americano asiente cuando le dicen que es inferior, es sumiso bajo la opresión y se excusa cuando le insultan. Puede que nos sometamos por nuestra impotencia, pero el grito de protesta de diez millones de americanos no debe dejar de llegar a oídos de sus compatriotas, mientras América sea injusta.

Un disturbio racial en Springfield (Illinois) impulsó la formación, en 1910, de la NAACP (Asociación Nacional para el Progreso de las Personas de Color). Los blancos tenían el liderazgo de la nueva organización; Du Bois era el único dignatario negro. Fue también el primer director del periódico de la NAACP, *The Crisis*. La NAACP se centraba en acciones legales y en la educación, pero Du Bois representó en esta asociación el espíritu encarnado en la declaración del movimiento del Niágara: "*La persistente agitación viril es el camino a la libertad*".

En este período, lo que estaba claro para los negros, las feministas, los organizadores laboristas y los socialistas era que no podían contar con el gobierno nacional.

Es cierto que éste era el "Período Progresista", el comienzo de la era reformista, pero se trataba de una reforma reacia, cuyo fin era aplacar las sublevaciones populares, no llevar a cabo cambios fundamentales.

Lo que dio a este período el apelativo de "progresista" era el hecho de que se aprobaban nuevas leyes. Bajo el mandato de Theodore Roosevelt, aprobaron la Ley de Inspección de Carnes, la Ley Hepburn para regular los ferrocarriles y oleoductos, y una Ley de Alimentos y Medicamentos Puros. Con el Presidente Taft, la Ley Mann-Elkins hizo que la Comisión de Comercio Interestatal regulara el sistema telefónico y telegráfico. Durante la presidencia de Woodrow Wilson, introdujeron la Comisión de Comercio Federal para limitar el crecimiento de los monopolios y la Ley de la Reserva Federal para regular el sistema financiero y bancario del país. Con Taft, propusieron la Decimosexta Enmienda de la Constitución que haría posible una graduación de impuestos y la Decimoséptima Enmienda permitía la elección de senadores directamente, mediante el voto popular, en lugar de mediante las legislaturas de los estados, como estipulaba la Constitución original. También en esta época, una serie de estados aprobaron leyes que regulaban los salarios y las jornadas laborales, y proporcionaban inspecciones para comprobar la seguridad en las fábricas y compensaciones para los trabajadores que tuviesen accidentes laborales.

Sin duda, la gente ordinaria se benefició hasta cierto punto de estos cambios. El sistema era rico, productivo y complejo. Podía dar lo bastante de sus riquezas a los suficientes miembros de la clase obrera como para crear un escudo protector entre las capas más bajas de la sociedad y las más altas. Un estudio sobre los inmigrantes en Nueva York entre 1905 y 1915, muestra que el 32% de los italianos y judíos ascendieron, de trabajos manuales a niveles más altos (aunque no mucho más altos).

Pero también era cierto que muchos inmigrantes italianos no consideraban que las oportunidades fuesen lo suficientemente atractivas como para quedarse. En un período de cuatro años, por cada cien italianos que llegaban a Nueva York, sesenta y tres se iban. Sin embargo, los italianos que se hicieron obreros de la construcción, y los judíos que llegaron a ser negociantes y profesionales, constituían una clase media que amortiguaba los conflictos de clases.

Pero las condiciones fundamentales no cambiaron para la inmensa mayoría de los granjeros arrendatarios, los obreros de las fábricas, los habitantes de los suburbios, los mineros, los labriegos, los trabajadores y trabajadoras, blancos o negros.

El nuevo énfasis en un gobierno fuerte tenía como objetivo estabilizar un sistema que beneficiaba a las clases altas. Theodore Roosevelt, por ejemplo, se creó una reputación de "destroza-trusts", pero dos hombres de J.P. Morgan - Elbert Gary, presidente de U.S. Steel, y George Perkins, que más tarde sería consejero de Roosevelt en las elecciones- concertaron negociaciones privadas con el presidente, para asegurarse de que el "destrozo de trusts" no fuera demasiado lejos.

En 1901, la *Bankers' Magazine* escribía: *"A medida que las finanzas del país han aprendido el secreto de la asociación, están corrompiendo gradualmente el poder de los políticos y los hacen serviles a sus propósitos..."*

En 1904, 318 *trusts* -con un capital de más de siete mil millones de dólares- controlaban el 40% de la industria norteamericana.

Los consejeros de Roosevelt eran industriales y banqueros. Roosevelt, respondiendo a su preocupado cuñado que le escribía de Wall Street, dijo: *"Tengo intención de ser de lo más conservador, pero en interés de las propias corporaciones, y sobre todo en interés del país".*

Roosevelt apoyó la reformista Ley Hepburn porque tenía miedo de algo peor. Escribió a Henry Cabot Lodge que en el *lobby* de los ferrocarriles que se oponía al proyecto de ley "*son muy miopes por no entender que el rechazarla significa incrementar el movimiento a favor de que los ferrocarriles sean propiedad del gobierno*".

Los controles de la ideología se construían hábilmente. En 1900, un profesor y periodista republicano y conservador, organizó la National Civic Federation (NCF, Federación Nacional Cívica) cuyo objetivo consistía en mejorar las relaciones entre el capital y el laborismo. Los funcionarios del NCF eran en su mayoría grandes empresarios e importantes políticos nacionales, pero su primer vicepresidente fue, durante mucho tiempo, Samuel Gompers, de la American Federation of Labor.

El NCF buscaba un enfoque más sofisticado con los sindicatos, considerándolos como una realidad inevitable. Preferían, por tanto, llegar a acuerdos con ellos, antes que luchar contra ellos: mejor tratar con un sindicato conservador que enfrentarse a uno militante.

Muchos empresarios ni siquiera admitían las insignificantes reformas propuestas por la Federación Cívica, pero el enfoque de la Federación representaba la sofisticación y autoridad del Estado moderno, dispuesto a hacer lo mejor para la clase capitalista en general, aunque esto irritara a algunos capitalistas. La nueva perspectiva se ocupaba de la estabilidad global del sistema, aunque a veces esto fuese en perjuicio de los beneficios a corto plazo.

Así, en 1910, la Federación elaboró una propuesta de ley modelo para dar compensaciones a los trabajadores y, al año siguiente, doce estados aprobaron leyes de indemnización o seguros de accidentes. Theodore Roosevelt se enojó cuando ese año el Tribunal Supremo dijo que la ley de indemnización de trabajadores de Nueva York era inconstitucional porque privaba de propiedades a las corporaciones sin el debido proceso legal. Dijo que tales decisiones daban "*una inmensa fuerza al Partido Socialista*". En 1920, cuarenta y dos estados ya tenían leyes de indemnización laboral.

Durante este período, también las ciudades aprobaron reformas, muchas de las cuales daban poder a los ayuntamientos, en vez de a los alcaldes, o contrataban a gerentes urbanos. Se trataba de lograr una mayor eficiencia y estabilidad.

El movimiento progresista -ya estuviese liderado por reformadores honestos, como el senador de Wisconsin Robert La Follette o por conservadores disfrazados como Roosevelt (que, en 1912, fue candidato a presidente por el Partido Progresista)- parecía darse cuenta de que estaba parando al socialismo. El *Journal* de Milwaukee -un órgano progresista- dijo que los conservadores "*luchaban ciegamente contra el socialismo... mientras que los progresistas luchaban contra él de forma inteligente, y trataban de remediar los abusos y condiciones que le hacen prosperar*".

El movimiento socialista estaba creciendo. Easley hablaba de "*la amenaza del socialismo, como muestra su crecimiento en las universidades, iglesias y periódicos*". En 1910, Victor Berger llegó a ser el primer afiliado al Partido Socialista elegido para el Congreso. En 1911, eligieron a setenta y tres alcaldes socialistas y a mil doscientos funcionarios menores en 340 ciudades y pueblos. La prensa habló de "la creciente marea del socialismo".

¿Lograron las reformas progresistas conseguir lo que se proponían: estabilizar el sistema capitalista remediando sus peores defectos, quitarle fuerza al movimiento socialista y restaurar algo de paz entre las clases en una época de choques cada vez peores entre el capital y el laborismo? Hasta cierto punto, quizá sí. Pero el Partido Socialista continuó creciendo. Los IWW continuaban con sus agitaciones. Poco después de que Woodrow Wilson llegara a la presidencia, empezó en Colorado una de las luchas entre los trabajadores y el capital corporativo más encarnizadas y violentas de la historia del país.

Se trataba de la huelga del carbón de Colorado, que comenzó en septiembre de 1913 y culminó con la "Masacre de Ludlow" de abril de 1914. Once mil mineros del sur de Colorado, nacidos en su mayoría en el extranjero -griegos, italianos, serbios- trabajaban para la Colorado Fuel & Iron Corporation, que pertenecía a la familia Rockefeller. Exaltados por el asesinato de uno de sus organizadores, los mineros fueron a la huelga en protesta por los bajos salarios, las condiciones peligrosas y el dominio feudal sobre sus vidas en pueblos completamente controlados por las compañías mineras.

La Madre Jones -en esta época, organizadora de los United Mine Workers- acudió a la zona, exaltó a los mineros con su oratoria y les ayudó en esos primeros meses críticos de la huelga, hasta que la arrestaron, la encerraron en una celda que era como una mazmorra y después la echaron del estado a la fuerza.

Cuando empezó la huelga, desalojaron inmediatamente a los mineros de sus chozas y de los pueblos mineros. Ayudados por el United Mine Workers Union (Sindicato de Mineros Unidos), montaron tiendas de campaña en las colinas cercanas y continuaron desde esas colonias de tiendas con la huelga y la ocupación de las minas. Los pistoleros contratados por las industrias Rockefeller -la agencia de detectives Baldwin-Felts-, usando armas de la marca Gatling y rifles, atacaron por sorpresa a las colonias de tiendas.

La lista de los mineros muertos aumentó, pero se mantuvieron firmes, hicieron retroceder a un tren blindado en una batalla armada, y lucharon por mantener alejados a los esquiroles.

Como los mineros resistían y se negaban a rendirse, las minas no podían funcionar. El gobernador de Colorado (a quien un gerente de las minas de Rockefeller llamaba "nuestro pequeño gobernador vaquero") hizo salir a la Guardia Nacional, y los Rockefeller pagaron los sueldos de la Guardia.

Al principio, los mineros pensaban que mandaban a la Guardia para protegerles y le dieron la bienvenida con banderas y vítores. Pronto descubrieron que estaba allí para acabar con la huelga. En la oscuridad de la noche, la Guardia llevó esquiroles, sin decirles que había una huelga. Los guardias golpearon a los mineros, arrestaron a cientos de ellos y, montados a caballo, arremetieron contra manifestaciones de mujeres en las calles de Trinidad, el pueblo principal de la zona. Pero aún así los mineros se negaban a rendirse. Tras aguantar el frío invierno de 1913-1914, se hizo evidente que habría que tomar medidas extraordinarias para acabar con la huelga.

En abril de 1914, dos compañías de la Guardia Nacional estaban apostadas en las colinas que dominaban la mayor colonia de tiendas de los mineros, la de Ludlow, que albergaba a un millar de hombres, mujeres y niños. La mañana del 20 de abril, comenzaron a atacar las tiendas de campaña con ametralladoras. Los mineros respondieron disparando. Convencieron a su dirigente -un griego llamado Lou Tikas- para que subiera a las colinas con el fin de negociar una tregua y una compañía de guardias nacionales le mató de un disparo. Las mujeres y los niños cavaron hoyos debajo de las tiendas para evitar el tiroteo. Al anochecer, los guardias bajaron de las colinas con antorchas y dieron fuego a las tiendas. Las familias huyeron hacia las colinas. Los guardias mataron con armas de fuego a trece personas de la colonia minera.

Al día siguiente, un instalador de líneas telefónicas que atravesaba las ruinas de la colonia de Ludlow, levantó un catre de hierro que cubría un foso en una de las tiendas y encontró los cuerpos carbonizados y retorcidos de once niños y dos mujeres. Este episodio recibió el nombre de la Masacre de Ludlow.

La noticia se difundió rápidamente por todo el país. En Denver, los Mineros Unidos publicaron un "Llamamiento a las armas": *"Reúnan, con propósitos defensivos, todas las armas y munición legalmente disponibles"*. Trescientos huelguistas armados marcharon desde otras colonias de tiendas de campaña al área de Ludlow, cortaron cables de teléfono y de telégrafos y se prepararon para la batalla. Los trabajadores del ferrocarril se negaron a llevar soldados de Trinidad a Ludlow. En Colorado Springs, trescientos miembros del Sindicato de Mineros dejaron el trabajo y se dirigieron al distrito de Trinidad, armados con revólveres, rifles y escopetas.

En el mismo Trinidad, los mineros asistieron al funeral por los veintiséis muertos de Ludlow. Después fueron a un edificio cercano donde había armas apiladas para ellos. Cogieron los rifles y se dirigieron a las colinas, destruyendo minas, matando a guardias de las minas y provocando la explosión de pozos mineros. La prensa dijo que *"de repente las colinas parecían estar vivas con tantos hombres que venían de todas las direcciones"*.

En Denver, ochenta y dos soldados de una compañía que iba a ir a Trinidad en un tren militar, se negaron a ir. La prensa dijo: *"Los soldados declararon que no se implicarían en una matanza de mujeres y niños. Silbaron e insultaron a los 350 hombres que se pusieron en marcha"*.

Cinco mil personas se manifestaron bajo la lluvia sobre el césped frente al gobierno del Estado de Denver pidiendo que se juzgara por asesinato a los agentes de la Guardia Nacional en Ludlow y denunciando la complicidad del gobernador. El Sindicato de Cigarreros de Denver hizo una votación y mandaron quinientos hombres armados a Ludlow y Trinidad. En Denver, las mujeres del Sindicato de Fabricantes de Ropa anunciaron que 400 de sus afiliadas se habían ofrecido voluntarias como enfermeras para ayudar a los huelguistas.

Hubo asambleas y manifestaciones por todo el país. Unos piquetes marcharon frente al edificio Rockefeller en el 26 de Broadway, en Nueva York. Un cura protestó frente a la iglesia donde a veces daba sermones Rockefeller y la policía le aporreó.

El *New York Times* publicó un editorial sobre los acontecimientos de

Colorado, que en esos momentos estaban atrayendo la atención internacional. El *Times* enfatizaba no la atrocidad que había tenido lugar, sino el error táctico que habían cometido. El editorial sobre la masacre de Ludlow comenzaba: "*Alguien cometió un error...*" Dos días después, cuando los mineros estaban armados en las colinas del distrito minero, el *Times* dijo: "*Con las armas más mortíferas que se han fabricado, en manos de esos salvajes, vayan a saber hasta dónde llegará la guerra en Colorado a menos que se reprima por la fuerza... el presidente debería olvidarse de México el tiempo suficiente para tomar serias medidas en Colorado*".

El gobernador de Colorado pidió tropas federales para restaurar el orden y Woodrow Wilson accedió. Una vez que se logró esto, la huelga se quedó en agua de borrajas. Llegaron comités del Congreso y escribieron miles de páginas de testimonios. El sindicato no había ganado reconocimiento. Habían matado a sesenta y seis hombres, mujeres y niños y no habían acusado de asesinato a ningún soldado o guardia minero.

Sin embargo, Colorado había sido escenario de un feroz conflicto de clase que había provocado respuestas emocionales por todo el país. Sea cual fuere la legislación que hubieran aprobado, sean cuales fueran las reformas liberales, escritas en los libros o las investigaciones llevadas a cabo, o las palabras de disculpa y reconciliación pronunciadas, era evidente que la amenaza de una rebelión de clase estaba aún ahí, en las condiciones industriales de Estados Unidos, en el indomable espíritu de rebeldía de la clase obrera.

El *Times* había hecho alusión a México. La mañana en que se habían descubierto los cadáveres en el hoyo de la tienda de campaña de Ludlow, los barcos de guerra americanos estaban atacando Veracruz, una ciudad en la costa de México. La bombardearon, la ocuparon y mataron a cien mexicanos porque México había arrestado a unos marineros americanos y se negaba a disculparse ante Estados Unidos con una salva de veintiún cañonazos.

Pero ¿podían el fervor patriótico y el espíritu militar eclipsar a la lucha de clases? En 1914, el desempleo iba en aumento y los tiempos eran cada vez más difíciles. ¿Podían las armas distraer la atención y crear un consenso nacional contra un enemigo externo?

La simultaneidad del ataque a la colonia de Ludlow y el bombardeo de Veracruz, era quizá una mera coincidencia; o quizá una "selección natural de accidentes", como una vez describió un autor la historia de la humanidad.

Tal vez lo sucedido en México era una respuesta instintiva del sistema para su propia supervivencia, para crear una unidad de propósito bélico en un pueblo desgarrado por conflictos internos.

El bombardeo de Veracruz fue un pequeño incidente. Pero cuatro meses después estallaría en Europa la I Guerra Mundial.

Capítulo 14

LA GUERRA ES LA SALUD DEL ESTADO

"*La guerra es la salud del Estado*" dijo el escritor radical Randolph Bourne en plena I Guerra Mundial. En efecto, mientras las naciones europeas fueron a la guerra en 1914, los gobiernos prosperaban, el patriotismo florecía, la lucha de clases se aplacaba y enormes cantidades de jóvenes morían en los campos de batalla -a menudo por cien metros de tierra, una línea de trincheras.

En Estados Unidos -que todavía no estaba en guerra- había preocupación por la salud del Estado. El socialismo iba en aumento. El IWW parecía estar en todas partes y el conflicto de clases era intenso. En el verano de 1916, durante un desfile del Día de la Preparación en San Francisco, explotó una bomba que mató a nueve personas; detuvieron a dos radicales del lugar, Tom Mooney y Warren Billings, que pasarían veinte años en la cárcel. Poco después, el senador neoyorquino James Wadsworth, al advertir el riesgo de que "*nuestra gente se divida en clases*", propuso la instrucción militar obligatoria para todos los hombres. O dicho de otro modo, "*tenemos que hacer saber a nuestros jóvenes que tienen una responsabilidad con este país*".

En Europa estaba teniendo lugar la realización suprema de esa responsabilidad, pues diez millones de personas iban a morir en los campos de batalla y veinte millones lo harían de hambre y enfermedades relacionadas con la guerra. Desde entonces, nadie ha sido capaz de demostrar que la guerra haya traído algún beneficio para la humanidad que compensase la pérdida de una sola vida humana. La retórica socialista de que era una "guerra imperialista" nos parece ahora moderada y difícilmente rebatible, porque los países capitalistas avanzados de Europa estaban luchando por fronteras, colonias y esferas de influencia; competían por Alsacia-Lorena, los Balcanes, Africa y Oriente Medio.

La guerra estalló poco después del comienzo del siglo XX, en plena exaltación (aunque únicamente en la élite occidental) del progreso y de la modernización.

La matanza comenzó muy rápido y fue a gran escala. En la primera batalla del Marne, los ingleses y los franceses lograron bloquear el avance alemán hacia París. Cada bando sufrió 500.000 bajas. En agosto de 1914, para alistarse voluntario en el ejército británico había que medir 5 pies y 8 pulgadas. En octubre, el requisito ya había bajado a 5 pies y 5 pulgadas. Ese mes hubo treinta mil bajas y entonces uno podía alistarse con 5 pies y 3 pulgadas. En los primeros tres meses de guerra casi todo el ejército británico original fue aniquilado.

Durante tres años, las posiciones de batalla en Francia permanecieron casi invariables. Cada bando avanzaba, retrocedía y volvía a avanzar de nuevo por conseguir unos pocos metros o kilómetros, mientras los cadáveres se amontonaban. En 1916, los alemanes intentaron abrirse paso en Verdún; los británicos y los franceses contraatacaron por todo el Sena, avanzaron unos pocos kilómetros y perdieron 600.000 hombres. En cierta ocasión, el 9º Batallón de la Real Infantería Ligera de Yorkshire emprendió un ataque con ochocientos hombres. Veinticuatro horas después, sólo quedaban ochenta y cuatro.

En Gran Bretaña los ciudadanos no eran informados de la matanza. Lo mismo pasaba en el mando alemán; como escribió Erich Maria Remarque en su gran novela, aquellos días en que las ametralladoras y los morteros destrozaban a miles de hombres, los informes oficiales anunciaban "Sin novedad en el frente occidental".

En julio de 1916, el general británico Douglas Haig ordenó a once divisiones de soldados ingleses que salieran de sus trincheras y avanzasen hacia las líneas alemanas. Las seis divisiones alemanas comenzaron a disparar con sus ametralladoras. De los 110.000 atacantes, mataron a 20.000 y otros 40.000 resultaron heridos. Podían verse todos esos cuerpos retorcidos en tierra de nadie, en el fantasmagórico territorio entre las trincheras enfrentadas. El 1 de enero de 1917, Haig fue ascendido a mariscal de campo. Lo que sucedió ese verano aparece concisamente descrito en *An Encyclopedia of World History*:

> *Haig continuó con optimismo hacia la ofensiva principal. La tercera batalla de Ypres consistió en una serie de ocho ataques importantes, llevados a*

cabo bajo un torrente de lluvia en un territorio inundado y fangoso. No consiguieron romper el frente enemigo. Todo lo que ganaron fue unas cinco millas de territorio y les costó a los británicos alrededor de 400.000 hombres.

Los ciudadanos franceses e ingleses no fueron informados del número de bajas. Cuando en el último año de la guerra los alemanes atacaron ferozmente en el Somme y mataron o hirieron a 300.000 soldados británicos, los periódicos londinenses imprimieron lo siguiente:

¿Cómo pueden los civiles ayudar en esta crisis?
Esté animado. Escriba alentadoramente a sus amigos del frente. No crea que sabe más que Haig.

En la primavera de 1917, Estados Unidos se adentró en este pozo de muerte y engaño. En el ejército francés empezaban a producirse motines. Pronto hubo motines en 68 de las 112 divisiones y 629 hombres fueron juzgados y condenados; los pelotones de fusilamiento mataron a cincuenta personas. La presencia de tropas americanas era urgente.

El presidente Woodrow Wilson había prometido que Estados Unidos permanecería neutral durante la guerra: "*Una nación puede ser demasiado orgullosa para combatir*". Pero en abril de 1917, los alemanes habían anunciado que sus submarinos hundirían cualquier barco que llevase abastecimientos a los enemigos de Alemania y habían hundido unos cuantos barcos mercantes. Ahora Wilson decía que debía apoyar el derecho de los americanos a viajar en barcos mercantes en la zona de guerra.

No era realista esperar que los alemanes tratasen a Estados Unidos como a un país neutral en la guerra, cuando Estados Unidos había estado abasteciendo grandes cantidades de material bélico a los enemigos de Alemania. A comienzos de 1915, un submarino alemán torpedeó y hundió al trasatlántico británico *Lusitania*. Se hundió en dieciocho minutos y murieron 1.198 personas, incluidos 124 americanos.

Estados Unidos aseguró que el *Lusitania* llevaba un cargamento inocente y que por tanto, el torpedearlo fue una monstruosa atrocidad alemana. Pero de hecho, el *Lusitania* estaba fuertemente armado: transportaba miles de cajas de munición. Falsificaron la lista de su cargamento para ocultar este hecho y los gobiernos británico y americano mintieron sobre el cargamento.

En 1914 había empezado en Estados Unidos una seria recesión. Pero en 1915 los pedidos bélicos de los aliados (sobre todo de Inglaterra) ya habían estimulado la economía, y para abril de 1917 habían vendido a los aliados mercancías por valor de más de dos mil millones de dólares. Ahora, la prosperidad americana estaba vinculada a la guerra de Inglaterra. Los dirigentes norteamericanos creían que la prosperidad del país dependía en gran medida de los mercados extranjeros. Al comienzo de su presidencia, Woodrow Wilson describió su objetivo como *"una puerta abierta al mundo"* y en 1914 dijo que apoyaba *"la justa conquista de los mercados extranjeros"*.

Con la I Guerra Mundial, Inglaterra se convirtió en un mercado cada vez más importante para las mercancías americanas y para los préstamos con intereses. J.P. Morgan y compañía actuaron como agentes de los aliados y empezaron a prestar dinero en cantidades tan grandes que obtenían enormes beneficios y vinculaban estrechamente las finanzas americanas a la victoria británica en la guerra contra Alemania.

Los empresarios y los líderes políticos hablaban de la prosperidad como si no hubiera clases, como si todos se beneficiaran de los préstamos de Morgan. Es cierto que la guerra implicaba una mayor producción y más empleo, pero los trabajadores de las acerías, por ejemplo, ¿ganaban tanto como Aceros Americanos, que, sólo en 1916 obtuvieron un beneficio de 348 millones de dólares? Cuando Estados Unidos entró en la guerra, fueron los ricos quienes se ocuparon aún más directamente de la economía. El financiero Bernard Baruch presidía el Comité de Industria Bélica, la más poderosa de las agencias gubernamentales durante la guerra. Los banqueros, los dueños de las compañías ferroviarias y los empresarios dominaban dichas agencias.

En mayo de 1915, en el *Atlantic Monthly* apareció un artículo singularmente perspicaz sobre la naturaleza de la I Guerra Mundial. Escrito por W.E.B. Du Bois, se titulaba *The African Roots of War*. Decía que se trataba de una guerra entre imperios. Alemania y los aliados estaban luchando por el oro y los diamantes de Sudáfrica, el coco de Angola y Nigeria, el caucho y el marfil del Congo y el aceite de palmera de la costa oeste. Efectivamente, el ciudadano medio de Inglaterra, Francia, Alemania o Estados Unidos disfrutaba de un nivel de vida más alto que el de antes pero *"¿de dónde viene esta nueva riqueza? Viene sobre todo de las naciones más oscuras del mundo: las de Asia y África, Centro y Sudamérica, las Indias Occidentales y las islas de los mares del sur"*.

Du Bois vio la perspicacia del capitalismo al unir al explotador y al explotado, creando así una válvula de seguridad para el explosivo conflicto de clases: "*Ya no es simplemente el príncipe comerciante o el monopolio aristocrático o incluso la patronal los que están explotando al mundo; es la nación, una nueva nación democrática compuesta de un capital y un laborismo unificado*".

Estados Unidos encajaba con la idea de Du Bois. El capitalismo americano necesitaba rivalidad internacional y guerras periódicas para crear una unidad artificial de intereses entre ricos y pobres que suplantase a la genuina comunidad de intereses de los pobres, que se mostraba en movimientos esporádicos. Se necesitaba un consenso nacional para la guerra y el gobierno tuvo que trabajar duro para crear dicho consenso.

Que la gente no mostraba un impulso espontáneo por luchar queda demostrado al ver las duras medidas que se tomaron: reclutamiento forzoso de jóvenes, una elaborada campaña de propaganda por todo el país y severos castigos para los que se negasen a entrar en combate.

A pesar de las estimulantes palabras de Wilson sobre una guerra "*para acabar con todas las guerras*" y "*para convertir el mundo en un lugar seguro para la democracia*", los americanos no se apresuraron a alistarse. Se necesitaba un millón de hombres, pero durante las primeras seis semanas tras la declaración de guerra, sólo se ofrecieron voluntarios 73.000 hombres. En el Congreso, todos votaron a favor del reclutamiento forzoso.

George Creel, un veterano periodista, pasó a ser el propagandista de guerra oficial del gobierno; estableció un Comité de Información Pública para persuadir a los americanos de que la guerra estaba bien. Patrocinó a 75.000 oradores, que dieron 750.000 discursos de cuatro minutos en cinco mil pueblos y ciudades americanas. Era una tentativa masiva para animar a un público reacio.

El día siguiente a la declaración de guerra del Congreso, el Partido Socialista se reunió en Saint Louis en una convención de emergencia y dijo que la declaración era "*un crimen contra el pueblo de los Estados Unidos*".

Durante el verano de 1917, las asambleas antibelicistas del Partido Socialista en Minnesota atrajeron a grandes multitudes -a cinco mil, diez mil, veinte mil granjeros- que protestaban por la guerra, por el reclutamiento y por el mercantilismo. Un periódico conservador de Ohio, el *Beacon-Journal* de Akron, afirmó que si se celebrasen elecciones en esos momentos, una fuerte marea socialista inundaría el medio oeste. Dijo que el país "*no sé había embarcado nunca en una guerra más impopular*".

En las elecciones municipales de 1917, contra una corriente de propaganda y patriotismo, los socialistas consiguieron un número extraordinario de votos. El candidato socialista para la alcaldía de Nueva York, Morris Hillquit, consiguió un 22% de los votos, cinco veces más votos socialistas de lo que era habitual allí. En la legislatura del estado de Nueva York salieron elegidos diez socialistas. En Chicago, los votos socialistas pasaron del 3,6% en 1915 al 34,7% en 1917. En Buffalo, subieron del 2,6 al 30,2%.

Aunque algunos prominentes socialistas -como Jack London, Upton Sinclair o Clarence Darrow- se declararon favorables a la guerra después de que Estados Unidos entrase en ella, la mayoría de los socialistas continuó oponiéndose.

En junio de 1917, el Congreso aprobó la Ley de Espionaje y Wilson la firmó. Por su nombre, se podría suponer que era una ley contra el espionaje. Sin embargo, contenía una cláusula que estipulaba penas de hasta veinte años de cárcel para "*cualquiera que -cuando Estados Unidos esté en guerra- promueva intencionadamente, o intente promover, insubordinación, deslealtad, sedición o se niegue a cumplir con su deber en las fuerzas armadas o navales de los Estados Unidos, o intencionadamente obstruya el reclutamiento o el servicio de alistamiento de Estados Unidos*". La Ley fue utilizada para encarcelar a americanos que hablaron o escribieron en contra de la guerra.

Dos meses después de que se aprobara dicha ley, arrestaron en Filadelfia a un socialista llamado Charles Schenck por imprimir y distribuir quince mil folletos que denunciaban la ley de reclutamiento y la guerra y decían que el reclutamiento era "*un acto monstruoso contra la humanidad en interés de los financieros de Wall Street*". Schenck fue acusado, juzgado y condenado a seis meses de cárcel por violar la Ley de Espionaje (resultó ser una de las penas más cortas en este tipo de casos). Schenck apeló, alegando que la Ley, por juzgar la libertad de expresión escrita y oral, violaba la Primera Enmienda: "*El Congreso no aprobará una ley que reduzca la libertad de expresión o la de prensa*".

¿Estaba Schenck protegido por la Primera Enmienda? La decisión del Tribunal Supremo fue unánime. La escribió su más famoso liberal, Oliver Wendell Holmes:

> *La protección más estricta de la libertad de expresión no protegería a un hombre que crea una falsa alarma en un teatro gritando "¡fuego!" y siembre el*

pánico. En cada caso, la cuestión es si las palabras utilizadas se usan en circunstancias tales y son de una naturaleza tal como para crear un peligro inminente y para producir daños considerables que el Congreso tiene el derecho de impedir.

La analogía de Holmes era astuta y atractiva. Pocas personas pensaban que debería otorgarse la libertad de expresión a alguien que siembra el pánico en un teatro gritando "¡fuego!" Pero ¿podía aplicarse esa analogía a la crítica de la guerra? De hecho, ¿no era la propia guerra un peligro más claro, más inminente y más peligroso para la vida humana que cualquier argumento en su contra?

El caso de Eugene Debs pronto llegaría ante el Tribunal Supremo. En junio de 1918, Debs visitó a tres socialistas que estaban en prisión por oponerse al reclutamiento. Después, al otro lado de la calle frente a la prisión, Debs se dirigió a una audiencia a la que mantuvo cautivada durante dos horas. Era uno de los mejores oradores del país y una y otra vez le interrumpían los aplausos y las risas:

> *Nos dicen que vivimos en una gran república libre; que nuestras instituciones son democráticas; que somos un pueblo libre y autónomo. Incluso para un chiste, eso es demasiado. A lo largo de la historia, se han hecho guerras para conquistar y saquear... eso es la guerra en resumen. Siempre es la clase dominante la que declara las guerras y siempre es la clase oprimida la que lucha en las batallas...*

Debs fue arrestado por violar la Ley de Espionaje. Entre el público había jóvenes en edad de reclutamiento y sus palabras *"obstruían el reclutamiento o el servicio de alistamiento"*.

Sus palabras tenían la intención de hacer mucho más que eso:

> *Sí, a su debido tiempo nos haremos con el poder de esta nación y de todo el mundo. Vamos a destruir todas las instituciones capitalistas esclavizantes y degradantes. Está saliendo el sol del socialismo. A su debido tiempo atacaremos y cuando triunfe, esta gran causa proclamará la emancipación de la clase obrera y la hermandad de toda la humanidad. (Aplausos ensordecedores y prolongados).*

En el juicio, Debs se negó a subir al estrado en su propia defensa o a llamar a un testigo que le fuera favorable. No negaba nada de lo que había dicho, pero antes de que el Jurado comenzara sus deliberaciones, Debs se dirigió a ellos:

Me han acusado de obstruir la guerra. Lo admito, caballeros, detesto la guerra. Me opondría a la guerra aunque fuese el único en hacerlo. Mi solidaridad está con la gente que sufre y que lucha, sean de donde sean. No tiene importancia bajo qué bandera nacieron o dónde viven...

El Jurado le declaró culpable de infringir la Ley de Espionaje. Debs se dirigió al juez antes de que éste dictara sentencia:

> *Señoría, hace años reconocí mi afinidad con todos los seres vivientes y llegué a la conclusión de que yo no era ni un ápice mejor que el más insignificante de la Tierra. Dije entonces, y digo ahora, que mientras haya una clase oprimida yo estoy en ella; mientras haya un elemento criminal, yo pertenezco a él; mientras haya un alma en prisión, yo no soy libre.*

El juez denunció a los que *"le arrebatan la espada a esta nación mientras está ocupada en defenderse de una brutal potencia extranjera".* Condenó a Debs a diez años de cárcel.

El Tribunal Supremo no escuchó la apelación de Debs hasta 1919. La guerra ya había terminado, pero Oliver Wendell Holmes, con la unanimidad del Tribunal, confirmó la culpabilidad de Debs. Holmes dijo que Debs suponía *"que a los trabajadores no les incumbe la guerra".* Así que -dijo Holmes- *"el efecto natural e intencionado"* del discurso de Debs había sido obstruir el reclutamiento.

El presidente Wilson se negó a indultar a Debs, que pasó treinta y dos meses en la cárcel. En 1921, a la edad de sesenta y seis años, Debs fue puesto en libertad por orden del presidente Warren Harding.

Bajo la Ley de Espionaje fueron a la cárcel unas novecientas personas, y la prensa colaboró con el gobierno, intensificando el ambiente de miedo hacia los posibles opositores a la guerra. El *Literary Digest* pedía a sus lectores *"recortar y enviarnos cualquier editorial que les parezca sedicioso o traidor".* El *New York Times* publicó un editorial que decía: *"Es el deber de todo buen ciudadano comunicar a las autoridades pertinentes cualquier prueba de sedición de la que tengan noticia".*

En el verano de 1917 se formó la American Defense Society (Sociedad para la Defensa Americana). El *New York Herald* informó: *"Más de cien hombres se alistaron ayer en la Patrulla Vigilante Americana en las oficinas de la Sociedad para la Defensa Americana. La Patrulla se formó para acabar con la oratoria sediciosa en las calles".*

El ministerio de Justicia financió una Liga Protectora Americana que en junio de 1917 ya tenía unidades en seiscientos pueblos y ciudades y casi 100.000 miembros. La prensa publicó que sus miembros eran *"los hombres más importantes de sus comunidades... banqueros, ferroviarios, hoteleros"*. La Liga interceptó el correo, irrumpió en casas y oficinas y aseguró haber encontrado tres millones de casos de *"deslealtad"*.

El Comité de Información Pública de Creel anunció que la gente debía *"denunciar a aquel que propague historias pesimistas. Denunciarle al ministerio de Justicia"*. En 1918, el ministro de Justicia dijo: *"Puede afirmarse sin miedo a equivocarse que nunca en su historia ha estado este país tan concienzudamente vigilado"*.

¿A qué se debían estos enormes esfuerzos? El 1 de agosto de 1917, el *New York Herald* dijo que, en Nueva York, noventa de los cien primeros reclutas pedían la exención. En Minnesota, los titulares del *Minneapolis Journal* del 6 y 7 de agosto rezaban: *"La oposición al reclutamiento se extiende rápidamente por el estado"* y *"los reclutas dan direcciones falsas"*. En Florida, dos temporeros negros fueron a los bosques con una escopeta y se mutilaron para evitar el reclutamiento: uno se voló cuatro dedos de la mano; el otro, su antebrazo.

El senador Thomas Hardwick de Georgia dijo: *"Hubo sin duda una oposición general por parte de muchos miles al decreto de la ley de reclutamiento. Numerosas asambleas masivas celebradas en cada rincón del estado protestaron contra el decreto..."* Finalmente, clasificaron como prófugos a más de 330.000 hombres.

En Oklahoma, el Partido Socialista y el IWW habían actuado entre los arrendatarios y los aparceros, que formaron un Working Class Union (Sindicato de la Clase Trabajadora). Por todo el país, los objetores al reclutamiento planearon una marcha sobre Washington. Pero antes de que el sindicato pudiera llevar a cabo sus planes, arrestaron a sus miembros en una redada y 450 personas acusadas de rebeldía acabaron en la penitenciaría del estado. Los dirigentes fueron condenados a penas desde tres a diez años de cárcel; los otros, de sesenta días a dos años.

El 1 de julio de 1917, los radicales organizaron en Boston una manifestación contra la guerra, con pancartas en las que se podía leer:

¿Es ésta una guerra popular? ¿Por qué el reclutamiento?

¿Quién robó Panamá? ¿Quién aplastó Haití?
Exigimos paz.

El *Call* de Nueva York afirmó que se manifestaron ocho mil personas, incluidos "*4.000 miembros del Central Labor Union (Sindicato Central de Trabajadores), 2.000 miembros de las Lettish Socialist Organizations (Organizaciones de la Izquierda Letona), 1.500 lituanos, miembros judíos de las empresas textiles y otras ramas del partido*". La manifestación fue atacada por soldados y marineros, que cumplían órdenes de sus superiores.

El Departamento Postal empezó a suprimir los privilegios postales a los periódicos y revistas que publicaran artículos antibelicistas. Se prohibió la distribución postal de *The Masses* (Las masas), una revista socialista de política, literatura y arte que en el verano de 1917 había publicado un editorial de Max Eastman que entre otras cosas decía: "*¿Por qué motivos concretos estáis enviando nuestros cadáveres y los cadáveres de nuestros hijos a Europa? Por mi parte, no admito el derecho de un Gobierno a enviarme a una guerra en cuyos propósitos no creo*".

En Los Angeles, se mostró una película sobre la revolución americana que mostraba las atrocidades que los británicos habían perpetrado contra los colonos. Se titulaba *The Spirit of '76* (El espíritu del 76). El hombre que realizó el film fue procesado bajo la Ley de Espionaje porque el juez decía que la película tendía "*a cuestionar la buena voluntad de nuestra aliada Gran Bretaña*". Condenaron al realizador a diez años de cárcel. El caso fue archivado oficialmente como *U.S. v. Spirit of '76* (Los Estados Unidos contra el espíritu del 76).

Los colegios y universidades desalentaban la oposición a la guerra. En la Universidad de Columbia despidieron al psicólogo J. McKeen Cattell, quien desde hacía tiempo se oponía a la guerra y criticaba que el consejo de administración controlara la universidad. Una semana después, el famoso historiador Charles Beard dimitió, en señal de protesta, de la facultad de Columbia.

En el Congreso, pocas voces se declararon contrarias a la guerra. La primera mujer en la Cámara de los Diputados, Jeannette Rankin, no respondió cuando salió su nombre al leerse la lista de nombres en la declaración de guerra. Cuando pasaron lista de nuevo, se levantó y dijo: "*Quiero apoyar a mi país pero no puedo votar a favor de la guerra. Voto No*".

Una canción popular de la época era *I Didn't Raise My Boy to Be a Soldier* (No crié a mi hijo para que fuera un soldado); pero era silenciada por canciones como *Over There* (Por allí), *It's a Grand Old Flag* (Es una gran bandera vieja) y *Johnny Get Your Gun* (Johnny, coge tu fusil).

La socialista Kate Richards O'Hare, que fue sentenciada a cinco años en la penitenciaría del estado de Missouri, continuó luchando en la cárcel. Cuando ella y otras compañeras de la prisión protestaron por la falta de aire -ya que dejaban cerrada la ventana que había sobre el bloque de celdas, los guardias la empujaron al corredor para castigarla. Llevaba en la mano un libro de poemas y, cuando la empujaron al pasillo, lanzó el libro contra la ventana y la rompió y empezó a entrar el aire fresco, entre los vítores de las reclusas.

Emma Goldman y su compañero anarquista Alexander Berkman fueron condenados a la cárcel por oponerse al reclutamiento. Goldman dijo al jurado: *"En verdad, pobres como somos de democracia, ¿cómo podemos darla al mundo?"*

El periódico del IWW, el *Industrial Worker*, justo antes de la declaración de guerra, había escrito: *"Capitalistas de América, ¡lucharemos contra vosotros, no por vosotros!"* Ahora la guerra le daba al gobierno la oportunidad de destruir el sindicato radical.

A comienzos de septiembre de 1917, agentes del departamento de Justicia hicieron redadas simultáneamente en cuarenta y ocho locales del IWW de todo el país, incautando correspondencia y escritos que servirían como pruebas en los juicios. En abril de 1918, llevaron a juicio a 101 dirigentes del IWW por conspirar, obstaculizar el reclutamiento y alentar la deserción. Un dirigente del IWW dijo en el juicio:

> *Me preguntan por qué el IWW no muestra patriotismo hacia los Estados Unidos. Si fuérais un vagabundo sin una manta; si hubiérais dejado esposa e hijos cuando fuisteis hacia el oeste en busca de trabajo y no les hubiérais vuelto a localizar desde entonces; si nunca os hubieran dejado estar en un trabajo el tiempo suficiente como para poder votar; si cada persona que representa la ley, el orden y la nación os diera una paliza, os llevara en tren hasta la cárcel y los que se tienen por buenos cristianos les vitorearan y animaran, ¿cómo diablos esperáis que un hombre sea patriota? Esta es una guerra de hombres de negocios y no entendemos por qué deberíamos ir y que nos disparen para salvar este "encantador" estado de cosas que ahora disfrutamos.*

El jurado les declaró a todos culpables. El juez condenó a Haywood y a otras catorce personas a veinte años de cárcel; treinta y tres fueron condenadas a diez años; el resto tuvieron sentencias menores. El IWW estaba hecho pedazos. Haywood consiguió la libertad bajo fianza y huyó a la Rusia revolucionaria, donde permaneció hasta su muerte diez años más tarde.

La guerra terminó en noviembre de 1918. Habían muerto cincuenta mil soldados americanos y la amargura y la desilusión no tardaron mucho en extenderse por todo el país, incluso entre los patriotas. Esto se reflejó en la literatura de la década de la posguerra. Ernest Hemingway escribió *A Farewell to Arms* (Adiós a las armas). Años después, un estudiante universitario llamado Irwin Shaw escribió una obra de teatro titulada *Bury the Dead* (Enterrad a los muertos). Un guionista de Hollywood llamado Dalton Trumbo escribió una convincente y estremecedora novela antibélica sobre un torso y un cerebro que sobrevivió en un campo de batalla en la I Guerra Mundial, *Johnny Got His Gun* (Johnny cogió su fusil). Ford Madox Ford escribió *No More Parades* (No más desfiles).

En su novela *1919*, John Dos Passos escribió sobre la muerte de John Doe:

> *En el tanatorio alquitranado de Chalons-sur-Marne, entre el hedor a cloruro de cal y a muerto, sacaron la caja de pino que contenía todo lo que quedaba de... John Doe...*
>
> *Y lo cubrieron con la bandera norteamericana*
> *Y la corneta tocó los honores*
> *Y el Sr. Harding rezó a Dios y los diplomáticos, los generales y los almirantes y los peces gordos y los políticos y las damas hermosamente vestidas salidas de los "ecos de sociedad" del Washington Post estaban de pie solemnes*
> *Y pensaron qué hermosamente triste era que su corneta tocase esos honores y las tres salvas hicieron silbar los oídos.*
> *Ahí donde debía tener el pecho, le colocaron la Medalla del Congreso...*

A pesar de todos los encarcelamientos en tiempo de guerra, de la intimidación, y de las campañas en pro de la unidad nacional, cuando la guerra concluyó, el sistema aún temía al socialismo. Para afrontar el reto revolucionario, parecía necesario recurrir otra vez a las tácticas gemelas de control: reforma y represión.

La reforma fue sugerida por George L. Record, uno de los amigos de Wilson, a quien escribió a comienzos de 1919 diciendo que había que hacer algo por la democracia económica, "*para hacer frente a esta amenaza del socialismo. Deberías convertirte en el verdadero líder de las fuerzas radicales de América y presentar al país un programa constructivo de reformas fundamentales, que será una alternativa al programa presentado por los socialistas y los bolcheviques...*"

Ese verano de 1919, Joseph Tumulty, consejero de Wilson, le recordó a éste que el conflicto entre republicanos y demócratas era poco importante comparado con lo que les amenazaba a ambos: "*En esta época de malestar social e industrial, ambos partidos están desprestigiados para el hombre común...*"

En el verano de 1919 explotó una bomba frente a la casa del ministro de Justicia de Wilson, A. Mitchell Palmer. Seis meses después, Palmer llevó a cabo el primero de sus ataques masivos contra extranjeros -los inmigrantes que no habían obtenido la ciudadanía. Una ley aprobada por el Congreso hacia el final de la guerra estipulaba la deportación de los extranjeros que se oponían al gobierno organizado o que defendían la destrucción de la propiedad privada. El 21 de diciembre de 1919, los hombres de Palmer cogieron a 249 extranjeros nacidos en Rusia (incluidos Emma Goldman y Alexander Berkman), los metieron en un transporte y los deportaron a lo que ya era la Rusia Soviética.

En enero de 1920 fueron detenidas cuatro mil personas por todo el país, aisladas durante mucho tiempo, y llevadas a juicios secretos que ordenaron su deportación. En Boston, agentes del ministerio de Justicia ayudados por la policía local, arrestaron a seiscientas personas, realizando redadas en los centros de reunión o invadiendo sus hogares por la mañana temprano. Fueron esposados a pares y obligados a caminar por las calles encadenados.

En la primavera de 1920, un impresor anarquista llamado Andrea Salsedo fue arrestado en Nueva York por agentes del FBI en el piso decimocuarto del edificio Park Row, sin que se le permitiera ponerse en contacto con su familia, amigos ni abogados. Más tarde encontraron su cuerpo aplastado en la acera del edificio y el FBI dijo que se había suicidado saltando por la ventana del piso decimocuarto.

Dos amigos de Salsedo -trabajadores anarquistas del área de Boston- que acababan de enterarse de su muerte, empezaron a llevar armas. Les arrestaron en un tranvía de Brockton, Massachusetts, y fueron acusados de un atraco a mano armada y de un asesinato que habían tenido lugar en una fábrica de zapatos dos semanas atrás.

Estos amigos de Salsedo se llamaban Nicola Sacco y Bartolomeo Vanzetti.

Les llevaron a juicio, fueron declarados culpables y pasaron siete años en prisión mientras continuaban las apelaciones, al tiempo que por todo el país y por todo el mundo la gente se interesaba en su caso. Tanto las anotaciones del juicio como las circunstancias que lo envolvieron indican que Sacco y Vanzetti fueron condenados a muerte por ser anarquistas y extranjeros. En agosto de 1927, y mientras en las calles la policía disolvía manifestaciones y piquetes con arrestos y palizas y las tropas rodeaban la cárcel, fueron electrocutados.

El último mensaje de Sacco a su hijo Dante -escrito en ese inglés que tanto le había costado aprender- fue un mensaje para millones de personas en los años venideros:

> *Así que, hijo mío, en lugar de llorar sé fuerte para que puedas consolar a tu madre... llévala de paseo por el campo tranquilo, recogiendo flores silvestres... pero recuerda siempre, Dante, cuando estés feliz, no uses toda tu felicidad sólo para ti. Ayuda al perseguido y a la víctima pues son tus mejores amigos... en esta lucha de la vida, encontrarás más. Ama y serás amado.*

Se habían llevado a cabo reformas. Habían invocado al fervor patriótico de la guerra. Habían utilizado los juzgados y las cárceles para reforzar la idea de que no podían tolerarse ciertas ideas y ciertos tipos de resistencia. Y sin embargo, incluso desde las celdas de los condenados estaba saliendo un mensaje: en esa sociedad supuestamente sin clases que era Estados Unidos, la lucha de clases todavía estaba en vigor. Y esa lucha continuaría durante los años veinte y treinta.

Capítulo 15

AUTOAYUDA EN TIEMPOS DIFÍCILES

En febrero de 1919 -apenas finalizada la guerra- los dirigentes del IWW estaban en prisión. Pero la idea del IWW de realizar una huelga general por fin iba a convertirse en realidad, pues 100.000 trabajadores de Seattle (Washington) se pusieron en huelga y paralizaron la ciudad durante cinco días.

Comenzó con 35.000 trabajadores de los astilleros, que se declararon en huelga por un aumento salarial. Cuando pidieron ayuda al Consejo Central de los Trabajadores de Seattle éste recomendó una huelga en toda la ciudad y, en dos semanas, 110 personas del lugar -la mayoría de la American Federation of Labor y sólo unos pocos del IWW- votaron ir a la huelga. La gente de cada comité de huelga eligió a tres miembros para formar un comité de Huelga General y el 6 de febrero de 1919 a las 10 de la mañana pararon por completo.

Entonces la ciudad dejó de funcionar, a excepción de los servicios organizados por los huelguistas para garantizar las necesidades esenciales. Los bomberos acordaron permanecer en su trabajo. Los trabajadores de las lavanderías sólo limpiaban ropa de hospital. Los vehículos autorizados para circular llevaban carteles en los que se leía "dispensado por el Comité General de Huelga". Montaron treinta y cinco lecherías vecinales.

Organizaron una Guardia Laborista de Veteranos de Guerra para mantener la paz. En la pizarra de una de sus sedes ponía: "*El propósito de esta organización es preservar la ley y el orden sin el uso de la fuerza. Ningún voluntario tendrá poder policial ni se le permitirá llevar ningún tipo de armas. Sólo se le permitirá usar la persuasión*". Durante la huelga, decreció el número de delitos ocurridos en la ciudad.

El alcalde hizo que prestaran juramento 2.400 delegados especiales.

Muchos de estos delegados eran estudiantes de la Universidad de Washington. El gobierno de los Estados Unidos ordenó trasladarse a la ciudad a casi mil marineros y *marines*. La huelga general finalizó al cabo de cinco días debido -según el comité de Huelga General- a las presiones de los mandatarios internacionales de los distintos sindicatos, así como por las dificultades de vivir en una ciudad cerrada.

La huelga había sido pacífica, pero cuando terminó hubo redadas y arrestos: en la sede del Partido Socialista, en una imprenta... Encarcelaron a treinta y nueve miembros del IWW por ser "cabecillas de la anarquía".

¿Por qué reaccionaron así ante la huelga general y ante la organización de los Wobblies? Una declaración del alcalde de Seattle parece indicar que el sistema no sólo temía la huelga en sí sino también lo que simbolizaba. Dijo: "*La huelga general, tal y como se llevó a cabo en Seattle es en sí misma el arma de la revolución, tanto más peligrosa por ser pacífica. Para tener éxito, la huelga debe suspender todo y parar todo el flujo vital de una comunidad, es decir, poner al gobierno fuera de juego*".

Además la huelga general de Seattle tuvo lugar en medio de una oleada de rebeliones de posguerra que estaban agitando a todo el mundo. Ese año de 1919, un escritor de *The Nation* comentó:

> *El fenómeno más extraordinario de la época actual es la revuelta sin precedentes de la gente común. En Rusia, han destronado al zar; en Corea, la India, Egipto e Irlanda, mantienen una inquebrantable resistencia a la tiranía política. En Inglaterra, aunque tuvieron que oponerse incluso a sus propios representantes, provocaron la huelga de ferrocarriles. En Nueva York, dichas revueltas populares provocaron la huelga de estibadores y los hombres estuvieron en huelga, desafiando a los mandatarios de los sindicatos. También tuvo lugar el levantamiento de los impresores, que los sindicatos internacionales -aunque los empleados trabajaban perfectamente con ellos- fueron completamente incapaces de controlar.*

> *El hombre de la calle ha perdido la confianza en el viejo liderazgo y ha experimentado un nuevo sentimiento de confianza en sí mismo.*

En 1919, se declararon en huelga 350.000 trabajadores de la siderurgia. En Nueva Inglaterra y Nueva Jersey fueron a la huelga 120.000 trabajadores textiles y en Paterson (Nueva Jersey) se pusieron en huelga 30.000 trabajadores de la seda. La policía se declaró en huelga en Boston. Lo mismo hicieron en Nueva York los fabricantes de puros, los camiseros, los panaderos, los camioneros y los barberos. En Chicago, la prensa dijo: *"Junto con el calor del verano, tenemos más huelgas y cierres patronales que nunca"*. Cinco mil trabajadores de International Harvester y otros cinco mil trabajadores urbanos se echaron a las calles.

Sin embargo, a principios de los años veinte la situación parecía estar bajo control. El IWW estaba destruido y el Partido Socialista se estaba desmoronando. Aplastaban las huelgas por la fuerza y para un buen número de personas la economía iba lo suficientemente bien como para impedir que se produjera una rebelión masiva.

En los años veinte, el Congreso cerró el peligroso y turbulento flujo de inmigrantes (14 millones entre 1900 y 1920) aprobando leyes que estipulaban cuotas de inmigración que favorecían a los anglosajones, cerraban el paso a negros y orientales y limitaban seriamente la llegada de latinos, eslavos y judíos. Ningún país africano podía enviar a más de cien personas. A China se le impuso esta misma limitación.

En los años veinte renació el Ku Klux Klan, y se extendió hacia el norte. En 1924, contaba ya con 4 millones de miembros. El NAACP parecía impotente ante la violencia callejera y el odio racista que había por todas partes. La imposibilidad de que la América blanca considerara alguna vez a una persona negra como a un igual era el tema del movimiento nacionalista que Marcus Garvey encabezaba en los años veinte. Garvey preconizaba el orgullo negro, la separación racial y una vuelta a Africa, que en su opinión era la única esperanza de unidad y supervivencia de los negros. Pero el movimiento de Garvey, por estimulante que resultara para algunos negros, no podía progresar mucho en contra de las poderosas corrientes de la supremacía blanca de la década de la posguerra.

El cliché de los años veinte como una época de prosperidad y diversión - conocida como la Era del Jazz o los locos años 20- tenía algo de cierto. El desempleo había descendido de 4.270.000 parados en 1921 a un poco más de 2 millones en 1927. En general, el nivel salarial de los trabajadores aumentó. Algunos granjeros hicieron mucho dinero. El 40% de todas las familias que ganaban más de 2.000 dólares anuales podía comprar nuevos aparatos: coches, radios, frigoríficos... Millones de personas, a quienes no les iba mal, eclipsaban a los demás: a los granjeros arrendatarios (blancos y negros), a las familias de inmigrantes de las grandes ciudades que o no tenían trabajo o no ganaban lo bastante como para cubrir las necesidades básicas...

Pero la prosperidad se concentraba en la alta sociedad. Una décima parte del 1% de las familias ricas obtenían los mismos ingresos que el 42% de las familias pobres. Durante los años 20, unos 25.000 trabajadores morían cada año en accidentes laborales y 100.000 quedaron permanentemente incapacitados. En Nueva York, 2 millones de personas vivían en pisos que en caso de incendio eran una ratonera.

En su novela *Babbitt*, Sinclair Lewis captó bien la falsa sensación de prosperidad y el placer superficial de los nuevos objetos de consumo para las clases medias.

Finalmente, y tras muchas convulsiones, las mujeres consiguieron el derecho al voto en 1920, tras la aprobación de la Decimonovena Enmienda; pero el votar era todavía una actividad de la clase media y alta y las mujeres de dichas clases se dividían, como hacían otros votantes, entre los partidos ortodoxos.

En los años 20, pocas figuras políticas hablaron claro en favor de los pobres. Una de ellas fue Fiorello La Guardia, un congresista de un distrito de inmigrantes pobres en East Harlem (quien, curiosamente, se presentaba tanto para la candidatura socialista como para la republicana). La Guardia, que estaba recibiendo cartas desesperadas de sus votantes, escribió al ministro de agricultura acerca del elevado precio de la carne. A cambio recibió un panfleto sobre cómo usar la carne con economía. La Guardia le contestó:

> *Le he pedido ayuda y me envía un boletín. Sus boletines no les sirven de nada a los que viven en pisos en esta gran ciudad. Lo que necesitamos es la ayuda de su ministerio con respecto a los que se aprovechan con el precio de la carne, que están impidiendo que las personas que trabajan duro en esta ciudad obtengan una alimentación adecuada.*

Durante las presidencias de Harding y Coolidge en los años 20, el ministro de Hacienda era Andrew Mellon, uno de los hombres más ricos de América. En 1923, presentaron al Congreso el "Plan Mellon" pidiendo lo que parecía una reducción general de los impuestos sobre la renta, si bien a los contribuyentes con más ingresos les bajaba sus impuestos del 50 al 25% mientras que al grupo con menos ingresos les reducía los impuestos del 4 al 3%.

Unos pocos congresistas de los distritos obreros se pronunciaron contra el proyecto de ley, como William P. Connery de Massachusetts:

Cuando veo una disposición en este proyecto de ley de Mellon sobre los impuestos que le va a ahorrar al propio Sr. Mellon 800.000 dólares en su declaración de la renta y a su hermano 600.000 en la suya, no puedo apoyarla.

El Plan Mellon fue aprobado. En 1928, La Guardia visitó los distritos más pobres de Nueva York y dijo: *"Confieso que no estaba preparado para lo que realmente vi. Parecía casi increíble que pudieran existir realmente tales condiciones de pobreza".*

En los años 20, eclipsados por las noticias generales de prosperidad, hubo, de vez en cuando, duros episodios de luchas laborales. En 1922, los trabajadores del carbón y los ferroviarios hicieron huelga. Ese mismo año, fracasó una huelga textil de trabajadores italianos y portugueses en Rhode Island, pero se despertaron los sentimientos de clase y algunos huelguistas se unieron a movimientos radicales.

Tras la guerra, y con el Partido Socialista debilitado, se organizó un Partido Comunista. Los comunistas estuvieron involucrados en muchas luchas laborales. Tuvieron un papel predominante en la gran huelga textil que se extendió por Tennessee y Carolina del Norte y del Sur durante la primavera de 1929. Los empresarios se habían trasladado al sur para escapar de los sindicatos y para encontrar trabajadores más sumisos entre los blancos pobres. Pero estos trabajadores se rebelaron contra la larga jornada laboral y los bajos salarios. En particular, se resintieron del llamado "estiramiento" -una intensificación del trabajo.

En Gastonia (Carolina del Norte), los trabajadores se afiliaron a un nuevo sindicato que llevaban los comunistas, el Sindicato Nacional de Trabajadores Textiles, que admitía como miembros tanto a negros como a blancos. Cuando despidieron a algunos de ellos, la mitad de los dos mil trabajadores se puso en huelga. Se creó un ambiente anticomunista y racista y empezó la violencia. Las huelgas textiles comenzaron a extenderse también por Carolina del Sur.

Una por una, las diferentes huelgas se fueron resolviendo con algunos logros, pero no fue así en Gastonia. Allí, los trabajadores textiles, que vivían en una colonia de tiendas de campaña, se negaban a renunciar a sus dirigentes comunistas. La huelga continuó. Pero llevaron esquiroles y las fábricas continuaron funcionando. La desesperación era cada vez mayor. Hubo choques violentos con la policía. Una oscura noche mataron al jefe de policía en un tiroteo y acusaron del asesinato a 16 huelguistas y simpatizantes, incluyendo a Fred Beal, un organizador del Partido Comunista.

Finalmente, procesaron a siete y les condenaron a penas desde 5 a 20 años de cárcel. Consiguieron la libertad bajo fianza y salieron del estado. Los comunistas escaparon a la Rusia soviética. Sin embargo, a pesar de todas las derrotas, palizas y asesinatos, era el comienzo del sindicalismo textil en el sur.

La quiebra de la Bolsa de 1929 -que marcó el comienzo de la gran depresión americana- fue provocada directamente por una especulación descontrolada que se colapsó y hundió con ella a toda la economía. Pero -como señala John Galbraith en su estudio sobre ese suceso (*The Great Crash*)- detrás de dicha especulación estaba el hecho de que "*la economía estaba esencialmente enferma*". Señalaba las estructuras corporativas y bancarias enfermas, el frágil comercio exterior, mucha información económica errónea y la "*mala distribución de los ingresos*" (el 5% de la población que constituía la clase alta recibía alrededor de un tercio de todos los ingresos personales).

Un crítico socialista iría más lejos, afirmando que el sistema capitalista era defectuoso por naturaleza: un sistema impulsado por el único motivo principal del beneficio corporativo, y por tanto inestable, imprevisible y ciego a las necesidades humanas. El resultado de todo ello era una depresión permanente para muchas personas y crisis periódicas para casi todo el mundo. El capitalismo, a pesar de sus intentos de reformarse y organizarse para una mejor gestión, en 1929 todavía era un sistema enfermo y poco seguro.

Tras la quiebra, la economía estaba aturdida e inactiva. Cerraron más de cinco mil bancos y un enorme número de negocios, incapaces de ganar dinero. Los negocios que continuaron despidieron empleados, y bajaban continuamente los sueldos de los que se quedaban. La producción industrial cayó al 50% y para 1933, unos quince millones de personas -un cuarto o un tercio de la mano de obra- estaban en el paro.

Estaba claro que los responsables de la organización de la economía no sabían lo que había sucedido; estaban desconcertados y se negaban a reconocer el fracaso del sistema. Poco antes del *crack*, Herbert Hoover había dicho: "*Nosotros en la América de hoy estamos más cerca del triunfo final sobre la pobreza de lo que ninguna tierra lo ha estado nunca en la historia*". En marzo de 1931, Henry Ford dijo que había crisis porque "*el hombre medio no trabaja realmente una jornada a menos que se vea atrapado y no pueda escapar. Hay infinidad de trabajo que hacer si la gente quisiera*". Unas semanas después, despidió a 75.000 trabajadores.

Había millones de toneladas de alimentos por ahí pero no resultaba rentable transportarlos y venderlos. Los almacenes estaban repletos de ropa pero la gente no podía permitirse el comprarla. Había montones de casas pero permanecían vacías porque la gente no podía pagar el alquiler, les habían desahuciado y ahora vivían en chabolas, en improvisados *hoovervilles* (poblados Hoover) construidos en vertederos de basura.

Los breves retazos de la realidad publicados en la prensa podían multiplicarse por millones de casos similares. Un artículo del *New York Times* de comienzos de 1932 decía:

> *Tras tratar en vano de conseguir un aplazamiento de desahucio hasta el 15 de enero de su apartamento en el número 46 de la calle Hancock en Brooklyn, Peter J. Cornell, de 48 años de edad, ex-contratista de material para hacer techos, parado y sin un penique, murió ayer en brazos de su esposa.*

> *Un médico dijo que la causa de su muerte era por una enfermedad del corazón y la policía dijo que la había causado -en parte al menos- la amarga decepción al ver que eran en vano sus intentos de todo un día para impedir que les echaran a la calle a él y a su familia.*

> *Cornell debía 5 dólares de los atrasos de su alquiler y los 39 dólares de enero que su casero le exigía con antelación. Al no conseguir el dinero, entregaron el día anterior a su familia una orden de desahucio que entraría en vigor al final de la semana.*

> *Tras buscar ayuda en vano en otros sitios, la Oficina de Ayuda al Hogar le dijo ese día que no dispondría de fondos para ayudarle hasta el 15 de enero.*

Un inquilino de la calle 113 en East Harlem escribió al congresista de Washington Fiorello La Guardia:

> *Mi situación es mala ¿sabe? El Gobierno me solía dar una pensión pero ha dejado de hacerlo. Hace casi siete meses que estoy en el paro. Espero que intentará hacer algo por mí. Tengo cuatro hijos que necesitan ropa y alimentos. Mi hija de ocho años está gravemente enferma y no se recupera. Debo dos meses de alquiler y tengo miedo de que nos echen.*

En Oklahoma, los granjeros vieron cómo vendían sus granjas a golpe de subasta, cómo éstas se convertían en polvo, cómo llegaban los tractores y se apoderaban de ellas. En su novela de la depresión *Las uvas de la ira*, John Steinbeck describe lo que sucedía:

> *Los desahuciados y los trabajadores itinerantes llegaban a raudales a California, doscientos cincuenta mil y trescientos mil respectivamente. Detrás,*

nuevos tractores aplastaban la tierra y obligaban a salir a los arrendatarios y ya estaban en camino nuevas oleadas, nuevas oleadas de desahuciados y de personas sin hogar, endurecidos, peligrosos y con determinación.

Como dice Steinbeck, estas personas se estaban volviendo *"peligrosas"*. Estaba creciendo un espíritu de rebeldía. Los artículos periodísticos de la época describen lo que estaba sucediendo:

-England (Arkansas), 3 de enero de 1931: *Unos quinientos granjeros -la mayoría blancos y muchos de ellos armados- se manifestaron por el barrio comercial de esta ciudad gritando que debían conseguir comida para ellos y sus familias. Los invasores anunciaron su intención de cogerla de las tiendas a menos que se la dieran gratis en algún otro sitio.*

-Detroit, 9 de julio de 1931: *La policía reprimió esta noche en la Plaza Cadillac un disturbio incipiente de 500 parados, a quienes habían expulsado del albergue de beneficencia local por falta de fondos.*

-Indiana Harbor (Indiana), 5 de agosto de 1931: *Mil quinientos parados asaltaron la planta de la Fruit Growers Express Company local, exigiendo que se les diera empleos para no morirse de hambre. La compañía respondió llamando a la policía municipal, que hizo salir a los parados amenazándoles con las porras.*

-Chicago, 1 de abril de 1932: *Quinientos escolares -la mayoría con caras ojerosas y con harapos- se manifestaron por el centro de Chicago hacia las oficinas del Comité de Educación para pedir que el sistema escolar les dé comida.*

-Boston, 3 de junio de 1932: *En el transcurso de una manifestación en Boston, 25 niños hambrientos asaltaron un buffet abierto para los veteranos de la guerra contra España. Llamaron a dos coches de policía para alejar a los niños de ahí.*

-Nueva York, 21 de enero de 1933: *Hoy varios cientos de parados han rodeado un restaurante contiguo a Union Square exigiendo que les dieran de comer gratis.*

-Seattle, 16 de febrero de 1933: *Esta noche temprano, ha terminado un asedio de dos días al edificio County-City ocupado por unos cinco mil parados. Tras casi dos horas de tentativas, los comisarios y la policía desalojaron a los manifestantes.*

El cantautor Yip Harburg tenía que componer una canción para el espectáculo *Americana*, y escribió *Brother, Can You Spare a Dime* (¿Puedes darme diez centavos?):

Once in khaki suits,
Gee, we looked swell,
Full of that Yankee Doodle-de-dum.
Half a million boots went sloggin' through Hell,
I was the kid with the drum.
Say, don't you remember, they called me Al-
It was Al all the time.
Say, don't you remember I'm your pal-
Brother, can you spare a dime.[22]

La ira de los veteranos de la I Guerra Mundial -ahora sin trabajo y con sus familias hambrientas- provocó la marcha a Washington del Bonus Army durante la primavera y verano de 1932. Los veteranos de guerra   -portando gratificaciones del gobierno pagaderas en un futuro- exigían que el Congreso les pagase en esos momentos en que el dinero les hacía tanta falta. Así que desde todo el país se dirigieron hacia Washington, solos o con sus esposas e hijos. Iban en viejos automóviles destartalados, colándose en los trenes de carga o haciendo autostop.

Fueron más de veinte mil. La mayoría acamparon en Anacostia Flats, cruzando el río Potomac desde el Capitolio, donde, como escribió John Dos Passos, *"los hombres están durmiendo en pequeñas cabañas hechas con periódicos viejos, cajas de cartón, embalajes y trozos de hojalata o de techumbres".*

El presidente Hoover ordenó al ejército que los expulsara de allí. Cerca de la Casa Blanca se juntaron cuatro tropas de caballería, cuatro compañías de infantería, un escuadrón de ametralladoras y seis tanques. El general Douglas MacArthur estaba al mando de la operación y el mayor Dwight Eisenhower era su ayuda de campo. Uno de los oficiales era George S. Patton. MacArthur condujo sus tropas por la Avenida Pennsylvania abajo, usó gas lacrimógeno para echar a los veteranos de los viejos edificios y prendió fuego a los mismos.

Entonces el ejército cruzó el puente hacia Anacostia. Miles de veteranos con sus esposas e hijos echaron a correr mientras se extendía el gas lacrimógeno. Los soldados dieron fuego a algunas cabañas y pronto todo el campamento ardió en llamas. Cuando acabó todo, habían matado a tiros a dos veteranos, había muerto un bebé de once semanas, un niño de ocho años tenía

---

22.   Una vez en uniformes caqui,/ Dios, estábamos fenomenal,/ llenos de canciones patrióticas./ Medio millón de botas se arrastraban por el infierno,/ yo era el chico del tambor/ Dí, ¿no recuerdas? me llamaban Al/ todo el rato Al./ Dí, ¿no recuerdas que soy tu camarada?/ Hermano, ¿puedes darme diez centavos?

ceguera parcial por el gas, dos policías tenían fracturas craneales y mil veteranos resultaron afectados por el gas.

Los tiempos tan difíciles que se estaban viviendo, la pasividad del gobierno para ayudar y la acción gubernamental para dispersar a los veteranos de guerra, tuvieron su efecto en las elecciones de noviembre de 1932. El candidato del partido Demócrata, Franklin D. Roosevelt derrotó a Herbert Hoover de forma abrumadora. En la primavera de 1933, Roosevelt tomó posesión de su cargo y emprendió un programa de reforma legislativa que se hizo famoso como el *New Deal*. Cuando, al comienzo de su administración, tuvo lugar una pequeña manifestación de veteranos en Washington, Roosevelt les saludó y les ofreció café. Uno de sus ayudantes se reunió con los veteranos, que después se marcharon a sus casas. Era un signo de la política de acercamiento de Roosevelt.

Las reformas de Roosevelt fueron mucho más allá que las de la legislación anterior. Hacían frente a dos necesidades acuciantes: reorganizar el capitalismo de tal modo que superara la crisis y estabilizara el sistema; y atajar el alarmante crecimiento de rebeliones espontáneas y huelgas generales llevadas a cabo en distintas ciudades durante los primeros años de la administración Roosevelt por organizaciones de arrendatarios, parados y movimientos de autoayuda.

Ese primer objetivo -estabilizar el sistema para la propia protección de dicho sistema- destacaba en la ley más importante aprobada en los primeros meses del mandato de Roosevelt: la NRA o Ley de Recuperación Nacional. Fue diseñada para hacerse con el control de la economía mediante una serie de códigos acordados por la dirección, el laborismo y el gobierno, fijando los precios y los salarios y limitando la competencia. Desde el principio, la NRA estuvo dominada por las grandes corporaciones y servía a sus intereses. Pero en los sitios donde el laborismo organizado tenía fuerza, la NRA hizo algunas concesiones a los trabajadores.

Después de que la NRA hubiera estado en vigor durante dos años, el Tribunal Supremo la declaró inconstitucional, alegando que otorgaba demasiado poder al presidente.

Aprobada también en los primeros meses de la nueva administración, la Agricultural Adjustment Administration (AAA, Administración de Ajuste Agrario) fue un intento de organizar la agricultura. Favorecía a los grandes terratenientes, del mismo modo que la NRA había favorecido a las grandes corporaciones.

282

La TVA (Autoridad del Valle del Tennessee) fue una entrada inusual del gobierno en los negocios: era una red gubernamental de presas y plantas hidroeléctricas para controlar las inundaciones y producir energía eléctrica en el valle del Tennessee. Dio trabajo a los parados, ayudó al consumidor con tarifas eléctricas más baratas y, en algún aspecto, merecía la acusación de que era "socialista".

Pero la organización de la economía que el *New Deal* estaba llevando a cabo, tenía como objetivo principal el estabilizar la economía y después, dar la suficiente ayuda a las clases bajas para impedir que convirtieran una rebelión en una auténtica revolución.

Cuando Roosevelt tomó posesión de su cargo, esa rebelión era real. La gente desesperada no estaba esperando a que el gobierno les ayudase; se estaban ayudando a sí mismos actuando directamente.

La gente se organizaba espontáneamente para frenar los desahucios. Cuando en Nueva York, Chicago y otras ciudades se corría la voz de que estaban desahuciando a alguien, se reunía una muchedumbre. Cuando la policía sacaba los muebles de la casa y los dejaban en la calle, el gentío volvía a meterlos en la casa. El Partido Comunista mostraba su actividad organizando grupos de Alianzas de Trabajadores en las ciudades. Una negra, la Sra. Willye Jeffries le habló sobre los desahucios a Studs Terkel:

> *Desahuciaron a muchos. Hacían venir a los alguaciles, que les ponían en la calle, pero en cuanto se iban los alguaciles, hacíamos que la gente volviera a su piso, de modo que no parecía que les habían echado a la calle.*

Por todo el país se estaban formando asambleas de parados. Un periodista las describió:

> *Ya sé que no es ningún secreto que los comunistas organizan asambleas de parados en la mayoría de las ciudades y normalmente las lideran, pero las asambleas están organizadas democráticamente y manda la mayoría. El arma de la asamblea es la fuerza democrática de sus miembros y su función consiste en impedir que desahucien al indigente o, si ya le han desahuciado, presionar a la Comisión de Ayuda para que le encuentre un nuevo hogar; si a un parado le quitan el agua o el gas porque no puede pagarlo, recurrir a las autoridades pertinentes; comprobar que el parado que no tiene calzado ni ropa consiga ambas cosas; eliminar, mediante la publicidad y la presión, las discriminaciones entre blancos y negros o contra los extranjeros. En situaciones urgentes, hacer que la gente vaya al centro de ayuda y exija que se le dé ropa y alimentos. Finalmente, dar una defensa legal a todos los*

parados arrestados por ir a manifestaciones, huelgas de hambre o a asambleas sindicales.

En 1931 y 1932 la gente se organizaba para ayudarse a sí misma, ya que ni las corporaciones ni el gobierno lo estaban haciendo. En Seattle, los del sindicato de pescadores cogían pescado y lo cambiaban con gente que cogía fruta y verduras; y los que cortaban leña, hacían trueques con ella. A finales de 1932, había ya 330 organizaciones de autoayuda en 37 estados, con más de 300.000 miembros. A comienzos de 1933, parecían haber fracasado; estaban intentando realizar una tarea demasiado grande en el contexto de una economía cada vez más arruinada.

Quizá el ejemplo más extraordinario de autoayuda tuvo lugar en el distrito carbonero de Pennsylvania, donde equipos de mineros en paro excavaron pequeñas minas en la propiedad de una compañía, extrajeron carbón, lo transportaron en camiones a las ciudades y lo vendieron a un precio más bajo que la tarifa comercial. Para 1934, veinte mil hombres con cuatro mil vehículos estaban produciendo carbón "de contrabando". Cuando intentaban procesarles, los juzgados locales no les condenaban y los carceleros de la localidad no les metían en prisión.

Eran acciones simples, que se hacían por una necesidad práctica, pero tenían posibilidades revolucionarias. Llevando a cabo acciones directas para hacer frente a sus necesidades, los trabajadores estaban mostrando -sin llamarla así- una fuerte conciencia de clase.

Pero los artífices del *New Deal* -Roosevelt y sus consejeros, y los empresarios que les apoyaban- ¿tenían también conciencia de clase? ¿Acaso entendían que en 1933 y 1934 debían tomar medidas rápidamente -ofrecer empleo, cestas de alimentos y ayuda- para evitar que los trabajadores llegaran a la conclusión de que sólo ellos mismos podían resolver sus problemas?

Quizás, al igual que la conciencia de clase de los trabajadores, fueran una serie de acciones originadas no por una teoría establecida sino por una instintiva necesidad práctica.

Pudo haber sido una conciencia así la que llevó a introducir en el Congreso, a comienzos de 1934, una legislación para regular las disputas laborales. El proyecto de ley estipulaba elecciones para la representación laboral, un comité para solventar problemas y tratar agravios. ¿No era éste precisamente el tipo de legislación para acabar con la idea de que sólo los propios trabajadores podían solucionar sus problemas? Las grandes corporaciones pensaron que era demasiado beneficiosa para el trabajador y se opusieron a ella. A Roosevelt le era indiferente. Pero en el año 1934, una serie de oleadas laboristas señalaron la necesidad de una acción legislativa.

En 1934, fueron a la huelga un millón y medio de trabajadores de diferentes industrias. En primavera y verano, los estibadores de la costa oeste -en una insurrección de la base contra sus propios dirigentes laboristas y contra los cargadores- celebraron una convención, exigieron la abolición del *shape-up* (una especie de mercado de esclavos donde, por la mañana temprano, se elegían grupos de trabajadores para el día) y se declararon en huelga. Rápidamente bloquearon dos mil millas del litoral del Pacífico. Los camioneros cooperaron, negándose a transportar cargamento a los muelles y los trabajadores marítimos se unieron a la huelga. Cuando llegó la policía para abrir los muelles, los huelguistas resistieron en masa y dos de ellos resultaron muertos por disparos de la policía. Una procesión masiva de luto por los huelguistas muertos congregó a decenas de miles de simpatizantes y más tarde se realizó en San Francisco una huelga general, con 130.000 trabajadores en huelga, que paralizó la ciudad.

Quinientos policías de élite prestaron juramento y se reunieron 4.500 guardias nacionales, con unidades de infantería, de ametralladoras, de tanques y de artillería. El *Los Angeles Times* publicaba:

> La expresión "huelga general" no describe correctamente la situación en San Francisco. Lo que de hecho está teniendo lugar allí es una insurrección, una revuelta inspirada y liderada por comunistas contra el gobierno organizado. Sólo cabe hacer una cosa: sofocar la rebelión mediante la fuerza que haga falta.

La presión se había hecho demasiado fuerte. Por un lado, estaban las tropas. Por otro, la AFL presionaba para poner fin a la huelga. Los estibadores aceptaron un acuerdo, pero habían mostrado el potencial de una huelga general.

Ese mismo verano de 1934, una huelga de camioneros en Minneapolis fue apoyada por otros trabajadores y pronto la ciudad estuvo paralizada, salvo los camiones de leche, hielo y carbón, que tenían permiso de los huelguistas. Los granjeros llevaron sus productos a la ciudad y allí los vendieron directamente a la gente. La policía atacó y mató a dos huelguistas. Cincuenta mil personas asistieron a un funeral masivo. Se congregó un enorme mitin en protesta y una marcha al ayuntamiento. Un mes después, los patrones cedieron a las peticiones de los camioneros.

En otoño de ese mismo año de 1934, tuvo lugar la mayor huelga de todas: 325.000 trabajadores textiles del sur abandonaron las fábricas y establecieron escuadras ligeras en camiones y coches para trasladarse por las áreas en huelga, organizando piquetes, luchando contra los guardias, entrando en las fábricas y soltando las cintas transportadoras de las máquinas. También aquí, como en los otros casos, el ímpetu de la huelga vino de la base, contra el reticente liderazgo sindical de la cúpula. El *New York Times* dijo: "*La situación entraña un grave peligro porque a los dirigentes se les irá de las manos*".

En Carolina del Sur, se puso de nuevo en movimiento la maquinaria del Estado. Comisarios y rompehuelgas armados dispararon a los piquetes, matando a siete e hiriendo a otros siete. Pero la huelga se estaba extendiendo a Nueva Inglaterra. En Lowell (Massachusetts), se amotinaron 2.500 trabajadores textiles; en Saylesville (Rhode Island), una multitud de cinco mil personas desafió a las tropas estatales que estaban armadas con ametralladoras, y cerraron la fábrica textil. En Woonsocket (Rhode Island), dos mil personas se rebelaron porque la Guardia Nacional había disparado y matado a alguien. La multitud tomó la ciudad por asalto y cerraron la fábrica.

Para el 18 de septiembre, 421.000 trabajadores textiles estaban en huelga por todo el país. Hubo arrestos masivos, los organizadores recibieron palizas y el número de muertos ascendió a trece. Entonces Roosevelt tomó cartas en el asunto, estableció un comité de mediación y el sindicato suspendió la huelga.

También en el sur rural surgieron organizaciones, estimuladas a menudo por los comunistas pero fomentadas por los agravios que sufrían los granjeros arrendatarios y los labriegos -tanto negros como blancos pobres-, siempre con dificultades económicas pero golpeados aún más duramente por la depresión. El Sindicato de Granjeros Arrendatarios del Sur empezó en Arkansas con aparceros blancos y negros y se extendió a otras áreas. El AAA (Agricultural Adjustment Administration) de Roosevelt no estaba ayudando a los granjeros más pobres. De hecho, como aconsejaba a los granjeros que cultivasen menos, obligaba a los arrendatarios y aparceros a abandonar la tierra. En 1935, de los 6.800.000 granjeros, 2.800.000 eran arrendatarios. Los ingresos medios de un aparcero eran de 312 dólares anuales. Los labriegos -que, al no tener tierra propia, se trasladaban de granja en granja, de una zona a otra- en 1933 ganaban unos 300 dólares al año.

Los granjeros negros eran los más desfavorecidos y algunos de ellos eran atraídos por los forasteros que empezaban a aparecer en su área durante la depresión aconsejándoles que se organizaran. Como rememora Nate Shaw en la extraordinaria entrevista que le hizo Theodore Rosengarten (*All God's Dangers*, Todos los peligros de Dios):

> *Durante los años de la depresión, un sindicato comenzó a funcionar por esa zona, llamado el Sindicato de Aparceros; ¡qué bonito nombre! -pensé. Y sabía que lo que estaba sucediendo era un cambio completo para el hombre del sur, ya fuera blanco o de color; era algo fuera de lo común y oí que se trataba de una organización para las clases pobres; eso era justo en lo que yo quería meterme. Quería saber sus secretos lo suficiente como para poder conocer bien la organización.*

Nate Shaw relató lo que sucedió cuando estaban a punto de desahuciar a un granjero negro que no había pagado sus deudas:

> *El comisario dijo: "Esta mañana voy a despachar al viejo Virgil Jones..."*
> *Le supliqué que no lo hiciera, se lo supliqué: "Le impedirás que pueda alimentar a su familia".*

Dispararon e hirieron a Nate Shaw cuando trataba de impedir que un comisario desahuciara a otro granjero que no había pagado sus deudas. Entonces, Shaw cogió su arma y disparó a su vez. Le arrestaron a finales de 1932 y cumplió doce años en una cárcel de Alabama. Su historia no es más que un pequeño ejemplo del gran drama anónimo de los pobres del sur durante los años del Sindicato de Aparceros. Años después de que saliera de prisión, Nate Shaw dijo lo que pensaba sobre la raza y la clase social:

> *Está claro como el agua. Hoy el blanco pobre y el negro pobre están en el mismo barco; los grandes petimetres los lanzaron así. El control sobre el hombre, el poder que controla está en manos del hombre rico. Esa clase se mantiene unida y dejan al blanco pobre junto con el negro. He aprendido que las acciones hablan mucho más alto que las palabras.*

Hosea Hudson -un negro de la Georgia rural que a los diez años fue mozo de labranza y más tarde, un trabajador siderúrgico en Birmingham- se concienció con el caso de los muchachos de Scottsboro de 1931 (nueve jóvenes negros acusados de violar a dos chicas blancas y condenados -sin pruebas determinantes- por un jurado compuesto por blancos).

Ese año, Hudson se afilió al Partido Comunista. En 1932 y 1933, organizó a los parados negros en Birmingham. Recuerda Hudson:

> *Todas las semanas se reunían los comités de negros; tenían su mitin de costumbre. Hablábamos del asunto de la asistencia social, sobre lo que estaba sucediendo. Leíamos el* Daily Worker *y el* Southern Worker *para saber qué estaba pasando con la ayuda a los parados, qué estaba haciendo la gente en Cleveland, las luchas en Chicago; o hablábamos de los últimos acontecimientos del caso Scottsboro. Estábamos al día, estábamos encima, de modo que la gente siempre quería venir, porque cada vez teníamos algo distinto que decirles.*

En 1934 y 1935, cientos de miles de trabajadores excluidos de los sindicatos -tan estrechamente controlados y exclusivistas- de la American Federation of Labor (AFL) comenzaron a organizarse en las nuevas industrias de producción masiva: la industria del automóvil, del caucho y del empaquetado. La AFL no podía ignorarles, de modo que estableció un Comité para la Organización Industrial que organizara a estos trabajadores al margen de los gremios, por industrias, de modo que todos los trabajadores de una fábrica formaban parte de un sólo sindicato. Después, este Comité presidido por John Lewis se desintegró y se convirtió en el Congress of Industrial Organizations (CIO, Congreso de las Organizaciones Industriales).

Pero fueron las huelgas e insurrecciones de las bases las que impulsaron a los dirigentes sindicales, al AFL y al CIO a la acción. A comienzos de los años treinta, los trabajadores del caucho en Akron (Ohio) comenzaron un nuevo tipo de táctica: la huelga de brazos caídos. Los trabajadores permanecían en la fábrica en vez de abandonarla. Esto tenía claras ventajas: imposibilitaban directamente la utilización de esquiroles; no tenían que actuar a través de dirigentes sindicales sino que ellos mismos controlaban directamente la situación; no tenían que andar a la intemperie con frío y bajo la lluvia sino que tenían un refugio; no estaban aislados, como en su trabajo o en la línea de piquetes sino que estaban miles bajo el mismo techo, con libertad para hablar entre ellos y formar una comunidad de lucha.

Esta idea se difundió a lo largo de 1936. En diciembre de ese año, comenzó la huelga de brazos caídos más larga, en la fábrica de Fisher Body, en Flint (Michigan). Comenzó cuando despidieron a dos hermanos y se prolongó hasta febrero de 1937. Durante cuarenta días, hubo una comunidad de dos mil huelguistas. "Era como en la guerra" dijo un huelguista, "los tíos que estaban conmigo llegaron a ser mis camaradas". Los comités organizaron entretenimientos, puntos de información, clases, un servicio postal y un servicio de higiene. Establecieron tribunales para tratar con los que no querían lavar platos cuando les llegaba su turno, o los que tiraban basura, o los que fumaban donde estaba prohibido, o los que metían licores. El "castigo" consistía en obligaciones extras y el castigo final era la expulsión de la fábrica. El dueño del restaurante de enfrente preparaba tres comidas diarias para dos mil huelguistas. Había lecciones de procedimientos parlamentarios, de oratoria o de historia del movimiento laborista. Los licenciados de la Universidad de Michigan daban cursos de periodismo y escritura creativa.

Les dieron órdenes de desalojar pero un cerco de cinco mil trabajadores armados rodearon la fábrica y no hubo ningún intento de hacer cumplir el mandato. La policía atacó con gas lacrimógeno y los trabajadores respondieron con las mangueras de incendios. Dispararon e hirieron a trece huelguistas pero hicieron retroceder a la policía. El gobernador hizo salir a la Guardia Nacional. Para entonces, la huelga se había extendido a otras fábricas de la General Motors. Finalmente se llegó a un acuerdo -un contrato de seis meses que dejaba muchas cuestiones pendientes pero establecía que a partir de ese momento, la compañía tendría que negociar no con individuos sino con un sindicato.

En 1936 hubo 48 huelgas de brazos caídos. En 1937 hubo 477: electricistas en San Luis; camiseros en Pulaski (Tennessee); barrenderos en Pueblo (Colorado); basureros en Bridgeport (Connecticut); enterradores en Nueva Jersey; 17 trabajadores ciegos del Gremio Neoyorquino de Judíos Invidentes; prisioneros de una penitenciaría de Illinois e incluso 30 miembros de la Guardia Nacional, que habían intervenido en la huelga de brazos caídos de Fisher Body y que ahora ellos mismos hacían huelga de brazos caídos porque no les habían pagado.

Estas huelgas de brazos caídos eran especialmente peligrosas para el sistema porque no eran controladas por la dirección sindical de costumbre.

La Ley Wagner de 1935, que establecía un Comité Nacional de Relaciones Laborales, se había aprobado para estabilizar el sistema frente a la agitación laboral, una necesidad aún más acuciante por la oleada de huelgas de 1936, 1937 y 1938. En Chicago, el día de la Conmemoración de los caídos de 1937, una huelga en la empresa de aceros Republic Steel hizo salir a la policía, que disparó a una multitudinaria línea de piquetes, matando a diez de ellos. Las autopsias mostraron que a los trabajadores les habían disparado por la espalda mientras huían. A este episodio se le llamó la Masacre del día de la Conmemoración de los caídos. Pero tanto Republic Steel como Ford Motor Company estaban organizadas, al igual que las otras grandes fábricas del acero, del automóvil, del caucho, de empaquetado y de la industria eléctrica.

Una corporación siderúrgica retó en los tribunales a la Ley Wagner pero el Tribunal Supremo dijo que era constitucional, que el gobierno podía regular el comercio interestatal y que las huelgas dañaban dicho comercio. Desde el punto de vista de los sindicatos, la nueva ley ayudaba a organizar los sindicatos. Desde el punto de vista del gobierno, ayudaba a estabilizar el comercio.

A los patrones no les gustaban los sindicatos pero los podían controlar mejor. Para la estabilidad del sistema, eran mejor que las huelgas salvajes y que los obreros ocupasen las fábricas. En la primavera de 1937, un artículo del *New York Times* tenía el titular: "*Los sindicatos del CIO combaten las huelgas de brazos caídos no autorizadas*".

De esta forma, a mediados de los años treinta, se desarrollaron dos formas sofisticadas de controlar las acciones laborales directas. Por un lado, el NLRB (Comité Nacional de Relaciones Laborales) daba categoría legal a los sindicatos, les escuchaba y resolvía algunos de sus agravios. De esta forma, podía moderar las rebeliones laborales canalizando la energía en las elecciones -igual que el sistema constitucional canalizaba en las elecciones la posible energía conflictiva. El NLRB limitaba los conflictos económicos de la misma forma que las votaciones limitaban los conflictos políticos.

Por otro lado, la propia organización de los trabajadores -el sindicato; incluso un sindicato militante y agresivo como el CIO- canalizaba la energía revolucionaria de los trabajadores en contratos, negociaciones y asambleas sindicales e intentaba minimizar las huelgas para establecer organizaciones grandes, influyentes e incluso respetables.

Parece que la historia de esos años apoya la argumentación del libro *Poor People's Movements* de Richard Cloward y Frances Piven, que afirma que el laborismo consiguió más durante sus rebeliones espontáneas, antes de que los sindicatos ganasen reconocimiento o estuviesen bien organizados: "*Los obreros de las fábricas ejercieron su mayor influencia y pudieron exigirle al gobierno las concesiones más importantes durante la Gran Depresión, en los años anteriores a su organización en sindicatos. Su fuerza durante la Depresión no se basaba en la organización sino en la desorganización*".

En los años cuarenta -durante la II Guerra Mundial- la afiliación a los sindicatos aumentó enormemente, y en 1945, el CIO y el AFL ya tenían cada uno más de 6 millones de afiliados. Pero su poder era menor que antes y los logros mediante las huelgas fueron menguando paulatinamente. Los miembros designados al NLRB eran menos solidarios con el laborismo; el Tribunal Supremo declaró que las huelgas de brazos caídos eran ilegales y los gobiernos de los estados aprobaban leyes para obstaculizar las huelgas, los piquetes y los boicots.

La llegada de la II Guerra Mundial debilitó la vieja militancia laborista de los años treinta porque la economía de guerra creó millones de nuevos empleos con mayores salarios. El *New Deal* sólo había logrado reducir el desempleo de 13 a 9 millones. Fue la guerra la que dio trabajo a casi todo el mundo, pero la guerra logró algo más: el patriotismo y la llamada a la unión de todas las clases contra enemigos extranjeros, dificultó aún más la movilización de la ira contra las corporaciones. Durante la guerra, tanto el CIO como el AFL prometieron no convocar ninguna huelga.

Sin embargo, los trabajadores tenían tales agravios -los "controles" en tiempo de guerra significaba que controlaban más sus salarios que los precios- que se vieron obligados a comprometerse con muchas huelgas salvajes: en 1944 hubo más huelgas que en cualquier año anterior de la historia americana.

Los años treinta y cuarenta mostraron más claramente que antes el dilema de los trabajadores norteamericanos. El sistema respondió a las rebeliones obreras haciéndose con nuevas formas de control -un control interno asegurado por sus propias organizaciones, así como un control externo asegurado por la ley y la fuerza. Pero junto con los nuevos controles llegaron nuevas concesiones. Dichas concesiones no resolvían los problemas básicos; para mucha gente, no resolvían nada. Pero ayudaron a la gente suficiente como para que se creara una atmósfera de progreso y mejora que restableciera algo de fe en el sistema.

El salario mínimo de 1938 -que estableció 40 horas laborales a la semana y prohibió el trabajo infantil- dejó a mucha gente fuera de sus disposiciones y fijó salarios mínimos muy bajos (el primer año, 25 centavos a la hora). Pero era suficiente para aplacar el resentimiento. Sólo se construían viviendas para un pequeño porcentaje de la gente que las necesitaba, pero aliviaba saber que había proyectos de viviendas de protección oficial, parques para los niños, apartamentos sin bichos, y que construían nuevas viviendas donde antes había casas desvencijadas. La TVA (Autoridad del Valle de Tennessee) propuso interesantes planes para crear empleo, mejorar las zonas y proveer energía barata con control local en vez de nacional. La Ley de Seguridad Social daba subsidios por jubilación y por desempleo y destinaba fondos estatales para madres con niños a su cargo; pero excluía a los granjeros, a los empleados domésticos y a las personas mayores y no ofrecía seguro sanitario. Las ventajas de la seguridad social eran insignificantes en comparación con la seguridad que obtenían las corporaciones.

El *New Deal* dio dinero federal para poner a trabajar a miles de escritores, artistas, actores y músicos en Proyectos Federales para el Teatro, Proyectos Federales para Escritores y Proyectos Federales para Artistas. Se pintaban murales en los edificios públicos; se representaban obras teatrales para audiencias de clase obrera que nunca habían visto una; se escribían y publicaban cientos de libros y panfletos. La gente escuchaba sinfonías por primera vez. Fue un estimulante resurgimiento de las artes para la gente, un auge que no se había dado antes en la historia americana y que no se volvería a dar después. Pero en 1939, con el país más estable y el impulso reformador del *New Deal* debilitado, se eliminaron los programas para subvencionar las artes.

Cuando concluyó el *New Deal*, el capitalismo permanecía intacto. Los ricos aún controlaban la riqueza de la nación, así como las leyes, los tribunales, la policía, los periódicos, las iglesias y las universidades. Se había dado la ayuda suficiente a las personas suficientes como para hacer de Roosevelt un héroe para millones de personas, pero permanecía el mismo sistema que había traído la depresión y la crisis, el sistema del despilfarro, de la desigualdad y del interés por el beneficio más que por las necesidades humanas.

Para los negros, el *New Deal* fue psicológicamente alentador (la Sra. Roosevelt era solidaria; algunos negros consiguieron puestos en la administración) pero los programas del *New Deal* ignoraron a la mayoría de los negros. Los negros que eran arrendatarios, labriegos, trabajadores itinerantes o trabajadores domésticos, no tenían derecho al subsidio por desempleo, al salario mínimo, a la seguridad social ni a los subsidios agrarios. Roosevelt, por no ofender a los políticos sureños blancos, cuyo apoyo político necesitaba, no presionó para sacar adelante un proyecto de ley contra los linchamientos. En las fuerzas armadas, los blancos y los negros estaban separados. A la hora de conseguir empleo, los trabajadores negros estaban discriminados. Eran los últimos en ser contratados y los primeros en ser despedidos. Sólo cuando A. Philip Randolph, presidente del Sindicato de Mozos de Coches-cama amenazó con una marcha masiva sobre Washington, acordó firmar Roosevelt un mandato ejecutivo para establecer un Comité para la Práctica del Empleo Justo (FEPC). Pero el FEPC carecía de poder para entrar en vigor y cambió poco las cosas.

El barrio negro de Harlem, a pesar de todas las reformas del *New Deal*, continuó como estaba. Allí vivían 350.000 personas, 233 personas por acre, en comparación con las 133 personas por acre del resto de Manhattan. En veinticinco años, la población de Harlem se había multiplicado por seis. Diez mil familias vivían en bodegas y sótanos. La tuberculosis era moneda corriente. Aproximadamente la mitad de las mujeres casadas trabajaban como empleadas de hogar. Iban al Bronx y se reunían en las esquinas -que la gente llamaba "mercados de esclavos"- para ofrecer sus servicios. Poco a poco apareció la prostitución.

En 1932, en el hospital de Harlem moría, en proporción, el doble de personas que en el hospital Bellevue, situado en el centro del área de los blancos.

El 19 de marzo de 1935, aunque se estaban aprobando las reformas del *New Deal*, Harlem explotó. Diez mil negros arrasaron las calles, destruyendo propiedades de comerciantes blancos. Dos negros resultaron muertos.

A mediados de los años treinta, un joven poeta negro llamado Langston Hughes escribió un poema titulado *Let America Be America Again* (Dejad que América sea otra vez América):

> *...I am the poor white, fooled and pushed apart,*
> *I am the Negro bearing slavery's scars.*
> *I am the red man driven from the land,*
> *I am the immigrant clutching the hope I seek-*
> *And finding only the same old stupid plan.*
> *Of dog eat dog, of mighty crush the weak...*
> *O, let America be America again-*
> *The land that never has been yet-*[23]

Sin embargo, en los años treinta, para los blancos del norte y del sur, los negros eran invisibles. Sólo los radicales intentaron romper las barreras

---

23. ...Soy el blanco pobre de quien se burlan, a quien empujan,/ soy el negro con las cicatrices de la esclavitud./ Soy el indio a quien expulsan de su tierra,/ soy el inmigrante que se aferra a la esperanza que busco/ y que sólo encuentra el mismo plan estúpido de siempre/ donde el hombre es un lobo para el hombre y donde el fuerte pisa al débil.../ O, dejad que América sea otra vez América/ La tierra que nunca ha sido aún.

raciales: los socialistas, trotskistas y sobre todo los comunistas. Influido por los comunistas, el CIO estaba organizando a los negros de las industrias de producción masiva. Aún usaban a los negros como esquiroles, pero ahora hubo también intentos de unir a blancos y negros contra su enemigo común.

En los años treinta, no hubo un gran movimiento feminista, pero muchas mujeres de la época se involucraron en movimientos laboristas. Una poetisa de Minnesota, Meridel LeSeuer, tenía 34 años cuando la gran huelga de camioneros paralizó Minneapolis en 1934. LeSeuer se involucró en la huelga y más tarde describió sus experiencias:

> *Nunca había estado en una huelga. Lo cierto es que tenía miedo. "¿Necesitáis ayuda?" -pregunté con ansiedad. Servíamos miles de tazas de café a miles de hombres. Vi cómo sacaban hombres de los coches y los ponían en las camas del hospital, en el suelo. Un martes, el día del funeral, se concentraron mil soldados más en el centro de la ciudad. Había más de cuarenta grados a la sombra. Fui a las funerarias y miles de hombres y mujeres estaban allí congregados, esperando bajo un sol terrible. Me acerqué y me puse junto a ellos. Ignoraba si podía desfilar. No me gustaba desfilar en manifestaciones. Tres mujeres me llevaron con ellas. "Queremos que desfilen todos -dijeron amablemente-, ven con nosotras..."*

Años después, Sylvia Woods contó a Alice y Staughton Lynd sus experiencias en los años 30, cuando trabajaba en una lavandería y como organizadora sindical:

> *Tienes que decir a la gente cosas que puedan ver. Entonces dirán: "Ah, nunca había pensado en eso" o "nunca lo había visto de esa forma" ...como Tennessee. Odiaba a los negros. El pobre aparcero un día bailó con una negra. Así que he visto cambiar a la gente. Esta es la fe que has de tener en las personas.*

En esos días de crisis y rebelión muchos americanos empezaron a cambiar de forma de pensar. En Europa, Hitler estaba en marcha. Al otro lado del Pacífico, Japón estaba invadiendo China. Nuevos imperios estaban amenazando a los imperios occidentales, y para Estados Unidos, la guerra no estaba lejos.

Capítulo 16

¿UNA GUERRA POPULAR?

Hay algunas evidencias de que la II Guerra Mundial fue la guerra más popular en la historia de Norteamérica. Nunca antes había participado en una guerra una porción tan grande del país: 18 millones de hombres entraron en las fuerzas armadas (de los que 10 millones irían al extranjero); 25 millones de trabajadores compraban regularmente bonos de guerra con su sueldo. Pero, ¿no podía considerarse que éste era un apoyo prefabricado, ya que todas las fuerzas de la nación -no sólo las del gobierno, sino también la prensa, la Iglesia y hasta las principales organizaciones radicales- estaban tras los llamamientos a una guerra suprema? ¿Hubo un fondo de aversión o indicios silenciados de resistencia?

Se trataba de una guerra contra un enemigo de una maldad indescriptible. La Alemania hitleriana estaba extendiendo el totalitarismo, el racismo y el militarismo en una guerra de agresión abierta como no se había visto nunca. Y, sin embargo, los gobiernos que dirigían esta guerra -Inglaterra, Estados Unidos y la Unión Soviética- ¿representaban un orden de cosas esencialmente diferente, tanto que su victoria significara un golpe al imperialismo, al racismo, al totalitarismo y al militarismo en el mundo?

El comportamiento de Estados Unidos durante la guerra -tanto en las operaciones militares en el extranjero como en el trato a las minorías del país- ¿correspondía a lo que sería una "guerra popular"? La política del país durante la guerra ¿respetaba el derecho de la gente -fueran de donde fuesen- a la vida, a la libertad y a la búsqueda de la felicidad? Y la América de la posguerra, con su política tanto nacional como exterior ¿ejemplificaba los valores por los que se suponía que se había luchado en una guerra?

Estas preguntas merecen consideración; durante la II Guerra Mundial, el ambiente estaba demasiado cargado de ardor guerrero como para permitir exponerlas.

Que Estados Unidos saliera como defensor de países indefensos, concordaba con la imagen que daban del país los libros de historia de los institutos americanos, pero no con su expediente en asuntos internacionales. Estados Unidos había instigado una guerra con México y se había apoderado de medio país. Había simulado ayudar a Cuba a conseguir su independencia de España para plantarse después en Cuba con una base militar, inversiones y un derecho de intervención. Se había apoderado de Hawai, Puerto Rico, Guam y había llevado a cabo una guerra brutal para subyugar a los filipinos. Había "abierto" Japón al comercio americano con barcos de guerra y amenazas. Había declarado en China una Política de Puertas Abiertas como medio de asegurarse que Estados Unidos tendría las mismas oportunidades que otras potencias imperialistas para explotarla. Junto con otras naciones, había enviado tropas a Pequín para imponer la supremacía occidental en China, manteniendo las tropas allí durante más de treinta años.

Mientras exigía una puerta abierta en China, Estados Unidos había insistido (con la doctrina Monroe y muchas intervenciones militares) en una puerta cerrada en Latinoamérica, es decir, cerrada a todo el mundo excepto a Estados Unidos. Había maquinado una revolución contra Colombia y había creado el estado "independiente" de Panamá para construir y controlar el Canal. En 1926 mandó cinco mil *marines* a Nicaragua para parar una revolución y mantener tropas allí durante siete años. En 1916, intervino en la República Dominicana, por cuarta vez, y estacionó tropas allí durante ocho años. En 1915, intervino por segunda vez en Haití, donde mantuvo a sus tropas durante diecinueve años.

Entre 1900 y 1933, Estados Unidos intervino cuatro veces en Cuba, dos en Nicaragua, seis en Panamá, una en Guatemala y siete en Honduras. En 1924, Estados Unidos estaba dirigiendo de alguna forma las finanzas de la mitad de los veinte estados latinoamericanos. Hacia 1935, más de la mitad de las exportaciones americanas de acero y algodón se estaban vendiendo en Latinoamérica.

Justo antes del final de la I Guerra Mundial, un ejército americano de 7.000 hombres arribó a Vladivostok, como parte de una intervención aliada en Rusia, y permaneció allí hasta comienzos de 1920. Cinco mil soldados más llegaron a Arcangel, otro puerto ruso, también como parte de una fuerza expedicionaria aliada, y estuvieron allí durante casi un año. El Departamento de Estado dijo al Congreso: *"Todas esas operaciones se llevaron a cabo para compensar los efectos de la revolución bolchevique en Rusia"*.

En resumen, si la entrada de Estados Unidos en la II Guerra Mundial fue para defender el principio de no-intervención en los asuntos de otros países (como muchos americanos creían por aquel entonces, viendo las invasiones nazis), el expediente de Estados Unidos ponía en duda su habilidad para mantener dicho principio.

Lo que por aquel entonces parecía claro era que Estados Unidos era una democracia con ciertas libertades, mientras que Alemania era una dictadura que acosaba a la minoría judía, encarcelaba a los disidentes, cualquiera que fuese su religión, al mismo tiempo que proclamaban la supremacía de la "raza nórdica". Sin embargo, a los negros, viendo el antisemitismo que había en Alemania, no les parecía muy distinta su propia situación en Estados Unidos. Y Estados Unidos había hecho poco respecto a la política persecutoria de Hitler. De hecho, durante toda la década de los años treinta se había unido a Inglaterra y Francia para apaciguar a Hitler, pero Roosevelt y su secretario de Estado, Cordell Hull, vacilaban en criticar públicamente la política antisemita de Hitler. Cuando, en enero de 1934, se introdujo en el Senado una resolución pidiendo que el Senado y el presidente expresaran *"sorpresa y dolor"* por lo que los alemanes les estaban haciendo a los judíos, y pidiendo asimismo que se restituyeran los derechos de los judíos, el Departamento de Estado se aseguró de que se silenciara la resolución.

Cuando la Italia de Mussolini invadió Etiopía en 1935, Estados Unidos declaró un embargo sobre municiones pero permitió que las corporaciones americanas enviasen a Italia enormes cantidades de petróleo, esencial para que Italia llevase a cabo la guerra. Cuando en 1936 tuvo lugar una rebelión fascista en España contra un gobierno socialista-liberal elegido democráticamente, la administración Roosevelt apoyó una Ley de Neutralidad, que tuvo el efecto de cortar toda ayuda al gobierno español, mientras Hitler y Mussolini daban una ayuda crucial a Franco.

¿Se trataba de una mala consideración, de un desafortunado error? ¿No era más bien la política lógica de un gobierno cuyo principal interés no era frenar el fascismo sino propiciar los intereses imperiales de Estados Unidos? En los años treinta, la mejor política para defender tales intereses parecía ser la antisoviética. Cuando, más tarde, Japón y Alemania amenazaron los intereses internacionales de Estados Unidos, optaron por una política prosoviética y antinazi. Roosevelt tenía tanto interés en terminar con la opresión de los judíos como Lincoln en erradicar la esclavitud durante la Guerra Civil. Cualquiera que fuera su compasión personal por las víctimas de la persecución, la prioridad política de ambos no eran los derechos de las minorías, sino el poder nacional.

Lo que hizo que Estados Unidos entrara en la II Guerra Mundial no fueron los ataques de Hitler a los judíos, al igual que no fue la esclavitud de 4 millones de negros lo que provocó la Guerra Civil en 1861. Ni el ataque de Italia a Etiopía, ni la invasión hitleriana de Austria y Checoslovaquia, ni su ataque a Polonia -ninguna de estas agresiones hizo que Estados Unidos entrase en la guerra, aunque Roosevelt empezó a ayudar significativamente a Inglaterra.

Lo que provocó que Estados Unidos entrase de pleno en la II Guerra Mundial fue el ataque japonés a la base naval americana de Pearl Harbor, en Hawai, el 7 de diciembre de 1941. Por supuesto, lo que provocó el llamamiento indignado de Roosevelt a la guerra no fue la preocupación humana por los civiles que Japón había bombardeado -ni el ataque japonés a China en 1937, ni el bombardeo japonés a civiles en Nanking. Lo que provocó la entrada de Estados Unidos en la guerra fue el ataque japonés a una base del imperio americano en el Pacífico. Estados Unidos no tuvo nada que objetar mientras Japón fue un socio educado en ese club imperial de grandes potencias que compartían la explotación de China, acorde con la Política de Puertas Abiertas.

En 1917, Estados Unidos había intercambiado comunicaciones con Japón, diciendo que *"el Gobierno de los Estados Unidos reconoce que Japón tiene intereses especiales en China"*. Según Akira Iriye (*After Imperialism*), en 1928, los cónsules americanos en China apoyaron la llegada a ese país de tropas japonesas.

Cuando Japón intentó invadir China, y sobre todo cuando fue a por el estaño, el caucho y el petróleo del sureste asiático, estaba amenazando los mercados potenciales de Estados Unidos. Entonces cundió la alarma y Estados Unidos tomó las medidas que provocarían el ataque japonés: en el verano de 1941 embargó totalmente su hierro y su petróleo.

Una vez unido a Inglaterra y a Rusia en la guerra (Alemania e Italia declararon la guerra a Estados Unidos justo después de Pearl Harbor), ¿qué demostró el comportamiento de Estados Unidos: que sus fines en la guerra eran humanitarios, o más bien que se centraban en el poder y en el lucro? ¿Estaba combatiendo en la guerra para acabar con el dominio de unas naciones sobre otras o para asegurarse de que las naciones dominadoras eran amigas de Estados Unidos?

En agosto de 1941, Roosevelt y Churchill se reunieron cerca de la costa de Terranova y anunciaron al mundo la Carta Atlántica, que exponía nobles fines para el mundo de la posguerra, asegurando que sus países no buscaban "*el engrandecimiento territorial ni de otro tipo*" y que respetaban "*el derecho de todos los pueblos a elegir la forma de gobierno bajo la que quieran vivir*". Se alabó la Carta porque declaraba el derecho de autodeterminación de los pueblos.

Sin embargo, dos semanas antes de la declaración de la Carta Atlántica, Sumner Welles, el secretario de Estado en funciones estadounidense, había asegurado al gobierno francés que podían conservar su imperio intacto tras el final de la guerra. A finales de 1942, el delegado personal de Roosevelt aseguró al general francés Henri Giraud: "*No cabe ninguna duda de que se establecerá la soberanía francesa lo antes posible por todo el territorio, metropolitano o colonial, sobre el que ondeó la bandera francesa en 1939*".

Los titulares de los periódicos hablaban de las batallas y de los movimientos de tropas: la invasión del norte de Africa en 1942; la de Italia en 1943; las encarnizadas batallas mientras hacían retroceder a Alemania dentro de sus fronteras; los bombardeos cada vez más numerosos de las fuerzas aéreas británicas y americanas; el dramático desembarco masivo de Normandía, en la Francia ocupada por Alemania; y, al mismo tiempo, las victorias rusas sobre los ejércitos nazis (por las fechas del desembarco de Normandía, los rusos habían expulsado de Rusia a los alemanes y mantenían ocupadas al 80% de las tropas alemanas). En 1943 y 1944, tuvo lugar en el Pacífico el avance isla por isla de contingentes americanos hacia Japón, encontrando bases cada vez más cerca para el bombardeo atronador de ciudades japonesas.

Silenciosamente, tras los titulares sobre las batallas y los bombardeos, los diplomáticos y los empresarios americanos trabajaban duro para asegurarse de que, al concluir la guerra, Estados Unidos fuese la primera potencia económica del mundo. Los negocios norteamericanos penetrarían en áreas que hasta entonces había dominado Inglaterra. La Política de Puertas Abiertas de acceso igualitario se extendería de Asia a Europa, lo que significaba que Estados Unidos tenía intención de apartar a Inglaterra e instalarse en su lugar.

Eso fue lo que le pasó a Oriente Medio y a su petróleo. Arabia Saudita tenía la mayor reserva petrolífera de Oriente Medio. A comienzos de 1945, su rey, Ibn Saud, estaba como invitado del presidente Roosevelt en un yate americano. Más tarde, Roosevelt escribió a Ibn Saud, prometiendo que Estados Unidos no cambiaría su política palestina sin consultar a los árabes. Años después, el interés en el petróleo competiría constantemente con el interés político por el estado judío en Oriente Medio, pero de momento el petróleo parecía más importante.

Con el poder imperial británico derrumbándose durante la II Guerra Mundial, Estados Unidos estaba listo para entrar en escena. Antes de que finalizara la guerra, la administración ya estaba planeando el esquema del nuevo orden económico internacional, basado en una asociación entre el gobierno y las grandes corporaciones.

El poeta Archibald MacLeish, entonces subsecretario de Estado, criticó lo que vio en el mundo de posguerra: *"Tal y como van las cosas, la paz que haremos, la paz que parece que estamos logrando, será una paz de petróleo, oro y navegación; en resumen, una paz sin propósito moral ni interés en la humanidad"*.

Durante la guerra, Inglaterra y Estados Unidos establecieron el Fondo Económico Internacional para regular el cambio de divisas internacionales; el voto sería proporcional al capital aportado, con lo cual se estaba asegurando el dominio americano. Se fundó el Banco Internacional para la Reconstrucción y el Desarrollo, supuestamente para ayudar a reconstruir áreas destruidas por la guerra. Pero uno de sus objetivos principales era, según el propio Banco, *"promover las inversiones extranjeras"*.

La ayuda económica que los países necesitarían tras la guerra se veía ya en términos políticos. Averell Harriman, embajador en Rusia, dijo a comienzos de 1944: *"La ayuda económica es una de las armas más efectivas que tenemos para mover los acontecimientos políticos europeos en la dirección que queramos"*.

La creación de las Naciones Unidas durante la guerra se presentó al mundo como una cooperación internacional para impedir guerras futuras. Pero la ONU estaba dominada por los países imperiales occidentales -Estados Unidos, Inglaterra y Francia- y una nueva potencia imperial con bases militares y una fuerte influencia en la Europa del este: la Unión Soviética. Un importante senador republicano, Arthur Vandenburg, escribió en su diario acerca de la Carta de las Naciones Unidas:

Lo que es sorprendente es que la Carta sea tan conservadora desde un punto de vista nacionalista. Se basa prácticamente en una alianza de cuatro potencias. Esto dista de ser una visión romántica del estado mundial inspirada por el internacionalismo loco. Estoy profundamente impresionado de ver que Hull preserva con tanto cuidado nuestro veto americano en su esquema de cosas.

La difícil situación de los judíos en la Europa ocupada por los alemanes -que mucha gente creía que era uno de los motivos principales de la guerra contra el Eje- no se encontraba entre las preocupaciones principales de Roosevelt. El estudio de Henry Feingold (*The Politics of Rescue*) muestra que, mientras estaban metiendo a los judíos en campos de concentración y estaba comenzando el proceso de aniquilación que acabaría con el horripilante exterminio de 6 millones de judíos y millones de no-judíos, Roosevelt no tomó las medidas que podrían haber salvado millares de vidas. Para él no era prioritario; y dejó el asunto en manos del Departamento de Estado, donde el antisemitismo y la fría burocracia obstaculizaron la acción.

¿Se estaba librando la guerra para demostrar que Hitler se equivocaba en sus ideas acerca de la supremacía blanca nórdica sobre las razas "inferiores"? Las fuerzas armadas estadounidenses estaban divididas en razas. Cuando, a comienzos de 1945, metieron a las tropas en el *Queen Mary* para ir a combatir en la escena europea, apiñaron a los negros en las bodegas del barco junto a la sala de máquinas, lo más lejos posible del aire puro de cubierta. Escena que recordaba extrañamente a los barcos negreros de antaño.

La Cruz Roja, con la aprobación del gobierno, separaba las donaciones de sangre de los blancos y los negros. Irónicamente, fue un médico negro, Charles Drew, quien desarrolló el sistema de bancos de sangre. Le pusieron a cargo de las donaciones durante la guerra y luego, cuando intentó poner fin a la segregación sanguínea, le despidieron. A pesar de la urgente necesidad de trabajadores en tiempo de guerra, todavía se discriminaba a los negros a la hora de dar empleo. Un portavoz de la fábrica de aviones de la costa oeste dijo: "*Sólo se empleará a los negros como porteros y en ocupaciones similares... Sea cual fuere su capacidad como constructores de aviones, no los contrataremos*". Roosevelt jamás hizo nada para poner en vigor las órdenes de la Fair Employment Practices Commission (Comisión para la Práctica del Empleo Justo) que él mismo había establecido.

Era conocida la insistencia de los países fascistas en que el sitio de la mujer estaba en el hogar. Sin embargo, la guerra contra el fascismo -aunque utilizaba mujeres en fábricas, donde hacían muchísima falta- no tomó medidas especiales para cambiar su papel subordinado. A pesar de la gran cantidad de mujeres ocupadas en trabajos relacionados con la guerra, la War Manpower Commission (Comisión de Mano de Obra de Guerra) no dejaba participar a las mujeres en sus organismos directivos. Un informe del Departamento de la Mujer del ministerio de Trabajo escrito por su directora, Mary Anderson, decía que la War Manpower Commission tenía *"dudas e intranquilidad"* sobre *"lo que entonces se consideraba como una creciente actitud militante o un espíritu de lucha por parte de las dirigentes".*

En una de sus políticas, Estados Unidos estuvo cerca de imitar directamente al fascismo. Esto pasó con el trato a los americanos de origen japonés que vivían en la costa oeste. Tras el ataque a Pearl Harbor, la histeria antijaponesa se extendió en el gobierno. Un congresista dijo: *"Estoy a favor de coger ahora a cada japonés que viva en América, Alaska y Hawai y meterlos en campos de concentración... ¡Malditos sean! ¡Librémonos de ellos!"*

Franklin D. Roosevelt no compartió ese frenesí, pero en febrero de 1942, firmó tranquilamente la Orden Ejecutiva 9066, que otorgaba al ejército el poder de arrestar -sin orden judicial, ni acta de acusación, ni audiencia- a todo japonés de la costa oeste, un total de 110.000 hombres, mujeres y niños. Podían sacarlos de sus casas, transportarlos a campos de concentración en el interior del país y tenerlos allí en régimen penitenciario. De estos japoneses, tres cuartas partes eran *nisei* -niños nacidos en Estados Unidos de padres japoneses y por tanto ciudadanos americanos. La ley denegó la ciudadanía a los restantes, los *issei* - nacidos en Japón. En 1944, el Tribunal Supremo apoyó la evacuación forzosa, alegando que era necesario para el ejército. Los japoneses permanecieron en esos campos de concentración durante más de tres años. Hubo huelgas, peticiones, asambleas masivas, disturbios contra las autoridades del campo y negativas a firmar juramentos de lealtad. La japonesa Michi Weglyn era una niña cuando detuvieron y evacuaron a su familia. En su libro *Years of Infamy*, Weglyn habla de chapucería en la evacuación y de la miseria que soportaron hasta el final.

La guerra estaba siendo llevada a cabo por un gobierno cuyo principal beneficiario, a pesar de las muchas reformas, era la élite rica. En 1941, cincuenta y seis grandes corporaciones se hacían cargo de tres cuartos del total de los contratos militares. De los mil millones de dólares gastados, 400 millones fueron a parar a diez grandes corporaciones.

Aunque había 12 millones de trabajadores organizados en el CIO y en el AFL, el laborismo se encontraba en una posición subordinada. Establecieron comités de gestión del trabajo en cinco mil fábricas como un gesto hacia la democracia industrial, pero actuaron principalmente como grupos disciplinarios para trabajadores absentistas y como herramientas para aumentar la producción.

A pesar de la abrumadora atmósfera de patriotismo y de dedicación total para ganar la guerra, y a pesar de las promesas del AFL y el CIO de no convocar huelgas, muchos de los trabajadores del país -frustrados por la congelación salarial mientras los beneficios empresariales se disparaban- fueron a la huelga. Durante la guerra, hubo catorce mil huelgas, que concernían a 6.770.000 trabajadores, más que en ningún otro período similar en la historia americana. Sólo en 1944, hicieron huelga un millón de trabajadores de las minas, de las acerías y de las industrias del automóvil y de los equipos de transporte. Cuando finalizó la guerra, hubo un número record de huelgas: en la primera mitad de 1946, se declararon en huelga 3 millones de trabajadores. Bajo el ruido de entusiasmo patriótico, había mucha gente que pensaba que la guerra estaba mal, incluso en las circunstancias de la agresión fascista. De los 10 millones reclutados por las fuerzas armadas durante la II Guerra Mundial, 43.000 se negaron a combatir. Muchos otros ni siquiera se presentaron para el reclutamiento. El gobierno computó unos 350.000 casos de evasión al reclutamiento. Y esto a pesar de que la comunidad americana estaba casi unánimemente a favor de la guerra.

La literatura posterior a la II Guerra Mundial -*From Here to Eternity* de James Jones, *Catch-22* de Joseph Heller y *The Naked and the Dead* de Norman Mailer- captó esta ira de los *GIs* contra el alto mando del ejército. En *The Naked and the Dead*, unos soldados están hablando durante una batalla y uno de ellos dice:

> *"Lo único malo de este ejército es que nunca ha perdido una guerra".*
> *Toglio se sorprendió: "¿Crees que deberíamos perder ésta?"*
> *Red notó cómo se exaltaba: "¿Qué tengo yo contra los malditos japoneses? ¿Crees que me importa si se quedan con esta maldita jungla? ¿A mí qué me importa si Cummings consigue otro galón?"*
> *"El general Cummings es un buen hombre" -dijo Martinez.*
> *"No hay ni un oficial bueno en todo el mundo" -afirmó Red.*

Parecía haber una indiferencia generalizada, hostilidad incluso, por parte de la comunidad negra hacia la guerra, a pesar de los intentos de los periódicos para negros y los intentos de los líderes negros para movilizar sus sentimientos. Un periodista negro escribió: "*Los negros están enfadados, resentidos y completamente apáticos con respecto a la guerra. "¿Luchar para qué?" se preguntan.*

Un estudiante de una universidad para negros dijo a su profesor: "*El ejército nos discrimina. La armada sólo nos deja servir como soldados de cantina. La Cruz Roja rechaza nuestra sangre. Ni los patronos ni los sindicatos nos admiten. Los linchamientos continúan. No tenemos derechos, hay racismo contra nosotros, nos escupen. ¿Qué más podría hacernos Hitler?*"

Walter White repitió esto ante un público negro de varios miles de personas en el medio oeste, pensando que no lo verían con buenos ojos, pero en vez de eso, como recuerda White:

> *Para mi sorpresa y consternación, la audiencia estalló en tales aplausos que me costó unos 30 ó 40 segundos hacer silencio.*

Los negros carecían, sin embargo, de una oposición antibélica organizada. De hecho, había poca oposición organizada en cualquier grupo. El Partido Comunista apoyaba la guerra con entusiasmo. El Partido Socialista se encontraba dividido, incapaz de decantarse hacia uno u otro lado.

Unos pocos grupúsculos anarquistas y pacifistas se negaron a apoyar la guerra. La Liga Internacional de Mujeres por la Paz y la Libertad dijo: "*La guerra entre las naciones o entre clases o razas no puede resolver permanentemente los conflictos o curar las heridas que los crearon*". El *Catholic Worker* escribió: "*Aún somos pacifistas*".

La dificultad de hacer sólo llamadas a la "paz" en un mundo de capitalismo, fascismo y comunismo, con sus ideologías dinámicas y sus acciones agresivas, preocupaba a algunos pacifistas. Comenzaron a hablar de la "no-violencia revolucionaria". A.J. Muste, de la Comunidad de Reconciliación dijo que el mundo estaba en medio de una revolución y los que están contra la violencia deben actuar de forma revolucionaria, pero sin violencia. Un movimiento de pacifismo revolucionario tendría que "*contactar de modo efectivo con grupos oprimidos y minoritarios tales como los negros, los aparceros o los trabajadores industriales*".

Tan sólo un grupo socialista organizado se opuso abiertamente a la guerra: el Partido Socialista de los Trabajadores. En 1943, en Minneapolis, condenaron a 18 miembros del partido por violar la Ley Smith, que declaraba ilegal unirse a cualquier grupo que preconizara "*el derrocamiento del gobierno mediante la fuerza y la violencia*". Les sentenciaron a penas de prisión y el Tribunal Supremo se negó a revisar el caso.

Unas pocas voces continuaban insistiendo en que la verdadera guerra se libraba dentro de cada nación. La revista de Dwight Macdonald de la época de la guerra *Politics* presentó a comienzos de 1945 un artículo escrito por el obrero-filósofo francés Simone Weil:

> *Tanto si a la máscara se le llama fascismo, democracia o dictadura del proletariado, nuestro gran adversario sigue siendo el aparato del gobierno -la burocracia, la policía y el ejército- y la peor traición será siempre subordinarnos a dicho aparato y pisotear en su beneficio todos los valores humanos que hay en nosotros y en los demás.*

Sin embargo, movilizaron a la inmensa mayoría de la población americana para ayudar en la guerra, tanto en el ejército como en la vida civil, y la atmósfera bélica envolvía cada vez más a los americanos. Los sondeos de opinión pública mostraban que la gran mayoría de los soldados estaban a favor del reclutamiento obligatorio para el período de posguerra. El odio al enemigo, especialmente a los japoneses, se hizo muy común. Era evidente que el racismo estaba presente. La revista *Time*, relatando la batalla de Iwo Jima, decía: "*El japonés medio es irracional e ignorante. Quizá sea humano, pero nada lo indica*".

Así que había un apoyo masivo a lo que sería el mayor bombardeo de civiles jamás llevado a cabo en una guerra: los ataques aéreos a ciudades alemanas y japonesas.

Italia había bombardeado ciudades durante la guerra con Etiopía; Italia y Alemania habían bombardeado a civiles durante la Guerra Civil española; al comienzo de la II Guerra Mundial, aviones alemanes bombardearon Rotterdam en Holanda, Coventry en Inglaterra y otros lugares. Roosevelt describió esos ataques como una "*barbaridad inhumana que ha conmocionado profundamente la conciencia de la humanidad*".

Esos bombardeos alemanes fueron leves en comparación con los bombardeos británicos y americanos de las ciudades alemanas. En enero de 1943, los aliados se reunieron en Casablanca y acordaron llevar a cabo ataques aéreos a gran escala para lograr "*la destrucción y dislocación del ejército alemán, del sistema industrial y económico y socavar la moral del pueblo alemán hasta tal punto que se debilite fatalmente su capacidad para la resistencia armada".*

De esta forma, empezaron los bombardeos masivos de ciudades alemanas, con ataques de mil aviones sobre Colonia, Essen, Frankfurt y Hamburgo.

Los ingleses volaban de noche sin ninguna pretensión de apuntar a objetivos militares; los americanos volaban durante el día y pretendían ser precisos, lo que era imposible pues se bombardeaba desde grandes altitudes. La cúspide de estos horribles ataques fue el bombardeo de Dresde a comienzos de 1945, en el que el tremendo calor que causaron las bombas creó un vacío en el que los incendios originaron rápidamente una gran tormenta de fuego que arrasó la ciudad. En Dresde murieron más de cien mil personas.

Con el bombardeo de ciudades japonesas, continuaba la estrategia de bombardeos de saturación para destruir la moral de los civiles; una noche, un bombardeo sobre Tokio se cobró ochenta mil vidas. Más tarde, el 6 de agosto de 1945, apareció el solitario avión americano en el cielo de Hiroshima. Lanzó la primera bomba atómica, que mató a unos cien mil japoneses y dejó a decenas de miles muriendo lentamente por los efectos de la radiación. La bomba también mató a doce aviadores americanos que estaban en la cárcel de Hiroshima, un hecho que el gobierno norteamericano jamás ha admitido oficialmente. Tres días después, lanzaron sobre la ciudad de Nagasaki una segunda bomba atómica, que mató a unas 50.000 personas.

La justificación ofrecida para tales atrocidades era que las bombas atómicas acabarían rápidamente con la guerra y no sería necesario invadir Japón. El gobierno norteamericano decía que dicha invasión costaría un enorme número de vidas -un millón, según el secretario de Estado, Byrnes; Truman aseguró que la cifra que le dio el general George Marshall era de medio millón. Estos cálculos de las bajas en caso de invasión se los sacaron de la manga para justificar las bombas sobre Japón, que a medida que se iban conociendo sus efectos, horrorizaban cada vez a más gente.

En agosto de 1945, Japón ya estaba en una situación desesperada y listo para rendirse. Poco después de la guerra, el analista militar Hanson Baldwin escribió en el *New York Times*:

> *Para cuando el tratado de Postdam exigió la rendición incondicional el 26 de julio, el enemigo, en lo concerniente a lo militar, estaba en una situación*

estratégica desesperada. Tal era entonces la situación cuando arrasamos Hiroshima y Nagasaki. ¿Teníamos que haberlo hecho? Por supuesto, nadie puede estar seguro, pero la respuesta es casi con toda probabilidad negativa.

El United States Strategic Bombing Survey (Estudio sobre el Bombardeo Estratégico Estadounidense) -que el ministerio de la Guerra fundó en 1944 para estudiar los resultados de los ataques aéreos durante la guerra- entrevistó a cientos de dirigentes civiles y militares japoneses tras la rendición de Japón, y justo tras la guerra, informó:

> *Con toda probabilidad, Japón se hubiera rendido antes del 1 de noviembre de 1945 y sin duda antes del 31 de diciembre de 1945, incluso si no les hubieran lanzado las bombas atómicas, incluso si Rusia no hubiera entrado en la guerra e incluso si no se hubiera planeado o sopesado ninguna invasión.*

Pero, ¿podían los dirigentes americanos haber sabido esto en agosto de 1945? Está claro que la respuesta es sí. Habían descifrado el código japonés y estaban interceptando los mensajes de Japón. Sabían que los japoneses habían dado instrucciones para que su embajador en Moscú discutiera con los aliados negociaciones de paz. El 13 de julio, el ministro de Asuntos Exteriores, Shigenori Togo, telegrafió a su embajador en Moscú: "*La rendición incondicional es lo único que obstaculiza la paz*".

Si los americanos no hubieran insistido en la rendición incondicional, es decir, si hubieran querido aceptar como condición para la rendición que el emperador -una figura sagrada para los japoneses- continuara donde estaba, los japoneses habrían aceptado parar la guerra.

¿Por qué Estados Unidos no dio ese pequeño paso para salvar vidas, tanto americanas como japonesas? ¿Era porque habían invertido demasiado dinero y esfuerzo en la bomba atómica como para no lanzarla? ¿O era -como ha sugerido el científico británico P.M.S. Blackett (en su libro *Fear, War, and the Bomb*)- que Estados Unidos ansiaba lanzar las bombas antes de que los rusos entraran en la guerra contra Japón?

Los rusos (que oficialmente no estaban en guerra con Japón) habían acordado secretamente que entrarían en la guerra noventa días después del fin de la guerra europea. Ese día resultó ser el 8 de mayo, de tal forma que el 8 de agosto, se esperaba que los rusos declarasen la guerra a Japón. Pero para entonces, ya habían lanzado la gran bomba y, al día siguiente, lanzarían otra en Nagasaki. Japón se rendiría ante Estados Unidos, no ante Rusia. Estados Unidos sería quien ocuparía el Japón de la posguerra. Una nota en el diario de

James Forrestal, ministro de la Armada, del 28 de julio de 1945, describe al secretario de Estado, James F. Byrnes como *"con muchas ganas de acabar con el tema de Japón antes de que entren los rusos".*

Truman dijo que *"el mundo se dará cuenta de que la primera bomba atómica se lanzó en Hiroshima, una base militar, porque en ese primer ataque deseábamos evitar, en la medida de lo posible, la muerte de civiles".* El U.S. Strategic Bombing Survey dijo en su informe oficial que *"se eligió como objetivos a Hiroshima y Nagasaki debido a la concentración de actividades y población".*

El lanzamiento de la segunda bomba en Nagasaki parece que se planeó de antemano, y nadie ha podido explicar jamás por qué se lanzó. ¿Era porque se trataba de una bomba de plutonio, mientras que la de Hiroshima era una bomba de uranio? ¿Fueron los muertos y heridos de Nagasaki víctimas de un experimento científico? Probablemente, entre los muertos en Nagasaki había prisioneros de guerra americanos. Un informe del ejército advirtió sobre todo esto, pero el plan continuó como estaba previsto.

Es cierto que después la guerra acabó rápidamente. Un año antes, habían derrotado a Italia. Recientemente, Alemania se había rendido, derrotada principalmente por los ejércitos soviéticos en el frente oriental, ayudados por los ejércitos aliados en el oeste. Ahora se rendía Japón. Las potencias fascistas estaban destruidas.

Pero ¿qué pasaba con el fascismo como idea, como realidad? ¿Habían desaparecido sus elementos esenciales -el militarismo, el racismo y el imperialismo? ¿O habían absorbido los vencedores estos elementos?

Los vencedores eran la Unión Soviética y Estados Unidos (también Inglaterra, Francia y la China nacionalista, pero éstos eran débiles). Ahora estas potencias se pusieron manos a la obra -bajo la envoltura del "socialismo" por un lado y la "democracia" por el otro- para hacerse con sus propias áreas de influencia. Procedieron a compartir y pelearse por el dominio del mundo, a construir artefactos bélicos mucho mayores que los que habían construido los países fascistas, y a controlar los destinos de más países de los que Hitler, Mussolini y Japón hubieran podido dominar.

También actuaron para controlar a sus propias poblaciones, cada país con sus propias técnicas -toscas en la Unión Soviética, sofisticadas en Estados Unidos- para asegurar su mandato.

La guerra produjo grandes beneficios a las corporaciones, pero también elevó los precios -para el beneficio de los granjeros-, mejoró los salarios e hizo prosperar a la suficiente cantidad de gente como para asegurar que no se producirían las rebeliones que tanto habían amenazado la década de los treinta.

Era una vieja lección que los gobiernos habían aprendido: que la guerra resuelve problemas de control. Charles E. Wilson, presidente de General Electric Corporation, estaba tan contento con la situación durante la guerra, que sugirió una alianza continua entre las corporaciones y el ejército para *"una economía de guerra permanente"*.

Eso es lo que sucedió. Los ciudadanos americanos estaban cansados de la guerra, pero la administración Truman (Roosevelt había muerto en abril de 1945) se esforzó por crear un clima de crisis y de guerra fría. Es cierto que la rivalidad con la Unión Soviética era real. La Unión Soviética, que acabó la guerra con una economía arruinada y 20 millones de muertos, estaba haciendo una reaparición sorprendente, reconstruyendo su industria, recobrando fuerza militar. Sin embargo, la administración Truman presentó a la Unión Soviética no sólo como un rival sino como una amenaza inminente.

Con una serie de maniobras, tanto en el extranjero como en el país, estableció un clima de miedo, una histeria con respecto al comunismo, que haría aumentar enormemente el presupuesto militar y estimularía la economía con pedidos relacionados con la guerra. Esta combinación de políticas haría posible acciones más agresivas en el extranjero y acciones más represoras en el propio país.

Al pueblo americano le describían los movimientos revolucionarios en Europa y Asia como ejemplos del expansionismo soviético, recordándoles así la indignación que sintieron contra las agresiones de Hitler.

En Grecia, bajo una dictadura de derechas, encarcelaron a los oponentes al régimen y destituyeron a los dirigentes de los sindicatos. Comenzó a crecer un movimiento guerrillero de izquierdas. Gran Bretaña dijo que no podía controlar la rebelión y pidió a Estados Unidos que interviniera. Como dijo más tarde un oficial del Departamento de Estado: *"En una hora, Gran Bretaña le ha pasado el papel de líder internacional a Estados Unidos"*.

Estados Unidos respondió con la Doctrina Truman, como se llamó a un discurso que dio Truman al Congreso en la primavera de 1947, en el que pidió

400 millones de dólares para ayudar militar y económicamente a Grecia y Turquía. Truman dijo que los Estados Unidos debían ayudar a "*los pueblos libres que están resistiendo intentos de subyugación por parte de minorías armadas o por presiones del exterior*". La retórica era acerca de la libertad pero lo que le interesaba a Estados Unidos era la proximidad de Grecia al petróleo de Oriente Medio.

Con la ayuda militar de Estados Unidos, en 1949 ya habían derrotado la rebelión. Estados Unidos continuó dando ayuda económica y militar al gobierno griego. Llegó a Grecia un flujo de inversiones de capital de la Esso, Dow Chemical, Chrysler y otras corporaciones norteamericanas. Pero el analfabetismo, la pobreza y el hambre seguían siendo comunes allí, y Estados Unidos había logrado que se mantuviera en el poder una brutal dictadura militar.

En China, cuando acabó la II Guerra Mundial, ya estaba teniendo lugar una revolución, liderada por un movimiento comunista con un enorme apoyo popular. El Ejército Rojo, que había luchado contra los japoneses, combatía ahora para derrocar la corrupta dictadura de Chiang Kai-shek, que Estados Unidos apoyaba pero que -según el propio Papel Blanco sobre China del Departamento de Estado- había perdido la confianza de sus propias tropas y de su propio pueblo. En enero de 1949, fuerzas comunistas chinas llegaron a Pequín, concluyó la guerra civil y China estaba en manos de un movimiento revolucionario -lo más cercano, en la larga historia de ese antiguo país, a un gobierno del pueblo, independiente del control externo.

En la década de la posguerra, Estados Unidos estaba tratando de crear un consenso nacional de conservadores y liberales, republicanos y demócratas, en torno a las políticas de la guerra fría y el anticomunismo. Dicha coalición podía crearse de forma más efectiva por un presidente demócrata liberal, cuya agresiva política exterior fuese apoyada por los conservadores y cuyos programas de bienestar social en el país (el *Fair Deal* o Trato Justo de Truman) atrajeran a los liberales. En 1950 tuvo lugar un acontecimiento que aceleró la formación del consenso entre liberales y conservadores: la guerra no declarada de Truman en Corea.

Corea, ocupada por Japón durante 35 años, fue liberada de Japón tras la II Guerra Mundial y dividida en Corea del Norte -con una dictadura socialista que era parte de la esfera de influencia soviética- y Corea del Sur -una dictadura de derechas dentro de la esfera americana.

Hubo amenazas esporádicas entre las dos Coreas y cuando el 25 de junio de 1950, los ejércitos norcoreanos fueron hacia el sur y atravesaron el paralelo 38 para invadir Corea del Sur, las Naciones Unidas -dominadas por Estados Unidos- pidió ayuda a sus miembros para *"repeler el ataque armado"*. Truman dio la orden para que las fuerzas armadas norteamericanas ayudasen a Corea del Sur y el ejército americano pasó a ser el ejército de la ONU. *"Una vuelta al dominio de la fuerza en asuntos internacionales"* dijo Truman *"tendría efectos trascendentales. Estados Unidos continuará apoyando el dominio de la ley"*.

La respuesta estadounidense al *"dominio de la fuerza"* fue arrasar tanto Corea del Norte como del Sur durante tres años de bombardeos. Lanzaron napalm y un periodista de la BBC describió el resultado:

> *Teníamos frente a nosotros a una extraña figura en cuclillas, con las piernas abiertas y los brazos extendidos. No tenía ojos y todo su cuerpo -del que se veía la mayor parte por entre jirones de harapos quemados- estaba cubierto por una dura costra negra moteada de pus amarillo.*

En la guerra de Corea mataron a unos 2 millones de coreanos del norte y del sur, y todo en nombre de la oposición al *"dominio de la fuerza"*.

La resolución de la ONU había llamado a la acción *"para repeler el ataque armado y restaurar la paz y la seguridad en el área"*. Pero los ejércitos americanos, tras hacer retroceder a los norcoreanos fuera del paralelo 38, avanzaron por toda Corea del Norte hasta el río Yalu en la frontera con China, lo que provocó la entrada de China en la guerra. Entonces los chinos avanzaron hacia el sur y la guerra se paralizó en el paralelo 38 hasta que, en 1953, las negociaciones de paz restauraron la antigua frontera entre norte y sur.

La guerra de Corea hizo que los liberales respaldaran a la guerra y al presidente. Creó el tipo de coalición necesaria para sostener una política de intervención en el extranjero y una economía militar en Estados Unidos. Esto creó problemas para los que no estaban en la coalición, a los que tacharon de críticos radicales.

La izquierda se había hecho muy influyente en los duros tiempos de los años treinta y durante la guerra contra el fascismo. El Partido Comunista no contaba con muchos afiliados -probablemente menos de 100.000- pero era una potente fuerza entre los sindicatos, que contaban con millones de afiliados, entre los artistas y entre infinidad de americanos, a quienes el fracaso del sistema capitalista pudo haber llevado a considerar favorablemente al comunismo y al socialismo. De esta forma, si, tras la II Guerra Mundial, el sistema quería asentar más el capitalismo en el país y lograr un consenso favorable al imperio americano, tenía que debilitar y aislar a la izquierda.

El 22 de marzo de 1947, dos semanas después de presentar al país la Doctrina Truman para Grecia y Turquía, Truman promulgó la Orden Ejecutiva 9835, iniciando un programa para localizar cualquier *"infiltración de personas desleales"* en el gobierno americano. Durante los cinco años siguientes, investigaron a unos seis millones de funcionarios del gobierno. Despidieron a unos 500 por *"lealtad cuestionable"*.

Los acontecimientos internacionales que tuvieron lugar justo después de la guerra, facilitaron el apoyo popular a favor de la cruzada anticomunista en Estados Unidos. En 1948, el Partido Comunista de Checoslovaquia expulsó del gobierno a los que no eran comunistas, y estableció su propio mandato. Ese año, la URSS bloqueó Berlín -una ciudad ocupada por varias naciones y aislada dentro del área de influencia soviética en la Alemania Oriental- obligando a Estados Unidos a aerotransportar suministros a Berlín. En 1949, tuvo lugar la victoria comunista en China y, ese mismo año, la Unión Soviética hizo estallar su primera bomba atómica. En 1950, comenzó la guerra de Corea. En Estados Unidos describieron todos estos acontecimientos a la opinión pública como indicios de una conspiración comunista internacional.

Por todo el mundo, se estaban rebelando los pueblos coloniales, que exigían la independencia: en Indochina, contra los franceses; en Indonesia, contra los holandeses; y en Filipinas, contra Estados Unidos.

En países africanos como Kenia, Sudáfrica y en los del oeste de Africa (bajo dominio francés) hubo señales de descontento en forma de huelgas.

De modo que no era sólo la expansión soviética la que estaba amenazando al gobierno de Estados Unidos y a los intereses financieros americanos. De hecho, los acontecimientos en China, Corea, Indochina y Filipinas, eran movimientos comunistas locales, y no la expansión de la Unión Soviética. Se trataba de una oleada general de insurrección antiimperialista en el mundo, que Estados Unidos quería derrotar. Para ello, sería necesaria la unidad nacional, que se dedicase buena parte del presupuesto del Estado para armamento y que se suprimiera en el país la oposición a tal política exterior.

En esta atmósfera, el senador de Wisconsin Joseph McCarthy podía ir aún más lejos que Truman.

Como presidente del Subcomité Permanente de Investigaciones del Comité del Senado sobre Operaciones Gubernamentales, McCarthy aseguró que en el Departamento de Estado había cientos de comunistas -afirmación para la que no tenía prueba alguna. Investigó el programa de información del Departamento de Estado, su publicación *Voice of America* (La voz de América) y sus bibliotecas en el extranjero, que contaban con libros escritos por personas que McCarthy consideraba comunistas.

El Departamento de Estado reaccionó con pánico y mandó una avalancha de directivos a sus centros bibliotecarios de todo el mundo. Se eliminaron 40 libros, incluidos *The Selected Works of Thomas Jefferson,* editado por Philip Foner y el libro de Lillian Hellman *The Children's Hour.* También quemaron algunos libros.

McCarthy se envalentonó. Durante la primavera de 1954, comenzó una serie de audiencias para investigar a militares supuestamente subversivos. Cuando empezó a atacar a algunos generales por no ser lo suficientemente severos con los presuntos comunistas, se granjeó la enemistad tanto de republicanos como de demócratas. En diciembre de 1954, el Senado votó abrumadoramente a favor de censurarle por *"conducta indigna de un miembro del Senado de los Estados Unidos".*

Por las mismas fechas en que el Senado estaba censurando a McCarthy, congresistas tanto liberales como conservadores hacían aprobar toda una serie de proyectos de ley anticomunistas. El liberal Hubert Humphrey introdujo una propuesta para ilegalizar el Partido Comunista, diciendo: *"No tengo intención de ser un patriota pusilánime".* En calidad de líder minoritario del Senado, Lyndon Johnson se esforzó para aprobar una moción de censura contra McCarthy, pero también se esforzó para mantener dicha censura en los estrechos límites de una *"conducta indigna de un miembro del Senado de los Estados Unidos",* más que poner en tela de juicio el anticomunismo de McCarthy.

Siendo senador, John F. Kennedy no habló claro en contra de McCarthy (Kennedy estaba ausente cuando se votó la moción de censura y nunca dijo qué hubiera votado de estar allí). La insistencia de McCarthy en afirmar que el comunismo se había impuesto en China debido a la tolerancia del gobierno americano hacia el comunismo, era similar al propio punto de vista de

Kennedy, expresado en la Cámara de los Diputados, en enero de 1949, cuando los comunistas chinos se hicieron con el poder en Pequín:

> *Nuestros diplomáticos y sus consejeros, los Lattimore y los Fairbank* [eruditos en historia china; Owen Lattimore era una de las dianas preferidas de McCarthy; John Fairbank era catedrático en Harvard] *estaban tan preocupados con la imperfección del sistema democrático en China, que no tuvieron presente nuestros enormes intereses en una China sin comunismo... ahora, esta Cámara debe asumir la responsabilidad de impedir que la fuerte avalancha de comunismo se trague toda Asia.*

Los senadores liberales Hubert Humphrey y Herbert Lehman propusieron que se establecieran centros de detención (que en realidad eran campos de concentración) para sospechosos de subversión, a quienes se detendría sin juicio cuando el presidente declarase una "*emergencia interna de seguridad*". Esto se añadió a la Ley de Seguridad Interna de los Republicanos, que exigía el registro de organizaciones comunistas y estableció los campos de concentración propuestos, y ya listos para usarse. (En 1968, una época de desilusión generalizada con el anticomunismo, se anuló esta ley).

La orden ejecutiva de Truman sobre la lealtad de 1947 exigió que el ministerio de Justicia redactara una lista de organizaciones que le parecieran a dicho ministerio "*totalitarias, fascistas, comunistas o subversivas, o que pretendan alterar la forma de gobierno de Estados Unidos con medios inconstitucionales*". Al determinar deslealtad, se consideraría no sólo el ser miembro de cualquier organización de la lista del ministro de Justicia, sino también "*asociación solidaria*" con dichas organizaciones. En 1954, ya había cientos de grupos en la lista.

La administración Truman inició una serie de acciones judiciales que intensificaron el ánimo anticomunista de la nación. De estos enjuiciamientos, el más importante fue el caso de Julius y Ethel Rosenberg, que tuvo lugar el verano de 1950.

Los Rosenberg fueron acusados de espionaje. Las pruebas mayores las proporcionaron unas pocas personas que ya habían confesado ser espías y que estaban o bien en la cárcel o bajo acusación. David Greenglass, hermano de Ethel Rosenberg, era el testigo principal. Greenglass había sido maquinista en el laboratorio del Proyecto Manhattan en Los Alamos (Nuevo México) en 1944 y 1945, cuando se estaba construyendo allí la bomba atómica.

Greenglass testificó que Julius Rosenberg le había pedido que consiguiera información para los soviéticos.

El químico Harry Gold, que estaba cumpliendo una condena de treinta años por otro caso de espionaje, salió de prisión para corroborar el testimonio de Greenglass. Gold nunca se había reunido con los Rosenberg, pero dijo que un oficial de la embajada soviética le dio la mitad de una tapa de Jello y le pidió que se pusiera en contacto con Greenglass, diciendo: "Vengo de parte de Julius". Gold dijo que cogió los croquis que Greenglass había dibujado de memoria y se los dio al oficial soviético.

Todo esto tenía aspectos problemáticos. ¿Cooperó Gold a cambio de que le pusieran pronto en libertad? Tras cumplir 15 años de una condena de 30, estaba en libertad condicional. ¿Sabía también Greenglass que estaba bajo acusación cuando testificó que su vida dependía de su cooperación? Le dieron una sentencia de 15 años, cumplió la mitad y le pusieron en libertad.

¿Hasta qué punto era fiable el testimonio de Gold? Resultó que le habían preparado para el caso Rosenberg con 400 horas de entrevistas con el FBI. Resultó también que Gold mentía frecuentemente con mucha imaginación.

La conexión de los Rosenberg con el Partido Comunista fue un factor importante en el juicio. El jurado dijo que eran culpables y el juez Irving Kaufman dictó sentencia, diciendo que eran responsables de la muerte de 50.000 soldados americanos en Corea. Les condenó a ambos a morir en la silla eléctrica.

Morton Sobell también estaba procesado, acusado de conspirar con los Rosenberg. El principal testigo en su contra era un viejo amigo suyo, quien hizo de testigo en su boda y sobre quien pesaba una posible acusación de perjurio por parte del gobierno federal por mentir sobre su pasado político. Las pruebas de la acusación contra Sobell eran tan débiles que su abogado pensó que no era necesario presentar una defensa. Pero el jurado le declaró culpable y el juez Kaufman le condenó a 30 años de cárcel. Le enviaron a Alcatraz, le denegaron rápidamente la libertad condicional y pasó 19 años en varias prisiones, hasta que salió en libertad.

Documentos del FBI, que mandaron sacar a la luz en los años setenta, mostraban que el juez Kaufman se puso de acuerdo secretamente con los fiscales sobre las sentencias que dictaría en el caso. Otro documento muestra que el juez supremo Fred Vinson del Tribunal Supremo aseguró en secreto al ministro de Justicia de los Estados Unidos que si algún juez del Tribunal Supremo concedía un aplazamiento de la ejecución, convocaría inmediatamente un pleno judicial y lo anularía.

Hubo una campaña mundial de protesta. Albert Einstein, cuya carta a Roosevelt al comienzo de la guerra había iniciado el trabajo en la bomba atómica, hizo un llamamiento en favor de los Rosenberg, al igual que hicieron Jean-Paul Sartre, Pablo Picasso y la hermana de Bartolomeo Vanzetti. Hubo una petición de clemencia al presidente Truman, justo antes de que dejara la presidencia en la primavera de 1953. Fue rechazada. Después, otra petición hecha al nuevo presidente, Dwight Eisenhower, también fue rechazada.

En el último momento, el juez William O. Douglas concedió un aplazamiento de la ejecución. El juez supremo Vinson envió aviones especiales para llevar de nuevo a Washington a los jueces, que pasaban sus vacaciones en distintas partes del país. Cancelaron el aplazamiento concedido por Douglas a tiempo para que los Rosenberg fueran ejecutados el 19 de junio de 1953.

En ese mismo período, al comienzo de los años cincuenta, el House Un-American Activities Committee (Comité de Actividades Antiamericanas) estaba en pleno apogeo, interrogando a muchos americanos acerca de sus conexiones comunistas, despreciándoles si se negaban a contestar y distribuyendo millones de panfletos al pueblo americano con títulos como "Cien cosas que Ud. debería saber sobre el comunismo" ("*¿Dónde pueden encontrarse comunistas? En todas partes*"). Los liberales criticaban a menudo al Comité, pero en el Congreso, tanto liberales como conservadores votaban año tras año a favor de darles fondos.

Fue el ministerio de Justicia de Truman el que procesó a los dirigentes del Partido Comunista -amparándose en la Ley Smith- y les acusó de conspiración por adoctrinar y preconizar el derrocamiento del gobierno mediante la fuerza y la violencia. Las pruebas para procesarles se basaban sobre todo en el hecho de que los comunistas estaban distribuyendo libros marxistas-leninistas que, según la acusación, exhortaban a la revolución violenta. Por supuesto, no había ninguna prueba de ningún peligro inmediato de revolución violenta por parte del Partido Comunista. Pero el Tribunal Supremo, presidido por el juez supremo Vinson, designado por Truman, amplió la vieja doctrina del "peligro inminente", diciendo que había una conspiración inminente para llevar a cabo una revolución en el momento adecuado. De modo que metieron en la cárcel a la cúpula del Partido Comunista.

Toda la cultura estaba impregnada de anticomunismo. La historia de un informador del FBI sobre sus hazañas como un comunista que se hace agente del FBI, titulada "Viví tres vidas", apareció por entregas en 500 periódicos y también en televisión. Las películas de Hollywood tenían títulos como "Me casé con un comunista" o "Fui un comunista para el FBI". Entre 1948 y 1954, Hollywood produjo más de 40 películas anticomunistas.

Enseñaban a las personas de cualquier edad que el anticomunismo era heroico. Un superhéroe del comic, el Capitán América, decía: "*Comunistas, espías, traidores y agentes extranjeros, ¡tened cuidado! El Capitán América, con el apoyo de todos los hombres libres y leales, os está buscando*". En los años treinta, escolares de todo el país participaban en simulacros de ataques aéreos en el que las sirenas alertaban de un ataque soviético sobre América: los niños tenían que agacharse bajo sus pupitres hasta que no hubiese "peligro".

Se trataba de una atmósfera en la que el gobierno podía obtener apoyo masivo para su política de rearme. El sistema, tan zarandeado en los años treinta, había aprendido que la producción bélica podía traer estabilidad y pingües beneficios. En 1960, el presupuesto militar era ya de 45.800 millones -el 49,7% del presupuesto del Estado. Ese año John F. Kennedy salió elegido presidente e inmediatamente se movilizó para aumentar el gasto militar. Basándose en una serie de miedos inventados, sobre aumentos militares soviéticos, un falso "desnivel de bombas" y "desnivel de misiles", Estados Unidos aumentó su arsenal nuclear hasta que consiguieron una abrumadora superioridad nuclear. Tenían el equivalente en armamento nuclear a 1.500 bombas atómicas como la de Hiroshima, más que de sobra para destruir todas las ciudades importantes del mundo.

Para lanzar dichas bombas, Estados Unidos contaba con más de 50 misiles balísticos intercontinentales, 80 misiles en submarinos nucleares, 90 misiles en bases en diversos países, 1.700 bombarderos con capacidad para llegar a la Unión Soviética, 300 cazabombarderos en los portaaviones, preparados para llevar armamento atómico y mil cazas supersónicos preparados para llevar bombas atómicas, estacionados en tierra.

Obviamente, la Unión Soviética estaba rezagada. Tenía entre 50 y 100 misiles balísticos intercontinentales y menos de 200 bombarderos de largo alcance. Pero el presupuesto militar norteamericano continuó en aumento. Cada vez había más histeria; se multiplicaban los beneficios de las corporaciones que conseguían contratos con el ministerio de Defensa; y los empleos y salarios aumentaron lo suficiente como para que un número importante de americanos dependieran, para ganarse la vida, de la industria de guerra.

Mientras tanto, Estados Unidos, que daba ayuda económica a ciertos países, estaba creando una red de control corporativo americano sobre el mundo y construyendo su influencia política en los países a los que ayudaba. El Plan Marshall de 1948 -que dio una ayuda económica de 16.000 millones de dólares a países de Europa occidental a lo largo de cuatro años- tenía una finalidad económica: crear mercados para las exportaciones americanas.

El Plan Marshall también tenía un motivo político. Los partidos comunistas de Italia y Francia eran fuertes y Estados Unidos decidió usar presión y dinero para que los comunistas no entrasen en los gobiernos de dichos países.

A partir de 1952, se veía cada vez más claramente que la ayuda a otros países tenía como objetivo el establecer poder militar en países que no fueran comunistas. Cuando John F. Kennedy comenzó su presidencia, fundó la Alianza para el Progreso, un programa de ayuda a Latinoamérica, haciendo hincapié en la reforma social para mejorar el nivel de vida de la población. Pero resultó que era sobre todo ayuda militar para mantener en el poder a dictaduras de derechas y lograr que dichas dictaduras fuesen capaces de aplastar revoluciones.

De la ayuda militar a la intervención militar sólo había un paso. Después de que, en 1953, Irán nacionalizó su industria petrolífera, la CIA organizó el derrocamiento del gobierno iraní. En 1954, en Guatemala, un ejército invasor de mercenarios -adiestrados por la CIA en bases militares en Honduras y Nicaragua y respaldado por cuatro cazas americanos pilotados por americanos- derrocó a un gobierno elegido legalmente, el más democrático que ha conocido Guatemala.

El presidente guatemalteco, Jacobo Arbenz, era un socialista de centro-izquierda; los comunistas tenían cuatro de los cincuenta y seis escaños del Congreso. Lo más inquietante para los intereses financieros norteamericanos era el hecho de que Arbenz había expropiado 234.000 acres de tierra pertenecientes a United Fruit, ofreciendo a cambio una compensación que United Fruit consideró "inaceptable".

El coronel Castillo Armas, que se hizo con el poder gracias al plan norteamericano, había recibido instrucción militar en Fort Leavenworth (Kansas). Devolvió las tierras a United Fruit, abolió el impuesto sobre intereses y dividendos a los inversores extranjeros, eliminó las elecciones y encarceló a miles de disidentes políticos.

En 1958, el gobierno de Eisenhower envió al Líbano a miles de *marines*, para asegurarse de que ninguna revolución derrocase al gobierno proamericano de dicho país, y para mantener una presencia militar en ese área rica en petróleo.

Había un acuerdo demócrata-republicano, liberal-conservador, para impedir, cuando fuera posible, la formación de gobiernos revolucionarios, o derrocarlos si estaban en el poder -ya fuesen comunistas, socialistas o anti-United Fruit. Dicho acuerdo se hizo patente en el caso de Cuba. Durante muchos años, la dictadura militar en Cuba de Fulgencio Batista contó con el apoyo de Estados Unidos. Los intereses financieros norteamericanos dominaban la economía cubana, controlando del 80 al 100% de las empresas, minas, ranchos de ganado y refinerías de petróleo, el 40% de la industria azucarera y el 50% de los ferrocarriles públicos.

La minúscula guerrilla de Fidel Castro combatía desde las junglas y montañas contra el ejército de Batista. Conseguían cada vez más apoyo popular, hasta que salieron de las montañas y marcharon por todo el país y llegaron a La Habana. El gobierno de Batista se desmoronó el día de año nuevo de 1959.

Una vez en el poder, Castro se puso en marcha para establecer, a escala nacional, un sistema educativo, de vivienda y de distribución de la tierra para campesinos sin tierras. El gobierno confiscó más de un millón de acres de terreno de tres compañías americanas, incluyendo a la United Fruit.

Cuba necesitaba dinero para financiar sus programas, pero el Fondo Monetario Internacional, dominado por Estados Unidos, no se lo prestaba, ya que Cuba no aceptaba las condiciones de "estabilidad", que parecían debilitar el programa revolucionario que los cubanos habían puesto en marcha. Cuando Cuba firmó un acuerdo comercial con la Unión Soviética, las compañías petrolíferas norteamericanas se negaron a refinar el crudo procedente de la Unión Soviética. Castro confiscó dichas compañías. Estados Unidos redujo sus importaciones de azúcar cubano, de las que dependía la economía de Cuba, e inmediatamente la Unión Soviética acordó comprar las 700.000 toneladas de azúcar que Estados Unidos se negaba a comprar.

En la primavera de 1960, el presidente Eisenhower dio una autorización secreta a la CIA para que armase y entrenase a exiliados cubanos anticastristas en Guatemala para una futura invasión de Cuba. Cuando John F. Kennedy comenzó su presidencia, siguió adelante con los planes y, el 17 de abril de 1961, las fuerzas entrenadas por la CIA, en las que había algunos americanos, llegaron a Bahía de Cochinos, en la costa sur de Cuba, a 90 millas de La Habana. Esperaban incitar una revuelta general contra Castro. Pero se trataba de un régimen popular y no hubo revuelta. El ejército de Castro aplastó a las fuerzas de la CIA en tres días.

Todo el asunto de Bahía de Cochinos estuvo rodeado de hipocresía y mentiras. La invasión fue una violación de un tratado que Estados Unidos había firmado, la Carta de la Organización de Países de América, que dice: "*Ningún Estado, o grupo de Estados, tiene derecho a intervenir, directa o indirectamente, bajo ningún concepto, en los asuntos, internos o externos de ningún otro Estado*".

Como habían aparecido informes de prensa que informaban sobre bases secretas y la instrucción que la CIA había dado a los invasores, el presidente Kennedy dio una rueda de prensa, cuatro días antes de la invasión: "*Las fuerzas armadas estadounidenses no intervendrán en Cuba bajo ningún concepto*".

Es cierto que las tropas invasoras estaban compuestas de cubanos, pero todo fue organizado por Estados Unidos y estaban implicados aviones de guerra americanos con pilotos americanos. Kennedy dio la aprobación para usar en la invasión aviones de la armada sin identificar. Murieron cuatro pilotos americanos y el gobierno no dijo la verdad a sus familias sobre la causa de sus muertes.

Algunos periódicos importantes cooperaron con la administración Kennedy para engañar al pueblo americano sobre la invasión cubana: *The New Republic* estuvo a punto de publicar, unas semanas antes de la invasión, un artículo sobre la instrucción   de exiliados cubanos por parte de la CIA. Kennedy pidió que no se publicara el artículo y el *The New Republic* accedió, al igual que el *New York Times*.

Hacia 1960, parecía que había triunfado el esfuerzo emprendido quince años atrás, al final de la II Guerra Mundial, para sofocar la ola comunista radical de la época de la guerra y el *New Deal*. El Partido Comunista estaba desmembrado: sus dirigentes se encontraban en prisión; había disminuido mucho su número de afiliados y su influencia en los movimientos sindicales era muy pequeña. El mismo movimiento sindical estaba más controlado y era más conservador.

El presupuesto militar absorbía la mitad del presupuesto del Estado, y el pueblo lo aceptaba.

Las radiaciones por las pruebas con armas nucleares presentaban efectos peligrosos para la salud del hombre, pero el pueblo no era consciente de este hecho. La Comisión para la Energía Atómica insistió en que se exageraban los efectos letales de las pruebas atómicas. Un artículo en el *Reader's Digest* (la revista más leída en Estados Unidos) decía: "*Simplemente, las historias de miedo sobre las pruebas atómicas en este país no están justificadas*".

A mediados de los años 50, hubo un frenesí de entusiasmo por los refugios antiaéreos; le decían a la gente que les mantendría a salvo de explosiones nucleares. Un experto en ciencias políticas, Henry Kissinger escribió un libro, publicado en 1957, en el que decía: "*Con las técnicas apropiadas, la guerra nuclear no tiene por qué ser tan destructiva como parece*".

El país se encontraba en una economía de guerra permanente que tenía, sin embargo, grandes focos de pobreza, pero había la suficiente gente con trabajo y ganando lo bastante como para mantener las cosas en calma. La distribución de la riqueza continuaba siendo desigual. En 1953, el 1,6% de la población adulta poseía más del 80% de las acciones y casi el 90% de los bonos de las corporaciones. De 200.000 corporaciones, unas 200 corporaciones gigantes -la décima parte del 1% de todas las corporaciones- controlaban alrededor del 60% de la riqueza industrial de la nación.

Cuando, tras un año de mandato, John F. Kennedy hizo público el presupuesto del Estado, era evidente que no habría ningún cambio significativo en la distribución de los ingresos. El columnista del *New York Times* James Reston resumió los mensajes presupuestarios de Kennedy diciendo que evitaban cualquier "*ambicioso ataque frontal al problema del desempleo*". Y añadió:

> *Kennedy acordó reducir los impuestos a las inversiones financieras en expansión industrial y modernización. No se va a pelear con los conservadores del sur sobre el tema de los derechos civiles. Ha estado exhortando a los sindicatos para que eviten las reclamaciones salariales. Durante estos doce meses, el presidente se ha situado en la postura intermedia típica de la política americana.*

Dentro de esta postura, apartada de los compromisos, todo parecía seguro. No tenían que hacer nada por los negros. Ni tenían que hacer nada por cambiar las estructuras económicas. Podían continuar con una agresiva política exterior. Y el país parecía estar bajo control. Pero más tarde, en los años 60, hubo una serie de rebeliones explosivas en cada ámbito de la vida americana que demostraron que todos los cálculos de seguridad y éxito del sistema estaban equivocados.

Capítulo 17

¿O EXPLOTA?

La revolución de los negros, tanto del norte como del sur, llegó -como por sorpresa-, en las décadas de 1950 y 1960.

Pero quizás no debiera haber sorprendido tanto. Los recuerdos de la gente oprimida son algo que no puede borrarse, y para las personas que mantienen recuerdos de este tipo, la revolución siempre está a flor de piel. Los negros de los Estados Unidos tenían el recuerdo de la esclavitud, la segregación, los linchamientos y las humillaciones. Y no eran sólo recuerdos sino una presencia viva -parte de las vidas cotidianas de los negros, generación tras generación.

En los años 30, Langston Hughes escribió un poema, *Lenox Avenue Mural*:

> *What happens to a dream deferred?*
> *Does it dry up*
> *like a raisin in the sun?*
> *Or fester like a sore-*
> *And then run?*
> *Does it stink like rotten meat?*
> *Or crust and sugar over-*
> *like a syrupy sweet?*
> *Maybe it just sags like a heavy load.*
> *Or does it explode?*[24]

En una sociedad de complejos controles -brutales y, al mismo tiempo, refinados- se pueden encontrar pensamientos secretos en las artes, y así fue en la sociedad de raza negra. Quizás la música *blues*, por muy patética que fuera, ocultaba la cólera; y el *jazz*, por muy alegre que fuera, presagiaba rebelión. Y también la poesía, en la que los pensamientos ya no son tan secretos. En los años 20, Claude McKay, una de las figuras de lo que se llamaría el *Harlem Renaissance* (Renacimiento de Harlem), escribió un poema que Henry Cabot

---

24. ¿Qué ocurre con un sueño aplazado?/ ¿Se seca/ como una pasa al sol?/ ¿O supura como una llaga/ y después echa a correr?/ ¿Apesta como la carne podrida?/ ¿O se encostra y granula/ como un dulce en almíbar?/ Quizás simplemente cuelga como una carga pesada./ ¿O explota?

Lodge incluyó en el Archivo del Congreso como un ejemplo de las corrientes peligrosas que había entre los jóvenes negros:

If we must die, let it not be like hogs
Hunted and penned in an inglorious spot...
Like men we'll face the murderous cowardly pack,
Pressed to the wall, dying, but fighting back![25]

El poema de Countee Cullen *Incident* evocaba recuerdos -todos diferentes pero todos iguales- de la niñez de cada americano negro:

Once riding in old Baltimore,
Heart-filled, head-filled with glee,
I saw a Baltimorean
Keep looking straight at me.
Now I was eight and very small,
And he was no whit bigger,
And so I smiled, but he poked out
His tongue, and called me, "Nigger".
I saw the whole of Baltimore
From May until December;
Of all the things that happened there
That's all that I remember.[26]

En los años 40, había un novelista con talento, un hombre negro, llamado Richard Wright. Su autobiografía de 1937, *Black Boy* contaba la manera en que se veía empujado a pelear con otro chico negro para divertir a hombres blancos. *Black Boy* expresaba sin tapujos todas la humillaciones, pero también el desafío interno:

Los blancos del Sur decían que conocían a los "negros", y yo era lo que los blancos del Sur llamaban un "negro". Bien, los blancos del Sur nunca me habían conocido, nunca habían sabido lo que yo pensaba, lo que yo sentía... Nunca se me había ocurrido que yo fuera un ser inferior en ningún aspecto. Y ninguna palabra que yo hubiera oído de labios de los hombres blancos del Sur me había hecho dudar realmente del valor de mi propia humanidad.

---

25. Si debemos morir, que no sea como cerdos/ atrapados y acorralados en un lugar vergonzoso.../ ¡Como hombres nos enfrentaremos con la manada asesina y cobarde,/ aplastados contra la pared, muriendo, pero luchando!

26. Una vez cabalgando en el viejo Baltimore,/ el corazón y la cabeza llenos de regocijo,/ vi a un baltimoreano/ que no dejaba de mirarme fijamente./ Yo tenía ocho años y era muy pequeño,/ y él no era ni una pizca mayor,/ así que sonreí, pero él me sacó/ la lengua y me llamó *"Negrito".*/ Vi todo Baltimore/ desde mayo a diciembre;/ de todas las cosas que ocurrieron allí / eso es todo lo que recuerdo.

Estaba todo ahí, en la poesía, en la prosa, en la música; a veces oculto, a veces obviamente claro: como las señales de una gente sin derrotar, expectante, apasionada, en tensión.

En *Black Boy*, Wright describía la instrucción que recibían los niños negros en América para que siguieran callando. Y también se preguntaba:

> *¿Qué sienten los negros sobre la manera en que tienen que vivir? ¿Cómo hablan entre ellos acerca de esto cuando están solos? Creo que esta pregunta puede responderse con una sola frase. Un amigo mío que trabajaba en un ascensor me dijo una vez:*
>
> *¡Dios santo! ¡Si no fuera por la policía y esos grupos de linchadores, sólo habría alboroto aquí abajo!*

A pesar de la policía y de los grupos de linchadores, los negros del sur resistieron. El Partido Comunista, muy activo, jugó un papel importante en defensa de los *Scottsboro Boys*, nueve jóvenes negros acusados falsamente de haber cometido una violación en Alabama.

En Georgia, en 1932, un joven de diecinueve años llamado Angelo Herndon, cuyo padre minero había muerto de silicosis y que de niño había trabajado en las minas de Kentucky, se apuntó en un Consejo de Parados en Birmingham, organizado por el Partido Comunista, y después se hizo del partido. Más tarde escribió:

> *Toda mi vida había sido explotado y pisoteado y discriminado. Me tumbaba boca abajo en las minas por unos pocos dólares a la semana... y en los tranvías me sentaba en la zona donde los letreros decían "De color", como si hubiera algo asqueroso en mí. Oía como me llamaban "negro" y "negrito" y tenía que decir "Sí, señor" a cada hombre blanco, tanto si le respetaba como si no.*
>
> *Siempre lo había detestado, pero nunca había oído que pudiera hacerse algo al respecto. Y de repente encontré organizaciones en las que negros y blancos se sentaban juntos y trabajaban juntos y no conocían las diferencias de raza o color...*

Herndon se convirtió en un organizador del Partido Comunista en Atlanta. Junto con sus camaradas comunistas, organizó los comités de los Consejos de Desempleo en 1932. Ayudaban a los necesitados a pagar sus alquileres. Organizaron una manifestación a la que acudieron miles de personas -seiscientas de ellas blancas- y al día siguiente la ciudad votó a favor de dar una ayuda de $6.000 a los parados. Pero poco después Herndon fue arrestado. Lo mantuvieron incomunicado y lo acusaron de violar un estatuto de Georgia que prohibía la insurrección. Recordaba así el juicio:

El Estado de Georgia mostró la literatura que había sido intervenida en mi habitación y leyeron algunos pasajes al jurado. Me interrogaron minuciosamente. ¿Pensaba yo que los jefes y el gobierno debían pagar un seguro a los trabajadores en paro, y que los negros debían ser completamente iguales que los blancos? ¿Creía que los trabajadores podían dirigir las acerías, las minas y el gobierno? ¿que no era absolutamente necesario tener jefes? Les dije que creía todo eso y más...

Herndon fue condenado a cinco años de cárcel hasta que en 1937 la Corte Suprema decretó que el estatuto de Georgia, por el que se le había condenado, era inconstitucional. Hombres como él representaban a la militancia negra que las clases gobernantes consideraban peligrosa, sobre todo cuando sus actividades estaban vinculadas al Partido Comunista.

Había otras personas del mismo talante -y gente importante- vinculadas al Partido Socialista: Benjamin Davis, el abogado negro que defendió a Herndon en el juicio; hombres conocidos a nivel nacional como el cantante y actor Paul Robeson, y el escritor y erudito W. E. B. Du Bois.

El ánimo de la militancia negra, que había tenido sus destellos en los años treinta, se redujo en intensidad durante la II Guerra Mundial, cuando por un lado la nación denunciaba el racismo, y por otro, mantenía la segregación racial en las fuerzas armadas y seguía pagando mal a los negros. Al terminar la guerra entró un nuevo elemento en la balanza racial de los Estados Unidos: el aumento sin precedentes de la cantidad de gente negra y amarilla de Africa y Asia.

El presidente Harry Truman tuvo que enfrentarse a esto, especialmente al comenzar la rivalidad provocada por la guerra fría con la Unión Soviética. Era necesario actuar en relación con la cuestión de la raza para calmar a la población negra, que estaba animada por las promesas hechas durante la guerra, pero frustrada por la falta de mejoras en sus condiciones de vida. Hacía falta probar que era falsa la acusación del mundo no blanco de que Estados Unidos era una sociedad racista. Lo que Du Bois había dicho hacía mucho -y que había pasado de forma inadvertida- cobraba ahora, en 1945, mucha importancia: "*El problema del siglo XX es la barrera racial*".

A finales de 1946, Truman nombró un Comité de Derechos Civiles, el cual recomendó que hubiera una Comisión sobre Derechos Civiles permanente. También recomendó que el Congreso aprobase leyes en contra del linchamiento y leyes para acabar con la discriminación electoral. Además, sugirió nuevas leyes para poner fin a la discriminación racial en el trabajo.

El Comité de Truman no tuvo tapujos a la hora de declarar su motivación. Sí, dijo, existían *"razones morales"*. Pero también había una *"razón económica"*: la discriminación era costosa para el país, y desaprovechaba su talento. Además -y esto era aún más importante- había una razón internacional:

> *Nuestra posición en el mundo después de la guerra es tan vital para el futuro que nuestras más insignificantes acciones tienen efectos trascendentales. No podemos desestimar el hecho de que nuestra reputación en el área de los derechos civiles haya sido tema de debate en la política mundial.*

Jamás había tenido Estados Unidos una presencia tan grande en el mundo como la que tenía ahora. Y había mucho en juego: la supremacía mundial. Como dijo el Comité de Truman: *"Nuestras más insignificantes acciones tienen efectos trascendentales"*.

Estados Unidos comenzó a tomar pequeñas medidas, con la esperanza de que tuvieran grandes consecuencias. El Congreso no llegó a introducir la legislación que pedía el Comité de los Derechos Civiles, pero Truman, cuatro meses antes de las elecciones presidenciales de 1948, y ante el reto izquierdista -que en esas elecciones estaba representado por el candidato del partido Progresista, Henry Wallace-, promulgó una orden ejecutiva pidiendo que las fuerzas armadas, segregadas en la II Guerra Mundial, instituyeran una política de igualdad racial *"tan rápidamente como fuera posible"*. La orden puede que hubiera sido provocada no sólo por las elecciones, sino también por la necesidad de mantener la moral de los negros en las fuerzas armadas, ya que la posibilidad de guerra iba en aumento. Se necesitó más de una década para completar la supresión de la segregación racial en el ejército.

Truman pudo haber dado órdenes ejecutivas en otros campos, pero no lo hizo. Las Enmiendas Catorce y Quince, más la serie de leyes aprobadas a finales de la década de 1860 y a principios de la década de 1870, daban al presidente la suficiente autoridad como para acabar con la discriminación racial. La Constitución exigía que el presidente ejecutara las leyes, pero ningún presidente había utilizado ese poder. Tampoco lo hizo Truman.

En 1954 el Tribunal puso fin a la doctrina de *"separados pero iguales"*, que había defendido desde la década de 1890-1900. Esto fue tras el enfrentamiento de unos valientes negros del sur con el Tribunal Supremo a causa de unas demandas que interpusieron en contra de la segregación racial en las escuelas. En el caso "Brown contra la Junta de Enseñanza", el Tribunal

dijo que la separación de los alumnos "*genera un sentimiento de inferioridad...*
*que puede afectar sus corazones y sus mentes de una forma que puede ser
irreversible*". En el campo de la educación pública, sentenció: "*La doctrina de
separados pero iguales no tiene cabida*".

El Tribunal no insistió en que los cambios se hicieran inmediatos; y
aunque un año más tarde decía que las nuevas disposiciones relacionadas con
la segregación deberían integrarse "*de forma rápida y prudente*", en 1965, diez
años después de dicha directriz, más del 75% de los distritos escolares del sur
seguían segregados.

Aún con todo, fue una decisión importante, y la noticia de que el gobierno
americano había declarado ilegal la segregación dio la vuelta al mundo.
También en los Estados Unidos -para aquellos que no pensaban en la distancia
que separa normalmente la palabra de los hechos- fue una estimulante señal
de cambio.

Lo que a los demás les parecía un avance rápido, para los negros no era
suficiente. A principios de los 60, la gente negra se rebeló en todo el sur. A
finales de los 60 empezó una fuerte insurrección en un centenar de ciudades
del norte. Fue una sorpresa para aquellos que no tenían unos claros recuerdos
de la esclavitud, de esa presencia cotidiana de humillación registrada en la
poesía, en la música, en los esporádicos estallidos de ira, o en los más
frecuentes silencios, asociados al resentimiento. Parte de sus recuerdos eran
las palabras de los políticos, las leyes aprobadas y las decisiones tomadas, que
habían resultado carecer de todo sentido.

Para este tipo de personas, provistas de ese tipo de recuerdos y capaces de
ese tipo de recapitulación diaria sobre la historia, la rebelión siempre estaba
cerca. Era un mecanismo de relojería que nadie había puesto en marcha, pero
que podía estallar con una serie de acontecimientos imprevisibles. Esos
acontecimientos ocurrieron a finales de 1955, en Montgomery, la capital de
Alabama, cuando la señora Rosa Parks, una costurera de cuarenta y tres años
-antigua activista de la NAACP- decidió sentarse en la sección de "blancos" de
un autobús y fue detenida:

> *Bueno, estaba bastante cansada después de pasar todo un día trabajando.
> Manejo y trabajo con la ropa que lleva la gente blanca. Eso no me vino a la
> cabeza, pero esto es lo que quería saber: ¿cuándo y cómo determinaríamos
> nuestros derechos como seres humanos de una vez por todas?*

Los negros de Montgomery convocaron una reunión masiva. Votaron boicotear todos los autobuses de la ciudad. Se organizaron servicios de coche para llevar a los negros a trabajar; la mayoría de la gente iba andando. Las autoridades de la ciudad tomaron represalias procesando a un centenar de líderes del boicot y muchos fueron enviados a la cárcel. Los segregacionistas blancos recurrieron a la violencia. Varias bombas explotaron en cuatro iglesias negras. Se disparó una ráfaga de escopeta a través de la puerta principal de la casa del doctor Martin Luther King, Jr., al pastor de veintisiete años nacido en Atlanta que era uno de los líderes del boicot. Tiraron bombas contra la casa de King. Pero los negros de Montgomery persistieron, y en noviembre de 1956, la Corte Suprema declaró ilegal la segregación en las líneas de autobuses locales.

Montgomery fue el principio. Anticipó el estilo y el ambiente del gran movimiento de protesta que arrasaría el sur en los siguientes diez años: emocionantes reuniones parroquiales, himnos cristianos adaptados para adecuarse a las batallas actuales, referencias a los ideales americanos perdidos, el compromiso a la no violencia, la predisposición a la lucha y el sacrificio.

En un mitin de masas realizado en Montgomery durante el boicot, Martin Luther King dio un avance de la oratoria que pronto inspiraría a millones de personas a exigir justicia racial. Dijo que la protesta no sólo tenía que ver con los autobuses sino con cosas que *"quedarían en los archivos de la historia"*. Dijo:

> *Hemos conocido humillaciones, hemos conocido un lenguaje abusivo, hemos sido lanzados a los abismos de la opresión. Y hemos decidido alzarnos sólo con el arma de la protesta... Debemos utilizar el arma del amor. Debemos tener compasión y comprensión para con los que nos odian.*

El énfasis de King en el amor y la no violencia fue muy efectivo a la hora de suscitar simpatías en toda la nación, tanto entre blancos como entre negros. Pero había negros que creían que el mensaje era ingenuo, que a pesar de haber gente desorientada que se podría dejar convencer por el mensaje del amor, existían otros a los que había que convencer con una dura lucha. Dos años después del boicot de Montgomery, en Monroe -al norte de California- un ex-marine llamado Robert Williams, presidente de la NAACP, saltó a la fama por sus ideas, según las cuales, si resultaba necesario, los negros debían defenderse de la violencia con las armas. Cuando los hombres del Klan local atacaron la casa de uno de los líderes de la NAACP de Monroe, Williams -junto con otros negros armados con rifles- devolvió los disparos. El Klan se retiró. (Ahora se estaba respondiendo al Klan con sus propias tácticas violentas; un asalto del Klan a una comunidad india al norte de California fue repelido por los indios con fuego de rifle).

A pesar de esto, en los años siguientes los negros del sur insistían en la línea no violenta. El 1 de febrero de 1960, cuatro estudiantes del primer curso en un colegio para gente negra en Greensboro (Carolina del Norte), decidieron sentarse en la cafetería de Woolworth, un sitio céntrico donde sólo comían los blancos. No les sirvieron, pero ellos no se marcharon y volvieron -junto con otros compañeros- día tras día.

En las dos semanas siguientes, las sentadas se extendieron a quince ciudades en cinco estados del sur.

En su apartamento de Harlem, en Nueva York, un joven negro, profesor de matemáticas llamado Bob Moses vio una foto de los jóvenes de la sentada en Greensboro en el periódico.

> *Los estudiantes de la foto tenían cierta expresión en sus caras, una especie de resentimiento, de enfado, de determinación. Antes, los negros del sur siempre habían parecido estar a la defensiva, ser serviles. Esta vez ellos habían tomado la iniciativa. Eran chicos de mi edad, y yo sabía que esto tenía algo que ver con mi propia vida.*

Hubo violencia contra los chicos de la sentada. Y se fortaleció la idea de tomar la iniciativa contra la segregación. En los siguientes doce meses, más de cincuenta mil personas, en su mayoría negras -algunas blancas- participaron en manifestaciones de distinta índole en cientos de ciudades, y más de 3.600 personas fueron encarceladas. Pero a finales del año 1960, las cafeterías en Greensboro y otros muchos lugares se abrieron a los negros.

En mayo de 1961 un grupo de blancos y negros se montaron en dos autobuses en Washington, D.C., y viajaron juntos hacia Nueva Orleans. Eran los primeros *Freedom Riders* (Viajeros de la Libertad). Intentaban romper con el patrón de la segregación en los viajes interestatales. Esta segregación se había ilegalizado hacía mucho tiempo, pero el gobierno federal nunca había hecho cumplir la ley en el sur; el Presidente actual era John F. Kennedy, pero también él parecía cauto sobre la cuestión racial. Le preocupaba mantener el apoyo de los líderes blancos sureños del partido Demócrata.

Los autobuses nunca llegaron a Nueva Orleans. Los viajeros fueron

330

apaleados en Carolina del Sur. En Alabama prendieron fuego a un autobús. Los *Freedom Riders* fueron atacados con puños y barras de hierro. La policía del sur no intervino para evitar esa violencia. Tampoco lo hizo el gobierno federal. Los agentes del FBI observaban y tomaban notas, pero no intervenían.

Entonces, los veteranos de las sentadas, que habían formado hacía poco el Comité de Coordinación de Estudiantes No Violentos (SNCC, una organización dedicada a la acción no violenta -pero militante- en favor de la igualdad de derechos), organizaron otro Viaje por la Libertad, desde Nashville a Birmingham. Antes de ponerse en marcha, llamaron al Departamento de Justicia de Washington, D.C., para pedir protección, pero les fue rechazada. Como contó Ruby Doris Smith, una estudiante del Spelman College: "*El Departamento de Justicia dijo que no, que no podían proteger a nadie, pero que investigarían si pasaba algo. Ya se sabe lo que hacen...*"

Los *Freedom Riders* del SNCC -con miembros de diferentes razas- fueron arrestados en Birmingham, Alabama. Pasaron una noche en la cárcel y la policía les llevó a la frontera de Tennessee. Volvieron a Birmingham, cogieron un autobús a Montgomery, y ahí fueron atacados por blancos con puños y palos. Fue un episodio sangriento. Siguieron su viaje hacia Jackson, Mississippi.

Para entonces, los *Freedom Riders* habían saltado a los titulares de todo el mundo, y el gobierno estaba ansioso por impedir más casos de violencia. El fiscal del Tribunal Supremo, Robert Kennedy, en lugar de insistir en su derecho a viajar sin ser arrestados, consintió que los *Freedom Riders* fueran arrestados en Jackson a cambio de la protección de la policía de Mississippi en caso de posible violencia callejera. Una vez en la cárcel, los *Freedom Riders* practicaron la resistencia pasiva, protestaron, cantaron y exigieron sus derechos.

En Albany, Georgia -una pequeña ciudad del sur profundo en donde todavía persistía el ambiente de la esclavitud- tuvieron lugar, en el invierno de 1961, grandes manifestaciones, que se repitieron en 1962. De los 22.000 negros de Albany, más de mil fueron encarcelados por manifestarse y reunirse para protestar contra la segregación y la discriminación. En las manifestaciones de Albany, como en todas las que se extendieron por el sur, también participaron niños negros: una nueva generación estaba aprendiendo a actuar. El jefe de policía en Albany, después de uno de los arrestos masivos, tomó los nombres a los prisioneros que hacían cola delante de su mesa.

Levantó la mirada y vio a un chico negro de unos nueve años. "¿Cómo te llamas?" El niño le miró a la cara y dijo: "Libertad, Libertad".

En Birmingham, miles de negros se echaron a la calle en 1963, enfrentándose a las porras, al gas lacrimógeno, a los perros y a las mangueras de alta presión de la policía. Y mientras tanto, por todo el sur profundo, los jóvenes del SNCC -negros en su mayoría, blancos unos pocos- se estaban trasladando a comunidades en Georgia, Alabama, Mississippi y Arkansas. Se unieron a los negros locales y se organizaron para inscribir a la gente en el censo del voto, para protestar contra el racismo y para fortalecer el valor en contra de la violencia.

Según se acercaba el verano de 1964, el SNCC y otros grupos de derechos civiles que trabajaban juntos en Mississippi -enfrentándose a una violencia creciente- decidieron pedir ayuda a jóvenes de otros puntos del país. Esperaban llamar la atención sobre la situación en Mississippi. Una vez tras otra -en Mississippi y en todas partes- el FBI se mantenía al margen- al igual que los abogados del Departamento de Justicia-, mientras apaleaban y encarcelaban a los trabajadores de derechos civiles y mientras se violaban las leyes federales.

La víspera del "Verano de Mississippi" -a principios de junio de 1964- el movimiento de derechos civiles alquiló un teatro cerca de la Casa Blanca. Un autobús lleno de negros viajó de Mississippi a Washington para testificar públicamente sobre la violencia de cada día y sobre los peligros que acechaban a los voluntarios que venían a Mississippi. Unos abogados constitucionalistas testificaron que el gobierno nacional tenía competencias legales para protegerles contra esa violencia. Dieron una transcripción de este testimonio al presidente Johnson y al fiscal general Kennedy, junto con una petición de presencia de protección federal durante el Verano de Misisipí. No hubo respuesta.

Doce días después de la audiencia pública, tres trabajadores de derechos civiles, James Chaney -un joven negro de Mississippi- y dos voluntarios blancos -Andrew Goodman y Michael Schwerner- fueron arrestados en Filadelfia, Mississippi. Fueron puestos en libertad entrada la noche, pero entonces los atacaron, golpearon con cadenas y acribillaron a tiros. Al final, el testimonio de un confidente hizo que el *sheriff*, su ayudante y otros fueran enviados a la cárcel. Pero ya era demasiado tarde. Los asesinatos de Mississippi tuvieron lugar tras repetidas negativas por parte del gobierno nacional -

estuviera presidido por Kennedy, Johnson o cualquier otro presidente- a defender a los negros de la violencia.

Se intensificó el descontento con el gobierno nacional. Más tarde, ese mismo verano, durante la Convención Nacional Demócrata en Washington, Mississippi, los negros pidieron ser admitidos como parte de la delegación estatal para representar al 40% de la población estatal, que era negra. Fueron rechazados por el mando liberal Demócrata, que incluía al candidato a vicepresidente, Hubert Humphrey.

Ante la revuelta negra, el desorden y la mala publicidad mundial que se estaba generando, el Congreso comenzó a reaccionar. Se aprobaron leyes de derechos civiles en 1957, 1960 y 1964. Hacían grandes promesas respecto a la igualdad en el voto y en el trabajo, pero no se hicieron cumplir debidamente y fueron ignoradas. En 1965, el presidente Johnson avaló -y el Congreso aprobó- una Ley sobre el Derecho al Voto aún más exigente. Esta vez aseguraba la protección federal *in situ* para el acto de la inscripción electoral y el voto. El efecto que tuvo en el voto negro del sur fue drástico. En 1952, un millón de negros sureños (20% de los que tenían derecho al voto) se inscribieron para votar. En 1964 la cifra llegaba a 2 millones, el 40%. En 1968 ya subía a 3 millones, el 60%; el mismo porcentaje que los votantes blancos.

El gobierno federal estaba intentando controlar, sin llevar a cabo cambios fundamentales, una situación explosiva. Quería canalizar la ira usando el tradicional mecanismo de "enfriamiento" de los ánimos: las urnas electorales, la petición cortés, el consenso tranquilo aprobado de forma oficial. Cuando los líderes negros del movimiento de derechos civiles planearon una gran marcha sobre Washington en el verano de 1963 -para protestar por el fracaso de la nación a la hora de resolver el problema racial- el presidente Kennedy y otros líderes nacionales aprovecharon la ocasión para convertir la marcha en una asamblea amistosa.

El discurso de Martin Luther King en Washington emocionó a 200.000 americanos, negros y blancos: "Tengo un sueño" fue un magnífico discurso, pero carecía de la ira que muchos negros sentían. Cuando John Lewis -un joven líder del SNCC nacido en Alabama, arrestado y apaleado repetidas veces- intentó introducir un tono más agresivo en el mitin, los líderes de la marcha lo censuraron e insistieron en que omitiera ciertas frases críticas sobre el gobierno nacional que incitaban a la acción militante.

A los dieciocho días del mítin de Washington -como mostrando un desdén deliberado hacia esa moderación- explotó una bomba en el sótano de una iglesia negra de Birmingham y mató a cuatro alumnas de la escuela dominical. El presidente Kennedy había alabado el *"profundo fervor y la tranquila dignidad"* de la marcha, pero el militante negro Malcolm X probablemente se acercaba más a los sentimientos de la comunidad negra. Hablando en Detroit -dos meses después de la marcha sobre Washington y de la explosión de Birmingham- Malcolm X dijo en su poderoso, claro y rítmico estilo:

> *Los negros estaban en las calles. Hablaban de cómo iban a marchar sobre Washington... Que iban a marchar sobre Washington, desfilar ante el Senado, desfilar ante la Casa Blanca, desfilar ante el Congreso y parar, detenerse ahí, sin dejar proceder al gobierno.*
>
> *Era el pueblo llano en la calle. Eso aterraba a los blancos y también asustaba enormemente a la estructura del poder blanco en Washington.*
>
> *Eso es lo que consiguieron con la marcha sobre Washington. Se unieron a ella, se convirtieron en parte de ella, tomaron posesión de ella... Se convirtió en una merienda campera, en un circo. En nada más que un circo, con payasos y todo... Fue una toma de poder... Dijeron a los negros la hora en que debían llegar a la ciudad, dónde detenerse, qué pancartas llevar, qué canciones cantar, qué discursos podían hacer, y luego les dijeron que se marcharan de la ciudad antes del anochecer.*

Pero mientras explotaran bombas en las iglesias y mientras las nuevas leyes de "derechos civiles" no cambiaran su verdadera condición, a los negros no se les podía integrar fácilmente en "la coalición democrática". En la primavera de 1963, el porcentaje de desempleados entre los blancos era del 4,8%. Para los no blancos era del 12,1%. Según los cálculos del gobierno, una quinta parte de la población blanca vivía por debajo del umbral de la pobreza; la mitad de la población negra vivía por debajo de ese mismo umbral. Los proyectos de ley sobre derechos civiles ponían énfasis en el voto. Pero el voto no era una solución fundamental para el racismo y la pobreza. En Harlem, los negros que llevaban años votando seguían viviendo en tugurios infestados de ratas.

Precisamente en los años en los que la legislación de derechos civiles promulgada por el Congreso alcanzaba su punto más alto -los años 1964 y 1965- los negros se sublevaban por todo el país. En agosto de 1965, justo cuando Lyndon Johnson rubricaba y hacía efectiva la dura Ley de Derecho al Voto, que estipulaba que los electores negros serían inscritos federalmente para asegurar su protección, el ghetto de Watts, en Los Angeles, estallaba en la más violenta sublevación urbana desde la II Guerra Mundial.

Esta sublevación fue provocada por el arresto violento de un joven conductor negro, por los porrazos que la policía le propinó a una persona que pasaba por ahí, y por la detención de una mujer negra falsamente acusada de haber escupido a la policía. Hubo disturbios en las calles, saqueos y bombardeo de tiendas. Se llamó a la policía y a la Guardia Nacional, que utilizaron sus pistolas. Murieron treinta y cuatro personas, en su mayoría negras, cientos de personas resultaron heridas y cuatro mil fueron arrestadas.

En el verano de 1966 hubo más disturbios, cuando los negros de Chicago lanzaron piedras, saquearon y colocaron bombas y la Guardia Nacional respondió con un tiroteo indiscriminado; murieron tres negros, uno de ellos un chico de trece años, y una chica de catorce años, embarazada. En Cleveland, se llamó a la Guardia Nacional para poner fin a los disturbios en la comunidad negra; dos policías mataron a tiros a dos negros, y dos civiles blancos mataron a dos más.

Ahora parecía claro que el posicionamiento no violento del sur -quizás tácticamente necesario en el ambiente sureño, y efectivo, porque podía ser utilizado para atraer a la opinión nacional en contra del sur segregacionista- no bastaba para resolver los problemas enquistados de la pobreza del ghetto negro. En 1910, el 90% de los negros vivían en el sur. Pero en 1965, las cosechadoras mecánicas de algodón recogían el 81% del algodón en el delta del Mississippi. Entre 1940 y 1970, 4 millones de negros marcharon del campo a la ciudad. En 1965, el 80% de los negros vivía en las ciudades y el 50% de la gente negra vivía en el norte.

En 1967 tuvieron lugar los mayores disturbios urbanos de la historia americana en los ghettos negros del país. Según el informe del Comité de Consejo Nacional para los Disturbios Urbanos, hubo ocho alzamientos importantes, treinta y tres sublevaciones "*graves pero no trascendentes*" y 123 "*pequeños*" disturbios. Murieron ochenta y tres personas por disparos de armas de fuego, en su mayoría en Newark y Detroit. "*La abrumadora mayoría de personas que murieron o resultaron heridas en todos los disturbios eran civiles negros*".

El "*alborotador típico*" -según la Comisión- era el joven que había dejado el instituto de educación secundaria, pero "*con una educación ligeramente más alta que su vecino negro no alborotador*" y "*la mayoría de las veces con trabajos parciales o de baja categoría"*; estaba *"orgulloso de su raza, y era extremadamente hostil tanto hacia los blancos como hacia los negros de clase media, y aunque estaba al corriente de la situación política, no tenía ninguna confianza en el sistema político"*.

El informe echaba la culpa de los disturbios al *"racismo blanco"*, e identificaba los ingredientes de la *"mezcla explosiva que se había acumulado en nuestras ciudades desde finales de la II Guerra Mundial"*:

> *La persistente discriminación y segregación en el empleo, la educación y la vivienda... la creciente concentración de negros empobrecidos en nuestras ciudades más importantes, creando una creciente crisis por el deterioro de las instalaciones y los servicios, además de las necesidades humanas desatendidas.*

> *Un nuevo sentimiento ha nacido entre los negros, particularmente entre los jóvenes, en el cual la autoestima y un robusto orgullo racial están sustituyendo a la apatía y la sumisión hacia el "sistema".*

Pero el Informe de la Comisión no era más que la típica estratagema concebida por el sistema para hacer frente a una rebelión: creaban un comité de investigación y publicaban un informe; y las palabras del informe, aunque fuertes, tenían un efecto tranquilizador.

Pero eso tampoco funcionó. El nuevo slogan era el "Poder Negro", una expresión de desconfianza ante cualquier "progreso" dado o concedido por los blancos, un rechazo al paternalismo. Malcolm X era el orador más elocuente a este respecto. Después de ser asesinado mientras hablaba en una plataforma pública en febrero de 1965 -en un complot cuyos orígenes están todavía oscuros- se convirtió en el mártir de este movimiento. Cientos de miles de personas leyeron su autobiografía. Tuvo más influencia después de muerto que vivo.

A Martin Luther King, aunque todavía respetado, le estaban sustituyendo otros nuevos héroes: por ejemplo Huey Newton, de los Panteras Negras. Los Panteras tenían armas, y decían que los negros debían defenderse.

A finales de 1964, Malcolm X había hablado ante unos estudiantes negros de Mississippi que estaban visitando Harlem:

> *Conseguiréis la libertad dejando saber al enemigo que haréis cualquier cosa para lograr la libertad; entonces la conseguiréis. Es la única manera de conseguirla. Cuando logréis esa clase de actitud, os tacharán de "negro loco", u os llamarán "loco morenito" porque ellos no dicen Negro. U os llamarán extremistas o subversivos, o sediciosos, o rojos, o radicales. Pero cuando llevéis*

suficiente tiempo siendo radicales y cuando consigáis que suficiente gente sea
como vosotros, conseguiréis vuestra libertad.

El mismo Martin Luther King empezó a preocuparse cada vez más por
problemas que hasta entonces no contemplaban las leyes de derechos civiles:
los problemas que tenían su origen en la pobreza. En la primavera de 1968,
empezó a hablar claramente, a pesar del consejo de algunos líderes negros que
tenían miedo de perder amigos en Washington, en contra de la guerra del
Vietnam. Vinculaba la guerra con la pobreza:

> *Estamos gastando todo este dinero en muerte y destrucción, y no el dinero*
> *suficiente en la vida y en el desarrollo constructivo.*

Entonces King se convirtió en un objetivo primordial del FBI, que
intervino sus llamadas telefónicas privadas, le envió cartas falsas, le amenazó,
le hizo chantaje y hasta llegó a sugerir, en una carta anónima, que se
suicidara. Los memorándums internos del FBI hablaban de encontrar un
nuevo líder negro para sustituir a King. Como decía en 1976 un informe del
Senado sobre el FBI, esta institución intentó *"destruir al doctor Martin
Luther King"*.

King estaba prestando su atención a cuestiones difíciles. Planeaba un
"Campamento para Gente Pobre" en Washington, pero esta vez sin el
consentimiento paternal del presidente. Y fue a Memphis, Tennessee, para
apoyar una huelga de basureros en esa ciudad. Ahí, y mientras se encontraba
en el balcón de la habitación de su hotel, le mató el disparo de un tirador
oculto. El Campamento para Gente Pobre siguió adelante, y fue disuelto por
acción policial, de la misma manera en que fue dispersado el Bonus Army de
veteranos de la I Guerra Mundial en 1932.

El asesinato de King causó nuevos disturbios urbanos por todo el país, en
los cuales treinta y nueve personas perdieron la vida, treinta y cinco de ellas
negras. Se estaban amontonando las evidencias de que, incluso con todas las
leyes de derechos civiles reconocidas, los tribunales no iban a proteger a los
negros de la violencia y la injusticia. Dos ejemplos:

> *En Jackson, Mississippi, en la primavera de 1970, la policía tiroteó*
> *durante 28 segundos el campus del Colegio Estatal de Jackson, un colegio de*
> *negros, utilizando escopetas, rifles y una ametralladora. Cuatrocientas balas o*
> *perdigones alcanzaron el dormitorio de las chicas y murieron dos estudiantes*
> *negras. Un jurado local dijo en el veredicto que el ataque estaba "justificado"*
> *y el juez del Tribunal del Distrito, Harold Cox (nombrado por Kennedy)*

declaró que los estudiantes que tomaban parte en disturbios civiles "no debían sorprenderse si eran heridos o asesinados".

En Boston, en abril de 1970, un policía disparó y mató a un hombre negro que iba desarmado: era un paciente de un ala del Boston City Hospital. Hizo fuego cinco veces después de que el hombre negro le golpeara con una toalla. El juez principal del tribunal municipal de Boston exculpó al policía.

Esta clase de incidentes eran normales y se venían repitiendo una y otra vez a lo largo de la historia del país, surgiendo esporádica pero persistentemente desde el profundo racismo de las instituciones y de la mentalidad del país. Pero había algo más: un patrón premeditado de violencia en contra de los organizadores negros militantes, llevado a cabo por la policía y el FBI.

El 4 de diciembre de 1969, un poco antes de las cinco de la mañana, un equipo de la policía de Chicago, armado con una ametralladora y escopetas, asaltó un apartamento donde vivían Panteras Negras. Dispararon por lo menos ochenta y dos -quizás doscientas- descargas en el apartamento, matando al líder de los Panteras Negras, Fred Hampton -de veintiún años-, mientras estaba en su cama. También mataron a otro Pantera Negra, Mark Clark. Años más tarde, se descubrió en un proceso judicial que el FBI tenía un delator entre los Panteras Negras, y que había dado a la policía un plano del apartamento, incluyendo un croquis del lugar en el que dormía Fred Hampton.

¿Estaba el gobierno recurriendo al asesinato y al terror porque las concesiones -la legislación, los discursos, la entonación del himno de los derechos civiles "Venceremos" (*We Shall Overcome*) por parte del presidente Lyndon Johnson- no estaban dando resultado? Entre 1956 y 1971 el FBI llevó a cabo un masivo Programa de Contraespionaje (conocido como COINTELPRO), el cual tomó 295 medidas en contra de los grupos negros. Pero la actividad de los militantes negros parecía resistirse obstinadamente a la destrucción.

¿Se temía que los negros dejaran de fijar su atención en el controlable campo electoral para fijarse en una esfera más peligrosa, como la de la riqueza y la pobreza: la del conflicto de clases? En 1966, setenta negros pobres ocuparon un cuartel desocupado de las fuerzas aéreas en Greenville, Mississippi, hasta que fueron desahuciados por los militares. Una mujer local, la señora Unita Blackwell, dijo:

Siento que el gobierno federal nos haya probado que no se preocupa por la gente pobre. Estamos hartos de eso y vamos a construirnos nuestras propias casas, porque no tenemos un gobierno que nos represente.

El nuevo énfasis era más peligroso que los derechos civiles, porque creaba la posibilidad de que los negros y blancos se unieran en el tema de la explotación de clases. En noviembre de 1963, A. Philip Randolph ya había hablado en una convención del AFL-CIO acerca del movimiento de derechos civiles y había previsto la dirección que iba a tomar: *"La protesta de los negros de hoy es sólo el primer quejido de la "clase baja". De la misma manera que los negros se han echado a las calles, los parados de todas las razas también lo harán"*.

Se empezaron a hacer intentos para hacer con los negros lo que históricamente se había hecho con los blancos: atraer a un pequeño número de ellos al sistema con cebo económico. Se hablaba de "capitalismo negro". Líderes del NACCP y CORE fueron invitados a la Casa Blanca. El Chase Manhattan Bank y la familia Rockefeller (que controlaban Chase) tomaron un interés especial en desarrollar el "capitalismo negro". Hubo pocos cambios y mucha publicidad. Había más caras negras en los periódicos y en la televisión. Esto creaba una sensación de cambio y, poco a poco, iba introduciendo en la corriente dominante a un pequeño -pero significativo- número de líderes negros.

Surgieron algunas nuevas voces negras que denunciaron este fenómeno. Robert Allen (*Black Awakening in Capitalist America*) escribió:

> *Si se va a beneficiar la comunidad entera... a las empresas negras se las debe tratar y administrar como propiedades sociales pertenecientes a la comunidad negra en general, y no como la propiedad privada de un individuo o de un grupo limitado de individuos.*

Una mujer negra, Patricia Robinson, en un panfleto distribuido en Boston en 1970 (*Poor Black Woman*, Mujer Negra Pobre) dijo que la mujer negra *"se aliaba con los pobres del mundo entero y con sus luchas revolucionarias"*. Dijo que la mujer negra pobre *"ha empezado a poner en cuestión el agresivo dominio masculino y la sociedad clasista que la defiende, el capitalismo"*.

Hacia finales de los años sesenta y principios de los setenta, el sistema estaba trabajando muy duro para controlar el terrible carácter explosivo del resurgimiento negro. Muchos negros estaban votando en el sur, y en la Convención Demócrata de 1968, tres negros fueron admitidos en la delegación de Mississippi. En 1977, más de dos mil negros ocupaban cargos en once estados del sur (en 1965, había tan sólo setenta y dos). Había dos congresistas, once senadores de estado, noventa y cinco diputados estatales, 267 representantes de condado, setenta y seis alcaldes, 824 concejales, dieciocho *sheriffs* o jefes de policía, 508 miembros de juntas escolares.

Fue un avance importante. Pero los negros, que contaban con el 20% de la población del sur, todavía ocupaban menos del 3% de los cargos públicos. Un periodista del *New York Times,* analizando la nueva situación de 1977, señaló que incluso en los lugares en donde los negros ocupaban importantes cargos ciudadanos, "*los blancos casi siempre retienen el poder económico*". Después de que Maynard Jackson -un negro- se convirtiera en alcalde de Atlanta, "*los establecimientos de negocios blancos continuaron ejerciendo su influencia*".

En el sur ya no se prohibía la entrada a aquellos negros que podían permitirse el lujo de ir a los restaurantes y hoteles del centro por el hecho de ser negros. Más negros podían ir a los colegios y a las universidades, a las escuelas de derecho y de medicina. Las ciudades del norte se ocupaban de transportar a los niños en autobuses en un intento por crear escuelas interraciales, a pesar de la segregación que persistía en el sector de la vivienda. Sin embargo nada de esto estaba impidiendo lo que Frances Piven y Richard Cloward (*Poor People's Movements*) llamaron "*la destrucción de la clase social baja negra*": el desempleo, el deterioro del ghetto, el auge del crimen, la drogadicción y la violencia.

En el verano de 1977, el Departamento de Trabajo informó de que el paro entre los jóvenes negros era del 34,8%. A pesar de las nuevas oportunidades para unos pocos negros, en general los negros tenían dos veces más probabilidades de morir de diabetes y siete veces más probabilidades de ser víctimas de la violencia homicida que surgía de la pobreza y de la desesperación del ghetto.

Las estadísticas no revelaban toda la historia. El racismo, que siempre había sido un fenómeno nacional -no sólo en el sur- emergió en las ciudades del norte cuando el gobierno federal hizo concesiones a los pobres negros de una forma que los enfrentaba a los blancos pobres a la hora de conseguir recursos que el sistema había hecho escasos. Los negros, liberados de la esclavitud para ocupar un lugar en el capitalismo, se habían visto involucrados desde hacía mucho en un conflicto con los blancos a la hora de buscar los escasos trabajos. Ahora, con la supresión de la segregación racial en la vivienda, los negros intentaban instalarse en vecindarios donde los blancos -pobres, amontonados y con problemas- podían encontrar en ellos el objeto de su odio.

En Boston, el hecho de llevar niños negros a escuelas blancas y niños blancos a escuelas negras, hizo estallar una ola de violencia en los vecindarios blancos. La idea de integrar a los niños en las escuelas mixtas (proyecto patrocinado por el gobierno y los tribunales en respuesta al movimiento negro) era una concesión ingeniosa a la protesta. Tuvo el efecto de empujar a los pobres blancos y a los pobres negros hacia una competencia por las miserables e inadecuadas escuelas que el sistema proporcionaba a todos los pobres.

Encerrada en el ghetto, dividida por el crecimiento de una clase media, diezmada por la pobreza, atacada por el gobierno y conducida al conflicto por los blancos ¿estaba la población negra bajo control? Sin duda; a mediados de los años setenta, no había ningún gran movimiento negro en marcha. Y sin embargo, había nacido una nueva conciencia negra, y todavía sobrevivía.

¿Iría el nuevo movimiento negro más allá de los límites de las acciones de los derechos civiles de los años sesenta, más allá de los levantamientos urbanos espontáneos de los setenta, más allá del separatismo y hacia una coalición de blancos y negros en una nueva alianza histórica? No había manera de saberlo. Como dijo Langston Hughes, ¿qué ocurre con un sueño aplazado? ¿Se seca? ¿O explota?

Capítulo 18

LA VICTORIA IMPOSIBLE: VIETNAM

Entre 1964 y 1972, la nación más rica y poderosa de la historia del mundo hizo un esfuerzo militar máximo -recurriendo a todo menos a la bomba atómica- para derrotar a un movimiento nacionalista revolucionario en un diminuto país de campesinos. Y fracasó. Cuando Estados Unidos luchó en Vietnam, fue una confrontación entre tecnología moderna organizada y seres humanos organizados. Y vencieron los seres humanos.

Durante esa guerra, en los Estados Unidos se desarrolló el mayor movimiento pacifista que la nación hubiera visto jamás, un movimiento que jugó un papel importante en la finalización de la guerra.

Fue otro de los sorprendentes hechos que acaecieron en los años sesenta.

En el otoño de 1945, Japón -país derrotado- se vio obligado a abandonar Indochina, la antigua colonia francesa que había ocupado al comienzo de la guerra. Mientras tanto, allí había aparecido un movimiento revolucionario dispuesto a acabar con el control colonial y a lograr una nueva vida para los campesinos de Indochina. Bajo la dirección de un comunista llamado Ho Chi Minh, los revolucionarios lucharon contra los japoneses y, cuando éstos se marcharon a finales de 1945, hicieron una gran celebración en Hanoi en las calles a la que acudieron un millón de personas, haciendo pública una Declaración de Independencia.

Esta se inspiraba en la Declaración de los Derechos del Hombre y el Ciudadano de la revolución francesa, y en la Declaración de Independencia americana, y comenzaba así: "*Todos los hombres son creados iguales. El Creador les dota de ciertos derechos inalienables; entre éstos están la Vida, la Libertad, y la búsqueda de la Felicidad*". Al igual que los americanos en 1776 con su lista de quejas contra el rey inglés, los vietnamitas hicieron una lista de quejas contra el dominio francés:

Han impuesto leyes inhumanas. Han construido más cárceles que escuelas. Han asesinado a nuestros patriotas sin piedad, han ahogado levantamientos en ríos de sangre. Han puesto trabas a la opinión pública. Nos han robado nuestros campos de arroz, nuestros bosques y nuestras materias primas.

El estudio del departamento de Defensa de los Estados Unidos sobre la guerra del Vietnam -que se suponía materia altamente reservada pero que fue publicado por Daniel Ellsberg y Anthony Russo en el famoso caso de los *Pentagon Papers-* describía el trabajo de Ho Chi Minh:

> *Ho había convertido el Viet Minh en la única organización política de todo Vietnam capaz de ofrecer una resistencia efectiva a los japoneses o franceses. El era el único líder guerrillero vietnamita con seguidores en toda la nación, y se aseguró una lealtad aún mayor entre los vietnamitas cuando en agosto-septiembre de 1945 derrotó a los japoneses... estableció la República Democrática de Vietnam, y organizó recepciones para la llegada de las fuerzas de ocupación aliadas... Durante unas pocas semanas, en septiembre de 1945, Vietnam por primera y única vez en su historia moderna se veía libre de todo dominio extranjero y unido de norte a sur bajo el control de Ho Chi Minh.*

Las potencias del Oeste ya habían empezado a trabajar para cambiar esta situación. Inglaterra ocupó la parte sur de Indochina y después se la devolvió a los franceses. La China nacionalista (que estaba bajo Chiang Kai-shek, antes de la revolución comunista) ocupó la parte norte de Indochina, y Estados Unidos persuadió a los chinos de que la devolvieran a Francia. Como Ho Chi Minh dijo a un periodista americano: *"Aparentemente estamos solos. Tendremos que depender de nosotros mismos".*

Entre octubre de 1945 y febrero de 1946, Ho Chi Minh escribió ocho cartas al presidente Truman, recordándole las promesas de autodeterminación que contenía la Carta del Atlántico. Se mandó una de las cartas a Truman y a las Naciones Unidas a la vez:

> *Deseo llamar la atención de su Excelencia por razones estrictamente humanitarias al siguiente asunto. Dos millones de vietnamitas murieron de hambre entre el invierno de 1944 y la primavera de 1945 por la política de hambre desarrollada por los franceses, quienes cogieron y almacenaron todo el arroz disponible hasta que se pudrió... Tres cuartas partes de las tierras cultivadas fueron inundadas en el verano de 1945, y siguió una gran sequía; se perdieron las cinco sextas partes de la cosecha normal. Mucha gente se está muriendo de hambre. A menos que las potencias mundiales y organizaciones de ayuda internacionales nos traigan ayuda inmediata, nos enfrentaremos a una catástrofe inminente.*

343

Truman nunca contestó.

En octubre de 1946, los franceses bombardearon Haiphong, un puerto en el norte de Vietnam, lo cual inició una guerra de ocho años entre el movimiento Vietminh y los franceses. Estaba en juego el gobierno de Vietnam. Después de la victoria comunista en China en 1949 y la guerra de Corea del año siguiente, Estados Unidos empezó a dar grandes cantidades de ayuda militar a los franceses. En 1954 Estados Unidos había dado 300.000 armas pequeñas y suficientes ametralladoras para equipar a todo el ejército francés en Indochina, más de mil millones de dólares; en total, Estados Unidos estaba financiando el 80% del esfuerzo de guerra francés.

¿Por qué hacía esto Estados Unidos? Para el gran público, Estados Unidos estaba ayudando a parar el comunismo en Asia, pero no había mucho debate público al respecto.

En junio de 1952, un memorándum secreto del Consejo Nacional de Seguridad también hacía referencia a la cadena de bases militares estadounidenses a lo largo de la costa de China, las Filipinas, Taiwan, Japón y Corea del Sur:

> *El control comunista de todo el sudeste asiático dejaría la posición de los Estados Unidos en la cadena de las islas del Pacífico central en una situación precaria y pondría en grave peligro los intereses de los Estados Unidos en el Extremo Oriente... El sudeste asiático, especialmente Malaya e Indonesia, es la principal fuente mundial de caucho y estaño natural, y un productor de petróleo y otras comodidades estratégicamente importantes.*

También se señaló que Japón dependía del arroz del sudeste asiático, y que la victoria comunista "*difícilmente impediría la adaptación final de Japón al comunismo*".

En 1953, una misión investigadora del Congreso informó de lo siguiente: "*El área de Indochina es inmensamente rica en arroz, caucho, carbón y mineral de hierro. Su posición la convierte en un punto estratégico para el resto del sudeste asiático*". Aquel año, un memorándum del Departamento del Estado decía que: "*Si los franceses decidieran realmente retirarse, Estados Unidos tendría que considerar seriamente asumir el control en ese área*".

Una Asamblea internacional en Ginebra acogió el acuerdo de paz entre los franceses y el Vietminh. Se acordó que los franceses se retirarían temporalmente a la parte sur de Vietnam, que el Vietminh se quedaría en el norte, y que al cabo de dos años tendrían lugar unas elecciones en un Vietnam unificado para que los vietnamitas pudieran elegir su propio gobierno.

Estados Unidos se movió rápidamente para impedir la unificación y para convertir a Vietnam del Sur en una zona de influencia americana. Instaló como jefe de gobierno en Saigón a un ex-oficial vietnamita llamado Ngo Dinh Diem, hasta hacía poco residente en Nueva Jersey. Le incitaron a no llevar a cabo las elecciones programadas para la unificación. Como decían los *Pentagon Papers*: "*Vietnam del Sur era esencialmente una creación de los Estados Unidos*".

El régimen de Diem se volvió cada vez más impopular. Diem era católico y la mayoría de los vietnamitas eran budistas; Diem se identificaba con los intereses de los terratenientes y Vietnam era un país de campesinos. Sus intentos de reforma agrícola dejaron las cosas básicamente como estaban. Sustituyó a los jefes provinciales elegidos localmente con sus propios hombres, nombrados en Saigón. Diem encarceló a cada vez más vietnamitas por criticar la corrupción del régimen, y por la falta de reformas.

La oposición creció rápidamente en el campo, donde el aparato de Diem no controlaba la situación. Hacia 1958, empezaron las actividades guerrilleras en contra del régimen. El régimen comunista de Hanoi mandó ayuda, ánimos y gente para apoyar al Sur. La mayoría eran sureños que habían marchado al Norte para apoyar al movimiento guerrillero después de los acuerdos de Ginebra.

En 1960, se formó el Frente de Liberación Nacional en el Sur, que unía a las diferentes facciones opuestas al régimen; su fuerza venía de los campesinos de Vietnam del Sur, quienes lo veían como una manera de cambiar sus vidas cotidianas. Un analista del gobierno de los Estados Unidos llamado Douglas Pike, en su libro *Viet Cong* -basado en entrevistas con rebeldes y documentos capturados- intentó hacer una valoración realista de lo que se iba a encontrar Estados Unidos:

> En los 2.561 pueblos de Vietnam del Sur, el Frente de Liberación Nacional creó una multitud de organizaciones sociopolíticas de nivel nacional en un país donde las organizaciones de masas eran casi inexistentes. Aparte del FLN, nunca había existido un partido político de masas en Vietnam del Sur.

Pike escribió: "*Los comunistas han efectuado significativos cambios sociales en las aldeas de Vietnam del Sur y lo han hecho principalmente por medio del proceso de comunicación"*. Es decir, eran organizadores más que guerreros.

> *Lo que más me llamó la atención del FLN fue su sentido integral: primero como revolución social, y luego como guerra. El objetivo de este vasto esfuerzo de organización era reestructurar el orden social de las aldeas e instruirlas para controlarse a sí mismas.*

Pike estimó que a principios de 1962, el FLN tenía unos 300.000 afiliados. Los *Pentagon Papers* decían de este período: "*Sólo el Viet Cong tenía apoyo e influencia real a gran escala en el campo*".

Cuando Kennedy asumió la presidencia a principios de 1961, continuó con la política de Truman y Eisenhower en el sudeste asiático. Casi inmediatamente aprobó un plan secreto para llevar a cabo varias acciones militares en Vietnam y Laos, incluyendo el "*envío de agentes a Vietnam del Norte*" para tomar parte en acciones de "*sabotaje y hostigamiento ligero*", según los *Pentagon Papers*. En 1956, Kennedy ya había hablado del "*asombroso éxito del presidente Diem*" y dijo acerca del Vietnam de Diem: "*Su libertad política es objeto de inspiración*".

Un día de junio de 1963, un monje budista se sentó en la plaza pública de Saigón y se prendió fuego. Más monjes budistas empezaron a suicidarse prendiéndose fuego para mostrar su oposición al régimen de Diem. La policía de Diem asaltó las pagodas y los templos budistas, hirió a treinta monjes, arrestó a 1.400 personas y cerró las pagodas. Hubo manifestaciones en la ciudad. La policía abrió fuego matando a nueve personas. Entonces, en Hué - la antigua capital- diez mil personas se manifestaron en señal de protesta.

Los acuerdos de Ginebra permitían a los Estados Unidos tener 685 consejeros militares en Vietnam del Sur. Eisenhower mandó en secreto a varios miles. Con Kennedy, la cifra subió a dieciséis mil y algunos de ellos comenzaron a tomar parte en operaciones de combate. Diem estaba perdiendo. La mayoría del campo de Vietnam del Sur estaba controlado ahora por campesinos locales organizados por el FLN.

Diem se estaba convirtiendo en una carga, en un obstáculo para el control efectivo de Vietnam. Algunos generales vietnamitas comenzaron a tramar para derrocar el régimen, manteniéndose en contacto con un hombre de la CIA llamado Lucien Conein. Conein se reunió en secreto con el embajador americano, Henry Cabot Lodge, que apoyaba con entusiasmo el golpe. Lodge informó al ayudante de Kennedy, McGeorge Bundy, el 25 de octubre (*Pentagon Papers*): "*He aprobado personalmente cada reunión entre el general Tran Van Don y Conein, que en cada caso ha llevado a cabo mis órdenes de forma explícita*".

Kennedy parecía dudar, pero nadie hizo ningún movimiento para advertir a Diem. En efecto, justo antes del golpe, y justo después de que hubiera estado en contacto con los conspiradores por medio de Conein, Lodge pasó un fin de semana en la costa con Diem. Cuando los generales atacaron el palacio presidencial el 1 de noviembre de 1963, Diem telefoneó al embajador Lodge pidiendo ayuda, y Lodge respondió: "*He oído los disparos, pero no conozco todos los hechos*". Le dijo a Diem que le llamara si hubiera algo que podía hacer por su integridad física.

Esa fue la última conversación que los americanos tuvieron con Diem. Huyó del palacio, pero él y su hermano fueron atrapados por los conspiradores, llevados en una furgoneta y ejecutados.

En 1963, el subsecretario de Estado de Kennedy, U. Alexis Johnson, habló ante el Club Económico de Detroit con estas palabras:

> *¿Cual es el poder de atracción que ha ejercido durante siglos el sudeste de Asia en las grandes potencias que lo flanquean a ambos lados?... Los países del sudeste asiático producen valiosos excedentes exportables como el arroz, el caucho, la teca, el maíz, el estaño, las especias, el aceite, y muchos productos más.*

Este no era el lenguaje utilizado por el presidente Kennedy, quien explicó que el objetivo de los Estados Unidos en Vietnam era parar el comunismo y promover la libertad.

Tres semanas después de la ejecución de Diem, Kennedy fue asesinado y su vicepresidente, Lyndon Johnson, asumió la presidencia.

Los generales que siguieron a Diem no pudieron reprimir al Frente de Liberación Nacional. El general Maxwell Taylor informó a finales de 1964:

> *Las unidades del VietCong no sólo tienen el poder de recuperarse como un ave Fénix, sino que tienen una habilidad asombrosa para mantener la moral.*

A principios de agosto de 1964, el presidente Johnson utilizó una serie de acontecimientos oscuros en el golfo de Tonkin, en la costa del norte de Vietnam, para lanzar una ofensiva a gran escala contra Vietnam. Johnson y el secretario de Defensa, Robert McNamara, dijeron al público americano que hubo un ataque de torpederos norvietnamitas contra destructores americanos. *"Mientras estaban llevando a cabo una misión rutinaria en aguas internacionales"*, dijo McNamara, *"el destructor estadounidense Maddox sufrió un ataque no provocado"*.

Más adelante se vio que el episodio del golfo de Tonkin era falso, que las máximas autoridades americanas habían mentido al público. De hecho, la CIA había realizado una operación secreta atacando instalaciones costeras del norte de Vietnam. Si es que existió tal ataque, no fue *"no provocado"*. No fue una *"misión rutinaria"*, porque el *Maddox* estaba llevando a cabo una misión de espionaje electrónica especial. Y no era en aguas internacionales, sino en aguas territoriales vietnamitas. Se supo que no se había disparado ningún torpedo contra el *Maddox*, como había afirmado McNamara. Un ataque contra otro destructor que también fue denunciado dos noches después, y que Johnson llamó *"una agresión descarada en alta mar"*, también resultó ser un invento.

Cuando ocurrió este incidente, el secretario de Estado Rusk fue entrevistado en el canal de televisión NBC acerca de las razones que tenía el diminuto país de Vietnam para atacar a los Estados Unidos. Rusk respondió: *"Sus procesos de lógica son diferentes. Así que es muy difícil penetrar en sus mentes a través de ese gran golfo ideológico"*.

El "ataque" de Tonkin provocó una resolución del Congreso que fue aprobada unánimemente en la Cámara y con sólo dos votos disidentes en el Senado, dando a Johnson el poder para tomar las medidas militares que creyera necesarias en el sudeste asiático. Pero no hubo ninguna declaración de guerra por parte del Congreso, como requería la Constitución.

En el transcurso de la guerra de Vietnam, varios solicitantes pidieron al Tribunal Supremo -se suponía que éste era el perro guardián de la Constitución- que declarara inconstitucional la guerra. Una y otra vez, el Tribunal se negó a considerar el asunto.

Inmediatamente después del asunto de Tonkin, aviones de guerra americanos comenzaron a bombardear Vietnam del Norte. Durante 1965, más de 200.000 soldados americanos fueron enviados a Vietnam del Sur, y en 1966, 200.000 más. A principios de 1968, había más de 500.000 tropas americanas en Vietnam, y las Fuerzas Aéreas de los Estados Unidos estaban lanzando bombas a un ritmo sin parangón en la historia. Algunos pequeños reflejos del masivo sufrimiento humano sufrido con este bombardeo salieron al mundo exterior. El 5 de junio de 1965, el *New York Times* trajo un despacho desde Saigón:

> *Mientras los comunistas se retiraban de Quangngai el lunes pasado, bombarderos de los Estados Unidos golpearon con bombas las colinas hacia donde se dirigían. Muchos vietnamitas -un cálculo aproximado habla de hasta 500- murieron en los ataques. La versión americana es que eran soldados del Vietcong. Pero tres de cada cuatro pacientes que después necesitaron tratamiento en un hospital vietnamita por quemaduras de napalm o gasolina gelatinosa resultaron ser aldeanos.*

El 6 de septiembre, otro despacho de prensa de Saigón decía lo siguiente:

> *En otra provincia del delta hay una mujer que ha perdido ambos brazos por efecto del napalm. Sus párpados están quemados de tal manera que no puede cerrarlos. Cuando llega la hora de dormir, su familia le coloca una sábana sobre la cabeza. Dos de sus hijos murieron en el bombardeo aéreo que la mutiló. Pocos americanos se dan cuenta de lo que está haciendo su nación con su fuerza aérea en Vietnam del Sur. Cada día están muriendo civiles inocentes...*

Grandes zonas de Vietnam del Sur fueron declaradas *"zonas de fuego libre"*. Significaba que se consideraba enemigos a todas las personas que se quedaban en ellas: civiles, ancianos y niños, y que se lanzaban bombas a discreción. Las aldeas que estaban bajo sospecha de dar cobijo al Viet Cong eran sometidas a misiones de *"búsqueda y destrucción"*: se mataba a los aldeanos en edad militar, se quemaban las casas y las mujeres, los niños y los ancianos eran enviados a campos de refugiados.

La CIA, en un programa llamado Operación Fénix, ejecutó -en secreto y sin juicio- a por lo menos veinte mil civiles en Vietnam del Sur, por ser sospechosos de ser miembros del movimiento comunista clandestino.

Después de la guerra, la publicación de los informes de la Cruz Roja Internacional mostró que en los campos de prisioneros de Vietnam del Sur, donde en plena guerra había entre 65.000 y 70.000 personas, se pegaba y torturaba a los prisioneros mientras los consejeros americanos observaban y a veces participaban en la represión. Los observadores de la Cruz Roja se encontraron con una brutalidad continua y sistemática en los dos principales campos vietnamitas de prisioneros de guerra (en Phu Quoc y Qui Nhon) donde estaban estacionados los consejeros americanos.

Al acabar la guerra se habían lanzado 7 millones de toneladas de bombas sobre Vietnam, Laos y Camboya: más del doble de las bombas lanzadas sobre Europa y Asia en la II Guerra Mundial. Además los aviones fumigaron con productos tóxicos para destruir los árboles y cualquier tipo de vegetación, resultando afectada por el veneno una zona del tamaño del estado de Massachusetts. Las madres vietnamitas denunciaron defectos de nacimiento en sus niños. Unos biólogos de Yale, después de exponer a ratones al mismo veneno (2,4,5,T), informaron del nacimiento de ratones con defectos y dijeron que no tenían razones para creer que el efecto en humanos fuera diferente.

El 16 de marzo de 1968, una compañía de soldados entró en la aldea de My Lai 4, en la provincia de Quang Ngai. Reunieron a los habitantes, incluyendo ancianos y mujeres con bebés en brazos. Se les ordenó que se metieran en un hoyo, donde fueron metódicamente asesinados a tiros por soldados americanos.

Más adelante se publicó en el *New York Times* el testimonio de James Dursi, un fusilero, en el juicio del teniente William Calley:

> *El teniente Calley y un fusilero lloroso llamado Paul D. Meadlo, el mismo soldado que había dado caramelos a los niños antes de dispararles, empujaron a los prisioneros al hoyo... La gente se amontonaba, los unos encima de los otros; las madres intentaron proteger a sus niños...*

Entre 450 y 500 personas -en su mayoría mujeres, niños y ancianos- fueron enterrados en fosas comunes.

El ejército trató de ocultar lo que había pasado. Pero comenzó a circular la carta de un soldado americano llamado Ron Ridenhour, que había oído hablar de la masacre. Un fotógrafo militar, Ronald Haeberle, había tomado fotos de la matanza y Seymour Hersh, que entonces trabajaba en el sudeste asiático para una agencia pacifista de noticias llamada *Dispatch News Service*, escribió sobre lo acontecido; pero la prensa americana no le prestó atención.

Varios de los oficiales de la masacre de My Lai fueron juzgados, pero sólo se encontró culpable al teniente William Calley. Fue sentenciado a cadena perpetua, pero su sentencia fue reducida dos veces; cumplió tres años y Nixon ordenó que se le mantuviera en arresto domiciliario y no en una cárcel normal. Luego salió en libertad condicional. Miles de americanos acudieron a defenderlo. En parte respondía a una justificación patriótica de sus acciones como algo necesario para hacer frente a los "comunistas". Y en parte parecía responder a la intuición de que se le había señalado injustamente a él personalmente en una guerra que vio muchas atrocidades similares. El coronel Oran Henderson, que había sido acusado de encubrir los asesinatos de My Lai, dijo a los periodistas a principios de 1971: *"Cada unidad del tamaño de una brigada tiene sus My Lai ocultos en alguna parte"*.

Sin lugar a dudas, el caso de My Lai sólo era único en cuanto a los detalles. Hersh informó de una carta mandada por un soldado americano a su familia y que fue publicada en un periódico local:

> *Queridos mamá y papá: Hoy hemos tenido una misión y no estoy muy orgulloso de mí mismo, de mis amigos ni de mi país. ¡Hemos quemado todas las chozas que había a la vista!*
>
> *Todos están llorando, pidiéndonos y rezando que no les separemos y que no nos llevemos a sus maridos y padres, a sus hijos y abuelos. Las mujeres gimen y se lamentan.*
>
> *Entonces miran con horror cómo les quemamos sus casas, sus posesiones personales y su comida. Sí, quemamos todo el arroz y sacrificamos el ganado.*

La impopularidad del gobierno de Saigón explica el éxito del Frente de Liberación Nacional en sus infiltraciones en Saigón y otros pueblos bajo control gubernamental a principios de 1968, y que nadie alertara al gobierno. Así, el FLN lanzó una ofensiva sorpresa (era la época del *Tet*, la fiesta vietnamita de fin de año) que les llevó al corazón de Saigón, inmovilizando el aeropuerto de Tan San Nhut, donde incluso ocuparon la embajada americana durante un corto tiempo. La ofensiva fue repelida, pero mostró que toda la potencia de fuego vertida sobre Vietnam por los Estados Unidos no había servido para destruir el FLN, ni su moral, ni el apoyo popular, ni su voluntad para luchar. Esto causó un replanteamiento en el gobierno americano, y más dudas entre el pueblo americano.

Los fuertes bombardeos pretendían destruir la voluntad de resistencia del pueblo vietnamita, al igual que los bombardeos de centros de población alemanes y japoneses en la II Guerra Mundial (a pesar de la insistencia pública del presidente Johnson en el hecho de que sólo se bombardeaban "objetivos militares"). El gobierno utilizaba frases como *"una vuelta más a la tuerca"* para describir los bombardeos. En 1966 la CIA recomendó -según los *Pentagon Papers*- *"un programa de bombardeos de mayor intensidad"* dirigido -en palabras de la CIA- contra *"la voluntad del régimen como sistema de objetivos"*.

Mientras tanto, al otro lado de la frontera de Vietnam, en un país vecino llamado Laos, había un gobierno de derechas instalado por la CIA que se enfrentaba a una rebelión. Uno de los lugares más hermosos del mundo -las llanuras de Jars- estaba siendo destruido por los bombardeos. Ni el gobierno ni la prensa informaron de esto, sino que fue un americano que vivía en Laos, Fred Branfman, el que lo contó en su libro *Voices from the Plain of Jars*:

> *Se realizaron más de 25.000 ataques aéreos contra las llanuras de Jars entre mayo de 1964 y septiembre de 1969; se lanzaron más de 75.000 toneladas de bombas; en tierra, hubo miles de muertos y heridos, decenas de miles de personas tuvieron que esconderse bajo tierra, y toda la vida en superficie fue arrasada.*

En septiembre de 1973, un antiguo oficial del gobierno de Laos, Jerome Doolittle, escribió en el *New York Times*:

> *Cuando llegué a Laos por primera vez, me dieron órdenes de que respondiera a todas las preguntas de la prensa acerca de nuestra campaña de crueles bombardeos masivos en aquel diminuto país diciendo: "Por petición del real gobierno de Laos, Estados Unidos está dirigiendo vuelos desarmados de reconocimiento". Era mentira. Cada uno de los periodistas a los que se lo dije sabía que era mentira.*

A principios de 1968, la crueldad de la guerra comenzó a hacer mella en la conciencia de muchos americanos. Para muchos otros, el problema era que Estados Unidos era incapaz de ganar una guerra a la que no se veía fin, y que ya habían muerto 40.000 soldados americanos y 250.000 habían resultado heridos. (Las bajas vietnamitas eran mucho mayores.)

Lyndon Johnson había intensificado una guerra brutal y no había podido ganarla. Su popularidad era más baja que nunca; no podía aparecer en público sin que hubiera una manifestación en contra de él y de la guerra. El *slogan* que decía "LBJ, LBJ, ¿a cuántos niños has matado hoy?" se escuchaba en manifestaciones a lo largo y ancho del país. En la primavera de 1968 Johnson anunció que no se presentaría de nuevo a la presidencia, y que comenzarían las negociaciones de paz con los vietnamitas en París.

En otoño de 1968, Richard Nixon fue elegido presidente con la promesa de que sacaría a los Estados Unidos de Vietnam. Empezó a retirar tropas y en febrero de 1972, quedaban menos de 150.000 soldados. Pero los bombardeos continuaron. La política de Nixon era la de la "vietnamización": el gobierno de Saigón debía seguir la guerra con tropas terrestres vietnamitas, aunque utilizando dinero y fuerzas aéreas americanas. Nixon no puso fin a la guerra;

estaba poniendo fin al aspecto menos popular de ella: a la participación de soldados de tierra americanos en un país lejano.

En la primavera de 1970, Nixon y el secretario de Estado Henry Kissinger ordenaron la invasión de Camboya, después de un gran bombardeo que el gobierno nunca reveló al público. La invasión no sólo llevó a una ola de protesta en los Estados Unidos, sino que también resultó ser un fracaso militar, y el Congreso resolvió que Nixon no podría utilizar tropas americanas para extender la guerra sin su aprobación.

El año siguiente, sin tropas americanas, Estados Unidos apoyó una invasión de Laos llevada a cabo por Vietnam del Sur. Esta también fracasó. En 1971, 800.000 toneladas de bombas fueron lanzadas por los Estados Unidos sobre Laos, Camboya y Vietnam. Mientras tanto, el régimen militar de Saigón, encabezado por el presidente Nguyen Van Thieu -el último de una larga sucesión de jefes de estado en Saigón- mantenía a miles de oponentes en la cárcel.

Varias de las primeras muestras de oposición a la guerra de Vietnam en los Estados Unidos surgieron de los movimientos de derechos civiles, quizás porque la experiencia de las personas de color con el gobierno les llevó a desconfiar de cualquier declaración en el sentido de que estaban luchando por la libertad. El mismo día de principios de agosto de 1964 en que Lyndon Johnson contaba a la nación el incidente del golfo de Tonkin y anunciaba el bombardeo de Vietnam del Norte, activistas negros y blancos se reunían cerca de Filadelfia, Mississippi, para celebrar una ceremonia religiosa en honor de tres trabajadores de servicios sociales asesinados allí ese mismo verano. Uno de los oradores señaló con amargura el uso de la fuerza que había hecho Johnson en Asia, comparándolo con la violencia utilizada contra los negros de Mississippi.

A mediados de 1965, en McComb, Mississippi, jóvenes negros que acababan de enterarse de que un compañero de clase había muerto en Vietnam, distribuyeron un folleto que decía:

> *Ningún negro de Mississippi debería luchar en Vietnam por la libertad del hombre blanco hasta que todos los negros de Mississippi sean libres.*

Cuando el secretario de Defensa, Robert McNamara, visitó Mississippi y alabó al senador John Stennis, un destacado racista, diciendo que era *"un hombre de una grandeza muy genuina"*, estudiantes blancos y negros se manifestaron en protesta, con pancartas que decían "En memoria de los niños quemados de Vietnam".

El Comité Coordinador de Estudiantes No Violentos (SNCC) declaró a principios de 1966 que *"Estados Unidos está siguiendo una política agresiva violando la legislación internacional"* e hizo un llamamiento para la retirada de Vietnam. Ese verano, seis miembros del SNCC fueron arrestados por ocupar un centro de reclutamiento en Atlanta y fueron condenados a varios años de cárcel. Por entonces, Julian Bond, un activista del SNCC que acababa de ser elegido para la Cámara de Representantes de Georgia, habló en contra de la guerra y el reclutamiento, y la Cámara votó para que no se sentara en la Cámara ya que sus declaraciones violaban la Ley de Servicio Selectivo y *"tendía a traer descrédito a la Cámara"*. El Tribunal Supremo devolvió a Bond su escaño, diciendo que la Primera Enmienda le daba derecho a la libertad de expresión.

Una de las figuras del deporte más grandes de la nación, Muhammad Ali, el boxeador negro y campeón de pesos pesados, se negó a servir en lo que él llamaba una "guerra del hombre blanco"; las autoridades del boxeo le quitaron el título de campeón. Martin Luther King, Jr., habló en 1967 en la iglesia de Riverside en Nueva York:

> *Esta locura debe cesar de alguna manera. Debemos parar ahora. Hablo como un hijo del Señor y hermano de los pobres que sufren en Vietnam. Hablo por aquellos cuyas tierras están siendo devastadas, cuyas casas están siendo destruidas, cuya cultura está siendo destruida. Hablo por los pobres de América que están pagando el doble precio de las esperanzas destruidas en casa y la muerte y la corrupción en Vietnam. Hablo como ciudadano del mundo, por el mundo que contempla horrorizado el camino que hemos tomado. Hablo como un americano a los líderes de mi propia nación. La gran iniciativa en esta guerra es nuestra. La iniciativa para detenerla debe ser nuestra.*

Los jóvenes empezaron a negarse a inscribirse para el reclutamiento y se negaron a incorporarse a filas cuando eran llamados. En mayo de 1964, el slogan "No iremos" ya se escuchaba en todas partes. Algunos de los que se habían inscrito empezaron a quemar sus tarjetas de reclutamiento en público, en protesta por la guerra. En octubre de 1967 se organizaron "devoluciones" de tarjetas de reclutamiento en todo el país; sólo en San Francisco, se devolvieron al gobierno trescientas tarjetas de reclutamiento. Justo antes de una enorme manifestación en el Pentágono, ese mismo mes, se entregó un saco de tarjetas de reclutamiento devueltas en el departamento de Justicia.

En mayo de 1969 el centro de reclutamiento de Oakland, adonde acudían los reclutas de todo el norte de California, informó que de 4.400 hombres que debían presentarse para su incorporación a filas, 2.400 no se habían presentado. En el primer cuatrimestre de 1970, el sistema de Servicio de Selección Militar no pudo, por primera vez, cubrir su cuota .

Al comienzo de la guerra, se habían producido dos incidentes diferentes que apenas notaron los americanos. El 2 de noviembre de 1965, delante del Pentágono en Washington, mientras miles de empleados salían del edificio al anochecer, Norman Morrison, un pacifista de treinta y dos años, padre de tres hijos, se roció con gasolina y se prendió fuego, sacrificando su vida en protesta por la guerra. Ese mismo año, una mujer de ochenta y dos años llamada Alice Herz se prendió fuego en Detroit para mostrar su oposición al horror de Indochina.

Tuvo lugar un notable cambio de sentimiento. A principios de 1965, cuando comenzó el bombardeo de Vietnam del Norte, cien personas se reunieron en Boston Common para expresar su indignación. El 15 de octubre de 1969, el número de personas que se había reunido en Boston Common para protestar en contra de la guerra era de 100.000. Unos dos millones de personas de toda la nación se reunieron ese día en ciudades y pueblos que nunca habían visto un mitin pacifista.

En 1970 los mítines pacifistas de Washington ya atraían a cientos de miles de personas. En 1971, veinte mil fueron a Washington para practicar la desobediencia civil, e intentaron parar el tráfico para expresar su rechazo por las matanzas que todavía tenían lugar en Vietnam. Catorce mil personas fueron arrestadas, el mayor arresto colectivo de la historia de América.

Cientos de voluntarios del Cuerpo de Paz hablaron en contra de la guerra. En Chile, noventa y dos voluntarios desafiaron al director del Cuerpo de Paz y distribuyeron una circular denunciando la guerra. Ochocientos antiguos miembros del Cuerpo distribuyeron una declaración de protesta denunciando lo que estaba ocurriendo en Vietnam.

El poeta Robert Lowell, que había sido invitado a una función en la Casa Blanca, se negó a asistir. Arthur Miller, que también había sido invitado, envió un telegrama a la Casa Blanca: *"Cuando las bombas explotan, las artes mueren"*. La cantante Eartha Kitt fue invitada a una comida en los jardines de la Casa Blanca y conmocionó a todos los presentes hablando en contra de la guerra en presencia de la mujer del presidente. Un adolescente que había sido invitado a la Casa Blanca para recoger un premio, criticó la guerra.

En Londres, dos jóvenes americanos irrumpieron en la elegante recepción del Cuatro de Julio, organizada por el embajador americano, e hicieron el siguiente brindis: "Por todos los muertos y los que están muriendo en Vietnam". La guardia les echó fuera. En el océano Pacífico, dos jóvenes marineros americanos secuestraron un barco de munición americano para desviar su carga de bombas de las bases aéreas de Tailandia. Durante cuatro días se apoderaron del barco y su tripulación, tomando anfetaminas para estar despiertos mientras el barco llegaba a aguas de Camboya.

Gente de clase media y profesionales que no estaban acostumbrados al activismo comenzaron a dejarse oír. En mayo de 1970, el *New York Times* informó desde Washington: "Mil destacados abogados se unen a la protesta en contra de la guerra". Las corporaciones comenzaron a preguntarse si la guerra perjudicaría sus intereses financieros a largo plazo; la revista *Wall Street Journal* empezó a criticar la continuación de la guerra.

A la vez que la guerra se hacía cada vez más impopular, algunos miembros del gobierno -o personas cercanas a él- comenzaron a romper el círculo del consentimiento. El ejemplo más dramático fue el caso de Daniel Ellsberg.

Ellsberg era un economista que había estudiado en Harvard. Había sido oficial de marina y trabajaba para la corporación RAND, la cual llevaba a cabo investigaciones especiales -y a veces secretas- para el gobierno de los Estados Unidos. Ellsberg ayudó a escribir la historia de la Guerra de Vietnam para el departamento de Defensa, y luego decidió hacer público un documento clasificado, con la ayuda de su amigo Anthony Russo, un antiguo hombre de la corporación RAND. Ambos se habían conocido en Saigón donde les afectaron de tal manera las diferentes experiencias que tuvieron como testigos directos de la guerra que sintieron gran indignación por lo que estaba haciendo Estados Unidos con la gente de Vietnam.

Ellsberg y Russo pasaron noche tras noche, hora tras hora en la agencia publicitaria de un amigo haciendo copias de las 7.000 páginas del documento. Después Ellsberg entregó copias a varios congresistas y al *New York Times*. En junio de 1971 el *Times* comenzó a imprimir selecciones de lo que llegó a ser conocido como los *Pentagon Papers*. Esto fue una sensación a nivel nacional.

La administración Nixon intentó que el Tribunal Supremo impidiera la aparición de más publicaciones, pero el Tribunal decretó que eso sería una "*restricción previa*" de la libertad de prensa y por tanto inconstitucional. Entonces el gobierno procesó a Ellsberg y Russo por violar la Ley del Espionaje, al haber distribuido documentos clasificados a personas no autorizadas; se exponían a una larga condena en la cárcel si les declaraban culpables. Sin embargo, el juez anuló el juicio mientras el jurado estaba deliberando dado que los acontecimientos del Watergate, que por entonces estaban saliendo a la luz, revelaban que la fiscalía había estado llevando a cabo prácticas injustas.

El movimiento pacifista, muy precoz en su crecimiento, se encontró con un público extraño y nuevo: algunos curas y monjas de la iglesia católica. El apoyo de los religiosos había sido suscitado tanto por el movimiento de derechos civiles como por las experiencias vividas en Latinoamérica, en donde veían la pobreza y la injusticia que reinaba en países con gobiernos apoyados por los Estados Unidos. En el otoño de 1967, el padre Philip Berrigan (un cura josefino, veterano de la II Guerra Mundial), al que se unieron el artista Tom Lewis y los amigos David Eberhardt y James Mengel, fueron a la oficina de un consejo de reclutamiento en Baltimore, Maryland. Empaparon los registros de reclutamiento con sangre y esperaron a ser arrestados. Fueron juzgados y sentenciados a penas de entre dos y seis años de cárcel.

En mayo del año siguiente, Philip Berrigan -libre bajo fianza por el caso de Baltimore- realizó una segunda acción, para la cual contó con el apoyo de su hermano Daniel, un cura jesuita que había visitado Vietnam del Norte y había visto los efectos de los bombardeos estadounidenses. Junto con otras personas fueron a la oficina del consejo de reclutamiento de Catonsville, Maryland, se llevaron los registros y les prendieron fuego en la calle en presencia de reporteros y espectadores. Fueron arrestados y condenados a penas de cárcel. Se les conoció como los "Nueve de Catonsville".

En la época en que tuvo lugar el incidente de Catonsville, Dan Berrigan escribió una *Meditation*:

> *Pedimos disculpas, queridos amigos, por haber transgredido el orden, por haber quemado papel en vez de niños. No pudimos hacer otra cosa, bendito sea el Señor. Ya han pasado los tiempos en los que los hombres buenos pueden quedarse callados, en los que la obediencia puede aislar a los hombres del riesgo público, en los que los pobres pueden morir sin defensa alguna.*

Cuando acabaron sus apelaciones y se suponía que debía ir a la cárcel, Daniel Berrigan desapareció. Estuvo en la clandestinidad durante cuatro meses, escribiendo poemas, publicando declaraciones, concediendo entrevistas secretas, apareciendo sin previo aviso en una iglesia de Filadelfia para dar un sermón y desaparecer otra vez, confundiendo al FBI, hasta que un confidente interceptó una carta que puso al descubierto su localización, tras lo cual fue capturado y enviado a la cárcel.

El efecto de la guerra y de las audaces actuaciones de algunos curas y monjas resquebrajó el conservadurismo tradicional de la comunidad católica. Durante el Moratorium Day de 1969, en el Colegio del Sagrado Corazón de Newton, cerca de Boston -un santuario de tranquilidad bucólica y silencio político- la gran puerta principal del colegio lució un enorme puño pintado de rojo. En el Boston College, una institución católica, seis mil personas se reunieron aquella tarde en el gimnasio para denunciar la guerra.

Los estudiantes, a menudo alentados por la Asociación de Estudiantes por una Sociedad Democrática (SDS), participaban de lleno en las primeras protestas en contra de la guerra. Incluso en los colegios mayores había 500 periódicos clandestinos a finales de los años sesenta. En la ceremonia de entrega de diplomas de la Universidad Brown en 1969, las dos terceras partes de las clases que se graduaban se volvieron de espaldas cuando se puso en pie Henry Kissinger para tomar la palabra.

El momento más álgido de la protesta llegó en la primavera de 1970 cuando el presidente Nixon ordenó la invasión de Camboya. En la Universidad del Estado de Kent, en Ohio, cuando los estudiantes se concentraron el 4 de mayo para protestar contra la guerra, la Guardia Nacional disparó contra la multitud. Cuatro estudiantes resultaron muertos. Uno quedó paralítico para toda la vida. Los estudiantes de cuatrocientos colegios se declararon en huelga en señal de protesta. Fue la mayor huelga general estudiantil en la historia de los Estados Unidos. Durante aquel curso escolar de 1969-70, el FBI contabilizó 1.785 manifestaciones estudiantiles, incluyendo la ocupación de 313 edificios.

Después de los asesinatos del estado de Kent, las ceremonias de graduación se convirtieron en algo insólito. Desde Amherst, Massachusetts, llegó una noticia periodística sobre la centésima ceremonia de graduación de la Universidad de Massachusetts:

Puños rojos de protesta, símbolos de paz blancos y palomas azules fueron apareciendo sobre las togas académicas negras y casi la mitad de los estudiantes del último curso llevaban un brazalete que simbolizaba su petición de paz.

Las protestas estudiantiles en contra del Programa de Entrenamiento de Oficiales de la Reserva (ROTC) tuvieron como resultado la eliminación de dichos programas en más de cuarenta colegios y universidades. Se dependía del ROTC para suministrar la mitad de los oficiales para Vietnam. En septiembre de 1973, llevaba seis meses seguidos sin poder llenar su cuota.

La publicidad que se le dio a las protestas estudiantiles creó la impresión de que la oposición a la guerra venía en su mayor parte de intelectuales de clase media. Pero en Dearborn, Michigan, una ciudad que manufacturaba coches, una encuesta de 1967 mostró que el 41% de la población estaba a favor de la retirada de la guerra de Vietnam. A finales de 1970, un sondeo de la opinión pública presentó el siguiente planteamiento: "Estados Unidos debería retirar todas las tropas de Vietnam antes de finales del año que viene". El 65% de los encuestados respondió "sí".

Pero los datos más importantes se hallaron en un informe llevado a cabo por la Universidad de Michigan. Dicho informe mostraba que durante la guerra de Vietnam, los americanos que habían terminado su educación en la escuela primaria estaban más claramente a favor de una retirada de la guerra que los americanos con educación universitaria. En junio de 1966, el 27% de las personas con educación universitaria estaban a favor de una retirada inmediata de Vietnam y el 41% de las personas que habían terminado su educación en la escuela primaria estaba a favor de una retirada inmediata. En septiembre de 1970 estaba claro que ambos grupos mostraban una mayor disposición a oponerse a la guerra: el 47% de los universitarios y el 61% de aquellos que tenían la educación primaria estaban a favor de la retirada.

Todo esto formaba parte de los cambios generales que estaba viviendo la población. En agosto de 1965, el 61% de la población pensaba que la intrusión americana en Vietnam no era equivocada. Pero en mayo de 1971 era exactamente al revés; el 61% pensaba que era algo erróneo. Bruce Andrews, un estudiante que estudió a la opinión pública, encontró que la gente que más se oponía a la guerra era la que tenía alrededor de 50 años, los negros y las mujeres. También remarcó que un estudio de la primavera de 1964, cuando Vietnam apenas salía en los diarios, mostraba que el 53 por ciento de la gente escolarizada estaba dispuesta a enviar tropas a Vietnam, pero sólo el 33% lo estaba de veras.

La capacidad de tener una opinión independiente entre los americanos corrientes está probablemente muy bien representada por el veloz crecimiento

del sentimiento antibelicista entre los GIs americanos -voluntarios y reclutas-
que formaban parte de los grupos de rentas más bajas. Había habido, desde
los inicios de la historia americana, ejemplos de soldados desleales con
respecto a la guerra: se amotinaron en la Guerra Revolucionaria, rechazaron
realistarse en medio de la guerra con México, desertaron y se hicieron
objetores en la I Guerra Mundial y en la II Guerra Mundial. Pero Vietnam
produjo una oposición de soldados y veteranos como nunca se había visto.

Empezaron como protestas aisladas. Como la de junio de 1965, cuando
Richard Steinke, un graduado de West Point que estaba en Vietnam, rechazó
subir en el avión que le llevaría a un remoto pueblito vietnamita. "La guerra
de Vietnam" -dijo- "no se merece una sola vida americana". Steinke tuvo un
juicio militar y fue expulsado del servicio. Al año siguiente, tres soldados -uno
negro, otro puertorriqueño y otro lituano-italiano-, se negaron a embarcar
para ir a Vietnam, denunciando que la guerra era "inmoral, ilegal e injusta".
Fueron juzgados militarmente y encarcelados.

Los actos individuales se multiplicaron: un soldado negro que rechazó en
Oakland subir al avión que llevaba tropas a Vietnam, tuvo que pasar casi once
años de trabajos forzados. Una enfermera del ejército naval, la teniente Susan
Schnall, fue juzgada militarmente por ir a una manifestación pacifista con
uniforme, y por tirar panfletos antibelicistas desde un avión en unas
instalaciones militares. En Norfolk, Virginia, un marinero se negó a guiar a
unos pilotos de guerra porque dijo que la guerra era inmoral.

A principios de 1968, fue arrestado un teniente del ejército en
Washington, por participar en un piquete delante de la Casa Blanca con una
pancarta que decía: "120.000 víctimas americanas -¿por qué?" Dos marines
negros, George Daniels y William Harvey, fueron condenados a largas penas
de cárcel (Daniel, seis años, Harvey, diez años, aunque más tarde se redujeron
las penas) por hablar en contra de la guerra con otros marines negros.

Según avanzaba la guerra, las deserciones incrementaron en las fuerzas
armadas. Miles se marcharon a Europa occidental, a Francia, Suecia y
Holanda. La mayoría de los desertores cruzaban la frontera con Canadá; se
calculaba un número entre 50.000 y 100.000. Algunos se quedaron en los
Estados Unidos. Unos pocos desafiaban a las autoridades militares y se
acogían al "santuario" que les ofrecían las iglesias, donde, rodeados por amigos
y simpatizantes, esperaban su captura y enjuiciamiento en consejos de guerra.
En la Universidad de Boston, mil estudiantes hicieron vela en la capilla

durante cinco noches y cinco días en apoyo a un desertor de dieciocho años llamado Ray Kroll.

El movimiento pacifista de soldados americanos ganó en organización. Cerca de Fort Jackson, Carolina del Sur, se creó la primera "cafetería de soldados americanos"[27], un lugar donde los soldados podían tomar café y bollos, consultar libros pacifistas y hablar libremente con los demás. Se llamaba el UFO -el OVNI- y durante varios años estuvo abierta, hasta que fue declarada una "*molestia pública*" y cerrada por acción judicial. Pero se crearon otras "cafeterías de soldados americanos" en media docena de puntos repartidos por todo el país. Se inauguró una "librería" pacifista en Fort Devens, Massachusetts, y otra en la base naval de Newport, Rhode Island.

Comenzaron a aparecer periódicos clandestinos en las bases militares de todo el país; en 1970 ya había más de cincuenta en circulación. Mezclado con el sentimiento contrario a la guerra, había un resentimiento hacia la crueldad y la deshumanización de la vida militar.

La disidencia también se extendió al frente de guerra. Mientras en octubre de 1969 tenían lugar las grandes manifestaciones de Moratorium Day en Estados Unidos, algunos soldados americanos en Vietnam se pusieron brazaletes negros para mostrar su apoyo. Un fotógrafo de prensa informó de que en un pelotón que patrullaba cerca de Da Nang, la mitad de los hombres llevaban brazaletes negros. El periódico francés *Le Monde* informó: "*Una imagen común es la del soldado negro con el puño izquierdo cerrado en desafío a una guerra que nunca ha considerado propia*".

Los veteranos que habían regresado de Vietnam formaron un grupo llamado Veteranos de Vietnam contra la Guerra. En diciembre de 1970, centenares de miembros de este grupo fueron a Detroit a lo que se denominarían las investigaciones "Winter Soldier", para testificar públicamente sobre las atrocidades que habían visto -o en las que habían participado- en Vietnam, cometidas por americanos contra vietnamitas. En abril de 1971 más de un millar de ellos fueron a Washington, D.C., para manifestarse en contra de la guerra. Uno por uno se acercaron a una alambrada que rodeaba el Capitolio, lanzaron las medallas que habían ganado en Vietnam, e hicieron breves declaraciones, algunas emotivas y otras con una calma tensa y amarga.

En el verano de 1970, veintiocho oficiales del ejército -incluyendo a varios veteranos de Vietnam-, diciendo que actuaban en representación de unos 250

---

27. *GI coffeehouse.*

oficiales más, anunciaron la formación del Movimiento de Oficiales Preocupados, para oponerse a la guerra. Durante los brutales bombardeos de Hanoi y Haiphong -en las Navidades de 1972- tuvo lugar el primer desafío de los pilotos de los B-52, quienes se negaron a pilotar en semejantes misiones.

Pero la mayoría de las acciones pacifistas de la guerra las protagonizaron los soldados normales, y la mayoría de éstos provenían de grupos de ingresos bajos, fuesen blancos, negros, americanos nativos o chinos.

Un chino-americano de Nueva York de veinte años llamado Sam Choy se alistó en el ejército con diecisiete años. Le enviaron a Vietnam y le hicieron cocinero, convirtiéndose en objeto de abusos por parte de sus compañeros, que le llamaban *chink* (chinito) y *gook* (término con el que se referían a los vietnamitas). Decían que se parecía al enemigo. Un día cogió un rifle e hizo disparos de advertencia a los que le atormentaban.

La policía militar se llevó a Choy, fue apaleado, juzgado en consejo de guerra y sentenciado a dieciocho meses de trabajos forzados en Fort Leavenworth. "*Me pegaban todos los días a la misma hora. Por cierto: quiero decir a todos los chicos chinos que el ejército me hizo enfermar. Me pusieron tan enfermo que no lo puedo soportar*".

En total, unos 563.000 soldados fueron licenciados "*sin honores*". En 1973, una de cada cinco licencias expedidas por el ejército lo era "*sin honores*", lo cual indicaba que esos soldados no habían mostrado una obediencia sumisa hacia el ejército. El número de desertores pasó de 47.000 en 1967, a 89.000 en 1971. Casi el doble.

Uno de los que se quedó, luchó y luego se hizo contrario a la guerra fue Ron Kovic. Su padre trabajaba en un supermercado en Long Island. En 1963 se alistó, con diecisiete años, en los marines. Dos años después, en Vietnam, cuando tenía diecinueve años, se rompió la columna vertebral en un bombardeo. Se quedó paralítico de cintura para abajo y se vio recluido a una silla de ruedas. De regreso a los Estados Unidos, observó el brutal trato que se dispensaba a los heridos en el hospital de veteranos. Reflexionó en profundidad acerca de la guerra y se unió al grupo Veteranos de Vietnam contra la Guerra. Participó en manifestaciones para denunciar la guerra.

Una tarde, Kovic escuchó al actor Donald Sutherland leer un pasaje de la novela escrita por Dalton Trumbo después de la I Guerra Mundial, *Johnny cogió su fusil*. Trataba de un soldado que se había quedado sin brazos, piernas y cara, pero con un torso pensante, que inventó una forma de comunicarse con el mundo exterior y que mandó un mensaje tan poderoso que no podía ser escuchado sin echarse a temblar.

> *Sutherland comenzó a leer el pasaje y sentí algo que nunca olvidaré. Era como si alguien estuviese hablando de todo lo que yo había pasado en el hospital. Empecé a temblar y recuerdo que los ojos se me llenaron de lágrimas.*

Kovic se manifestó en contra de la guerra, y describe su arresto en el libro *Born on the Fourth of July*:

> *"¿Cómo se llama?" pregunta el oficial que está detrás de la mesa.*
>
> *"Ron Kovic", le contesto. "Ocupación, veterano de Vietnam en contra de la guerra".*
>
> *"¿Qué?" dice él con sarcasmo mirándome con desprecio.*
>
> *"Soy veterano de Vietnam en contra de la guerra" le respondo casi a gritos.*
>
> *"Debería de haber muerto allí", dice. Se vuelve hacia su ayudante. "Me gustaría coger a este tío y tirarle desde el tejado".*

En 1972 Kovic y otros veteranos viajaron a Miami para la Convención Nacional del partido Republicano. Entraron en la sala de convenciones, condujeron sus sillas de ruedas por los pasillos y cuando Nixon empezó su discurso de aceptación, empezaron a gritar: "¡Parad los bombardeos! ¡Parad la guerra!" Los delegados les maldijeron: "¡Traidores!" y los hombres del servicio secreto les echaron de la sala.

En otoño de 1973, cuando todavía no se avistaba la paz y las tropas de Vietnam del Norte estaban atrincheradas en varias zonas del Sur, Estados Unidos aceptó un acuerdo para retirar sus tropas y dejar a las tropas revolucionarias en sus posiciones hasta que se formara un nuevo gobierno electo que debía incluir a elementos comunistas y no comunistas. Pero el gobierno de Saigón se negó a aceptar el acuerdo y Estados Unidos decidió hacer un último intento final para obligar a los norvietnamitas a someterse. Envió oleadas de B-52 sobre Hanoi y Haiphong que destruyeron casas y hospitales y mataron a una gran cantidad de civiles. El ataque no funcionó. Muchos de los B-52 fueron derribados y hubo una encendida protesta en todo el mundo. Entonces Kissinger volvió a París y firmó un acuerdo de paz muy similar al anterior.

Estados Unidos retiró sus fuerzas y continuó enviando ayuda al gobierno de Saigón. Pero los norvietnamitas lanzaron ataques contra las ciudades más importantes de Vietnam del Sur a principios de 1975 y el gobierno se vino abajo. A finales de abril de 1975, las tropas norvietnamitas entraron en Saigón. El personal de la embajada americana huyó, junto con muchos vietnamitas que temían el dominio comunista. Así terminó la larga guerra de Vietnam. Saigón se rebautizó con el nombre de Ciudad Ho Chi Minh y las dos zonas de Vietnam se unificaron para formar la República Democrática de Vietnam.

La historia tradicional muestra el final de las guerras como algo que nace de las iniciativas de los líderes, con negociaciones en París, Bruselas, Ginebra o Versalles al igual que su estallido suele atribuirse a la necesidad de dar respuesta a la demanda "popular". La guerra de Vietnam dio claras pruebas de que sólo después de finalizada la intervención en Camboya y de que las protestas contra la invasión sacudieran a las universidades en toda la nación, aprobaría el Congreso una resolución declarando que no se debían enviar tropas americanas a Camboya sin su consentimiento.

No fue hasta finales de 1973, cuando finalmente fueron retiradas las tropas americanas de Vietnam, que el Congreso aprobó una ley que limitaba el poder del presidente para entrar en guerra sin la aprobación del Congreso. Pero incluso entonces, con la nueva "Resolución sobre los Poderes de Guerra", el presidente podía guerrear durante sesenta días sin una declaración del Congreso.

La administración trató de persuadir a los ciudadanos americanos de que estaba finalizando la guerra porque quería negociar la paz, y no porque estuviesen perdiendo la guerra, ni porque existiese un poderoso movimiento pacifista en los Estados Unidos. Pero los memorándums secretos del propio gobierno, realizados durante toda la guerra, dan fe de la sensibilidad gubernamental -en cada etapa- hacia la "opinión pública" en los Estados Unidos y en el extranjero. Los datos aparecen en los *Pentagon Papers*.

Un memorándum del vice-secretario de Defensa, John McNaughton, escrito a principios de 1966, sugería la posibilidad de destruir esclusas y presas para matar de hambre al enemigo, ya que los *"ataques a los objetivos civiles"* crearían *"una oleada de condenas muy contraproducente en casa y en el extranjero"*. Hizo la siguiente advertencia:

> *Es posible que haya un límite que muchos americanos -y gran parte del mundo- no permitan que los Estados Unidos sobrepase. La imagen de la mayor de las superpotencias matando o hiriendo gravemente a mil civiles al día, mientras intenta someter una diminuta nación atrasada -y por motivos muy disputados- no es muy edificante.*

En la primavera de 1968, cuando el Frente de Liberación Nacional llevó a cabo la repentina y aterradora ofensiva Tet, Westmoreland pidió al presidente Johnson que le enviara 200.000 tropas más, para unirse a los 525.000 soldados que ya estaban destacados ahí. Johnson pidió a un pequeño grupo de "oficiales de combate" del Pentágono que le aconsejaran en ese asunto. Estudiaron la situación y llegaron a la conclusión de que 200.000 tropas no reforzarían al gobierno de Saigón ya que *"los líderes de Saigón no muestran señales de buena voluntad y mucho menos de habilidad para atraer la suficiente lealtad o apoyo del pueblo".* Además, el informe decía que el envío de tropas significaría la movilización de la reserva, lo cual incrementaría el presupuesto militar. Habría más víctimas estadounidenses y más impuestos:

> *Este creciente descontento, acompañado, sin lugar a dudas, por una mayor resistencia por parte de los reclutas y un mayor malestar en las ciudades -debido a la creencia de que estamos dejando de lado problemas domésticos- nos hace correr el gran riesgo de ver provocada una crisis doméstica de proporciones sin precedentes.*

El *"mayor malestar en las ciudades"* debe de ser una referencia a los levantamientos de los negros que habían tenido lugar en 1967. Mostraban el vínculo -tanto si los negros lo pretendían como si no- entre la guerra en el extranjero y la pobreza en casa.

Cuando Nixon accedió a la presidencia, también intentó persuadir al público de que no le afectarían las protestas. Pero casi se volvió loco cuando un pacifista solitario montó un piquete delante de la Casa Blanca. Las frenéticas acciones de Nixon en contra de los disidentes -planes para realizar robos, escuchas telefónicas, intervención de correo- sugieren la importancia que tenía el movimiento pacifista en las mentes de los líderes nacionales.

Una prueba de que las ideas del movimiento pacifista se habían apoderado del público americano se reflejaba en el hecho de que los jurados se habían vuelto cada vez más reacios a condenar a los activistas pacifistas, y que los jueces locales también les estaban tratando de manera diferente.

El último grupo de asaltantes de oficinas de reclutamiento, los "Camden 28" se componía de curas, monjas y laicos que habían asaltado una oficina de reclutamiento en Camden, Nueva Jersey, en agosto de 1971. Fueron absueltos de todos los cargos por el jurado. Después de la aceptación del veredicto, un miembro del jurado -un taxista negro de cincuenta y tres años de Atlantic City llamado Samuel Braithwaite (que había servido once años en el ejército)- dejó una carta a los acusados con el siguiente texto:

A vosotros... os digo, bien hecho. Bien hecho por intentar curar a los hombres enfermos e irresponsables, hombres que fueron elegidos por el pueblo para gobernar y dirigir. Estos hombres que han defraudado a la gente dejando llover muerte y destrucción sobre un país desventurado... Vosotros salisteis a poner vuestro granito de arena mientras vuestros hermanos se quedaban en sus torres de marfil observando... y esperemos que un día, en un futuro no muy lejano, la paz y la armonía reine sobre todas las personas de todas las naciones.

Vietnam fue la primera gran derrota del imperio global americano después de la II Guerra Mundial. Esta derrota fue conseguida por campesinos revolucionarios en un país extranjero y por un sorprendente movimiento de protesta en casa.

El 26 de septiembre de 1969, el presidente Richard Nixon, consciente de la creciente actividad pacifista en todo el país, ya había anunciado que *"no me afectará de ninguna manera posible bajo ninguna circunstancia"*. Pero nueve años más tarde, en sus memorias (*Memoirs*), admitió que el movimiento pacifista había sido el causante de que renunciara a los planes de intensificación de la guerra: *"Aunque en público continué ignorando la feroz controversia pacifista... sabía, sin embargo, que después de las protestas y el Moratorium, la opinión pública americana quedaría seriamente dividida ante cualquier escalada militar de la guerra"*. Era poco usual que desde la presidencia se reconociera el poder que tiene la protesta pública.

Visto con una perspectiva de largo plazo, quizás había pasado algo más importante, porque al acabar la guerra de Vietnam, la rebelión producida en casa se estaba extendiendo y propagando en distintas direcciones.

Capítulo 19

SORPRESAS

Helen Keller había dicho en 1911: "*¿Nosotras votar? ¿Qué significa eso?*" Emma Goldman, en esa misma época, también dijo: "*Nuestro fetiche moderno es el sufragio universal*". Después de 1920, las mujeres votaban al igual que los hombres pero su situación subordinada apenas había cambiado.

A finales de los años veinte, Robert y Helen Lynd -estudiantes en Muncie, Indiana (*Middletown*)- se fijaron en la importancia que tenía la buena presencia y el buen vestir a la hora de asesorar a las mujeres. También descubrieron que cuando los hombres hablaban con franqueza entre ellos "*tendían a hablar de las mujeres como criaturas más puras y de moral más pura que ellos pero que eran relativamente poco prácticas, emocionales, inestables, dadas al prejuicio, fácilmente heribles y en su mayoría incapaces de enfrentarse a los hechos o de pensar mucho*".

Sólo cuando se necesitaban de forma desesperada los servicios de las mujeres -ya fuera en la industria, en la guerra o en los movimientos sociales-, pudieron éstas escapar de sus prisiones -de su condición de amas de casa, de la maternidad, de la feminidad, de sus labores, de la beatificación y del aislamiento. Pero aunque el sentido práctico a veces liberaba a la mujer de su cárcel particular -en una especie de programa de libertad condicional laboral- una vez desaparecida esa necesidad se intentaba meterla de nuevo en ella. Esto condujo a la lucha de las mujeres por un cambio.

La II Guerra Mundial había sacado a más mujeres que nunca de sus casas para incorporarlas al mundo laboral. En 1960, el 36% de las mujeres mayores de dieciséis años -23 millones de mujeres- tenían trabajos remunerados. Pero sólo había guarderías para el 2% de las madres trabajadoras. Los ingresos medios de una mujer trabajadora eran la tercera parte de los de los hombres. Y la actitud hacia las mujeres no parecía haber cambiado mucho desde los años veinte.

En el movimiento de derechos civiles de los años sesenta, comenzaron a aparecer señales de un despertar colectivo. Las mujeres tomaron el lugar que siempre habían ocupado dentro de los movimientos sociales: en las líneas del frente y como soldados rasos, no como generales. Ella Baker, una activista veterana de Harlem que ahora organizaba actividades en el sur, conocía el esquema: "*Desde el principio sabía que como mujer, una mujer madura en un grupo de ministros que están acostumbrados a tener a las mujeres en funciones de apoyo, no había sitio para que yo llegara a jugar un papel de líder*".

A pesar de ello, las mujeres jugaron un importante papel en esos peligrosos primeros años de organización en el sur, y eran miradas con admiración. Mujeres de todas las edades participaban en manifestaciones e iban a la cárcel. La señora Fannie Lou Hamer, una aparcera de Ruleville, Mississippi, se convirtió en una organizadora y oradora legendaria. Cantaba himnos y caminaba en las líneas de piquetes con su conocida cojera (de joven había padecido la polio). Hacía que la gente se emocionara en sus grandes mítines: "*¡Estoy más que harta de estar harta!*"

Por esa época, las profesionales blancas de clase media estaban empezando a dejarse oír. El libro de Betty Friedan *The Feminine Mystique* fue un libro pionero, poderoso e influyente.

> *¿Cuál era ese problema que no tiene nombre? ¿Cuáles eran las palabras que las mujeres utilizaban para tratar de expresarlo? A veces una mujer decía "por alguna razón me siento vacía... incompleta". O decía, "siento como si no existiera".*

Friedan escribía sobre sus experiencias como ama de casa de clase media, pero lo que decía llegaba al alma de todas las mujeres.

La "mística" de la que hablaba Friedan era la imagen de la mujer como madre y esposa, viviendo por y para su marido y sus hijos, renunciando por ellos a sus propios sueños. Friedan concluyó: "*La única manera que tiene una mujer -al igual que un hombre- para encontrarse a sí misma, de conocerse a sí misma como persona, es a través de su propio trabajo creativo*".

En el verano de 1964, en McComb, Mississippi, las mujeres se declararon en huelga en una *Freedom House* (Casa de la libertad, centro del movimiento de los derechos civiles donde las personas trabajaban y vivían juntas). Protestaban contra los hombres que querían que ellas cocinaran e hicieran las camas mientras ellos se paseaban en coche y reforzaban la organización.

Parecía que el despertar de las mujeres del que hablaba Friedan se estaba produciendo por doquier.

En 1969, las mujeres ya representaban el 40% de toda la fuerza de trabajo de los Estados Unidos, pero una proporción significativa de ellas eran secretarias, mujeres de la limpieza, maestras de escuelas elementales, dependientas, camareras y enfermeras. Una de cada tres trabajadoras tenía un marido que ganaba menos de $5.000 al año.

¿Y qué decir de las mujeres que no tenían trabajo? Trabajaban duramente en sus casas. Pero esto no se reconocía como trabajo ya que en una sociedad capitalista (o quizás en cualquier sociedad moderna donde las cosas y las personas se compran y se venden por dinero), si no se paga por el trabajo y si no se le da un valor monetario, se considera desprovisto de valor.

Las mujeres que tenían el típico "trabajo de mujer" -secretaria, recepcionista, dependienta, señora de la limpieza o enfermera- recibían la misma serie de humillaciones que tenían que soportar los hombres en posiciones semejantes de subordinación. Pero además debían padecer otra serie de humillaciones asociadas al hecho de ser mujer: los sarcasmos acerca de sus procesos mentales, los chistes y las agresiones sexuales, su "invisibilidad" -excepto como objetos sexuales- y las frías exigencias de mayor eficiencia.

Pero los tiempos estaban cambiando. Alrededor del año 1967, las mujeres de varios movimientos -derechos civiles, Estudiantes por una Sociedad Democrática, grupos pacifistas- comenzaron a reunirse en tanto que mujeres. A principios de 1968, en un mitin pacifista organizado en Washington por mujeres, cientos de ellas, provistas de antorchas, desfilaron hasta el cementerio nacional de Arlington y representaron la obra *The Burial of Traditional Womanhood* (El entierro de la feminidad tradicional).

En el otoño de 1968, un grupo llamado Mujeres Radicales llamó la atención nacional cuando protestaron por la elección de miss América, a la que definieron como "una imagen que oprime a las mujeres". Todas arrojaron sujetadores, fajas, rulos, pestañas postizas, pelucas y otros objetos -a los que denominaron "basura femenina"- en un bidón de basura que denominaron el *Freedom Trash Can* (El bidón de basura de la libertad). Una oveja fue coronada "miss América". Y lo que es más importante, la gente comenzó a hablar de "la liberación de la mujer".

Las mujeres pobres y las mujeres negras expresaron a su manera el problema universal de las mujeres. En 1964 Robert Coles (*Children of Crisis*) entrevistó a una mujer negra del sur que acababa de trasladarse a Boston. Habló de la desesperación de su vida y de la dificultad que tenía para encontrar la felicidad: "*Sólo me siento viva cuando llevo un bebé dentro de mí*".

Sin hablar específicamente de sus problemas como mujeres, muchas mujeres pobres hacían lo que siempre habían hecho. Sin llamar la atención, organizaban a la gente del vecindario con el objeto de subsanar las injusticias y obtener los servicios que necesitaban. A mediados de los sesenta, diez mil negros de una comunidad de Atlanta llamada Vine City se unieron para ayudarse mutuamente: montaron un economato, una guardería, una clínica, hicieron cenas familiares mensuales, crearon un periódico y un servicio de asesoramiento familiar. Una de las organizadoras, Helen Howard, lo describió así:

> *Así es como logramos nuestro parque infantil: bloqueamos la calle y no dejamos que pasara nadie. No dejamos que pasaran los tranvías. Todo el vecindario estaba metido en ello. Se llevaban tocadiscos y se bailaba; esto continuó durante una semana. No nos arrestaron, éramos demasiadas personas. Así que la ciudad construyó el parque para los niños...*

En 1970, Dorothy Bolden, un empleada de lavandería de Atlanta y madre de seis niños, contó las razones por las cuales en 1968 comenzó a organizar a las mujeres que se dedicaban a las tareas domésticas en la Unión Nacional de Trabajadoras Domésticas. Dijo: "*Creo que las mujeres deberían tener voz y voto a la hora de tomar decisiones para la mejora de la comunidad*".

Las tenistas se organizaron. Una mujer luchó por convertirse en *jockey* y ganó su caso, convirtiéndose en la primera mujer *jockey*. Las artistas hicieron un piquete en el Whitney Museum, alegando discriminación sexual en una exposición de escultura. Las periodistas hicieron piquetes en el Gridiron Club de Washington por excluir a las mujeres. A principios de 1974, ya existían programas de estudios femeninos en 78 instituciones, y se ofrecían unos dos mil cursos femeninos en unas quinientas universidades.

Comenzaron a aparecer revistas y periódicos de mujeres a nivel local y nacional, y se publicaron libros sobre la historia y el movimiento feminista en tales cantidades que algunas librerías tenían secciones especiales para ellos. Los chistes de la televisión -algunos comprensivos y otros mordaces- mostraban hasta qué punto alcanzaba el movimiento una dimensión nacional. Algunos anuncios que las mujeres encontraban humillantes fueron suprimidos tras las protestas.

En 1967, el presidente Johnson, cediendo a la presión de las feministas, firmó una orden ejecutiva que prohibía la discriminación sexual en empleos federales, y en los siguientes años los grupos feministas exigieron que esta orden se cumpliera. La Organización Nacional de Mujeres (NOW) -formada en 1966- inició más de mil demandas contra corporaciones estadounidenses alegando discriminación sexual.

El derecho al aborto se convirtió en un asunto de gran importancia. Antes de 1970, se llevaban a cabo más de un millón de abortos, de los cuales sólo unos diez mil eran legales. Casi una tercera parte de las mujeres que abortaban ilegalmente -en su mayoría mujeres pobres- tenían que ser hospitalizadas por la aparición de complicaciones. Nadie sabe realmente cuántos miles de mujeres murieron a causa de estos abortos ilegales. Pero la no legalización del aborto perjudicaba claramente a los pobres, ya que los ricos podían tener el bebé o abortar en condiciones seguras.

Entre 1968 y 1970, se empezaron a adoptar resoluciones judiciales en más de veinte países para abolir las leyes que prohibían el aborto. En la primavera de 1969 una encuesta Harris mostró que el 64% de los encuestados pensaba que la decisión de abortar era una cuestión privada.

Por fin, a principios de 1973, el Tribunal Supremo decidió (*Roe v. Wade, Doe v. Bolton*) que el estado sólo podía prohibir los abortos en los últimos tres meses del embarazo, que podía regularlo por causas de salud durante los segundos tres meses de embarazo, y que durante los primeros tres meses la mujer y su médico tenían derecho a decidir sobre el mismo.

Se impulsó la creación de centros de cuidados infantiles, y aunque las mujeres no consiguieron obtener muchas ayudas del gobierno, se pusieron en funcionamiento miles de centros cooperativos de cuidados infantiles.

Las mujeres también comenzaron a hablar abiertamente, por primera vez, sobre el problema de las violaciones. Cada año, se denunciaban cincuenta mil violaciones y ocurrían muchas más que no se denunciaban. Las mujeres empezaron a asistir a cursos de defensa personal. Hubo protestas sobre el tratamiento policial hacia las mujeres y la manera en que eran interrogadas e insultadas cuando denunciaban alguna violación.

Muchas mujeres trabajaban activamente para lograr que una enmienda constitucional, la Enmienda de Igualdad de Derechos (ERA), fuera aprobada en varios estados. Pero parecía seguro que aunque dicha enmienda se convirtiera en ley, no sería suficiente, ya que los logros de las mujeres se habían conseguido en base a la organización, la acción y la protesta. Incluso en los aspectos en los que la ley era beneficiosa, sólo lo era si iba acompañada de acciones. Shirley Chisholm, una congresista negra, dijo:

> *La ley no lo puede hacer por nosotras. Nosotras debemos hacerlo solas. Las mujeres de este país deben convertirse en revolucionarias. Debemos negarnos a aceptar los viejos y tradicionales papeles y estereotipos... Debemos reemplazar los pensamientos antiguos y negativos sobre nuestra feminidad por pensamientos positivos y acción positiva.*

Posiblemente el efecto más profundo del movimiento feminista de los años sesenta, más allá de las victorias en el campo del aborto y de la igualdad laboral en sí, se llamaba el "crecimiento de la conciencia", que a menudo tenía lugar en "grupos de mujeres" que se reunían en casas por todo el país. Esto significaba un replanteamiento de los papeles, el rechazo a la inferioridad, la autoestima, un lazo de hermandad entre mujeres y una nueva solidaridad entre madres e hijas.

Por primera vez se discutió abiertamente sobre la unicidad biológica de las mujeres. Uno de los libros de mayor influencia de principios de los setenta fue un libro escrito por once mujeres del Colectivo de Libros sobre la Salud Femenina de Boston llamado *Our Bodies, Ourselves*. Contenía una gran cantidad de información práctica sobre la anatomía de las mujeres, la sexualidad y las relaciones sexuales, el control de la natalidad, el aborto, el embarazo, el parto y la menopausia.

Más importante incluso que la información, los gráficos, las fotos y la exploración imparcial de lo nunca mencionado, era el tono de exuberancia que se desprendía de todo el libro, el placer asociado con el cuerpo, la felicidad que nacía de la compresión recién adquirida, la nueva hermandad entre las mujeres jóvenes, las de edad media y las más maduras.

La lucha comenzó, según decían muchas mujeres, con el cuerpo, el cual parecía ser el principio de la explotación de las mujeres: como juguete sexual (débil e incompetente), como mujer embarazada (indefensa), como mujer de edad mediana (ya no considerada hermosa) y como mujer madura (ignorada y marginada). Los hombres y la sociedad habían creado una prisión biológica. Como dijo Adrienne Rich (*Of Woman Born*): "*A las mujeres nos controlan atándonos a nuestros cuerpos*".

Rich habló de la manera en que se adiestraba a las mujeres hasta convertirlas en sujetos pasivos. Generaciones de colegialas eran educadas con *Little Women* (Mujercitas), donde Jo era aconsejada por su madre: "*Me enfado casi todos los días de mi vida, Jo; pero he aprendido a no demostrarlo; y todavía espero poder aprender a no sentirlo, aunque me lleve otros cuarenta años*".

Era la época de los "partos con anestesia y tecnología". Los médicos utilizaban instrumentos para sacar a los bebés, reemplazando las sensibles manos de las comadronas. Rich decía que el parto debía ser una fuente de alegría física y emocional.

Para muchas mujeres la cuestión era inmediata: cómo eliminar el hambre, el sufrimiento, la subordinación y la humillación, aquí y ahora. Una mujer llamada Johnnie Tillmon escribió en 1972:

> *Soy una mujer. Soy una mujer negra. Soy una mujer pobre. Soy una mujer gorda. Soy una mujer de edad media. Y me mantiene la asistencia social. He educado a seis hijos. Me crié en Arkansas, allí trabajé en una tintorería durante quince años antes de marchar a California. En 1963 enfermé tanto que ya no podía trabajar. Mis amigos me ayudaron a conseguir la asistencia social.*
>
> *La asistencia social es como un accidente de tráfico. Le puede ocurrir a cualquiera, pero especialmente le ocurre a las mujeres.*
>
> *Y por eso la asistencia social es un asunto de mujeres. Para muchas mujeres de clase social media en este país, la Liberación de las Mujeres es una cuestión interesante. Para las mujeres que dependemos de la asistencia social, es una cuestión de supervivencia.*

Junto con otras mujeres que dependían de la asistencia social, fundaron la Organización Nacional de los Derechos al Bienestar. Instaban a que se pagara a las mujeres por su trabajo: las labores domésticas, la educación de los niños. "*Ninguna mujer puede ser liberada hasta que todas las mujeres dejen de arrodillarse*".

En el problema de las mujeres estaba el germen de una solución no sólo a su opresión, sino a la de todos. El control de las mujeres en la sociedad era ingeniosamente efectivo. No lo ejercía directamente el estado. En su lugar se utilizaba a la familia: los hombres para controlar a las mujeres; las mujeres para controlar a los niños. Todos debían preocuparse por ejercer la violencia hacia los demás cuando las cosas no iban bien. ¿Por qué no se podía dar la vuelta a esta situación? ¿No podrían todos encontrar la fuente de su opresión común en el exterior, y no los unos en los otros? ¿No sería esto posible con la autoliberación de mujeres y niños, y con el mayor entendimiento entre hombres y mujeres?

Quizás entonces podrían crear pequeñas parcelas de fortaleza en sus propias relaciones, millones de focos de insurrección. Podrían revolucionar el pensamiento y el comportamiento precisamente en el aislamiento de la intimidad familiar con la cual contaba el gobierno para llevar a cabo las labores de control y adoctrinamiento. Y todos -hombres, mujeres, padres e hijos-, juntos en vez de enfrentados, podrían emprender el cambio de la sociedad misma.

Era una época de rebeldía. Y si dentro de una prisión tan sutil y compleja como es la familia podía nacer una rebelión, era lógico que hubiera rebeliones en otras más brutales y evidentes: las del sistema penitenciario. En los años sesenta y principios de los setenta, esas rebeliones se multiplicaron. También adoptaron un carácter político sin precedentes y la ferocidad de una guerra social, que llegaría a su punto más álgido en Attica, Nueva York, en septiembre de 1971.

En Estados Unidos la institución carcelera había surgido como un intento de reforma cuáquera para sustituir la mutilación, la horca y el exilio. Se pretendía provocar el arrepentimiento y la salvación a través del aislamiento que crean las cárceles, pero los prisioneros se volvían locos y morían en ese aislamiento. A mediados del siglo diecinueve, el sistema penitenciario contemplaba la realización de trabajos forzados, junto con diversos castigos: los cubículos de castigo expuestos al sol, los yugos de hierro y la celda de aislamiento. Un carcelero de la penitenciaría de Ossining, Nueva York, resumió el planteamiento de la siguiente manera: "*Para reformar a un criminal primero hay que domar su espíritu*". Y este planteamiento aún persistía.

En las cárceles siempre había habido disturbios. Una ola de ellos terminó con un motín de 1.600 reclusos en la prisión de Clinton, Nueva York. Sólo fue dominado después de que murieran tres personas. Entre 1950 y 1953 tuvieron lugar más de cincuenta disturbios importantes en las cárceles americanas. A principios de los sesenta, los prisioneros de una cuadrilla de canteros de Georgia utilizaron las almádenas para romperse las piernas, en un intento de llamar la atención sobre la situación de brutalidad diaria que tenían que soportar.

En noviembre de 1970, la cárcel de Folsom, California, inició un paro que se convirtió en la huelga más larga de la historia penitenciaria de los Estados Unidos. La mayoría de los 2.400 reclusos resistieron sin comer durante diecinueve días, encerrados en sus celdas, enfrentándose a amenazas e intimidaciones.

La huelga fue desbaratada por una mezcla de uso de la fuerza y desánimo. Cuatro prisioneros fueron enviados a otra cárcel, a catorce horas de coche, con argollas y sin ropa, sentados en el suelo de una camioneta. Uno de los rebeldes escribió: "*El espíritu de conciencia ha crecido... Hemos plantado la semilla*".

Hacía tiempo que las cárceles de los Estados Unidos daban una imagen extremadamente reveladora del sistema americano: la extrema diferencia entre ricos y pobres, el racismo, el uso de las víctimas -las unas contra las otras-, la falta de recursos para que la clase subalterna se expresara, las eternas "reformas" que no cambiaban nada. Dostoievski dijo una vez: "*Se puede juzgar el grado de civilización de una sociedad entrando en sus cárceles*".

El hecho de que cuanto más pobre se era, más probabilidades había de terminar en la cárcel, llevaba años siendo verdad, y los prisioneros lo sabían mejor que nadie. Esto no obedecía únicamente al hecho de que los pobres cometiesen más crímenes. Aunque la verdad es que sí los cometían. Los ricos no tenían que cometer crímenes para conseguir lo que querían; la ley estaba de su parte. Pero cuando los ricos cometían crímenes, muchas veces no eran procesados, y si lo eran, podían salir bajo fianza, contratar a buenos abogados y obtener mejor trato de los jueces. Por alguna razón u otra, las cárceles terminaban llenas de gente pobre negra.

En 1969, hubo 502 condenas por fraude fiscal. Eran casos denominados "crímenes de guante blanco" que normalmente afectaban a la gente adinerada. El 20% de los condenados terminaba en la cárcel. El fraude medio por caso era de $190.000 y las condenas duraban una media de siete meses. Ese mismo año, el 60% de los condenados por robos domiciliarios o automovilísticos (crímenes de pobre) terminaron en la cárcel. La media de los robos de coches ascendía a $992; las condenas tenían una media de dieciocho meses. La media de los robos domiciliarios ascendía a $321; por término medio, las condenas eran de 33 meses.

Los jueces gozaban de mucha libertad a la hora de emitir las condenas. En Oregon, de los 33 hombres condenados por violar la ley de reclutamiento, 18 fueron puestos en libertad condicional. En el sur de Texas, de 16 hombres que habían violado la misma ley, ninguno fue puesto en libertad condicional. Por otro lado, en el sur de Mississippi, todos los acusados fueron condenados a una pena máxima de cinco años. En otro punto del país (Nueva Inglaterra), el promedio de las penas aplicadas por el conjunto de crímenes juzgados era de once meses; en otra zona (en el sur), subía a 78 meses. Pero no sólo era una cuestión de norte y sur. En la ciudad de Nueva York, un juez que estaba al cargo de 673 personas acusadas de embriaguez pública (todos pobres - los ricos se emborrachan a puerta cerrada) dejó libres a 531 de ellas. Otro juez, a cargo de 566 personas acusadas de lo mismo, sólo puso en libertad a una.

Con semejante poder en las manos de los tribunales, los pobres, los negros, los "raros", los homosexuales, los hippies, los radicales etc., tienen pocas probabilidades de conseguir un trato igualitario por parte de los jueces, que en su mayoría son blancos, de clase media alta y ortodoxos.

Un hombre en la cárcel de Walpole, Massachusetts, escribió:

> Cada programa que recibimos es utilizado en contra nuestro. El derecho a ir a la escuela, a ir a la iglesia, a recibir visitas, a escribir, a ir al cine... Todos terminan convirtiéndose en armas de castigo. Ninguno de los programas es "nuestro". Todo es considerado como un privilegio que pueden quitarnos. Esto se transforma en inseguridad, en una frustración que no para de consumirte.

Otro prisionero de Walpole escribió lo siguiente:

> He comido en el comedor durante cuatro años. No podía soportarlo más. Te ponías en la cola a la mañana y 100 ó 200 cucarachas salían corriendo de las bandejas. Las bandejas estaban mugrientas y la comida estaba cruda o sucia o tenía gusanos. Muchas noches me quedaba hambriento y vivía de crema de cacahuetes y sandwiches.
>
> La comunicación con el mundo exterior era difícil. Los guardas rompían las cartas. Otras eran interceptadas y leídas.

Las familias sufrían. Un prisionero informó: "Durante el último encierro, mi hijo de cuatro años se escapó al patio y me cogió una flor. Un guardia de una de las torretas llamó a la oficina del alcaide y vino un ayudante con la policía del estado a su lado. Anunció que si algún niño más iba al patio para coger una flor, se pondría fin a toda visita".

Las rebeliones penitenciarias de los años sesenta y setenta tenían un carácter claramente diferente a las anteriores. Los reclusos de la prisión de Queens House se referían a sí mismos como "revolucionarios". Los prisioneros de todo el país se veían claramente afectados por la agitación que se estaba dando en todo el país: la revuelta de los negros, el auge de la juventud y el movimiento pacifista.

Los acontecimientos de esos años reflejaban lo que sentían los prisioneros: que por muy grandes que fueran los crímenes que hubieran cometido, los más grandes eran perpetrados por las autoridades que mantenían las cárceles, por el gobierno de los Estados Unidos. El presidente violaba la ley a diario, enviando bombarderos a matar, enviando a hombres a la muerte, fuera de la constitución, fuera de la "primera ley del país". Los oficiales locales y del estado violaban los derechos civiles de los negros, lo cual era ilegal. Pero no se les procesaba por ello.

Los libros sobre el movimiento negro y la guerra comenzaron a infiltrarse en las cárceles. Los ejemplos que estaban dando en las calles -tanto los negros como los manifestantes pacifistas- eran un estímulo para rebelarse contra un sistema sin ley. El desafío era la única respuesta.

Este sistema sentenciaba a Martin Sostre, un negro de 52 años que regentaba una librería afro-asiática en Buffalo, Nueva York, a entre 25 y 30 años de cárcel por haber -supuestamente- vendido heroína por valor de $15 a un confidente de la policía, que más adelante se retractó de su testimonio. Su retracción no dejó en libertad a Sostre. No pudo encontrar ningún tribunal -ni siquiera el Tribunal Supremo de los Estados Unidos- que revocara la sentencia. Pasó ocho años en la cárcel, fue apaleado diez veces por los guardas, pasó tres años en confinamiento solitario, luchando y desafiando a las autoridades hasta que le dejaron libre. Una injusticia de estas proporciones sólo merecía una rebelión.

Siempre había habido presos políticos, personas enviadas a la cárcel por pertenecer a movimientos radicales, por oponerse a la guerra. Pero ahora aparecía un nuevo tipo de preso político: el hombre o la mujer condenados por un crimen ordinario que, estando en la cárcel, experimentaban un despertar político. Algunos presos empezaron a hacer conexiones entre el sufrimiento personal y el sistema social. Entonces llevaban a cabo acciones colectivas, y no rebeliones individuales. En medio de un ambiente cuya brutalidad exigía que cada uno se preocupara por su propia seguridad, una atmósfera de rivalidad cruel, sentían interés por los derechos y la seguridad de los demás.

George Jackson era uno de esos nuevos presos políticos. En la prisión de Soledad, California, después de haber cumplido diez años de pena por una condena indeterminada por el robo de $70, Jackson se convirtió en un revolucionario.

Su libro *Soledad Brother* se convirtió en uno de los libros más leídos del activismo militante negro en los Estados Unidos. Lo leían los prisioneros, la gente negra y la gente blanca. Quizás por esto se dio cuenta de que no duraría mucho. Sabía lo que podría ocurrirle:

> *Nacido para una muerte prematura, trabajador de sueldo mínimo y chapucero, hombre de la limpieza, el atrapado, el hombre debajo de las trampillas, sin libertad bajo fianza: ese soy yo, la víctima colonial. Cualquiera que hoy pueda aprobar el examen de la administración pública puede matarme mañana... con completa impunidad.*

En agosto de 1971 los guardas de la prisión de San Quintín le dispararon por la espalda mientras, supuestamente, intentaba escapar. Poco después de la muerte de Jackson, hubo un reguero de rebeliones por todo el país.

El efecto más directo de la muerte de George Jackson fue la rebelión de la prisión de Attica en septiembre de 1971. La rebelión tuvo sus orígenes en antiguas y profundas injusticias, pero que llegaron a su punto álgido al darse a conocer la muerte de George Jackson. Attica estaba rodeada por una pared de diez metros. Tenía 60cm. de ancho y catorce torres de vigilancia. El 54% de los presos eran negros; el 100% de los guardas eran blancos. Los presos pasaban de 14 a 16 horas al día en sus celdas, se leía su correo, se restringía su material de lectura, las visitas de familiares tenían lugar a través de una red de protección, la atención médica que se les prestaba era vergonzosa, el sistema de libertad condicional injusto y había racismo por todas partes.

Cuando se presentaba la posibilidad de la libertad condicional para los presos de Attica, el tiempo medio que se dedicaba a la entrevista -incluyendo la lectura del expediente y la deliberación entre los tres miembros de la comisión- era de 5,9 minutos. Seguidamente se tomaba una decisión, sin explicación alguna.

En Attica, una clase de sociología que daban los mismos presos se convirtió en un foro de ideas para el cambio. Luego hubo una serie de intentos de protesta y se redactó un manifiesto de los presos. Presentaba una serie de demandas moderadas que culminaron en un día de protesta por la muerte de George Jackson en San Quintín, durante el cual algunos presos ni comieron ni cenaron, y muchos llevaron brazaletes negros.

El 9 de septiembre de 1971, una serie de conflictos entre presos y guardas desembocaron en la huida de un grupo de presos a través de una puerta que estaba mal soldada; los presos ocuparon uno de los cuatro patios de la prisión y tomaron a 40 guardas como rehenes. En los cinco días siguientes los presos crearon en el patio una comunidad digna de admiración.

Un grupo de ciudadanos que habían sido invitados por los presos en calidad de observadores incluía a un columnista del *New York Times* llamado Tom Wicker, que escribió (*A Time to Die*): "*La armonía racial que prevaleció entre los prisioneros fue absolutamente asombrosa*".

Después de cinco días, el estado perdió la paciencia. El gobernador Nelson Rockefeller aprobó la realización de un ataque militar sobre la prisión. La Guardia Nacional, los carceleros y la policía local entraron con rifles automáticos, carabinas y ametralladoras en un ataque a gran escala contra los prisioneros desarmados. Treinta y un presos perdieron la vida.

Las primeras declaraciones a la prensa por parte de las autoridades decían que los presos habían degollado a nueve de los guardas que habían sido tomados como rehenes durante el ataque. Las autopsias oficiales demostraron casi de inmediato que era falso: los nueve guardas habían muerto durante la misma lluvia de balas que había matado a los prisioneros.

En las semanas y meses que siguieron a los incidentes de Attica, las autoridades tomaron medidas preventivas para acabar con los intentos de organización entre los presos.

Pero los presos continuaron organizándose: se preocupaban los unos por los otros, intentaban convertir el odio y la ira de las rebeliones individuales en un esfuerzo colectivo de cambio. Fuera de las cárceles estaba sucediendo algo nuevo: estaban apareciendo grupos de apoyo penitenciario por todo el país. También se estaba reuniendo un archivo de literatura acerca de las cárceles. Se realizaban más estudios sobre el crimen y el castigo; se estaba desarrollando un movimiento para la abolición de las cárceles, con el argumento de que éstas no prevenían el crimen, ni lo curaban. Más bien lo promocionaban. Se discutieron alternativas: a corto plazo casas comunitarias (excepto para los violentos incorregibles); y a largo plazo un mínimo de seguridad económica garantizada.

Los presos pensaban en los problemas que había más allá de las cárceles, en otras víctimas además de ellos mismos y sus amigos. En la cárcel de Walpole se hizo circular una declaración pidiendo la retirada americana de Vietnam; iba firmada por cada uno de los presos, una proeza organizativa asombrosa por parte de un puñado de reclusos. Un día de Acción de Gracias, la mayoría de los presos de Walpole y otras tres cárceles, se negaron a comer la comida especial del día de fiesta, alegando que querían llamar la atención sobre el hambre que se sufría por todos los Estados Unidos.

Los presos se volcaron en el tema de los pleitos y se consiguieron más victorias en los tribunales. La publicidad que generaba Attica y el apoyo de la comunidad exterior tuvieron su efecto. Aunque los rebeldes de Attica fueron procesados por delitos graves y se enfrentaban a sentencias dobles y triples de cadena perpetua, al final los cargos fueron retirados. Pero, en general, los tribunales declararon que no estaban dispuestos a adentrarse en el mundo cerril y controlado de las cárceles, por lo que los presos se quedaron en el mismo sitio en que llevaban tanto tiempo: en la soledad.

En 1978 el Tribunal Supremo decretó que los medios de comunicación no tenían garantizado el derecho de acceso a las cárceles y a las prisiones. También decretó que las autoridades penitenciarias podían prohibir la comunicación y la reunión entre presos, además de la distribución de literatura sobre la formación de un sindicato de presos.

Estaba claro -y parecía que los presos sabían esto desde el principio- que la ley no cambiaría su condición, sino que ésta cambiaría con la protesta, la organización, la resistencia, la creación de su propia cultura, su propia literatura y también estrechando lazos con la gente de fuera. Ahora había más gente en el exterior que conocía la situación de las cárceles. Decenas de miles de americanos habían estado tras las rejas por su participación en los movimientos de derechos civiles y los grupos pacifistas. Habían conocido el sistema penitenciario y apenas podían olvidar sus experiencias. Ahora había una base para que los presos pudieran romper el largo aislamiento con la comunidad y encontrar apoyo en ella. Esto empezó a suceder a mediados de los setenta.

Era una época de conmociones. Las mujeres -a las que se había recluido en sus propias casas- se rebelaron. Los presos, a los que se había puesto fuera del alcance de la vista tras las rejas, también lo hicieron. Pero la mayor sorpresa aún estaba por llegar.

Se pensaba que los indios, quienes un día habían sido los únicos pobladores del continente y que luego habían sido empujados hacia el oeste para ser aniquilados por los invasores blancos, no darían más que hablar. En los últimos días de 1890, poco después de Navidades, tuvo lugar en Pine Ridge, Dakota del Sur, cerca de Wounded Knee Creek, la última masacre de indios. Cuando terminó, yacían muertos entre 200 y 300 hombres, mujeres y niños de los 350 que había en un principio. La mayoría de los 25 soldados que murieron fueron alcanzados por sus propios proyectiles, ya que los indios tan sólo contaban con unas pocas armas.

Las tribus indias, que habían sido atacadas, sometidas y exterminadas por el hambre, estaban divididas. Se las había distribuido en reservas, donde vivían en la pobreza. En 1887, la Ley de Distribución de Tierras[28] intentó dividir las reservas en pequeñas parcelas que pertenecieran a indios individuales, en un intento de convertirles en pequeños granjeros al estilo americano. Pero la mayor parte de las tierras indias estaba en manos de especuladores blancos, por lo que se mantuvieron las reservas.

Más adelante, durante el *New Deal* (Nuevo Trato), ocupando un amigo de los indios -John Collier- el cargo de jefe de la Oficina de Asuntos Indios, se hizo un intento para volver a la vida tribal. Pero en las décadas siguientes no se llevó a cabo ningún cambio fundamental. Muchos indios se quedaron en las empobrecidas reservas. A menudo los más jóvenes se marchaban. Un antropólogo indio dijo: "*Según mis conocimientos, una reserva india es el sistema colonial más completo del mundo*".

Durante algún tiempo, la desaparición o integración de los indios parecía inevitable, ya que al cambiar el siglo, sólo quedaban unos 300.000 del millón o más que había habido al principio en el área de los Estados Unidos. Pero luego la población comenzó a crecer una vez más. Empezó a florecer como una planta que hubiera sido dada por muerta, pero que se negara a hacerlo. En 1960 ya había 800.000 indios: la mitad en reservas y la otra mitad en poblados por todo el país.

Las autobiografías de los indios muestran su negativa a ser absorbidos por la cultura del hombre blanco. Uno de ellos escribió:

> *¡Oh sí! Claro que fui a las escuelas del hombre blanco. Aprendí a leer en los libros escolares, en los periódicos y en la Biblia. Pero con el tiempo me di cuenta de que eso no era suficiente. La gente civilizada depende demasiado de los papeles impresos. Yo me vuelvo al libro del Gran Espíritu que es toda la creación...*

El jefe Luther Standing Bear (Oso Tieso), en su autobiografía de 1933, *From the Land of the Spotted Eagle* (Desde la tierra del águila moteada), escribió lo siguiente:

---

28. *Allotment Act.*

Es verdad que el hombre blanco trajo grandes cambios. Pero a pesar de que las frutas variadas de su civilización son de muchos colores y tentadoras, causan enfermedades y muerte. Y si el papel de la civilización es mutilar, robar y frustrar, entonces ¿qué es el progreso?

Voy a aventurarme a decir que el hombre que se sentaba en el suelo de su tienda, meditando sobre la vida y su significado, aceptando la afinidad entre todas las criaturas y reconociendo la unidad de todas las cosas, estaba infundiendo en su ser la verdadera esencia de la civilización...

A medida que los movimientos de derechos civiles y pacifistas se desarrollaban en la década de 1960, los indios ya estaban empezando a organizarse, invocando su energía para la resistencia y pensando en cómo cambiar su situación.

Los indios comenzaron a hostigar al gobierno de los Estados Unidos con un tópico molesto: los tratados. Estados Unidos había firmado más de 400 tratados con los indios y los había violado todos. Por ejemplo, en tiempos de la administración de George Washington, se firmó un tratado con los iroqueses de Nueva York: "*Estados Unidos reconoce que todas las tierras dentro de los límites arriba mencionados son propiedad de la nación Seneka*". Pero a principios de los años sesenta, durante la presidencia de Kennedy, los Estados Unidos ignoró el tratado y construyó una presa en este territorio, anegando la mayor parte de la reserva de los Seneka.

La resistencia ya estaba organizándose en varias partes del país. En el estado de Washington, había un tratado por el que se había tomado posesión de las tierras indias, pero se había mantenido el derecho de los indios a pescar en este territorio. Esto no gustaba a la población blanca que iba en aumento y que quería monopolizar las zonas de pesca. Cuando en 1964 los tribunales del estado comenzaron a vedar algunas zonas del río a los pescadores indios, llevaron a cabo *fish-ins*[29] en el río Nisqually, desafiando así las órdenes del tribunal en un intento de dar publicidad a su protesta. Los indios fueron a la cárcel.

Algunos de los participantes en las *fish-ins* eran veteranos de la guerra de Vietnam. Uno de ellos, Sid Mills, fue arrestado en una sesión de pesca ilegal en Frank's Landing, en el río Nisqually (Washington) el 13 de octubre de 1968. Hizo la siguiente declaración:

Soy un indio yakima y cherokee, y soy un hombre. Durante dos años y cuatro meses, he sido soldado del ejército de los Estados Unidos. Serví en combate en Vietnam hasta que fui gravemente herido. Por la presente renuncio

---

29. Sesiones de pesca "ilegales" que servían para protestar.

a cualquier obligación futura de servicio o deber al ejército de los Estados Unidos.

Los indios no sólo se defendieron con la resistencia física, sino también con los elementos de la cultura blanca: los libros, las palabras, los periódicos, etc. En 1968, unos miembros de la nación mohawk de Akwesasne -en el río Saint Lawrence (entre los Estados Unidos y Canadá)- empezaron a publicar un extraordinario periódico, el *Akwesasne Notes*. Traía noticias, editoriales y poesía, con un apasionado espíritu desafiante. Mezclado con todo ello, había un espíritu de humor irreprimible. Vine Deloria, Jr., escribió lo siguiente:

> *De vez en cuando los pensamientos de los no indios me impresionan. Cuando estuve en Cleveland el año pasado, empecé a hablar de historia india con un no indio. Me dijo que sentía muchísimo lo que nos había ocurrido a los indios, pero que "después de todo, ¿qué hicisteis con la tierra cuando la tuvisteis?" No le comprendí hasta más tarde cuando descubrí que el río Cuyahoga -que pasa por Cleveland- era inflamable. Se arroja tal cantidad de combustible contaminante al río que los habitantes tienen que tomar precauciones especiales durante el verano para que el río no arda. ¿A cuántos indios se les hubiera ocurrido crear un río inflamable?*

El 9 de noviembre de 1969 tuvo lugar un acontecimiento dramático que llamó la atención sobre las quejas indias como nunca lo había hecho antes. Ese día, antes del amanecer, 78 indios desembarcaron en la isla de Alcatraz, en la bahía de San Francisco y la ocuparon. Alcatraz era una prisión federal abandonada, un lugar odiado y temido apodado " *The Rock.*"[30]

El grupo estaba encabezado por Richard Oakes, un indio mohawk que dirigía los Estudios Indios en el San Francisco State College, y por Grace Thorpe, una india sac y fox, hija de Jim Thorpe, la famosa estrella india del fútbol universitario, velocista, saltador y corredor de obstáculos olímpico. Desembarcaron y, a finales de noviembre, ya se habían instalado en Alcatraz casi 600 indios en representación de más de 50 tribus.

Se autodenominaron los "Indios de Todas las Tribus" e hicieron la siguiente proclamación: "*Nosotros ocupamos la Roca*". En la proclamación se ofrecían a comprar Alcatraz con cuentas de cristal y tela roja, el precio pagado a los indios por la isla de Manhattan hacía más de trescientos años. Anunciaron que convertirían la isla en un centro de estudios nativo-americano de ecología: "*Trabajaremos para descontaminar el aire y las aguas de la zona de la bahía, y para restituir la pesca y la fauna*".

---

30. La Roca.

En los siguientes meses, el gobierno cortó el teléfono, la electricidad y el agua de la isla de Alcatraz. Muchos indios tuvieron que marcharse, pero otros insistieron en quedarse. Un año más tarde, todavía seguían ahí, y enviaron un mensaje a *"nuestros hermanos y hermanas de todas las razas y lenguas en nuestra Tierra Madre"*:

> *Todavía ocupamos la isla de Alcatraz en el nombre de la Libertad, la Justicia y la Igualdad, porque vosotros, nuestros hermanos y hermanas de esta tierra, nos habéis apoyado en nuestra justa causa.*
>
> *Hemos aprendido que la violencia sólo trae más violencia y por eso hemos llevado la ocupación de Alcatraz de una manera pacífica, con la esperanza de que el gobierno de los Estados Unidos actúe de la misma manera.*
>
> *¡Somos Indios de Todas las Tribus! ¡OCUPAMOS LA ROCA!*

Seis meses más tarde, invadieron la isla las fuerzas federales y se llevaron a los indios que vivían ahí.

A finales de los sesenta, la Compañía del Carbón Peabody empezó a explotar una mina a cielo descubierto en tierras de los navajos, en Nuevo México. Era una excavación de nefastas consecuencias para la capa superficial del suelo. La compañía hacía referencia a un "contrato" firmado con algunos navajos. Ciertamente recordaba a los "tratados" firmados en el pasado con algunos indios antes de arrebatarles todas sus tierras.

En la primavera de 1969 se reunieron 150 navajos para declarar que la explotación a cielo abierto contaminaría el agua y el aire, destruiría los pastos para el ganado y agotaría las escasas reservas de agua. Una anciana navajo -una de las organizadoras de la concentración- dijo que *"los monstruos de Peabody están excavando el corazón de nuestra madre tierra, nuestra montaña sagrada, y nosotros también sentimos el dolor... Llevo muchos años viviendo aquí y no estoy dispuesta a marcharme"*.

Las operaciones de Peabody también afectaban a los indios hopi. Escribieron una carta de protesta al presidente Nixon:

> *Ahora las tierras sagradas donde viven los hopi están siendo profanadas por hombres que buscan carbón y agua en nuestra tierra para poder crear más poder para las ciudades del hombre blanco. El Gran Espíritu nos dijo que no lo permitiéramos. El Gran Espíritu dijo que no se tomara nada de la Tierra, que no destrozáramos a los seres vivientes.*

En el otoño de 1970, una revista llamada *La Raza* -una de las muchas publicaciones locales que surgían de los movimientos de esos años para ofrecer información ignorada por los medios de comunicación habituales- hablaba de los indios de Pit River al norte de California. Sesenta indios pit ocuparon tierras que decían les pertenecían, y cuando les ordenaron que se marcharan desafiaron a los servicios forestales. Pero las autoridades enviaron a 150 policías con metralletas, escopetas, rifles, pistolas, porras de asalto, mazas, perros, cadenas y esposas.

Uno de los indios, Darryl Wilson, escribió lo siguiente: "*Los ancianos estaban asustados. Los jóvenes dudaban de su valor. Los niños pequeños estaban como un ciervo que ha sido alcanzado por el palo de trueno*[31]. *Los corazones latían con rapidez como si se hubiera corrido una carrera en el calor del verano*".

Los oficiales comenzaron a blandir las porras de asalto y la sangre comenzó a correr. Wilson cogió la porra de un oficial, fue derribado, esposado y mientras estaba tumbado boca abajo, le golpearon en la cabeza varias veces. Un hombre de 66 años fue apaleado hasta que perdió el sentido. Un periodista blanco fue arrestado y su mujer golpeada. Les metieron a todos en camionetas y se los llevaron, acusados de atacar a oficiales federales y del estado y de cortar árboles, pero no de entrar ilegalmente en las tierras, lo que hubiera puesto en tela de juicio la cuestión de la propiedad de la tierra. Cuando hubo terminado el episodio, todavía mantenían su actitud desafiante.

Los indios que habían estado en Vietnam empezaron a hacer conexiones entre las cosas. En las Investigaciones "Winter Soldier" de Detroit, donde los veteranos de Vietnam dieron testimonio de sus experiencias, un indio de Oklahoma narró su propia experiencia:

> *Los indios tuvieron que soportar las mismas masacres hace 100 años. Entonces hicieron guerra bacteriológica. Depositaban viruela en las mantas indias... Llegué a conocer a los vietnamitas y me di cuenta de que eran igual que nosotros... Lo que estamos haciendo es destruirnos a nosotros mismos y también al mundo... Aunque el 50% de los niños que iban a la escuela del pueblo a la que yo iba en Oklahoma eran indios, ni en la escuela, ni en la televisión, ni en la radio había nada que hablara de la cultura india. No había libros sobre cultura india, ni siquiera en la biblioteca... Pero yo sabía que algo iba mal. Empecé a leer y a aprender sobre mi propia cultura...*

Los indios comenzaron a enmendar su "propia destrucción", la aniquilación de su cultura. En 1969, durante la Primera Convocatoria de

---

31. Palabra india que hace referencia al rifle.

Eruditos Indio-Americanos, los indios hablaron con indignación de la forma en que se les ignoraba e insultaba en los libros de texto que se daba a los niños en los Estados Unidos. Ese mismo año se fundó la Editorial de Historia India. Hizo una evaluación de 400 libros de texto escolares del ciclo elemental y secundario y descubrió que ninguno de ellos daba una descripción correcta del indio.

Otros americanos estaban empezando a prestar atención, a replantearse lo que habían aprendido. Aparecieron las primeras películas que intentaban corregir la historia de los indios: una de ellas era *Little Big Man* (Pequeño Gran Hombre), basada en una novela de Thomas Berger. Aparecieron cada vez más libros sobre historia india, hasta que nació una literatura completamente nueva. Los maestros se sensibilizaron respecto a los viejos estereotipos, se deshicieron de los viejos libros de texto y empezaron a utilizar material nuevo. Uno de los alumnos de una escuela elemental escribió así al editor de uno de aquellos libros de texto:

> *Estimado editor:*
>
> *No me gusta su libro llamado* The Cruise of Christopher Columbus *(El viaje de Cristóbal Colón). No me gustó porque en él se decían algunas cosas sobre los indios que no eran verdad... Otra cosa que no me gustó aparece en la página 69. Dice que Cristóbal Colón invitó a los indios a España, ¡pero lo que pasó en realidad fue que los secuestró!*
>
> *Sinceramente, Raymond Miranda.*

El día de Acción de Gracias de 1970, en la celebración anual del desembarco de los padres Peregrinos, las autoridades decidieron hacer algo diferente: invitar a un indio para hacer el discurso de celebración. Encontraron a un indio wampanoag llamado Frank James y le pidieron que hablara. Pero cuando vieron el discurso que había preparado, decidieron que ya no lo querían. Una parte de su discurso, que en aquella ocasión no fue escuchado en Plymouth, Massachusetts, decía lo siguiente:

> *Os hablo como un hombre, un hombre wampanoag... Mis sentimientos son contradictorios cuando me dispongo a compartir mis pensamientos... Apenas habían pasado cuatro días desde que los padres Peregrinos habían explorado las orillas del Cabo Cod, cuando empezaron a saquear las tumbas de mis antepasados y robar el maíz, el trigo y los granos... Nuestro espíritu se niega a morir... Nos sentimos orgullosos y antes de que hayan pasado muchas lunas, enderezaremos los males que hemos dejado que nos ocurran...*

En marzo de 1973 se produjo un hecho que fue como una poderosa afirmación de que los indios de Norteamérica todavía estaban vivos. En el lugar donde tuvo lugar la masacre de 1890 -en la reserva de Pine Ridge- varios miles de sioux oglala y sus amigos volvieron a la aldea de Wounded Knee y la ocuparon en señal de demanda de tierras y derechos indios.

A las pocas horas, más de 200 agentes del FBI, oficiales federales y policías de la Oficina de Asuntos Indios rodearon y bloquearon el pueblo. Traían vehículos armados, rifles automáticos, ametralladoras, lanzagranadas y granadas de gas. No pasó mucho tiempo antes de que comenzaran a disparar.

Después del inicio del sitio, las reservas de comida comenzaron a escasear. Los indios de Michigan enviaron comida por medio de un avión que aterrizó dentro del campamento. Al día siguiente, los agentes del FBI arrestaron al piloto y al médico de Michigan que había alquilado el avión. En Nevada, once indios fueron arrestados por llevar comida, ropa y suministros médicos a Dakota del Sur. A mediados de abril tres aviones más lanzaron 1.200 toneladas de comida, pero cuando la gente se acercó a recogerla, un helicóptero del gobierno hizo su aparición y abrió fuego desde arriba mientras que desde el suelo llovían disparos de todas partes. Frank Clearwater, un indio que estaba tumbado en un catre dentro de una iglesia, fue alcanzado por una bala. Cuando su mujer le acompañó al hospital, fue arrestada y enviada a la cárcel. Clearwater murió.

Hubo más batallas y otra muerte. Finalmente, se firmó una negociación de paz, en la que ambas partes acordaron dejar las armas. Terminó el sitio y fueron arrestados 120 ocupantes.

Los indios habían resistido durante 71 días, creando una modélica comunidad dentro del territorio sitiado. Se instalaron cocinas comunales, una clínica y un hospital. Un veterano navajo de la guerra de Vietnam dijo lo siguiente:

> *Hay una tremenda tranquilidad si consideramos que ellos tienen muchas más armas que nosotros... Pero la gente se queda porque creen; tienen una causa. Esa es la razón que explica nuestra derrota en Vietnam: no había ninguna causa. Estábamos luchando en una guerra del hombre rico para el hombre rico... En Wounded Knee lo estamos haciendo bastante bien, en lo que respecta a la moral. Porque todavía podemos reírnos.*

A Wounded Knee habían llegado mensajes de apoyo desde Australia, Finlandia, Alemania, Italia, Japón, Inglaterra y más países. Varios hermanos de Attica -dos de los cuales eran indios- enviaron un mensaje: *"Vosotros estáis luchando por nuestra Madre Tierra y sus hijos. ¡Nuestros espíritus luchan con vosotros!"* Wallace Black Elk respondió: *"La pequeña Wounded Knee se ha convertido en un mundo gigante".*

Después de Wounded Knee -a pesar de las muertes, los juicios y el uso de la policía y de los tribunales para intentar romper el movimiento- el grupo de Nativos Americanos continuó.

En la misma comunidad Akwesasne, que publicaba *Akwesasne Notes*, los indios siempre habían insistido en que su territorio era independiente, que no debía ser invadido por la ley del hombre blanco. Un día la policía del estado de Nueva York multó tres veces a un camionero indio mohawk y un consejo de indios se reunió con un teniente de la policía. Al principio, el teniente insistió -aunque estaba claro que estaba intentando ser razonable- en que tenía que cumplir las órdenes y poner multas, incluso en territorio Akwesasne. Pero finalmente accedió a la propuesta de que ningún indio fuera arrestado en el territorio -o fuera de él- sin que antes se hubiera reunido el consejo mohawk. Entonces el teniente se sentó y encendió un cigarrillo. El jefe indio Joahquisoh, un hombre de aspecto distinguido y pelo largo, se puso en pie y se dirigió al teniente en un tono de voz grave. *"Hay una cosa más antes de que se vaya"*, dijo mirándole fijamente. *"Quiero saber* -dijo lentamente *-si tiene otro cigarro".* La reunión terminó entre risas.

La revista *Akwesasne Notes* siguió publicándose. A finales de otoño de 1976, en la página de poesía, aparecieron unos poemas que reflejaban el espíritu de los tiempos. Ila Abernathy escribió:

> *I am grass growing and the shearer of grass,*
> *I am the willow and the splitter of laths...*
> *I am the burr in your conscience:*
> *acknowledge me.*[32]

En los años sesenta y setenta, no sólo hubo un movimiento de mujeres, un movimiento de presos y un movimiento indio. Hubo una revuelta general contra los hasta entonces opresivos, artificiales e incuestionados modos de vida. Esta revuelta afectaba a cada aspecto de la vida personal: el parto, la niñez, el amor, el sexo, el matrimonio, la ropa, la música, el arte, los deportes, el lenguaje, la comida, la vivienda, la religión, la literatura, la muerte, las escuelas, etc.

---

32. Soy la hierba que crece y la cortadora de la hierba, /soy el sauce y el que parte el listón.../ Soy la voz de tu conciencia:/ reconóceme.

El comportamiento sexual empezó a experimentar cambios sorprendentes. El sexo prematrimonial dejó de ser un asunto que debiera mantenerse en silencio. Los hombres y las mujeres vivían juntos sin casarse y se esforzaban por encontrar palabras para describir a la otra persona cuando se hacían presentaciones: *"Quiero que conozca a mi... amigo/a"*. Las parejas casadas hablaban de sus asuntos con sinceridad y aparecieron libros que hablaban del "matrimonio abierto". Se podía hablar abierta -e incluso aprobatoriamente- de la masturbación. Ya no se ocultaba la homosexualidad. Hombres *gay* y mujeres *gay* -lesbianas- se organizaron para combatir la discriminación que sufrían, adquiriendo un sentimiento comunitario que les permitiera sobreponerse al sentimiento de vergüenza y al aislamiento.

Todo esto se reflejaba en la literatura y en los medios de comunicación. Apareció una nueva literatura para enseñar a hombres y mujeres cómo obtener satisfacción sexual. Las películas no dudaron en mostrar desnudos. El lenguaje del sexo se hizo más frecuente en la literatura y en las conversaciones cotidianas. Todo esto tenía que ver con los nuevos planes de vida. Florecían planes de convivencia comunales, especialmente entre la gente joven.

En lo referente a la ropa, el cambio más importante de los 60 fue la informalidad. Para las mujeres representaba una continuación de la histórica lucha del movimiento feminista por abandonar los vestidos "femeninos" que impedían el movimiento. Muchas mujeres dejaron de usar sujetador. La restrictiva "faja" -casi un uniforme en los años cuarenta y cincuenta- empezó a desaparecer. Los hombres y mujeres jóvenes se vestían casi igual, con vaqueros y uniformes militares de desecho. Los hombres dejaron de llevar corbatas y las mujeres de todas las edades vestían pantalones más a menudo: un silencioso homenaje a Amelia Bloomer.

Había una nueva música popular de protesta. Pete Seeger llevaba cantando canciones de protesta desde los cuarenta, pero ahora hizo valer sus méritos y su audiencia creció. Bob Dylan y Joan Baez, que no sólo cantaban canciones de protesta sino canciones que reflejaban el nuevo abandono y la nueva cultura, se convirtieron en ídolos populares. Una mujer de edad media de la costa oeste, Malvina Reynolds, escribía y cantaba canciones que encajaban con su pensamiento socialista y su espíritu libertario, así como también con su posición crítica para con la moderna cultura comercial. Ahora todo el mundo -según decía en sus canciones- vivía en *"cajitas"* y *"todos salían exactamente iguales"*.

Bob Dylan fue un fenómeno en sí mismo: por sus poderosas canciones de protesta, sus personalísimos cantos a la libertad y su forma de expresarse. En una canción airada, *Masters of War* (Señores de la guerra), Bob Dylan espera que un día se mueran y entonces él seguirá sus ataudes *"en el pálido atardecer"*. *A Hard Rain's A-Gonna Fall* (Va a caer una lluvia fuerte) cuenta las terribles historias de las últimas décadas de hambre y guerra, de lágrimas y poneys muertos, de aguas contaminadas y cárceles húmedas y sucias: *"Va a caer una lluvia fuerte"*. Dylan cantaba una amarga canción contra la guerra, *With God on Our Side* (Con Dios a favor nuestro), y una canción sobre el asesino de la activista negra Medgar Evers, *Only a Pawn in Their Game* (Sólo un peón en su juego). Lanzaba un reto a lo viejo y un mensaje de esperanza a lo nuevo, porque *"los tiempos están cambiando"* (*The Times They Are A-Changin*).

La oleada de protesta católica contra la guerra formaba parte de una revuelta general dentro de la Iglesia Católica, que llevaba mucho tiempo siendo un baluarte del conservadurismo y estaba muy unida al racismo, al patrioterismo y a la guerra. Los curas y las monjas abandonaban los hábitos, se abrían al sexo, se casaban y tenían niños, a veces sin molestarse en abandonar la iglesia de forma oficial. Es verdad que los evangelistas de siempre todavía gozaban de una enorme popularidad y que Billy Graham era seguido por millones de personas, pero ahora existían pequeñas y rápidas corrientes que se resistían a la corriente principal.

Con la pérdida de fe en los grandes poderes -la empresa, el gobierno, la religión, etc.- surgió una mayor fe entre la propia gente, ya fuera de forma individual o colectiva. Ahora se miraba a los expertos de todos los campos con escepticismo: se hizo popular la creencia de que las personas podían decidir por sí solas lo que debían comer, la manera en que debían vivir sus vidas y tener buena salud, entre otras muchas cosas. Se desconfiaba de la industria médica y hubo campañas en contra de los conservantes, la comida sin valor nutritivo, la publicidad, etc. La evidencia científica de los males provocados por el tabaco -el cáncer, las enfermedades cardiovasculares- era tan convincente que el gobierno prohibió los anuncios de tabaco en la televisión y en los periódicos.

Se empezó a replantear la educación tradicional. Las escuelas habían enseñado a generaciones enteras los valores del patriotismo y de la obediencia a la autoridad y habían perpetuado la ignorancia -incluso el desprecio- hacia la gente de otras naciones y razas, hacia los americanos nativos y las mujeres. Y no sólo se cuestionó el contenido de la educación, sino también su estilo: la formalidad, la burocracia y la insistencia en la subordinación ante la autoridad. Esta evolución tan sólo consiguió abrir una rendija muy pequeña en el granítico sistema nacional de educación ortodoxa, pero tuvo su reflejo en una nueva generación de maestros y en una nueva literatura sobre la que sustentarse.

Nunca en la historia americana había habido tantos movimientos por el cambio concentrados en tan corto espacio de tiempo. Pero el sistema   -a lo largo de dos siglos- había aprendido mucho sobre la mejor manera de controlar a la gente. Así que, a mediados de los setenta, se puso manos a la obra.

Capítulo 20

LOS AÑOS SETENTA: ¿BAJO CONTROL?

A principios de los setenta, el sistema parecía estar fuera de control: no era capaz de mantener el apoyo de la gente. En 1970, según el Centro de Investigación y Encuestas de la Universidad de Michigan, la "confianza en el gobierno" era escasa en todos los segmentos de la población, aunque había diferencias significativas según de qué clases sociales se tratara. Mientras que el 40% de los profesionales tenía "poca" confianza política en el gobierno, entre los obreros no cualificados la cifra de personas que tenía "poca" confianza era del 66%.

Las encuestas de opinión pública de 1971 -después de siete años de intervención en Vietnam- reflejaban la escasa disposición que existía para prestar ayuda a otros países, incluso a aquellos que estaban en nuestro mismo hemisferio, si éstos fueran atacados por fuerzas respaldadas por los comunistas. En el caso de Tailandia, si fuese atacada por los comunistas, sólo el 12% de los blancos y el 4% de los no blancos estarían a favor de enviar tropas.

El Centro de Investigación y Encuestas de la Universidad de Michigan planteó la siguiente pregunta: "¿Está el gobierno dirigido por unos pocos grandes intereses que sólo actúan para su propio provecho?" En 1964 la respuesta había sido positiva en el 26% de los encuestados; en 1972 la respuesta positiva de los encuestados fue del 53%.

Nunca había habido tantos votantes que se negaran a identificarse como demócratas o como republicanos. En 1940, el 20% de los encuestados se habían definido como "independientes". En 1974, se definieron como "independientes" el 34%.

Los tribunales, los jurados e incluso los jueces no actuaban como de costumbre. Los jurados estaban absolviendo a radicales: Angela Davis -

una comunista "confesa"- fue absuelta por un jurado blanco en la costa oeste. Los Panteras Negras, a los que el gobierno había tratado de difamar y destruir en cada ocasión que se le presentaba, fueron puestos en libertad por los miembros del jurado de varios juicios. Un juez del oeste de Massachusetts desestimó las acusaciones que se querían presentar contra un joven activista, Sam Lovejoy, que había derribado una torre de más de 160 m. que había levantado una empresa pública que quería construir una planta nuclear. En Washington, D.C., un juez del Tribunal Supremo se negó -en agosto de 1973- a sentenciar a seis hombres acusados de haber entrado ilegalmente en la Casa Blanca, separándose del grupo de turistas que la estaban visitando, para protestar por el bombardeo de Camboya.

Sin duda, gran parte de este ambiente de hostilidad hacia el gobierno y el mundo de los negocios nacía de la guerra de Vietnam, con sus 55.000 víctimas, su vergüenza moral y la exposición de mentiras y atrocidades gubernamentales que había generado. Además de esto, también jugó un papel importante la deshonra política de la administración Nixon debido a los escándalos que se conocerían con la etiqueta de una sola palabra: *Watergate*, y que en agosto de 1974 causaron la dimisión histórica de Richard Nixon, la primera dimisión de un presidente que se producía en la historia americana.

El asunto de Watergate comenzó durante la campaña presidencial de junio de 1972, cuando arrestaron a cinco ladrones provistos de material para realizar escuchas ilegales y equipo fotográfico, tras ser sorprendidos en el momento de entrar en las oficinas del Comité Demócrata Nacional, en el complejo de apartamentos de Watergate, en Washington. Uno de los cinco, James McCord, Jr., trabajaba para la campaña de Nixon; era agente de "seguridad" al servicio del Comité de Reelección del Presidente (CREEP). Otro de los cinco ladrones llevaba una agenda en la que aparecía el nombre de E. Howard Hunt, cuya dirección era la Casa Blanca. Hunt era ayudante de Charles Colson, consejero especial del presidente Nixon.

Tanto McCord como Hunt habían trabajado durante muchos años al servicio de la CIA. Hunt era el agente de la CIA encargado de la invasión de Cuba en 1961, y tres de los ladrones de Watergate eran veteranos de dicha invasión. McCord, como agente de seguridad del CREEP, trabajaba a las órdenes del jefe del CREEP, John Mitchell, que era el ministro de Justicia de los Estados Unidos.

Así que, dado que se trataba de un arresto imprevisto por parte de policías que no estaban al corriente de las altas conexiones de los ladrones, la información llegó a oídos del público antes de que nadie pudiera impedirlo. Se vinculaba a los ladrones con importantes cargos del comité de campaña de Nixon, con la CIA y con el ministro de Justicia de Nixon. Mitchell negó cualquier conexión con el robo, y Nixon, en una conferencia de prensa cinco días más tarde, dijo que *"la Casa Blanca no ha tenido nada que ver con este incidente en particular".*

Lo que siguió al año siguiente, después de que en septiembre un jurado de acusación procesara a los ladrones de Watergate -junto a Howard Hunt y G. Gordon Liddy- fue que los oficiales de menor grado de la administración Nixon, temiendo ser procesados, empezaron, uno tras otro, a *"cantar".* Dieron información en procedimientos judiciales, a un comité de investigación del Senado y a la prensa. Implicaron no sólo a John Mitchell, sino también a Robert Haldeman y a John Erlichman, los ayudantes más próximos a Nixon en la Casa Blanca. Finalmente implicaron al propio Richard Nixon. No sólo tenía que ver con los robos de Watergate, sino con toda una serie de acciones ilegales contra oponentes políticos y activistas pacifistas. Nixon y sus ayudantes mintieron una y otra vez en el intento de ocultar su participación.

Varios testimonios sacaron a la luz los siguientes datos:

1. La Gulf Oil Corporation, la ITT (Compañía Internacional de Telégrafos y Teléfonos) y la American Airlines, además de otras grandes corporaciones americanas, habían hecho contribuciones ilegales -de millones de dólares- a la campaña de Nixon.

2. En septiembre de 1971, poco después de que el New York Times publicara las copias de los informes clasificados suministradas por Daniel Ellsberg -los Pentagon Papers- la administración planeó y llevó a cabo con la participación personal de Howard Hunt y Gordon Liddy, un robo en la oficina del psiquiatra de Ellsberg, en busca de su historial.

3. Después del arresto de los ladrones de Watergate, Nixon les prometió en secreto que les otorgaría clemencia ejecutiva si aceptaban ir a la cárcel, y sugirió que se les daría hasta un millón de dólares si se mantenían en silencio. De hecho, se les entregaron $450.000 por orden de Erlichman.

4. Se descubrió que había desaparecido cierto material de los archivos del FBI. Se trataba de material asociado con una serie de escuchas telefónicas ilegales ordenadas por Henry Kissinger y llevadas a cabo en las líneas de cuatro periodistas y trece altos cargos del gobierno. Este material se encontraba en la Casa Blanca, en la caja fuerte del consejero de Nixon John Erlichman.

5. Uno de los ladrones de Watergate -Bernard Barker- contó al comité del Senado que también había estado implicado en un plan para atacar físicamente a Daniel Ellsberg, cuando éste estuviera hablando en una reunión pacifista en Washington.

6. Un testigo contó al comité del Senado que el presidente Nixon tenía grabaciones de todas las conversaciones privadas y todas las llamadas telefónicas de la Casa Blanca. Nixon se negó en un principio a entregar las cintas, y cuando accedió, habían sido amañadas: habían sido borrados 18 minutos y medio en una cinta.

7. En medio de todo esto, el vicepresidente de Nixon -Spiro Agnew- fue procesado en Maryland por recibir sobornos de contratistas de Maryland a cambio de favores políticos. Esto le llevó a presentar su dimisión de la vicepresidencia en octubre de 1973. Nixon nombró al congresista Gerald Ford para ocupar el puesto de Agnew.

8. Nixon se había acogido ilegalmente valiéndose de falsificaciones a una deducción de impuestos por valor de $576.000.

9. Se reveló que durante más de un año (en 1969/1970) Estados Unidos había realizado bombardeos secretos y masivos en Camboya, hecho que se había ocultado al público americano e incluso al Congreso.

Fue una caída rápida y repentina. En las elecciones presidenciales de noviembre de 1972, Nixon y Agnew habían obtenido el 60% del voto popular y el apoyo de todos los estados excepto el de Massachusetts, derrotando a un candidato posicionado contra la guerra, el senador George McGovern. Una encuesta popular de junio de 1973 mostraba que el 67% de los encuestados pensaba que Nixon estaba involucrado en el robo de Watergate o mentía para encubrirlo.

A principios de 1974, un comité de la Cámara preparó la documentación para presentar un voto de censura ante el pleno. Los consejeros de Nixon le avisaron de que el voto de censura conseguiría la mayoría requerida en la Cámara y que luego el Senado votaría la mayoría de dos tercios necesaria para destituirle del cargo. Un financiero de relieve dijo: *"En este momento, el 90% de Wall Street se alegraría si Nixon dimitiera"*. El 8 de agosto de 1974, Nixon dimitió.

Gerald Ford, que ocupó el cargo de Nixon, dijo: *"Nuestra larga pesadilla nacional ha terminado"*. Los periódicos, tanto los que estaban a favor de

Nixon como los contrarios, tanto los liberales como los conservadores, celebraron la acertada y tranquila culminación de la crisis de Watergate. "*El sistema está funcionando*", dijo el columnista del *New York Times* Anthony Lewis.

Ningún periódico americano respetable dijo lo que había dicho Claude Julien, director del *Le Monde Diplomatique,* en septiembre de 1974. "*La eliminación del señor Richard Nixon deja intactos todos los mecanismos y todos los falsos valores que permitieron el escándalo Watergate*". Julien señaló que el secretario de Estado de Nixon, Henry Kissinger, permanecería en su puesto y que, dicho de otra manera, la política exterior de Nixon continuaría.

Meses después de que Julien escribiera esto, se reveló que importantes líderes demócratas y republicanos de la Cámara de Representantes habían asegurado en secreto a Nixon que si dimitía ellos no entablarían ningún proceso criminal contra él. Los artículos del *New York Times* que informaban de las esperanzas de Wall Street respecto a la dimisión de Nixon, citaron a un financiero de Wall Street que declaró que si Nixon dimitía "*lo que tendremos es el mismo juego con jugadores diferentes*".

Entre las acusaciones del comité de la Cámara para el voto de censura a Nixon, no se mencionaban las relaciones de Nixon con poderosas corporaciones; no se mencionaba el bombardeo de Camboya. Los cargos se concentraban en los detalles relacionados con Nixon en particular, y no en la política fundamental que es común a los presidentes americanos, tanto en casa como en el extranjero.

Se había corrido la voz: había que deshacerse de Nixon. Pero había que mantener el sistema. Theodore Sorensen, ex-consejero del presidente Kennedy, escribió lo siguiente durante la crisis de Watergate: "*Las causas ocultas de la flagrante mala conducta en nuestro sistema de cumplimiento de la ley que ahora salen a la luz son en su mayoría de índole personal, no institucional. Algunos cambios estructurales son necesarios. Hay que tirar todas las manzanas podridas. Pero hay que salvar la cesta*".

Efectivamente, la cesta se salvó. La política exterior de Nixon continuó y las conexiones del gobierno con los intereses de las corporaciones siguieron en pie. Los amigos más íntimos de Ford en Washington eran los representantes de los intereses corporativos. Uno de los primeros actos de Ford fue perdonar a Nixon. Así evitaba cualquier posible proceso criminal y permitía su retiro en California con una enorme pensión.

Las vistas televisadas del comité del Senado fueron interrumpidas repentinamente antes de que se llegara al asunto de las conexiones corporativas. Este era el procedimiento típico en la televisión y su manera de dar información selectiva sobre los acontecimientos importantes: los casos extraños -como el robo de Watergate- recibían una extensa cobertura, mientras que ejemplos de las operaciones en curso -como la masacre de My Lai, el bombardeo secreto de Camboya, el trabajo del FBI y la CIA, etc.- recibían una escasa cobertura. El juego sucio empleado para perjudicar al Partido de los Trabajadores Socialistas, a los Panteras Negras y a otros grupos radicales, sólo aparecía en los periódicos. La nación entera escuchó los detalles del breve allanamiento ocurrido en el apartamento de Watergate: pero no se televisó la vista sobre el largo allanamiento ocurrido en Vietnam.

La influencia de las corporaciones sobre la Casa Blanca es un hecho permanente en el sistema americano. Muchas de estas corporaciones donaban dinero a los dos partidos mayoritarios, de manera que, ganara quien ganara, siempre tenían amigos en la administración. La Chrysler Corporation alentaba a sus ejecutivos a *"apoyar al partido y candidato que ellos eligieran"*. Recogían los cheques que los ejecutivos les daban y los entregaban a los comités de campaña de los republicanos o de los demócratas.

La Compañía Internacional de Telégrafos y Teléfonos era perro viejo en la práctica de donar dinero a ambos bandos. Según uno de los ayudantes de uno de los principales vicepresidentes de ITT, éste último había dicho que el consejo de administración *"tiene pensado 'hacer la pelota' a ambos bandos para así estar en una buena posición, ganara quien ganara"*. En 1970, un director de la ITT, John McCone -que también había sido director de la CIA- dijo a Henry Kissinger, secretario de Estado, y a Richard Helms, director de la CIA, que la ITT estaba dispuesta a dar un millón de dólares para ayudar al gobierno estadounidense en sus planes para derrocar al gobierno de Allende en Chile.

En 1971 la ITT planeó hacerse con la Compañía de Seguros Anti-incendios Hartford, valorada en mil millones de dólares: la mayor fusión en la historia de las corporaciones. La sección de antimonopolios del departamento de Justicia se dispuso a procesar a la ITT por violar las leyes antimonopolistas. Sin embargo, el proceso nunca tuvo lugar y se permitió que la ITT se fusionase con Hartford. Se había llegado a un acuerdo secreto fuera de los tribunales según el cual la ITT accedía a donar $400.000 al partido Republicano.

Daba igual que el presidente fuera Nixon o Ford, o cualquier republicano o demócrata: el sistema seguiría funcionando más o menos de la misma manera.

Incluso en las investigaciones más diligentes del asunto Watergate -la de Archibald Cox (un fiscal especial que después fue despedido por Nixon)- las corporaciones salieron bien paradas. Se multó con $5.000 a American Airlines, compañía que admitió haber hecho contribuciones ilegales a la campaña de Nixon. Se multó con $5.000 a Goodyear; se multó con $3.000 a la corporación 3M. Un oficial de Goodyear fue multado con $1.000; un oficial de 3M fue multado con $500. El 20 de octubre de 1973 el *New York Times* informó de que:

> *El Sr. Cox sólo les acusó de un delito menor, por hacer contribuciones ilegales. Este delito menor, según la ley, se refería a contribuciones "no intencionadas". El cargo de delito grave, referido a las contribuciones intencionadas, se castiga con una multa de $10.000 y/o dos años de cárcel; el delito menor se castiga con una multa de $1.000 y/o un año de cárcel.*
>
> *Cuando en el tribunal se le preguntó al Sr. McBride (de la plantilla de Cox) cómo se podía acusar a los dos ejecutivos que habían admitido haber hecho los pagos de hacer contribuciones "no intencionadas", éste respondió: "Esa es una cuestión legal que, en toda franqueza, también me desconcierta a mí".*

Con Gerald Ford en la presidencia, la política americana siguió siendo continuista. Continuó con la política de Nixon de ayudar al régimen de Saigón, aparentemente con la esperanza de que el gobierno de Thieu se mantuviera estable. Pero en la primavera de 1975, todo lo que los críticos radicales de la política americana en Vietnam llevaban tiempo afirmando -que sin las tropas americanas, quedaría al descubierto la falta de apoyo popular al régimen de Saigón- se hizo realidad. Una ofensiva efectuada por tropas norvietnamitas que habían quedado en el Sur -como se había estipulado en la tregua de 1973- conquistó poblado tras poblado. El 29 de abril de 1975, los norvietnamitas entraron en Saigón, y la guerra se acabó.

En el tema de Vietnam, la mayoría de la clase dirigente -a pesar de Ford y de unos pocos incondicionales- ya se había rendido. Lo que ahora les preocupaba era la buena disposición del público americano para apoyar otras acciones militares en el extranjero. En los meses anteriores a la derrota en Vietnam ya habían aparecido indicios que señalaban la existencia de problemas. A principios de 1975 el senador John C. Culver de Iowa estaba descontento porque los americanos no querían luchar en Corea: *"Dijo que Vietnam había perjudicado notablemente la voluntad del pueblo americano"*.

En marzo de 1975, una organización católica que estaba llevando a cabo una encuesta sobre la actitud de los americanos ante el aborto, descubrió otras cosas. Más del 83% de los encuestados estaban de acuerdo con la idea de que "*las personas que dirigen este país (los líderes gubernamentales, políticos, religiosos y civiles) no nos dicen la verdad*".

El corresponsal internacional del *New York Times* C. L. Sulzberger -un firme partidario de la política internacional de la guerra fría del gobierno- escribió que "*debe de haber alguna equivocación en el modo en que nos presentamos*". Según Sulzberger, el problema no era el comportamiento de los Estados Unidos, sino la forma en que era presentado al mundo este comportamiento.

En abril de 1975, cuando el secretario de Estado Kissinger fue invitado a la ceremonia de entrega de diplomas en la Universidad de Michigan, se encontró con las protestas y los rechazos de invitaciones motivados por su papel en la guerra de Vietnam. También se había montado una ceremonia paralela. Kissinger se retiró. Era una época de vacas flacas para la administración. Se había "perdido" Vietnam (se suponía que Vietnam era "nuestro" para poderlo perder), y el columnista del *Washington Post*, Tom Braden, citó las palabras de Kissinger: "*Estados Unidos debe llevar a cabo algún acto en algún lugar del mundo que demuestre su voluntad de seguir siendo una potencia mundial*".

Al mes siguiente tuvo lugar el incidente del *Mayaguez*.

El *Mayaguez* era un carguero americano que navegaba entre Vietnam del Sur y Tailandia a mediados de mayo de 1975, justo tres semanas después de la victoria de las fuerzas revolucionarias de Vietnam. Cuando se acercó a una isla de Camboya -donde acababa de tomar el poder un grupo revolucionario- los camboyanos detuvieron al barco, lo llevaron a un puerto de una isla cercana e hicieron desembarcar a la tripulación. Más tarde, la tripulación describió como cortés el trato recibido.

El presidente Ford envió un mensaje al gobierno camboyano para que pusiera en libertad el barco y su tripulación; tras 36 horas sin obtener respuesta, Ford empezó con las operaciones militares y los aviones estadounidenses bombardearon a los barcos camboyanos, entre ellos al barco que estaba transportando a tierra a los marineros americanos.

Los hombres habían sido detenidos un lunes por la mañana. El miércoles por la tarde los camboyanos los dejaron en libertad, embarcándolos en un barco pesquero que se dirigía hacia la flota americana. A primera hora de esa misma tarde -aún sabiendo que los marineros habían salido de Tang Island- Ford ordenó a los marines que asaltaran Tang Island.

Los marines se encontraron con una resistencia más fuerte de lo esperado y pronto sufrieron 200 bajas, entre muertos y heridos, lo cual excedía el número de víctimas que tuvieron en la invasión de Iwo Jima en la II Guerra Mundial. Cinco de los once aviones de la fuerza invasora fueron derribados o inutilizados. Además, 23 americanos perdieron la vida en un accidente de helicóptero sobre Tailandia cuando iban a tomar parte en la acción, un hecho que el gobierno intentó ocultar.

En las acciones militares ordenadas por Ford habían muerto un total de 41 americanos. En el *Mayaguez* había 31 marineros. ¿A qué se debía esa precipitación a la hora de bombardear, ametrallar y agredir? ¿Por qué ordenó Ford a los aviones americanos que bombardearan la nación de Camboya -causando un número incalculable de víctimas camboyanas- aún habiendo recuperado ya el barco y la tripulación?

La respuesta no tardó en llegar: era necesario demostrar al mundo que el gigante americano, derrotado por el diminuto Vietnam, todavía era poderosa y firme. El *New York Times* informó el 16 de mayo de 1975:

> *Se decía que los altos cargos de la administración, incluyendo al secretario de Estado, Henry Kissinger, y el secretario de Defensa, James Schlesinger, estaban ansiosos por encontrar alguna forma espectacular de subrayar la intención expresada por el presidente Ford en su frase: "mantener nuestro liderazgo en todo el mundo". La ocasión se presentó con la captura de la nave... Los altos cargos... dejaron claro que recibían semejante oportunidad con los brazos abiertos...*

Pero ¿por qué el prestigioso columnista del *Times*, James Reston -severo crítico de Nixon y Watergate- describió el caso *Mayaguez* como "*melodramático y acertado*"? ¿Por qué habló el *New York Times* -que había criticado la guerra de Vietnam- de la "*admirable eficacia*" de la operación?

Lo que parecía estar pasando es que la clase dirigente -los republicanos, los demócratas, la prensa, la televisión- estaba cerrando las filas en torno a Ford y a Kissinger para apoyar la idea de que había que mantener la autoridad americana en todo el mundo.

El Congreso se estaba comportando como en los primeros años de la guerra en Vietnam: como un rebaño de ovejas. En 1973, cuando había un ambiente de fatiga y repugnancia ante la guerra de Vietnam, el Congreso había aprobado una Ley de Poderes de Guerra -que obligaba al presidente a consultar con el Congreso antes de iniciar cualquier acción militar. En el asunto *Mayaguez*, Ford había ignorado esta ley. Se había limitado a ordenar a varios de sus ayudantes que telefonearan a 18 congresistas para informarles de que se estaban llevando a cabo acciones militares. De entre los congresistas tan sólo protestaron unos pocos.

En 1975 el sistema emprendía un proceso de consolidación complejo. Este proceso incluía acciones militares a la antigua usanza -como el asunto *Mayaguez*- que servían para afirmar la autoridad americana tanto en el mundo como en casa, pero también necesitaba satisfacer a un público desilusionado haciéndole creer que el sistema estaba ejerciendo la autocrítica y que todo se iba a corregir. La manera más corriente era llevar a cabo investigaciones públicas que descubrían a culpables concretos pero que dejaban intacto al sistema. El caso Watergate había dejado en mal lugar tanto al FBI como a la CIA, ya que las dos organizaciones habían quebrantado las leyes que prometían hacer cumplir, cooperando con Nixon en sus robos y en las escuchas ilegales. En 1975, los comités de la Cámara y del Senado abrieron sendas investigaciones sobre el FBI y la CIA.

La investigación sobre la CIA reveló que ésta había extralimitado sus competencias a la hora de recoger información y que estaba llevando a cabo operaciones secretas de todo tipo. Por ejemplo, en los años cincuenta, había administrado LSD a americanos -sin su consentimiento previo- para estudiar sus efectos. En los años cincuenta, un científico americano, al que un agente había suministrado una dosis, se mató al saltar desde la ventana de un hotel de Nueva York.

La CIA también había estado implicada en conspiraciones para asesinar a Castro en Cuba y a otros jefes de estado. Había introducido el virus de la peste porcina africana en Cuba en 1971, provocando la enfermedad y muerte de 500.000 cerdos. Un agente de la CIA contó a un periodista que había traído el virus desde una base militar del *Canal Zone* panameño para entregárselo a cubanos anticastristas.

La investigación también reveló que la CIA -en connivencia con un secreto *Committee of Forty* (Comité de los Cuarenta) encabezado por Henry

Kissinger- había trabajado para "desestabilizar" el gobierno chileno de Salvador Allende, un marxista elegido presidente en una de las raras elecciones libres de Latinoamérica. La compañía ITT -que tenía grandes intereses en Cuba- jugó un papel importante en esta operación.

La investigación sobre el FBI dejó al descubierto muchos años de acciones ilegales encaminadas a desbaratar y destruir grupos radicales e izquierdistas de todo tipo. El FBI había enviado cartas falsas, estaba implicado en robos (admitió haber cometido 92 entre 1960 y 1966), había abierto correo de forma ilegal y -en el caso del líder de los Panteras Negras, Fred Hampton- parecía haber conspirado en su asesinato.

Las investigaciones revelaron investigaciones muy valiosas, pero eran justo las suficientes, y todo se hizo de forma tan exquisita -discreta cobertura en la prensa, poca información en TV y gruesos informes que pocos leerían- que parecía tratarse de una sociedad honesta y autocrítica.

Las mismas investigaciones revelaban los límites de la disposición del gobierno para adentrarse en tales asuntos. El Comité Church, creado por el Senado, presentó su informe sobre la CIA a la misma CIA para ver si contenía material que la Agencia quisiera omitir.

El Comité Pike, creado en la Cámara de representantes, no hizo ningún trato de este tipo con la CIA o el FBI, y cuando publicó su informe final, la misma Cámara que había autorizado la investigación votó por mantener el informe en secreto. Cuando el informe se filtró al periódico *Village Voice* de Nueva York -por medio de un presentador de la CBS, Daniel Schorr-, nunca fue reproducido en los periódicos importantes del país: el *Times*, el *Washington Post* y otros. La CBS suspendió temporalmente a Schorr. Era otro ejemplo más de la cooperación entre los medios de comunicación y el gobierno por imperativos de "seguridad nacional".

El Comité Church puso al descubierto operaciones de la CIA que tenían como propósito influenciar las mentes de los americanos de forma secreta: *"La CIA está en estos momentos utilizando a varios cientos de académicos americanos (administradores, facultativos, estudiantes graduados que se dedican a la enseñanza, etc.) quienes, además de proporcionar accesos y, en ocasiones, hacer presentaciones que benefician a los servicios de inteligencia, escriben libros y otros materiales que se utilizan para hacer propaganda en el extranjero... Estos académicos se encuentran localizados en más de 100 colegios y universidades de América, así como en instituciones relacionadas con ellas".* El

Comité descubrió que la CIA había publicado, subvencionado o patrocinado más de mil libros antes de finales de 1967.

La dimisión de Nixon, la sucesión de Ford, la denuncia de malas acciones cometidas por el FBI y la CIA... Todo estaba dirigido a recobrar la gravemente dañada confianza del pueblo americano. Sin embargo, a pesar de estos enérgicos esfuerzos, el pueblo americano todavía mostraba signos de desconfianza -e incluso hostilidad- hacia los jefes del gobierno, del ejército y de las grandes compañías.

En julio de ese mismo año, la encuesta Lou Harris, que recababa datos acerca de la confianza del público en el gobierno entre 1966 y 1975, informó que durante ese período, el porcentaje de los que confiaban en el ejército había descendido de un 62% a un 29%, el de los que confiaban en las grandes compañías de un 55% a un 18% y el de los que confiaban en el presidente y el Congreso de un 42% a un 13%.

Una gran parte del descontento general probablemente se debía a la situación económica de la mayoría de los americanos. La inflación y el desempleo estaban en aumento desde 1973. En otoño de 1975, una encuesta del *New York Times* realizada entre 1.559 personas, junto con las entrevistas realizadas a sesenta familias en doce ciudades, mostraban "*una disminución substancial del optimismo respecto al futuro*". La encuesta descubría que incluso la gente con ingresos altos "*no es tan optimista ahora como en los años anteriores, lo cual indica que el descontento se está desplazando de los niveles de ingresos bajos o medios a los niveles de ingresos altos*".

Las estadísticas del gobierno indicaban las razones. El índice de desempleo -de 5,6% en 1974- se había elevado a 8,3% en 1975. Paralelamente, el número de personas que había agotado la ayuda para el desempleo había aumentado de 2 millones en 1974, a 4,3 millones en 1975.

Sin embargo, los cálculos del gobierno generalmente infravaloraban la extensión de la pobreza, establecían por debajo de su nivel real la pobreza "oficial" y subestimaban la cantidad de desempleo. Por ejemplo, si en 1975 el 16,6% de la población estuvo en el desempleo durante un promedio de seis meses, o el 33,2% estuvo un promedio de tres meses en el paro, cifra media anual dada por el gobierno era del 8,3%, una cifra que sonaba mucho mejor.

En 1976, con unas elecciones presidenciales a la vuelta de la esquina, las clases gobernantes se preocupaban por la fe del público en el sistema. William

Simon, secretario del Tesoro durante los mandatos de Nixon y Ford (con anterioridad había sido banquero del sector inversionista con un sueldo de más de $2 millones al año), dijo en la reunión de un consejo empresarial en Hot Springs, Virginia: *"Vietnam, Watergate, los disturbios estudiantiles, los códigos morales cambiantes, la peor recesión de esta última generación y varias conmociones culturales traumáticas, se han combinado para crear un nuevo clima de preguntas y dudas... Todo se suma a un malestar general, a una crisis de confianza institucional que alcanza a toda la sociedad..."*

Con mucha frecuencia, dijo Simon, los americanos *"han aprendido a desconfiar hasta de la mismísima palabra beneficio y del motivo del beneficio que hace posible nuestra prosperidad; de alguna manera se les ha enseñado a creer que este sistema -que ha hecho más que ningún otro para aliviar el sufrimiento y la miseria humanas- es cínico, egoísta y amoral"*. Simon dijo que *"debemos ofrecer una imagen humana del capitalismo"*.

En 1976, mientras Estados Unidos se preparaba para celebrar el bicentenario de la declaración de Independencia, un grupo de intelectuales y líderes políticos de Japón, Estados Unidos y Europa occidental, constituidos en "La Comisión Trilateral", publicaron un informe. Se titulaba "La gobernabilidad de las democracias".

Samuel Huntington, profesor de ciencias políticas de la Universidad de Harvard y antiguo asesor de la Casa Blanca en el conflicto de la guerra de Vietnam, escribió la sección del informe que trataba de los Estados Unidos. Huntington escribió que en los sesenta, hubo un gran aumento de participación ciudadana *"en forma de marchas, manifestaciones, movimientos de protesta y organizaciones con 'causa'"*. También existía *"un nivel mucho más alto de autoconciencia por parte de los negros, los indios, los chicanos, los grupos étnicos blancos, los estudiantes y las mujeres: todos estos sectores se movilizaron y organizaron de manera diferente..."* Hubo *"un acusado incremento del sindicalismo entre los trabajadores de cuello blanco"*. Todos estos procesos tuvieron como resultado *"la reafirmación del igualitarismo como objetivo en la vida social, económica y política"*.

Huntington señaló que las grandes demandas igualitaristas de los sesenta habían transformado el presupuesto federal. En 1960 el gasto en el área de asuntos exteriores equivalía al 53,7% del presupuesto y el gasto social al 22,3%. En 1974 este último capítulo ya subía al 31%. Esto parecía reflejar un cambio en la actitud del público: en 1960, sólo el 18% del público opinaba que el gobierno gastaba demasiado en defensa, pero en 1969 esta cifra había aumentado al 52%.

A Huntington le preocupaba lo que veía:

> *La esencia de la ola demócrata de los sesenta era un reto general al sistema de autoridad existente, tanto el público como el privado. De una forma u otra, este reto se manifestaba en la familia, la universidad, los negocios, en las asociaciones -tanto públicas como privadas-, en la política, la burocracia gubernamental y las fuerzas armadas. La gente ya no sentía la misma obligación de obedecer a aquellos que antes había considerado superiores en edad, rango, posición social, pericia, carácter o talento.*

Huntington decía que todo esto "*producía problemas para la gobernabilidad de las democracias de los años setenta...*" Huntington añadió que el presidente necesitaba el apoyo de una gran coalición popular para ganar las elecciones. Sin embargo, "*el día después de su elección... lo que cuenta es su habilidad para movilizar el apoyo de los líderes de las instituciones clave de una sociedad y un gobierno... Esta coalición debe incluir a la gente clave del Congreso, al sector ejecutivo y a la casta dirigente encuadrada en el sector privado*". Y dio ejemplos:

> *Truman se esforzó por incluir en su administración a un número sustancial de soldados no partidistas, banqueros republicanos y abogados de Wall Street. Se acercó a las fuentes de poder existentes para obtener la ayuda que necesitaba para dirigir el país. Eisenhower heredó en parte esta coalición y en parte fue su creador... Kennedy intentó recrear una estructura de alianzas similar.*

Lo que preocupaba a Huntington era la pérdida de autoridad gubernamental. Su conclusión fue que se había producido "*un exceso de democracia*", y recomendó la adopción de "*límites convenientes para la extensión de una democracia política*".

Huntington estaba informando de todo esto a una organización que era vital para el futuro de los Estados Unidos: la Comisión Trilateral, organizada por David Rockefeller y Zbigniew Brzezinski a principios de 1973. Rockefeller era dirigente del Chase Manhattan Bank y una influyente figura financiera en los Estados Unidos y en el mundo entero; Brzezinski era profesor de relaciones internacionales en la Universidad de Columbia y asesor del Departamento de Estado.

La Comisión Trilateral fue creada para favorecer la unión entre Japón, Europa occidental y Estados Unidos y poder así hacer frente a una amenaza mucho más complicada para el capitalismo tricontinental que el comunismo monolítico: los movimientos revolucionarios del Tercer Mundo. Estos movimientos tenían sus propias directrices.

La Comisión Trilateral también quería resolver otra situación: la causada por el hecho de que los negocios ya no reconocían las fronteras nacionales. En 1960 había ocho bancos estadounidenses con sucursales en el extranjero; en 1974 ya había 129. Los bienes de estas sucursales extranjeras sumaban $3,5 mil millones en 1960, y $155 mil millones en 1974. La Comisión Trilateral vio que su labor sería la de ayudar a crear las relaciones internacionales necesarias para la nueva economía multinacional.

1976 no fue sólo un año de elecciones presidenciales. Era el año de la esperada celebración bicentenaria, ya que habían pasado doscientos años desde la declaración de Independencia. El gran esfuerzo que se dedicó a la celebración sugiere que se veía como una manera de restablecer el patriotismo americano. Con la invocación de los símbolos históricos, se pretendía unir al pueblo con el gobierno, dejando a un lado el ambiente de protesta del pasado reciente.

Pero no parece que hubiera demasiado entusiasmo por parte de la gente. Cuando se celebró el bicentenario del *Tea Party* de Boston, en cambio, sí se presentó una gran multitud, pero no para la celebración oficial, sino para la celebración paralela del "Bicentenario Popular", en el que fueron lanzados unos paquetes con las etiquetas *Gulf Oil* y *Exxon* al puerto de Boston como símbolo de la oposición al poder corporativo en América.

Capítulo 21

CARTER-REAGAN-BUSH: EL CONSENSO BIPARTIDISTA

A mediados del siglo veinte, el historiador Richard Hofstadter, en su libro *The American Political Tradition*, examinó a nuestros más importantes líderes nacionales: desde Jefferson y Jackson hasta Herbert Hoover y ambos Roosevelts; republicanos y demócratas; liberales y conservadores. Hofstadter llegó a la conclusión de que *"el alcance de visión... de los principales partidos siempre ha estado determinado por los horizontes de la propiedad y la empresa... por las virtudes económicas de la cultura capitalista... Esa cultura ha sido intensamente nacionalista..."*

A medida que nos hemos ido acercando a finales de siglo, y concretamente a sus últimos 25 años, hemos ido constatando una misma visión limitadora: una incitación capitalista a la creación de enormes fortunas, junto a una pobreza desesperada; la aceptación nacionalista de la guerra y los preparativos para realizarla. Y también hemos visto cómo una y otra vez, el poder gubernamental -ya fuera republicano o demócrata- se ha mostrado incapaz de superar esa visión.

Después de la desastrosa guerra de Vietnam vino el escándalo de Watergate. Para entonces, gran parte de la población sufría una creciente inseguridad económica, un mayor deterioro ambiental y una cada vez más acentuada cultura de la violencia y desorden en el ámbito familiar. Estaba claro que esos problemas fundamentales no podían resolverse sin llevar a cabo cambios drásticos en las estructuras sociales y económicas del país. Pero ninguno de los candidatos de los partidos principales proponía cambios de este tipo. La "tradición política americana" se mantenía firme.

En reconocimiento a esto -quizás sólo vagamente consciente de ello- un gran número de votantes se mantenía alejado de las urnas, o votaba sin entusiasmo. Cada vez dejaban más patente su alienación del sistema político, aunque fuera con la no participación. En 1960, el 63% de los votantes participaron en las elecciones presidenciales. En 1976 la cifra ya había descendido a un 53%. En una encuesta de la CBS News y el *New York Times*, más de la mitad de los encuestados respondieron que los cargos públicos no se preocupaban por gente como ellos.

La política electoral dominaba la prensa y las pantallas de televisión, y los quehaceres de los presidentes, miembros del Congreso y jueces del Tribunal Supremo eran tratados como si ellos -y otros cargos públicos- constituyeran la historia del país. A pesar de ello había algo artificial en todo esto, como si sólo fuera un intento de persuadir al público escéptico de que eso era todo lo que había y que debía poner sus esperanzas de futuro en los políticos de Washington.

Los ciudadanos, desilusionados con la política y con lo que pretendían ser discusiones políticas inteligentes, dirigieron su atención (o se dirigió su atención) hacia los espectáculos, los cotilleos, hacia diez mil planes de autoayuda. Los marginados se volvieron violentos, buscando cabezas de turco en su propio grupo -como la violencia de negros pobres contra negros pobres- o en otras razas, en los inmigrantes, entre los extranjeros satanizados, las madres que dependían de la asistencia social, los criminales de poca monta (que sustituían a los intocables criminales de altos vuelos), etc.

Pero también había ciudadanos que se aferraban a las ideas e ideales de los años sesenta y principios de los setenta. Sin duda alguna, por todo el país había un tipo de ciudadano silenciado por los medios de comunicación e ignorado por los líderes políticos. Estos ciudadanos actuaban enérgicamente en grupos locales en todas partes. Estos grupos organizados luchaban por la protección del medio ambiente, por los derechos de las mujeres, por una asistencia médica aceptable (que incluía una preocupación angustiada por los horrores del SIDA), por conseguir viviendas para las personas sin hogar o por la denuncia de los gastos militares.

Este activismo no se parecía al de los sesenta, cuando la ola de protestas en contra de la segregación racial y la guerra se habían convertido en una fuerza nacional arrolladora. Este nuevo activismo luchaba con ahinco en contra de los líderes políticos insensibles e intentaba acercarse a la ciudadanía americana, la mayoría de la cual tenía pocas esperanzas tanto en la política electoral como en la política de protesta.

La presidencia de Jimmy Carter, entre los años 1977 y 1980, parecía el intento de una parte de las clases dirigentes -la representada por el partido

Demócrata- por reconquistar a los ciudadanos desilusionados. Pero Carter, a pesar de realizar algún gesto hacia los negros y los pobres, a pesar de hablar de "los derechos humanos" en el extranjero, se mantenía dentro de los parámetros políticos históricos del sistema americano: protegía la riqueza y el poder de las corporaciones, mantenía la enorme máquina militar que agotaba la riqueza nacional y creaba alianzas entre Estados Unidos y las tiranías derechistas extranjeras.

Su mensaje era "populista"; es decir, apelaba a varios sectores de la sociedad americana que se sentían asediados por los poderosos y los ricos. A pesar de ser él mismo un millonario dedicado al cultivo de los cacahuetes, ofrecía la imagen de un granjero americano corriente. A pesar de haber apoyado la guerra de Vietnam hasta su finalización, se presentaba a sí mismo como simpatizante de los contrarios a la guerra, y atraía a muchos de los jóvenes rebeldes de los sesenta con sus promesas de recortar el presupuesto militar.

En un discurso dirigido a los abogados -al que se dio mucha publicidad- Carter habló en contra del uso de la ley para proteger a los ricos. Nombró secretaria del departamento de la Vivienda y el Desarrollo Urbano a una mujer negra, Patricia Harris, y embajador ante las Naciones Unidas a un veterano del movimiento por los derechos civiles de los negros, Andrew Young. Carter designó a un antiguo activista pacifista -el joven Sam Brown- para dirigir el cuerpo nacional de servicios a la juventud.

Sin embargo, los nombramientos más decisivos estaban en consonancia con el informe para la Comisión Trilateral del profesor de ciencia política de Harvard, Samuel Huntington. Según Huntington, cualesquiera que fueran los grupos que votaban a un presidente, una vez elegido *lo que importaba era su habilidad para movilizar el apoyo de los líderes de las instituciones clave*. Brzezinski, un intelectual de la guerra fría, se convirtió en consejero de Seguridad Nacional de Carter. Y su secretario de Defensa, Harold Brown -según los *Pentagon Papers*- durante la guerra de Vietnam había *previsto la eliminación de casi todos los obstáculos que limitaban las operaciones de bombardeo*.

Las demás personas nombradas para ocupar puestos en el Consejo de Ministros tenían fuertes conexiones con las corporaciones. Poco después de la elección de Carter, un comentarista financiero escribió lo siguiente: *"Hasta ahora, las acciones, los comentarios y -sobre todo- los nombramientos del Consejo de Ministros del señor Carter, han tranquilizado a la comunidad financiera"*. El veterano corresponsal de Washington, Tom Wicker, escribió: *"Las evidencias de que dispongo muestran que hasta ahora el señor Carter está optando por obtener la confianza de Wall Street"*.

Carter puso en marcha una política más sofisticada con respecto a los gobiernos que oprimían a sus pueblos. Utilizó al embajador ante las Naciones Unidas, Andrew Young, para aumentar la buena disposición de las naciones negras africanas hacia los Estados Unidos e instó al gobierno sudafricano a liberalizar su política hacia los negros. Era necesario llegar a un acuerdo pacífico en Sudáfrica por razones de estrategia; se utilizaba Sudáfrica como base para los sistemas de seguimiento por radar. También había grandes inversiones de las corporaciones estadounidenses en aquel país, que además era fuente básica de algunas importantes materias primas (especialmente diamantes). Por lo tanto, lo que Estados Unidos necesitaba en Sudáfrica era un gobierno estable. Y la continua opresión de los negros podría generar una guerra civil.

Durante el mandato de Carter, Estados Unidos continuó apoyando a regímenes de todo el mundo en los que el encarcelamiento de disidentes, la tortura y los asesinatos colectivos eran una práctica corriente: Filipinas, Irán, Nicaragua, Indonesia (donde los habitantes de Timor Oriental estaban siendo aniquilados en una campaña que se acercaba al genocidio)...

La revista *New Republic* -presumiblemente cercana al sector liberal de las clases gobernantes- aprobaba la política de Carter: *"... básicamente, la política exterior americana de los próximos cuatro años extenderá la filosofía desarrollada... en los años de Nixon y Ford. Esto no es una perspectiva negativa en absoluto... Debería haber una continuidad. Forma parte de la historia..."*

Carter se había presentado como amigo del movimiento contrario a la guerra. Pero cuando Nixon había colocado minas en el puerto de Hai-phong y reinició los bombardeos de Vietnam del Norte en la primavera de 1973, Carter pidió apoyo y respaldo para el presidente Nixon *"aunque no estemos de acuerdo con algunas de sus decisiones específicas"*. Una vez elegido, Carter se negó a prestar su ayuda para la reconstrucción de Vietnam a pesar del hecho de que las tierras habían sido destruidas por los bombardeos americanos. Cuando se le preguntó sobre esto en una conferencia de prensa, Carter respondió que Estados Unidos no se veía especialmente obligado a hacerlo ya que *"la destrucción fue mutua"*.

Teniendo en cuenta que Estados Unidos había cruzado medio mundo con una enorme flota de bombarderos y 2 millones de soldados, y que después de ocho años había dejado a una diminuta nación con más de un millón de muertos y su territorio en ruinas, resultaba una declaración del todo asombrosa.

Es evidente que la administración Carter intentaba poner fin a la desilusión del pueblo americano después de la guerra de Vietnam siguiendo una política exterior que fuera más aceptable y menos claramente agresiva. Pero vista desde cerca, esa política más liberal estaba diseñada para dejar intacto el poder y la influencia del ejército americano y las compañías americanas en el mundo.

La renegociación del tratado del canal de Panamá con la diminuta república centroamericana de Panamá era un ejemplo. El canal ahorraba a las compañías americanas $1,5 mil millones al año en costes de distribución, y Estados Unidos recogía $150 millones al año en tasas, de los que pagaba $2,3 millones al gobierno panameño, mientras, paralelamente, mantenía 14 bases militares en la zona.

Ya en 1903, Estados Unidos había preparado una revolución contra Colombia, había creado la nueva y diminuta república de Panamá en Centroamérica, y había dictado un tratado en el que se le concedían a Estados Unidos unas bases militares, el control del canal de Panamá y la soberanía en Panamá "a perpetuidad". En 1977, la administración Carter -en respuesta a las protestas antiamericanas de Panamá y reconociendo que el canal había perdido su importancia militar- decidió negociar un nuevo tratado en el que aceptaba el traslado gradual de las bases estadounidenses.

Fuera cual fuera la sofisticación que introdujo Carter en la política exterior americana, ésta se desarrollaba, a finales de los sesenta y durante los setenta, con unos fundamentos estables. Las corporaciones americanas realizaban operaciones por todo el mundo a un ritmo nunca visto. A principios de los setenta ya había unas 300 corporaciones estadounidenses -incluyendo los siete bancos más grandes- que obtenían el 40% de sus beneficios fuera de los Estados Unidos. Se llamaban "multinacionales", pero, en realidad, el 98% de los altos ejecutivos eran americanos. Como grupo, ya constituían la tercera fuerza económica más grande del mundo, junto con los Estados Unidos y la Unión Soviética.

La relación de estas corporaciones mundiales con los países más pobres era -desde hacía mucho tiempo- de explotación, como claramente se desprendía de las cifras del departamento de Comercio estadounidense. Si entre 1950 y 1965 las corporaciones estadounidenses invirtieron en Europa $8,1 mil millones y obtuvieron beneficios de $5,5 mil millones, en Latinoamérica invirtieron $3,8 mil millones y obtuvieron $11,2 mil millones de beneficios, y en Africa invirtieron $5,2 mil millones, obteniendo un beneficio de $14,3 mil millones.

Era la clásica situación imperial: los países que poseían una riqueza natural se convertían en víctimas de las naciones más poderosas, cuyo poder provenía de las riquezas que habían acumulado. Las corporaciones americanas dependían al 100% de los países más pobres para obtener diamantes, café, platino, mercurio, caucho natural y cobalto. Obtenían el 98% del manganeso y el 90% del cromo y aluminio del extranjero. Entre el 20% y el 30% de ciertas importaciones (platino, mercurio, cobalto, cromo, manganeso, etc.) provenía de Africa.

A pesar de eso, Estados Unidos cultivaba la imagen de un país generoso con su riqueza. Y es cierto que con cierta frecuencia enviaba ayuda a los países que eran víctimas de desastres. Sin embargo, esta ayuda muchas veces dependía de una lealtad política. A principios de 1975 la prensa publicó un despacho de Washington: "*El secretario de Estado, Henry A. Kissinger, ha iniciado formalmente una política de recortes en la ayuda americana a aquellas naciones que se han aliado en contra de los Estados Unidos en las votaciones de las Naciones Unidas. En algunos casos, esos recortes incluyen la ayuda alimentaria y humanitaria*".

La mayor parte de la ayuda era militar. Mientras en 1969 Estados Unidos había exportado $1,7 mil millones en armas, en 1975 exportó $9,5 mil millones. La administración Carter prometió poner fin a la venta de armas a los regímenes represivos, pero cuando asumió la presidencia, la mayor parte de estas ventas continuaron.

Y el ejército continuó llevándose una enorme parte del presupuesto nacional. El primer presupuesto de Carter proponía un incremento de $10 mil millones para el ejército. Paralelamente, la administración acababa de anunciar que el departamento de Agricultura recortaría $25 millones al año en su presupuesto al interrumpir los suministros de segundas raciones de leche a 1,4 millones de escolares necesitados que obtenían comidas gratis en la escuela.

Si la tarea de Carter era la de restaurar la confianza en el sistema, aquí yacía su mayor fracaso: no solucionó los problemas económicos de la gente. El precio de la comida y de las necesidades primarias continuaba subiendo más rápidamente que los sueldos. Para ciertos grupos clave de la población - la gente joven, pero sobre todo los jóvenes negros- el índice de desempleo estaba entre el 20 y el 30%.

Carter se opuso a las ayudas federales para la gente pobre que necesitaba abortar. Cuando se le señaló que esto era injusto, ya que las mujeres ricas podían abortar sin dificultades, Carter respondió: "*Bueno, como ya sabéis, hay muchas cosas en la vida que no son justas; cosas que la gente rica puede permitirse y que la gente pobre no*".

El "populismo" de Carter brillaba por su ausencia en la relación que mantenía su administración con los intereses petroleros y del gas. Una parte del "plan energético" de Carter fue poner fin a la regulación de los precios del gas natural para el consumidor. El mayor productor de gas natural era Exxon Corporation, y los mayores paquetes de acciones privadas de Exxon pertenecían a la familia Rockefeller.

Estaba claro que los factores fundamentales que regían la mala distribución de la riqueza en América no iban a verse afectados por la política de Carter más de lo que lo habían hecho las administraciones anteriores, tanto las conservadoras como las liberales. En 1977, el 10% más rico de la población americana tenía unos ingresos 30 veces superiores a los del 10% más pobre; el 1% más rico poseía el 33% de las riquezas. El 5% de los más ricos poseía el 83% del capital corporativo privado. Las cien corporaciones más grandes pagaban un promedio de 26,9% en impuestos, y las primeras compañías de petróleo pagaban 5,8% en impuestos (cifras de 1974 del Servicio de Hacienda Nacional). Y los 224 individuos que tenían unos ingresos superiores a $200.000, no pagaban impuestos. En 1978, Carter aprobó unas "reformas" del sistema impositivo que beneficiaron principalmente a las grandes corporaciones.

En el extranjero se utilizaba armamento americano para apoyar a regímenes dictatoriales en su lucha contra rebeldes de izquierdas. En la primavera de 1980, Carter pidió al Congreso $5,7 millones en créditos para la junta militar que luchaba contra una rebelión campesina en El Salvador. En Filipinas, después de las elecciones de la Asamblea Nacional de 1978, el presidente Ferdinand Marcos encarceló a diez de los 21 candidatos de la oposición que perdieron las elecciones; muchos prisioneros fueron torturados y muchos civiles perdieron la vida. A pesar de ello, Carter pidió al Congreso $300 millones para ayudar militarmente a Marcos durante los siguientes cinco años.

Durante varias décadas, Estados Unidos había ayudado a mantener la dictadura de Somoza en Nicaragua. Con una lectura equivocada de las debilidades fundamentales de ese régimen y de la popularidad de la revolución que se le enfrentaba, la administración Carter continuó apoyando a Somoza hasta cerca de la caída del régimen en 1979.

En Irán, los largos años de resentimiento contra la dictadura del Sha culminaron, a finales de 1978, en unas masivas manifestaciones. El 8 de septiembre de 1978, cientos de manifestantes fueron asesinados en una masacre perpetrada por las tropas del Sha. Según un despacho de la agencia UPI fechado en Teherán, al día siguiente Carter reafirmaba su apoyo al Sha:

> *Ayer las tropas abrieron fuego sobre los manifestantes que llevaban tres días protestando. El presidente Jimmy Carter telefoneó al palacio real para expresar su apoyo al Sha Mohammad Reza Pahlevi, que se enfrenta a la peor crisis de sus 37 años de reinado. Nueve miembros del parlamento se ausentaron durante el discurso que pronunció el nuevo primer ministro de Irán. Al marchar, gritaron que sus manos estaban "manchadas de sangre" por la represión de los musulmanes integristas y otros sectores opositores.*

Era una revolución popular y masiva, y el Sha huyó, dirigiéndose más tarde a Estados Unidos -donde fue acogido por la administración Carter- para someterse, presumiblemente, a un tratamiento médico. Fue entonces cuando los sentimientos antiamericanos de los revolucionarios alcanzaron su punto álgido. El 4 de noviembre de 1979, un grupo de militantes estudiantiles tomaron la embajada norteamericana en Teherán y secuestraron a 52 empleados mientras exigían que el Sha fuera devuelto a Irán para ser castigado.

Durante los siguientes 14 meses -con los rehenes todavía retenidos en el recinto cerrado de la embajada- el asunto ocupó los titulares de las noticias extranjeras en los Estados Unidos, suscitando fuertes sentimientos nacionalistas. Los políticos y la prensa participaron de lleno en la histeria colectiva. Obligaron a renunciar a una chica irano-americana que había sido designada para leer el discurso oficial en la ceremonia de entrega de diplomas en un instituto. Por todo el país, los coches comenzaron a lucir pegatinas con el texto "Bombardead Irán".

Cuando fueron puestos en libertad los 52 rehenes -aparentemente sanos y salvos- tuvo que ser un periodista lo suficientemente audaz como Alan Richman, del *Boston Globe,* quien señalara que había una cierta falta de proporción en las reacciones americanas ante éste y otros casos de violaciones de los derechos humanos: "*Había 52 rehenes americanos, una cifra fácil de comprender... Hablaban nuestro idioma. Tres mil personas fueron asesinadas a tiros a sangre fría en Guatemala el año pasado. Pero no hablaban nuestro idioma*".

Cuando Jimmy Carter se enfrentó a Ronald Reagan en las elecciones de 1980, los rehenes aún estaban en cautividad. Este hecho -junto a la penuria económica que pasaba mucha gente- fueron los responsables de la derrota de Carter.

La victoria de Reagan, seguida ocho años más tarde por la elección de George Bush, significaba que otro sector de las clases dirigentes -desprovisto incluso del toque liberaloide de la presidencia de Carter- asumiría el mando. Las decisiones políticas se volverían más rudas: se recortaría la ayuda social a los pobres; se bajarían los impuestos a los ricos; se aumentaría el presupuesto militar; se llenaría el sistema judicial federal de jueces conservadores y se trabajaría activamente para destruir los movimientos revolucionarios en el Caribe.

La docena de años de la presidencia Reagan-Bush transformó a la magistratura federal -que nunca había pasado de ser moderadamente liberal- en una institución fundamentalmente conservadora. En el otoño de 1991, Reagan y Bush ya habían copado más de la mitad de las 837 magistraturas federales y habían nombrado un número suficiente de jueces derechistas como para reconvertir el Tribunal Supremo.

En los años setenta -con los jueces liberales William Brennan y Thurgood Marshall a la cabeza- el Tribunal había declarado inconstitucional la pena de muerte, había apoyado (en el caso *Roe v. Wade*) el derecho de las mujeres a decidir sobre el aborto y había interpretado las leyes de derechos civiles de forma que permitieran una atención especial a los negros y a las mujeres, en un intento de compensar la discriminación que habían sufrido en el pasado.

Con Ronald Reagan, William Rehnquist -inicialmente nombrado para ocupar un puesto en el Tribunal Supremo por Richard Nixon- se convirtió en Juez Supremo. En los años de Reagan y Bush, el Tribunal de Rehnquist tomó una serie de decisiones que debilitaron las iniciativas tomadas en el caso *Roe v. Wade,* volvió a introducir la pena de muerte, redujo los derechos de los detenidos por la policía, impidió que los médicos de las clínicas federales de planificación familiar informaran a las mujeres sobre el aborto, y decretó que se podía obligar a los pobres a pagar por la educación pública (la educación no era "un derecho fundamental").

Los jueces William Brennan y Thurgood Marshall fueron los últimos liberales en formar parte del Tribunal. Viejos y enfermos -aunque reacios a abandonar la lucha- se tuvieron que jubilar. El acto final en la creación de un Tribunal Supremo de corte conservador fue el nombramiento del sustituto de Marshall por parte del presidente Bush. Eligió a un conservador negro, Clarence Thomas. A pesar del dramático testimonio de una antigua colega -una joven negra profesora de derecho llamada Anita Hill- que dijo que Thomas la había acosado sexualmente, el Senado le dio su aprobación, dando el Tribunal Supremo un definitivo giro hacia la derecha.

Con jueces federales conservadores y nombramientos de "orientación" empresarial en el Consejo Nacional de Relaciones Laborales, las decisiones judiciales y las iniciativas del Consejo debilitaron a un movimiento laboral que ya estaba preocupado por una disminución del sector industrial. Los trabajadores que se declaraban en huelga se encontraban sin ninguna protección legal. Uno de los primeros actos de la administración Reagan fue despedir en masa a los controladores de tráfico aéreo que se habían declarado en huelga. Era una advertencia para futuros huelguistas, y una señal de la debilidad de un movimiento laboral que en los años treinta y cuarenta había tenido una fuerza portentosa.

La América de las corporaciones se convirtió en la gran beneficiaria de los años Reagan-Bush. En los años sesenta y setenta se había formado un importante movimiento en defensa del medio ambiente, horrorizado por la contaminación del aire, de los mares y de los ríos, y por las muertes de miles de personas cada año como resultado de las condiciones de trabajo. En noviembre de 1968, después de que una explosión minera matara a 78 mineros en Virginia Occidental, hubo una furiosa protesta en el distrito minero, y el Congreso aprobó la Ley de Salud y Seguridad en las Minas de Carbón de 1969. El secretario de Trabajo de Nixon habló de *"una nueva pasión nacional: la pasión por la mejora del medio ambiente"*.

Al año siguiente, cediendo a las firmes demandas del movimiento obrero y de los grupos de consumidores -pero también viendo en ello la oportunidad de ganar el apoyo de los votantes de clase trabajadora- el presidente Nixon firmó la Ley de la Seguridad y Salud Ocupacional (OSHA). Era una importante medida legislativa que establecía el derecho universal a un lugar de trabajo seguro y sano.

El presidente Jimmy Carter accedió a la presidencia alabando el programa OSHA, pero también estaba ansioso por complacer a la comunidad empresarial. Se convirtió en defensor de la eliminación de las regulaciones sobre las corporaciones y de la concesión de más espacio de maniobra, a pesar de perjudicar a los obreros y a los consumidores.

Con Reagan y Bush, la preocupación por "la economía" -una forma resumida de referirse a los beneficios de las corporaciones- se impuso a la preocupación por los trabajadores o los consumidores. El presidente Reagan propuso reemplazar la dura aplicación de las leyes medioambientales por un planteamiento "voluntario". Una de las primeras acciones de su administración fue la de ordenar la destrucción de 100.000 folletos gubernamentales que señalaban los peligros del polvo de algodón para los trabajadores textiles.

George Bush se presentó como el *presidente preocupado por el medio ambiente*, y señalaba con orgullo el hecho de haber firmado la Ley del Ambiente Limpio, en 1990. Pero dos años después de aprobarse esa ley, se debilitó drásticamente debido a un nuevo reglamento de la Agencia de Protección Medio Ambiental que permitía a los industriales incrementar en 245 toneladas al año la cantidad de agentes contaminantes peligrosos que emitían a la atmósfera.

La crisis ecológica en el mundo se había convertido en un asunto tan abiertamente serio que el papa Juan Pablo II sintió la necesidad de reprender a las clases ricas de las naciones industrializadas por haber causado la crisis: "*Hoy en día, la dramática amenaza de un colapso ecológico nos está enseñando hasta qué punto la avaricia y el egoísmo -tanto individual como colectivo- son contrarios al orden de la creación*".

En las conferencias internacionales en las que se trataban los peligros del calentamiento del globo, la Comunidad Europea y Japón propusieron horarios y niveles específicos para las emisiones de dióxido de carbono, de las que Estados Unidos era el mayor culpable. Estados Unidos se opuso a ello.

A finales de los ochenta, las evidencias mostraban claramente que las fuentes de energía renovable (agua, viento, luz solar) podían producir más cantidad de energía utilizable que las centrales nucleares, que eran peligrosas y caras, además de producir residuos nucleares no eliminables de una manera segura. Sin embargo las administraciones de Reagan y Bush hicieron grandes recortes (en el caso de Reagan, de un 90%) en los presupuestos destinados a la investigación de las posibilidades de la energía renovable.

En junio de 1992 más de cien países participaron en una conferencia medioambiental en Brasil, la Cumbre Mundial de Río. Las estadísticas mostraban que dos terceras partes de los gases que contribuían a reducir la capa de ozono eran emitidos por las fuerzas armadas de todo el mundo. Pero cuando se sugirió que la Cumbre considerara los efectos de los ejércitos en la degradación ambiental, la delegación de los Estados Unidos puso objeciones y la propuesta fracasó.

Efectivamente, la preservación de una enorme institución militar y el mantenimiento de los niveles de beneficio de las corporaciones petroleras, parecían ser los dos objetivos primordiales de las administraciones de Reagan y Bush. Poco después de que Reagan accediera a la presidencia, veintitrés ejecutivos de la industria del petróleo hicieron una contribución de $270.000 para renovar la decoración de las viviendas de la Casa Blanca. Según la agencia Associated Press:

> La campaña de solicitación... tuvo lugar cuatro semanas después de que el presidente liberalizara los precios del petróleo, una decisión que supuso $2 mil millones para la industria del petróleo... Jack Hodges, de Oklahoma City, propietario de Core Oil y Gas Company, dijo: "El hombre más importante de este país debería vivir en uno de los lugares más lujosos. El señor Reagan ha ayudado a la industria de la energía".

A la vez que fortalecía al ejército (asignaciones de más de un billón de dólares en sus primeros cuatro años de mandato), Reagan intentó compensar este gasto recortando los subsidios para los pobres. También propuso unos recortes de $190 mil millones en los impuestos (la mayoría de los cuales afectó a los ricos). Reagan insistió en que los recortes de los impuestos estimularían la economía de tal forma que se generarían nuevas fuentes de ingresos. Pero las cifras del departamento de Comercio mostraban que los períodos en que las corporaciones tenían menos impuestos no mostraban un volumen más alto de inversiones, sino un descenso muy marcado.

Las consecuencias humanas de los recortes presupuestarios de Reagan fueron dramáticas. Por ejemplo, se privó a 350.000 personas de los beneficios de la seguridad social por incapacidad física o mental. Un héroe de guerra de Vietnam, Roy Benavidez, al que Reagan había concedido la medalla de honor del Congreso, fue informado por unos oficiales de la seguridad social de que unos trozos de metralla que tenía en el corazón, los brazos y las piernas, no debían de ser un impedimento para que trabajara. Benavidez se presentó ante un comité del Congreso y denunció a Reagan.

En los años de Reagan el desempleo creció. En 1982 hubo 30 millones de personas sin trabajo durante todo el año o parte del mismo. Una consecuencia de ello fue que más de 16 millones de americanos se quedaron sin el seguro médico, que a menudo iba asociado al hecho de tener empleo. En Michigan, donde el índice de desempleo era el más alto del país, la tasa de mortalidad infantil comenzó a ascender en 1981.

Las nuevas exigencias eliminaron las comidas gratuitas en las escuelas para más de un millón de niños pobres, que dependían de las mismas al representar éstas la mitad del alimento que consumían al día. En poco tiempo, una cuarta parte de los 12 millones de niños de la nación vivían en la pobreza.

La asistencia social se convirtió en objeto de ataques: se cuestionaban los programas AFDC de ayuda a las madres solteras, los cupones de comida, las atenciones médicas para los pobres a través de Medicaid, etc. Para la mayoría de la gente que dependía de la asistencia social (los subsidios cambiaban de un estado a otro), esto equivalía a entre $500 y $800 al mes en ayudas, y dejaba a este sector muy por debajo del umbral de la pobreza, que se cifraba en unos $900 al mes. Era cuatro veces más probable que los niños negros dependieran de la asistencia social a que lo hicieran los niños blancos.

A comienzos de la administración Reagan, en respuesta al argumento de que la ayuda del gobierno no era necesaria y de que las empresas privadas se ocuparían de la pobreza, una madre escribió en un periódico local:

> *Yo dependo de AFDC, y mis dos hijos van a la escuela... He solicitado trabajos que pagan menos de $8.000 al año. Trabajo media jornada en una biblioteca a $3,5 la hora; la asistencia social reduce mi asignación para compensar...*
>
> *Así que éste es el gran sueño americano por el que mis padres vinieron a este país: trabaja duro, consigue una buena educación, sigue las reglas y serás rico. Yo no quiero ser rica. Sólo quiero poder alimentar a mis hijos y vivir con algo que se asemeje a la dignidad...*

A menudo los demócratas se unían a los republicanos a la hora de denunciar los programas de la asistencia social. Ambos partidos tenían fuertes conexiones con las corporaciones ricas. Kevin Phillips, un analista republicano de política nacional, escribió en 1990 que el partido Demócrata era "*el segundo partido capitalista más entusiasta de la historia*".

Sin embargo, los ataques constantes a la asistencia social por parte de los políticos no consiguieron erradicar la generosidad fundamental que sentían la mayoría de los americanos. Una encuesta llevada a cabo por el *New York Times* y la CBS News a principios de 1992 mostraba que la opinión pública sobre la asistencia social cambiaba según la manera en que se planteaba la pregunta. Si se utilizaba la palabra "asistencia social", el 44% de los encuestados decía que se estaba gastando demasiado en ello. Pero cuando la pregunta se formulaba en términos de "ayuda a los pobres", sólo un 13% opinó que se estaba gastando demasiado, mientras un 64% pensaba que no se estaba gastando lo suficiente.

Cuando la política del gobierno enriqueció a los que ya eran ricos, a través de la bajada en sus impuestos, no se le denominó "asistencia social". Esta forma no resultaba tan obvia y llamativa como los cheques mensuales que se daban a los pobres, y normalmente consistía en la realización de generosos cambios del sistema impositivo.

No fueron los republicanos, sino los demócratas -las administraciones Kennedy y Johnson- quienes, bajo la apariencia de una "reforma tributaria", bajaron por primera vez el índice tributario del 91% -para los ingresos de más de $400.000 al año; vigente desde la II Guerra Mundial-, al 70%. Durante la administración de Carter -aunque él se opusiera- los demócratas y republicanos del Congreso se unieron para dar un respiro tributario todavía mayor a los ricos.

La administración Reagan, con la ayuda de los demócratas del Congreso, bajó el índice tributario de los muy ricos al 50%, y en 1986 una coalición de republicanos y demócratas patrocinó otro proyecto de ley de "reforma tributaria" que bajaba las tasas más altas al 28%. Un profesor de escuela, un obrero de fábrica y un millonario podían pagar todos el 28%. La idea de unos ingresos "progresivos", según la cual los ricos pagaban unas tasas más altas que los demás casi había desaparecido.

Como resultado de todas las leyes tributarias aprobadas entre 1978 y 1990, el gobierno perdió unos $70 mil millones al año en ingresos, de tal manera que en esos trece años, el 1% de los más ricos del país ganaron un billón de dólares más.

Los impuestos sobre la renta no sólo se hicieron menos progresivos durante las últimas décadas del siglo, sino que los impuestos de la seguridad social se volvieron más *regresivos*. Es decir, cada vez se deducía más de los cheques salariales de los pobres y las clases medias, pero cuando los salarios superaban los $42.000 ya no se deducía más. Los que ganaban $500.000 al año pagaban los mismos impuestos a la seguridad social que los que ganaban $50.000 al año.

El resultado de la subida de estos impuestos salariales fue que el 75% de los asalariados pagaban más cada año a través del impuesto a la seguridad social que a través del impuesto sobre la renta. Para mayor vergüenza del partido Demócrata -que se suponía era el partido de la clase trabajadora- la subida de los impuestos salariales se había efectuado durante la administración de Jimmy Carter.

En un sistema bipartito, si *ambos* partidos ignoran la opinión pública, los votantes no tienen dónde dirigirse. En 1984, cuando demócratas y republicanos habían puesto en marcha todas esas "reformas" tributarias, una encuesta pública llevada a cabo por *Internal Revenue Service* descubrió que el 80% de los encuestados estaban de acuerdo con el siguiente planteamiento: "*El actual sistema tributario beneficia a los ricos y es injusto con los trabajadores normales*".

A finales del mandato de Reagan, la diferencia entre ricos y pobres en los Estados Unidos había aumentado de forma dramática. Mientras que en 1980 los altos ejecutivos de las corporaciones ganaban 40 veces más de lo que ganaba el obrero medio, en 1989 ganaban 93 veces más.

Aunque todos los integrantes de las clases bajas habían empeorado, los que más sufrieron fueron los negros, los hispanos, las mujeres y los jóvenes. El empobrecimiento general que tuvo lugar entre los grupos con menos ingresos durante los mandatos de Reagan y Bush afectó de forma especial a las familias negras, que no sólo padecían de escasos recursos sino que además se enfrentaban a la discriminación racial en sus puestos de trabajo. Las victorias del movimiento de derechos civiles habían abierto huecos para algunos afroamericanos, pero habían dejado atrás a muchos otros.

A finales de los ochenta, al menos una tercera parte de las familias afroamericanas vivían por debajo del umbral oficial de pobreza, y el desempleo de los negros no parecía moverse de un punto dos veces y medio por debajo del de los blancos, con una proporción de entre 30 y 40% de jóvenes negros sin empleo. La esperanza de vida de los negros se mantenía por lo menos diez años por debajo de la de los blancos. En Detroit, Washington y Baltimore, la tasa de mortalidad de los bebés negros era más alta que en Jamaica o Costa Rica.

La pobreza solía venir acompañada de rupturas, violencia familiar, crimen callejero y droga. En Washington, D. C., donde vive concentrada la población negra a pocos pasos de los marmóreos edificios del gobierno nacional, el 42% de los jóvenes negros entre 18 y 25 años se encontraban en la cárcel o en libertad condicional. El índice criminal entre negros, en vez de interpretarse como un llamamiento urgente para poner fin a la pobreza, era utilizado por los políticos para exigir la construcción de más cárceles.

En 1954, la decisión del Tribunal Supremo en el caso *Brown v. Board of Education* había puesto en marcha la supresión de la segregación racial en las escuelas. Pero la pobreza ataba a los niños negros a los ghettos, por lo que muchas escuelas de todo el país mantenían la segregación por razones de raza y clase. En los años setenta, el Tribunal Supremo determinó que no era necesaria una equiparación económica entre los distritos escolares pobres y los distritos ricos (*Distrito escolar independiente de San Antonio v. Rodríguez*) y que no era necesario trasladar a los niños de las zonas residenciales ricas a los barrios céntricos (caso *Milliken v. Bradley*).

Para los admiradores de la libre empresa y el liberalismo, estas personas eran pobres porque no trabajaban ni producían; por lo tanto, ellos eran los únicos culpables de su pobreza. Ignoraban el hecho de que las mujeres que cuidaban solas de sus hijos trabajaban mucho. No se preguntaban por qué los niños que no eran lo suficientemente adultos como para mostrar sus habilidades laborales tenían que ser castigados -incluso hasta el punto de morir- por el hecho de haber nacido en una familia pobre.

A mediados de los años ochenta, en Washington empezó a salir a la luz pública un importante escándalo. Como consecuencia de la liberalización de los bancos de ahorros y de los préstamos -que había comenzado durante la administración Carter, y que había continuado con Reagan-, se llevaron a cabo peligrosas inversiones que en un momento dado agotaron los fondos bancarios, dejando a los bancos con una deuda -contraída con los titulares de las cuentas- de cientos de miles de millones de dólares. Y como el gobierno había garantizado estos fondos, ahora tendrían que pagarlos los contribuyentes.

El Presidente Eisenhower había declarado una vez que la enorme sangría de dinero que salía del tesoro para el capítulo de defensa era un "*robo*" a las necesidades humanas. Pero este hecho había sido aceptado tanto por los demócratas como por los republicanos.

Cuando Jimmy Carter llegó a la presidencia se propuso aumentar el presupuesto militar en $10 mil millones, en una aplicación exacta de lo que había dicho Eisenhower. Todos los enormes presupuestos militares propuestos desde la II Guerra Mundial -desde el mandato de Truman a los de Reagan y Bush- habían sido aprobados de manera abrumadora tanto por demócratas como por republicanos.

Para justificar el gasto de billones de dólares en incrementar las fuerzas nucleares y no nucleares, se utilizaba el miedo a que la Unión Soviética -que también estaba incrementando su fuerza- invadiera Europa occidental. En 1984 la CIA admitió haber exagerado los gastos militares soviéticos. Harry Rositzke, que trabajó para la CIA durante 25 años y había sido director de operaciones de la CIA para el espionaje en la Unión Soviética, escribió en los años ochenta: "*En todos los años que he estado en el gobierno, e incluso después, nunca he visto una hipótesis que mostrara la manera en que la invasión de Europa occidental o un ataque a los Estados Unidos pudiera resultar beneficioso para los intereses soviéticos*".

Sin embargo, la potenciación de este temor en las mentes del público americano resultaba útil a la hora de defender la construcción de armas espantosas y superfluas. Por ejemplo, un submarino *Trident*, que era capaz de lanzar cientos de cabezas nucleares, costaba $1,5 mil millones. Esos $1,5 mil millones bastaban para financiar un programa quinquenal de vacunación de todos los niños del mundo contra las enfermedades mortales, lo cual hubiera prevenido cinco millones de muertes.

Uno de los programas militares favoritos de la administración Reagan era el de *Star Wars* (Guerra de las galaxias), en el que se gastaron miles de millones, supuestamente para la creación de un escudo en el espacio que detuviera en el aire a los misiles nucleares enemigos. Después de que fallaran tres pruebas tecnológicas, se puso en marcha una cuarta prueba, con financiación gubernamental: estaba en juego el programa. Hubo otro fallo, pero el secretario de Defensa de Reagan -Caspar Weinberger- aprobó la falsificación de los resultados para mostrar que la prueba había sido un éxito.

Cuando empezó la desintegración de la Unión Soviética en 1989, y ya no existía el recurso de la familiar "amenaza soviética", se redujo un poco el presupuesto militar, aunque seguía siendo enorme. Una encuesta de la *National Press Club* mostró que el 59% de los votantes americanos querían una reducción del 50% en los gastos de defensa en los siguientes cinco años, pero ambos partidos continuaron ignorando al público, al que en teoría representaban.

En el verano de 1992, los demócratas y los republicanos del Congreso se unieron para votar en contra de la transferencia de fondos del presupuesto militar al área de las necesidades humanas. Sin embargo, votaron a favor de gastar $120 mil millones de dólares para la "defensa" de Europa, continente que todos reconocían como un área que ya no corría ningún peligro -si es que alguna vez lo había corrido- de un ataque soviético.

Ronald Reagan fue nombrado presidente justo después de que se declarara una revolución en Nicaragua en la que el movimiento popular sandinista (cuyo nombre se inspiraba en el héroe revolucionario de los años 20, Augusto Sandino) derrocó a la corrupta dinastía de los Somoza (a la que Estados Unidos había apoyado durante mucho tiempo). Los sandinistas -una coalición de marxistas, curas de izquierdas y una amalgama de nacionalistas- se dispusieron a dar más tierras a los campesinos y a difundir la educación y los cuidados médicos entre los pobres.

La administración Reagan, viendo en esto una amenaza "comunista" y -lo más importante- un desafío al control largamente ejercido por los Estados Unidos sobre los gobiernos de Centroamérica, empezó a trabajar inmediatamente para derrocar al gobierno sandinista. Emprendió una guerra secreta ordenando a la CIA que organizara una fuerza contrarrevolucionaria (la *contra*), muchos de cuyos líderes eran antiguos cabecillas de la odiada Guardia Nacional somozista.

La *contra* no parecía tener apoyo popular dentro de Nicaragua, por lo que su base se situó en la vecina Honduras, un país muy pobre dominado por los Estados Unidos. Desde Honduras, la *contra* pasaba la frontera, asaltaba granjas y aldeas, mataba a hombres, mujeres y niños y cometía atrocidades. Un antiguo coronel de la *contra*, Edgar Chamorro, testificó ante un Tribunal mundial:

424

Muchos civiles fueron asesinados a sangre fría. Muchos otros fueron torturados, mutilados, y violados, sufriendo robos y abusos de diferentes clases. Cuando acepté unirme [a la contra] esperaba que fuera una organización de nicaragüenses... Resultó ser un instrumento del gobierno de los Estados Unidos.

Había una buena razón para mantener en secreto las acciones de los Estados Unidos en Nicaragua: las encuestas de opinión mostraban que el público americano se oponía a la participación militar en ese país. En 1984, la CIA, utilizando a agentes latinoamericanos -para no revelar su participación directa- minó los puertos de Nicaragua para hacer volar sus barcos. Cuando se filtró este dato, el secretario de Defensa Weinberger mintió al informativo de la ABC: *"Estados Unidos no está minando los puertos de Nicaragua"*.

Aquel mismo año, el Congreso -quizás como respuesta a la opinión pública y recordando Vietnam- declaró que era ilegal que Estados Unidos prestase apoyo *"directo o indirecto"* a las *"operaciones militares o paramilitares en Nicaragua"*. La administración Reagan decidió ignorar esta ley e intentó encontrar medios para financiar a la *contra* de forma secreta.

En 1986 creó una gran sensación una historia que aparecía en una revista de Beirut en la que se decía que, al parecer, Estados Unidos había vendido armas a Irán (supuestamente un enemigo), y que, a cambio, Irán había prometido poner en libertad a los rehenes americanos que estaban en manos de extremistas musulmanes en el Líbano. Añadía que los beneficios de estas ventas de armas se estaban enviando a la *contra* nicaragüense para comprar armas.

Cuando en una conferencia de prensa en noviembre de 1986 se le preguntó al presidente Reagan si esto era cierto, contó una serie de mentiras y dijo que el objetivo de la operación era promover el diálogo con iraníes moderados. En realidad, el objetivo era doble: poner en libertad a los rehenes (y así atribuirse el mérito de la acción), y ayudar a la *contra*.

La gran publicidad del escándalo *"contragate"* no desembocó en ninguna crítica feroz al secretismo gubernamental ni a la erosión de la democracia que ocasionaban las acciones llevadas a cabo en secreto por un pequeño grupo de hombres inmunes al escrutinio de la opinión pública. Los medios de comunicación -en un país que se siente orgulloso de su nivel de educación e información- sólo informaban al público en un nivel muy superficial.

Los límites de la crítica del partido Demócrata respecto a este asunto serían revelados por un dirigente demócrata, el senador Sam Nunn de Georgia, quien, a medida que avanzaba la investigación, llegó a decir: "*Todos debemos ayudar al presidente a devolver la credibilidad en el área de los asuntos exteriores*".

Estaba claro que el presidente Reagan y el vicepresidente Bush estaban implicados en lo que se dio a conocer como el "asunto Iran-Contra". Pero sus subordinados pusieron todo su empeño en mantenerlos al margen de las sospechas en lo que sería un clásico ejemplo de la familiar estratagema gubernamental de la "negación plausible", según la cual el más alto cargo, protegido por sus subordinados, puede negar plausiblemente cualquier implicación.

Ni Reagan ni Bush fueron procesados. Sin embargo, el comité del Congreso llevó a los culpables menores al banquillo de los acusados. Algunos fueron procesados. Uno de ellos (Robert McFarlane, un antiguo consejero de Seguridad de Reagan) intentó suicidarse. Otro, el coronel Oliver North, fue sometido a juicio por haber mentido al Congreso, y aunque fue declarado culpable, no recibió pena de prisión. Reagan se jubiló en paz y Bush se convirtió en el siguiente presidente de los Estados Unidos.

El asunto Iran-Contra sólo fue uno de los muchos casos en los que el gobierno de los Estados Unidos violó sus propias leyes en su deseo de perseguir algún objetivo de política exterior.

En 1973, cuando la guerra de Vietnam tocaba a su fin, el Congreso, en un intento de limitar un poder presidencial que había actuado con tanta crueldad en Indochina, aprobó la Ley de Poderes Bélicos, la cual decía:

> *El Presidente, cada vez que sea posible, consultará con el Congreso antes de comprometer a las Fuerzas Armadas de los Estados Unidos en actividades hostiles o situaciones donde las circunstancias indiquen claramente la inminente implicación en actividades hostiles.*

En el otoño de 1982, el presidente Reagan envió a los *marines* americanos a una situación peligrosa, al Líbano -en donde había una guerra civil que hacía estragos- ignorando, una vez más, los requerimientos de la Ley de Poderes Bélicos. Al año siguiente, más de doscientos de esos *marines* murieron cuando los terroristas pusieron una bomba en sus barracones.

Poco después de eso, en octubre de 1983 (algunos analistas pensaron que se hizo para desviar la atención del desastre del Líbano), Reagan envió fuerzas estadounidenses para invadir la diminuta isla caribeña de Grenada. Una vez más, se informó al Congreso, pero no se consultó con él. Una de las razones que se dieron al pueblo americano para justificar esta invasión era que un reciente golpe de estado en Grenada había puesto en peligro a ciudadanos americanos (estudiantes de una escuela médica de la isla). También decían que Estados Unidos había recibido una petición urgente de intervención por parte de la Organización de los Estados Caribeños Orientales.

El 29 de octubre de 1983, un artículo inusitadamente mordaz del *New York Times*, escrito por el corresponsal Bernard Gwertzman, echó por tierra estas razones:

> *La petición formal... fue hecha... a instancias de Estados Unidos. Sin embargo... la redacción de la petición fue hecha en Washington y entregada a los líderes caribeños por emisarios americanos especiales.*

Un alto cargo americano dijo a Gwertzman que la verdadera razón de la invasión era la oportunidad que brindaba a Estados Unidos (que quería sobreponerse al sentimiento de derrota cosechado en Vietnam) para mostrar que verdaderamente era una nación poderosa: "*¿De qué sirven las maniobras y las exhibiciones de fuerza si no las utilizamos nunca?*"

En el Caribe, la conexión entre la intervención militar estadounidense y la promoción de las empresas capitalistas siempre había pecado de escasa sutileza. Respecto a Grenada, un artículo del *Wall Street Journal* aparecido ocho años después de la invasión militar (29 de octubre de 1991) hablaba de "*una invasión de bancos*" e hizo notar que St. George, la capital de Grenada - con sus 7.500 habitantes- tenía 118 sucursales bancarias internacionales: una por cada 64 residentes.

A menudo la justificación de las invasiones estadounidenses ha sido la de "proteger" a los ciudadanos. Pero cuando los escuadrones de la muerte patrocinados por el gobierno mataron a cuatro religiosas en El Salvador en 1980, no hubo ninguna intervención estadounidense. Por el contrario, continuaron tanto las ayudas militares al gobierno como el adiestramiento de los escuadrones de la muerte.

El papel histórico de los Estados Unidos en El Salvador, donde el 2% de la población poseía el 60% de las tierras, era el de asegurarse de que los gobiernos que estaban en el poder apoyaran los intereses de las compañías de los Estados Unidos, sin importarle para nada el consiguiente empobrecimiento de la gran mayoría de la población. Así que había que hacer frente a la rebeliones populares que amenazaban a estas empresas. Cuando en 1932 el gobierno militar se vio amenazado por el levantamiento popular, Estados Unidos envió un acorazado y dos destructores para vigilar mientras el gobierno llevaba a cabo una masacre en la que perdieron la vida 30.000 salvadoreños.

En febrero de 1980, el arzobispo católico de El Salvador, Oscar Romero, envió una carta personal al presidente Carter en la que pedía que dejara de enviar ayuda militar a El Salvador. Con anterioridad, la Guardia Nacional y la Policía Nacional habían disparado sobre un grupo de manifestantes delante de la Catedral Metropolitana, matando a 24 personas. Pero la administración Carter siguió con las ayudas. Un mes después el arzobispo Romero fue asesinado.

Existieron claras evidencias de que el asesinato había sido ordenado por Roberto D'Aubuisson, un líder derechista. Pero D'Aubuisson contaba con la protección de Nicolás Carranza, ministro adjunto de Defensa, que en esa época cobraba $90.000 al año de la CIA. Elliot Abrams, que -para colmo de las ironías- ocupaba el cargo de secretario de Defensa adjunto de Derechos Humanos, declaró que D'Aubuisson "*no estaba implicado en el asesinato*".

El Congreso se sintió desconcertado por las matanzas de El Salvador y exigió que, antes de dar ninguna ayuda más, el presidente debía certificar que se estaban produciendo progresos en el campo de los derechos humanos. Reagan no se lo tomó en serio. Se produjeron más masacres y los certificados y las ayudas continuaron viento en popa.

Durante los años de Reagan la prensa se comportó de una forma especialmente tímida y obsequiosa. Cuando el periodista Raymond Bonner continuó informando sobre las atrocidades que ocurrían en El Salvador -y del papel que jugaba Estados Unidos en ellas- el *New York Times* le cambió de destino. En 1981 Bonner había informado acerca de la masacre de cientos de civiles en el pueblo de El Mozote, acción llevada a cabo por un batallón de soldados adiestrados por los Estados Unidos. La administración Reagan se mofó del informe, pero en 1992, un equipo de antropólogos forenses empezó a desenterrar los esqueletos que había en el lugar de la masacre, la mayoría de niños; al año siguiente una comisión de la ONU confirmó la versión de Bonner sobre la masacre de El Mozote.

La administración Reagan, que no parecía hacer ascos a las juntas militares que gobernaban en Latinoamérica (Guatemala, El Salvador, Chile) -siempre que éstas fueran "amables" con Estados Unidos-, se sentía muy molesta cuando les era hostil un régimen tiránico, como lo era el gobierno de Muammar Gaddafi en Libia. En 1986, cuando unos terroristas desconocidos pusieron una bomba en una discoteca de Berlín occidental matando a un militar estadounidense, la Casa Blanca decidió tomar represalias inmediatamente. Lo más probable es que Gaddafi haya sido el responsable de varios actos de terrorismo a lo largo de los años, pero no había ninguna evidencia real para pensar que fuera el culpable en este caso en particular.

Se enviaron aviones a la capital, Trípoli, con instrucciones específicas de bombardear la casa de Gaddafi. Las bombas cayeron en una ciudad abarrotada; murieron unas cien personas. Gaddafi no resultó herido, pero una hija adoptiva suya perdió la vida en el bombardeo.

A principios de la presidencia de George Bush, tuvieron lugar los acontecimientos más dramáticos de la escena internacional desde la conclusión de la II Guerra Mundial. En 1989, con un nuevo líder dinámico a la cabeza de la Unión Soviética, Mijail Gorbachov, el descontento popular -largamente reprimido con la "dictadura del proletariado", que resultó ser una dictadura *sobre* el proletariado- estalló en todo el bloque soviético.

Las masas salieron a manifestarse por las calles de la Unión Soviética y en los países del este de Europa que llevaban muchos años dominados por la Unión Soviética. Alemania Oriental decidió unirse a Alemania Occidental, y el muro que separaba Berlín oriental de Berlín occidental -desde hacía mucho tiempo, el símbolo del estricto control de Alemania Oriental sobre sus ciudadanos- fue desmantelado en presencia de los exultantes ciudadanos de ambas Alemanias. En Checoslovaquia nació un gobierno no comunista, encabezado por Vaclav Havel, un escritor de teatro y antiguo disidente que había estado en la cárcel. En Polonia, Bulgaria y Hungría surgieron nuevos liderazgos que prometían libertad y democracia. Lo sorprendente del caso es que todo esto tuvo lugar sin guerras civiles, en respuesta -simplemente- a la aplastante demanda popular.

En los Estados Unidos, el partido Republicano afirmaba que la política de línea dura de Reagan y el incremento de los gastos militares habían derribado a la Unión Soviética. Pero el antiguo embajador americano en la Unión Soviética, George Kennan, escribió que *"el efecto general del extremismo que* acompañaba la guerra fría fue retrasar -más que acelerar- los grandes cambios que se produjeron en la Unión Soviética hacia finales de los años 80".

Según Kennan la política de la guerra fría supuso un tremendo coste para el pueblo americano: "*Lo pagamos con cuarenta años de enormes e innecesarios gastos militares. Lo pagamos con el despliegue de las armas nucleares hasta tal punto que el vasto e inútil arsenal nuclear se convirtió en un peligro (y todavía continúa siéndolo) para el medio ambiente de nuestro propio planeta*".

En el momento de producirse el repentino derrumbamiento de la Unión Soviética, el liderazgo político de los Estados Unidos no estaba preparado. Se habían sustraído varios billones de dólares a los ciudadanos americanos -en forma de impuestos- para mantener el enorme arsenal nuclear y convencional, y también las bases militares dispersas por todo el mundo, con la justificación primordial de "la amenaza soviética". Ahora Estados Unidos tenía la oportunidad de reconstruir su política exterior y liberar cientos de miles de millones de dólares al año del presupuesto para utilizarlos en proyectos constructivos y sanos.

Pero esto nunca ocurrió. Junto al júbilo del "*hemos ganado la guerra fría*" sobrevino una especie de pánico: "*¿Qué podemos hacer para mantener nuestra institución militar?*"

El presupuesto militar seguía siendo enorme. El presidente de la Junta de Estado Mayor, Colin Powell, dijo lo siguiente: "*Quiero que el resto del mundo se muera de miedo. Y no lo digo de manera agresiva*".

Para probar que la gigantesca institución militar todavía era necesaria, la administración Bush emprendió, durante su mandato de cuatro años, dos guerras: una pequeñita, contra Panamá, y otra masiva, contra Irak.

El dictador de Panamá, el general Manuel Noriega, era corrupto, brutal y autoritario, pero el presidente Reagan y el vicepresidente Bush pasaron por alto este dato porque Noriega cooperaba con la CIA en muchas facetas. Sin embargo, en 1987, Noriega dejó de ser útil, sus actividades en el tráfico de narcóticos estaban al descubierto y se convirtió en un objetivo ideal para que la administración Bush demostrara que Estados Unidos -potencia que parecía no poder destruir el régimen de Castro, ni a los sandinistas ni al movimiento revolucionario de El Salvador- todavía mantenía su predominio en la zona del Caribe.

En diciembre de 1989, Estados Unidos invadió Panamá con 26.000

soldados, con el pretexto de que quería llevar a juicio a Noriega por tráfico de drogas. También dijo que era necesario proteger a los ciudadanos estadounidenses.

Fue una victoria rápida. Noriega fue capturado y llevado a Florida donde fue juzgado (y declarado culpable y condenado a pena de prisión). Pero en la invasión se bombardearon barrios enteros de la ciudad de Panamá y murieron cientos -o quizás miles- de civiles. Se estimó que unas 14.000 personas se habían quedado sin hogar.

En el poder se instaló un nuevo presidente, aliado de los Estados Unidos; pero la pobreza y el desempleo continuaron y en 1992 el *New York Times* informó que la invasión y la destitución de Noriega "*fracasaron en su intento de poner fin al tráfico de narcóticos ilegales en Panamá*".

Sin embargo, Estados Unidos tuvo éxito en uno de sus objetivos: el restablecimiento de su fuerte influencia sobre Panamá. Los demócratas liberales (los senadores John Kerry y Ted Kennedy de Massachusetts, y muchos otros) aprobaron la acción militar. Los demócratas estaban siendo fieles a su papel histórico de apoyar intervenciones militares y ansiosos por mostrar que la política exterior era bipartita. Los demócratas parecían dispuestos a demostrar que eran tan duros (o tan despiadados) como los republicanos.

Pero la operación de Panamá fue de una escala demasiado limitada para conseguir lo que tanto querían las administraciones de Reagan y Bush: vencer el aborrecimiento que sentía el pueblo americano -desde los tiempos de Vietnam- por las intervenciones militares en el extranjero.

Dos años más tarde la guerra del Golfo contra Irak les proporcionó esa oportunidad. Bajo la brutal dictadura de Saddam Hussein, Irak había invadido, en agosto de 1990, a su pequeño vecino de Kuwait -un país rico en petróleo.

Por aquel entonces George Bush necesitaba un revulsivo que acrecentara su popularidad entre los votantes americanos. El *Washington Post* informó en octubre: "*Algunos observadores de su propio partido temen que el presidente se verá forzado a entrar en combate para prevenir nuevas erosiones de sus apoyos en casa*".

El 30 de octubre se tomó una decisión secreta a favor de la guerra contra Irak. Las Naciones Unidas había respondido a la invasión de Kuwait estableciendo sanciones contra Irak. Los testimonios secretos de la CIA realizados en el Senado afirmaban que con las sanciones se habían reducido las importaciones y exportaciones de Irak en más de un 90%. Pero Bush estaba decidido. Después de que las elecciones de noviembre hubieran supuesto un incremento de demócratas en el Congreso, Bush dobló las fuerzas militares americanas en el Golfo hasta llegar a la cifra de 500.000, creando lo que claramente era una fuerza ofensiva, más que defensiva.

Según Elizabeth Drew, una escritora del *New Yorker*, John Sununu, el ayudante de Bush, "*iba contando a la gente que una corta pero victoriosa guerra tendría su peso en oro para el presidente y que eso aseguraría su reelección*". Esto, junto con el antiguo deseo de los Estados Unidos de tener voz y voto en el control de los recursos petrolíferos de Oriente Medio, era un elemento crucial en la decisión de declarar la guerra a Irak.

Pero no fueron ésos los motivos expuestos a los americanos. Se les contó que Estados Unidos quería liberar a Kuwait del control iraquí. Los medios de comunicación más importantes insistieron en que ésa era la razón para declarar la guerra, sin reparar en que otros países habían sido invadidos sin que Estados Unidos mostrara ningún tipo de preocupación (Timor Oriental había sido invadido por Indonesia, Irán por Irak, Líbano por Israel, Mozambique por Sudáfrica, etc., sin contar los países invadidos por los propios Estados Unidos: Grenada y Panamá).

La más acuciante justificación pro-guerra era que Irak estaba construyendo una bomba nuclear, aunque realmente había pocos indicios de que esto fuera cierto. Pero incluso si Irak hubiera podido construir una bomba en uno o dos años -según los cálculos más pesimistas- no contaba con ningún sistema para poder lanzarla. Por otra parte, Israel ya poseía armas nucleares. Y Estados Unidos poseía unas 30.000. Lo que la administración Bush intentaba por todos los medios era crear una paranoia en la nación con la excusa de una bomba iraquí que todavía no existía.

Bush parecía estar dispuesto a apostar por la guerra. Había habido varias oportunidades de negociar una retirada iraquí de Kuwait justo después de la invasión, incluyendo una propuesta iraquí de la que informó el corresponsal Knut Royce en el *Newsday* el 29 de agosto. Pero Estados Unidos no respondió a la propuesta. Cuando el secretario de Estado James Baker fue a Ginebra a reunirse con el ministro de asuntos exteriores iraquí, Tariq Aziz, las instrucciones de Bush eran de "*no negociar*".

A pesar de los meses que Washington llevaba advirtiendo del peligro que suponía Saddam Hussein, las encuestas mostraban que menos de la mitad del público estaba a favor de la acción militar.

En enero de 1991, Bush, que aparentemente necesitaba alguna clase de apoyo, pidió al Congreso que le diera autoridad para entrar en guerra. El debate del Congreso fue animado. (Llegó un momento en que un discurso pronunciado en el Senado fue interrumpido por manifestantes que gritaron "¡No a la sangre a cambio de petróleo!" desde el balcón reservado al público. Los que protestaban fueron desalojados por los guardias.) El Senado votó a favor de la acción militar por sólo unos pocos votos de diferencia. La Cámara apoyó la resolución por una gran mayoría. Sin embargo, una vez que Bush hubo ordenado el ataque sobre Irak, ambas cámaras -con sólo unos pocos votos contrarios, tanto demócratas como republicanos- votaron "apoyar la guerra y apoyar a las tropas".

Fue a mediados de enero de 1991, después de que Saddam Hussein ignorara un ultimátum para abandonar Kuwait, cuando Estados Unidos lanzó su ataque aéreo sobre Irak. Se llamó "Tormenta del desierto". El gobierno y los medios de comunicación habían pintado a Irak como una impresionante potencia militar, aunque estaba lejos de serlo. Las Fuerzas Aéreas de los Estados Unidos tenían un control total del aire y podían bombardear a voluntad. Pero eso no era todo. Los oficiales estadounidenses tenían un control casi total de las ondas radiofónicas. El público americano estaba abrumado por las imágenes televisivas de las "bombas inteligentes" (*Smart bombs*) y por las confiadas declaraciones que aseguraban que las bombas láser se estaban dirigiendo con perfecta precisión contra los objetivos militares. Los principales medios de comunicación presentaban todas estas declaraciones sin ponerlas en duda o criticarlas.

La confianza que había de que las "bombas inteligentes" no herirían a los civiles puede haber contribuido al cambio de opinión pública. Se pasó de una división al 50% de apoyo a la guerra a un 85% de apoyo a la invasión. Quizás lo que más influyó en este cambio fue que una vez que el ejército americano estuvo implicado, mucha gente que antes se había opuesto a la acción militar creyó que criticar la decisión equivaldría ahora a traicionar a las tropas que estaban ahí. Por toda la nación se exhibieron lazos amarillos que simbolizaban el apoyo a las fuerzas que luchaban en Irak.

En realidad se estaba engañando al público respecto a la "inteligencia" de las bombas que se estaban lanzando en los pueblos iraquíes. Tras hablar con antiguos oficiales de la inteligencia y de las Fuerzas Armadas, un corresponsal del *Boston Globe* informó de que aproximadamente un 40% de las bombas dirigidas por láser y lanzadas durante la operación Tormenta del desierto no hicieron blanco en sus objetivos. Reuter informó de que en los primeros ataques aéreos sobre Irak se habían utilizado bombas dirigidas por láser, pero que a las pocas semanas se empezaron a usar B-52 -que transportaban bombas convencionales-, lo cual significaba bombardeos más indiscriminados.

John Lehman, secretario de Marina en la administración del presidente Reagan, estimó que se había herido a miles de civiles. Un despacho de Reuter desde Irak describió la destrucción de un hotel de 73 habitaciones de un pueblo al sur de Bagdad, y citó las palabras de un testigo egipcio: *"Hicieron blanco en el hotel lleno de familias, y luego regresaron para volver a bombardearlo"*.

A los periodistas americanos no se les permitió que observaran la guerra desde cerca y sus despachos estuvieron sujetos a la censura. Parecía como si, tras haber visto cómo había afectado a la opinión pública la información de la prensa sobre las bajas de civiles en la guerra de Vietnam, esta vez el gobierno estadounidense no quisiera arriesgarse.

A mediados de febrero, los aviones estadounidenses lanzaron bombas sobre un refugio aéreo en Bagdad a las cuatro de la mañana, matando a 400 o 500 personas. Un reportero de la Associated Press -uno de los pocos con autorización para visitar el lugar-, dijo lo siguiente: *"La mayoría de los cadáveres que se han encontrado estaban tan quemados y mutilados que era imposible saber su identidad. Era evidente que algunos de los cadáveres eran de niños"*. El Pentágono aseguraba que se trataba de objetivos militares, pero el reportero de la Associated Press que estaba en el lugar de los hechos dijo: *"No podía verse ninguna evidencia de presencia militar entre los escombros"*. Otros reporteros que también inspeccionaron el lugar confirmaron estas declaraciones.

Después de la guerra, quince jefes de agencias informativas de Washington se quejaron en una declaración conjunta de que el Pentágono ejerció un *"control virtual total sobre la prensa americana"* durante la guerra del Golfo. Pero mientras ésta tenía lugar, los comentaristas más importantes de la televisión se comportaron como agentes al servicio del gobierno de los Estados Unidos. Cuando el gobierno soviético intentó negociar el final de la guerra -

sacando a Irak fuera de Kuwait antes de que empezara la guerra en tierra- el corresponsal más importante de la CBS, Leslie Stahl, preguntó a otro periodista: *"¿No es éste un escenario de pesadilla? ¿No estarán los soviéticos tratando de detenernos?"*

La última fase de la guerra, apenas seis semanas después de que hubiera comenzado, fue un asalto por tierra, que al igual que la guerra en el aire, apenas encontró resistencia. Con la victoria segura y el ejército iraquí en plena retirada, los aviones estadounidenses siguieron bombardeando a los soldados que, mientras se retiraban, obstaculizaban las autopistas que salían de la ciudad de Kuwait. Un reportero calificó la escena como *"un infierno ardiente... una horrible imagen. Los cadáveres de los que huían yacían en la arena, del este al oeste"*.

Después de la guerra quedaron al descubierto, con claridad aterradora, las consecuencias humanas de la guerra. Se reveló que los bombardeos de Irak habían causado el hambre, las enfermedades y la muerte de decenas de miles de niños. Un equipo médico de Harvard informó en mayo que la mortalidad infantil había aumentado dramáticamente y que en los primeros cuatro meses del año (la guerra duró desde el 15 de enero al 28 de febrero) habían muerto 55.000 niños más que en el mismo período del año anterior.

El director del hospital pediátrico de Bagdad contó a un reportero del *New York Times* que la primera noche de la campaña de bombardeos se quedaron sin electricidad: *"Las madres se llevaron a los niños de las incubadoras, quitándoles los tubos intravenosos de sus brazos. Se sacó a otros niños de las cámaras de oxígeno y fueron llevados al sótano, donde no había calor. Perdí a más de 40 niños prematuros en las primeras 12 horas del bombardeo"*.

Aunque en el transcurso de la guerra los oficiales estadounidenses y la prensa habían descrito a Saddam Hussein como a otro Hitler, la guerra llegó a su fin sin que se llegara a entrar en Bagdad, dejando así a Hussein en el poder. Parecía que Estados Unidos había querido debilitarle pero no eliminarle, para así mantenerle como contrapeso frente a Irán. En los años anteriores a la guerra del Golfo, Estados Unidos había vendido armas tanto a Irán como a Irak, favoreciendo a veces a uno, a veces a otro, como parte de la tradicional estrategia del "equilibrio de poder".

Así pues, cuando la guerra terminó, Estados Unidos no apoyó a los disidentes iraquíes que querían derrocar el régimen de Saddam Hussein. El

New York Times informó: "*El presidente Bush ha decidido que sea el presidente Saddam Hussein quien sofoque las rebeliones de su país sin intervención americana antes de arriesgarse a la fragmentación de Irak*". Esta decisión dejaba impotente a la minoría kurda que se estaba rebelando contra Saddam Hussein. También dejaba sin apoyo a los elementos anti Hussein que había entre la mayoría iraquí.

La guerra provocó una desagradable ola de racismo árabe en los Estados Unidos durante la cual se insultaba, golpeaba o amenazaba de muerte a los árabe-americanos. Los parachoques lucían pegatinas que rezaban: "*I don't brake for Irakis*"[34]. Un hombre de negocios árabe-americano fue apaleado en Toledo, Ohio.

El partido Demócrata estaba de acuerdo con la administración Bush. Estaba satisfecho con los resultados, y aunque tenía ciertos recelos acerca de las bajas civiles, no constituían una oposición.

El presidente George Bush estaba satisfecho. Al terminar la guerra, hizo unas declaraciones por radio: "*El espectro de Vietnam ha sido enterrado para siempre en las arenas del desierto de la península árabe*".

La prensa oficial estaba completamente de acuerdo. Las dos revistas de noticias más importantes, *Times* y *Newsweek,* publicaron ediciones especiales aclamando la victoria en la guerra y haciendo hincapié en el hecho de que sólo había habido unas pocas bajas americanas. No se mencionaban las bajas iraquíes. Un editorial del *New York Times* decía: "*La victoria americana en la guerra del Golfo Pérsico... proporcionó una justificación especial al Ejército americano, el cual explotó su potencia de fuego y movilidad con brillantez y aprovechó para borrar los recuerdos de sus penosas dificultades en Vietnam*".

June Jordan, poetisa negra de Berkeley (California), tenía una opinión diferente: "*Opino que es un golpe similar al del crack... y su efecto no dura mucho*".

Capítulo 22

LA RESISTENCIA IGNORADA

Cuando, a principios de los 90, un escritor de la revista *New Republic* hizo en el *New York Times* la crítica positiva de un libro sobre la influencia de elementos peligrosos y antipatrióticos entre los intelectuales americanos, advirtió a sus lectores de la existencia en los Estados Unidos de *"una cultura de oposición permanente"*.

Era una observación precisa. A pesar del consenso político de los demócratas y de los republicanos en Washington respecto a los límites de la reforma americana -reafirmando el capitalismo, manteniendo la fuerza militar nacional y dejando las riquezas y el poder en manos de unos pocos- había millones de americanos, probablemente decenas de millones, que se negaban, bien de forma activa o silenciosa, a seguirles el juego. Los medios de comunicación generalmente no informaban de sus actividades. Y ellos constituían esa *"cultura de oposición permanente"*.

Durante los años de Carter había comenzado a tomar cuerpo un pequeño pero activo movimiento contra la existencia del armamento nuclear. Sus pioneros fueron un diminuto grupo de pacifistas cristianos que habían sido activistas en contra de la guerra de Vietnam (entre ellos un antiguo cura, Philip Berrigan y su mujer, Elizabeth McAlister, una antigua monja). Los miembros de este grupo fueron arrestados una y otra vez por tomar parte en llamativos actos de protesta no violenta contra la guerra nuclear ante el Pentágono y la Casa Blanca; entraban ilegalmente en zonas prohibidas, y derramaban su propia sangre sobre símbolos de la maquinaria de guerra.

En 1980, pequeñas delegaciones de activistas pacifistas de todo el país se manifestaron repetidas veces ante el Pentágono. Más de mil personas fueron arrestadas por actos no violentos de desobediencia civil.

En la siguiente década se desarrolló un movimiento contra las armas nucleares compuesto por un grupo de hombres y mujeres que estaban dispuestos a ir a la cárcel para provocar una reflexión en los millones de americanos que estaban asustados ante la posibilidad del holocausto nuclear e indignados ante los miles de millones de dólares que se gastaban en armamento mientras había gente que vivía sin ver atendidas sus necesidades vitales.

Incluso los muy ortodoxos miembros de un jurado de Pennsylvania que condenaron a un grupo de manifestantes (llamados *The Plowshares Eight*[35] por sugerir, tal y como decía la Biblia, que las espadas deberían ser convertidas en rejas de arado), mostraron una gran comprensión por sus acciones. Un miembro del jurado, Mary Ann Ingram, dijo: "*En realidad nosotros no queríamos condenarles por nada de lo que habían hecho. Esas personas no eran criminales. Eran personas que estaban intentando hacer algo bueno por el país. Pero el juez dijo que la energía nuclear no era el tema en cuestión*".

El enorme presupuesto militar de Reagan provocó un movimiento nacional en contra de las armas nucleares. En las elecciones de 1980 -las que le llevaron a la presidencia- se llevaron a cabo referéndums en tres distritos del oeste de Massachusetts que permitieron decir a los votantes si creían en una suspensión bilateral soviético-americana de las pruebas, de la producción y del despliegue de todas las armas nucleares, y si querían que el Congreso dedicara esos fondos a usos civiles. En la campaña trabajaron durante meses dos grupos pacifistas, así que, finalmente, los tres distritos aprobaron la resolución (94.000 contra 65.000). Ganaron incluso entre aquellos que habían votado por la presidencia de Reagan. Otros referéndums similares -en San Francisco, Berkeley, Oakland, Madison y Detroit (1978-81)- dieron la mayoría de los votos a la posición anti-armamentista.

En la vanguardia del nuevo movimiento antinuclear estaban las mujeres. Randall Forsberg -una joven especialista en armas nucleares- organizó el Consejo para la Congelación de Armas Nucleares, cuyo sencillo programa de congelación bilateral soviético-americano de producción de nuevas armas nucleares comenzó a hacerse muy popular en todo el país. Poco después de la elección de Reagan, dos mil mujeres se reunieron en Washington, se dirigieron en manifestación hacia el Pentágono y formaron un gran anillo a su alrededor, unidas por los brazos o sujetando bufandas de vivos colores. Ciento cuarenta mujeres fueron arrestadas por bloquear la entrada del Pentágono.

Un pequeño grupo de médicos comenzó a organizar reuniones por todo el país para enseñar a los ciudadanos las consecuencias médicas de la guerra nuclear. Eran el núcleo de la organización Médicos por la Responsabilidad Social, y la doctora Helen Caldicott -presidenta del grupo- se convirtió en la líder nacional más influyente y elocuente del movimiento.

En un mitin nacional de obispos católicos celebrado a principios del mandato de Reagan, la mayoría se opuso al uso de las armas nucleares. En noviembre de 1981, hubo mítines en 151 universidades de todo el país sobre la cuestión de la guerra nuclear. Y en unas elecciones locales celebradas en Boston ese mismo mes, los 22 distritos de Boston -incluyendo los distritos obreros blanco y negro- aprobaron por mayoría una resolución que pedía un incremento del gasto federal en programas sociales *"y la reducción de la cantidad de dólares que pagamos en impuestos por armas nucleares y programas de intervención extranjera"*.

El 12 de junio de 1982 tuvo lugar en Central Park de Nueva York la manifestación política más grande de la historia del país. Casi un millón de personas se reunieron para expresar su voluntad de poner fin a la carrera armamentística.

Científicos que habían trabajado en la bomba atómica unieron sus voces al movimiento, que crecía día a día. George Kistiakowsky, profesor de química de la Universidad de Harvard que había trabajado en la primera bomba atómica y que más tarde fue consejero científico del presidente Eisenhower, se convirtió en el portavoz del movimiento por el desarme. Sus últimas declaraciones públicas, antes de que muriera de cáncer a la edad de 82 años, se publicaron en un editorial de la revista *Bulletin of Atomic Scientists* en diciembre de 1982: *"Os lo digo como mis últimas palabras de despedida: Olvidad los canales. Sencillamente no hay tiempo suficiente antes de que el mundo explote. En vez de eso, concentraos en organizar -con otros que piensen igual que vosotros- un movimiento de masas a favor de la paz como jamás lo ha habido"*.

En la primavera de 1983, 368 ciudades y ayuntamientos de todo el país apoyaron la congelación nuclear, con 444 mítines celebrados en ayuntamientos y 17 en los parlamentos estatales. También se celebró uno en la Cámara de Representantes. Una encuesta Harris de este período reveló que el 79% de la población quería que se llegara a un acuerdo para la congelación nuclear con la Unión Soviética. Incluso entre los cristianos evangélicos -un grupo de 40 millones de personas que se suponía conservador y favorable a

Reagan-, mostró en una encuesta popular que el 60% estaban a favor de la congelación nuclear.

Un año después de la gran manifestación en Central Park, ya se habían creado más de tres mil grupos pacifistas en todo el país. El sentimiento antinuclear se reflejaba en la cultura: libros, artículos de revista, obras de teatro, películas, etc. El apasionado libro de Jonathan Schell en contra de la carrera armamentista, *The Fate of the Earth*, se convirtió en un *best-seller* nacional. La administración Reagan prohibió la entrada al país de un documental canadiense sobre la carrera armamentista, pero un tribunal federal ordenó su admisión.

En menos de tres años, había tenido lugar un asombroso cambio en la opinión pública. Cuando Reagan fue elegido, el sentimiento nacionalista conseguido gracias a la reciente crisis de los rehenes en Irán y a la invasión rusa de Afganistán era fuerte; el Centro de Investigación de la Opinión Nacional de la Universidad de Chicago descubrió que sólo el 12% de los encuestados pensaba que se estaba gastando demasiado en armas. Pero en otra encuesta realizada en la primavera de 1982, esa cifra había aumentado a un 32%. Y en la primavera de 1983, una encuesta del *New York Times* y CBS News descubrió que esa cifra había aumentado de nuevo al 48%.

Los sentimientos antimilitaristas se expresaban también en la resistencia que había al reclutamiento. Cuando el presidente Jimmy Carter, en respuesta a la invasión soviética de Afganistán, hizo un llamamiento para el reclutamiento voluntario en el ejército, más de 800.000 hombres (el 10%) no se presentaron. Una madre escribió al *New York Times*:

> *Al director: Hace 36 años estuve ante el crematorio. La fuerza más horripilante del mundo estaba dispuesta a eliminarme del ciclo de la vida, a no dejarme saber lo que es el placer de dar vida. Con grandes armas y un gran odio, esta fuerza se creía igual a la fuerza de la vida.*
>
> *Sobreviví a las grandes armas y con cada sonrisa de mi hijo, se hacen más pequeñas. No está en mis manos, señor, ofrecer la sangre de mi hijo como lubricante para la siguiente generación de armas. Yo me aparto a mí misma y a los míos del ciclo de la muerte.*
>
> *Isabella Leitner.*

William Beecher, un antiguo periodista del Pentágono, escribió en noviembre de 1981 que Reagan estaba *"visiblemente preocupado, incluso alarmado, por las crecientes voces de descontento y sospecha que se alzaban para oponerse a la nueva estrategia nuclear estadounidense, tanto en las calles de Europa como -más recientemente- en las universidades americanas".*

Con la esperanza de intimidar a esta oposición, la administración Reagan empezó a procesar a aquellos que se resistían al reclutamiento. Uno de los que se enfrentaba a la cárcel era Benjamin Sasway. Decía que la intervención militar estadounidense en El Salvador era una buena razón para resistirse al reclutamiento.

La política de Reagan de enviar ayuda militar a la dictadura de El Salvador no fue aceptada en silencio por la nación. Nada más asumir la presidencia, apareció en el *Boston Globe* la siguiente noticia: *"Fue una escena que hacía recordar los años sesenta: un mitin de estudiantes gritando lemas en contra de la guerra en Harvard Yard, una manifestación portando velas por las calles de Cambridge... 2.000 personas, la mayoría estudiantes, se reunieron para protestar por la implicación de los Estados Unidos en El Salvador..."*

Durante la ceremonia de entrega de diplomas en la Universidad de Syracuse, y cuando le fue concedido un doctorado *honoris causa* al secretario de Estado de Reagan, Alexander Haig, por sus *"servicios públicos"*, doscientos estudiantes y profesores le volvieron la espalda durante la presentación. La prensa informó que *"casi todas las pausas del discurso de 15 minutos del señor Haig eran interrumpidas por cantos de "¡Necesidades humanas sí, avaricia militar no!", "¡Fuera de El Salvador!" y "¡Las armas de Washington matan a monjas americanas!"*

El último lema era una referencia a la ejecución en el otoño de 1980 de cuatro monjas americanas a manos de soldados de El Salvador. Miles de personas en El Salvador estaban siendo asesinadas cada año por "escuadrones de la muerte" financiados por un gobierno al que los Estados Unidos enviaba armas, y el pueblo americano estaba comenzando a fijarse en ello. Pero a la opinión pública, simplemente, se la ignoraba. Una encuesta del *New York Times*/CBS News en la primavera de 1982 informó de que sólo el 16% de los encuestados estaba a favor del programa de Reagan de enviar ayuda militar y económica a El Salvador.

La prensa americana había hablado mucho -a principios de los ochenta- de la cautela política que caracterizaba a la nueva generación de estudiantes universitarios, preocupados principalmente por sus propias carreras. Pero cuando en la ceremonia de entrega de diplomas de Harvard, en junio de 1983, el escritor mexicano Carlos Fuentes criticó la intervención americana en

Latinoamérica y dijo que *"debido al hecho de que somos verdaderos amigos, no permitiremos que os comportéis en los asuntos latinoamericanos como se comporta la Unión Soviética en los asuntos de Europa central y Asia central"*, fue interrumpido veinte veces por los aplausos, y recibió una gran ovación cuando terminó su discurso.

Entre mis propios estudiantes de la Universidad de Boston no encontré el penetrante egoísmo y la despreocupación hacia los demás de los que tanto hablaban los medios de comunicación -hasta la saciedad- en los años ochenta. Un estudiante escribió en el periódico de su clase: *"Trabajo en Roxbury* [un barrio de negros]. *Sé que el gobierno no funciona. No funciona para la gente de Roxbury ni para la gente de ningún otro sitio. Funciona para los que tienen dinero"*.

Más allá de las universidades, en el campo, había una oposición a la política del gobierno que no se conocía mucho. Más de mil personas de Tucson, Arizona, participaron en una procesión y fueron a misa en conmemoración del aniversario de la muerte de Oscar Romero, arzobispo salvadoreño que había denunciado los escuadrones de la muerte en El Salvador.

Más de 60.000 americanos firmaron *The Pledge of Resistance*[36], prometiendo tomar cualquier clase de medidas, incluyendo la desobediencia civil, si Reagan intentaba invadir Nicaragua. Cuando el presidente comenzó el bloqueo del diminuto país para intentar obligar a que su gobierno dejara el poder, hubo manifestaciones por todo el país. Sólo en Boston, 550 personas fueron arrestadas por protestar contra el bloqueo.

Durante la presidencia de Reagan hubo cientos de movimientos en contra de su política en Sudáfrica. Estaba claro que Reagan no quería ver desplazada a la minoría dirigente blanca de Sudáfrica por el radical Congreso Nacional Africano, que representaba a la mayoría negra. Pero la opinión pública era lo suficientemente fuerte como para obligar al Congreso a legislar sanciones económicas contra el gobierno sudafricano en 1986, anulando así el veto de Reagan.

Los recortes de Reagan en servicios sociales se dejaron sentir a nivel local y, como consecuencia, hubo algunas reacciones airadas. En la primavera de 1981, los residentes de Boston oriental se echaron a la calle; durante 55 noches bloquearon las principales calles y el Sumner Tunnel en las horas punta en protesta por los recortes de fondos destinados a los bomberos, la policía y los profesores. El superintendente de policía, John Doyle, dijo: *"Estas personas quizás están empezando a aprender de las protestas de los años sesenta y setenta".* El *Boston Globe* dio la siguiente noticia: *"Los manifestantes de Boston oriental eran en su mayoría personas de edad mediana, de clase media o trabajadores que decían que nunca habían protestado por nada en su vida".*

La administración Reagan dejó de destinar fondos federales a las artes, sugiriendo que las artes dramáticas obtuvieran ayudas de donantes privados. En Nueva York, dos teatros históricos de Broadway fueron derrumbados para dejar sitio a un hotel de lujo de 50 pisos, después de que doscientas personas relacionadas con el teatro se manifestaran, hicieran piquetes, leyeran obras de teatro y cantaran canciones, negándose a dispersarse cuando la policía se lo ordenó. Algunas de las personalidades más conocidas del mundo del teatro fueron arrestadas, incluyendo al productor Joseph Papp, las actrices Tammy Grimes, Estelle Parsons y Celeste Holm y los actores Richard Gere y Michael Moriarty.

Los recortes presupuestarios desencadenaron huelgas en todo el país en las que participaban personas que no solían ir a la huelga. En otoño de 1982, la Prensa Internacional Unida dio la siguiente noticia:

> *Enojados por los despidos, las reducciones de salarios y la incertidumbre en la seguridad laboral, más maestros de todo el país han decidido sumarse a la huelga. La semana pasada, las huelgas de profesores en siete estados -desde Rhode Island hasta Washington- han dejado sin escuela a más de 300.000 estudiantes.*

Examinando una serie de noticias en la primera semana de enero de 1983, David Nyhan, del *Boston Globe* escribió: *"Algo se está tramando en el país que no presagia nada bueno para los políticos de Washington que lo están ignorando. La gente ha pasado de estar asustada a estar enfadada y están exteriorizando sus frustraciones de tal forma que pondrán a prueba la estructura del orden civil".* Nyhan dio algunos ejemplos:

> *A principios de 1983, en Little Washington, Pennsylvania, cuando fue encarcelado un profesor de informática de 50 años que estaba a la cabeza de una huelga de profesores, 2.000 personas se manifestaron delante de la cárcel para demostrar su apoyo, y la publicación Post-Gazette de Pittsburgh la denominó "la mayor multitud de personas que se había visto en el condado de Washington desde la 'Rebelión del Whiskey' de 1794".*

Cuando los propietarios de casas que estaban sin trabajo o en la bancarrota en la zona de Pittsburgh no pudieron hacer frente al pago de sus hipotecas y se programaron las ventas de ejecución de las hipotecas, 60 piquetes bloquearon el Palacio de Justicia para protestar por la subasta; el *sheriff* de Allegheny, Eugene Coon, detuvo los procesos.

La ejecución de la hipoteca de una granja de trigo de 320 acres en Springfield, Colorado, fue interrumpida por 200 granjeros enojados que fueron dispersados por gases lacrimógenos y porras.

En abril de 1983, cuando Reagan llegó a Pittsburgh para pronunciar un discurso, 3.000 personas -entre ellos, muchos trabajadores de las fundiciones de acero que se habían quedado sin trabajo- se concentraron bajo la lluvia delante de su hotel en señal de protesta. Los desempleados se manifestaron en Detroit, Flint, Chicago, Cleveland, Los Angeles, Washington y en más de 20 ciudades en total.

Por esa época, los ciudadanos negros de Miami se sublevaron en protesta por la brutalidad de la policía; también estaban reaccionando en contra de las privaciones que sufrían en general. El índice de desempleo entre jóvenes afroamericanos había sobrepasado el 50%, y la única respuesta de la administración Reagan a la pobreza era la construcción de más cárceles.

Era evidente que la política de Reagan aunó dos problemas: el del desarme y el del bienestar social. Se trataba de armas frente a niños, y esto lo expresó de forma dramática la directora de *Children's Defense Fund* (Fundación en Defensa de los Niños), Marian Wright Edelman, en un discurso pronunciado en la ceremonia de entrega de diplomas de la Milton Academy de Massachusetts en el verano de 1983:

> *Os estáis graduando en una nación y un mundo que se balancea al borde de la bancarrota moral y económica. Desde 1980, nuestro presidente y el Congreso han convertido las rejas de nuestros arados nacionales en espadas y han traído buenas noticias a los ricos a expensas de los pobres. Las principales víctimas son los niños.*

La prensa trataba las repetidas elecciones de los candidatos republicanos, Reagan en 1980 y 1984 y George Bush en 1988, con términos como "*triunfo electoral aplastante*" y "*victoria abrumadora*". Pero ignoraban el hecho de que casi la mitad de la población, aún teniendo el derecho a votar, no ejercía ese derecho. Sólo el 54% de las personas en edad de votar iba a las urnas, de manera que, del total de personas con derecho al voto, votó por Reagan el 27%.

En su segundo mandato, cuando se presentaba como candidato contra el antiguo vicepresidente, Walter Mondale, Reagan obtuvo el 59% del voto popular. Pero sólo votó la mitad del censo, con lo que sólo obtuvo el apoyo del 29% del electorado.

En las elecciones de 1988, la victoria con el 54% de los votos del vicepresidente George Bush -que se presentaba como candidato contra el demócrata Michael Dukakis- sumó el 27% del electorado.

Cuando la gente hablaba sobre sus problemas -en las encuestas de opinión pública- se refería a ideas a las que ni el partido Republicano ni el Demócrata prestaban atención. En los años ochenta y principios de los noventa, por ejemplo, los dos partidos mantuvieron unos límites muy estrictos en los programas sociales para los pobres. Argumentaban que dichos programas requerirían más impuestos que "el pueblo" no estaba dispuesto a pagar. Es verdad que, en general, los americanos querían pagar un mínimo de impuestos. Pero cuando se les preguntaba si estaban dispuestos a pagar impuestos más altos para necesidades específicas como la salud y la educación, respondían que sí. Por ejemplo, una encuesta de 1990 en la zona de Boston mostró que el 54% de los votantes estaban dispuestos a pagar más impuestos si éstos se destinaban a limpiar el medio ambiente.

Cuando se presentaba el tema de los impuestos en términos de clase   -y no como una propuesta general- la gente tenía las ideas muy claras. Una encuesta del *Wall Street Journal*/NBC News de diciembre de 1990 mostró que el 84% de los encuestados estaba a favor de que se sobretasara a los millonarios. A pesar de que el 51% de los encuestados estaban a favor de que se aumentara el impuesto sobre las ganancias de capital, ninguno de los dos partidos lo respaldó.

Una encuesta popular de la Escuela de la Salud Pública de Harvard efectuada en 1989 mostró que la mayoría de los americanos (el 61%) estaba a favor de un sistema sanitario como el que había en Canadá, en el que el gobierno era el único que pagaba a los médicos y hospitales -evitando así las compañías de seguros-, ofreciendo una protección médica universal para todos. Ni el partido Demócrata ni el Republicano adoptaron este sistema en su programa, aunque ambos insistían en que querían "reformar" el sistema sanitario.

Un informe realizado por la Corporación Gordon Black para el Club de Prensa Nacional en 1992 descubrió que el 59% de los votantes quería un recorte de un 50% en los gastos de defensa en un plazo de cinco años. Ninguno de los dos partidos más importantes estaba dispuesto a llevar a cabo recortes importantes en el presupuesto militar.

La opinión de la gente sobre las ayudas del gobierno a los pobres parecía depender de la forma en que se les hiciera la pregunta. Los dos partidos y los medios de comunicación hablaban constantemente del hecho de que el sistema de "asistencia social" no funcionaba, y la palabra "asistencia social" se convirtió en una señal de oposición. Cuando se preguntó (en una encuesta del *New York Times*/CBS News en 1992) si debería asignarse más dinero a la asistencia social, sólo un 23% respondió afirmativamente. Pero cuando se preguntó a las mismas personas si el gobierno debería ayudar a los pobres, el 64% dijo que sí.

Este era un tema que se planteaba una y otra vez. Cuando en 1987 -en plena presidencia de Reagan- se preguntó a la gente si el gobierno debería garantizar la comida y la vivienda a la gente necesitada, el 62% respondió en sentido positivo.

Estaba claro que había algo que no marchaba bien en un sistema político que se suponía democrático si la voluntad de los votantes era repetidamente ignorada. Y podía ser ignorada impunemente mientras el sistema político estuviera dominado por dos partidos, ambos vinculados a la riqueza de las corporaciones e incapaces de hacer frente a una enfermedad económica fundamental cuyas raíces eran más profundas que cualquier presidencia.

Esa enfermedad provenía de un hecho del que casi nunca se hablaba: que Estados Unidos era una sociedad basada en las clases sociales en la que el 1% de la población poseía el 33% de la riqueza y una sociedad que poseía una subclase de 30 ó 40 millones personas que vivían en la pobreza. Los programas sociales de los años sesenta Medicare y Medicaid, los cupones de comida, etc. no hacían más que mantener la mala distribución de los recursos americanos.

Aunque los demócratas daban más ayudas a los pobres que los republicanos, no tenían capacidad (ni tan siquiera voluntad) para cambiar un sistema económico en el que los beneficios de las corporaciones se anteponían a las necesidades humanas.

No había ningún movimiento nacional importante que estuviera a favor de cambios radicales; no había ningún partido social-demócrata (o democrático socialista) como los que existían en los países de Europa del este,

Canadá y Nueva Zelanda. Pero había miles de señales de alineación, voces de protesta, acciones locales en todo el país que pedían que se prestara atención a las quejas más sentidas y que exigían remedios contra las injusticias.

Por ejemplo, la *Citizen's Clearinghouse for Hazardous Wastes* (Agencia de Ciudadanos Distribuidora de Residuos Peligrosos) de Washington D. C.- creada a principios de la administración Reagan por la ama de casa y activista Lois Gibbs- informó que la Agencia estaba ayudando a 8.000 grupos locales de todo el país.

En Seabrook, Nueva Hampshire, llevaban años protestando por una central nuclear que los residentes consideraban un peligro para ellos y para sus familias. Entre 1977 y 1989, más de 3.500 personas fueron arrestadas en estas protestas. Finalmente la planta tuvo que ser cerrada debido a los problemas financieros y a la oposición que suscitaba.

El miedo a los accidentes nucleares se intensificó a raíz de los desastrosos incidentes en Three Mile Island en Pennsylvania en 1979 y especialmente por la espantosa desgracia de Chernobyl, en la Unión Soviética, en 1986. Todo esto tuvo un efecto en la industria nuclear que no hacía mucho había gozado de un gran auge. En 1994, las autoridades de Tennessee Valley pararon la construcción de tres plantas nucleares. El *New York Times* vio en este hecho "*el aviso de muerte simbólica para la presente generación de reactores en los Estados Unidos*".

En Minneapolis, Minnesota, miles de personas se manifestaban año tras año en contra de los contratos militares de la Honeywell Corporation, y entre 1982 y 1988 fueron arrestadas más de 1.800 personas.

Además, cuando las personas implicadas en tales actos de desobediencia civil aparecían ante el tribunal, se encontraban a menudo con el apoyo comprensivo de los miembros del jurado, obteniendo así la absolución de los ciudadanos ordinarios que parecían entender que, a pesar de haber quebrantado la ley -desde el punto de vista técnico- lo habían hecho por una buena causa.

En 1984, un grupo de ciudadanos de Vermont (los Cuarenta y cuatro de Winooski) se negó a desalojar el vestíbulo de la oficina de un senador de los Estados Unidos en protesta por los votos que el senador había dado en favor del envío de armas a la *contra* de Nicaragua. Fueron arrestados, pero en el juicio el juez les trató con compresión y el jurado los absolvió.

En otro juicio inmediatamente posterior, varias personas (incluyendo a los activistas Abbie Hoffman y Amy Carter, hija del antiguo presidente Jimmy Carter) fueron acusadas de bloquear a los agentes reclutadores de la CIA en la Universidad de Massachusetts. Llamaron al estrado de los testigos a ex-agentes de la CIA, quienes contaron al jurado que la CIA se había implicado en actividades ilegales y asesinas por todo el mundo. Los acusados fueron absueltos por el jurado. El fiscal del condado, que llevaba el juicio, concluyó que: *"La América media no quiere que la CIA haga lo que está haciendo"*.

En el sur, aunque no había ningún gran movimiento comparable con los movimientos de derechos civiles de los sesenta, había cientos de grupos locales que organizaban a los pobres, fuesen blancos o negros. En Carolina del Norte, Linda Stout -hija de un obrero que había muerto por culpa de la contaminación industrial- coordinó una red multirracial de 500 obreros textiles, agricultores y criadas -la mayoría de ellas mujeres de color con ingresos bajos- en el Proyecto de Paz de Piedmont.

En los años sesenta, los trabajadores agrícolas chicanos -mexicanos que habían ido a trabajar y a vivir a California y a los estados del sudoeste- se rebelaron en contra de unas condiciones de trabajo feudales. Se declararon en huelga y, dirigidos por César Chavez, organizaron un boicot nacional a las uvas. Al poco tiempo, los trabajadores agrícolas de todo el país empezaron a organizarse.

En los años setenta y ochenta, continuaron las luchas en contra de la pobreza y la discriminación. Los años de Reagan afectaron seriamente a los trabajadores agrícolas chicanos, así como a los pobres de todo el país. En 1984, el 42% de los niños latinos -y una cuarta parte de las familias- vivían por debajo del umbral de la pobreza.

Los mineros del cobre de Arizona, en su mayoría mexicanos, se declararon en huelga en 1983 para protestar contra la compañía Phelps-Dodge después de que ésta llevara a cabo recortes en los salarios, en los incentivos y en las medidas de seguridad. Fueron atacados por la Guardia Nacional y la policía montada del estado con gases lacrimógenos y helicópteros. Pero resistieron durante tres años hasta que finalmente fueron derrotados por una combinación de poder gubernamental y poder corporativo.

También hubo victorias. En 1985, 1.700 trabajadores de fábricas de conservas, la mayoría mujeres mejicanas, se declararon en huelga en Watsonville, California, y obtuvieron un contrato sindical con beneficios médicos. En 1990 los trabajadores que habían sido despedidos de la compañía Levi Strauss en San Antonio, debido a que la compañía se trasladaba a Costa Rica, hicieron un llamamiento al boicot, organizaron una huelga de hambre y obtuvieron concesiones. En Los Angeles, los porteros latinos se declararon en huelga en 1990 y, a pesar de los ataques policiales, obtuvieron el reconocimiento de su sindicato, un aumento de sueldo y subsidios por enfermedad.

En Nuevo México, los latinos luchaban por sus derechos sobre la tierra y el agua, en contra de los promotores de agencias inmobiliarias que intentaban expulsarles de la tierra donde habían vivido durante décadas. En 1988 hubo una confrontación, y la gente organizó una ocupación armada, construyó defensas contra los ataques, y se ganó el apoyo de otras comunidades del sudeste; finalmente un tribunal falló en su favor.

Los anormales índices de cáncer entre los trabajadores agrícolas de California alarmaron a la comunidad chicana. César Chavez, miembro del sindicato United Farm Workers (Trabajadores Agrícolas Unidos) se declaró en huelga de hambre durante 35 días en 1988 para llamar la atención sobre estas condiciones. Pronto se fundaron sindicatos de Trabajadores Agrícolas Unidos en Texas, Arizona y otros estados.

La población latina del país iba creciendo, y pronto alcanzó el mismo nivel que los afroamericanos: el 12% de la población americana. Esto dio lugar a un efecto marcado en la cultura del país. Una gran parte de la música, el arte y el teatro era más satírica y políticamente consciente que la corriente cultural hegemónica. En 1984 unos artistas y escritores de San Diego y Tijuana formaron el estudio *Border Arts* [37], cuyo trabajo se ocupaba con intensidad del racismo y la injusticia. En California del Norte, el Teatro Campesino y el Teatro de la Esperanza actuaban para los trabajadores de todo el país, convirtiendo las escuelas, las iglesias y los campos en teatros.

Los latinos eran especialmente conscientes del papel imperial que Estados Unidos había jugado en México y en el Caribe, y muchos de ellos se convirtieron en críticos militantes de la política de los Estados Unidos en Nicaragua, El Salvador y Cuba. En 1970 había tenido lugar en Los Angeles una gran manifestación de protesta contra la guerra de Vietnam, la cual se cobró las vidas de tres chicanos cuando la policía atacó a los manifestantes.

Cuando la administración Bush se estaba preparando para la guerra en contra de Irak, en el verano de 1990, miles de personas de Los Angeles se manifestaron por la misma ruta que habían tomado 20 años atrás cuando protestaban contra la guerra de Vietnam. Como Elizabeth Martínez escribió en *500 Years of Chicano History in Pictures*:

> *Antes y durante la guerra del presidente Bush en el Golfo Pérsico, muchas personas, incluyendo a los de la organización Raza[38], tenían dudas acerca de la guerra o se oponían a ella. Habíamos aprendido algunas lecciones de las guerras declaradas en nombre de la democracia y que resultaron beneficiar sólo a los ricos y poderosos. Raza se movilizó para protestar en contra de esta guerra de asesinatos en masa, incluso más rápido que cuando la guerra de los Estados Unidos en Vietnam, aunque no pudimos detenerla.*

Una nueva generación de abogados educados en los años sesenta constituyeron una pequeña pero sensibilizada minoría dentro de la abogacía. En los tribunales, defendían a los pobres y desamparados o entablaban pleitos contra poderosas corporaciones. Una firma de abogados dedicaba su talento y energía a defender a los *whistleblowers*[39], esos hombres y mujeres que eran despedidos por denunciar la corrupción corporativa que perjudicaba a la gente.

El movimiento feminista, que había logrado aumentar el nivel de conciencia de toda la nación acerca de la cuestión de la igualdad sexual, se enfrentó en los ochenta a un fuerte retroceso. La defensa que hizo el Tribunal Supremo de los derechos a abortar en su decisión de 1973 en el caso *Roe v. Wade* generó un movimiento "pro-vida" que contaba con muchos partidarios en Washington. El Congreso aprobó -y más tarde el Tribunal Supremo ratificó- una ley que eliminaba los beneficios médicos federales para ayudar a las mujeres pobres a costearse los abortos. Pero la Organización Nacional de Mujeres y otros grupos resistieron; en 1989, una manifestación en Washington en favor de lo que llegó a ser conocido como el derecho a elegir, reunió a más de 300.000 personas. El conflicto se volvió extremadamente intenso cuando, en 1994 y 1995 fueron atacadas varias clínicas abortistas y asesinados varios seguidores.

En los setenta -cuando se produjeron cambios radicales en las ideas sobre la sexualidad y la libertad- los derechos de los homosexuales y de las lesbianas americanas se habían convertido en asuntos de primer orden. Fue entonces cuando el movimiento de homosexuales se hizo visible para la nación, a través de desfiles, manifestaciones y campañas en favor de la eliminación de los estatutos estatales que discriminaban a los homosexuales. Una de las consecuencias fue la aparición de una creciente literatura sobre la historia oculta de la vida homosexual en los Estados Unidos y Europa.

En 1994 tuvo lugar en Manhattan una manifestación conocida como *Stonewall 25*, en conmemoración de un hecho que los homosexuales consideraban un hito: hacía 25 años, unos homosexuales se habían defendido con decisión durante una redada policial en el bar Stonewall de Greenwich Village. A principios de los noventa, los grupos de homosexuales y lesbianas luchaban de forma más abierta, más dispuesta en contra de la discriminación. Intentaron que se prestara más atención al azote del SIDA, que, según ellos, recibía solamente una atención marginal por parte del gobierno nacional.

El movimiento obrerista de los años ochenta y noventa se debilitó considerablemente por el declive industrial, por el traslado de empresas a otros países y por la hostilidad de la administración Reagan y las personas nombradas en el Consejo Nacional de Relaciones Laborales. Sin embargo el movimiento obrerista no dejó de organizarse, especialmente entre los oficinistas blancos y la gente de color con ingresos bajos. La AFL-CIO movilizó a cientos de nuevos organizadores para trabajar entre los latinos, los afroamericanos y los asiáticoamericanos.

Los trabajadores que formaban la base de los antiguos y estancados sindicatos empezaron a rebelarse. En 1991, la dirección abiertamente corrupta del poderoso Teamsters Union (Sindicato de Camioneros) fue apartada de la dirección en una votación, con el objetivo de reformarlo. La nueva dirección se convirtió en seguida en una fuerza a tener en cuenta en Washington, poniéndose a la cabeza de la lucha por crear coaliciones políticas independientes al margen de los dos partidos más importantes. Pero el movimiento obrero -en conjunto- había disminuido, y estaba luchando por sobrevivir.

El espíritu de resistencia contrario al poder abrumador de la riqueza corporativa y la autoridad gubernamental todavía coleaba a principios de los noventa, gracias muchas veces a los actos de valor y desafío que se llevaban a cabo a pequeña escala. En la costa oeste, un joven activista llamado Keith McHenry y cientos de seguidores fueron arrestados una y otra vez por distribuir comida gratis a los pobres sin tener licencia. Eran parte de un programa llamado *Food Not Bombs*[40]. Aparecieron más grupos de esta organización en comunidades de todo el país.

En 1992, un grupo de Nueva York interesado en revisar las ideas tradicionales sobre la historia americana recibió el apoyo del ayuntamiento de la ciudad de Nueva York para colocar 30 placas de metal en lo alto de otras tantas farolas de la ciudad. Una de ellas, colocada enfrente a las oficinas centrales de la corporación Morgan, identificaba al famoso banquero J. P. Morgan como *draft dodger*[41] de la Guerra Civil. De hecho, Morgan había evitado el servicio militar y se había beneficiado haciendo negocios con el gobierno durante la guerra. Otra placa, colocada cerca de la bolsa de valores, mostraba el dibujo de un suicidio con el lema: "Las ventajas de un mercado libre sin regular".

La desilusión general con el gobierno durante los años de Vietnam y los escándalos de Watergate, y el descubrimiento de las acciones antidemocráticas llevadas a cabo por el FBI y la CIA, provocaron dimisiones en el gobierno y abiertas críticas por parte de los antiguos empleados.

Varios antiguos oficiales de la CIA abandonaron la agencia y escribieron libros criticando sus actividades. John Stockwell, que había encabezado la operación de la CIA en Angola, dimitió y escribió un libro en el que revelaba las actividades de la CIA. Dio conferencias por todo el país hablando de sus experiencias. David Michael, un historiador y antiguo especialista en temas relacionados con la CIA, testificó en juicios a favor de personas que habían protestado por la política del gobierno en América Central.

El agente del FBI, Jack Ryan, un veterano que había trabajado para la agencia durante 21 años, fue despedido cuando se negó a investigar a los grupos pacifistas. Se le denegó la pensión y durante algunos años tuvo que vivir en un refugio para la gente sin hogar.

La guerra de Vietnam, que había terminado en 1975, volvía de vez en cuando a la atención pública en los años ochenta y noventa a través de personas que habían cambiado drásticamente su forma de pensar. Charles Hutto, un soldado estadounidense que había participado en la atrocidad conocida como la masacre de My Lai -en la que una compañía de soldados americanos asesinó a tiros a cientos de mujeres y niños de una diminuta aldea vietnamita- contó a un reportero:

> *Tenía 19 años y siempre me habían dicho que tenía que hacer lo que dijeran los mayores... Pero ahora diré a mis hijos que si el gobierno les llama, que vayan, que sirvan a su país, pero que hagan uso de su propio juicio a veces... que se olviden de la autoridad... que actúen según su propia conciencia. Desearía que alguien me hubiera dicho eso antes de haber ido a Vietnam. No*

lo sabía. Ahora creo que no debería existir una cosa llamada "guerra"... porque echa a perder la mente de las personas.

Era este legado de la guerra de Vietnam -el sentimiento de la mayoría de los americanos de que fue una terrible tragedia, una guerra que nunca se debió luchar- el que atormentaba a las administraciones de Reagan y Bush, las cuales esperaban extender el poder americano por todo el mundo.

En 1985, con George Bush en la vicepresidencia, el antiguo secretario de Defensa, James Schlesinger, había advertido al Comité de Relaciones Exteriores del Senado: *"Vietnam nos trajo un mar de cambios en las actitudes nacionales... un fracaso en el consenso político en el área de la política exterior".*

Cuando Bush fue elegido presidente, estaba dispuesto a superar lo que llegó a ser conocido como el síndrome Vietnam: la resistencia del pueblo americano a una guerra deseada por el Estado. En consecuencia, Bush lanzó la guerra aérea contra Irak a mediados de enero de 1991 con una abrumadora fuerza para poder ganar la guerra rápidamente, antes de que hubiera tiempo para que se desarrollara un movimiento pacifista nacional.

En los meses de preparación previos a la guerra había indicios de la eclosión de un posible movimiento. En día de Halloween, 600 estudiantes se manifestaron por todo el centro de Missoula, Montana, dando gritos de "¡No al infierno, no iremos!"[42]. En Shreveport, Luisiana, a pesar de los titulares de primera página del *Shreveport Journal* -"Los sondeos favorecen la acción militar"- la verdad era que el 42% de los encuestados pensaba que los Estados Unidos debían *"iniciar el ataque"* y el 41% decía *"esperemos a ver qué pasa"*.

El 11 de noviembre de 1990, al desfile de veteranos de Boston se unió otro grupo llamado Veteranos por la Paz en cuyas pancartas se leía: "Otro Vietnam no. Traedles a casa ya" y "El petróleo y la sangre no se mezclan, hagamos la paz". El *Boston Globe* informó que *"los manifestantes fueron recibidos con aplausos respetuosos y en algunos lugares los espectadores demostraron su gran apoyo a esta causa".*

El que probablemente fuera el veterano más famoso de Vietnam, Ron Kovic, autor de *Born on the Fourth of July*, habló en la televisión durante treinta segundos mientras Bush se preparaba para la guerra. En su llamamiento, retransmitido por 200 canales de televisión en 120 ciudades de todo el país, pidió a los ciudadanos que "se levantaran y hablaran" en contra de la guerra. *"¿Cuántos americanos más tendrán que venir a casa en silla de ruedas como yo para que aprendamos la lección?"*

Diez días antes de que comenzara el bombardeo, se preguntó a 800 personas presentes en una reunión municipal en Boulder, Boston: "¿Apoyáis la política de guerra de Bush?" Sólo cuatro personas levantaron la mano. Unos días antes de que empezara la guerra, 4.000 habitantes de Santa Fe, Nuevo México, bloquearon una autopista de cuatro carriles durante una hora pidiendo que no se siguiera adelante con la guerra. Los residentes dijeron que ni siquiera en la época de Vietnam habían visto una manifestación tan grande.

En vísperas de la guerra, 6.000 personas se manifestaron en Ann Arbor, Michigan, para pedir la paz. La noche que empezó la guerra, 5.000 personas se reunieron en San Francisco para denunciar la guerra y formaron una cadena humana alrededor del Federal Building. La policía deshizo la cadena golpeando con sus porras las manos de los manifestantes. Pero la Junta de Supervisores de San Francisco aprobó una resolución en la que declaraban que la ciudad y el condado serían un santuario para aquellos que por *"razones morales, éticas o religiosas"* no podían participar en la guerra.

Una noche antes de que Bush diera la orden de bombardear, una niña de siete años de Lexington, Massachusetts, le dijo a su madre que quería escribir una carta al presidente. Su madre le dijo que era tarde para eso y que ya la escribiría a la mañana siguiente. "No, esta noche", dijo la niña. Todavía estaba aprendiendo a escribir, así que le dictó la carta a su madre:

> *Querido presidente Bush. No me gusta cómo se está portando. Si decidiera no hacer la guerra, no tendríamos que hacer vigilias por la paz. Si usted estuviera en una guerra no le gustaría que le hirieran. Lo que quiero decir es: no quiero que se luche. Le saluda atentamente. Serena Kabat-Zinn.*

Una vez iniciada la guerra y estando claro que ya era irreversible, no resultaba sorprendente que la gran mayoría de los ciudadanos, embuidos en un ambiente cargado de fervor patriótico (el presidente de la Iglesia Unida de Cristo hablaba de *"el continuo toque de tambor con mensajes de guerra"*), se declarara favorable a ella.

A pesar de ello, aún contando con el poco tiempo que había para organizarse y con el hecho de que la guerra duró poco tiempo, hubo una oposición. Sin duda se trataba de una minoría, pero estaba dispuesta y contaba con un potencial de crecimiento. En comparación con los primeros meses de la escalada militar de Vietnam, el movimiento contrario a la guerra del Golfo creció con una rapidez y un vigor extraordinarios.

En la primera semana de la guerra, cuando estaba claro que la mayoría de los americanos apoyaban la acción de Bush, decenas de miles de personas de pueblos y ciudades de todo el país se lanzaron a las calles protestando. En Athens, Ohio, más de 100 personas fueron arrestadas cuando se enfrentaron a un grupo que apoyaba la guerra. En Portland, Maine, 500 personas se manifestaron llevando brazaletes blancos o cruces de papel blanco que decían "¿Por qué?" en letras rojas.

En la Universidad de Georgia, 70 estudiantes que se oponían a la guerra estuvieron toda una noche de vigilia y en el parlamento de Georgia, la diputada Cynthia McKinnon pronunció un discurso en el que atacaba el bombardeo de Irak, lo cual hizo que otros diputados abandonaran el hemiciclo. McKinnon se mantuvo firme; parecía que por lo menos había habido un cambio de mentalidad desde que el diputado Julian Bond fuera expulsado de ese mismo parlamento por criticar la guerra de Vietnam en los años sesenta. En un instituto de Newton, Massachusetts, 350 estudiantes se dirigieron al ayuntamiento para presentar una petición al alcalde en la que declaraban su oposición a la guerra del Golfo.

En Ada, Oklahoma, mientras la East Central Oklahoma State University "apadrinaba" dos unidades de la Guardia Nacional, dos jóvenes se sentaron tranquilamente en lo alto de la puerta principal de cemento con pancartas que rezaban: "Enseñad la paz, No la guerra". Uno de los estudiantes, Patricia Biggs, dijo: "*No creo que debamos estar ahí. No creo que se trate de una cuestión de justicia y libertad. Creo que se trata de una cuestión económica. Las grandes corporaciones de petróleo tienen mucho que ver con lo que está pasando ahí... Estamos poniendo en peligro la vida de muchas personas por dinero*".

Cuatro días después de que Estados Unidos lanzara su ataque aéreo, 75.000 personas (según los cálculos de la policía del Capitolio) se dirigieron a Washington y se manifestaron cerca de la Casa Blanca denunciando la guerra. En California del sur, Ron Kovic se dirigió a 6.000 personas que cantaban "¡Paz ya!" En Fayetteville, Arkansas, un grupo que apoyaba la política militar se enfrentó con los Ciudadanos del Noroeste de Arkansas en contra de la Guerra, quienes se manifestaban llevando un ataúd adornado con banderas y una pancarta que rezaba: "Traedlos vivos a casa".

Otro veterano inválido de Vietnam, un profesor de historia y ciencias políticas llamado Philip Avillo, del York College de Pennsylvania, escribió en un periódico local: *"Sí, necesitamos apoyar a nuestros hombres y mujeres que están luchando. Pero apoyémosles trayéndoles a casa; no permitiendo que continúe esta política bárbara y violenta"*. En Salt Lake City, cientos de manifestantes, muchos de ellos con niños, se manifestaron por las calles principales de la ciudad cantando eslóganes pacifistas.

En Vermont, donde acababa de ser elegido para el Congreso el socialista Bernie Sanders, más de 2.000 manifestantes interrumpieron el discurso del gobernador en la cámara legislativa. En Burlington, la ciudad más grande de Vermont, 300 protestantes se manifestaron por el centro de la ciudad pidiendo a los dueños de las tiendas que las cerraran en señal de solidaridad.

El 26 de enero, nueve días después del comienzo de la guerra, más de 150.000 personas se manifestaron por las calles de Washington y escucharon a varios oradores que denunciaban la guerra, entre los cuales se encontraban las estrellas de cine Susan Sarandon y Tim Robins. Una mujer de Oakland, California, levantó la bandera doblada que le habían entregado cuando murió su marido en Vietnam, diciendo: *"He aprendido de la forma más dura que no hay ninguna gloria en una bandera doblada"*.

Los sindicatos de trabajadores habían apoyado la guerra de Vietnam durante mucho tiempo, pero cuando empezó el bombardeo en el Golfo, once sindicatos afiliados a la AFL-CIO -entre los que se encontraban los sindicatos más poderosos, como los del acero, o los del sector de automóviles, comunicaciones y química- se declararon contrarios a la guerra.

La comunidad negra mostraba mucho menos entusiasmo que el resto del país por lo que estaban haciendo las Fuerzas Armadas estadounidenses en Irak. Una encuesta de ABC News/ *Washington Post*, a principios de febrero de 1991, descubrió que el apoyo a la guerra era del 84% entre los blancos mientras que sólo la apoyaba el 48% de los afroamericanos.

Cuando la guerra cumplió un mes e Irak estaba devastada por los incesantes bombardeos, Saddam Hussein insinuó que Irak se retiraría de Kuwait si Estados Unidos ponía fin a los ataques. Bush rechazó la idea y fue duramente criticado por los líderes negros en un mítin en Nueva York, donde la guerra fue calificada de *"diversión inmoral y nada espiritual... una clara evasión de nuestras responsabilidades domésticas"*.

En Selma, Alabama -escena de una sangrienta confrontación policial contra manifestantes en favor de los derechos civiles 26 años atrás- se celebró un mítin en conmemoración del aniversario de aquel "domingo sangriento". En él se pidió que *"nuestros soldados sean traídos a casa con vida para luchar por la justicia en nuestra propia casa"*.

El padre de un *marine* de 21 años que estaba en el Golfo Pérsico, llamado Alex Molnar, escribió una carta abierta en tono enojado al presidente Bush, la cual fue publicada en el *New York Times*:

> *¿Dónde estaba usted, señor Presidente, cuando Irak mataba a sus propias gentes con gas venenoso? ¿Por qué hacía negocios con Saddam Hussein hasta la reciente crisis, cuando ahora lo considera un Hitler? ¿Es "la forma de vida" americana por la cual usted dice que mi hijo está arriesgando su vida la prolongación del "derecho" de los americanos a consumir entre el 25 y el 30% del petróleo mundial? Tengo la intención de apoyar a mi hijo y a sus compañeros haciendo todo lo que pueda para oponerme a toda acción ofensiva militar americana en el Golfo Pérsico.*

Hubo ciudadanos que llevaron a cabo actos de valor individuales, hablando en contra de la guerra a pesar de las amenazas.

Peg Mullen, de Brownsville (Texas), que había perdido a un hijo en Vietnam por culpa del "fuego amistoso"[43], organizó a un grupo de madres que fueron en autobús hasta Washington para protestar, a pesar de que se le advirtió que quemarían su casa si persistía.

La actriz Margot Kidder[44] habló con elocuencia en contra de la guerra, a pesar del riesgo que eso suponía para su carrera.

Un jugador de baloncesto del Seton Hall University de Nueva Jersey se negó a lucir la bandera americana en su uniforme, y cuando se convirtió en objeto de burla por ello, abandonó el equipo y la universidad, volviendo a su Italia natal.

En tono más trágico, un veterano de Vietnam se prendió fuego y murió en Los Angeles para protestar contra la guerra. En Amherst, Massachusetts, un hombre que llevaba una pancarta por la paz hecha de cartón se arrodilló en el terreno comunal del pueblo, derramó dos latas de fluido inflamable sobre sí mismo, encendió dos cerillas y murió entre las llamas. Dos horas más tarde, los estudiantes de las universidades de los alrededores se reunieron en el mismo lugar para celebrar una vigilia a la luz de unas velas y pusieron pancartas por la paz en el lugar de la muerte. Una de las pancartas rezaba: "Parad esta guerra de locos".

Al igual que ocurriera durante el conflicto de Vietnam, no hubo tiempo para desarrollar un gran movimiento pacifista en el ejército. Pero hubo hombres y mujeres que desafiaron a sus comandantes y se negaron a participar en la guerra.

Cuando los primeros contingentes de tropas estadounidenses estaban siendo enviados a Arabia Saudí, en agosto de 1990, el cabo Jeff Patterson -un *marine* de 22 años destinado en Hawai- se sentó en la pista de aterrizaje del campo de aviación y se negó a subir al avión que se dirigía a Arabia Saudí. Pidió que se le dejara marchar del cuerpo de *marines*:

> *Me opongo a la utilización de la fuerza en contra de cualquier pueblo de cualquier lugar y en cualquier momento.*

Catorce reservistas del cuerpo de *marines* de Camp Lejeune, Carolina del Norte, solicitaron su reconocimiento como objetores de conciencia, a pesar de la posibilidad de que se les juzgara en consejo de guerra por deserción.

La cabo Yolanda Huet-Vaughn, una doctora que era capitán en el Cuerpo Médico de la Reserva, madre de tres niños y miembro de Médicos por la Responsabilidad Social, fue llamada al servicio activo en diciembre de 1990, un mes antes de que comenzara la guerra. Ella contestó: "*Me niego a acatar las órdenes para ser cómplice de lo que considero un acto inmoral, inhumano e inconstitucional, es decir, una movilización de ofensiva militar en el Oriente Medio*". Fue sometida a un consejo de guerra y condenada por deserción a dos años de cárcel.

Otra soldado, Stephanie Atkinson, de Murphysboro (Illinois) se negó a presentarse para el servicio activo, diciendo que pensaba que el ejército estadounidense estaba en el Golfo Pérsico sólo por razones económicas. Primero la condenaron a arresto domiciliario y luego fue expulsada en "*condiciones no honorables*".

Un médico del ejército llamado Harlow Ballard, con destino en Fort Devens (Massachusetts), se negó a seguir las órdenes de ir a Arabia Saudí. "*Preferiría ir a la cárcel antes que apoyar esta guerra*", dijo. "*No creo que exista una guerra justa*".

Más de mil reservistas se declararon objetores de conciencia. Un reservista del cuerpo de *marines* de 23 años llamado Rob Calabro fue uno de ellos. "*Mi padre me dice que está avergonzado de mí, me grita que está molesto conmigo. Pero yo creo que matar gente es moralmente incorrecto. Creo que estoy sirviendo mejor a mi país haciendo lo que me dicta la conciencia que protagonizando una mentira".*

Durante la guerra del Golfo nació una red de información que contaba lo que no contaban los medios de comunicación más importantes. Había periódicos alternativos en muchas ciudades. Durante la guerra del Golfo había más de cien emisoras de radio. A pesar de que sólo podían alcanzar a una fracción de aquellos que sintonizaban las emisoras más importantes, eran las únicas fuentes que ofrecían análisis críticos de la guerra.

Después de las guerras "victoriosas" y después de que el fervor de la guerra desaparece, casi siempre se produce una resaca que da que pensar: los ciudadanos valoran el coste y se preguntan qué es lo que se ha ganado. La fiebre de la guerra estaba en su punto álgido en febrero de 1991. Ese mes, cuando a la gente encuestada se le recordaba el enorme coste de la guerra, sólo el 17% dijo que no había merecido la pena. Cuatro meses más tarde, en junio, la cifra había aumentado al 30%. En los siguientes meses, el apoyo de la nación a Bush descendió drásticamente al mismo tiempo que las condiciones económicas se deterioraban. (En 1992, cuando el espíritu de la guerra se había evaporado, Bush fue derrotado.)

Después del inicio del proceso de desintegración del bloque soviético en 1989, se había hablado en los Estados Unidos de un "dividendo de la paz", la posibilidad de restar miles de millones de dólares del presupuesto militar y destinarlos a las necesidades humanas. La guerra del Golfo se convirtió en una excusa ideal para un gobierno dispuesto a poner fin a esas ideas. Un miembro de la administración Bush dijo: "*Le debemos un favor a Saddam. Nos ha salvado del dividendo de la paz*".

En 1992, durante las celebraciones del quinto centenario de la llegada de Colón al hemisferio occidental, salieron a la luz los límites de la victoria militar. Quinientos años atrás, Colón y sus compañeros de conquista habían acabado con la población de Hispaniola, y durante los siguientes cuatro siglos el gobierno de Estados Unidos había destruido metódicamente las tribus indias, en su marcha triunfal de un lado al otro del continente. Y ahora se produciría una importante reacción.

En 1992, los indios -los americanos nativos-, que se habían convertido en una fuerza visible desde los años sesenta y setenta, recibieron el apoyo de otros americanos para denunciar las celebraciones del quinto centenario. Y por primera vez, desde que el país celebraba el Día de Colón, se produjeron protestas a lo largo y ancho del país en contra de rendir honores a un hombre que había secuestrado, esclavizado, mutilado y asesinado a los nativos que le habían recibido con regalos y amistad.

En el verano de 1990, 350 indios, representantes de todo el hemisferio, se reunieron en Quito, Ecuador, en la primera reunión intercontinental de pueblos indígenas de las Américas, para movilizarse en contra de la glorificación de la conquista de Colón.

El movimiento se hizo más grande. El organismo ecuménico más grande de los Estados Unidos, el Consejo Nacional de las Iglesias, hizo un llamamiento a los cristianos para que se abstuvieran de celebrar el quinto centenario de Colón, aduciendo que *"lo que para unos fue la novedad de la libertad, la esperanza y la oportunidad, se convirtió para otros en una cita con la opresión, la degradación y el genocidio"*.

Un periódico llamado *Indigenous Thought* empezó a publicarse a principios de 1991 para crear un vínculo entre todos los activistas que estaban en contra de la celebración del quinto centenario de Colón. Se publicaron artículos escritos por americanos nativos sobre las luchas actuales en torno a las tierras robadas por medio de los tratados.

En Corpus Cristi, Texas, se reunieron indios y chicanos para protestar contra las celebraciones del quinto centenario que tenían lugar en la ciudad. Una mujer llamada Angelina Méndez habló en nombre de los chicanos: *"La nación chicana, en solidaridad con nuestros hermanos y hermanas indios del norte, nos reunimos en este día para denunciar la atrocidad que el gobierno estadounidense propone al volver a celebrar la llegada de los españoles, más específicamente, la llegada de Cristóbal Colón, a las orillas de esta tierra"*.

La controversia sobre Colón produjo una extraordinaria explosión de actividad educacional y cultural. Una profesora de la Universidad de California en San Diego, Deborah Small, organizó una exposición de más de 200 pinturas hechas en paneles de madera bajo el título de "1492". Junto a las palabras del diario de Colón, colocó fragmentos ampliados de grabados del siglo dieciséis para dramatizar los horrores que acompañaron la llegada de Colón al hemisferio. Un crítico escribió que *"ésto nos recuerda, de forma llamativa, que la llegada de la civilización occidental al Nuevo Mundo no es un cuento feliz"*.

Cuando el presidente Bush atacó Irak en 1991 -garantizando que actuaba para poner fin a la ocupación iraquí de Kuwait- un grupo de americanos nativos de Oregon distribuyó una "carta abierta" mordaz e irónica:

> *Querido Presidente Bush. Le rogamos envíe su ayuda para liberar a nuestra pequeña nación de la ocupación que sufrimos. Una fuerza extranjera ocupó nuestras tierras para robarnos nuestros ricos recursos. Como sus propias palabras dicen, la ocupación y el derrocamiento de una pequeña nación... está de más. Le saluda atentamente, un indio americano.*

La publicación *Rethinking Schools*, que representaba a los maestros socialmente concienciados de todo el país, publicó un libro de cien páginas llamado *Rethinking Colombus*. En él se recogían artículos escritos -entre otros- por americanos nativos, se hacía un repaso crítico de los libros de texto escolares sobre Colón y se daba una lista de fuentes para las personas que quisieran más información sobre Colón y más material de lectura sobre las actividades del movimiento contrario al quinto centenario. En pocos meses se vendieron 200.000 ejemplares del libro.

En Portland, Oregon, un profesor llamado Bill Bigelow, que había colaborado en la creación de *Rethinking Schools*, se tomó en 1992 un año sabático para viajar por el país, ofreciendo seminarios a otros profesores de manera que pudieran empezar a contar aquellas verdades sobre el caso Colón que eran omitidas de los libros tradicionales y los planes de estudios escolares.

Uno de los alumnos de Bigelow escribió: "*Me parecía como si los editores hubieran publicado simplemente una "historia gloriosa" para hacernos sentir más patrióticos hacia nuestro país... Querían que considerásemos a nuestro país grandioso, poderoso y eternamente justo...*"

Una estudiante llamada Rebecca escribió lo siguiente: "*Claro, los escritores de los libros probablemente piensan que es bastante inofensivo: ¿qué importa quién descubrió América en realidad?... Pero cuando pienso que me han mentido toda la vida acerca de este tema, y vaya usted a saber acerca de qué más, realmente me enfurece*".

En Los Angeles, un estudiante de instituto llamado Blake Lindsey se presentó ante el consejo municipal para hablar en contra de la celebración del quinto centenario.

En todo el país tuvieron lugar actividades contrarias a Colón. Las protestas, las docenas de nuevos libros que estaban apareciendo sobre la historia de los indios y los debates que tenían lugar en todo el país, estaban provocando una extraordinaria transformación en el mundo de la educación. Durante generaciones se había contado exactamente la misma historia de Colón a todos los estudiantes americanos, una historia romántica y admirable. Ahora, miles de maestros de todo el país estaban empezando a contar la historia de una manera diferente.

Esto provocó la ira de los defensores de la vieja historia, que se reían de lo que llamaban un movimiento a favor de la "corrección política" y del "multiculturalismo". Les sabía mal el tratamiento crítico con el que se juzgaba el expansionismo e imperialismo occidentales, que consideraban como un ataque a la civilización occidental. Un filósofo llamado Allan Bloom (*The Closing of the American Mind*) expresó su horror hacia lo que habían hecho los movimientos sociales de los sesenta para cambiar el ambiente educativo de las universidades americanas: "*América cuenta una historia: el continuo e imparable progreso hacia la libertad y la igualdad*".

En el movimiento de los derechos civiles, los negros ponían en duda la declaración que decía que América representaba "*la libertad y la igualdad*". El movimiento feminista también la ponía en duda. Y ahora, en 1992, los americanos nativos señalaban los crímenes que la civilización occidental había cometido en contra de sus antepasados. Recordaban el espíritu comunitario de los indios que Colón había encontrado y conquistado, e intentaron contar la historia de los millones de personas que estaban aquí antes de que llegara Colón, desmintiendo lo que un historiador de Harvard había denominado "*el movimiento de la cultura europea hacia el desierto vacío de América*".

En los años noventa, el sistema político de Estados Unidos -estuvieran en el poder los demócratas o los republicanos- seguía estando bajo el control de aquellos que tenían grandes riquezas, entre ellos las corporaciones, que también dominaban los principales instrumentos de información. Y aunque ningún líder político de importancia hablara de ello, el país estaba dividido en clases de extrema riqueza y extrema pobreza, separados por una clase media insegura y amenazada.

Sin embargo -aunque no se informara de ello de manera exhaustiva- existía lo que un preocupado periodista ortodoxo había denominado "*una cultura de oposición permanente*", la cual se negaba a renunciar a la posibilidad de una sociedad más igualitaria y más humana. Si existía alguna esperanza para el futuro de América, ésta residía en la promesa que contenía ese rechazo.

Capítulo 23

LA INMINENTE REVUELTA DE LOS GUARDIANES

El título de este capítulo no responde a una predicción sino a una esperanza que explicaré a continuación.

Respecto al título del libro en sí, hay que decir que no es muy exacto; "*La otra historia...*" promete más de lo que puede aportar una sola persona, siendo además la clase de historia más difícil de plasmar. De todas formas es así como lo he titulado porque, aún con sus limitaciones, se trata de una historia irrespetuosa para con los gobiernos y respetuosa con los movimientos de resistencia del pueblo.

Eso la convierte en un informe parcial, un informe que se inclina en cierta dirección. Pero eso no me preocupa, ya que la montaña de libros de historia bajo la cual nos encontramos se inclina claramente en la otra dirección. Son libros respetuosos -a pie juntillas- con los estados y los hombres de estado y tan irrespetuosos -por su falta de atención- hacia los movimientos populares, que necesitamos alguna clase de fuerza opuesta para no ser aplastados en la sumisión.

Todas esas historias de este país, centradas en los Padres Fundadores y en los Presidentes, pesan de manera opresiva en la capacidad de actuar del ciudadano medio. Sugieren que en tiempos de crisis debemos buscar a alguien que nos salve: en la crisis revolucionaria nos encontramos con los Fundadores; en la crisis de los esclavos, con Lincoln; en la Depresión, con Roosevelt; en las crisis de Vietnam y Watergate, con Carter. Sugieren igualmente que entre las crisis ocasionales todo está bien y que nos resulta suficiente con volver a un estado normal. Nos enseñan que el acto supremo de ciudadanía es elegir entre salvadores, acercándonos a una cabina electoral cada cuatro años para elegir entre dos anglosajones blancos y ricos, de sexo masculino, personalidad inofensiva y opiniones ortodoxas.

La idea de los salvadores ha sido incorporada en toda la cultura, más allá del fenómeno político. Hemos aprendido a mirar a las estrellas, a los líderes y expertos en cada campo de manera que renunciamos a nuestra propia fuerza, rebajamos nuestras propias habilidades y nos eliminamos nosotros mismos. Pero de vez en cuando los americanos rechazan esta idea y se rebelan.

Hasta ahora estas rebeliones han sido reprimidas. El sistema americano es el sistema de control más ingenioso de la historia mundial. En un país tan rico en recursos naturales, talento y mano de obra, el sistema puede distribuir la riqueza justa a la cantidad de personas justa para contener el descontento de una minoría molesta. Es un país tan poderoso, tan grande y que tanto agrada a tantos de sus ciudadanos que puede permitirse el lujo de conceder la libertad de la disidencia a una pequeña minoría que no está satisfecha.

No existe ningún otro sistema de control que tenga tantas oportunidades, tantos resquicios, tantos márgenes, tantas flexibilidades, tantas recompensas y tantos billetes ganadores en las loterías. No hay ningún otro sistema que infiltre sus controles con tanta complejidad a través del sistema de votación, de la situación laboral, de la iglesia, de la familia, de la escuela y de los medios de comunicación; ninguno que apacigüe con tanto éxito a la oposición con reformas, aislando a unas personas de las otras, creando una lealtad patriótica.

Un 1% de la nación posee una tercera parte de la riqueza. El resto de la riqueza está distribuida de tal manera que crea rivalidades entre el 99% restante: un pequeño propietario se enfrenta a uno que no posee nada; el negro se enfrenta al blanco; los nativos se enfrentan a los nacidos en el extranjero; los intelectuales y profesionales se enfrentan a los incultos y los trabajadores no cualificados. Estos grupos se oponen entre sí y luchan con tanta vehemencia y violencia que su posición común de rivales por conseguir las sobras en un país muy rico queda oculta.

Para hacer frente a la realidad de esa batalla desesperada y amarga por unos recursos que escasean por culpa del control ejercido por la élite, yo me tomo la libertad de denominar al conjunto de ese 99% restante "el pueblo". He escrito una historia que intenta representar su sumergido y desviado interés común. El hecho de destacar el terreno que tiene en común ese 99% junto con el de declarar su profunda enemistad con el 1% restante, es hacer exactamente lo que han querido evitar -desde tiempos de los Padres Fundadores- los gobiernos de Estados Unidos y la acaudalada élite vinculada a ellos. Madison temía una "facción mayoritaria" y esperaba que la nueva

Constitución la metería en cintura. Madison y sus colegas comenzaron el Preámbulo a la Constitución con las siguientes palabras: *"Nosotros, el pueblo..."* Con ello intentaban simular que el nuevo gobierno representaba a todos los americanos. Esperaban que este mito, al ser dado por bueno, aseguraría la "tranquilidad doméstica".

El engaño continuó generación tras generación, con la ayuda de los símbolos globales, bien fueran de carácter físico o de carácter verbal: la bandera, el patriotismo, la democracia, el interés nacional, la defensa nacional, la seguridad nacional, etc. Atrincheraron los eslóganes en la tierra de la cultura americana como si se tratara de hacer un círculo de carromatos en las llanuras del oeste. Desde su interior los americanos blancos y ligeramente privilegiados podían disparar a matar contra el enemigo de fuera: contra los indios, los negros, los extranjeros u otros blancos que no tuviesen la suerte de verse admitidos dentro del círculo. Los jefes de la caravana observarían desde una distancia prudente, y cuando la batalla hubiese terminado y el campo estuviese cubierto de cadáveres por ambos lados, se apoderarían de la tierra y prepararían otra expedición en otro territorio.

Esta estratagema nunca funcionaba a la perfección. La Revolución y la Constitución, en su intento de lograr la estabilidad mediante el control de la ira de las clases de la época colonial -esclavizando a los negros, aniquilando o desplazando a los indios- no acababa de funcionar a la perfección a juzgar por las rebeliones de los arrendatarios, las revueltas de los esclavos, las agitaciones abolicionistas, la ola feminista y la lucha de las guerrillas indias en los años anteriores a la Guerra Civil. Tras la Guerra Civil, y mientras aparecía en el Sur una nueva coalición de élites sureñas y norteñas, los blancos y negros de las clases humildes estaban ocupados con el conflicto racial, los trabajadores nativos y los trabajadores inmigrantes chocaban en el Norte y los granjeros se dispersaban por un país de grandes dimensiones. Y mientras ocurrían estas cosas, el sistema capitalista se iba consolidando en la industria y en el gobierno. Pero entonces llegó la rebelión de los trabajadores industriales y el gran movimiento de oposición de los granjeros.

Al final del siglo, la pacificación violenta de los negros y de los indios y el uso de las elecciones y de la guerra para absorber y desviar a los rebeldes blancos no fueron suficiente -dadas las condiciones de la industria moderna- para evitar la gran ola del socialismo, la lucha masiva de los trabajadores que tuvo lugar antes de la I Guerra Mundial. Ni esa guerra, ni la prosperidad relativa de los años veinte, ni la aparente destrucción del movimiento socialista, pudieron evitar que en los años 30, en plena crisis económica, se produjera otro despertar radical y otro resurgir obrerista.

La II Guerra Mundial creó una nueva unidad que fue seguida por un intento aparentemente exitoso -en el contexto de la guerra fría- de aniquilar la conflictividad de los años de guerra. Pero en los años sesenta -para sorpresa de todos- llegó la gran revuelta de sectores de población que se suponía dominados u ocultos a la vista: los negros, las mujeres, los americanos nativos, los presos, los soldados, etc. Apareció un nuevo radicalismo que amenazaba con extenderse por todos los sectores de una población desengañada por la guerra de Vietnam y la política de Watergate.

El exilio de Nixon, la celebración del Bicentenario y la presidencia de Carter fueron episodios cuyo único objetivo era la restauración. Pero la restauración del antiguo orden no era ninguna solución para contrarrestar la incertidumbre y la alienación que se intensificaban en los años de Reagan y Bush. La elección de Clinton -en 1992- conllevaba una vaga promesa de cambio. Pero no cumplió las expectativas de los que habían puesto sus esperanzas en él.

Ante este estado de continuo malestar, es muy importante para el *establishment* -ese inquieto club de ejecutivos, generales y políticos- mantener las pretensiones históricas de una unidad nacional según la cual el gobierno representa a todo el pueblo y el enemigo está en el extranjero y no en casa; donde los desastres económicos y las guerras son desafortunados errores o trágicos accidentes que deben ser corregidos por los miembros de ese mismo club que trajo los desastres. También es importante para ellos asegurarse de que la unidad artificial de los muy privilegiados y los no tan privilegiados sea la *única* unidad: y que el 99% restante continúe dividido en múltiples facetas y que se vuelvan los unos contra los otros para dar rienda suelta a su ira.

¡Qué habilidad la de pedir impuestos a la clase media para pagar las ayudas a los pobres de tal forma que se cree resentimiento además de humillación! Qué destreza la de desplazar en autobús a los jóvenes negros pobres a vecindarios blancos pobres, en un violento intercambio de escuelas pobres, mientras las escuelas de los ricos permanecen intocables y la riqueza de la nación -que se reparte con cuentagotas allá donde los niños necesitan leche gratis- se agota en portaaviones que valen miles de millones de dólares. Cuán ingenioso es hacer frente a las demandas de igualdad de los negros y de las mujeres, dándoles pequeños beneficios especiales y haciéndoles competir con todos los demás cuando se trata de buscar trabajo, trabajo que es escaso por culpa de un sistema que es irracional y derrochador. Qué sabio es desviar el miedo y la ira de la mayoría hacia una clase de criminales que se reproducen -debido a la injusticia económica- a mayor ritmo que el necesario para despacharlos, haciendo que la gente no se fije en los enormes robos de recursos naturales cometidos dentro de la ley por hombres con cargos ejecutivos.

A pesar de todos los controles del poder, los castigos, las tentaciones, las concesiones, las desviaciones y los señuelos que llevan utilizándose durante todo el transcurso de la historia americana, el *establishment* no ha podido librarse de las revueltas. Cada vez que parecía que lo había conseguido, las mismas personas a las que creía haber seducido o controlado se despertaban y se rebelaban. Los negros, engatusados por las decisiones del Tribunal Supremo y los estatutos del Congreso, se rebelaron. Las mujeres, que eran cortejadas e ignoradas, y a las que se trataba con romanticismo para luego maltratarlas, se rebelaron. Los indios, tenidos por muertos, reaparecieron desafiantes. Los jóvenes, a pesar de los alicientes de una carrera y la comodidad, disintieron. Los trabajadores, a pesar de verse castrados por las reformas, regulados por la ley y controlados por sus propios sindicatos, se declararon en huelga. Los intelectuales gubernamentales, que habían jurado guardar los secretos de Estado, empezaron a desvelarlos. Los curas cambiaron la piedad por la protesta.

Recordar esto equivale a recordar a la gente lo que el *establishment* quisiera que olvidaran: la enorme capacidad de la gente aparentemente desamparada para resistir, y la de la gente aparentemente satisfecha para exigir cambios. Descubrir esta historia equivale a encontrar un poderoso impulso humano para afirmar la propia humanidad. Significa aferrarse a la posibilidad de una sorpresa incluso en tiempos de profundo pesimismo.

La verdad es que sería engañoso sobreestimar la conciencia de clase o exagerar la rebelión y sus éxitos. No explicaría el hecho de que el mundo -no sólo Estados Unidos, sino todos los demás países- esté aún en manos de las élites, ni tampoco el hecho de que los movimientos populares, a pesar de mostrar una capacidad infinita para reproducirse, hayan sido derrotados o absorbidos o pervertidos. Tampoco explicaría el hecho de que los revolucionarios hayan traicionado al socialismo y que las revoluciones nacionalistas hayan desembocado en nuevas dictaduras.

Pero la mayoría de las historias subestiman la revuelta, destacan el sentido de estado de los gobernantes y así fomentan la impotencia entre los ciudadanos. Cuando observamos de cerca los movimientos de resistencia o incluso algunas modalidades aisladas de rebelión, descubrimos que la conciencia de clase -o cualquier otra forma de conciencia de la injusticia- tiene muchos niveles. Tiene muchas formas de expresión, muchas formas de manifestarse: de manera abierta, sutil, directa o distorsionada. En un sistema de intimidación y control, las personas no revelan sus conocimientos ni la profundidad de sus sentimientos hasta que su sentido práctico les informa de que pueden hacerlo sin ser destruidas.

La historia que mantiene vivos los recuerdos de la resistencia popular sugiere nuevas definiciones del poder. Según las definiciones tradicionales, quien posea fuerza militar y riquezas, quien tenga control de la ideología oficial y de la cultura, tiene el poder. Si utilizamos estos criterios como medida, la rebelión popular nunca parece lo suficientemente fuerte como para sobrevivir.

A pesar de ello, las inesperadas victorias -incluso las temporales- de los "insurgentes" muestran la vulnerabilidad de los supuestamente poderosos. En una sociedad altamente desarrollada, el *establishment* no puede sobrevivir sin la obediencia y la lealtad de millones de personas a las que se otorgan pequeñas recompensas para que el sistema siga funcionando: los soldados y la policía, los maestros y los ministros, los administradores y trabajadores sociales, los técnicos y los obreros, los médicos, abogados y enfermeras, los transportistas y los trabajadores de los medios de comunicación, los basureros y los bomberos. Estas personas -los que tienen trabajo y de alguna manera son privilegiados- forman una alianza con la élite. Se convierten en los guardianes del sistema, y hacen de amortiguadores entre las clases alta y baja. Si dejan de obedecer, el sistema se derrumba.

Pienso que esto sólo ocurrirá cuando todos los que tenemos pequeños privilegios y seamos un poco inquietos empecemos a ver que somos como los carceleros en el levantamiento de la cárcel de Attica: prescindibles; cuando comprendamos que el *establishment*, a pesar de las recompensas que pueda darnos, también nos matará si es necesario para mantener el control.

Hoy en día hay ciertos factores nuevos que pueden emerger de forma tan evidente como para conducir a una retirada generalizada de la lealtad hacia el sistema. En la era atómica, las nuevas condiciones de la tecnología, la economía y la guerra hacen cada vez más difícil que los guardianes del sistema -los intelectuales, los propietarios de viviendas, los contribuyentes, los trabajadores especializados, los profesionales y los funcionarios de gobierno- permanezcan inmunes a la violencia (física o psíquica) que se ejerce contra los negros, los pobres, los criminales y el enemigo extranjero. La internacionalización de la economía, el movimiento de los refugiados y de los inmigrantes ilegales por las fronteras hacen que cada vez sea más difícil que las personas de los países industrializados se olviden del hambre y las enfermedades que existen en los países pobres del mundo.

En las nuevas condiciones, todos somos rehenes de la tecnología apocalíptica, de la economía clandestina, de la contaminación terrestre y de las guerras incontrolables. Las armas atómicas, las radiaciones invisibles y la anarquía económica no distinguen a los prisioneros de los guardianes, y los que mandan no tendrán escrúpulos a la hora de hacer distinciones. Ahí está la inolvidable respuesta del alto mando estadounidense a la noticia de que podían quedar prisioneros de guerra americanos cerca de Nagasaki: "*Los objetivos previamente asignados para la operación 'Centerboard' siguen sin cambios*".

Hay pruebas de una insatisfacción creciente entre los guardianes. Durante algún tiempo hemos sabido que entre los no votantes se encontraban los pobres y los ignorados, marginados de un sistema político que sentían que no se ocupaba de ellos y frente al que poco podían hacer. Ahora esa alienación se ha extendido hacia arriba, hacia las familias que están por encima del umbral de la pobreza. Se trata de los trabajadores blancos, que no son ni pobres ni ricos, pero que muestran su enfado ante la inseguridad económica y no se sienten satisfechos con su trabajo, que se preocupan por sus vecindarios y son hostiles hacia el gobierno, combinando elementos de racismo con elementos de conciencia de clase, el desprecio por las clases bajas con la desconfianza hacia la élite, de manera que están abiertos a las soluciones que se puedan aportar desde cualquier dirección, bien sea desde la derecha o desde la izquierda.

En los años veinte se dio una situación similar en las clases medias, que podía haberse encaminado en varias direcciones: por aquel entonces, el Ku Klux Klan contaba con millones de miembros. Pero en los años treinta la labor de un movimiento izquierdista bien organizado trasladó una gran parte de este sentimiento hacia los sindicatos, los sindicatos de agricultores y los movimientos socialistas. En los próximos años quizás veamos una escalada en la movilización del descontento de la clase media.

Las razones de ese descontento son claras. Las encuestas realizadas desde principios de los años setenta muestran que entre un 70% y un 80% de los americanos no confían en el gobierno, ni en los negocios, ni en el ejército. Esto significa que la desconfianza va más allá de los negros, los pobres y los radicales. Se ha extendido entre los trabajadores especializados, los trabajadores de oficina y los profesionales; quizás por primera vez en la historia de la nación, tanto la clase baja como la media, tanto los prisioneros como los guardianes, estaban desilusionados con el sistema.

También hay otros síntomas: los altos índices de alcoholismo, de divorcios (de 33% se estaba subiendo al 50% de matrimonios que acababan en divorcio), de uso y abuso de las drogas, de crisis nerviosas y de enfermedades mentales. Millones de personas han estado buscando soluciones desesperadamente para esta sensación de impotencia, para su soledad, su frustración, su alejamiento de las demás personas, del mundo, de su trabajo y de sí mismos. Han adoptado nuevas religiones, uniéndose a grupos de auto-ayuda de todo tipo. Parece como si toda la nación estuviera atravesando un punto crítico en su edad mediana, una crisis existencial de dudas y examen de conciencia.

Todo esto está teniendo lugar en un momento en el que la clase media está cada vez más insegura económicamente. En su irracionalidad, el sistema se ha visto forzado -por el beneficio- a construir rascacielos de acero para las compañías de seguros mientras las ciudades se deterioran; a gastar miles de millones de dólares en armas de destrucción, pero casi nada en parques para niños; a pagar enormes sueldos a hombres que construyen cosas peligrosas o inútiles y muy poco dinero a artistas, a músicos, a escritores y a actores. El capitalismo siempre ha sido un desastre para la clase baja. Ahora está empezando a fallar para la clase media.

La amenaza del desempleo, que siempre ha estado presente en las casas de los pobres, se ha extendido a las de los trabajadores de oficina y a los profesionales. La educación universitaria ha dejado de ser una garantía de trabajo. Un sistema que no puede ofrecer un futuro a los jóvenes que dejan la escuela se enfrenta a grandes dificultades. Si esto sólo les ocurre a los hijos de los pobres, el problema es asumible: para eso están las cárceles. Si esto les ocurre a los hijos de la clase media, las cosas puede que se les escapen de las manos. Los pobres están acostumbrados a las estrecheces y siempre andan faltos de dinero. Pero en los últimos años, también la clase media ha empezado a sentir la presión de los altos precios y los impuestos.

En los años setenta, ochenta y principios de los noventa tuvo lugar un dramático y espantoso aumento en el número de crímenes. Esta situación se palpaba muy bien al pasear por cualquier gran ciudad. Saltaban a la vista los contrastes entre la riqueza y la pobreza, la cultura de la posesión y el frenesí publicitario. También existía una feroz competencia económica en la que la violencia legal del estado y el robo legal de las corporaciones se veían acompañados por los crímenes ilegales de los pobres. En la mayoría de casos, los crímenes eran de robo. Un número desproporcionado de los presos en las cárceles americanas eran pobres y no blancos, gente de escasa educación. La mitad de ellos se encontraba sin empleo en el mes anterior a la detención.

Los crímenes más comunes y los que más publicidad han recibido son los crímenes violentos de los jóvenes y de los pobres -un verdadero terror en las grandes ciudades- en los que los desesperados o los drogadictos atacan y roban a la clase media o incluso a pobres como ellos. Una sociedad tan estratificada por la riqueza y la educación se presta de forma natural a las envidias y la ira entre clases.

La cuestión crítica en nuestra época es saber si la clase media -a la que se ha hecho creer durante tanto tiempo que la solución de estos crímenes es la construcción de más cárceles y penas más largas- empezará a ver, debido al carácter puramente incontrolable de los crímenes, que la única perspectiva es un interminable círculo de crimen y castigo. Entonces puede que lleguen a la conclusión de que la seguridad física para una persona que trabaja en la ciudad sólo puede conseguirse cuando toda la ciudad esté trabajando. Y eso requeriría una transformación de las prioridades nacionales, un cambio en el sistema.

En las últimas décadas un miedo aún mayor se ha unido al miedo a los ataques criminales. Las muertes por cáncer se han multiplicado y las investigaciones médicas parecen impotentes a la hora de encontrar la causa. Era evidente que una cantidad cada vez mayor de estas muertes tenía su origen en un ambiente contaminado por los experimentos militares y la codicia industrial. El agua que bebía la gente, el aire que respiraba, las partículas de polvo de los edificios donde trabajaba, habían sido contaminados -en silencio y a lo largo de los años- por un sistema tan desesperado por crecer y obtener beneficios que no había tenido en cuenta la seguridad y la salud de los seres humanos. Luego apareció una nueva y mortal plaga, el virus del SIDA, que se extendió con especial rapidez entre los homosexuales y los drogadictos.

A principios de los noventa, el falso socialismo del sistema soviético se derrumbó. Paralelamente, el sistema americano parecía estar fuera de control: lo caracterizaba un capitalismo incontrolado, una tecnología incontrolada, un militarismo incontrolado, un divorcio entre el gobierno y la gente que decía representar. El crimen estaba fuera de control, el cáncer y el SIDA estaban fuera de control. Los precios, los impuestos y el desempleo estaban fuera de control. El deterioro de las ciudades y la ruptura de las familias estaban fuera de control. Y la gente parecía percibir esta situación.

Quizás una gran parte de la desconfianza general hacia el gobierno, de la que se había informado en los últimos años, naciera de un creciente reconocimiento de la verdad expresada por el bombardero de las Fuerzas Aéreas de los Estados Unidos, Yossarian, en la novela *Catch-22*. Dice a un amigo que acaba de acusarle de dar ayuda y consuelo al enemigo: "*El enemigo es cualquiera que intente matarte, sin importar de qué lado esté. Y no te olvides de eso porque cuanto más lo recuerdes, más tiempo vivirás*". La siguiente línea de la novela dice: "*Pero Clevinger sí lo olvidó, y ahora estaba muerto*".

Imaginémonos la posibilidad -por primera vez en la historia de nuestra nación- de una población unida en favor de un cambio fundamental. ¿Volvería la élite, como tantas otras veces, a su arma favorita -la intervención en el extranjero- para unir al pueblo con el *establishment* en una guerra? Eso se intentó hacer en 1991, con la guerra contra Irak. Pero, como dijo June Jordan, se trataba de "*un golpe en el mismo sentido que el crack... y su efecto no dura mucho*".

Debido a la incapacidad del *establishment* para resolver los graves problemas económicos en casa o de encontrar una válvula de escape del descontento nacional en el extranjero, los americanos podrían estar dispuestos a exigir no ya un retoque más, ni más leyes reformistas, ni cambios para no cambiar nada, ni otro *New Deal*, sino un cambio auténticamente radical. Seamos utópicos durante un momento para que cuando volvamos a la realidad, no nos encontremos con esa modalidad de "realismo" tan útil para un Estado que quiere desactivar cualquier acción, ese "realismo" tan anclado en cierto tipo de historia despojado de sorpresas. Imaginémonos lo que requeriría de todos nosotros un cambio radical.

Las palancas del poder de la sociedad tendrían que ser arrebatadas de las manos de aquellos cuyo comportamiento nos ha llevado a nuestro estado actual: las corporaciones gigantes, el ejército y sus colaboradores, y los políticos. Necesitaríamos reconstruir la economía con el esfuerzo coordinado de los grupos locales en todo el país para que sea eficaz y justa, y para que produzca de forma cooperativa todo aquello que sea más necesario para la gente. Empezaríamos por nuestros barrios, nuestras ciudades y nuestros lugares de trabajo. Todo el mundo necesitaría algún tipo de trabajo, incluso las personas ahora marginadas del mundo laboral: los niños, los ancianos, los "discapacitados". La sociedad podría utilizar la enorme energía que ahora queda desaprovechada, las habilidades y los talentos que no se explotan. Todos podrían participar en los trabajos rutinarios pero necesarios durante unas pocas horas al día, y reservar la mayor parte del tiempo libre para el ocio, la creatividad y los ardores del amor y, aún así, producirían lo suficiente para una distribución equitativa y abundante de los bienes. Algunos efectos básicos serían lo suficientemente abundantes como para sustraerlos del sistema monetario y hacerlos disponibles -gratuitamente- a todo el mundo: la comida, las viviendas, la sanidad, la educación y el transporte.

El mayor problema sería encontrar la forma de posibilitarlo sin una burocracia centralizada. No se utilizarían los incentivos de la cárcel y el castigo, sino los incentivos de la cooperación que se derivan de la voluntad humana natural, incentivos que en el pasado ha utilizado el estado -en tiempos de guerra- como también lo han hecho los movimientos sociales, dando pistas sobre cómo se comportaría la gente en condiciones diferentes. Las decisiones las tomarían pequeños grupos de personas en sus lugares de trabajo, en sus barrios. Habría una red de cooperativas intercomunicadas, un socialismo comunitario que evitaría las jerarquías clasistas del capitalismo y las rudas dictaduras que han adoptado el nombre de "socialistas".

Puede que con el tiempo la gente que viviese en estas comunidades amistosas creara una nueva cultura diversificada y basada en la no violencia, en la que serían posibles todas las formas de expresión, bien fueran personales o colectivas. Los hombres y las mujeres, negros y blancos, ancianos y jóvenes, podrían entonces vivir sus diferencias como atributos positivos y no como razones para el dominio. Podrían aparecer nuevos valores de cooperación y libertad en las relaciones interpersonales y en la educación de los niños.

Para posibilitar todo esto en el contexto de las complejas condiciones de control existentes en los Estados Unidos, haría falta una combinación de la energía de todos los antiguos movimientos de la historia americana -los obreros rebeldes, los activistas negros, los americanos nativos, las mujeres, los jóvenes, etc.- junto con la nueva energía de una clase media enojada. Sería necesario que la gente comenzara a transformar su entorno inmediato -el lugar de trabajo, la familia, la escuela, la comunidad- por medio de una serie de luchas en contra de la autoridad absentista, y que se otorgase el control de estos lugares a las personas que viven y trabajan en ellos.

Estas luchas conllevarían todas las tácticas utilizadas en diferentes épocas del pasado por los movimientos populares: las manifestaciones, las concentraciones, la desobediencia civil; las huelgas, el boicot y las huelgas generales; la acción directa para redistribuir la riqueza, para reconstruir instituciones, para renovar las relaciones; se crearía en la música, la literatura, el teatro, en todas las artes y en todas las áreas laborales y recreativas de la vida cotidiana una nueva cultura basada en el reparto y el respeto, una nueva alegría en la colaboración personal, para ayudarse a sí mismas, y para ayudar al prójimo.

Habría muchas derrotas. Pero cuando semejante movimiento se asentara en cientos de miles de lugares por todo el país sería imposible de contener, ya que los mismos guardianes de los que depende el sistema para aplastar este movimiento se encontrarían entre los rebeldes. Sería una nueva clase de revolución, la única -creo yo- que podría ocurrir en un país como Estados Unidos. Haría falta una enorme cantidad de energía, sacrificio, compromiso y paciencia. Pero al tratarse de un proceso a largo plazo, que empezaría sin tardanza, se contaría con la inmediata satisfacción que las personas siempre han encontrado en los lazos afectuosos de los grupos que se esfuerzan juntos por un objetivo común.

Todo esto nos lleva lejos de la historia americana, al reino de la imaginación. Pero no se encuentra totalmente aislado de la historia. Por lo menos hay indicios en el pasado de semejantes posibilidades. En los años sesenta y setenta, por primera vez el Estado no logró crear un sentimiento de unidad nacional y fervor patriótico para una guerra. Hubo un gran flujo de influencias y cambios culturales nunca vistos en el país: en el sexo, la familia y las relaciones personales precisamente en las situaciones más difíciles de controlar desde los habituales centros de poder. Jamás había tenido lugar una pérdida de confianza tan importante en tantos elementos del sistema político y económico. En cada período histórico, las personas siempre han encontrado alguna manera de ayudarse las unas a las otras   -incluso en medio de una cultura de competividad y violencia y aunque haya sido durante períodos cortos- para encontrar alegría en el trabajo, en la lucha, en el compañerismo y en la naturaleza.

Las perspectivas que se nos abren son de tiempos de confusión y lucha, pero también de inspiración. Cabe la posibilidad de que un movimiento de estas características pudiera tener éxito y conseguir lo que el sistema nunca ha podido hacer: efectuar un gran cambio con poca violencia. Esto será posible a medida que un sector cada vez mayor de ese segmento del 99% de la población vea que comparten las mismas necesidades; y cuanto más vean la similitud de sus intereses guardianes y prisioneros, más aislado e ineficaz se volverá el *establishment*. Las armas de la élite -el dinero y el control de la información- serían inútiles ante una población resuelta. Los servidores del sistema se negarían a trabajar para que continúe el antiguo y mortal orden, y empezarían a utilizar su tiempo y su espacio -los mismos instrumentos que el sistema les había proporcionado para mantenerles en silencio- para desmantelar ese sistema mientras creaban otro nuevo.

Los prisioneros del sistema seguirán rebelándose, como antes, de maneras imprevisibles, en momentos que no pueden ser pronosticados. La nueva realidad de nuestra era es la posibilidad de que los guardianes se unan a los prisioneros. Los lectores y los escritores casi siempre hemos estado en el lado de los guardianes. Si entendemos eso, y actuamos en consecuencia, la vida no sólo será más satisfactoria ahora mismo, sino que nuestros nietos o nuestros biznietos quizás puedan ver un mundo diferente y maravilloso.

Epílogo

SOBRE LA PRESIDENCIA DE CLINTON

En las elecciones presidenciales de 1992, el demócrata Bill Clinton, el joven y atractivo gobernador de Arkansas, derrotó al republicano George Bush. Las condiciones económicas del país se estaban deteriorando, y Clinton prometió un "cambio".

No fue un electorado muy entusiasta (el 45% se mantuvo alejado de las urnas) y, de aquellos que votaron, solamente un 43% votó por Clinton. Bush recibió el 38% de los votos, y casi el 20% de los votantes abandonaron a los partidos políticos más importantes y votaron al multimillonario de Texas Ross Perot, quien prometía apartarse de la política tradicional.

El Consejo Directivo Demócrata, que quería desplazar al partido Demócrata hacia el centro, había apoyado fuertemente a Clinton. Su plan era prometer lo suficiente a los negros, las mujeres y los trabajadores para conservar su apoyo, pero atraer a los votantes conservadores blancos con un programa de inflexibilidad hacia el crimen y de apoyo a un ejército poderoso.

Consecuentemente, Clinton hizo unos cuantos nombramientos al gabinete que diesen a entender que daba su apoyo a los obreros y a los programas de bienestar social. Pero sus nombramientos clave para los departamentos del Tesoro y Comercio fueron para los ricos abogados de las corporaciones, y el equipo de política exterior -el secretario de Defensa, el director de la CIA y el consejero de Seguridad Nacional- eran abonados fijos al sistema bipartidista que alentaba la guerra fría.

Inmediatamente después de su victoria electoral, Clinton dijo: "*Quiero reafirmar la continuidad esencial de la política exterior americana*". Efectivamente, en vísperas de las elecciones, había dejado claro que por mucho que hubiese acabado la guerra fría, sólo pensaba reducir el presupuesto militar de Bush en un 5%. Una vez que asumió la presidencia fue fiel a su palabra, y mantuvo un presupuesto militar de $262 mil millones.

Clinton estaba aceptando la premisa republicana de que Estados Unidos debía estar preparado para luchar en dos guerras regionales al mismo tiempo. Esto, a pesar de las declaraciones hechas por el general Colin Powell, quien, viendo el colapso de la Unión Soviética, había declarado en la revista *Defense News* (8 de abril de 1991): "*Me estoy quedando sin demonios. Me estoy quedando sin villanos. Sólo me quedan Castro y Kim Il Sung*". El secretario de Defensa de Bush, Dick Cheney -que no era una paloma de la paz que digamos- había dicho en 1992: "*Las amenazas se han vuelto remotas, tan remotas que es difícil distinguirlas*".

Cuando llevaba dos años en la presidencia, Clinton propuso que se reservara aún más dinero para el ejército. En un despacho del *New York Times* de Washington (1 de diciembre de 1994) se daba la siguiente información:

> *En un intento de aplacar las críticas de falta de financiación para el ejército, el presidente Clinton celebró hoy una ceremonia en el Rose Garden en la que anunció que procuraría incrementar el gasto militar para los próximos seis años en $25 millones.*

Clinton llevaba apenas seis meses en la presidencia cuando mandó a las Fuerzas Aéreas bombardear Bagdad, supuestamente como respuesta a la conspiración para asesinar a George Bush en ocasión de la visita del antiguo presidente a Kuwait. No había evidencias claras de que existiera tal conspiración, ya que provenían de la policía de Kuwait, famosa por su corrupción. Tampoco Clinton esperó a los resultados del juicio a los acusados de conspiración que se suponía iba a tener lugar en Kuwait.

Los aviones estadounidenses que -según el gobierno- tenían como blanco el Cuartel General de la Inteligencia iraquí, bombardearon un barrio de las afueras. En el ataque resultaron muertas seis personas, incluyendo a una destacada artista iraquí y a su marido. Luego resultó que no se habían causado daños significativos -si es que hubo alguno- en las instalaciones de la inteligencia iraquí. El *New York Times* comentó: "*Las declaraciones categóricas del señor Clinton recordaban las afirmaciones del presidente Bush y del general Norman Schwarzkopf durante la guerra del Golfo Pérsico, que luego resultaron ser falsas*".

La columnista Molly Ivins sugirió que el propósito del bombardeo sobre Bagdad -es decir, el hecho de "*enviar un poderoso mensaje*"- encajaba con la definición del concepto de terrorismo. "*Lo que llega a ser exasperante de los terroristas es que sus actos de venganza o sus llamadas de atención -llámense como se llamen- son indiscriminados... Lo que es verdad en los individuos... también lo es para las naciones".*

La política exterior de Clinton mantenía esa típica insistencia demócrata-republicana en la conservación de las buenas relaciones con cualquier gobierno que estuviera en el poder y promover así rentables acuerdos empresariales, sin tener en cuenta su comportamiento a la hora de respetar los derechos humanos. Se continuaba enviando ayuda a Indonesia a pesar del historial que había tenido este país en cuanto a asesinatos en masa (quizás 200.000 personas muertas sobre una población de 700.000) durante la invasión y ocupación de Timor Oriental.

Respecto a los derechos humanos se evidenció un nuevo caso de insensibilidad en la extraña actitud de la administración Clinton hacia dos naciones que se consideraban "comunistas". China había masacrado a los estudiantes que protestaban en Pequín en 1989 y había enviado a la cárcel a los disidentes. Cuba había encarcelado a los que criticaban al régimen, pero no poseía un historial sangriento de represión como el de la China comunista y otros gobiernos del mundo entero que recibían ayuda norteamericana.

Estados Unidos continuó enviando ayuda económica a China, y le otorgaba ciertos privilegios comerciales (la categoría de "nación de trato preferencial") en aras de sus intereses comerciales. Pero la administración de Clinton continuó, e incluso extendió, el bloqueo a Cuba, bloqueo que privaba a la población de comida y medicinas.

Parecía que lo que preocupaba a la administración de Clinton en sus relaciones con Rusia era la "estabilidad" por encima de la moralidad. Insistía en un firme apoyo al régimen de Boris Yeltsin, incluso después de que Rusia invadiera y bombardeara de forma brutal la remota región de Chechenia, la cual quería su independencia.

Tanto Clinton como Yeltsin, con ocasión de la muerte de Richard Nixon, expresaron su admiración por el hombre que había continuado la guerra en Vietnam, que había violado el juramento hecho al acceder a la presidencia y que había eludido los cargos criminales sólo porque su propio vicepresidente le perdonó. Yeltsin dijo de Nixon que era *"uno de los políticos más grandes del mundo"*, y Clinton dijo que Nixon, durante toda su carrera *"había sido un gran defensor de la libertad y la democracia en todo el mundo"*.

La política de economía exterior de Clinton no desentonaba de la habida durante la larga historia de la nación, en la que los dos partidos más importantes se mostraban más preocupados por los intereses de las corporaciones que por los derechos de la gente trabajadora -bien fuera aquí o en el extranjero- y veía la ayuda al extranjero como una herramienta política y económica más que como un acto humanitario.

El Banco Mundial y el Fondo Monetario Internacional, ambos dominados por los Estados Unidos, adoptaron un enfoque de banquero duro para con los países del Tercer Mundo que estaban llenos de deudas. Insistían en que estas naciones pobres asignaran una buena parte de sus escasos recursos a pagar los préstamos a los países ricos, a costa de recortar los servicios sociales a unas poblaciones que ya estaban desesperadas.

En la economía exterior se daba un gran énfasis a la "economía de mercado" y a la "privatización". Esto obligaba a las personas del antiguo bloque soviético a defenderse por sus propios medios en una economía supuestamente "libre" y sin tener los beneficios sociales que habían tenido bajo los antiguos y reconocidamente ineficaces regímenes.

El concepto del "comercio libre" se convirtió en un objetivo importante para la administración de Clinton. En el Congreso, solicitó el apoyo activo tanto de los republicanos como de los demócratas para que se aceptara el Acuerdo Norteamericano de Libre Comercio con México. Este acuerdo eliminaba los obstáculos para que el capital y las mercancías de las corporaciones pudieran circular a lo largo y ancho de la frontera entre México y Norteamérica sin ningún tipo de restricciones.

Uno de los actos más impresionantes de la política exterior de Clinton fue el de presionar a los líderes militares de Haití -que habían depuesto a Jean-Bertrand Aristide (presidente elegido democráticamente en 1991)- para que volvieran a aceptar a Aristide como presidente y satisfacer a los haitianos. Pero este hecho resultaba algo sospechoso, debido al largo historial político estadounidense de apoyo a los dictadores corruptos en Haití.

La política nacional de Clinton -como era tradicional en los candidatos demócratas- armonizaba más con los seguidores negros, con las mujeres y con los trabajadores. Pero incluso sus medidas progresistas se veían seriamente limitadas por su aparente deseo de cortejar a los conservadores, por su miedo a ofender los intereses de las corporaciones y por los límites establecidos por los enormes gastos del presupuesto militar.

El programa económico de Clinton -anunciado en un principio como un programa para la creación de trabajo- cambió pronto de rumbo y se concentró en la reducción del déficit (con Reagan y Bush la deuda nacional se había elevado a cuatro billones de dólares). Y esto significaba que no habría ningún programa intrépido de inversiones ni en la sanidad universal, ni en la educación, ni en las guarderías, ni en la vivienda, en el medio ambiente, en el arte o en la creación de puestos de trabajo.

Los pequeños gestos de Clinton no se acercaban a lo que necesitaba una nación en la que una cuarta parte de los niños vivían en la pobreza, donde la gente sin hogar vivía en la calle en todas las grandes ciudades, donde las mujeres no podían buscar trabajo debido a la inexistencia de guarderías, donde el aire y el agua se estaban deteriorando de forma peligrosa y donde 35 millones de americanos -10 millones de los cuales eran niños- no disponían de cuidados médicos.

Estados Unidos era el país más rico del mundo, con un 5% de la población de la tierra, pero que consumía el 30% de lo que se producía en todo el mundo. La riqueza estaba polarizada, con un 1% de la población propietario del 35% de la riqueza -aproximadamente $5,7 billones. En sus empobrecidas ciudades, los niños morían en un porcentaje más alto que en cualquier otro país industrializado del mundo. En un año, en 1988, murieron 40.000 bebés antes de cumplir el año, con una tasa de mortandad entre bebés afroamericanos dos veces mayor que entre los blancos.

Para poder alcanzar -más o menos- una igualdad de oportunidades, se necesitaría una drástica redistribución de la riqueza y enormes inversiones para la creación de empleo, la salud, la educación y el medio ambiente. Había dos posibles fuentes para financiar esto, pero la administración de Clinton no se mostraba inclinada a explotar ninguna de ellas.

Una de las fuentes era el presupuesto militar. Durante la campaña presidencial de 1992, Randall Forsberg, un experto en gastos militares, había sugerido que un presupuesto militar de $60 mil millones -cifra que se alcanzaría en un número concreto de años- *"ayudaría a perfilar una política exterior estadounidense desmilitarizada, la cual se adecuaría a las necesidades y a las oportunidades del mundo en los años posteriores a la Guerra Fría"*. Así se podrían ahorrar $200 mil millones al año que se podrían utilizar en asuntos sociales.

Pero la presidencia de Clinton, como todas las administraciones republicanas y demócratas anteriores, no estaba dispuesta a renunciar a la guerra como instrumento de política nacional. La insistencia en el predominio militar mostraba claramente que este poder se mantenía -y probablemente siempre se había mantenido- no para hacer frente a la Unión Soviética, sino para intervenir en los países del Tercer Mundo, con miras a obtener ventajas económicas y políticas. No se permitiría que ninguna necesidad urgente de la nación se interpusiera a este objetivo.

La otra posible fuente para financiar las necesidades sociales estaba en la riqueza de los multimillonarios. El 1% más rico del país había obtenido más de un billón de dólares en los últimos doce años como resultado de los cambios en el sistema tributario. Un "impuesto sobre la riqueza" podría enmendar eso. Por otro lado, un impuesto sobre la renta verdaderamente progresivo -volviendo a los niveles posteriores a la II Guerra Mundial del 70-90% para los ingresos muy altos- quizás podría reunir cien mil millones de dólares para los programas sociales. De esta manera, podrían conseguirse de cuatro a cinco mil millones de dólares para un sistema sanitario universal, para un programa de trabajo de pleno empleo, para viviendas asequibles, transporte público, arte y medio ambiente.

La alternativa a ese programa tan atrevido era continuar igual, con ayudas insignificantes para los pobres, permitiendo que las ciudades fueran contaminándose, no ofreciendo ningún trabajo útil a los jóvenes y creando una población marginal de personas holgazanas y desesperadas que caen en la droga y el crimen constituyendo una amenaza para la seguridad física del resto de la población.

Para afrontar esta situación, los demócratas y los republicanos se unieron para aprobar una ley del crimen, para construir más cárceles y para encerrar a más personas desesperadas, muchas de las cuales eran jóvenes, y muchas no blancas. Esto era un gesto dirigido a los americanos que se sentían amenazados por el incremento del crimen violento. De esta manera, en 1994, Estados Unidos tenía en las cárceles a una proporción de la población más alta que ningún otro país del mundo: un millón de personas.

Si la administración de Clinton y el Consejo Directivo Demócrata esperaban atraerse a los votantes moderados abandonando los atrevidos programas sociales, reforzando el ejército y usando mano dura contra el crimen, entonces fracasaron. En las elecciones al Congreso de 1994, los republicanos desbancaron a los demócratas tanto en la Cámara como en el

Senado y obtuvieron la mayoría en ambas cámaras. Inmediatamente propusieron, con el pretexto de escapar del "gran gobierno", el desmantelamiento de los programas sociales que se habían creado desde los años del *New Deal*.

Los victoriosos republicanos pedían un "mandato" de la gente para su programa. Pero tampoco se trataba de eso. Sólo el 37% del electorado fue a las urnas, y poco más de la mitad de ese 37% votó a los republicanos. Si alguien tenía un mandato, era ese 63% de la población que parecía estar al margen de un proceso político dominado por dos partidos políticos mayoritarios muy poco populares. (Un informe de 1988 mostró que dos terceras partes de los votantes querían ver a otros candidatos que no fueran el republicano Bush o el demócrata Dukakis).

De hecho, las encuestas de los años ochenta y principios de los noventa indicaban que los americanos estaban a favor de medidas políticas atrevidas que ni los demócratas ni los republicanos estaban dispuestos a proponer. Estas encuestas mostraban un apoyo del 61% en favor de un sistema sanitario como el de Canadá, y un 84% de apoyo a la idea de subir los impuestos a los millonarios.

Mientras ambos partidos se mostraban críticos con el "sistema de beneficio y ayuda social" (como si las corporaciones y los bancos no recibieran enormes beneficios del gobierno), una encuesta del *New York Times*/CBS News en diciembre de 1994 descubrió que el 65% pensaba que "es responsabilidad del gobierno cuidar de las personas que no pueden hacerlo por sí solas".

Si la democracia significaba que el gobierno debía reconocer de algún modo la voluntad de las personas, estaba claro que en 1995 ni los republicanos ni los demócratas lo estaban cumpliendo. Una encuesta llevada a cabo por *Los Angeles Times*, en septiembre de 1994, descubrió que "*cada vez hay más americanos que dicen estar más dispuestos a apoyar a un nuevo partido*". Esto confirmaba la encuesta *Gordon Black*, efectuada dos años antes, en la que el 54% de los encuestados decía que quería "un nuevo partido reformista nacional".

Si la experiencia histórica nos enseñó algo, fue que una seria crisis nacional como la que existía en los Estados Unidos a mediados de los noventa, una crisis de pobreza, de drogas, de violencia, de crimen, de marginación de la política y de incertidumbre sobre el futuro, no se resolvería sin un gran movimiento social por parte de los ciudadanos. Este movimiento necesitaría

conjuntar la inspiración y el compromiso de toda una serie de movimientos -
el abolicionista, el obrerista, el pacifista, el de los derechos civiles, el feminista,
el homosexual y el medioambiental- para que la nación pudiera coger un
nuevo rumbo.

En algún momento de 1992, el partido Republicano celebró una cena para
recaudar fondos en la que los individuos y las corporaciones pagaron hasta
$400.000 para poder asistir. Un portavoz del presidente Bush, Marlin
Fitzwater, dijo a los reporteros: "*Sí, se trata de comprarse el acceso al sistema*".
Cuando se le preguntó sobre las personas que no tenían tanto dinero,
contestó: "*Deben exigir el acceso de otras maneras*".

Eso puede haber sido una pista para los americanos que quieren un
cambio real. Tendrán que exigir el acceso a su manera.

Bibliografía

Este libro, escrito en pocos años, está basado en veinte años de enseñanza e investigación en torno a la historia americana, y tantos o más años de participación en movimientos sociales. Pero no podría haberse escrito sin el trabajo de varias generaciones de eruditos, y especialmente la presente generación de historiadores, que ha realizado ambiciosos trabajos sobre la historia de los negros, los indios, las mujeres y la gente trabajadora de todas las orientaciones. Tampoco podría haberse escrito sin el trabajo de muchas personas que, aún no siendo historiadores profesionales, se sintieron estimuladas por las luchas sociales que veían a su alrededor y recogieron material acerca de las vidas y las actividades de las personas ordinarias que intentan crear un mundo mejor, o simplemente intentan sobrevivir.

Indicar cada fuente de información en el texto hubiera llevado a la redacción de un libro demasiado cargado de notas a pie de página; sin embargo conozco la curiosidad del lector por saber de dónde proviene el dato sorprendente o la cita mordaz. Por eso, tan a menudo como me es posible, menciono en el texto los autores y los títulos de los libros sobre los cuales hay una completa información en esta bibliografía. En los casos en que el propio texto no indique la fuente de una cita, seguramente pueda descubrirlo mirando a los libros marcados con un asterisco en relación con ese capítulo. Los libros con asterisco son los que yo he encontrado especialmente útiles y a menudo imprescindibles.

He examinado las siguientes publicaciones académicas: *American Historical Review, Mississippi Valley Historical Review, Journal of American History, Journal of Southern History, Journal of Negro History, Labor History, William and Mary Quarterly, Phylon, The Crisis, American Political Science Review, Journal of Social History.*

También he consultado algunas publicaciones menos ortodoxas pero importantes para un trabajo como éste: *Monthly Review, Science and Society, Radical America, Akwesane Notes, Signs: Journal of Women in Culture and Society, The Black Scholar, Bulletin of Concerned Asian Scholars, The Review of Radical Political Economics, Socialist Revolution, Radical History Review.*

1. Colón, los indígenas y el progreso humano

- Brandon, William. *The Last Americans: The Indian in American Culture.* New York McGraw- Hill, 1974.
- *Collier, John. *Indians of the Americas.* New York W. W. Norton, 1947.
*de las Casas, Bartolomé. *History of the Indies.* New York Harper & Row, 1971.
- *Jennings, Francis. *The Invasion of America: Indians, Colonialism, and the Cant of Conquest.* Chapel Hill University of North Carolina Press, 1975.
- *Koning, Hans. *Columbus: His Enterprise.* New York Monthly Review Press, 1976.
- *Morgan, Edmund S. *American Slavery, American Freedom: The Ordeal of Colonial Virginia.* New York W. W. Norton, 1975.
- Morison, Samuel Eliot. *Admiral of the Ocean Sea.* Boston Little, Brown, 1942.
- Morison, Edmund S. *Christopher Columbus, Mariner.* Boston Little, Brown, 1955.

- *Nash, Gary B. *Red, White, and Black: The Peoples of Early America*. Englewood Cliffs: Prenti-ce-Hall, 1970.
- Vogel, Virgil, ed. *This Country Was Ours*. New York: Harper & Row, 1972.

2. Estableciendo la barrera racial

- *Aptheker, Herbert, ed. *A Documentary History of the Negro People in the United States*. Secaucus, N.J.: Citadel, 1974.
- Boskin, Joseph. *Into Slavery: Radical Decisions in the Virginia Colony*. Philadelphia, Lippincott, 1966.
- Catterall, Helen. *Judicial Cases Concerning American Slavery and the Negro*. 5 vols. Washington, Negro University Press, 1937.
- Davidson, Basil. *The African Slave Trade*. Boston: Little, Brown, 1961.
- Donnan, Elizabeth, ed. *Documents Illustrative of the History of the Slave Trade to America*. 4 vols. New York: Octagon, 1965.
- Elkins, Stanley. *Slavery: A Problem in American Institutional and Intellectual Life*. Chicago: University of Chicago Press, 1976.
- Federal Writers Project. *The Negro in Virginia*. New York: Arno, 1969.
- Franklin, John Hope. *From Slavery to Freedom: A History of American Negroes*. New York: Knopf, 1974.
- *Jordan, Winthrop. *White Over Black: American Attitudes Toward the Negro, 1550-1812*. Chapel Hill: University of North Carolina Press, 1968.
- *Morgan, Edmund S. *American Slavery, American Freedom: The Ordeal of Colonial Virginia*. New York: W. W. Norton, 1975.
- Mullin, Gerald. *Flight and Rebellion: Slave Resistance in Eighteenth-Century Virginia*. New York: Oxford University Press, 1974.
- Mullin, Michael, ed. *American Negro Slavery: A Documentary History*. New York: Harper & Row, 1975.
- Phillips, Ulrich B. *American Negro Slavery: A Survey of the Supply, Employment and Control of Negro Labor as Determined by the Plantation Regime*. Baton Rouge: Louisiana State University Press, 1966.
- Redding, J. Saunders. *They Came in Chains*. Philadelphia: Lippincott, 1973.
- Stampp, Kenneth M. *The Peculiar Institution*. New York: Knopf, 1956.
- Tannenbaum, Frank. Slave and Citizen: *The Negro in the Americas*. New York: Random House, 1963.

3. Gente de la peor calaña

- Andrews, Charles, ed. *Narratives of the Insurrections 1675-1690*. New York: Barnes & Noble, 1915.
- *Bridenbaugh, Carl. *Cities in the Wilderness: The First Century of Urban Life in America*. New York: Oxford University Press, 1971.
- Henretta, James. "Economic Development and Social Structure in Colonial Boston". *William and Mary Quarterly*, 3rd Series, Vol. 22, January 1965.
- Herrick, Cheesman. *White Servitude in Pennsylvania: Indentured and Redemption Labor in Colony and Commonwealth*. Washington: Negro University Press, 1926.
- Hofstadter, Richard. *America at 1750: A Social History*. New York: Knopf, 1971.

- Hofstadter, Richard, and Wallace, Michael, eds. *American Violence: A Documentary History*. New York: Knopf, 1970.

- Mohl, Raymond. *Poverty in New York, 1783-1825*. New York: Oxford University Press, 1971.

- *Morgan, Edward S. *American Slavery, American Freedom: The Ordeal of Colonial Virginia*. New York: W. W. Norton, 1975.

- *Morris, Richard B. *Government and Labor in Early America*. New York: Harper & Row, 1965.

- *Nash, Gary B., ed. *Class and Society in Early America*. Englewood Cliffs: Prentice-Hall, 1970.

- *Nash, Gary M. *Red, White, and Black: The Peoples of Early America*. Englewood Cliffs: Prentice-Hall, 1974.

- *Nash, Gary M. "Social Change and the Growth of Prerevolutionary Urban Radicalism", The American Revolution. ed. Alfred Young. DeKalb: Northern Illinois University Press, 1976.

- *Smith, Abbot E. *Colonists in Bondage: White Servitude and Convict Labor in America*. New York: W. W. Norton, 1971.

- *Washburn, Wilcomb E. *The Governor and the Rebel: A History of Bacon's Rebellion in Virginia*. New York: W. W. Norton, 1972.

4. La tiranía es la tiranía

- Bailyn, Bernard, and Garrett, N., eds. *Pamphlets of the American Revolution*. Cambridge: Harvard University Press, 1965.

- Becker, Carl. *The Declaration of Independence: A Study in the History of Political Ideas*. New York: Random House, 1958.

- Brown, Richard Maxwell. "Violence and the American Revolution", *Essays on the American Revolution*, ed. Stephen G. Kurtz and James H. Hutson. Chapel Hill: University of North Carolina Press, 1973.

- Countryman, Edward, "Out of the Bounds of the Law: Northern Land Rioters in the Eighteenth Century", *The American Revolution: Explorations in the History of American Radicalism*, ed. Alfred F. Young. DeKalb: Northern Illinois University Press, 1976.

- Ernst, Joseph. "Ideology and an Economic Interpretation of the Revolution", *The American Revolution: Explorations in the History of American Radicalism*, ed. Alfred F. Young. DeKalb: Northern Illinois University Press, 1976.

- Foner, Eric. *Tom Paine's Republic: Radical Ideology and Social Change, The American Revolution: Explorations in the History of American Radicalism*, ed. Alfred F. Young. DeKalb: Northern Illinois University Press, 1976.

- Fox-Bourne, H. R. *The Life of John Locke*, 2 vols. New York: King, 1876.

- Greene, Jack P. "An Uneasy Connection: An Analysis of the Preconditions of the American Revolution", *Essays on the American Revolution*, ed. Stephen G. Kurtz and James H. Hutson. Chapel Hill: University of North Carolina Press, 1973.

- Hill, Christopher. *Puritanism and Revolution*. New York: Schocken, 1964.

- *Hoerder, Dirk. "Boston Leaders and Boston Crowds, 1765-1776", *The American Revolution: Explorations in the History of American Radicalism*, ed. Alfred F. Young. DeKalb: Northern Illinois University Press, 1976.

- Lemisch, Jesse. "Jack Tar in the Streets: Merchant Seamen in the Politics of Revolutionary America", *William and Mary Quarterly*, July 1968.

- Maier, Pauline. *From Resistance to Revolution: Colonial Radicals and the Development of American Opposition to Britain, 1765-1776*. New York: Knopf, 1972.

5. Casi una revolución

- Aptheker, Herbert, ed. *A Documentary History of the Negro People in the United States*. Secaucus, N.J.: Citadel Press, 1974.
- Bailyn, Bernard. "Central Themes of the Revolution", *Essays on the American Revolution*, ed. Stephen G. Kurtz and James H. Hutson. Chapel Hill: University of North Carolina Press, 1973.
- Bailyn, Bernard. *The Ideological Origins of the American Revolution*. Cambridge, Mass.: Harvard University Press, 1967.
- *Beard, Charles. *An Economic Interpretation of the Constitution of the United States*. New York: Macmillan, 1935.
- Berlin, Ira. "The Negro in the American Revolution", *The American Revolution: Explorations in the History of American Radicalism*, ed. Alfred F. Young. DeKalb: Northern Illinois University Press, 1976.
- Berthoff, Rowland, and Murrin, John. "Feudalism, Communalism, and the Yeoman Freeholder", *Essays on the American Revolution*, ed. Stephen G. Kurtz and James H. Hutson. Chapel Hill: University of North Carolina Press, 1973.
- Brown, Robert E. *Charles Beard and the Constitution*. New York: W. W. Norton, 1965.
- Degler, Carl. *Out of Our Past*. Harper & Row, 1970.
- Henderson, H. James. "The Structure of Politics in the Continental Congress", *Essays on the American Revolution*, ed. Stephen G. Kurtz and James H. Hutson. Chapel Hill: University of North Carolina Press, 1973.
- *Hoffman, Ronald. "The "Disaffected" in the Revolutionary South", *The American Revolution: Explorations in the History of American Radicalism*, ed. Alfred F. Young. DeKalb: Northern Illinois University Press, 1976.
- Jennings, Francis. "The Indians' Revolution", *The American Revolution: Explorations in the History of American Radicalism*, ed. Alfred F. Young. DeKalb: Northern Illinois University Press, 1976.
- Levy, Leonard W. *Freedom of Speech and Press in Early American History*. New York: Harper & Row, 1963.
- *Lynd, Staughton. *Anti-Federalism in Dutchess County, New York*. Chicago: Loyola University Press, 1962.
- Lynd, Staughton. *Class Conflict, Slavery, and the Constitution*. Indianapolis: Bobbs-Merrill, 1967.
- Lynd, Staughton. "Freedom Now: The Intellectual Origins of American Radicalism", *The American Revolution: Explorations in the History of American Radicalism*, ed. Alfred F. Young. DeKalb: Northern Illinois University Press, 1976.
- McLoughlin, William G. "The Role of Religion in the Revolution", *Essays on the American Revolution*, ed. Stephen G. Kurtz and James H. Hutson. Chapel Hill: University of North Carolina Press, 1973.
- Morgan, Edmund S. "Conflict and Consensus in Revolution", *Essays on the American Revolution*, ed. Stephen G. Kurtz and James H. Hutson. Chapel Hill: University of North Carolina Press, 1973.
- Morris, Richard B. "We the People of the United States". Presidential address, American Historical Association, 1976.
- *Shy, John. *A People Numerous and Armed: Reflections on the Military Struggle for American Independence*. New York: Oxford University Press, 1976.
- Smith, Page. *A New Age Now Begins: A People's History of the American Revolution*. New York: McGraw-Hill, 1976.

- Starkey, Marion. *A Little Rebellion*. New York: Knopf, 1949.
- Van Doren, Carl. *Mutiny in January*. New York: Viking, 1943.
- *Young, Alfred, ed. *The American Revolution: Explorations in the History of American Radicalism*. DeKalb: Northern Illinois University Press, 1976.

6. Los íntimamente oprimidos

- Barker-Benfield, G. J. *The Horrors of the Half-Known Life*. New York: Harper & Row, 1976.
- *Baxandall, Rosalyn, Gordon, Linda, and Reverby, Susan, eds. *America's Working Women*. New York: Random House, 1976.
- *Cott, Nancy. *The Bonds of Womanhood*. New Haven: Yale University Press, 1977.
- *Cott, Nancy, ed. *Root of Bitterness*. New York: Dutton, 1972.
- Farb, Peter. "The Pueblos of the Southwest", *Women in American Life*, ed. Anne Scott. Boston: Houghton Mifflin, 1970.
- *Flexner, Eleanor. *A Century of Struggle*. Cambridge, Mass.: Harvard University Press, 1975.
- Gordon, Ann, and Buhle, Mary Jo. "Sex and Class in Colonial and Nineteenth-Century America", *Liberating Women's History*, ed. Berenice Carroll. Urbana: University of Illinois Press, 1975.
- *Lerner, Gerda, ed. *The Female Experience: An American Documentary*. Indianapolis: Bobbs-Merrill, 1977.
- Sandoz, Mari. "These Were the Sioux", *Women in American Life*, ed. Anne Scott. Boston: Houghton Mifflin, 1970.
- Spruill, Julia Cherry. *Women's Life and Work in the Southern Colonies*. Chapel Hill: University of North Carolina, 1938.
- Tyler, Alice Felt. *Freedom's Ferment*. Minneapolis: University of Minnesota Press, 1944.
- Vogel, Lise. "Factory Tracts", *Signs: Journal of Women in Culture and Society,* Spring 1976.
- Welter, Barbara. *Dimity Convictions: The American Woman in the Nineteenth Century*. Athens, Ohio: Ohio University Press, 1976.
- Wilson, Joan Hoff. "The Illusion of Change: Women in the American Revolution", *The American Revolution: Explorations in the History of American Radicalism*, ed. Alfred F. Young. DeKalb: Northern Illinois University Press, 1976.

7. Mientras crezca la hierba y corra el agua

- Drinnon, Richard. *Violence in the American Experience: Winning the West*. New York: New American Library, 1979.
- Filler, Louis E., and Guttmann, Allen, eds. *The Removal of the Cherokee Nation*. Huntington, N.Y.: R. E. Krieger, 1977.
- Foreman, Grant. *Indian Removal*. Norman: University of Oklahoma Press, 1972.
- *McLuhan, T. C., ed. *Touch the Earth: A Self-Portrait of Indian Existence*. New York: Simon & Schuster, 1976.
- *Rogin, Michael. *Fathers and Children: Andrew Jackson and the Subjugation of the American Indian*. New York: Knopf, 1975.
- *Van Every, Dale. *The Disinherited: The Lost Birthright of the American Indian*. New York: Morrow, 1976.
- Vogel, Virgil, ed. *This Country Was Ours*. New York: Harper & Row, 1972.

8. No tomamos nada por conquista, gracias a Dios

- *Foner, Philip. *A History of the Labor Movement in the United States.* 4 vols. New York: International Publishers, 1947-1965.
- Graebner, Norman A. "Empire in the Pacific: A Study in American Continental Expansion", *The Mexican War: Crisis for American Democracy,* ed. Archie P. McDonald.
- Graebner, Norman A., ed. *Manifest Destiny.* Indianapolis: Bobbs-Merrill, 1968.
- Jay, William. *A Review of the Causes and Consequences of the Mexican War.* Boston: B. B. Mussey & Co., 1849.
- McDonald, Archie P. *The Mexican War: Crisis for American Democracy,* ed. 234 Lexington, Mass: D. C. Heath, 1969.
- Morison, Samuel Eliot, Merk, Frederick, and Friedel, Frank. *Dissent in Three American Wars.* Cambridge, Mass.: Harvard University Press, 1970.
- O'Sullivan, John, and Meckler, Alan. *The Draft and Its Enemies: A Documentary History.* Urbana: University of Illinois Press, 1974.
- Perry, Bliss, ed. *Lincoln: Speeches and Letters.* Garden City, N.Y.: Doubleday, 1923.
- *Schroeder, John H. *Mr. Polk's War: American Opposition and Dissent 1846-1848.* Madison: University of Wisconsin Press, 1973.
- *Smith, George Winston, and Judah, Charles, eds. *Chronicles of the Gringos: The U.S. Army in the Mexican War 1846-1848.* Albuquerque: University of New Mexico Press, 1966.
- *Smith, Justin. *The War with Mexico.* 2 vols. New York: Macmillan, 1919.
- *Weems, John Edward. *To Conquer a Peace.* New York: Doubleday, 1974.
- Weinberg, Albert K. *Manifest Destiny: A Study of Nationalist Expansion in American History.* Baltimore: Johns Hopkins Press, 1935.

9. Esclavitud sin sumisión, emancipación sin libertad

- Allen, Robert. *The Reluctant Reformers.* New York: Anchor, 1975.
- *Aptheker, Herbert. *American Negro Slave Revolts.* New York: International Publishers, 1969.
- *Aptheker, Herbert, ed. *A Documentary History of the Negro People in the United States.* New York: Citadel, 1974.
- Apheker, Herbert. *Nat Turner's Slave Rebellion.* New York: Grove Press, 1968.
- Bond, Horace Mann. "Social and Economic Forces in Alabama Reconstruction", *Journal of Negro History,* July 1938.
- Conrad, Earl. *Harriet Tubman.* Middlebury, Vt.: Eriksson, 1970.
- Cox, LaWanda and John, eds. *Reconstruction, the Negro, and the Old South.* New York: Harper & Row, 1973.
- Douglass, Frederick. *Narrative of the Life of Frederick Douglass,* ed. Benjamin Quarles. Cambridge, Mass.: Harvard University Press, 1960.
- Du Bois, W. E. B. *John Brown.* New York: International Publishers, 1962.
- Fogel, Robert, and Engerman, Stanley. *Time on the Cross: The Economics of American Negro Slavery.* Boston: Little, Brown, 1974.
- Foner, Philip, ed. *The Life and Writings of Frederick Douglass.* 5 vols. New York: International Publishers, 1975.
- *Franklin, John Hope. *From Slavery to Freedom.* New York: Knopf, 1974.
- *Genovese, Eugene. *Roll, Jordan, Roll: The World the Slaves Made.* New York: Pantheon, 1974.

- *Gutman, Herbert. *The Black Family in Slavery and Freedom, 1750-1925.* New York: Pantheon, 1976.
- *Gutman, Herbert. *Slavery and the Numbers Game: A Critique of Time on the Cross.* Urbana: University of Illinois Press, 1975.
- Herschfield, Marilyn. "Women in the Civil War". Unpublished paper, 1977.
- *Hofstadter, Richard. *The American Political Tradition.* New York: Knopf, 1973.
- Killens, John O., ed. *The Trial Record of Denmark Vesey.* Boston: Beacon Press, 1970.
- Kolchin, Peter. *First Freedom: The Response of Alabama's Blacks to Emancipation and Reconstruction.* New York: Greenwood, 1972.
- *Lerner, Gerda, ed. *Black Women in White America: A Documentary History.* New York: Random House, 1973.
- Lester, Julius, ed. *To Be a Slave.* New York: Dial Press, 1968.
- *Levine, Lawrence J. *Black Culture and Black Consciousness: Afro-American Folk Thought from Slavery to Freedom.* New York: Oxford University Press, 1977.
- *Logan, Rayford. *The Betrayal of the Negro: From Rutherford B. Hayes to Woodrow Wilson.* New York: Macmillan, 1965.
- *MacPherson, James. *The Negro's Civil War.* New York: Pantheon, 1965.
- *MacPherson, James. *The Struggle for Equality.* Princeton: Princeton University Press, 1964.
- *Meltzer, Milton, ed. *In Their Own Words: A History of the American Negro.* New York: T. Y. Crowell, 1964-1967.
- Mullin, Michael, ed. *American Negro Slavery: A Documentary History.* New York: Harper & Row, 1975.
- Osofsky, Gilbert. *Puttin' on Ole Massa.* New York: Harper & Row, 1969.
- Painter, Nell Irvin. *Exodusters: Black Migration to Kansas After Reconstruction.* New York: Knopf, 1977.
- Phillips, Ulrich B. *American Negro Slavery: A Survey of the Supply, Employment and Control of Negro Labor as Determined by the Plantation Regime.* Baton Rouge: Louisiana State University Press, 1966.
- Rawick, George P. *From Sundown to Sunup: The Making of the Black Community.* Westport, Conn.: Greenwood Press, 1972.
- *Rosengarten, Theodore. *All God's Dangers: The Life of Nate Shaw.* New York: Knopf, 1974.
- Starobin, Robert S., ed. *Blacks in Bondage: Letters of American Slaves.* New York: Franklin Watts, 1974.
- Tragle, Henry I. *The Southampton Slave Revolt of 1831.* Amherst, Mass.: University of Massachusetts Press, 1971.
- Wiltse, Charles M., ed. *David Walker's Appeal.* New York: Hill & Wang, 1965.
- *Woodward, C. Vann. *Reunion and Reaction: The Compromise of 1877 and the End of Reconstruction.* Boston: Little, Brown, 1966.
- Works Progress Administration. *The Negro in Virginia.* New York: Arno Press, 1969.

10. La otra Guerra Civil

- Bimba, Anthony. *The Molly Maguires.* New York: International Publishers, 1970.
- Brecher, Jeremy. *Strike!* Boston: South End Press, 1979.
- *Bruce, Robert V. *1877: Year of Violence.* New York: Franklin Watts, 1959.
- Burbank, David. *Reign of Rabble: The St. Louis General Strike of 1877.* Fairfield, N.J.: Augustus Kelley, 1966.

- *Christman, Henry. *Tin Horns and Calico.* New York: Holt, 1945.
- *Cochran, Thomas, and Miller, William. *The Age of Enterprise.* New York: Macmillan, 1942.
- Coulter, E. Merton, *The Confederate States of America 1861-1865.* Baton Rouge: Louisiana State University Press, 1950.
- Dacus, Joseph A. "Annals of the Great Strikes of the United States", *Except to Walk Free: Documents and Notes in the History of American Labor,* ed. Albert Fried. New York: Anchor, 1974.
- *Dawley, Alan. *Class and Community: The Industrial Revolution in Lynn.* Cambridge, Mass.: Harvard University Press, 1976.
- *Feldstein, Stanley, and Costello, Lawrence, eds. *The Ordeal of Assimilation: A Documentary History of the White Working Class, 1830's to the 1970's.* New York: Anchor, 1974.
- Fite, Emerson. *Social and Industrial Conditions in the North During the Civil War.* New York: Macmillan, 1910.
- *Foner, Philip. *A History of the Labor Movement in the United States.* 4 vols. New York: International Publishers, 1947-1964.
- *Foner, Philip, ed. *We, the Other People.* Urbana: University of Illinois Press, 1976.
- Fried, Albert, ed. *Except to Walk Free: Documents and Notes in the History of American Labor.* New York: Anchor, 1974.
- *Gettleman, Marvin. *The Dorr Rebellion.* New York: Random House, 1973.
- Gutman, Herbert. "The Buena Vista Affair, 1874-1875," *Workers in the Industrial Revolution: Recent Studies of Labor in the United States and Europe,* ed. Peter N. Stearns and Daniel Walkowitz. New Brunswick, N.J.: Transaction, 1974.
- Gutman, Herbert. *Work, Culture and Society in Industrializing America.* New York: Random House, 1977.
- Gutman, Herbert. "Work, Culture and Society in Industrialising America, 1815-1919", *American Historical Review,* June 1973.
- Headley, Joel Tyler. *The Great Riots of New York, 1712-1873.* Indianapolis: Bobbs-Merrill, 1970.
- *Hofstadter, Richard, and Wallace, Michael, eds. *American Violence: A Documentary History.* New York: Knopf, 1970.
- *Horwitz, Morton. *The Transformation of American Law, 1780-1860.* Cambridge, Mass.: Harvard University Press, 1977.
- Knights, Peter R. *The Plain People of Boston 1830-1860: A Study in City Growth.* New York: Oxford University Press, 1973.
- Meyer, Marvin. *The Jacksonian Persuasion.* New York: Vintage, 1960.
- Miller, Douglas T. *The Birth of Modern America.* Indianapolis: Bobbs-Merrill, 1970.
- Montgomery, David. "The Shuttle and the Cross: Weavers and Artisans in the Kensington Riots of 1844", *Journal of Social History,* Summer 1972.
- *Myers, Gustavus. *History of the Great American Fortunes.* New York: Modern Library, 1936.
- Pessen, Edward. *Jacksonian America.* Homewood, Ill.: Dorsey, 1969.
- Pessen, Edward. *Most Uncommon Jacksonians.* Albany: State University of New York Press, 1967.
- Remini, Robert V. *The Age of Jackson.* New York: Harper & Row, 1972.
- Schlesinger, Arthur M., Jr. T*he Age of Jackson.* Boston: Little, Brown, 1945.
- Stearns, Peter N., and Walkowitz, Daniel, eds. *Workers in the Industrial Revolution: Recent Studies of Labor in the United States and Europe.* New Brunswick, N.J.: Transaction, 1974.
- Tatum, Georgia Lee. *Disloyalty in the Confederacy.* New York: A.M.S. Press, 1970.
- *Wertheimer, Barbara. *We Were There: The Story of Working Women in America.* New York: Pantheon, 1977.

- Wilson, Edmund. *Patriotic Gore: Studies in the Literature of the American Civil War*. New York: Oxford University Press, 1962.
- Yellen, Samuel. *American Labor Struggles*. New York: Pathfinder, 1974.
- Zinn, Howard. "The Conspiracy of Law", *The Rule of Law*, ed. Robert Paul Wolff. New York: Simon & Schuster, 1971.

11. Los barones ladrones y los rebeldes

- Allen, Robert. *Reluctant Reformers: Racism and Social Reform Movements in the United States*. New York: Anchor, 1975.
- Bellamy, Edward. *Looking Backward*. Cambridge: Harvard University Press, 1967.
- Bowles, Samuel, and Gintis, Herbert. *Schooling in Capitalist America*. New York: Basic Books, 1976.
- Brandeis, Louis. *Other People's Money*. New York: Frederick Stokes, 1914.
- Brecher, Jeremy. *Strike!* Boston: South End Press, 1979.
- Carwardine, William. *The Pullman Strike*. Chicago: Charles Kerr, 1973.
- *Cochran, Thomas, and Miller, William. *The Age of Enterprise*. New York: Macmillan, 1942.
- Conwell, Russell H. *Acres of Diamonds*. New York: Harper & Row, 1915.
- Crowe, Charles. "Tom Watson, Populists, and Blacks Reconsidered", *Journal of Negro History*, April 1970.
- David, Henry. *A History of the Haymarket Affair*. New York: Collier, 1963.
- Feldstein, Stanley, and Costello, Lawrence, eds. *The Ordeal of Assimilation: A Documentary History of the White Working Class, 1830's to the 1970's*. Garden City, N.Y.: Anchor, 1974.
- *Foner, Philip. *A History of the Labor Movement in the United States*. 4 vols. New York: International Publishers, 1947-1964.
- Foner, Philip. *Organized Labor and the Black Worker 1619-1973*. New York: International Publishers, 1974.
- George, Henry. *Progress and Poverty*. New York: Robert Scholkenbach Foundation, 1937.
- Ginger, Ray. *The Age of Excess: The U.S. from 1877 to 1914*. New York: Macmillan, 1975.
- *Ginger, Ray. *The Bending Cross: A Biography of Eugene Victor Debs*. New Brunswick: Rutgers University Press, 1949.
- *Goodwyn, Lawrence. *Democratic Promise: The Populist Movement in America*. New York: Oxford University Press, 1976.
- Hair, William Ivy. *Bourbonism and Agrarian Protest: Louisiana Politics, 1877-1900*. Baton Rouge: Louisiana State University Press, 1969.
- Heilbroner, Robert, and Singer, Aaron. *The Economic Transformation of America*. New York: Harcourt Brace Jovanovich, 1977.
- Hofstadter, Richard, and Wallace, Michael, eds. *American Violence: A Documentary History*. New York: Knopf, 1970.
- *Josephson, Matthew. *The Politicos*. New York: Harcourt Brace Jovanovich, 1963.
- *Josephson, Matthew. *The Robber Barons*. New York: Harcourt Brace Jovanovich, 1962.
- Mason, Alpheus T., and Beaney, William M. *American Constitutional Law*. Englewood Cliffs, N.J.: Prentice-Hall, 1972.
- *Myers, Gustavus. *History of the Great American Fortunes*. New York: Modern Library, 1936.
- Pierce, Bessie L. *Public Opinion and the Teaching of History in the United States*. New York: DaCapo, 1970.
- Pollack, Norman. *The Populist Response to Industrial America*. Cambridge, Mass.: Harvard University Press, 1976.

- Smith, Henry Nash. *Virgin Land.* Cambridge, Mass.: Harvard University Press, 1970.
- Spring, Joel H. *Education and the Rise of the Corporate State.* Boston: Beacon Press, 1973.
- Wasserman, Harvey. *Harvey Wasserman's History of the United States.* New York: Harper & Row, 1972.
- *Wertheimer, Barbara. *We Were There: The Story of Working Women in America.* New York: Pantheon, 1977.
- *Woodward, C. Vann. *Origins of the New South.* Baton Rouge: Louisiana State University Press, 1972.
- *Woodward. C. Vann. *Tom Watson, Agrarian Rebel.* New York: Oxford University Press, 1963.
- *Yellen, Samuel. *American Labor Struggles.* New York: Pathfinder, 1974.

12. El Imperio y la gente

- Aptheker, Herbert, ed. *A Documentary History of the Negro People in the United States.* New York: Citadel, 1973.
- Beale, Howard K. *Theodore Roosevelt and the Rise of America to World Power.* New York: Macmillan, 1962.
- Beisner, Robert. *Twelve Against Empire: The Anti-Imperialists, 1898-1902.* New York: McGraw-Hill, 1968.
- *Foner, Philip. *A History of the Labor Movement in the United States.* 4 vols. New York: International Publishers, 1947-1964.
- *Foner, Philip. *The Spanish-Cuban-American War and the Birth of American Imperialism.* 2 vols. New York: Monthly Review Press, 1972.
- Francisco, Luzviminda. "The First Vietnam: The Philippine-American War, 1899-1902", *Bulletin of Concerned Asian Scholars,* 1973.
- *Gatewood, Willard B. *"Smoked Yankees" and the Struggle for Empire: Letters from Negro Soldiers, 1898-1902.* Urbana: University of Illinois Press, 1971.
- Lafeber, Walter. *The New Empire: An Interpretation of American Expansion.* Ithaca, N.Y.: Cornell University Press, 1963.
- Pratt, Julius. "American Business and the Spanish-American War", *Hispanic-American Historical Review,* 1934.
- Schirmer, Daniel Boone. *Republic or Empire: American Resistance to the Philippine War.* Cambridge, Mass.: Schenkman, 1972.
- Williams, William Appleman. *The Roots of the Modern American Empire.* New York: Random House, 1969.
- Williams, William Appleman. *The Tragedy of American Diplomacy.* New York: Dell, 1972.
- Wolff, Leon. *Little Brown Brother.* Garden City, N.Y.: Doubleday, 1961.
- Young, Marilyn. *The Rhetoric of Empire.* Cambridge, Mass.: Harvard University Press, 1968.

13. El reto socialista

- *Aptheker, Herbert. *A Documentary History of the Negro People in the United States.* New York: Citadel, 1974.
- *Baxandall, Rosalyn, Gordon, Linda, and Reverby, Susan, eds. *America's Working Women.* New York: Random House, 1976.

- Braverman, Harry. *Labor and Monopoly Capital: The Degradation of Work in the Twentieth Century.* New York: Monthly Review, 1975.
- Brody, David. *Steelworkers in America: The Non-Union Era.* Cambridge, Mass.: Harvard University Press, 1960.
- Chafe, William. *Women and Equality: Changing Patterns in American Culture.* New York: Oxford University Press, 1977.
- Cochran, Thomas, and Miller, William. *The Age of Enterprise.* New York: Macmillan, 1942.
- Dancis, Bruce. "Socialism and Women", *Socialist Revolution*, January-March 1976.
- Dubofsky, Melvyn. *We Shall Be All: A History of the Industrial Workers of the World.* New York: Quadrangle, 1974.
- Du Bois, W. E. B. *The Souls of Black Folk.* New York: Fawcett, 1961.
- Faulkner, Harold. *The Decline of Laissez Faire 1897-1917.* White Plains, N.Y.: M. E. Sharpe, 1977.
- *Flexner, Eleanor. *A Century of Struggle.* Cambridge, Mass.: Harvard University Press, 1975.
- Flynn, Elizabeth Gurley. *The Rebel Girl.* New York: International Publishers, 1973.
- Foner, Philip, ed. *Helen Keller: Her Socialist Years.* New York: International Publishers, 1967.
- *Foner, Philip. *A History of the Labor Movement in the United States.* 4 vols. New York: International Publishers, 1947-1964.
- Gilman, Charlotte Perkins. *Women and Economics.* New York: Harper & Row, 1966.
- *Ginger, Ray. *The Bending Cross: A Biography of Eugene Victor Debs.* New Brunswick: Rutgers University Press, 1969.
- Goldman, Emma. *Anarchism and Other Essays.* New York: Dover, 1970.
- Green, James. *Grass-Roots Socialism: Radical Movements in the Southwest, 1895-1943.* Baton Rouge: Louisiana State University Press, 1978.
- Hays, Samuel. "The Politics of Reform in Municipal Government in the Progressive Era". *Pacific Northwest Quarterly*, October 1964. (Reprinted by New England Free Press.)
- Haywood, Bill. *The Autobiography of Big Bill Haywood.* New York: International Publishers, 1929.
- James, Henry. *The American Scene.* Bloomington: Indiana University Press, 1968.
- Hofstadter, Richard. *The American Political Tradition.* New York: Random House, 1954.
- Jones, Mary. *The Autobiography of Mother Jones.* Chicago: Charles Kerr, 1925.
- Kaplan, Justin. *Mr. Clemens and Mark Twain: A Biography.* New York: Simon & Schuster, 1966.
- *Kolko, Gabriel. *The Triumph of Conservatism.* New York: Free Press, 1977.
- *Kornbluh, Joyce, ed. *Rebel Voices: An I.W.W. Anthology.* Ann Arbor: University of Michigan Press, 1964.
- *Lerner, Gerda, ed. *Black Women in White America.* New York: Random House, 1973.
- *Lerner, Gerda. *The Female Experience: An American Documentary.* Indianapolis: Bobbs-Merrill, 1977.
- London, Jack. *The Iron Heel.* New York: Bantam, 1971.
- Naden, Corinne J. *The Triangle Shirtwaist Fire, March 25, 1911.* New York: Franklin Watts, 1971.
- Sanger, Margaret. *Woman and the New Race.* New York: Brentano's, 1920.
- Schoener, Allon, ed. *Portal to America: The Lower East Side, 1870-1925.* New York: Holt, Rinehart and Winston, 1967.
- Sinclair, Upton. *The Jungle.* New York: Harper & Row, 1951.
- Sochen, June. *Movers and Shakers: American Women Thinkers and Activists, 1900-1970.* New York: Quadrangle, 1974.
- Stein, Leon. *The Triangle Fire.* Philadelphia: Lippincott, 1965.
- Wasserman, Harvey. *Harvey Wasserman's History of the United States.* New York: Harper & Row, 1972.

- *Weinstein, James. *The Corporate Ideal in the Liberal State, 1900-1918*. Boston: Beacon Press, 1968.
- *Wertheimer, Barbara. *We Were There: The Story of Working Women in America*. New York: Pantheon, 1977.
- Wiebe, Robert H. *The Search for Order, 1877-1920*. New York: Hill & Wang, 1966.
- *Yellen, Samuel. *American Labor Struggles*. New York: Pathfinder, 1974.
- Zinn, Howard. *The Politics of History*. Boston: Beacon Press, 1970.

14. La guerra es la salud del Estado

- Baritz, Loren, ed. *The American Left*. New York: Basic Books, 1971.
- *Chafee, Zechariah, Jr. *Free Speech in the United States*. New York: Atheneum, 1969.
- Dos Passos, John. *1919*. New York: Signet, 1969.
- Du Bois, W. E. B. "The African Roots of War", *Atlantic Monthly*, May 1915.
- Fleming, D. F. *The Origins and Legacies of World War I*. Garden City, N.Y.: Doubleday, 1968.
- *Fussell, Paul. *The Great War and Modern Memory*. New York: Oxford University Press, 1975.
- *Ginger, Ray. *The Bending Cross: A Biography of Eugene Victor Debs*. New Brunswick: Rutgers University Press, 1969.
- Goldman, Eric. *Rendezvous with Destiny*. New York: Random House, 1956.
- Gruber, Carol S. *Mars and Minerva: World War I and the Uses of Higher Learning in America*. Baton Rouge.: Louisiana State University Press, 1975.
- Joughin, Louis, and Morgan, Edmund. *The Legacy of Sacco and Vanzetti*. New York: Quadrangle, 1964.
- Knightley, Philip. *The First Casualty: The War Correspondent as Hero, Propagandist, and Myth Maker*. New York; Harcourt Brace Jovanovich, 1975.
- Kornbluh, Joyce, ed. *Rebel Voices: An I.W.W. Anthology*. Ann Arbor: University of Michigan Press, 1964.
- Levin, Murray. *Political Hysteria in America*. New York: Basic Books, 1971.
- Mayer, Arno J. *The Politics and Diplomacy of Peace-Making 1918-1919*. New York: Knopf, 1967.
- *Peterson, H. C., and Fite, Gilbert C. *Opponents of War, 1917-1918*. Seattle: University of Washington Press, 1968.
- Simpson, Colin. *Lusitania*. Boston: Little, Brown, 1973.
- Sinclair, Upton, *Boston*. Cambridge, Mass.: Robert Bentley, 1978.
- Weinstein, James. *The Corporate Ideal in the United States 1900-1918*. Boston: Beacon Press, 1969.

15. Autoayuda en tiempos difíciles

- Adamic, Louis. *My America, 1928-1938*. New York: Harper & Row, 1938.
- *Baxandall, Rosalyn, Gordon, Linda, and Reverby, Susan, eds. *America's Working Women*. New York: Random House, 1976.
- Bellush, Bernard. *The Failure of the N.R.A.* New York: W. W. Norton, 1976.
- Bernstein, Barton, J., ed. *Towards a New Past: Dissenting Essays in American History*. New York: Pantheon, 1968.
- Bernstein, Irving. *The Lean Years: A History of the American Worker, 1920-1933*. Boston: Houghton Mifflin, 1960.
- Bernstein, Irving. *The Turbulent Years: A History of the American Worker, 1933-1941*. Boston: Houghton Mifflin, 1969.

- Borden, Morton, ed. *Voices of the American Past: Readings in American History.* Lexington, Mass.: D. C. Heath, 1972.
- Boyer, Richard, and Morais, Herbert. *Labor's Untold Story.* United Front, 1955.
- *Brecher, Jeremy. *Strike!* Boston, Mass.: South End Press, 1979.
- Buhle, Paul. "An Interview with Luigi Nardella". *Radical History Review*, Spring 1978.
- *Cloward, Richard A., and Piven, Frances F. *Poor People's Movements.* New York: Pantheon, 1977.
- Conkin, Paul. *F.D.R. and the Origins of the Welfare State.* New York: Crowell, 1967.
- Curti, Merle. *The Growth of American Thought.* New York: Harper & Row, 1943.
- *Fine, Sidney. *Sit-Down: The General Motors Strike of 1936-1937.* Ann Arbor: University of Michigan Press, 1969.
- Galbraith, John Kenneth. *The Great Crash: 1929.* Boston: Houghton Mifflin, 1972.
- General Strike Committee. *The Seattle General Strike.* Charlestown, Mass.: gum press, 1972.
- *Hallgren, Mauritz. *Seeds of Revolt.* New York: Knopf, 1934.
- *Lerner, Gerda, ed. *Black Women in White America: A Documentary History.* New York: Random House, 1977.
- Lewis, Sinclair. *Babbitt.* New York: Harcourt Brace Jovanovich, 1949.
- Lynd, Alice and Staughton, eds. *Rank and File: Personal Histories by Working-Class Organizers.* Boston: Beacon Press, 1974.
- Lynd, Robert and Helen. *Middletown.* New York: Harcourt Brace Jovanovich, 1959.
- Mangione, Jerre. *The Dream and the Deal: The Federal Writers Project, 1935-1943.* Boston: Little, Brown, 1972.
- Mills, Frederick C. *Economic Tendencies in the United States: Aspects of Pre-War and Post-War Changes.* New York: National Bureau of Economic Research, 1932.
- Ottley, Roi, and Weatherby, William J. "The Negro in New York: An Informal History", *Justice Denied: The Black Man in White America*, ed. William Chace and Peter Collier. New York: Harcourt Brace Jovanovich, 1970.
- Painter, Nell, and Hudson, Hosea. "A Negro Communist in the Deep South", *Radical America*, July-August 1977.
- Renshaw, Patrick. *The Wobblies.* New York: Anchor, 1968.
- *Rosengarten, Theodore. *All God's Dangers: The Life of Nate Shaw.* New York: Knopf, 1974.
- Steinbeck, John. *The Grapes of Wrath.* New York: Viking, 1939.
- Swados, Harvey, ed. *The American Writer and the Great Depression.* Indianapolis: Bobbs-Merrill, 1966.
- *Terkel, Studs. *Hard Times: An Oral History of the Great Depression in America.* New York: Pantheon, 1970.
- Wright, Richard. *Black Boy.* New York: Harper & Row, 1937.
- Zinn, Howard. *La Guardia in Congress.* Ithaca, N.Y.: Cornell University Press, 1959.

16. ¿Una guerra popular?

- Alperovitz, Gar. *Atomic Diplomacy.* New York: Vintage, 1967.
- Aronson, James. *The Press and the Cold War.* Indianapolis: Bobbs-Merrill, 1970.
- Barnet, Richard J. *Intervention and Revolution: The U.S. and the Third World.* New York: New American Library, 1969.
- Blackett, P. M. S. *Fear, War and the Bomb: Military and Political Consequences of Atomic Energy.* New York: McGraw Hill, 1948.

- Bottome, Edgar. *The Balance of Terror: A Guide to the Arms Race.* Boston: Beacon Press, 1972.
- Butow, Robert. *Japan's Decision to Surrender.* Stanford: Stanford University Press, 1954.
- Catton, Bruce. *The War Lords of Washington.* New York: Harcourt Brace, 1948.
- Chomsky, Noam. *American Power and the New Mandarins.* New York: Pantheon, 1969.
- Davidson, Basil. *Let Freedom Come: Africa in Modern History.* Boston: Little, Brown, 1978.
- Feingold, Henry L. *The Politics of Rescue: The Roosevelt Administration and the Holocaust.* New Brunswick, N.J.: Rutgers University Press, 1970.
- Freeland, Richard M. *The Truman Doctrine and the Origins of McCarthyism.* New York: Knopf, 1971.
- Gardner, Lloyd. *Economic Aspects of New Deal Diplomacy.* Madison: University of Wisconsin Press, 1964.
- Griffith, Robert W. *The Politics of Fear: Joseph R. McCarthy and the Senate.* Rochelle Park, N.J.: Hayden, 1971.
- Hamby, Alonzo L. *Beyond the New Deal: Harry S. Truman and American Liberalism.* New York: Columbia University Press, 1953.
- Irving, David. *The Destruction of Dresden.* New York: Ballantine, 1965.
- Kahn, Herman. *On Thermonuclear War.* New York: Free Press, 1969.
- *Kolko, Gabriel. *The Politics of War: The World and United States Foreign Policy, 1943-1945.* New York: Random House, 1968.
- Lemisch, Jesse. *On Active Service in War and Peace: Politics and Ideology in the American Historical Profession.* Toronto: New Hogtown Press, 1975.
- Mailer, Norman. *The Naked and the Dead.* New York: Holt, Rinehart and Winston, 1948.
- Miller, Douglas, and Nowak, Marion. *The Fifties: The Way We Really Were.* New York: Doubleday, 1977.
- Miller, Marc. "The Irony of Victory: Lowell During World War II". Unpublished doctoral dissertation. Boston University, 1977.
- Mills, C. Wright. *The Power Elite.* New York: Oxford University Press, 1970.
- Minear, Richard H. *Victor's Justice: The Tokyo War Crimes Trial.* Princeton, N.J.: Princeton University Press, 1973.
- Offner, Arnold. *American Appeasement: U.S. Foreign Policy and Germany, 1933-1938.* New York: W. W. Norton, 1976.
- Rostow, Eugene V. "Our Worst Wartime Mistake", *Harper's,* September 1945.
- Russett, Bruce. *No Clear and Present Danger.* New York: Harper & Row, 1972.
- Sampson, Anthony. *The Seven Sisters: The Great Oil Companies and the World They Shaped.* New York: Viking, 1975.
- Schneir, Walter and Miriam. *Invitation to an Inquest.* New York: Doubleday, 1965.
- *Sherwin, Martin. *A World Destroyed: The Atom Bomb and the Grand Alliance.* New York: Knopf, 1975.
- Stone, I. F. *The Hidden History of the Korean War.* New York: Monthly Review Press, 1969.
- United States Strategic Bombing Survey. *Japan's Struggle to End the War.* Washington: Government Printing Office, 1946.
- Weglyn, Michi. *Years of Infamy: The Untold Story of America's Concentration Camps.* New York: William Morrow, 1976.
- Wittner, Lawrence S. *Rebels Against War: The American Peace Movement, 1941-1960.* New York: Columbia University Press, 1969.
- *Zinn, Howard. *Postwar America: 1945-1971.* Indianapolis: Bobbs-Merrill, 1973.
- Zinn, Howard. *The Pentagon Papers.* 4 vols. Boston: Beacon Press, 1971.

17. ¿O explota?

- Allen, Robert. *Black Awakening in Capitalist America.* Garden City, N.Y.: Doubleday, 1969.
- Bontemps, Arna, ed. *American Negro Poetry.* New York: Hill & Wang, 1974.
- Broderick, Francis, and Meier, August. *Black Protest Thought in the Twentieth Century.* Indianapolis: Bobbs-Merrill, 1971.
- Cloward, Richard A., and Piven, Frances F. *Poor People's Movements.* New York: Pantheon, 1977.
- Conot, Robert. *Rivers of Blood, Years of Darkness.* New York: Morrow, 1968.
- Cullen, Countee. *On These I Stand.* New York: Harper & Row, 1947.
- Herndon, Angelo. "You Cannot Kill the Working Class", *Black Protest,* ed. Joanne Grant. New York: Fawcett, 1975.
- Huggins, Nathan I. *Harlem Renaissance.* New York: Oxford University Press, 1971.
- Hughes, Langston. *Selected Poems of Langston Hughes.* New York: Knopf, 1959.
- Lerner, Gerda, ed. *Black Women in White America: A Documentary History.* New York: Random House, 1977.
- Malcolm X. *Malcolm X Speaks.* New York: Meret, 1965.
- Navasky, Victor. *Kennedy Justice.* New York: Atheneum, 1977.
- Perkus, Cathy, ed. *Cointelpro: The FBI's Secret War on Political Freedom.* New York: Monad Press, 1976.
- Wright, Richard. *Black Boy.* New York: Harper & Row, 1937.
- Zinn, Howard. *Postwar America: 1945-1971.* Indianapolis: Bobbs-Merrill, 1973.
- Zinn, Howard. *SNCC: The New Abolitionists.* Boston: Beacon Press, 1964.

18. La victoria imposible: Vietnam

- *Branfman, Fred. *Voices from the Plain of Jars.* New York: Harper & Row, 1972.
- Green, Philip, and Levinson, Sanford. *Power and Community: Dissenting Essays in Political Science.* New York: Pantheon, 1970.
- Hersch, Seymour. *My Lai 4: A Report on the Massacre and Its Aftermath.* New York: Random House, 1970.
- Kovic, Ron. *Born on the Fourth of July.* New York: McGraw-Hill, 1976.
- Lipsitz, Lewis. "On Political Belief: The Grievances of the Poor", *Power and Community: Dissenting Essays in Political Science,* ed. Philip Green and Sanford Levinson. New York: Pantheon, 1970.
- Modigliani, Andrew. "Hawks and Doves, Isolationism and Political Distrust: An Analysis of Public Opinion on Military Policy", *American Political Science Review,* September 1972.
- Pike, Douglas. *Viet Cong.* Cambridge, Mass.: MIT Press, 1966.
- Schell, Jonathan. *The Village of Ben Suc.* New York: Knopf, 1967.
- Zinn, Howard. *Vietnam: The Logic of Withdrawal.* Boston: Beacon Press, 1967.
- *Zinn, Howard. *Pentagon Papers.* 4 vols. Boston: Beacon Press, 1971.

19. Sorpresas

- Akwesasne Notes. *Voices from Wounded Knee, 1973.* Mohawk Nation, Rooseveltown, N.Y.: Akwesasne Notes, 1974.

- Baxandall, Rosalyn, Gordon, Linda, and Reverby, Susan, eds. *America's Working Women*. New York: Random House, 1976.
- Benston, Margaret. "The Political Economy of Women's Liberation", *Monthly Review,* Fall 1969.
- Boston Women's Health Book Collective. *Our Bodies, Ourselves.* New York: Simon & Schuster, 1976.
- Brandon, William. *The Last Americans.* McGraw-Hill, 1974.
- *Brown, Dee. *Bury My Heart at Wounded Knee.* New York: Holt, Rinehart and Winston, 1971.
- Brownmiller, Susan. *Against Our Will: Men, Women and Rape.* New York: Simon & Schuster, 1975.
- Coles, Robert. *Children of Crisis.* Boston: Little, Brown, 1967.
- Cottle, Thomas J. *Children in Jail.* Boston: Beacon Press, 1977.
- The Council on Interracial Books for Children, ed. *Chronicles of American Indian Protest.* New York: Fawcett, 1971.
- Deloria, Vine, Jr. *Custer Died for Your Sins.* New York: Macmillan, 1969.
- Deloria. Vine, Jr. *We Talk, You Listen.* New York: Macmillan, 1970.
- Firestone, Shulamith. *The Dialectics of Sex.* New York: Bantam, 1970.
- Friedan, Betty. *The Feminine Mystique.* New York: W. W. Norton, 1963.
- Gaylin, Willard. *Partial Justice.* New York: Knopf, 1974.
- Jackson, George. *Soledad Brother: The Prison Letters of George Jackson.* New York: Coward McCann, 1970.
- Lerner, Gerda, ed. *Black Women in White America: A Documentary History.* New York: Random House, 1977.
- Lifton, Robert Jay, ed. *The Woman in America.* Boston: Beacon Press, 1967.
- Lynd, Robert and Helen. *Middletown.* New York: Harcourt Brace Jovanovich, 1959.
- *McLuhan, T. C. *Touch the Earth: A Self-Portrait of Indian Existence.* New York: Simon & Schuster, 1976.
- Mann, Eric. *Comrade George: An Investigation into the Life, Political Thought, and Assassination of George Jackson.* New York: Harper & Row, 1974.
- *Mitford, Jessica. *Kind and Usual Punishment: The Prison Business.* New York: Knopf, 1973.
- Morgan, Robin, ed. *Sisterhood Is Powerful: An Anthology of Writings from the Women's Liberation Movement.* New York: Random House, 1970.
- The Prison Research Project, Urban Planning Aid. *The Price of Punishment: Prisons in Massachusetts.* Cambridge, Mass.: Urban Planning Aid, 1974.
- Rich, Adrienne. *Of Woman Born.* New York: Bantam, 1977.
- Rothman, David J. and Sheila, eds. *Sources of American Social Tradition.* New York: Basic Books, 1975.
- Steiner, Stan. *The New Indians.* New York: Harper & Row, 1968.
- *Witt, Shirley Hill, and Steiner, Stan. *The Way: An Anthology of American Indian Literature.* New York: Knopf, 1974.
- Wicker, Tom. *A Time to Die.* New York: Quadrangle, 1975.
- Zinn, Howard, ed. *Justice in Everyday Life.* New York: Morrow, 1974.

20. Los años setenta: ¿Bajo control?

- Blair, John M. *The Control of Oil.* New York: Pantheon, 1977.
- Dommergues, Pierre. "L'Essor du conservatisme Americain", *Le Monde Diplomatique,* May 1978.
- *Evans, Les, and Myers, Allen. *Watergate and the Myth of American Democracy.* New York: Pathfinder Press, 1974.

- Frieden, Jess. "The Trilateral Commission", *Monthly Review,* December 1977.
- Gardner, Richard. *Alternative America: A Directory of 5000 Alternative Lifestyle Groups and Organizations.* Cambridge, Richard Gardner, 1976.
- Glazer, Nathan, and Kristol, Irving. *The American Commonwealth 1976.* New York: Basic Books, 1976.
- New York Times. *The Watergate Hearings.* Bantam, 1973.
- *U.S., Congress, Senate Committee to Study Governmental Operations with Respect to Intelligence Activities. *Hearings.* 94th Congress. 1976.

21. Carter-Reagan-Bush: El consenso bipartidista

- Edsall, Thomas and Mary. *Chain Reaction.* New York: W.W. Norton, 1992.
- Barlett, Donald, and Steele, James. *America: What Went Wrong?* Kansas City: Andrews & McMeel, 1992.
- Chomsky, Noam. *World Orders Old and New.* New York: Columbia University Press, 1994.
- Sexton, Patricia Cayo. *The War on Labor and The Left.* Boulder: Westview Press, 1991.
- Grover, William F. *The President as Prisoner.* Albany: State University of New York, 1989.
- Piven, Frances Fox, and Cloward, Richard. *Regulating the Poor.* New York: Vintage Books, 1993.
- Savage, David. *Turning Right: The Making of the Rehnquist Supreme Court.* New York: John Wiley & Sons, 1992.
- Rosenberg, Gerald N. *The Hollow Hope.* Chicago: University of Chicago Press, 1992.
- Shalom, Stephen. *Imperial Alibis.* Boston: South End Press, 1993.
- Hellinger, Daniel and Judd, Dennis. *The Democratic Facade.* Pacific Grove, California: Brooks/Cole Publishing Company, 1991.
- Danaher, Kevin, ed. *50 Years Is Enough: The Case Against the World Bank.* Boston: South End Press, 1994.
- Croteau, David, and Hoynes, William. *By Invitation Only: How the Media Limit the Political Debate.* Monroe, Maine: Common Courage Press, 1994.
- Barlett, Donald and Steele, James. *America: Who Really Pays the Taxes?* New York: Simon & Schuster, 1994
- Kozol, Jonathan. *Savage Inequalities: Children in America's Schools.* New York: Crown Publishers, 1991.
- Hofstadter, Richard. *The American Political Tradition.* New York: Vintage, 1974.
- Ehrenreich, Barbara, *The Worst Years of Our Lives.* New York: HarperCollins, 1990.
- Greider, William. *Who Will Tell the People?* New York: Simon & Schuster, 1992.
- Derber, Chares. *Money, Murder and the American Dream.* Boston: Faber & Faber, 1992.

22. La resistencia ignorada

- Vanneman, Reeve & Cannon, Lynn. *The American Perception of Class.* Philadelphia: Temple University Press, 1987.
- Martinez, Elizabeth, ed. *500 Years of Chicano History.* Albuquerque: Southwest Organizing Project, 1991.
- Ewen, Alexander, ed. *Voice of Indigenous Peoples.* Santa Fe, New Mexico: Clear Light Publishers, 1994.

- Piven, Frances and Cloward, Richard. *Why Americans Don't Vote.* New York: Pantheon Books, 1988.
- Loeb, Paul. *Generations at the Crossroads.* New Brunswick: Rutgers University Press, 1994.
- Lofland, John. *Polite Protesters: The American Peace Movement of the 1980s.* Syracuse: Syracuse University Press, 1993.
- Grover, William, and Peschek, Joseph, ed. *Voices of Dissent.* New York: HarperCollins, 1993.
- Lynd, Staughton and Alice. *Nonviolence in America: A Documentary History.* Maryknoll, New York: Orbis Books, 1995.

Nota: Gran parte del material en este capítulo proviene de mis archivos sobre la acción social de organizaciones en todo el país, de mi colección de recortes periodísticos y de las publicaciones al margen de los canales habituales, incluyendo los siguientes: *The Nation, In These Times, The Nuclear Resister, Peacework, The Resist Newsletter, Rethinking Schools, Indigenous Thought.*

23. La inminente revuelta de los guardianes

- Bryan. C. D. B. *Friendly Fire.* New York: Putnam, 1976.
- Levin, Murray B. *The Alienated Voter.* New York: Irvington, 1971.
- Warren, Donald I. *The Radical Center: Middle America and the Politics of Alienation.* Notre Dame, Ind.: University of Notre Dame Press, 1976.
- Weizenbaum, Joseph. *Computer Power and Human Reason.* San Francisco: Freeman, 1976.

Epílogo: sobre la presidencia de Clinton

- Solomon, Norman. *False Hope: The Politics of Illusion in the Clinton Era.* Monroe, Maine: Common Courage Press, 1994.
- The State of America's Children: Yearbook 1994., Washington: Children's Defense Fund, 1994.
- Smith, Sam. *Shadows of Hope: A Freethinker's Guide to Politics in the Time of Clinton.* Bloomington: Indiana University Press, 1994.

Otros libros de Howard Zinn

- *La Guardia in Congress*, 1959.
- *The Southern Mystique*, 1964.
- *SNCC: The New Abolitionists*, 1964.
- *New Deal Thought* (editor), 1965.
- *Vietnam: The Logic of Withdrawal*, 1967.
- *Disobedience and Democracy*, 1968.
- *The Politics of History*, 1970.
- *The Pentagon Papers: Critical Essays* (editor, con Noam Chomsky), 1972.
- *Postwar America*, 1973.
- *Justice in Everyday Life* (editor), 1974.
- *Declarations of Independence: Cross-Examining American Ideology*, 1991.
- *Failure to Quit: Reflections of an Optimistic Historian*, 1993.
- *You Can't Be Neutral on a Moving Train*, 1994.
- *The Zinn Reader*, 1998
- *Howard Zinn on History*, 2000
- *Howard Zinn on War*, 2000